创想启动未来

北方工业大学2011年“北京市大学生科学研究与创业行动计划”研究报告论文集

北方工业大学教务处 主编

中国发展出版社
CHINA DEVELOPMENT PRESS

图书在版编目（CIP）数据

创想启动未来：北方工业大学 2011 年“北京市大学生科学研究与创业行动计划”研究报告论文集/北方工业大学教务处主编．北京：中国发展出版社，2012. 11

ISBN 978-7-80234-860-8

Ⅰ. 创… Ⅱ. 北… Ⅲ. 大学生—科学研究工作—研究报告—北京市—文集 Ⅳ. G644－53

中国版本图书馆 CIP 数据核字（2012）第 259446 号

书　　名：创想启动未来：北方工业大学 2011 年“北京市大学生科学研究与创业行动计划”研究报告论文集
主　　编：北方工业大学教务处
出版发行：中国发展出版社
（北京市西城区百万庄大街 16 号 8 层　100037）
标准书号：ISBN 978-7-80234-860-8
经 销 者：各地新华书店
印 刷 者：北京科信印刷有限公司
开　　本：700mm×1000mm　1/16
印　　张：34. 25
字　　数：600 千字
版　　次：2012 年 11 月第 1 版
印　　次：2012 年 11 月第 1 次印刷
定　　价：60. 00 元

联系电话：（010）68990630　68990692
网　　址：http：//www. develpress. com. cn
电子邮件：bianjibu16@ vip. sohu. com

序 言

当前高等教育的目标已不再停留在“传道、授业、解惑”的层面，我们无数教育者一直致力于培养学生的综合能力、提升学生的整体素养，在倡导学生参与更多科学研究项目的同时，启发学生开启自我创新的源动力。

创新是以新思维、新发明和新描述为特征的一种概念化过程，它起源于拉丁语，原意为创造新的东西、更新或改变。创新是一个民族进步的灵魂，是一个国家兴旺发达的不竭动力，而科技创新更是社会生产力发展的源泉。引导学生在创业计划中，通过科学项目的研究激发个人的创新能力，对于我们的科技、我们的社会、我们的民族发展，都有着深远的意义和重要的影响。

在这个收获的季节里，又一部凝结着大学生科学研究和创业成果的文集呈现在我们面前。自2009年“北京市大学生科学研究与创业行动”项目启动以来，我校完成立项和参与人数逐年提升。2011年北方工业大学“大学生科学研究与创业计划项目”成功立项并结题147项，598名学生参与其中，更多的学生在科学研究与发明创造中不断成长。

本文集收录了结题项目中的47篇作品，这些作者来自北方工业大学下属7个学院的不同专业。伴随着学生的实践与探索，北方工业大学校、院、系三级共同支持的学生科研平台已经初具规模，越来越多的具有创新意识与创造能力的学生参与进来，越来越多的实践教学和科研场所面向学生开放，越来越多的高水平指导教师在默默地支持着学生的科研活动。这一切是那么的喜人，我们正凭借着这个良好的平台朝着向中国大学教育最需要培养的方向——培养学生创意、创造、创新、创业能力的目标不懈前进。

我希望读者能够对学生的成果给予支持和帮助，因为这些成果是学生在科学实践中总结的点滴体会——略显稚嫩却凝结汗水，偶有青涩却瑕不掩瑜。这对于学生未来的发展，有着不可估量的激励作用。我相信，我们的学生一定会在未来的科学研究里不断成长、再创佳绩。让我们一起期待！

北方工业大学教务处处长

2012年11月

目录

LED可调光照明电路设计

胡靖川　李勇　韩磊　周桐

指导教师：宋浩 实验师

[摘　要] LED具有高光效、长寿命、小体积等优点，是未来绿色照明的理想选择。本文介绍一款基于PWM的可调光大功率白光LED恒流照明电路，文中设计了基于PT4115的驱动电路和AT89C52的控制电路，实现了较大功率的照明光源，实验证明该系统工作稳定，效率较高。

[关键词] LED；PWM；恒流驱动

1. 背景知识

1.1 LED

LED（Light Emitting Diode），即发光二极管，是一种固态的半导体器件，可以直接将电能转化为光能。LED的心脏是一个半导体的晶片，晶片的一端附着在一个支架上，一端是负极，另一端连接电源的正极，使整个晶片被环氧树脂封装起来。半导体晶片由两部分组成，一部分是P型半导体，在它里面空穴占主导地位；另一端是N型半导体，在这边主要是电子。但这两种半导体连接起来的时候，它们之间就形成一个“P-N结”。当电流通过导线作用于这个晶片的时候，电子就会被推向P区，在P区里电子跟空穴复合，然后就会以光子的形式发出能量，而光的波长决定光的颜色，是由形成P-N结的材料决定的，这就是LED发光的原理。LED结构如图1.1所示。

与传统光源相比，LED在功耗、寿命以及环境保护等方面具有明显优势。

1.1.1　节能

目前LED发光效率已经远远超越了节能灯和白炽灯，达到80～120lm/W，甚至更高，相同照明效果下，比传统光源节能80%以上。

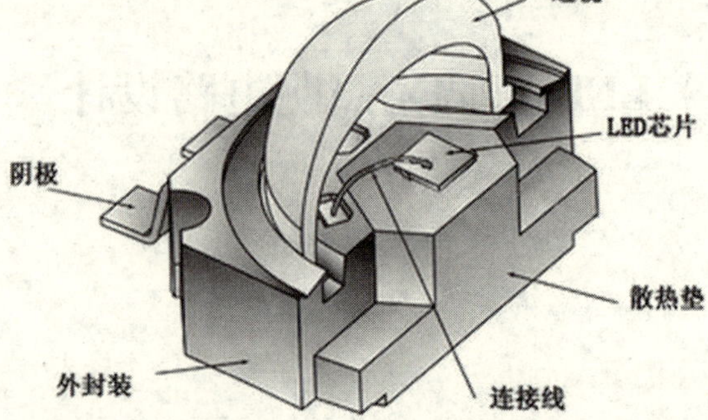

图1 贴片 LED 结构

1.1.2 寿命长

LED 作为一种导体固体发光器件，较之传统光源具有更长的工作寿命。其亮度半衰期通常可达到十万小时。

1.1.3 环保

LED 属于半导体器件，不含气体，所有材料均可回收，属于环保产品。而节能灯管里面含有大量的汞蒸气，有剧毒，生产过程中和报废后都对大气造成环境污染，严重影响身体健康。

在当前全球能源短缺背景下，用 LED 替代传统光源，将是未来的发展趋势，并有望引领照明史上继白炽灯、荧光灯之后的又一场照明光源革命。从国际上看，由于 LED 产业巨大的经济效益和社会效益，世界主要发达国家和地区纷纷制订了发展计划，带动了各国和地区研发、投资力度的不断加大，快速推动了 LED 产业的发展。我国也正在加快 LED 发展的步伐，国家发改委制定了中国的半导体照明计划。未来，LED 大功率照明不可能由大面积的单芯片 LED 做成，而是由多个芯片合成高亮度的光源，一定会朝着提高发光效率的方向发展。本课题旨在设计一款高功率、高效率、高稳定性的可调光 LED 光源。

1.2 基于脉宽调制（PWM）的 LED 调光技术

脉冲宽度调制（Pulse Width Modulation）是利用微处理器的数字输出来对模拟电路进行控制的一种非常有效的技术，通过改变占空比来改变 LED 在相同长度周期内的通断时间，进而改变 LED 的亮度，这种方法可以大幅度降低系统的成本和功耗。本课题中选用的恒流 LED 驱动芯片 PT4115，可以接收 PWM 信号改变 LED 的亮度。下文将详细讲述 PWM 的占空比和调光比的概念及调光原理。

1.2.1 占空比

占空比是指在一串理想的脉冲序列（如方波）中，高电平脉冲的持续时间与脉冲总周期的比值。如脉冲宽度 1μs、信号周期 4μs 的脉冲序列占空比即为 0.25。归纳而言，占空比也就是电路释放能量的有效时间与总释放时间的比。

1.2.2 调光比

调光比按下面的方法计算：

调光比率 = Fop / Fpwm

（其中：Fop = 工作频率；Fpwm = 调光频率；其实也就是调光的最低有效占空比）

比如，Fop = 10khz，Fpwm = 200Hz，则调光比为 10k/200 = 50。这个指标在很多驱动芯片的规格书里会予以说明。

1.2.3 PWM 调光技术

PWM 是一种对模拟信号电平进行数字编码的方法。通过高分辨率计数器的使用，方波的占空比被调制用来对一个具体模拟信号的电平进行编码。PWM 信号仍然是数字的，因为在给定的任何时刻，满幅值的直流供电将是完全导通的或者是完全关断的。电压或电流源是以一种导通或关断的重复脉冲序列被加到负载上去的。导通的时候即直流供电被加到负载上的时候，关断的时候即供电被断开的时候。图 2 展示了三种不同的 PWM 信号。图 2（a）是一个占空比为 20% 的 PWM 输出，即在信号周期中，20% 的时间导通，其余 80% 的时间关断。图 2（b）和图 2（c）显示的分别是占空比为 50% 和 80% 的 PWM 输出。这三种 PWM 编码的输出强度分别是占满幅值 20%、50% 和 80% 的三种不同模拟信号值。

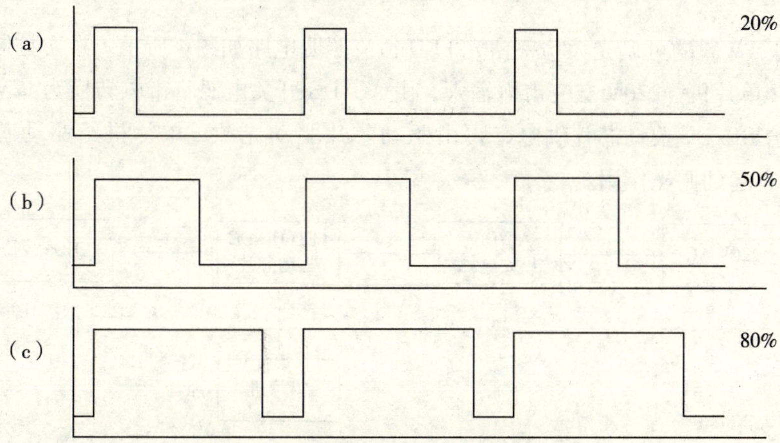

图 2　3 种不同占空比的 PWM 信号

图3是一个可以使用PWM进行调光的理论示例电路。图中使用10V电源来给一个白炽灯泡供电。如果将电路的开关闭合0.5ms，灯泡在这段时间中将得到10V供电。如果在下一个0.5ms中将开关断开，灯泡得到的供电将为0V。如果在1秒钟内将此过程重复1000次，灯泡就如同连接到了一个5V电源（10V的50%）上一样。在这种情况下，占空比为50%，调制频率为10Hz。大多数负载（电感性负载以及电容性负载）需要的调制频率高于10Hz。如果调制频率过低，人眼便能识别灯的闪烁，无法取得良好照明的效果。要让灯泡取得5V电压的供电效果，通断循环周期与负载对开关状态变化的响应时间相比必须足够短。要想取得良好的照明效果，必须提高调制频率。通常LED的调制频率为1～200kHz之间。

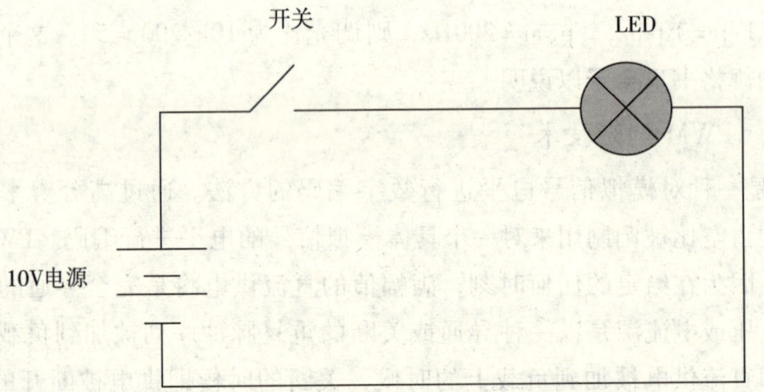

图3　使用PWM进行调光的理论示例电路

2. LED照明电路硬件系统构成

基于PWM的可调光大功率白光LED恒流照明电路如图4所示。核心控制单片机为89C52单片机。220V交流市电输入，由AC/DC开关电源将市电转换为12V的直流电源，给DC/DC驱动芯片供电，再由驱动芯片驱动光源。单片机给驱动芯片输入PWM波，起到调光作用。

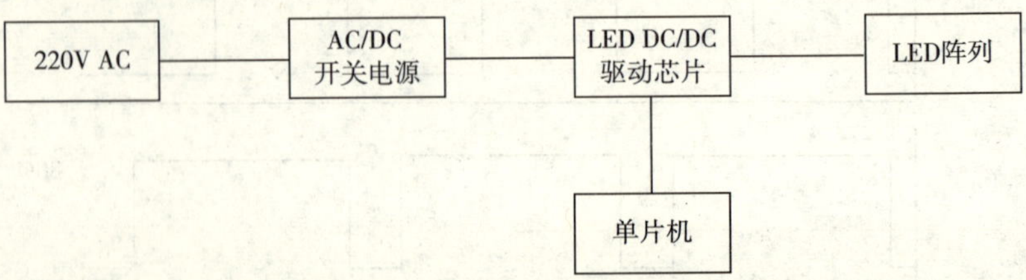

图4　可调光LED电路系统结构图

2.1　LED 光源

光源选用的灯珠为 3W 高亮白光 LED 灯珠，额定电压为 3.6～4V，额定电流为 680～700mA，光效为 550～600lm/W。灯珠 3 串为一组，共 4 组，每组由一片驱动芯片驱动。如果采用多路并联的方式，虽然成本会降低，但由于目前生产水平的限制，LED 产品的一致性并不能很好的保证，每个灯珠承受的电压及电流均不相同，无论是恒压驱动或是恒流驱动，某一灯珠损坏后，由于分压或分流的缘故，剩余灯珠承受的电压或电流会大大增加，使光衰严重，使用寿命大大缩短。在每路单独控制后，也有恒压驱动和恒流驱动两种方式来选择，恒压驱动的方式由于效率低、功率不稳定，亮度稳定性差等缺陷，会使 LED 使用不安全，寿命也无法保障，无法突显 LED 绿色节能的特性。而恒流驱动可消除正向电压变化所导致的电流变化，且转换效率及功率因数高，因此可产生恒定的 LED 亮度，保证系统的稳定性。

2.2　LED 驱动芯片

本系统所选用的 LED 驱动芯片为华润矽威科技有限公司生产的 PT4115 恒流驱动器。PT4115 是一款连续电感电流导通模式的降压恒流源，可以驱动一颗或多颗串联 LED。它的输入电压范围为 8～30V，输出电流可调，最大可达 1.2A。根据不同的输入电压和外围电路器件，PT4115 可以最多驱动功率高达数十瓦的 LED 阵列。同时，通过此芯片的 DIM 管脚可以进行模拟调光或 PWM 调光。本系统利用 PT4115 设计的驱动电路如图 5。工作原理为 PT4115 和电感（L）、电流采样电阻（RS）形成一个自振荡的连续电感电流模式的降压型恒流 LED 控制器。VIN 上电时，电感（L）和电流采样电阻（RS）的初始电流为零，LED 输出电流也为零。这时候，CS 比较器的输出为高，内部功率开关导通，SW 的电位为低。电流通过电感（L）、电流采样电阻（RS）、LED 和内部功率开关从 VIN 流到地，电流上升的斜率由 VIN、电感（L）和 LED 压降决定，在 RS 上产生一个压差 VCSN，当（VIN－VCSN）＞115mV 时，CS 比较器的输出变低，内部功率开关关断，电流以另一个斜率流过电感（L）、电流采样电阻（RS）、LED 和肖特基二极管（D），当（VIN－VCSN）＜85mV 时，功率开关重新打开，这样使得在 LED 上的平均电流为：

$$I_{OUT} = \frac{0.085 + 0.115}{2 \times Rs} = 0.1/Rs$$

2.3　单片机

出于成本考虑，选择 89C52 作为核心控制芯片。利用 89C52 的内部定时器来发 PWM 波到 P2 管脚，并设置两个按键用来增加和减小占空比，同时用数码管显示当前的占空比。原理如图 6 所示。

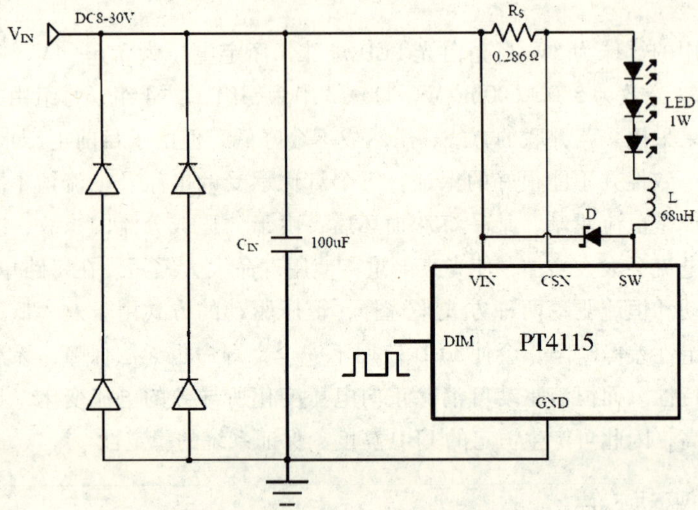

图 5　基于 PT4115 的 LED 调光电路系统结构图

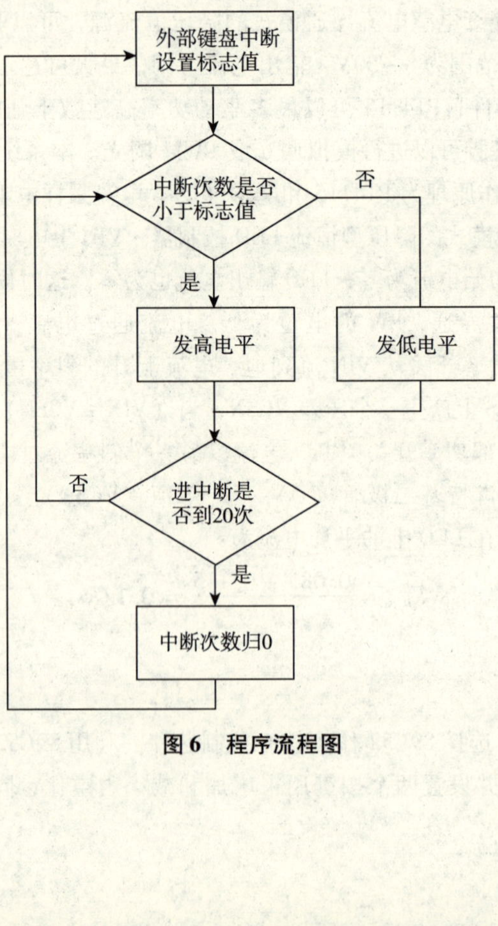

图 6　程序流程图

2.3.1 程序设计思路

为了使人眼分辨不出 LED 灯的闪烁，决定发频率为 1000Hz 的 PWM 波。为方便改变占空比，设定 50μs 进一次中断，每进一次中断发一次电平，由外部键盘中断设定一个标志值，当进入中断的次数小于这个标志值时发高电平，大于这个数值时发低电平，进 20 次中断为一个周期，由此改变占空比。

PWM 波形控制代码：

```
void time0 () interrupt 1
{
      TL0 = (65536 -50) % 256;
      TH0 = (65536 -50) / 256;
      a + +;
      if (a = = 20) a = 0;
      if (a < b) P2 = 0xff;
      else   P2 = 0x00;
}
```

2.4 AC/DC 开关电源

由 PT4115 的特性曲线图可知，在输入为 12V 时，PT4115 有较高的转换效率。虽然一路驱动 7 个 LED 效率会更高，但此时只要有一个 LED 出现故障，这一路 LED 都会出现故障，系统的稳定性将会大大降低，故选择了一款输出为 12V 的开关电源，每路驱动 3 个大功率 LED。

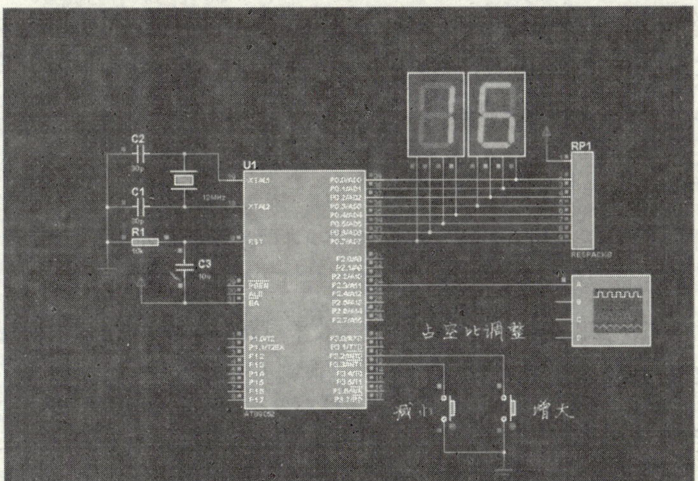

图 7 基于 proteus 的系统原理图

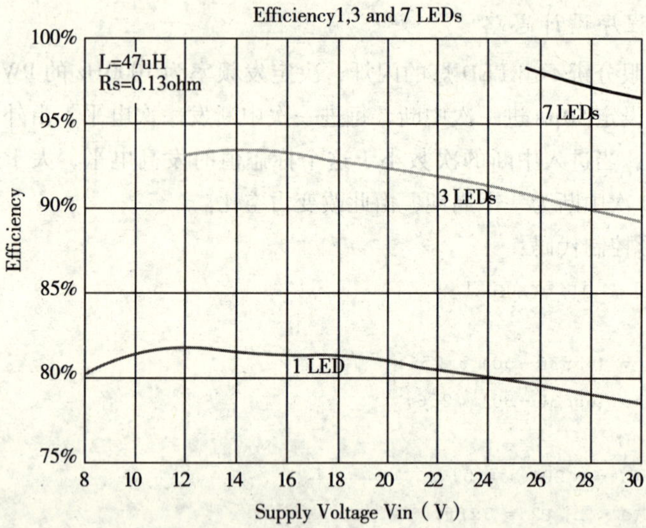

图 8 PT4115 基于不同输入电压及驱动不同数量 LED 时的工作效率

3. 测试结果

3.1 功率

每路 LED 的输入电压为 10V，输入电流 300mA，则三路的总效率约为 9W。根据所选 LED 的光效，光通量可达到 6490 ~ 7098lm。每个 LED 灯珠的压降约为 3.3V，之所以比额定功率略低，是因为在给 PT4115 选择采样电阻时，为保障 LED 阵列安全，所选采样电阻较大，输出电流略低于 LED 灯珠的额定电流。

3.2 效率

在不同的占空比下，LED 的发光效率是不同的。表 1 列出了不同占空比下的详细数据。

由表 1 可知，在占空比达到 100% 时，效率可达到 77%，符合预期，证明了 LED 照明的高效率特点。

3.3 稳定性

LED 照明的散热问题一直是阻碍 LED 发展的因素之一。本系统进行了稳定性的对比测试。我们为一路 LED 安装了散热片，在点亮 LED 阵列大约 30 分钟后，测试了

LED 灯珠的温度。有散热片的 LED 灯珠表面温度为 53℃左右，无散热片的 LED 灯珠表面温度为 76℃左右。可见，为 LED 加装散热片对于保障整个系统的稳定性来说是非常重要的。

表 1　　不同占空比时系统的输入输出数据

占空比	总输入电压	总输入电流	总输入功率	LED 每路输入电压	LED 每路输入电流	每路输入功率	总输出功率	效率
10%	12V	0.27A	3.24W	10V	0.05A	0.5W	1.5W	45%
20%	12V	0.33A	3.96W	10V	0.06A	0.6W	1.8W	48%
30%	12V	0.48A	5.76W	10V	0.10A	1W	3W	52%
40%	12V	0.55A	6.6W	10V	0.13A	1.3W	9.9W	57%
50%	12V	0.65A	7.8W	10V	0.15A	1.5W	4.5W	58%
60%	12V	0.71A	8.52W	10V	0.17A	1.7W	5.1W	59%
70%	12V	0.74A	8.88W	10V	0.19A	1.9W	5.7W	64%
80%	12V	0.77A	9.24W	10V	0.21A	2.1W	6.3W	68%
90%	12V	0.80A	9.6W	10V	0.22A	2.2W	6.6W	69%
100%	12V	0.97A	11.64W	10V	0.30A	3.0W	9W	77%

4. 研究结论

通过长时间的学习和研发，我们成功设计了一款效率较高且较稳定的 LED 可调光电路，证明 LED 光源是替代传统光源进行照明的理想选择。

当然，此系统某些方面可以进行进一步提高。

①解决在占空比较低时，系统效率较低的问题。

②添加系统可以根据外部环境进行自动调光的功能。

在此次项目结束后，我们小组不会停止研究的步伐，针对上述方面进行更深入的研究。

5. 结束语

近一年，我们小组在课余时间里全身心地投入到此次大学生科学研究与创业行动计划项目中，收获无疑是丰富的。从最开始确定方案，到进行硬件焊接，再到程序调试，到最后报告的撰写，一步步走来，无不饱含我们的汗水。这个项目饱含着丰富的知识与难点，对我们的理论知识、动手能力、分析问题及解决问题的能力都是很好的考验。记得在调试硬件电路时，每一次上电都会有新的问题出现，有时真的想过放弃，我们小组成员相互鼓励，并细心地分析与处理，最终克服了一道道难关，完成了预期的目标。

当然，在此期间离不开宋浩老师的悉心帮助，无论何时去找他，他总会放下手中的事情来为我们解决问题。在我们多次打不开思路时，是宋老师的精心点拨让我们又重新找到方向。同时还要感谢北方工业大学机电工程学院为我们提供良好的实验环境及实验设备。

参考文献

[1] 华润矽威科技有限公司，pt4115 datasheet
[2] 迈瑞科技有限公司，PWM 调光原理简介
[3] 胡汉才．单片机原理及其接口技术．北京：清华大学出版社，2009
[4] 张敏霞，孙丽凤，王秀鸾．C 语言程序设计教程．北京：电子工业出版社，2010

附录：单片机源程序

```
//===========================================
#include <reg52.h>
unsigned int a, b;
//-------------------------------------------
void main ()
{
    TMOD = 0x01;
    TH0 = (65536 -50) / 256;
    TL0 = (65536 -50) % 256;
    TR0 = 1;

    ET0 = 1;
    EX0 = 1; EX1 = 1;
    IT0 = 1; IT1 = 1;
    EA = 1;

    a = 0;
    b = 10;
    while (1);
}
//-------------------------------------------
```

```
void time0 () interrupt 1
{
      TL0 = (65536 -50) % 256;
      TH0 = (65536 -50) / 256;
      a + +;
      if (a = = 20) a = 0;
      if (a < b) P2 = 0xff;
      else   P2 = 0x00;
      P0 = ( (b / 10) < < 4) + b % 10;
}
//- - - - - - - - - - - - - - - - - - - - - - - - - - - - - - - - - - - - - -
void X0_ INT () interrupt 0
{
      b + +;
      if (b > 19) b = 19;
}
//- - - - - - - - - - - - - - - - - - - - - - - - - - - - - - - - - - - - - -
void X1_ INT () interrupt 2
{
      b - -;
      if (b < 1) b = 1;
}
//= = = = = = = = = = = = = = = = = = = = = = = = = = = = = = = = = = = = = =
```

基于五轴机床的离心式叶轮实体建模与实验研究

徐强　王彬　王丹　孙学明　梁鑫
指导教师：赵玉侠 副教授

［摘　要］整体叶轮是航空发动机的核心部件，其加工质量对发动机性能有决定性的影响。但由于其结构表面复杂，建模和加工都面临着极大的困难。本文对离心式叶轮进行实体造型，并以某离心式压缩机整体叶轮产品为例进行了加工验证，加工出了实体产品。

［关键词］离心式叶轮；刀具路径规划；五轴机床；五轴粗加工；干涉检查

1. 引言

整体叶轮是发动机的重要组成部件，广泛应用于航空、航天及其他工业领域，其加工质量对发动机性能有决定性的影响。叶片在工作中要承受复杂应力和微震动，因此对整体叶轮材料、机械加工工艺等都有极高的要求。然而，其叶片型面通常为自由曲面，结构复杂。发动机叶片的加工工作量约占整台发动机加工工作量的30%～40%。叶片加工的周期和质量直接影响航空发动机的研制周期。

由于整体叶轮叶片的形状是机械行业中最难加工的复杂曲面，所以叶轮的加工一直是技术难题，备受各国工业界的关注。发达国家在五坐标高效加工方面开展了深入的研究，较好地解决了薄壁叶片的数控加工变形问题。经过精密数控加工的叶片无需人工去除余量，精度高、制造周期短，与传统的制造工艺相比有很大的进步。但是，国内对叶轮加工领域的研究和应用，同发达国家相比，还有很大差距。针对这一情况，本文选用Pro/Engineer软件对实体叶轮进行造型，提出整体叶轮加工造型过程中需遵循的一般原则，并对整体叶轮数控加工的走刀路径进行了分析和研究，选取刀轴自动避让功能，并定义刀轴限界功能，避免了干涉问题，成功地将NC程序从standard软件中导入DEMAGE五轴机床；并以某离心式压缩机整体叶轮产品为例进行了加工验证，加工出了实体产品。

2. 整体叶轮的实体造型

叶轮类零件是一类具有代表性的复杂零件，广泛应用于压缩机等民用领域和航空航天涡轮等军用领域。其结构复杂，种类繁多，工作型面的设计涉及空气动力学等多个学科，因此曲面造型质量、加工手段等对叶轮性能参数都有很大的影响。精确的几何实体造型是叶轮数控加工的必要前提，研究整体叶轮的实体造型具有重要意义。论文主要基于 Pro/ENGINEER 曲面造型系统，研究了整体叶轮实体造型的一般原则和具体过程。

如图 1 所示是某型号离心式压缩机的基本组件之一。其几何形状的名称可分为轮毂和叶片两部分，而叶片又包含包覆曲面、压力曲面及吸力曲面。其中主要的参数包括：叶片截面上的离散点的数据及包覆曲线、轮毂曲线、包覆端曲面和轮毂端曲面。

图 1　离心式压缩机整体叶轮

整体叶轮的实体造型主要包括创建叶片实体和轮毂实体两部分。叶片曲面为光顺性、连续性要求较高的自由曲面，其截面线是复杂的自由曲线，因此叶片实体造型难度较大。目前的主要造型思路是，先创建截面线，再采用通过截面线（Through curves）的方法进行叶片的曲面造型。轮毂的创建较为简单，在草图方式下创建截面线串，通过旋转（Revolve）命令对截面线串旋转，创建轮毂回转体。可见，叶片实体的造型是整体叶轮造型的关键。

2.1 叶片的创建

2.1.1 叶片造型方法分析

叶片的实体造型是整体叶轮造型工作的关键部分，其设计要求较高，曲面特征也较复杂。叶轮的设计图纸提供了叶片截面的点数据如图2（a）和图2（b）所示。轮毂曲面的旋转曲面点数据如图2（c）所示。叶片基于PRO/ENGINEER的曲面造型，通常采用通过截面线的方法。

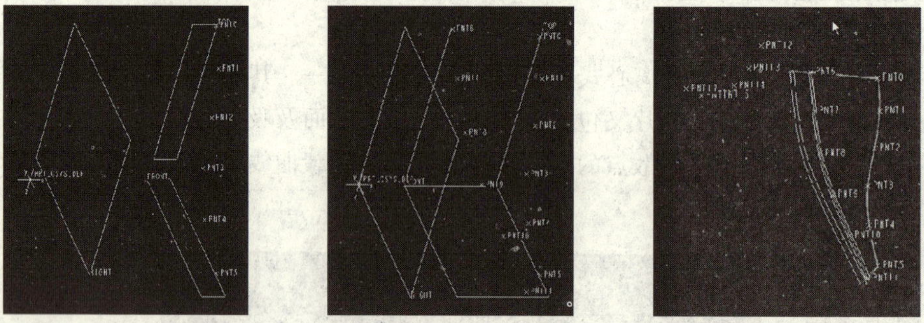

（a）包覆曲线的点数据　（b）增加的轮毂曲线的点数据　（c）轮毂曲面的旋转曲面点数据

图2　叶片模型点数据

2.1.2 建立叶片空间截面列表曲线点坐标

根据获得的截面列表曲线坐标点，定义叶片的包覆曲线和轮毂曲线，如图3所示。

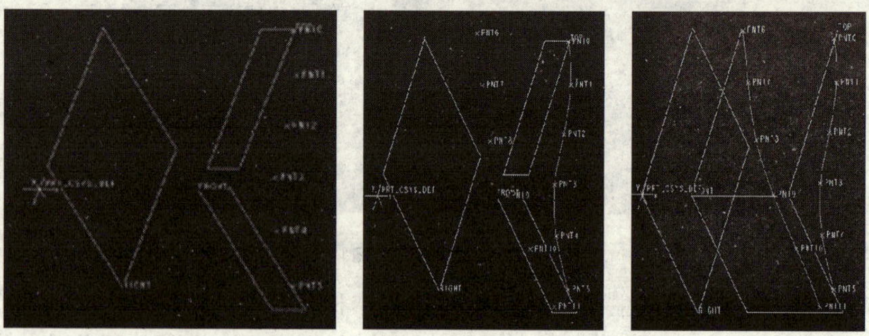

图3　曲线坐标点定义的叶片包覆曲线和轮毂曲线

分别完善叶片的顶部曲面、底部曲面、叶片前后方曲面后，初步形成叶片雏形，隐藏坐标系以及空间截面点坐标后，形成叶片实体建模，如图4所示。

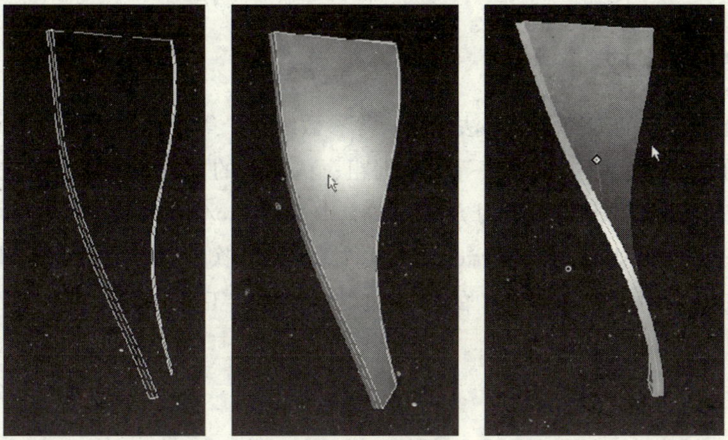

图4　叶片实体造型

2.2　轮毂的创建

轮毂的创建较为简单，本文是在草图方式下创建截面线串，利用旋转命令对截面线串旋转，创建轮毂回转体，如图5所示。

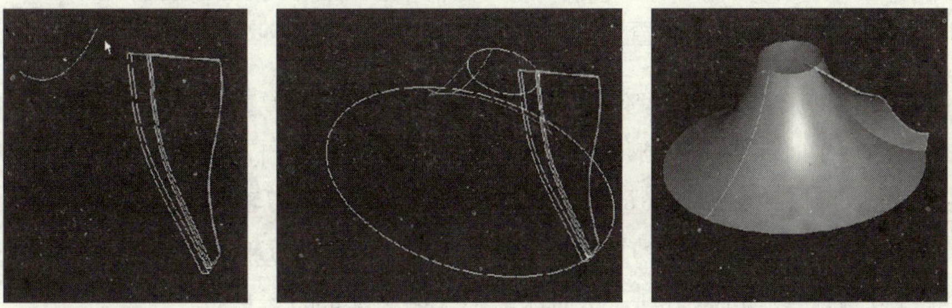

(a)　　(b)　　(c)

图5　轮毂的创建

2.3　创建整体叶轮

把生成的叶片实体进行复制、镜像，生成6个叶片，并分别对每个叶片进行变倒角处理，将各个实体部分进行修正，最后创建整体叶轮实体，如图6所示。

图6　叶轮实体造型

3. 刀位轨迹生成

参数曲面加工的刀路生成方法包括：等参数线法、等距截平面法、等距偏置法、等残留高度法和自适应等参数法等。根据粗、精加工的要求不同以及叶轮轮廓各部分曲面的不同，选用不同的走刀方式。本文中采用 Pro/Engineer 造型的叶轮实体模型，通过 PowerMill 内置的 PS - Exchange 软件，直接转换并导入到 PowerMill 中。本次叶轮的加工就选用策略选取器中的叶盘加工。叶盘加工又分为叶盘区域清除模型、轮毂精加工、叶片精加工。

3.1 切削刀具的选择

根据本文的整体叶轮的曲面特征，分别为毛坯粗加工、轮毂精加工和叶片精加工选取不同的刀具。对于毛坯粗加工，选用环形刀具，有利于提高切削效率；对于轮毂精加工，由于该叶轮叶片间的流道细长，球形铣刀在铣削轮毂曲面时易发生干涉现象，因此选用锥形球头铣刀，有利于提高刀具的刚度；对于直纹叶片，选用圆柱铣刀（端铣刀），可以显著提高切削的效率和质量。

3.2 刀具避让及干涉检查

五轴数控机床的先进除了仅需一次装夹定位即能完成复杂形体零件的全部加工，节省大量的加工时间外，还新增了自动避免碰撞功能，使自动五轴编程成为了现实。使用此功能，可以按照编程人员设定的碰撞间隙自动调整刀轴，在五轴加工不到的部位自动避让刀轴，在五轴不会产生碰撞的部位又自动恢复五轴加工状态。全部刀具路径都经过过切检查和机床仿真，从而保证了人员及设备的安全。

4. 加工仿真和产生 NC 程序文件

4.1 叶轮的模拟加工

进行了刀具避让和干涉检查功能后，再进行另一项检查就是模拟加工检查。按照既定的加工策略和选择好的刀具，以及生成好的走刀路径，可以进行毛坯的粗加工、轮毂的精加工和叶片的精加工。

4.1.1 叶轮的模拟粗加工

叶轮的毛坯粗加工以快速切除毛坯余量为目的，在粗加工时应选用较大的进给量和尽可能大的切削深度，以便在较短的时间内切除尽可能多的切屑，因此粗加工对毛坯的加工精度要求不高。为了提高毛坯的加工效率，我们选择了三轴数控机床进行毛坯粗加工。叶轮的模拟粗加工如图 7 所示。

与叶轮毛坯的粗加工相比较，轮毂精加工主要考察的加工指标是轮毂表面的加工精度。我们选用球头刀按照轮毂曲面方向逐行走刀，加工出叶轮轮毂。在 PowerMill 软件中，加工叶轮轮毂的模拟部分如图 8 所示。

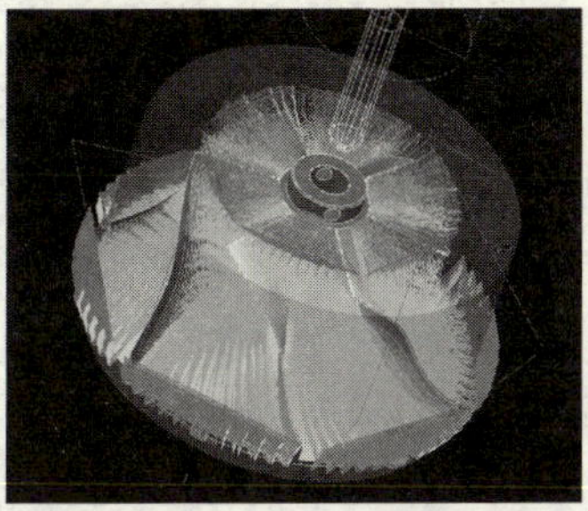

图 7　叶轮的模拟粗加工

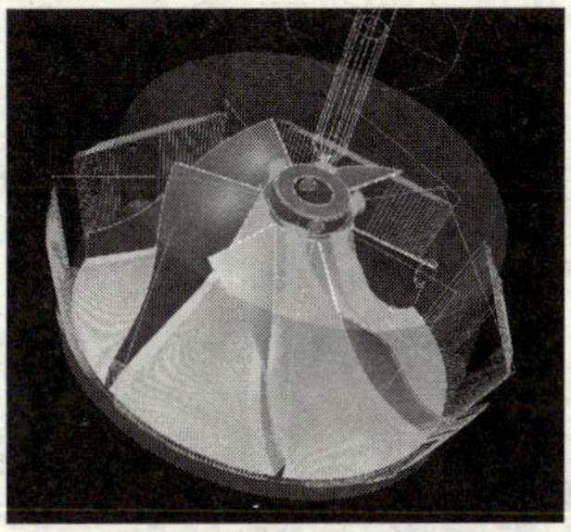

图 8　轮毂精加工

4.1.2　叶轮叶片的模拟精加工

叶片的精加工是加工叶轮的最后一步，叶片的加工工作量约占整个机器加工工作量的 30% ~40%。叶片在工作中要承受复杂应力和微震动，因此对叶片的加工有极高的要求。叶片加工的好坏是叶轮好坏的关键。在 PowerMill 软件中，叶片精加工的模拟部分如图 9 所示。

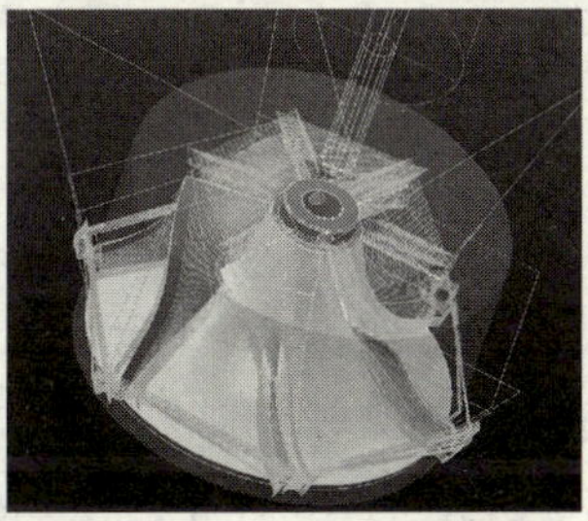

图 9　叶轮叶片的模拟精加工

4.2　NC 程序文件代码

经过刀具避让、干涉检查和模拟加工后，确定无错误和失误后，就可以将加工策略生成为走刀路径，其后就可以将走刀路径生成 NC 文件。

PowerMill 的后处理文件采用的是文本结构，虽然目前 Delcam 公司并没有公开其后处理文件的编制方法，但从目前发布的机床后处理文件分析，PowerMill 后处理文件采用的是自然语言结构。用户可以根据自己的需要，对后处理程序进行修改和优化。

数控机床就是通过读取这种语言，机床也就是接受这种命令，按照既定的刀具轨迹规划进行走刀加工。

5. 实际加工离心叶轮

本文叶轮加工是利用 Delcam - PowerMill 软件进行 NC 程序编程，并完成传接，最终在北方工业大学数控中心 DMU60P hidyn 五轴加工中心上完成加工。粗加工采用顶端喷射切削冷却液，S = 1500，F = 200，切削量 = 1.5mm。粗加工完成的叶轮如图 10（b）所示。轮毂粗加工和叶片精加工的参数是 S = 1500，F = 300，切削量 = 1mm。精加工完成后的叶轮如图 10（c）所示。

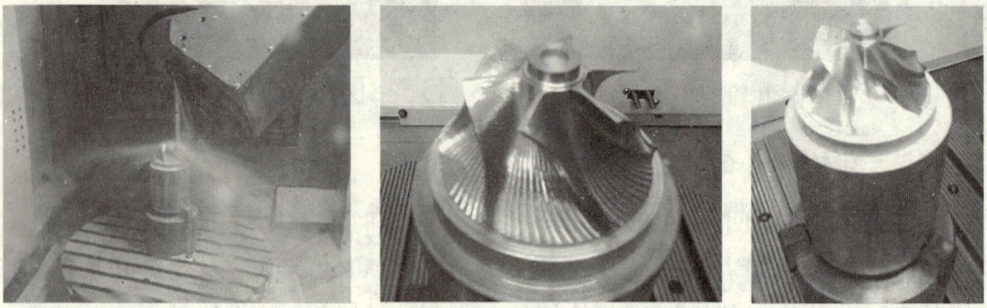

（a）毛坯粗切削　　（b）粗加工完成的叶轮　　（c）精加工后的叶轮

图 10　叶轮的实体加工

6. 结论

本文针对具有复杂型面的叶轮，通过 Pro/Engineer 进行三维实体造型，运用了 PowerMill 对整体叶轮加工轨迹进行了规划、加工仿真，有效地避免了相邻叶片之间由于空间小而产生的碰撞干涉，并产生 NC 程序，在 DMU60P hidyn 五轴加工中心完成了某离心式压缩机整体叶轮。结果表明方法是可行的，对复杂结构的造型、加工具有指导意义。

文中没有考虑叶片加工中的受力变形问题。叶片的加工过程是一个复杂的动态过程，刀具的切削力会使叶片产生变形，这使叶片加工的精度降低。叶片变形将成为后续研究工作的重点之一。

整体叶轮的五坐标数据加工要求比较严格，仍有许多问题需要完善，比如如何进一步提高加工质量和加工效率等。

参考文献

[1] Chen S, Wang W. Computer aided manufacturing technologies for centrifugal compressor impellers. Journal of Materials Processing Technolgy, 2001, 115

[2] Huang X, Gu P, zernicke R. Localization and comparison of two free - form surfaces. Computer - Aided Design, 1996, 28 (12)

[3] 杨勇生. 数控加工编程中刀具干涉的研究现状及存在问题. 计算机辅助工程, 1999, 4

[4] 庄伟娜, 周来水. 整体叶轮实体造型与五坐标数控加工技术研究. 南京: 南京航空航天大学, 2008

[5] 赵素芳, 云乃彰, 许文砚等. 带冠整体叶轮通道加工方法的分析和探索. 航空制造技术, 2004, 4

[6] 赵海晖, 孟垂成, 牛文杰. 离心泵叶轮虚拟样机建模与仿真. 石油矿场机械, 2007, 36 (09)

[7] 陈陈晖, 刘华明, 孙春华. 国内外叶轮数控加工发展现状. 航天制造技术, 2002, 2

[8] 宫虎, 曹利新, 刘健. 数控侧铣加工非可展直纹面的刀位整体优化原理与方法. 机械工程学报, 2005, 41 (11)

[9] 于源, 赖天琴. 基于特征的直纹面5轴侧铣精加工刀位计算方法. 机械工程学报, 2002, 38 (6)

[10] 任军学, 张定华, 王增强等. 整体叶盘数控加工技术研究. 航空学报, 2004, 25 (02)

[11] 刘军. 航空发动机研制中的叶片加工工艺探讨. 航空发动机, 2000, 3

[12] 陈田, 殷国富等. 参数化特征造型技术在水泵叶轮设计中的应用. 机械设计与研究, 2000, 2

基于逆向工程的关节曲面重构研究

王恩远　张琪琪　王丹　谭龙莉　郭贵宾

指导教师：林宋 副教授

[摘　要] 本文在逆向重构膝关节曲面的过程中，研究了点云数据获取、点云预处理、曲面重建拼接以及精度控制等几大关键技术。本文首先比较了接触式和非接触式测量两种方法的特点，其次在点云数据预处理方面提出了去除噪点的一种新方法，最后分析和比较了多种曲面造型工具的使用方法和优缺点，并对重构曲面的精度进行了分析。

[关键词] 逆向工程；三坐标测量；自由曲面重构；曲面拼接；精度评价

1. 绪论

逆向工程是近年来的研究热点之一，它是对已有的实物模型进行三维数字化扫描测量，构造实物的CAD模型，并利用各种成熟的CAD/CAE技术进行再创新的过程。本文研究了基于逆向工程的膝关节曲面重构过程，并对其进行了精度分析。首先使用三坐标测量仪获取样件表面的数据，再通过专门的点云数据处理软件进行点云数据的预处理，然后进行曲面与三维实体重建和三维造型，在此基础上进行曲面与原始点云的误差分析。

2. 点云数据测量与处理

2.1　点云数据获取

点云数据获取有接触法和非接触法两种，本文分别使用这两种方法测量的点云如图1所示。这两种方法对比见表1。

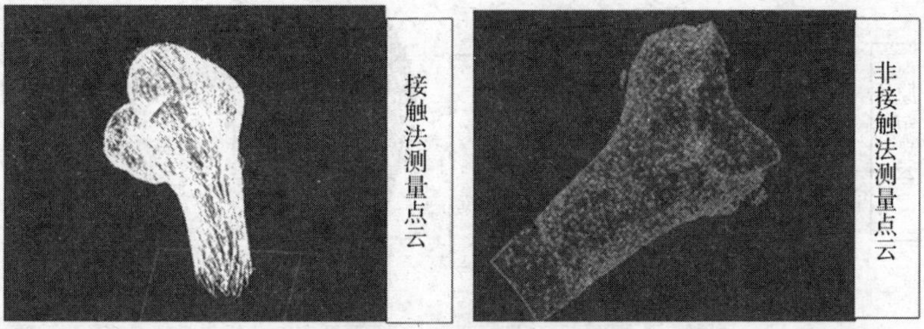

图1　接触法与非接触法测量点云对比

表1　两种测量方法的对比

测量点云设备	测量精度	测量时间	点云			限制条件	后处理情况
			分布	疏密	噪点情况		
FaroARM 三坐标测量仪	较高	3h	不均匀	稀疏	较多	材料不能过软，且无内腔	需向内偏置点云
Vivid 9i 型激光扫描仪	高	3min	均匀	密集	较少，但有空洞	不能有内腔	需拼接点云

由于激光扫描仪测量的点云有较多空洞，丢失较多点云信息。故本文采用三坐标测量臂测量的点云作为进一步处理的基础。

2.2　数据光顺

点云噪点不仅影响测量精度，而且还会给后续建模带来极大困难，因而有必要对点云数据进行平滑滤波处理。常见的数据光顺滤波方法有均值滤波法、中值滤波法、高斯滤波法等。

①均值滤波法的基本思想是取滤波窗口内各个数据点的平均值来替代原始数据点。该法操作简单，对高斯噪声有很好的平滑能力。

②中值滤波法的原理是用该点的一个邻域中各点值的中值代替原始点的值。该法对于变化较缓和区域的数据平滑很有效，并且能够更好地保护边界，但不能很好地对细节数据进行平滑。

③高斯滤波法是依据高斯函数的形状选择权值的线性平滑处理方法。其对于服从正态分布的噪声去除效果很好，在滤波时能使原有数据的形貌得到很好的保持，但不能完全剔除掉噪声点。

对上述滤波方法对比发现：若对复杂曲面的点云直接进行滤波，无论哪一种滤波都不能产生很好的效果，需抽取出单一的截面线点云而后对其滤波，才能收到较

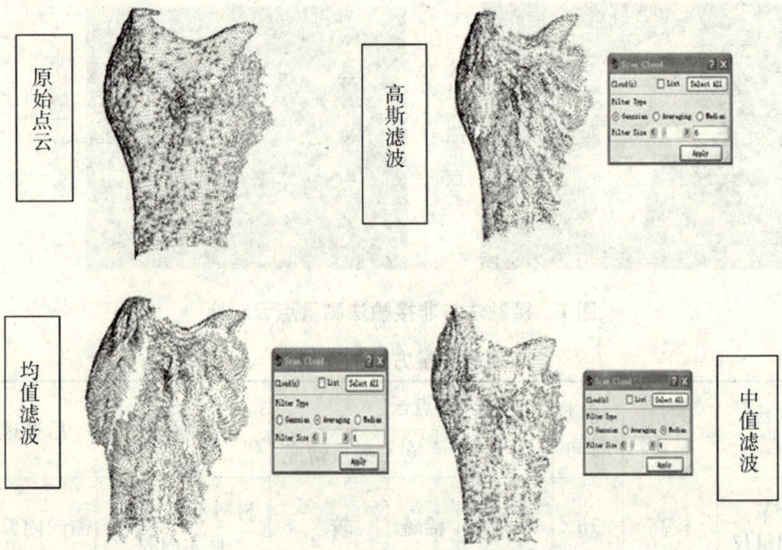

图2 数据光顺对比

好的效果；中值滤波一般不会在点云内部产生噪点，能有效地保护边界，可是却不能够很好地对细节数据进行平滑；对复杂曲面直接滤波，高斯滤波法和均值滤波法有可能会在点云内部产生新的噪点。

2.3 去除噪点

目前，噪点去除有人工去除和软件去除两种方法。有时点云数据量非常大，单纯人工去除噪点不仅费时费力，而且仅凭肉眼很难做到完全去除噪点，而软件去除噪点目前在理论上不太成熟，真正用于商业化的软件不多，效果也不十分理想。本文在研究膝关节点云去噪的过程中，利用 Imageware 软件提出一种新的方法，其步骤如下。

①打开膝关节点云，调整点云。使用 Measure—Distance—Between Points 测量 Z 方向上点云间的最小距离，测得为 0.2mm。

②使用 Construct—Cross Section—Cloud Parallel 选项创建截面点云，设置间隔为 0.2mm（Z 方向上点云间的最小距离），截面数量覆盖全部点云，将点云截取成分层的截面线形式。

③使用 Modify—Smooth—Scan 选项对抽取到的截面线进行光顺，选择一合适光顺因子，Filter Type 选择 Median（中值），Filter Size（1 ~21）选择 7。

④使用 Modify—Extract—Scan Lings 抽取扫描点云。

⑤逐次显示抽取出的每层点云，并人工去除噪点。

⑥使用 Modify—Merge—Clouds 选项将所有抽取出的截面点云合成一新的点云。新旧点云对比如图 3。

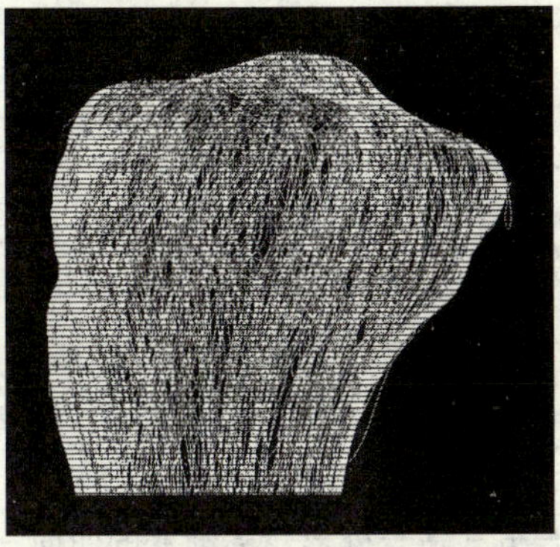

去噪之前

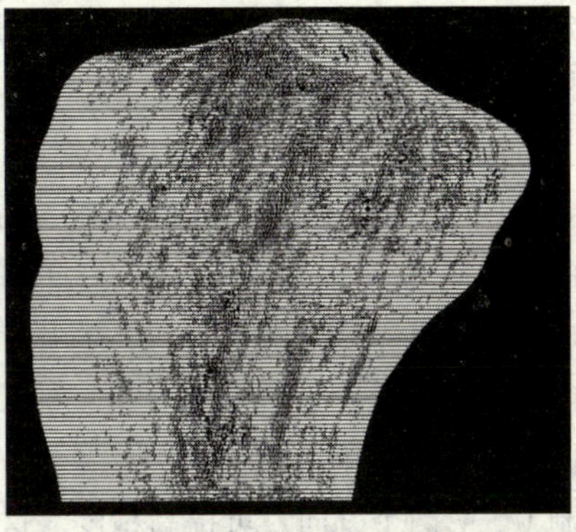

去噪之后

图 3　去噪效果比较

对比分析发现，噪点绝大部分都明显消除，同时点云也更为均匀和光顺。该法去噪快捷，可极大提高去除噪点的效率，同时也对数据进行了光顺，一举多得。

3. 自由曲面重构

自由曲面重构是逆向工程的重要环节，根据曲面拓扑形式的不同，目前三维曲面重构主要有两种方法。

①以三角 Bezier 曲面为基础的曲面构造方法。

②以 B - Spline 曲面或 NURBS（非均匀有理 B 样条）曲线、曲面为基础的矩形域参数曲面拟合方法。由于 Imageware 软件的点云数据处理效果好，曲线曲面建模工具丰富，且可实时监测与调整曲面建模的精度。故本文使用该软件作为曲面建模工具。

3.1　曲线曲面工具选用

NURBS 方法以其优良的整体光滑曲面拟合特性而受到普遍重视，成为曲线、曲面生成技术的主要工具。当前 NURBS 对权因子的适用性还没有很好的界定，一般采用 B 样条曲线、曲面。Imageware 提供的基于 B 样条的曲面创建工具共有四种，即 Tolerance Curve（公差拟合曲线）、Uniform Curve（均匀曲线）、Interpolate Curve（插值曲线）和 3D B - Spline（手工绘制曲线）。从点云与曲线的误差来看，均匀曲线与点云的误差相对较大，其他三种拟合方式中插值曲线的误差最小，公差曲线次之；从控制点的数量来看，由于公差拟合曲线和插值曲线力求将点控制在公差范围以内，因而控制点分布偏多，且较散乱；就光顺性分析，均匀曲线具有良好的光顺性，在创建高质量曲面时应用较多，手工绘制曲线能最大限度保留原始点云信息，但其光顺性不好。

Imageware 提供了如下由点云创建自由曲面的丰富造型工具。

①Loft（放样）：主要原理是将多条沿某个方向（U 向或 V 向）平行或近于平行的曲线串联起来生成曲面。对于封闭曲线簇，要求对齐起始点而且方向一致。用来生成曲面的曲线在边界最好一致。影响 loft 曲面最终生成质量的因素主要有起始点、方向及曲线的节点。提高拟合精度的措施，一是减小曲线间隔距离，增加曲线数量，但曲线过多会影响曲面品质；二是选择 Construct - Surface - Bi - Dircetional Loft 命令，控制 U、V 两个方向，可提高精度。这种曲面拟合方式适合外形轮廓渐变的曲面。

②Blend with Boundaries（边界曲面）：该曲面主要用四条边界（当边界曲线为曲面的边界时，相切，曲率连续性选项便变为可选），因而该法在小范围内曲面建模非常实用快捷。直接利用边界构造曲面（见图4），其最大误差为1. 2812mm，平均误差为0. 3419mm。然而，将曲面分片之后，再利用此工具建模分片，其最大误差已降至0. 7039mm，平均误差为0. 1145mm。由此可知：该造型工具在点云较平坦处误差较小，对于曲面分片后可以极大地提高拟合精度。

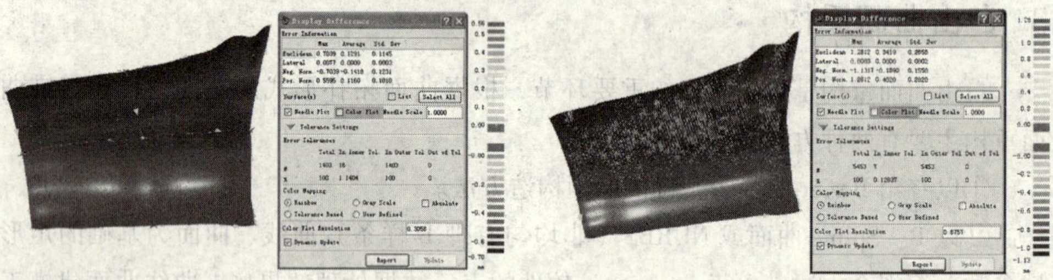

未分片　　　　分片后

图4　分片比较

③Uniform Surfaces（均匀曲面）：均匀曲面命令 Construct—Surface from Cloud—Uniform Surface 用点云直接拟合成曲面。适合对平滑、曲率变化不急剧的点云进行曲面建模。实际应用中，常将点云分成小区域的平坦点云，而后再使用此工具以提高拟合精度。

④Blend UV Curve Network：通过一组横向曲线和另一组与之相交的纵向曲线构成曲面。其特点是在两个方向上曲线数量不受限制，横向与纵向曲线数量越多，拟合精度越高，但曲面光顺性会有所下降。对比发现，UV 方向曲线数增加后精度得到

明显提高，最大误差降至 -0.1385mm，平均误差降至0.0185mm（见图5）。

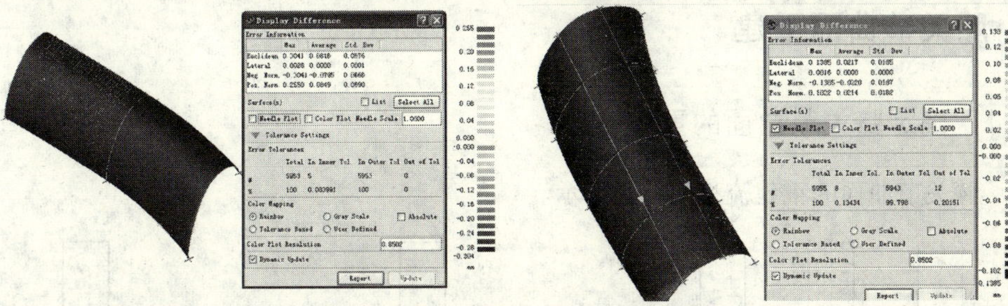

图5 精度与UV方向曲线数的关系

⑤Surface Fit w/Curve and Cloud：此工具以四条边界和四条边界之间的点云来生成曲面，这使得生成的曲面更接近点云，因而点云与曲面的误差会更小，同时还提供了一个光顺选项来对生成的曲面进行光顺。该法最大误差仅为0.0788mm，平均偏差仅为0.0091mm，在几种曲线拟合曲面工具中精度最高（见图6）。缺点是对原始点云分布均匀性要求较高，若点云不均匀，有可能会产生意想不到的曲面（见图7）。

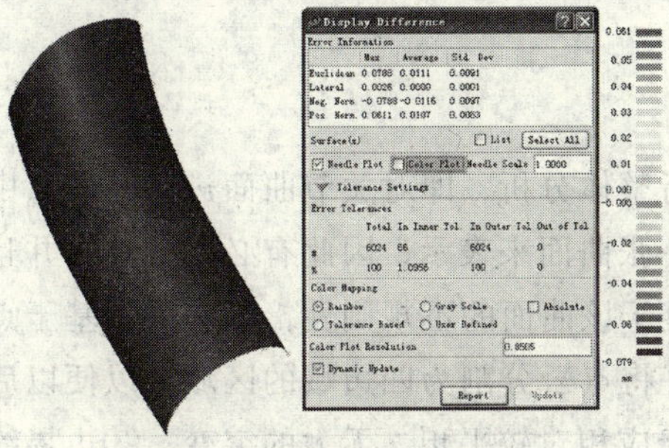

图6 点云拟合曲面精度

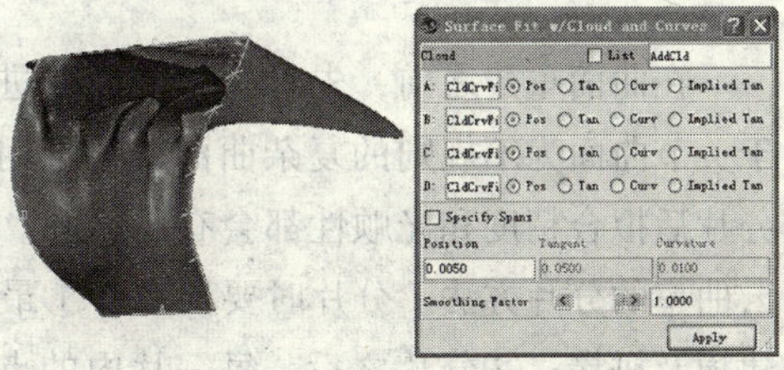

图7 异常曲面（点云不均时）

3.2 曲面拼接

由于曲面零件的复杂性，往往不能由单片曲面很好地表达待测物体，而需要多片曲面来表示。这就存在如何将多片曲面进行光滑拼接的问题，即曲面在连接处实现 G^n 连续的问题。一般常用描述有 G^0、G^1、G^2、G^3 连续。G^0 连续又称位置连续。G^1 连续又称相切连续，是指曲面或曲线点点连续且所有连接的线段、曲面片之间都相切。G^2 连续又称曲率连续，是指曲面或曲线点点连续且曲率连续变化。G^3 连续又称曲率相切连续。Imageware 软件提供了几种曲面拼接工具，如 Blend、Merge、Continuty 中的 Match 等，易于实现曲面之间的拼接。

4. 膝关节曲面重建

4.1 确定膝关节曲面的重建流程

膝关节曲面的重建流程如图 8 所示。

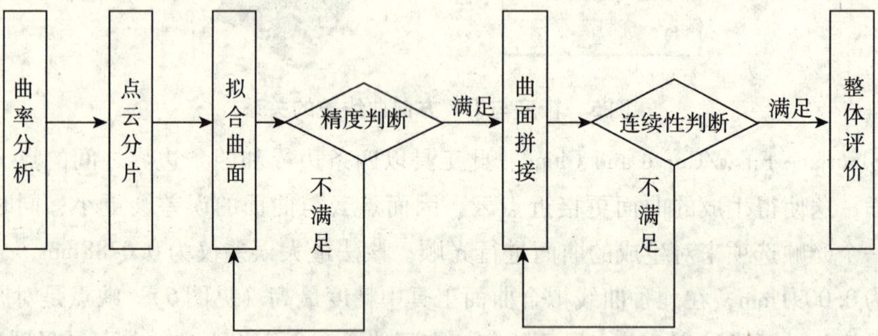

图 8 膝关节曲面的重建流程

4.2 膝关节点云分片

在曲面重建之前，先对膝关节曲面进行整体分析，即对关节曲面进行分解。由于关节曲面为不规则的复杂曲面，很难用一张曲面来表示，因此有必要分片，并且分片后拟合精度和光顺性都会有所提高。鉴于该曲面的不规则性，本文采用基于点云曲率的分片方法。分片时要注意：①最好将点云分割为四边域的区域，以便以后建模及拼接；②分片之后，每一片内的点云应相对较平坦，无大的突变；③边界线应尽量平直，以便于拼接。分片结果见图 9。

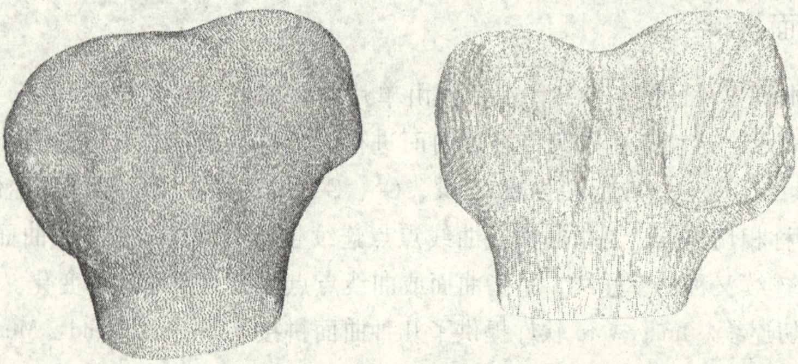

图 9 点云分片

4.3 分片点云的拟合

关键是选用最合适的曲面工具拟合每一片内的点云，应根据区域内的点云来具体选择哪种曲面。在满足精度的情况下，尽可能不用 Surface Fit w/Curve and Cloud，原因是它生成的曲面虽然精度高，但曲面控制点较多，曲面光顺性不好，不利于后续曲面拼接。生成曲面后，应首先使用 Measure - Surface to Cloud Difference 选项查看曲面与点云的精度误差。若满足精度要求，则查看曲面光顺性，进而使用 edit surface 功能或 parameterization 对曲面相关参数进行微调或优化，以提高生成的曲面质量。若不满足精度要求，一般用如下方法处理：①若最大偏差出现在极为窄小的区域内，则可使用右键 edit - surface，进而对个别控制点进行空间位置的微调。②若偏差涉及范围较大，则考虑换用别的曲面建模工具或者返回修改参数，重复这一过程直至精度满足要求为止。

4.4 曲面片的拼接

曲面片间的拼接好坏直接影响最终模型外观，Imageware 中提供了 Blend、Merge、Continuty 中的 Match 工具来实现曲面片间拼接。曲面拼接时应先使用 Evaluate - Continuity - Multi - Surface，查看曲面之间的连续性，查看曲面相接处的距离，若距离较大，则可使用 edit - surface 选项调节控制点时两区面相接触的控制点重合，即实现曲面片之间拼接；若距离相对较小，则可使用 Match 工具来使两区面片间实现连续；若有些地方实在不能实现拼接，可使用 Modify - Snip - Snip surface 先将曲面边缘修剪，再使用 Blend 工具使两曲面连接，但此法不易实现曲面之间的相切连续以及曲率连续。

4.5 精度评价以及连续性评价

先使用 Measure - Surface to Cloud Difference 选项来查看整体曲面与原始点云的误差，一般满足要求，再使用 Evaluate - Continuity - Multi - Surface 选择所有曲面，来查看曲面之间的相接连续性，软件会自动计算不连续的地方并显示出来，这时可右击相应曲面，在弹出的浮动菜单中选择编辑曲面，对曲面相接处的控制点进行微调，使两曲面相接处的控制点重合，以实现位置连续。最终完成曲面及精度评价见图 10。

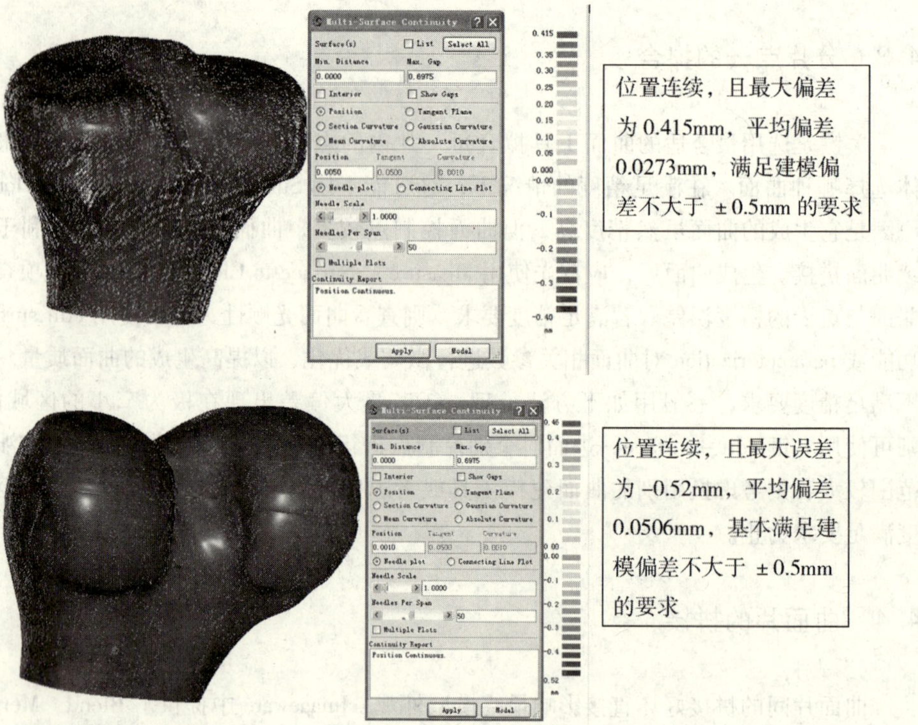

位置连续，且最大偏差为0.415mm，平均偏差0.0273mm，满足建模偏差不大于 ±0.5mm 的要求
位置连续，且最大误差为–0.52mm，平均偏差0.0506mm，基本满足建模偏差不大于 ±0.5mm 的要求

图 10　建模完成效果

5. 结束语

本文在膝关节曲面的逆向过程中，应用 Imageware，研究了点云数据获取、点云数据处理和曲面重构等技术，并对重构的曲面进行了精度和连续性评价，较好地完成了设计要求。但由于在点云分片以及拼接方面经验不足，导致曲面在有些地方仅实现了位置连续，而未实现相切连续或者更高阶的曲面连续，有待今后进一步改进。

参考文献

[1] 李刚．基于逆向工程的自由曲面重构技术研究．山东大学硕士学位论文，2009
[2] 李晓丽，孙小刚，谢彬彬．Imageware 中光滑拼接曲面的方法．中国制造业信息化，2008（5）
[3] 纪小刚，龚光容．重构曲面精度评价方法研究．机械科学与技术，2008（11）

非特定人孤立词语音信号采集与识别系统设计与分析

张琳　李京知　刘金晶

指导教师：徐建宁 副教授

［摘　要］本文介绍了非特定人孤立词语音识别的过程，分析设计了预处理、端点检测和特征参数提取的算法和原理，以短时过零率作为特征参数，用梅尔倒谱系数进行特征参数的提取，着重介绍了动态规整时间（DTW）算法以及它在 MATLAB 中的实现。另外，本文的一大亮点在于充分结合了 MATLAB 和 LABVIEW 两大软件的优点，以 MATLAB 为语音信号的处理工具、LABVIEW 为显示工具，通过 MATLAB SCRIPT 在 LABVIEW 中将 MATLAB 中的处理结果进行显示，最终直观地展示出非特定人孤立词语音识别的结果。

［关键词］DTW；MATLAB；LABVIEW；语音识别

1. 研究背景及意义

1.1　课题主要研究内容论述

语音识别是近年来十分活跃的一个研究领域。随着技术的深入研究，目前已经得到了广泛的应用。在这些实际应用中，孤立词占据着极其重要的位置。孤立词语音识别系统主要应用于自动控制，如驾驶、机器人操纵、仪器设备操纵以及手机拨号、智能玩具、家用电器操纵，尤其当人手已被占用或无法使用而必须进行声音控制时，更可以起到不可替代的作用。本文以 LABVIEW 软件平台为主要应用软件，DTW 算法为主要原理，通过在 LABVIEW 中 MATLAB 程序的调用，对孤立词语音命令识别系统进行了研究。

本研究有三个主要任务：

①完成语音信号的采集，使用麦克风对多人进行“开灯”、“关灯”的声音录音，完成采集。

②编写及调试 MATLAB 语音信号处理、匹配模板训练程序及调试，主要包括预处理、端点检测、特征参数提取和模板训练匹配的算法原理和分析。

③编写 LABVIEW 显示界面并调用 MATLAB 程序完成语音的匹配，主要完成 LABVIEW 显示界面的软件系统设计及 MATLAB 程序在 LABVIEW 中的调用。

1.2 课题设计的目的与意义

从目前语音识别理论发展的现状来看，非特定人、大词汇量、连续语音识别特定人的连接词和孤立词语音识别的理论和实践都已较为成熟，完全可以应用于一些对识别率要求不十分苛刻的场合，如语音拨号机、声控家电和智能玩具。因此研制一些有限词汇（有限命令集）识别系统对将来语音识别技术扩大应用范围、推向市场以服务于社会有着非常重大的作用。

2. 孤立词语音识别系统研究

2.1 孤立词语音识别系统的基本结构

语音识别系统本质上是一种模式识别系统，包括特征提取、模式匹配、参考模式库三个基本单元。总体框图如图 1 所示。

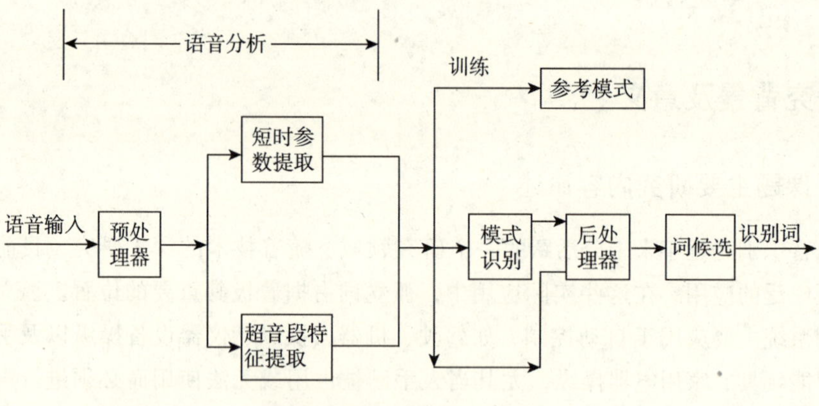

图 1　孤立词语音识别系统

待识别的语音经过话筒变换成电信号（即语音信号）后加在识别系统输入端，先经过预处理，再根据认得语音特点建立语音模型，分析输入的语音信号，并抽取所需特征，从而建立语音识别所需的模板，计算机将对已存放好的语音模板和输入的语音信号的特征进行比较，根据一定的搜索和匹配策略，找到一系列最优的与输入语音匹配的模板，而这种最优的结果与特征选择、语音模型的好坏、模板是否精确都有很大关系。

2.2 语音前期处理

2.2.1 预处理

采样前要先对语音信号进行预滤波处理，防止其他信号干扰。语音信号是时间和幅度都连续变化的一维模拟信号，要想在计算机中对它进行处理，就要先进行采样和量化，将它变成时间和幅度都是离散的数字信号。语音信号经过预滤波和采样后，由 A/D 变换器变换为二进制数字码。之后再对二进制数码预加重。预加重的目的是加强语音中的高频共振峰，使语音信号的短时频谱变得更为平坦，还可以起到消除直流漂移、抑制随机噪声和提高清音部分能量的效果，便于进行频谱分析和声道参数分析。此外，通常的方法是使用一阶零点数字滤波器实现预加重。最后在分帧加窗得到一个更好的语音信号的序列。

2.2.2 端点检测

语音端点检测是语音信号处理中的一个基础问题，其任务是准确判断语音信号流中有语义信息的信号起止端点，被广泛应用于语声应答系统、语音识别系统和说话人识别系统中。

目前，语音信号的端点检测主要方法有短时能量和短时过零率。

信号｛x（n）｝的短时能量定义为：$E_n = \sum_{m=-\infty}^{\infty} [x(m) \cdot w(n-m)]^2$

语音信号的短时平均幅度定义为：$M_n = \sum_{m=\infty}^{\infty} | x(m) | \cdot w(n-m)$

其中 w（n）为窗函数。

2.2.3 短时过零率

短时过零率表示一帧语音信号波形穿过横轴（零电平）的次数。过零分析是语音时域分析中最简单的一种。对于连续语音信号，过零意味着时域波形通过时间轴；而对于离散信号，如果相邻的取样值的改变符号称为过零。过零率就是样本改变符号次数。

信号｛x（n）｝的短时平均过零率定义为：

$$Z_n = \frac{1}{2}\sum_{m=-\infty}^{\infty} | \operatorname{sgn}[x](m-1) | \cdot w(n-m)$$

式中，sgn 为符号函数，即：

$$\operatorname{sgn}[x(n)] = \begin{cases} 1, & x(n) \geqslant 0 \\ -1, & x(n) \leqslant 0 \end{cases}$$

2.3 特征参数的提取

梅尔倒谱系数（MFCC），MFCC 即 Mel 频率倒谱系数（Mel Frequency Cepstrum Coefficient）的缩写。Mel 频率是基于人耳听觉特性提出来的，它与 Hz 频率成非线性对应关系：

$$mel(f)=2595*\log10(1+f/700)$$

Mel 频率倒谱系数是利用它们之间的这种关系，计算得到的 Hz 频谱特征。由于 Mel 频率与 Hz 频率具有非线性的对应关系，则 MFCC 随着频率的提高，其计算精度随之下降。因此，在应用中常常只使用低频 MFCC，而丢弃中高频 MFCC。

梅尔倒谱系数的提取过程如下：

①预强调（Pre－emphasis）：将语音讯号 s（n）通过一个高通滤波器 H（z）＝1－0.9375＊（z－1）。

②对语音序列进行分帧。

③将每一个帧乘上汉明窗，以增加音框左端和右端的连续性。

$W(n,a)=(1-a)-a*\cos(2pn/(N-1)),\ 0\leq n\leq N-1$

④由于讯号在时域（Time domain）上的变化通常很难看出讯号的特性，所以通常将它转换成频域（Frequency domain）上的能量分布来观察，所以在乘上汉明窗后，每一帧还必须再经过 FFT 以得到在频谱上的能量分布。

⑤将能量频谱能量乘以一组 20 个三角带通滤波器，求得每一个滤波器输出的对数能量（Log Energy），共 20 个。这 20 个三角带通滤波器在梅尔频率（Mel Frequency）上是平均分布的，而梅尔频率和一般频率 f 的关系式如下：

$$mel(f)=2595*\log10(1+f/700)$$

⑥将上述的 20 个对数能量 Ek 带入离散余弦转换，求出 L 阶的 Mel－scale Cepstrum 参数，这里 L 取 12。离散余弦转换公式如下：

$$Cm=Sk=1N\cos[m*(k-0.5)*p/N]*Ek,\ m=1,2,...,L$$

其中 Ek 是由前一个步骤所算出来的三角滤波器和频谱能量的内积值，这里 N 是三角滤波器的个数。

⑦对数能量（Log energy）：一个帧的量（即能量），也是语音的重要特征。

⑧差量倒频谱参数（Delta cepstrum）：虽然已经求出 13 个特征参数，然而在实际应用于语音辨识时，再加上差量倒频谱参数，以显示倒频谱参数对时间的变化。它的意义为倒频谱参数相对于时间的斜率，也就是代表倒频谱参数在时间上的动态变化，公式如下：

$$\triangle Cm(t)=[St=-MMCm(t+t)t]/[St=-MMt2]$$

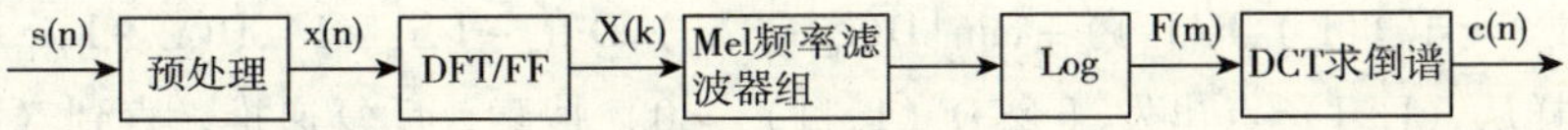

图 2 MFCC 提取过程

2.4 DTW 算法

DTW 是把时间规整和距离测度计算结合起来的一种非线性规整技术，它寻找一个规整函数 $i_m = \Phi(i_n)$，将测试矢量的时间轴 n 非线性地映射到参考模板的时间轴 m 上，并使该函数满足：

$$D = \min_{\Phi(i_n)} \sum_{i_n=1}^{N} d(T(i_n), R(\Phi(i_n)))$$

DTW 算法的原理如图 3 所示，把测试模板的各个帧号 n = 1 ~ N 在一个二维直角坐标系中的横轴上标出，把参考模板的各帧 m = 1 ~ M 在纵轴上标出，通过这些表示帧号的整数坐标画出一些纵横线即可形成一个网格，网格中的每一个交叉点（t_i，r_j）表示测试模式中某一帧与训练模式中某一帧的交汇。该算法主要分两步进行，一是计算两模板帧与帧之间的距离，即求出帧匹配距离矩阵，二是在帧匹配距离矩阵中找出一条最佳路径。搜索这条路径的过程可以描述如下：搜索从（1，1）点出发，对于局部路径约束如图 4，点（i_n，i_m）可达到的前一个格点只可能是（i_n-1，i_m）、（i_n-1，i_m-1）和（i_n-1，i_m-2）。那么（i_n，i_m）一定选择这三个距离中的最小者所对应的点作为其前续格点，这时此路径的累积距离为：

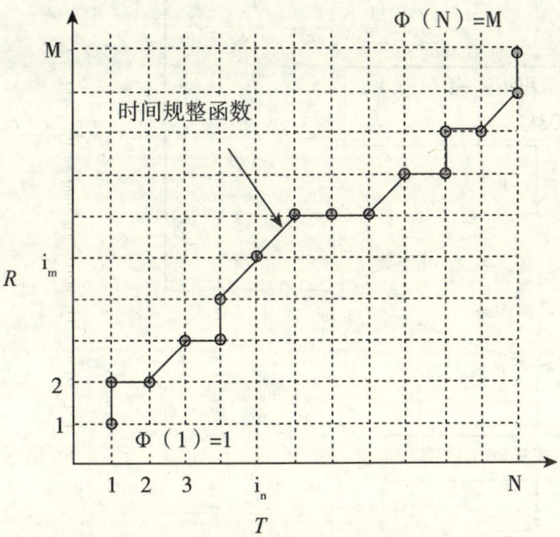

图 3 DTW 算法原理图

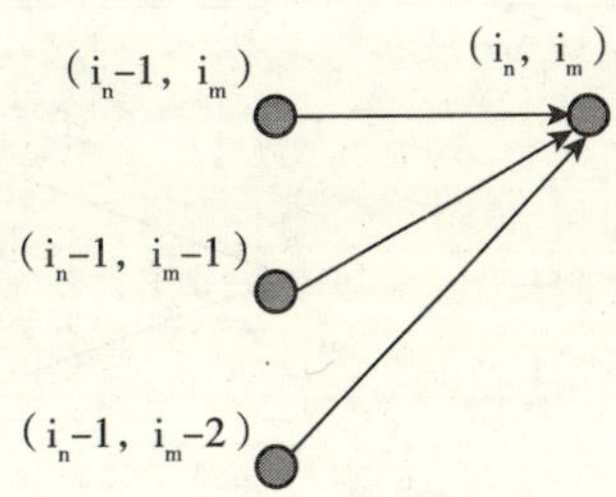

图 4 局部约束路径

$$D(i_n,i_m)=d(T(i_n),R(i_m))+\min\{D(i_n-1,i_m),D(i_n-1,i_m-1),D(i_n-1,i_m-2)\}$$

这样从（l，1）点出发（令D（1，1）=0）搜索，反复递推，直到（N，M）就可以得到最优路径，而且D（N，M）就是最佳匹配路径所对应的匹配距离。在进行语音识别时，将测试模板与所有参考模板进行匹配，得到的最小匹配距离 D_{min}（N，M）所对应语音即为识别结果。

具体执行思路为：

①初始化，定义（1，1）的距离，定义约束区域：一旦超过约束区域，直接判定为匹配失败。

②递推求累计距离。

③回溯求出所有的匹配点对。根据每步上一步的最佳局部路径，由匹配点对（m，n）向前回溯一直到（1，1）。程序流程如图5所示。

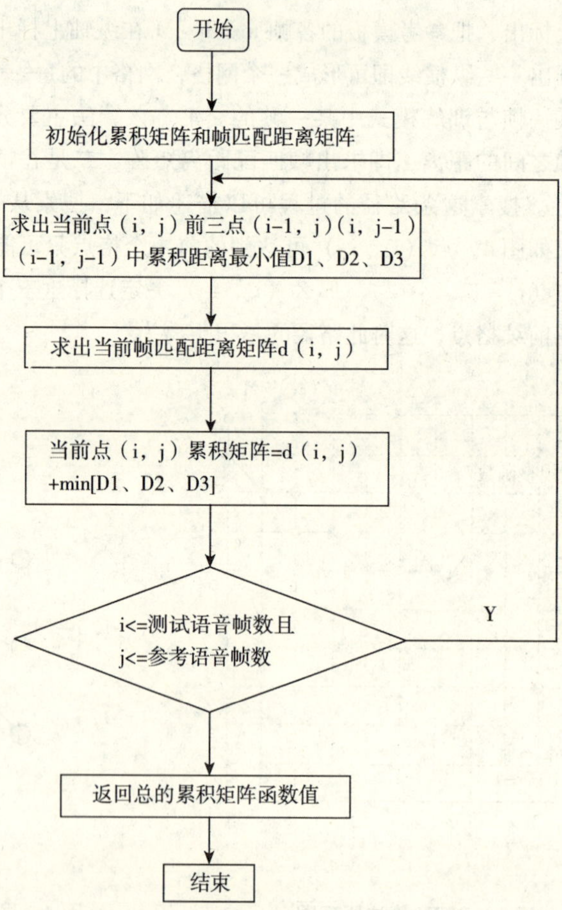

图5 程序流程图

2.5 模板提取

在整个算法过程中，模板建立的好坏将直接影响匹配结果。在传统的训练方法中，给每个词选择一个样本作为这个词的参考模板。由于只使用单个参考模板，这种训练方法的鲁棒性不强，因为即使是同一个人在不同时刻发出的同一个语音，也不可能完全一样。语音信号的产生取决于很多因素，因此，如果建立的模板不够理想，我们就需要不断地替换它，直到适合为止。

对于 DTW 算法的模板训练方法有三种：偶然模板训练法，稳健模板训练法，非特定人识别的模板训练算法。基于模板匹配的识别中，在训练阶段由用户朗读词汇表产生的语音经过训练生成一系列模板，建立特征模板库。识别的性能与特征模板的训练方式有着很大的关系，同一词汇重复朗读的次数越多，参与训练的用户越多，识别率就越高，性能也越好。

2.5.1. 偶然训练法

针对特定人、小词汇量的识别系统，可以采用一种简单得多的模板训练法。用户可以将词汇表中的每个词朗读多遍，每个词的每一遍读音形成一个模板。在识别时，待识别语音的矢量序列用算法分别求得每个模板的总失真，然后根据总失真的大小，判别其属于失真最小的那一类。这种方法非常简单，但是由于语音的变化特性很大，而且训练时读音可能存在错误，因此这种方法形成的模板鲁棒性不好。

2.5.2. 多模板平均法

多模板平均的方法考虑到了训练语音之间的一致性，其方法是将每个词汇重复朗读若干遍，直到得到一致性较好的特征矢量序列。然后将这些具有较好一致性的特征矢量序列在 DTW 路径上平均，从而得到最终的模板。通过多模板平均的方法得到的模板更加可靠，但是还不够充分。当识别的任务是非特定人时，这个问题更为严重，因为不同人的说话方式有着很大的不同，其语音也有更复杂的变化。

其训练过程如下。

假定只考虑某个特定词。令 X1 = {x11，x12，…..，x1t1} 为第一遍的特征矢量序列，X2 = {x21，x22，…..，x1t2} 为另一遍的特征矢量序列。通过 DTW 算法计算两个模板的失真得 d（X1，X2），如果这个值小于某个门限，则认为这两遍的特征矢量序列一致性较好，便可求 X1 和 X2 的时间弯折平均而得到一个新的模板 Y = {y1，y2，…，yt}。具体操作步骤如下：

给每个词准备 N（N 一般不大于 4）个样本，计算这些样本的特征矢量序列沿 DTW 的平均路径长度。找出路径长度与平均路径长度最接近的模板，把它定义为初始参考模板，对剩余的模板在 DTW 过程中进行匹配，使它们的路径长度与初始参考模板一致。最后在每帧上对匹配好的模板求平均，得到最终的参考模板。最终参考模板的求取过程如下。

①将第 1 个模板和初始参考模板进行匹配，找出最佳的规整函数 w（i），1≤i≤I。

②从最后一帧开始，进行后向搜索，直到第 1 帧，在 w（i）路径上寻找语音信号每一帧先前可能路径的斜率。

③有三种可能的斜率：

• 斜率为 1，参考模板与测试模板帧长相等，保持不变。

• 斜率为 2，语音信号帧重复，参考模板帧长是测试模板帧长的 2 倍，延长测试模板长度等于参考模板。

• 斜率为 0.5，即参考模板的长度是测试模板的 0.5 倍，对连续的两帧求平均。

④对剩余的模板重复步骤 Ⅰ 和 Ⅱ，得到一组相等长度的模板。

⑤在每帧上对求得的模板取平均，得到最终参考模板。

在 LABVIEW 中的调用程序如图 6 所示。

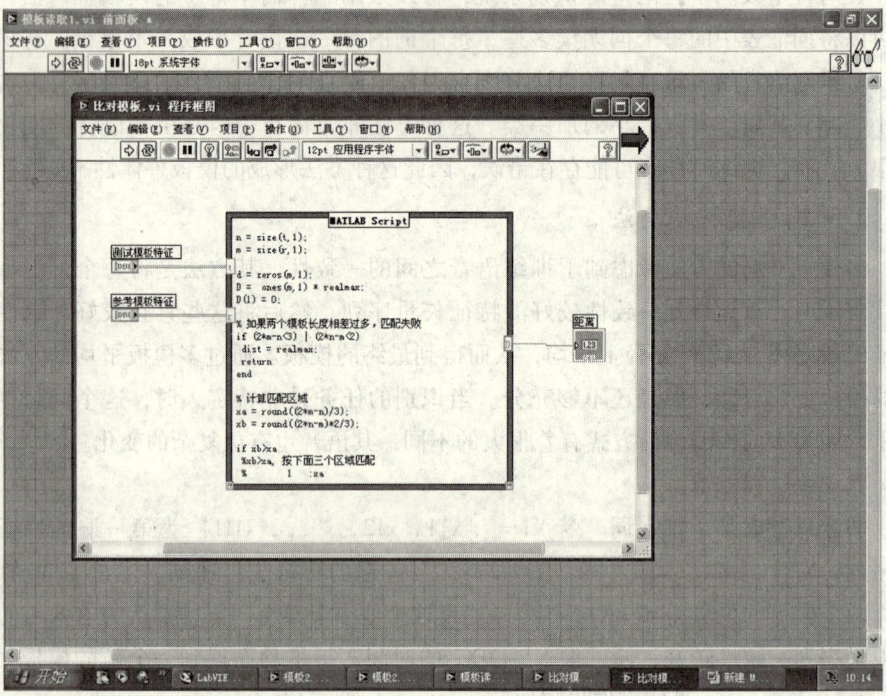

图 6　在 LABVIEW 中的调用程序

程序流程如图 7 所示。

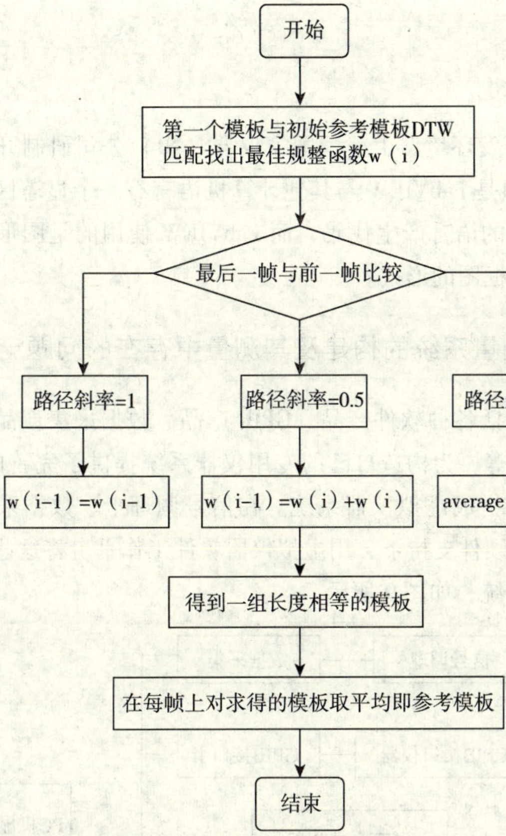

图 7 程序流程

3. 系统硬件连接示意图

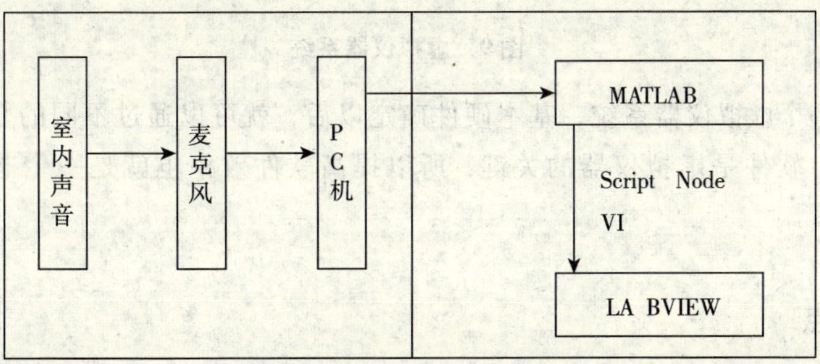

图 8 系统硬件连接示意图

4. 软件介绍

LabVIEW 是一种程序开发环境，由美国国家仪器（NI）公司研制开发的，类似于 C 和 BASIC 开发环境，但是 LabVIEW 与其他计算机语言有一个显著区别：其他计算机语言都是采用基于文本的语言产生代码，而 LabVIEW 使用的是图形化编辑语言 G 编写程序，产生的程序是框图的形式。

4.1 基于虚拟仪器的测量系统的构建及其测量中存在的问题

目前虚拟仪器产品，包括各种软件产品、GPIB 产品、数据采集产品、信号调理产品、VXI 和 PXI 控制产品等，为构造自己的专用仪器系统提供了完善的解决方案。虚拟仪器的应用多是将他们搭成虚拟仪器系统。在信号调理卡、数据采集卡、GPIB 接口仪器、VXI 接口仪器等硬件支持下，用虚拟仪器软件工作平台将这些硬件和相应的软件组织起来形成一个系统，如图 9 所示。

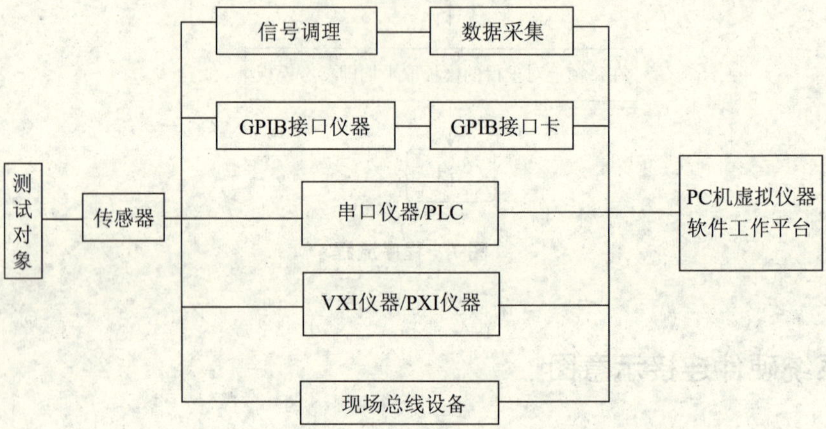

图 9　虚拟仪器系统

构建一个虚拟仪器系统，基本硬件确定以后，就可以通过不同的软件实现不同的功能。软件是虚拟仪器的关键，所以提高软件效率也就是一个非常现实的问题。

4.2 特点

①尽可能采用了通用的硬件，各种仪器的差异主要是软件。

②可充分发挥计算机的能力，有强大的数据处理功能，可以创造出功能更强的仪器。

③用户可以根据自己的需要定义和制造各种仪器。

4.3 应用领域

测试测量：LabVIEW 最初就是为测试测量而设计的，因而测试测量也就是现在 LabVIEW 最广泛的应用领域。经过多年的发展，LABVIEW 在测试测量领域获得了广泛的承认。至今，大多数主流的测试仪器、数据采集设备都拥有专门的 LabVIEW 驱动程序，使用 LabVIEW 可以非常便捷地控制这些硬件设备。同时，用户也可以十分方便地找到各种适用于测试测量领域的 LabVIEW 工具包。这些工具包几乎覆盖了用户所需的所有功能。用户在这些工具包的基础上再开发程序就容易多了。有时甚至只需简单地调用几个工具包中的函数，就可以组成一个完整的测试测量应用程序。

控制：控制与测试是两个相关度非常高的领域，从测试领域起家的 LabVIEW 自然而然地首先拓展至控制领域。LabVIEW 拥有专门用于控制领域的模块——LabVIEWDSC。除此之外，工业控制领域常用的设备、数据线等通常也都带有相应的 LabVIEW 驱动程序。使用 LabVIEW 可以非常方便地编制各种控制程序。

仿真：LabVIEW 包含了多种多样的数学运算函数，特别适合进行模拟、仿真、原型设计等工作。在设计机电设备之前，可以现在计算机上用 LabVIEW 搭建仿真原型，验证设计的合理性，找到潜在的问题。在高等教育领域，有时如果使用 LabVIEW 进行软件模拟，就可以达到同样的效果，使学生不致失去实践的机会。

本系统采用的软件结构如图 10 所示。

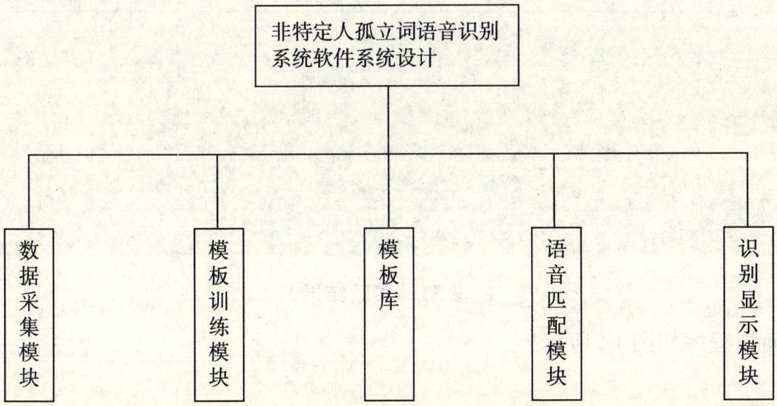

图 10　本系统采用的软件结构

5. 创新点

本文将 MATLAB 处理语音信号的强大功能与 LabVIEW 强大的图形化功能相结合，将语音信号的处理结果清晰地展现在界面上，最终直观地展示出非特定人孤立词语音识别的结果，为孤立词系统的发展提供了一个新的方向。

6. 实验结果与分析

众所周知，智能家居的发展随着老龄化社会的深入势在必行，其中语音控制是其中的重要部分。本文以 LabVIEW 为主要软件，DTW 为主要研究算法，通过 MATLAB 程序的调用，对“开门”、“关门”等特定短语进行声音的特征提取及分析，建立模板库，经过声音的匹配达到语音控制的目的。这一成果为未来智能家居的发展提供了一个新的方向。

实验结果如图 11 所示。

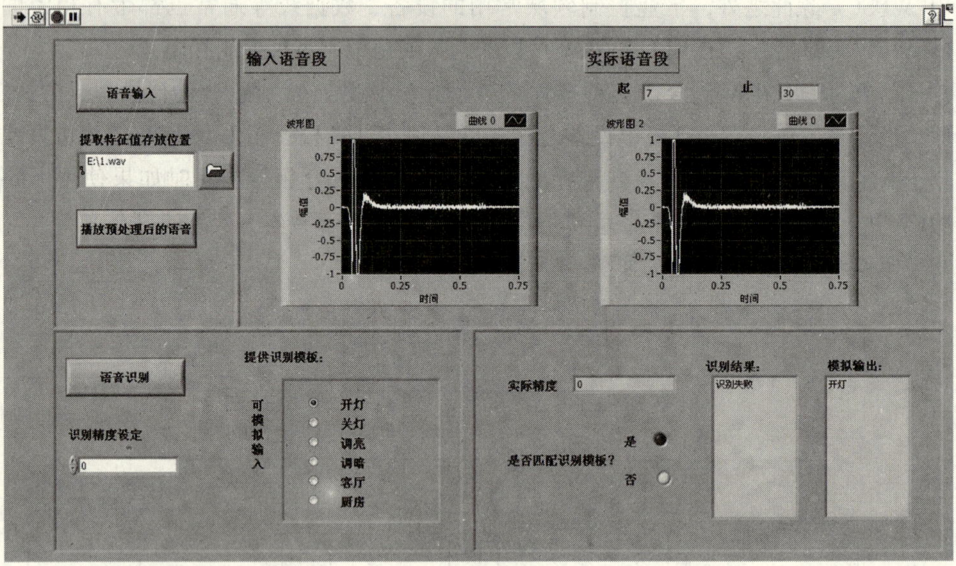

图 11 实验结果

前面板程序如图 12 所示。

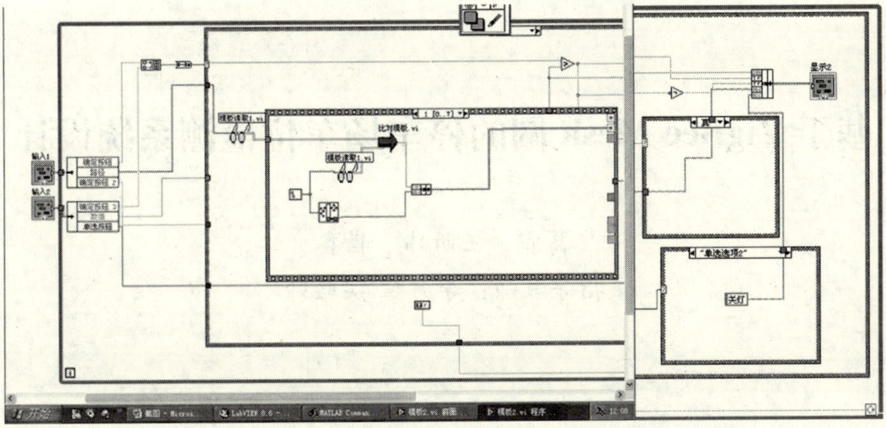

图12 前面板程序

参考文献

[1] 韩纪庆，张磊，郑铁然．语音信号处理．北京：清华大学出版社，2004

[2] 赵力．语音信号处理．北京：机械工业出版社，2009

[3] 张雪英．数字语音处理及 matlab 仿真．北京：电子工业出版社，2010

[4] 张艳萍，张延盛．基于平均路径长度的语音识别算法的研究与仿真．南京信息工程大学学报（自然科学版），2011（1）

基于 ZigBee Mesh 网的停车场车位检测系统设计

葛霜　王昕玮　崔鑫

指导教师：李月恒 实验师

［摘　要］采用工业级 ARM7 微处理器并运用超声波技术进行车位状态检测，同时为防止气温变化引起测量误差还对检测装置进行了温度补偿。此外采用 ZigBee 技术组建了无线 Mesh 网，完成了中控计算机与车位探测器、信息显示屏之间的无线通信。

［关键词］超声波测距；温度补偿；ZigBee；Mesh 网

社会经济的发展使得汽车普及率越来越高，大中城市“停车难，停车慢”的问题逐渐凸显。国内大部分停车场所采用的管理系统只对车辆的停车时间进行管理，以实现自动计费和收费功能，对停车场车位的管理基本采用人工方式；较先进的室内停车场安装了车位检测系统，此类系统中各个车位探测器及信息显示屏与中控计算机通过有线 RS485 方式连接，布线较复杂，系统可扩展性不佳，施工周期较长，且只适合室内的情况。

针对现有停车场车位检测系统的缺点，采用 ARM7 内核的 LPC2114 为 MCU，使用温度补偿减小测距误差，组建 ZigBee Mesh 网，完成了中控计算机与超声波车位探测器和信息显示屏之间的无线通信，使得系统的扩容更加简单灵活、施工方便、可维护性更高，加装防雨罩之后可用于大型室外停车场，适用范围更广。本系统于 2011 年 11 月在北方工业大学图书馆地下停车场进行了试验，并取得了预期的效果。

1. 系统工作原理

本系统由超声波车位探测器、中控计算机、上位机管理软件、信息显示屏等部分组成，系统结构框图如图 1 所示。

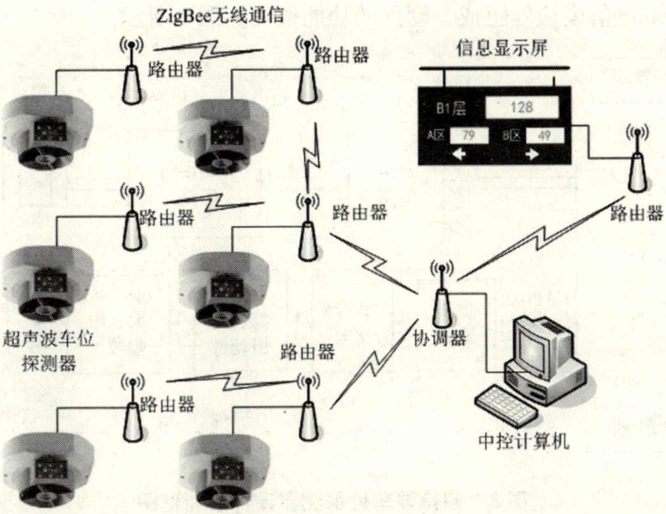

图 1 系统结构框图

超声波车位探测器悬挂在车位的正上方，利用超声波发射探头向被测物体（车辆顶部或者地面）垂直发射超声波进行测距，有车和无车时探测器测得的距离是不同的，由此可判断出车位状态；在车位靠近道路方向的顶部安装车位指示灯，可根据本车位状态改变颜色。

中控计算机挂接的 ZigBee 协调器模块上电后启动 ZigBee Mesh 网，超声波车位探测器包含的路由器模块和信息显示屏所挂接的路由器模块均可感知协调器的存在并确立连接关系；整个网络具有自组织、无需人工干预的特点。中控计算机通过协调器向超声波车位探测器发送查询命令，测得车位状态后超声波车位探测器中的路由器模块自动选择最优的传播路径，将信息通过一跳或多跳到达协调器；即使超声波车位探测器和协调器较远，数据也可以通过中间路由器模块的转发到达协调器，因此系统对建网的布局要求非常低。中控计算机通过上位机软件处理，将引导信号及时传给设置在停车场的各主要路口的信息显示屏，用来指出停车场的分区方向并动态显示分区内空余车位个数；车主根据停车场信息显示屏显示的空闲车位情况行车至大致停车区域，根据车位上的绿灯进行停车。

2. 系统硬件设计

本系统 MCU 选用飞利浦公司生产的工业级微处理器 LPC2114，通过片内 PLL 可实现最大为 60MHz 的操作频率，具有较小的封装以及极低的功耗，特别适合多种气候环境下的应用。超声波车位探测器由超声波发送电路、超声波接收电路、温度补偿电路和 XBee 通信模块等组成，硬件的功能框图如图 2 所示。

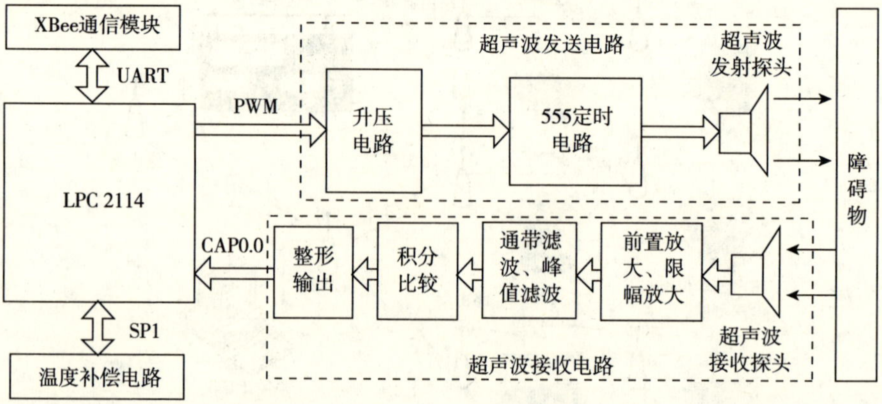

图 2 超声波车位探测器硬件功能框图

2.1 超声波发射与接收部分

超声波发射部分硬件电路如图 3 所示。NE555 是一种应用广泛的 8 引脚时基集成电路，只需通过改变外部电路中 R3、R4 和 C1 的值，即可完成占空比为 50% 的 40KHz 超声波的输出。它的电源范围较大，可直接外接 12V 电源。系统通过复位引脚的电平高低来控制超声波的发送，使用 LPC2114 的 PWM 功能产生控制脉冲。因控制脉冲的峰值为 3.3V，不足以驱动 NE555 产生超声波，故用三极管 9013 设计了一个升压电路将控制脉冲的峰值提升为 12V。

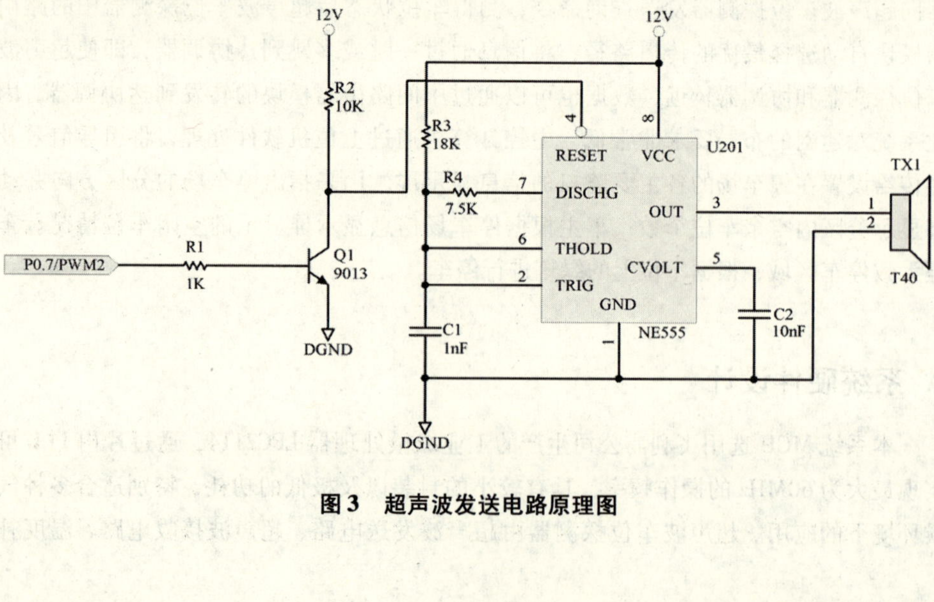

图 3 超声波发送电路原理图

超声波接收部分硬件电路如图 4 所示。使用集成电路 CX20106A 进行检波，载波频率为 38kHz，与超声波测距所用频率 40kHz 较为接近。它由前置放大器、限幅放大器、带通滤波器、检波器、积分器、整形电路组成，可用来完成信号的放大、限幅、带通滤波、峰值检波和波形整形等功能。

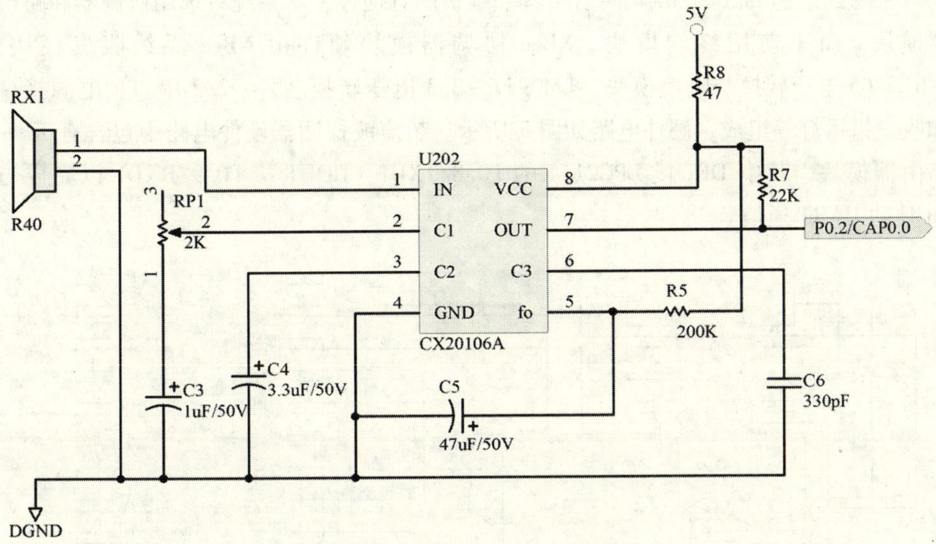

图 4　超声波接收电路原理图

超声波接收探头将接收到的超声波回波信号送至 CX20106A 的信号输入端 1 引脚；RP1 和 C3 组成 RC 串联网络，可通过改变 RP1、C3 的值来确定前置放大器的增益和频率特性；C4 为检波电容；R5 决定带通滤波器中心频率值 f_0 的大小，R5 阻值越大，f_0 越低，取 R = 220kΩ 时，f_0 = 40KHz；C6 为积分电容；7 引脚为信号输出端，接 LPC2114 的 P0. 2 引脚（捕获中断 CAP0. 0），平时为高电平，接收到回波信号时产生一个下降沿变为低电平。

2. 2　温度补偿部分

测温采用 DALLAS 公司生产的 DS18B20 单总线数字温度传感器，通过编程实现温度信号的 9 ~ 12 位的数字转换，测量范围为 -55 ~ +125℃。DQ 为数据 I/O 引脚，DS18B20 通过 4. 7kΩ 上拉电阻的 DQ 线外接 LPC2114 的 P0. 6/MOSI0 引脚来读取和发送信息。

2. 3　ZigBee 无线通信部分

系统选用了 Digi 公司内置协议栈的 XBee/XBee - PRO 模块，满足 IEEE802. 15. 4

标准，工作频率为2.4GHz，设计上的创新使得XBee模块的有效通信范围可以超越标准ZigBee模块2～3倍。XBee－PRO是XBee的加强型模块，室外传输距离可达1500m，两种模块在引脚功能、工作频段、操作模式等方面都一致。XBee模块的射频部分元器件全部内部集成，能够外接多种类型的天线。

考虑到组建ZigBee Mesh网后扩容和维护的方便性，本系统只选用协调器和路由器模块，而不使用终端模块。XBee协调器模块硬件由XBee无线收发模块、WRB2405电压转换与隔离模块、LM2937－3.3电压转换芯片、232串口、电源接口和收发指示灯等组成，硬件电路如图5所示。超声波探测器硬件电路中包含有XBee路由器模块，其中DIN接LPC2114的P0.8/TXD1，DOUT接P0.9/RXD1以完成与MCU的UART通信。

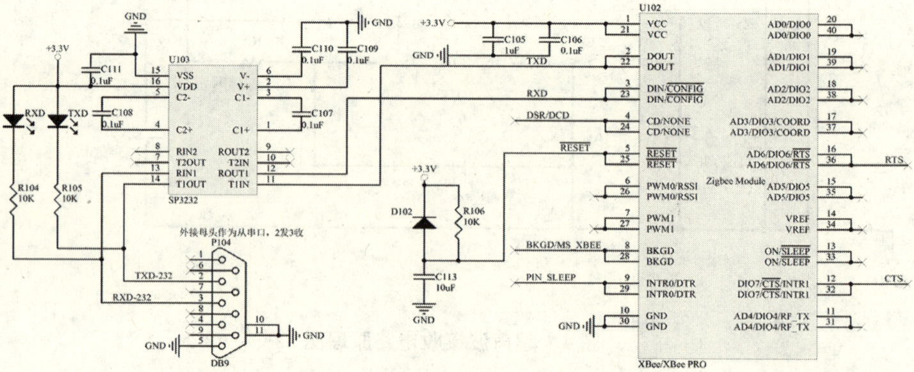

图5 XBee协调器模块电路原理图

3. 系统软件设计

3.1 超声波车位探测器测距模块软件设计

本模块首先利用脉宽调制器（PWM）产生控制脉冲，1ms高电平控制555定时电路发送40KHz的超声波，40ms低电平停止超声波发送，方便超声波接收换能器接收超声波回波并将信号传输给CX20106A集成芯片。超声波发送电路开始发送超声波时定时器1延时1ms启动，避免CX20106A出现误触发；定时器1延时结束后启动定时器0，对CX20106A的第7引脚进行下降沿捕获，LPC2114在接到定时器0的捕获中断的中断请求后，会转入捕获中断的中断服务子程序进行数据处理，得出所测距离。程序流程图如图6所示。

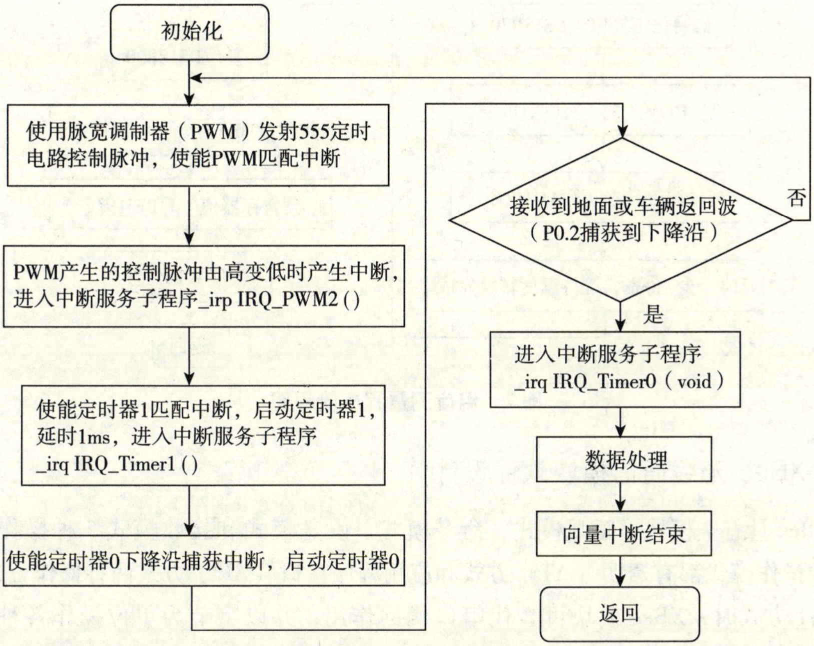

图 6　测距模块程序流程图

3.2　温度补偿模块软件设计

DS18B20 的通讯协议规定 MCU 控制 DS18B20 完成测温过程中的每次操作都有着严格的时序要求。每次读写之前都要对 DS18B20 进行复位操作，然后才能执行读写指令；温度值用 16 位符号扩展的二进制补码读数形式提供（12 位转换精度下），例如 +125℃的数字输出为 07D0H，－0.5℃的数字输出为 FFF8H。LPC2114 与 DS18B20 之间采用单总线通信，因为测温电路中只有一个 DS18B20，程序中直接跳过了 ROM 序列号的读取。程序流程图如图 7 所示。取得实时温度数据后通过以下公式进行声速的温度补偿：

$$V = 331.5 + 0.607T$$

以期获得比较准确的声速值，最后得到声速 V 的单位为 m/s，其中 T 为摄氏温度值。

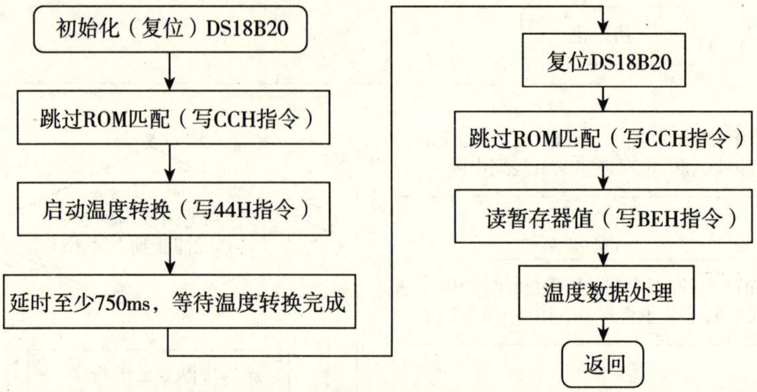

图7　温度测量程序流程图

3.3　XBee 无线通信模块软件设计

XBee 具有空模式、睡眠模式、命令模式、发送模式和接收模式 5 种操作模式。每一种操作模式都有透明（AT）方式和应用程序接口（API）方式两种操作方式。工作在 AT 方式时，XBee 模块可替代串口线的作用，并以字节为单位操作各种信息；而当工作在 API 方式时，模块收发的所有数据均被包含在特定格式的数据帧中。API 方式包含所有 AT 指令功能同时可以对 XBee 进行更加深层次的操作。所以对 XBee 的操作采用 API 方式。

本系统定义的用于超声波车位探测器 XBee 路由器模块发送车位状态的 API 数据帧结构如表 1 所示。

表 1　　发送车位状态的 API 数据帧结构

帧头	数据长度高位	数据长度低位	APIID	Frame ID	目标 MAC 地址	目标网络地址	广播范围	Options	车位区域	车位编号	车位状态	校验
Byte 1	Byte 2	Byte 3	Byte 4	Byte 5	Byte 6～13	Byte 14，15	Byte 16	Byte 17	Byte 18	Byte 19～21	Byte 22	Byte 23
0x7E	MSB	LSB	10	01	0013A2004052E06E	0000	00	00	41	303136	00/FF	check-sum

帧头为固定值 Ox7E，数据帧中同时包含目标的 MAC 地址和网络地址，其中 MAC 地址固定不变且每个模块都不相同，目标网络地址可能随烧写新固件而改变；广播范围设为 0x00 表示数据传输可经过的跳数值最大。车位区域为“A”／“B”／“C”／“D”的 ASCⅡ值，车位编号为 3 位十进制数的 ASCⅡ值。

协调器模块接收到车位状态的数据帧结构如表 2 所示，其中 API ID 为 90 代表 XBee 模块收到数据帧，Options 为 01 代表数据帧已应答。

表 2　接收车位状态的 API 数据帧结构

帧头	数据长度高位	数据长度低位	APIID	车位探测器 MAC 地址	车位探测器网络地址	Options	车位区域	车位编号	车位状态	校验
Byte 1	Byte 2	Byte 3	Byte 4	Byte 5～12	Byte 13，14	Byte 15	Byte 16	Byte 17～19	Byte 20	Byte 21
0x7E	MSB	LSB	90	0013A200 4052E06E	D38B	01	41	303136	00/FF	checksum

中控计算机使用 RS232 连接 XBee 协调器模块，在数据帧中发送查询标识符 0xCC 来查询各个车位状态。超声波车位探测器中的 XBee 路由器模块采用 RDA 中断方式接收数据，接收触发点设置为 1 字节触发；XBee 路由器模块接收到数据时，触发 RDA 中断进入中断服务子程序；数据接收标志位 com_ state 为 0 时，XBee 路由器模块准备接收命令数据帧；com_ state 为 1 时，表明命令数据帧接收完毕；com_ state 为 2 时，XBee 路由器模块准备接收数据发送返回数据帧；当判定命令数据帧中含有预定义的查询车位状态指令 0xCC 时，超声波车位探测器开始检测车位状态，并将车位状态数据发送至协调器。数据收发程序流程图如图 8 所示。

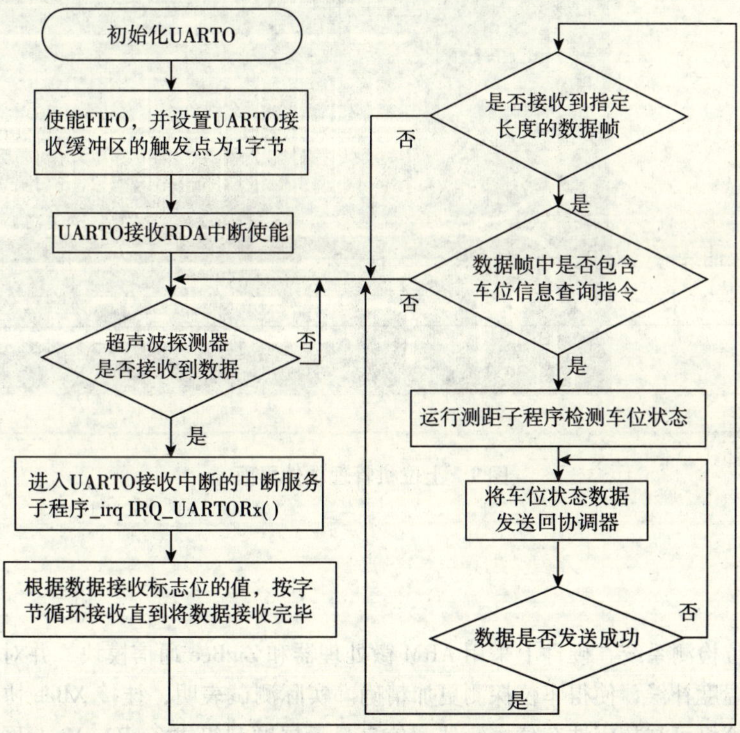

图 8　数据收发程序流程图

3.4 上位机管理软件设计

在 Visual Studio 2008 开发环境下，运用 MFC 设计了上位机管理软件，可完成与 XBee 协调器模块的串口通信，控制 XBee 协调器模块使用轮询方式查询各车位状态信息，实时显示出指定区域总车位数、空闲车位数等信息并将区域车位占用情况用示意图方式直观显示，管理软件界面如图 9 所示。

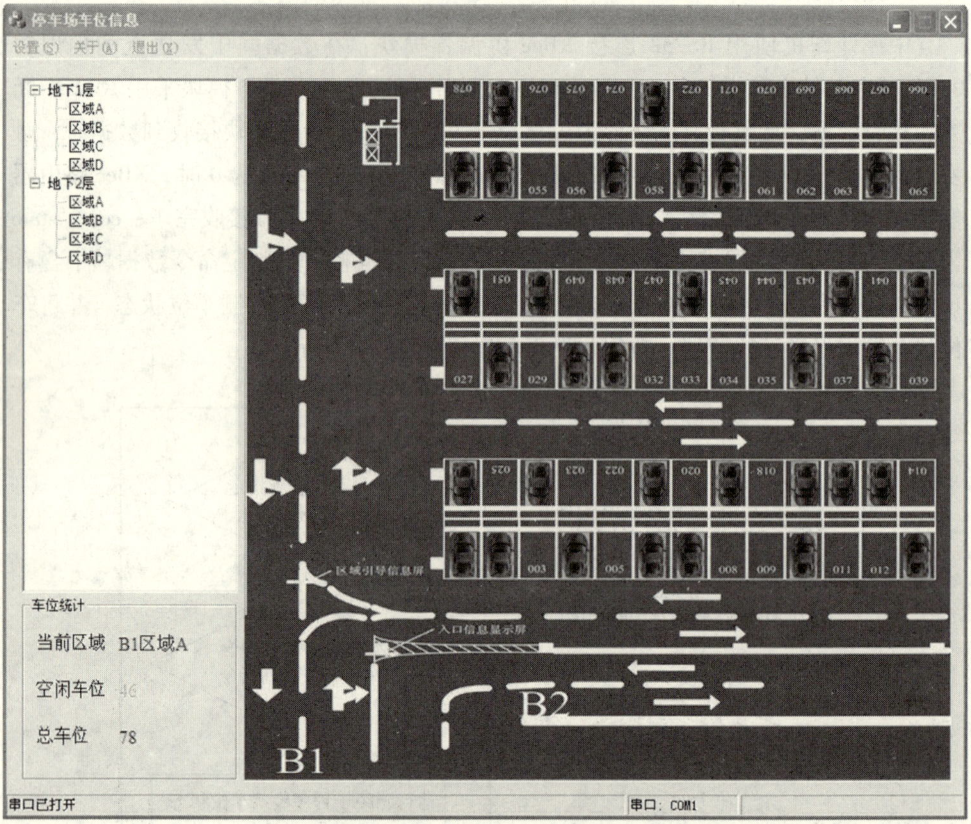

图 9 上位机管理软件界面

4. 结语

本车位检测系统在硬件上采用 ARM 微处理器和 ZigBee 通信模块，并对超声波测距进行了温度补偿，使得车位探测更加精确。实际测试表明，挂接 XBee 协调器模块的中控计算机可与超声波车位探测器、信息显示屏顺利组成 ZigBee Mesh 网络，车位探测器可准确检测车位状态并与中控计算机进行快速、可靠的无线通信，上位机管理软件能够简洁直观地显示各停车区域的车位占用状态，并具备控制车位探测器运行的能力。本系统解决了当前系统布线复杂的问题且室内室外停车场均可使用，可有效的控制能耗，功能上满足国内大多数停车场对车位检测系统的要求，有较强的应用价值。

参考文献

[1] 刘凯．ARM 嵌入式接口技术应用．北京：清华大学出版社，2009

[2] 顾晗．基于 PIC18F2580 的 CAN 总线超声波测距智能节点设计．电子元器件应用，2009（03）

[3]（加）Ekram Hossain，（英）Kin K. Leung. 无线 Mesh 网络架构与协议．易燕等译．北京：机械工业出版社，2009

呼吸信号监测仪研制

田硕　梁洋

指导老师：胡敦利 副教授

［摘　要］本设计下位机采用 89S52 单片机为微处理器，通过呼吸传感器测量病人的呼吸频率，采用 LCD 液晶显示器显示测量的数据。上位机程序采用 VB 编成语言编写，上下位机之间通过串口实现通讯。系统最终实现了的呼吸信号的下位机实时显示，告警信号的输出等功能。上位机可以实现呼吸曲线的绘制。呼吸监测仪能准确、动态、高效地反映病人的身体状况。监测数据可以人正常的呼吸频率 10～24b/min 作参考。已在阜外医院试用。

［关键词］呼吸监测；信号采集；呼吸频率

1. 绪论

在医疗领域中，很多时候需要测量病人的呼吸参数，如呼吸气流、压力、温度等。常规的方法是采用专用的医疗仪器依靠医生的临床经验。结果分析时常存在个体差异。此外这些装置还存在以下缺陷：体积庞大，价格较高；无法存储数据。本设计是在计算机技术和现代测试技术深层次结合的基础上发展起来的一种新技术，它利用计算机强大的运算功能和存储能力，充分运用软硬件的作用实现信号的采集、数据的实时显示、输出等功能。呼吸监测仪能准确、动态、高效地反映病人的身体状况。监测数据可以人正常的呼吸频率 10～24b/min 作参考，为医生制订治疗方案提供重要依据。

医护人员需要对病人进行监护管理。每天护士定时查全病区每个病人的呼吸状况，然后记录，绘出呼吸变化曲线，分析病人在不同时间的呼吸状况。压电式呼吸传感器是医院中最常用的传感器。

本文的呼吸监测系统使用了 HXH－2 型呼吸传感器、AD620 放大器以及 AT89S52 单片机。工作原理是：通过呼吸传感器采集呼吸信号，利用 AD620 滤波放大，通过

TLC549 芯片进行 AD 采集后经 AT89S52 单片机处理，计算出呼吸频率，利用液晶实时显示呼吸信息，并将数据上传给上位机，利用上位机显示呼吸波形以及呼吸频率等相关信息。

2. 系统硬件电路设计

根据对系统的需求分析，呼吸监测系统主要包括以下几个功能。

①呼吸信号的采集。

②异常信号的报警。

③采集数据可通过通讯端口实时上传到上位机。

④液晶显示电路实现告警信号设置显示。

⑤上位机实现呼吸信号曲线绘制，呼吸频率的计算。

⑥实现呼吸信号分析。

2.1 系统设计方案

该系统的基本组成如下所示。

压电传感提取呼吸信号──→AD620 信号放大──→电压偏置电路──→TLC549AD 采集──→单片机数据处理──→LCD 液晶显示──→MAX232 串口输出──→上位机进行波形绘制与数据处理。

如上所示整个电路包括传感器提取呼吸信号、滤波放大、上拉电路、AD 采集、计数器、译码、显示几部分。

系统原理是：通过呼吸监测系统中的呼吸传感器采集呼吸信号，经过 AD620 进行信号的放大，利用电压偏置电路将电压规范为 0～5V，再利用 TLC549 芯片进行信号的采集，将模拟电压量转换为相应的数字信号，将采集到的数据发送给单片机进行数据的分析与处理，由 LCD1602 液晶显示相关呼吸信息，并将处理后的数据经过串口发送给上位机进行数据进一步的处理，绘制实时呼吸的波形并计算相关呼吸参数。

2.2 模拟信号处理电路设计

2.2.1 传感器选择

该系统采用的是 HXH－2 型压电式呼吸传感器。压电传感器是利用某些电介质受力后产生的压电效应制成的传感器。所谓压电效应是指某些电介质在受到某一方向的外力作用而发生形变（包括弯曲和伸缩形变）时，由于内部电荷的极化现象，会在其表面产生电荷的现象。压电元件在交变力的作用下，电荷可以不断补充，可以供给测量回路以一定的电流，故只适用于动态测量。

传感器参数如下：

频率响应：0.05——1500Hz ＋－3db

输出信号：正常使用大于40mV

2.2.2 滤波放大电路

本系统采用AD620作为放大器。电路如图1所示。

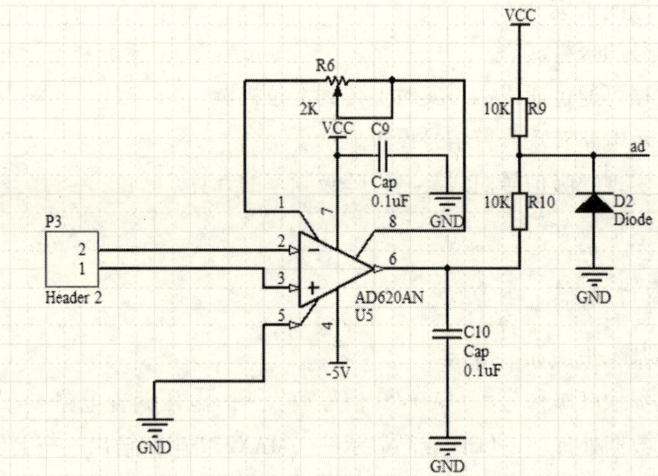

图1 AD620电路图

AD620是一款低成本、高精度的仪表放大器，采用8引脚SOIC和DIP封装，尺寸小并且功率低。AD620具有高精度、低失调电压和低失调漂移等特点，是电子秤和传感器接口等精密数据采集系统的理想之选，此外，AD620还具有低噪声、低输入偏置电流和低功耗特性，使之非常适合医疗应用。本设计中将电源与输出端均接电容滤波，可有效过滤掉干扰信号，保证放大后信号的质量。该系统AD620的放大倍数为100。

2.2.3 AD采集电路

AD采集电路如图2所示。

TLC549是TI公司生产的一种低价位、高性能的8位A/D转换器，它以8位开关电容逐次逼近的方法实现A/D转换，其转换速度小于17us，最大转换速率为40000HZ，4MHZ典型内部系统时钟，电源为3～6V。它能方便地采用三线串行接口方式与各种微处理器连接，构成各种廉价的测控应用系统。本系统只采集一路信号，而TLC549速度与精度均足以满足要求，故采用此芯片进行AD信号的采集。

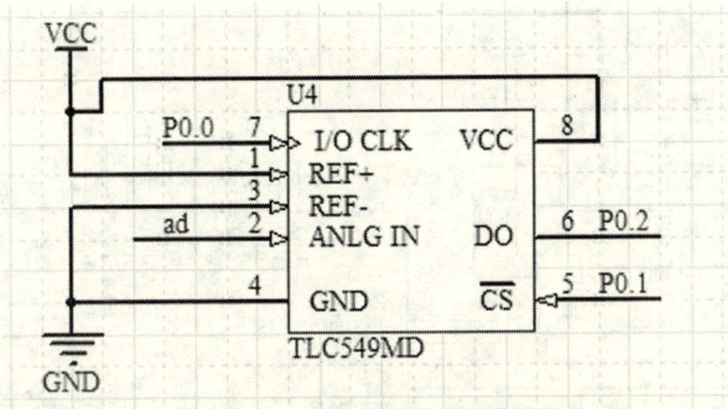

图 2 AD 采集电路

经 AD620 放大后的信号，经电压偏置电路将 ±5V 的信号转换为 0～5V 信号，再由 TLC549 将模拟信号转换成数字信号发给单片机进行数据的处理。

2.3 数字信号处理电路设计

2.3.1 89S52 单片机概述

AT89S52 是一种低功耗、高性能 CMOS8 位微控制器，具有 8K 系统可编程 Flash 存储器。使用 Atmel 公司高密度非易失性存储器技术制造，与工业 80C51 产品指令和引脚完全兼容。片上 Flash 允许程序存储器在系统可编程，亦适于常规编程器。在单芯片上，拥有灵巧的 8 位 CPU 和在系统可编程 Flash，使得 AT89S52 为众多嵌入式控制应用系统提供高灵活、超有效的解决方案。AT89S52 具有以下标准功能：8k 字节 Flash，256 字节 RAM，32 位 I/O 口线，看门狗定时器，2 个数据指针，三个 16 位定时器/计数器，一个 6 向量 2 级中断结构，全双工串行口，片内晶振及时钟电路。另外，AT89S52 可降至 0Hz 静态逻辑操作，支持 2 种软件可选择节电模式。空闲模式下，CPU 停止工作，允许 RAM、定时器/计数器、串口、中断继续工作。掉电保护方式下，RAM 内容被保存，振荡器被冻结，单片机一切工作停止，直到下一个中断或硬件复位为止。

89S52 电路图如图 3 所示。

89S52 分析原理：在呼吸信号的最大值附近和最小值附近分别采点，并设置标志位，当采集的数值大于最大值点，标志位置“1”，当采集数值小于最小值点，标志位置“0”。标志位变化一次记数一次。如此采集 30s 后所记录的数据即为 1 分钟呼吸的次数。

2.3.2 串口输出电路

MAX232 芯片是美信公司专门为电脑的 RS－232 标准串口设计的单电源电平转换芯片，使用 +5v 单电源供电。

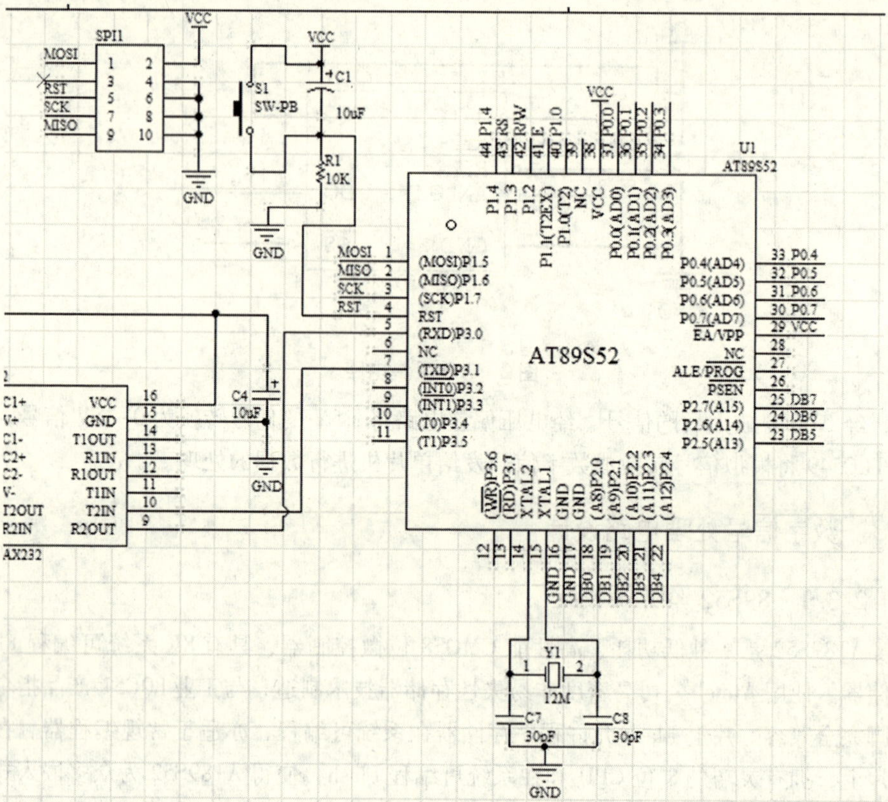

图 3　89S52 电路图

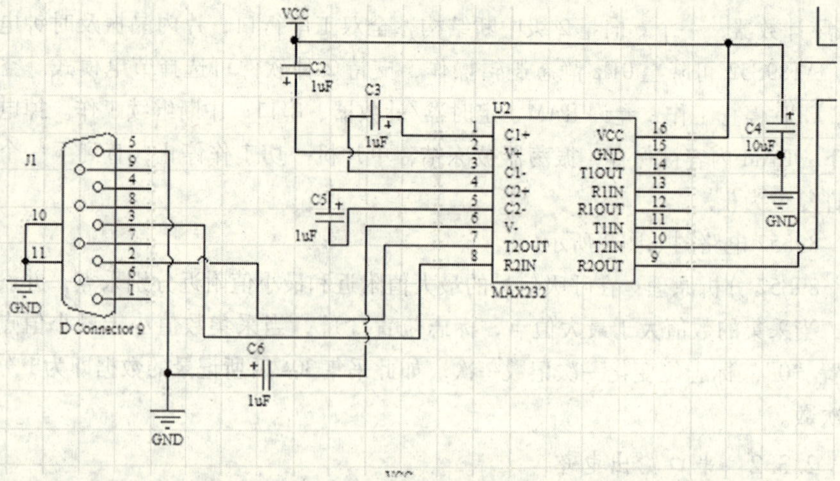

图 4　串口输出电路图

TTL/CMOS 数据从 T1IN、T2IN 输入转换成 RS－232 数据从 T1OUT、T2OUT 送到电脑 DB9 插头；DB9 插头的 RS－232 数据从 R1IN、R2IN 输入转换成 TTL/CMOS 数据后从 R1OUT、R2OUT 输出。

2.3.3 LCD 显示电路

LCD 显示每分钟的呼吸频率、呼吸次数与计数时间。图 5 为 LCD1602 接口电路的设计。

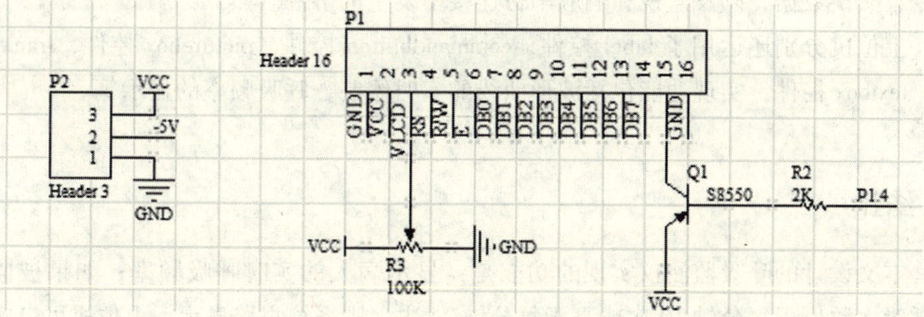

图 5 LCD1602 接口电路

3. 系统软件设计

3.1 系统主程序流程图

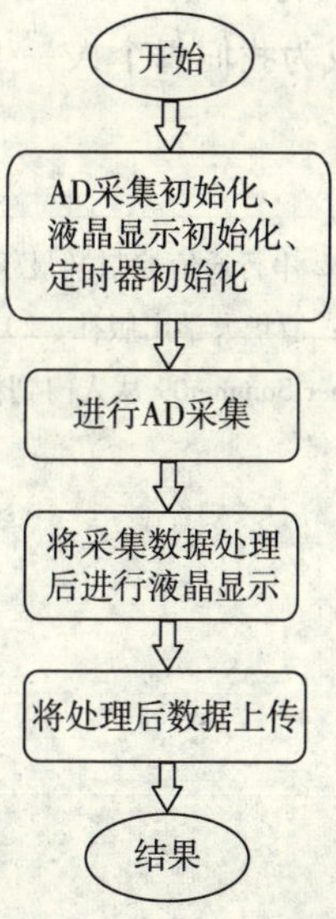

图 6 系统主程序流程图

3. 2 上位机程序设计

串行通信控件 MSComm，是微软公司提供的简化 Windows 下串行通信编程的 Active 控件，它既可以用来提供简单的串行端口通信功能，也可以用来创建功能完备的事件驱动的高级通讯工具。

使用它可以建立与串行端口的连接，通过串行端口连接到其他通信设备，发出命令，交换数据，以及监视和响应串行连接中发生的事件。

上位机分别还运用了 label 控件，commandbutton 控件，picturebox 控件，frame 控件，textbox 控件，实现功能包括波形曲线的实时绘制，呼吸频率的显示等。

4. 结论

本文设计的呼吸监测仪实现的功能是：显示病人的实时呼吸频率；如果被监测者呼吸次数低于每分钟 10 次或高于每分钟 24 次，则系统报警显示。上位机可以实现呼吸曲线的显示。它的应用能准确、动态、高效地反映病人身体状况，为医生制订治疗方案提供重要依据，同时减轻了家人的负担，提高了对病人的护理水平。因此该系统的研制和应用具有重要的研究价值和现实意义。在设计调试该系统的过程中，遇到了许多意想不到的问题，大多经过多次反复检查之后才解决，不过这更进一步提高了我们对于硬件电路的认识，提高了我们分析问题与解决问题的能力。这次实训使我们收获了很多，设计得以顺利完成离不开每位组员的努力，更离不开老师的耐心指导。这次实训的经历必将成为我们每个人一生的财富。

参考文献

[1] 范逸之，陈立元. Visual Basic 与 RS232 串行通信控制（最新版）. 北京：清华大学出版社，2002
[2] 胡汉才. 单片机及其接口技术. 北京：清华大学出版社，2010
[3] 周冰，李田，胡仁喜等. Altium Designer Summer09 从入门到精通. 北京：机械工业出版社，2011

小型遥控赛车的设计和制作

马小林　黄文杰　曲英杰　李想　田宏亮

指导教师：刘瑛

[摘　要] 本次项目主要是制作遥控赛车。通过自己的实际动手，利用机械工具加工零件并购买一些必要的零部件制作出 3 台小车。本文通过对小车的制作背景和制作过程进行描述，比较详细地将制作理念和制作方法描述出来。

[关键词] 差速器；定位销；驱动系统

1. 选题背景

众所周知，现在石油煤炭等常规燃料正在急剧减少，因此最近几年电动车的研究以及开发被提上日程。电动汽车是指以车载电源为动力，用电机驱动车轮行驶，符合道路交通、安全法规各项要求的车辆。由于对环境影响相对传统汽车小，其前景被广泛看好，但当前技术尚不成熟。

因此，我们要通过这次的项目体会电动车制作的过程，受条件限制，我们只能做一些小电动车，因此将目标定位在做电动遥控小车上，通过它们来加深我们对电动车的理解。

遥控电动车不同于我们日常生活中的汽车，通过人工控制车的前进后退以及转向，拟设计和制作三辆小型遥控赛车，使其具备启动、停止，前进、后退以及左右转向功能。研究内容主要有机械和控制两大部分。机械部分包括驱动设备、传动机构以及转向机构的设计和制作；控制部分包括控制电路的设计、传感器和遥控器的选用与集成。最后还需完成机械与控制部分的整体集成和测试。

之所以要制作三辆遥控赛车，目的是想尝试并比较不同的机械和控制方案的优劣，比如可以采用齿轮机构传递动力驱动车轮，也可以考虑螺旋桨做推进器等。

这样不仅加深了我们对机械系统的理解，还让我们进一步学习了传感器、集成电路的相关知识。

2. 方案论证

在前期，我们分组并确定了各组的研究方向，在一起开会的时候，大家都提出了自己的想法。但是为了推动方案顺利进行，我们决定所有人先一起做一辆小车作为大家的总样板以及初稿，供小组成员进行学习及改进。我们先买了一辆电动小车，拆开后学习了其中的构造。由于小车的控制电路为集成电路，我们无法进行研究，因此仅学习了其转向部分及后轮差速齿轮的设计。购买的小车在导向部分为以电机控制，在电机上有两个限位块防止前部转向过度。其后部差速齿轮与现实汽车中不同，是由两个大齿轮加周围的四个横向小齿轮构成。这种差速齿轮我们第一次见，也让我们增长了见识。因此，我们将这部小车拆掉，而后自己组装了一部，也就是我们的第一个作品。

图1　后部差速轮

图2　前部转向控制系统

第一辆小车做完后，在小组会议上我们进行了总结。大家都认为，我们的第一辆小车只能算是总结经验，不能算是一辆成功的小车。因此，大家又讨论了自己的几个想法，如有人说要做螺旋桨的，利用螺旋桨的推力让小车前行；有人说要做喷气的，在小车上加上一个小气泵，利用喷气的推力让小车前行以及后退；更有人提出要做能让人开的电动车，让人来控制车的前进以及后退。最后，由于资金以及精力的限制，我们不得不选择了几个更现实的方案进行了讨论并做最后决定，我们最终选择做几辆遥控的小车。

2.1　研究方法

各小组在定下方案后都紧锣密鼓地开始了制作，其中田红亮和李想小组做得最快。他们先是进行了零件设计，他俩进行了分工，一个制作转向部分，另一个制作后轮驱动部分，后来两个人合力制作了控制部分。

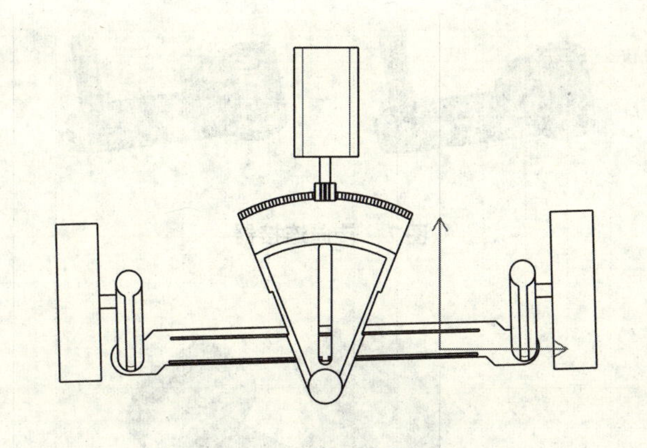

图3　转向部分的设计草图

意义：比较上面的图片，不难发现本系统对于玩具车的批量生产大有帮助，并且系统的简单性不但有利于生产并且降低了成本；系统的灵活性能让小孩玩得更加尽兴，享受玩具车的最大乐趣。

2.2　零件的设计

Solidworks 三维数字化建模采用参数化技术。一方面，可方便地完成模型的生成、编辑、修改、转换以及工程图的自动生成等。另一方面，三维数字化模型是 CAM 的关键，可由此实现计算机辅助工艺、计算机辅助管理、计算机辅助工艺销售等的信息数据基础。因此，我们采用 Solidworks 完成恒力吊架所以零件的三维建模。下面是我们对小车零件建模的模型。

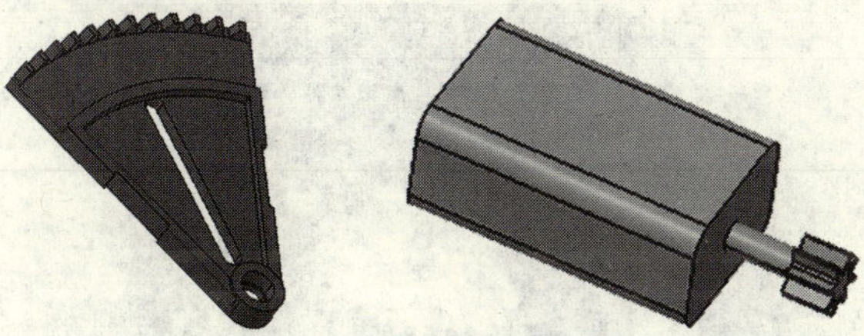

图4　电机转向齿轮

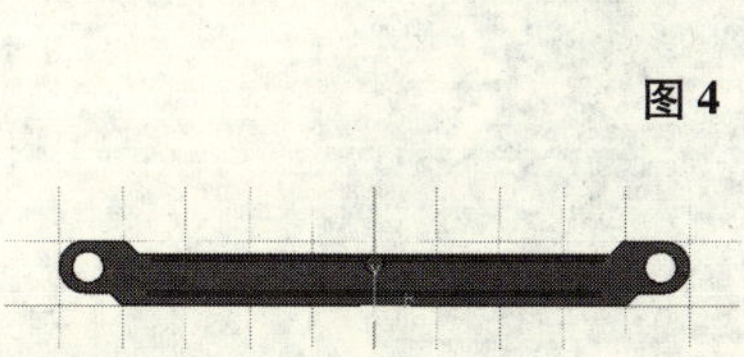

图5　转向系杆俯视图

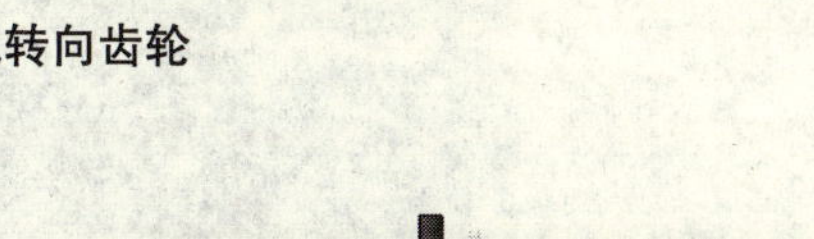

图6　转向系杆正视图

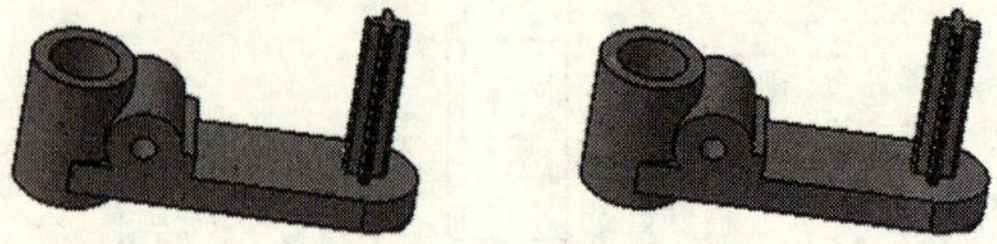

图7 转向连接器

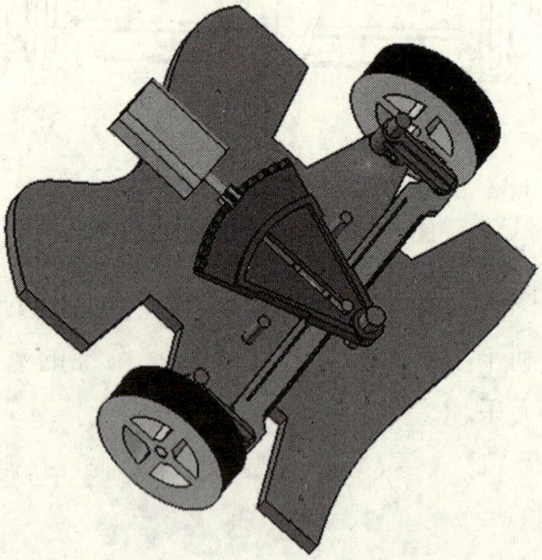

图8 转向系统三维装配图

定位销：在控制转向时，为避免转向轮转向无限度，采用在小车底盘上添加两个定位销以及在转向齿轮上添加滑动挡槽的方式，来控制转向齿轮和转向系杆的转向限度，从而控制转向轮的转向限度。

图9 制作的转向机构

3. 后轮驱动系统的设计

3.1 后轮驱动系统设计包含的部分

①各组成部分的理论研究、参数设计。

②各部件的机构设计，三维实体模型的建立，装配和干涉监测与排除。

③差速器结构方案选择与设计。

④其他零件设计。

3.2 后轮驱动系统的设计要求

①能够完成后桥驱动机构中各主要部件的参数化设计。

②能完成后桥驱动的结构设计和装配。

③电动车模型的制作组装。

3.3 对后轮驱动系统设计的分析

驱动桥主要是由主减速器、差速器、半轴、驱动车轮等部件组成。

①主减速器。

主减速器一般用来改变传动方向，降低转速，增大扭矩，保证汽车有足够的驱动力和适当的速度。主减速器类型较多，有单级、双级、双速、轮边减速器等。

• 单级主减速器。由一对减速齿轮实现减速的装置，称为单级减速器。

• 双级主减速器。一些载重较大的载重汽车，要求较大的减速比，用单级主减速器传动，则从动齿轮的直径就必须增大，会影响驱动桥的离地间隙，所以采用两次减速，通常称为双级减速器。双级减速器有两组减速齿轮，实现两次减速增扭。

为提高锥形齿轮副的啮合平稳性和强度，第一级减速齿轮副是螺旋锥齿轮，二级齿轮副是斜齿圆柱齿轮。

主动圆锥齿轮旋转，带动从动圆锥齿轮旋转，从而完成一级减速。第二级减速的主动圆柱齿轮与从动圆锥齿轮同轴而一起旋转，并带动从动圆柱齿轮旋转，进行第二级减速。因从动圆柱齿轮安装于差速器外壳上，所以当从动圆柱齿轮转动时，通过差速器和半轴即驱动车轮转动。

②差速器。

差速器用以连接左右半轴，可使两侧车轮以不同角速度旋转同时传递扭矩，保证车轮的正常滚动。有的多桥驱动的汽车，在分动器内或在贯通式传动的轴间也装有差速器，称为桥间差速器。其作用是在汽车转弯或在不平坦的路面上行驶时，使前后驱动车轮之间产生差速作用。

目前，国产轿车及其他类汽车基本都采用了对称式锥齿轮普通差速器。对称式锥齿轮差速器由行星齿轮、半轴齿轮、行星齿轮轴（十字轴或一根直销轴）和差速器壳等组成。

差速器的三维零件图建模如下所示。

图 10　差速器主减速器

差速器主减速器：电机的动力经过变速器输出后，必须经过差速器主减速器才能传递到车轮，主减速器将变速器输出的动力再次减速，以增加转矩。

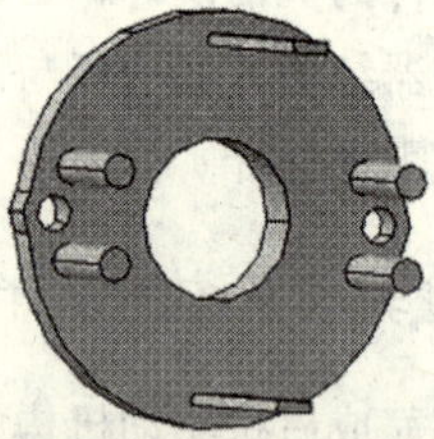

图 11　差速器端盖

差速器端盖：将差速器内部十字架结构固定。

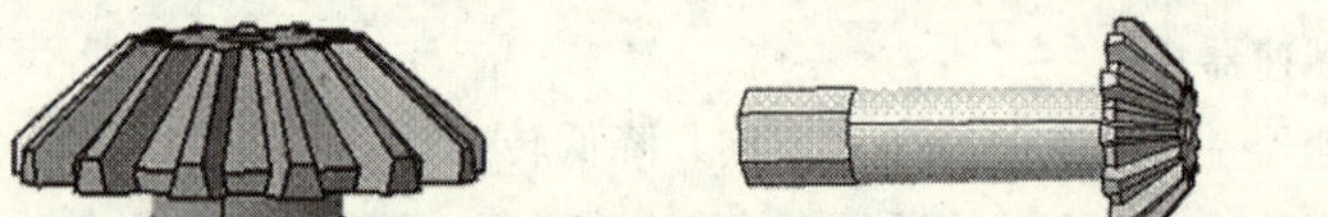

图 12　行星齿轮

行星齿轮：与半轴齿轮啮合，体积较小，承载能力大，工作平稳。

③半轴。

半轴也叫驱动轴，是行星齿轮与驱动轮之间传递扭矩的实心轴，其内端一般通过花键与半轴齿轮连接，外端与轮毂连接。

现代汽车常用的半轴，根据其支承型式不同，有全浮式和半浮式两种。

全浮式半轴只传递转矩，不承受任何反力和弯矩，因而广泛应用于各类汽车上。全浮式半轴易于拆装，只需拧下半轴突缘上的螺栓即可抽出半轴，而车轮与桥壳照样能支持汽车，从而给汽车维护带来方便。

半浮式半轴既传递扭矩又承受全部反力和弯矩。它的支承结构简单、成本低，因而被广泛应用于反力弯矩较小的各类轿车上。但这种半轴支承拆取麻烦，且汽车行驶中若半轴折断则易造成车轮飞脱的危险。

半轴的建模如下图所示。

图 13　半轴齿轮

半轴齿轮：连接半轴，减速齿轮。

图 14　电机齿轮

电机齿轮：将电机转速传递给半轴齿轮。

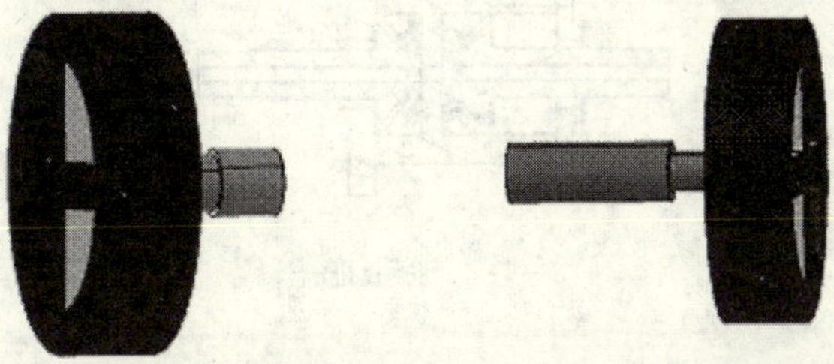

图 15　车轮

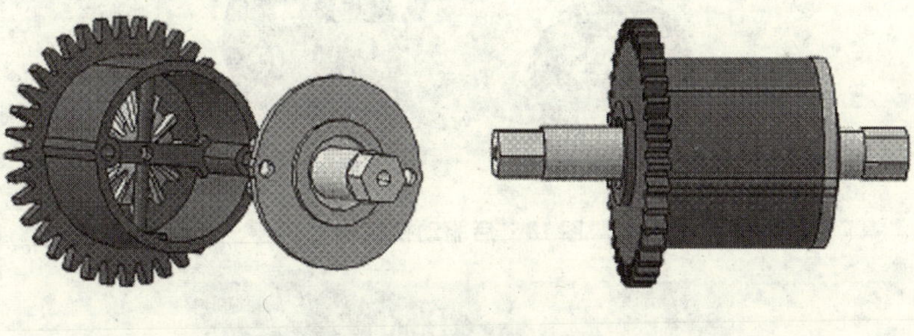

图 16　差速器的装配

第二小组选择了与第一组不同的制作方式，但由于加工量大，在制作的过程中暴露出很多问题。在转向轮的轮轴加工过程中，组员的错误操作造成右转向系统的轮轴加工失败，在失败的同时我们也总结了经验——加了轴承的零件不能与轴承一起在车床上加工。他们使用的转向系统和限位块都为自己设计，很有特点，充分利用了机械原理中的四杆系统。这对学习的知识也是一种回忆及实际操作。

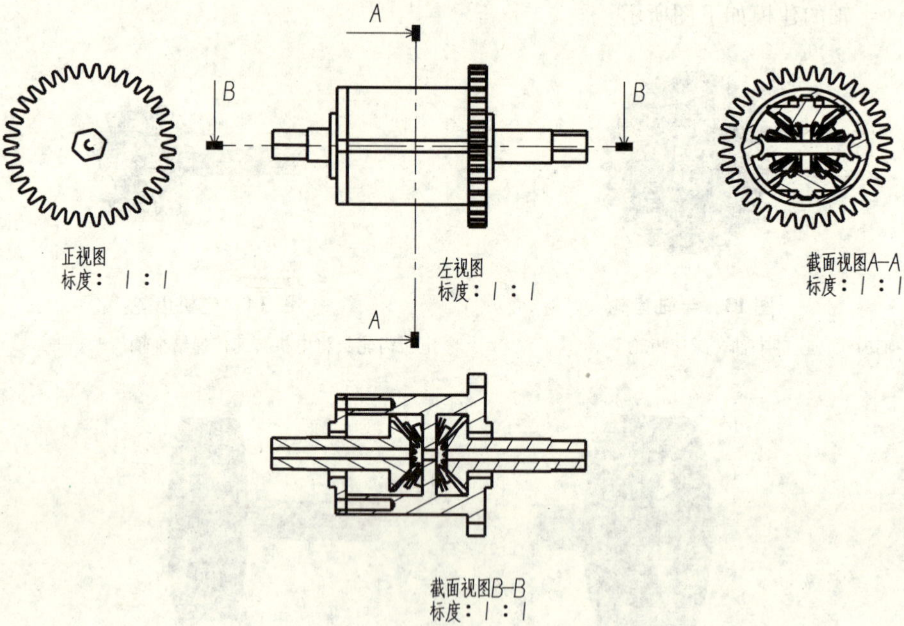

图 17　差速器装配示意图

图 18　后驱动桥机构

图 19　手工制作的差速器

图 20　最终设计成品

4. 总结

本项目综合应用了机械设计学、机构学、电工学以及控制系统等学科的知识，基本实现小车在人工控制下的前进后退、左右转向的功能。在完成项目的过程中，理论联系实际，把学到的知识应用到实际中，很好地锻炼了我们的动手能力，更加牢固地掌握知识。

参考文献

[1] 李郝林，方健. 机械数控技术. 北京：机械工业出版社，2001
[2] 细川武质. 机械构造图册. 北京：人民交通出版社，2009

标语悬挂机研究

钟东光　王亚楠　申书宁　张晓亮　董刘佳

指导教师：王侃 副教授

[摘　要] 该标语悬挂机具有使用便捷、自动化程度高、安全、节省空间及成本低廉等特点，主要适用于建筑物内部和外侧的高层标语悬挂，特别是在地面环境不佳，需要调整标语高度的场景，其作用尤为明显。此外，简易的加工方法和不十分严格的精度要求使本机构可得以广泛应用。

[关键词] 标语悬挂机；便捷；自动化；应用广泛

1. 选题背景

现代社会中，标语在正式会议、典礼、社交活动、宣传及娱乐场合应用广泛，其升降方式的简易性、安全性等亦受到重视。通常，标语以条幅的形式由人用长杆或梯子挂到有悬挂点的固定位置。但这会带来诸多限制与麻烦，比如若条幅需要在较高处悬挂，会达到长杆不及的地方；或是相应的地面环境因凹凸不平、地带狭窄等放不下梯子；又如条幅过大过重不易悬挂，或因取景拍摄、美观而需要适宜的条幅高度。此外，安置条幅过程中的人身安全，亦是值得关注的不稳定因素。

研究相应的标语悬挂机则可较好地应对和解决上述情形。另外申明，我组研究的标语升降装置并不是对全部场景都适用，而是主要针对高位、地形受限、安置费力、重复使用等常见且特殊的场合。详细说来，引发问题的症结在于安装条幅的执行者是人，这才拥有条件限制，带来不便。解决的方式是用机器代替人。当然，也会相应出现其他限制因素，即场合限制，这是机器的劣势。即便如此，标语悬挂机仍具有不可替代的位置和极高的应用价值，该装置是一个机电一体化系统（见 2.1 详述方案选择），用电力代替人力。毕竟人力的大小和操作范围有限，人员的增加不仅费时费力，而且存在安全隐患，效率也不高。电力带来的自动化可在少数或单人控制的情况下实现高效稳定的工作。此装置本身附着于工作地点，且几乎不占用地面空间，因此不必携梯子、长杆来辅助安装条幅。操作人员不需登高进行交流、配合，其安全因素被排除。在剧场舞台、大会议厅等场合，自动化设备的使用亦彰显出正式、瞩目和体面的氛围。

2. 方案论证及研究工作原理

2.1 传动方式

该标语悬挂机采用电动，需将电能转化为机械能，使条幅实现升降。能量转换阶段，考虑到功率大小和便捷性，我组决定首选电机传动。因为其他的能量传递方式，如汽油、柴油发动机，具有体积较大、需要及时加油、环境污染和噪声大等明显缺点，故不做考虑。而结合选题背景，此装置安置在建筑物内及其附近，则电源容易获取。

在执行阶段，传动方式分为：齿轮齿条传动，杆传动，液压传动，气压传动，链传动，定滑轮卷绳传动。若采取齿轮齿条传动，在高位置的要求下，需要很长的齿条且建筑物旁要装固定装置。在校学生制作匹配的零件困难较大，购买或制定现成设备不仅成本高，而且失去研究创作意义。同理，液压、气压传动系统更有维护难、影响环境的劣势。至于杆、链传动，则需大量的特殊配件加工，另对位置精度也有较高标准，因而不作首选方案。相较之下，定滑轮卷绳的传动方式具备制作安装简易、成本低廉的特点，又可实现功能要求，无疑是较佳的选择。

综上，悬挂机以电为能量源，通过电机（见图1标号1）将电能转化为机械能，再利用绳索（见图1标号3）、定滑轮（见图1标号4）等使电机传出的扭矩转变为直线移动方式，达到标语升降目的。

2.2 标语带动方式

标语的安装过程可由人在地面完成，但升降过程则需机构带动。二者的连接方案有两种设计：①在标语两端搭建纵向轨道或吊线，将标语条幅的两端拉起，连接条幅的部件在各自轨道或线路中移动，进而实现标语升降；②制作一横杆，将标语挂在杆上，以类似晾衣架的方式将其悬吊。

方案1中，两线路相对独立，要求配合。过多的拉线和传动步骤会损耗功率并造成误差，因此分别由两电机驱动，用控制器操纵。轨道模式可通过在空心槽中添加滚轮来实现，滚轮用线牵引，进行上下移动。其特点是运行平稳，但轨道放置精度要求较高。吊线模式，条幅两端对应的天花板位置分别安置定滑轮。电机牵引线

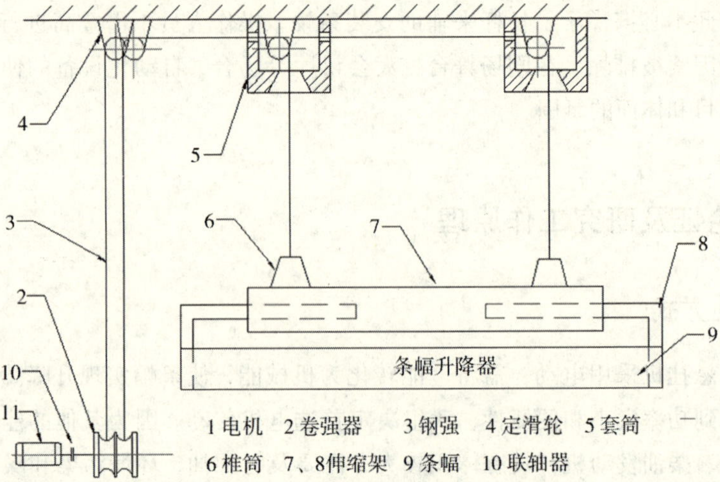

图 1 结构原理图

自下至上通过定滑轮，再自上而下连接至地上安置的卷绳装置，使线绷紧并在一定范围内可随电机的工作而上下位移。将条幅的固定装置固定于此段线索上，即实现功能。其较前者安装方便，是可供选择的方案。

方案 2 中，具体结构是：同方案 1 中位置安装定滑轮，但仅在一侧，目的是将横杆吊起。为确保稳定性，讨论使用两根吊线，路径互不干扰，且都与电机相连，电机也只设一台。

综合论述两方案的优缺点，方案 1 中（单指吊线式）安装简易，标语悬挂样式美观。但因使用两台电机和较多的线路而占空间，条幅的横向长度不能更改，条幅也不宜过长。方案 2 中结构简易，制作可伸缩的横杆（见 2.3）可悬挂不同长度的标语。但因横杆随标语同时升降，美观性不如前者（改进美化横杆结构或有改善，模型中不予表现）。

以上两方案皆可，考虑到创新点及轴的连接（见 2.6 详述），选择方案 2。方案 1 可另作专题。

2.3 伸缩架（见图 1 标号 7、8）

伸缩架即 2.2 方案 2 中的横杆。可采用齿轮齿条、滚轮、套接等方式。鉴于电机安置于地面附近，体积不宜过大，则要本着悬挂物质量较轻为原则。现实使用的标语长达几米到十几米，齿轮齿条过于沉重，且零件在校加工困难；滚轮沟槽须添加锁紧装置，塑料材质不宜长期使用；套接方式则更为简洁，选取质量轻且坚固的空心不锈钢条，不同口径的钢条套接，便实现伸缩。采用外层打眼、焊接螺母、拧进螺钉的方法进行固定。

2.4 电机

选择方案为交流电机和直流电机。本系统要实现条幅升降，因此为简化设计，电机需及时、频繁地反转。交流电机广泛应用于工业，其制动较为复杂，需另配部件。故采用功率不大、体积较小的直流电动机。虽需增设直流电源，但考虑到控制器的选择（详见2.5），决定添加可将交流电转化为直流的24V电源。其体积很小，且省去电池麻烦。

2.5 电源与控制

上一节提到，电池提供的直流电源不仅增加重量，且需及时更换、充电。在建筑物附近取得交流电源则很方便。控制器的选择上，直接搭建电路即可实现单电机工作，但引入指示灯、各功能开关会使线路繁多复杂，出现问题不易查出修复。虽然这不失为一种可行的廉价方案，但不作首选。控制器分为单片机和PLC（可编程控制器）。相较之下，因永磁直流电机可能带来的影响，PLC抗干扰能力强，可增添新功能，拥有良好的开发性。为做探究，我组采用PLC控制。所需的交流和直流的电源可通过室内交流电源和交—直流转换器解决。初定PLC的输入端有正转开关、反转开关、急停开关（又另设独立于PLC之外的停止开关）、行程开关等。由继电器、各类开关指示灯、直流电机等组成输出端。

2.6 连接和拆卸方式

按本专题设计思路，横杆、定滑轮、引线及卷收绳装置需长期固定。我组考虑可将电机拆卸的设计，即方案1，适用于功率较小的电机传动情况。将卷绳装置的轴和电机轴用特定的联轴器（用小工具可及时拆卸，且不需高精度校核同轴度）连接。将电机（附带减速器）、PLC、电源转换器嵌入一可携带的箱体中，作为整体。电机轴、接线头从箱体伸出。使用时将箱体安置在预先设定位置，接交流电源，装联轴器即完成工作准备。箱体中配螺丝与工具，并与地面螺栓配合固定。方案二：若不拆卸电机，亦可其他部件组建箱体。箱体中引出插装式的线头与电机相连。

整体拆卸的优点是每处悬挂点不需制作一整套装备，同一箱体可对不同地点工作。大大降低成本和提高效率。不采用2.2中方案一是由于双电机缘故，其在拆卸方面困难。基于创新研究，采用后者。

2.7 卷绳制动

按2.6中的设计要求，若电机可拆卸，使用时电机制动，吊绳绷紧。而当电机卸走时，横杆仍需挂起，隐藏在顶部，使得卷绳装置的制动尤为重要。难点：即时制动。需要拆卸电机时，应立即使电机不受扭矩作用，且达到操作简单易行。经研究和实践，采用自制的楔形木块。用于卷绳的圆形部件与竖直隔壁间存在间隙，即圆弧与直线存在任意角度夹角。将缠有胶布的楔形木块挤压至间隙，可实现卷绳圆形部件的制动。

2.8 安全保险

首先，全系统另设急停开关，独立于PLC、电源转换器和电机。切断交流供电线亦可行。此外，横杆由定滑轮吊起，当条幅上升时操作者忘记按急停，会在顶部发生部件冲突及安全事故。则不得不引入保险装置。

研究方案为添加行程开关。横杆到达预定位置时，触发开关，经PLC控制使电机制动。具体结构是：在横杆两吊线处安装锥形模块（见图1标号6锥筒），锥顶向上。上方对应的天花板处安装与锥形吻合的凹形空心模块（见图1标号5套筒），使横杆在任何上升状态下达到预定位置。行程开关装在凹形模块内的恰当高度上，在横杆到达预定点位后刚好触发开关。模块中也包含定滑轮，固定于天花板上。

悬挂标语时，一般情况会将条幅升至高点，即开关触发的预定位置。此设计使人员操作达到最简。标语与横杆接连后，只按一下正转开关，无需监测即完成标语悬挂。

模型制作中，由于找不到更小尺寸的滑轮以及PVC（用于制作模块）材料的限制，实物在形状大小上有出入，以后可进行美观改进。因系统实际功率相对较小，横杆、绳索、定滑轮、轴及固定零件全部使用金属材料，所以强度不作精度校核。

3. 研究结果

本研究课题基于大学生科学研究和创业行动计划，是为解决实际问题而开设的创意性、实践性项目。设计可申请专利，具有较强的研究与开发价值。在王老师的引领和组内学生的努力下，获得了丰富而有意义的成果。

①设计成品总述：利用220V交流电源驱动PLC和电源转换器。各功能开关接入PLC中，PLC控制电机、继电器运作。电机带动卷绳装置的轴，使钢绳通过定滑轮将附有标语的横杆悬起，实现升降。

②课题过程中，学生对机电一体化系统的结构设计、细节设计、设计调整及工序安排等方面获得清晰的了解和深刻的体验，进一步提升了创造力和自主性。组员并未进行各自的专项负责，而是每一环节由5人共同设计、思考、辩论甚至多种方

案同时进行，用比对实践效果的方式筛选。不仅考验和历练学生设计、质疑、协商、合作的团队精神，且使每位学生对系统都拥有整体、关联、细节的全面认知，而非浅尝辄止的局部了解。培养个体的独立性与对事物的观察分析能力。

③组员得到充分的实践机会和操作经验。该项目并不停留在理论阶段，需要搭建模型来做具体的研究分析和实际改进，做到理论与实践相结合。为确保模拟的仿真性，我组制作的模型与实物间，只存在横杆尺寸升降高度上的差异（模型以示意性为主，可升降1.5~3米的条幅；钢绳长度可增加）。绝大部分设备零件皆可用于实物。

④知识与技能的巩固与提高，拓展视野与社会经验，展现学以致用的品格。大学期间研修的机械设计、机械原理、机械制图、电工学、PLC程序设计及应用、光机电一体化系统设计等课程的理论知识得以发挥体现。同时，系统的设计制作打破了科目间的独立性。体验内在联系，把握主次环节是不可多得的财富积累。此外，通过自主车削、电钻、钳工、电路焊接及各种手工操作等加工工艺模式，培养了自身在车间和实验室的动手、应用能力。再有，市场中与商家的联系、协商、合作也增添了社会交流活动经验，为大学生步入社会奠定殷实基础。

⑤以学生为第一作者撰写学术论文。做技术探究与经验总结，培养对科学，特别是机械自动化事业的兴趣、领悟和创新能力。

项目重申：此标语悬挂机的设计虽经条件筛选，但未必为最优方案，而是提供了思路与模板，可用于探究与改进。未就简易轻便性、商业开发性、形式美观性等具体方向做单一基准考虑。方案的最终确立，一方面着眼于项目主题科学研究和创新性，使项目既能附于实践，又有科研意义；另一方面考虑组员的个人发展与锻炼，达成书本与经验相互联系、相得益彰的效果。

4. 主要创新点

本标语悬挂机可申报专利，其创新点主要有：在相应应用领域没有类似功能的机电设备实物及辅助系统；化零为整，将电源、控制器、维护辅助器件、电机、减速器视为一体，做整体启用和拆卸。实现一部设备可操控多处标语升降架，操纵最简化等。

参考文献

[1] 孙桓，陈作模，葛文杰．机械原理．北京：高等教育出版社，2006
[2] 濮良贵，纪明刚．机械设计．北京：高等教育出版社，2006
[3] 秦曾煌．电工学．北京：高等教育出版社，2004
[4] 廖常初．PLC编程及应用．北京：机械工业出版社，2008

基于 ARM7 控制器的变频调速系统设计

周子淇　田殿雄

指导教师：王占扩 实验师

［摘　要］本课题主要是设计了一套基于 ARM7 控制器 LPC2378 的调速系统。结合当前的调速系统硬件结构，设计了控制电路和主回路，其中控制电路包括 PWM 模块、电压电流信号处理模块、RS232 通讯模块、数字量输入输出模块、模拟量输出模块等电路，主回路包括逆变电路、电源、驱动电路等。调试了系统的硬件电路，能够正常工作，最后编写了控制软件，能够驱动交流电机正常运行。

［关键字］调速系统；ARM7；脉宽调制；逆变

1. 选题背景

当前国内变频器以美国德州仪器公司（TI）TMS320F2xxx 系列为主流芯片，但由于 2010 年金融危机及企业控制生产等原因，芯片价格上涨数倍。以 TMS320F2812 为例，金融危机以前为 70～80 元人民币一片，金融危机以后上涨到 750 元一片，而且货源紧缺，严重影响了科研和教学。为了摆脱这种易受制约的局面，本课题拟采用价格相对低廉、性能优良的 32 位 ARM 控制器作为变频调速装置的主控芯片，分立 IGBT 为主电路功率器件，设计并制作出一台 4KW 变频装置样机。

2. 设计思路

2.1　控制芯片选择

经过市场调查和研究发现，当前的调速应用主要采用单片机、信号处理器（DSP）和专门的 RSIC 芯片这三种控制器。单片机由于结构简单、技术成熟、成本低廉等优势在当前的变频调速领域占有一定的市场，但是由于其运算能力较差，尤其是对于浮点等复杂运算难以胜任，主要应用在低端的变频装置上。专门的 RSIC 针对性，功能强大，但是需要专门从厂家定制，成本必然高，不适合试验使用，目前主要是西门子、ABB 等大公司应用。信号处理器（DSP）相对于前两者具有运算速度快、资源丰富、通用性强等特点，尤其是市场上专门针对电机控制高性能 DSP 的出现使得一些复杂算法得以实现，但是价格昂贵，一片 TMS320F28335 价格为 150 元，金融危机期间该芯片价格一度飙升为 1200 元，严重影响了行业的发展。综合考虑性能和成本，本试验装置选用 ARM7 作为控制电路的核心控制器，根据当前市场的供应和价格情况，选用恩智浦（NXP）公司 LPC2000 系列中的高性能 32 位 ARM：LPC2378。此控制器拥有最高 72MHz 的系统时钟主频，主要功能如下。

①高性能 32 位定点 CPU。

②ARM7TDMI－S 处理器，可在高达 72MHz 的工作频率下运行。

③高达 512kb 的片内 Flash 程序存储器，具有在系统编程（ISP）和在应用编程（IAP）功能。单个 Flash 扇区或整个芯片擦除的时间为 400ms，256 字节编程的时间为 1ms。Flash 程序存储器在 ARM 局部总线上，可以进行高性能的 CPU 访问。

④ARM 局部总线上有高达 32kb 的 SRAM，可以进行高性能的 CPU 访问。

⑤10 位 D/A 转换器；4 个通用定时器，每个定时器带 2 个捕获输入管脚和多达 4 个的比较输出管脚。每个定时器模块具有一个外部计数输入；一个 PWM/定时器模块，支持三相电机控制。PWM 具有两个外部计数输入；－实时时钟带有独立的电源管脚，时钟源可以是 RTC 振荡器或 APB 时钟。

LPC2378 是一款高性能 ARM 控制器，其运算能力更为强大，适合作为控制电路的核心控制器。

2.2 主回路功率器件选择

主电路主要是实现交—直—交的转换，其中要将 380V 三相电变成直流，需要整流电路。当前整流电路主要分为不可控整流和可控整流。不可控整流电路主要采用功率二极管搭建整流桥，这种电路结构简单、成本低、结构可靠，缺点是容易给电网带来谐波。本试验装置采用不可控整流器，为了抑制谐波电流，在整流输入进线端设置进线电抗器 L，还可以用来抑制电源不平衡对变频试验装置的影响。

逆变部分是功率主回路最重要的部分，主要作用是将直流电变成交流电。目前主要是通过 PWM 技术实现电压电流的变频。功率器件主要分为半可控型和全控型两种。半控型的主要代表是晶闸管（硅晶体闸流管 SCR），该器件容量大，缺点是开通以后不可关断，而且开关频率低。全控型器件主要有绝缘栅极双极型晶体管（IGBT），其容量低于晶闸管，开关频率高，特点是栅极驱动电路比较简单，无需吸收电路，开关速度快。其他的功率器件还有门极关断晶闸管（GTO）、功率厂效应管（Power MOSFET）、发射极关断晶闸管（ETO）、MOS 控制晶闸管和静电感应晶闸管（SIT），这些器件应用比较少。

根据控制器的特点，试验装置功率器件开关频率预计设计为 5 ~ 10kHz 之间，结合当前功率器件的特点，本试验装置选取 IGBT 作为功率器件，其开关频率和功率要求均可以满足设计要求。功率器件选取 PIM 集成模块，这种集成模块一般集成了 7 个或者 6 个 IGBT。对于小功率的试验装置，PIM 比单个 IGBT 模块具有设计简单、可靠性高的优点。综合以上比较，本试验装置选取 PIM 作为功率器件。

2.3 其他电路设计

一个通用的试验装置不只拥有变流的功能，还应该具有一定的辅助功能，参考当前通用变频器的功能，试验装置还应该具有模拟量输入、输出、数字量输入、继电器量输出、通讯、人机交互等功能。试验装置设计了一路模拟量输入、两路模拟量输出、五路数字量输入、一路继电器量输出、一路基于 RS232 电气接口的通用串口通讯接口电路。

3. 电路设计

装置整体框图如图 1 所示，整个系统分为控制电路和主回路两个部分，线框内为控制电路，线框外为主回路。

3.1 控制电路设计

整个控制电路主要分为电源模块、PWM 信号驱动模块、电压电流信号采集模块、电压电流信号处理模块、通讯模块、模拟量输入模块、模拟量输出模块、数字量输入模块、继电器量输出模块、光电编码器接口模块以及系统故障保护模块。在论文中将逐一详细介绍设计原理和功能。

(1) 电源设计

电源供电取自直流母线，采用 UC3843 芯片作为控制芯片，分别产生 +5V、+15V、-15V、+24V 供电；其中 +24V 为单独隔离，用于控制板外部接口电路供电。

为了减少功耗和控制电路的面积，控制电路多采用贴片器件，一般为 +3.3V 供电，由于 LPC2378 内核供电为 +3.3V，所以控制电源输出的 +5V 要经过 DC/DC 芯片降为 +3.3V，采用 LM1117 - 3.3 芯片，一路最大电流可以达到 1A，满足设计要求，具体电路见图 2。

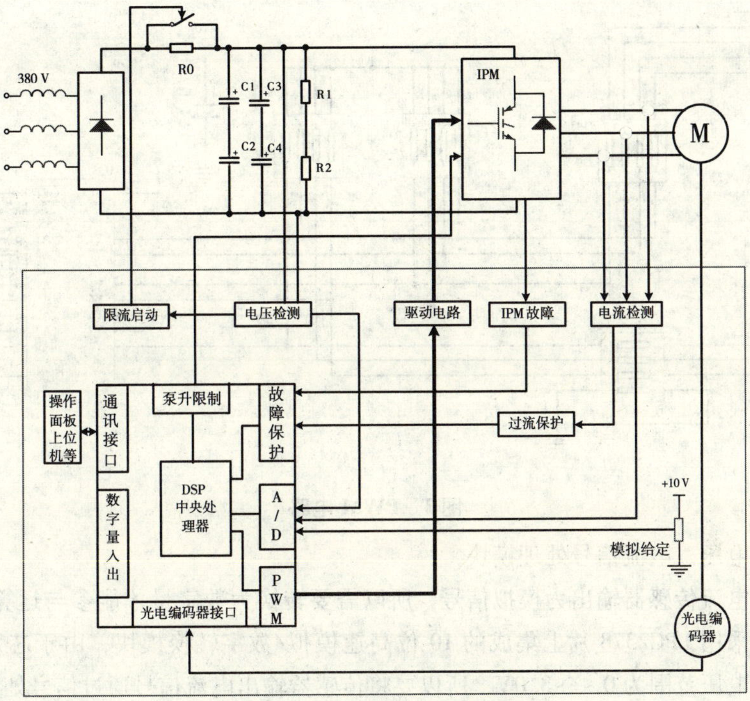

图 1　变频试验装置整体结构图

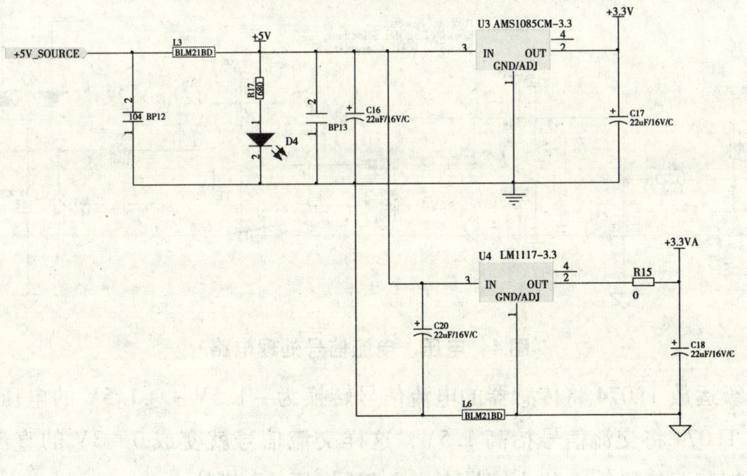

图 2　控制电路电源供电电路

(2) PWM 信号驱动模块

ARM 产生六路 PWM 信号，由于驱动能力不够，所以需要加驱动电路，驱动芯片采用一片 8 位总线转换器 SN74ABT541B，该芯片的供电为 +5V，输出电为 50mA，增加 PWM 的驱动能力。

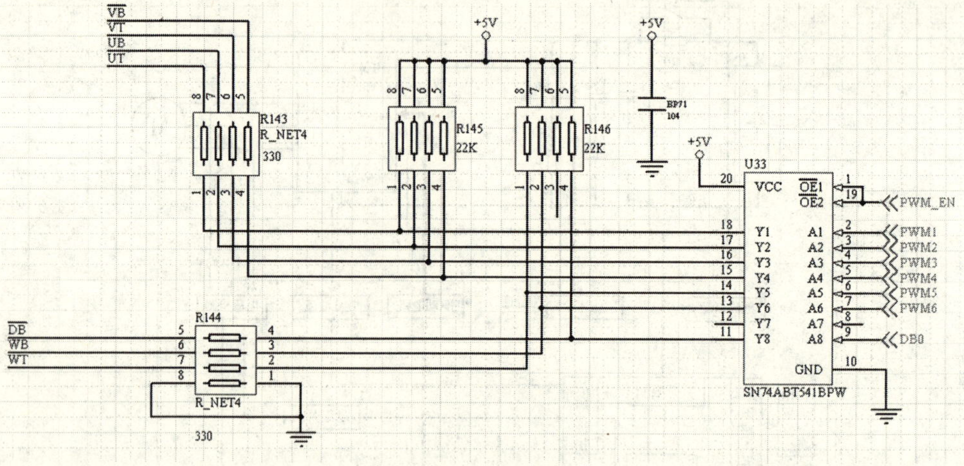

图 3 PWM 电路

(3) 电压、电流信号处理模块

电压电流传感器输出为模拟信号，所以需要转换为数字量才能参与运算。模拟/数字转换采用 LPC2378 片上集成的 10 位高速模拟/数字转换模块，由于芯片的 A/D 模块输入电压范围为 0 ~ +3.0V，所以要将传感器输出电流信号通过信号处理电路变换为 0 ~ 3.0V 电压信号，整个处理电路分为两级，具体电路如图 4 所示。

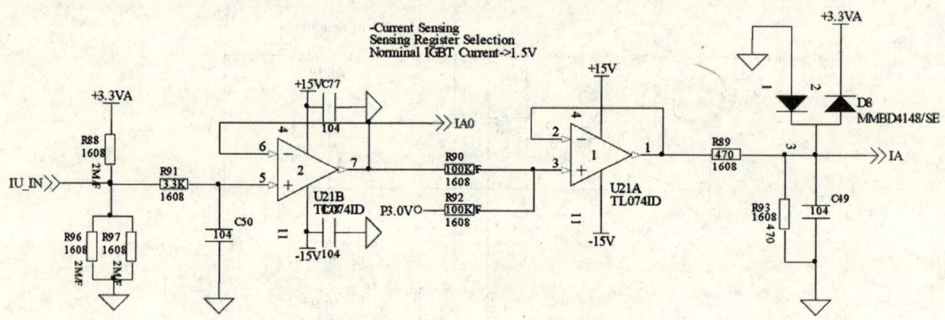

图 4 电压、电流信号处理电路

第一级运放 TL074 将传感器的电流信号转换为 -1.5V ~ +1.5V 的电压信号，第二级运放 TL074 将交流信号抬高 1.5V，这样交流信号就变成 0 - 3V 的直流信号了。最后输出加装双二极管，防止信号大于 3.3V 损坏 AD 模块。

(4) 通讯模块

通讯电路主要是为 RS232 电气接口的异步通讯接口电路，电路如图 5 所示。

采用 MAX232 作为控制芯片，为了降低成本，不采用隔离电路，通讯电路主要用于装置与上位机通讯和与操作面板通讯。

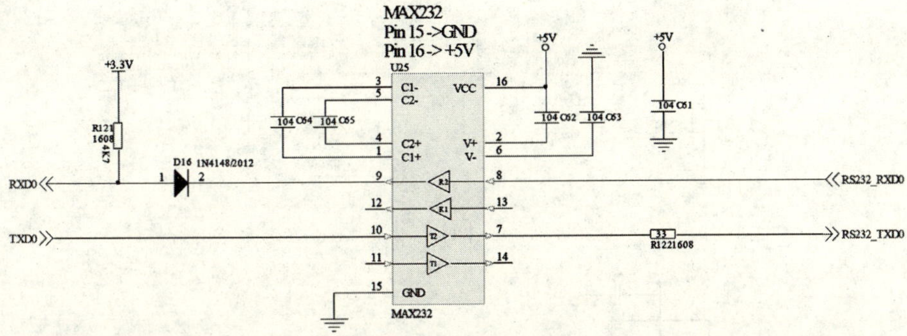

图 5　通讯电路原理图

（5）模拟量输入、输出模块

模拟量输入主要是为了方便外部模拟控制信号的给定，一共有两路模拟给定，可以是 0 ~ 10V 或者 4 ~ 20mA，具体电路如图 6 所示。模拟量经过处理电路送入 ARM 的 AD 模块。

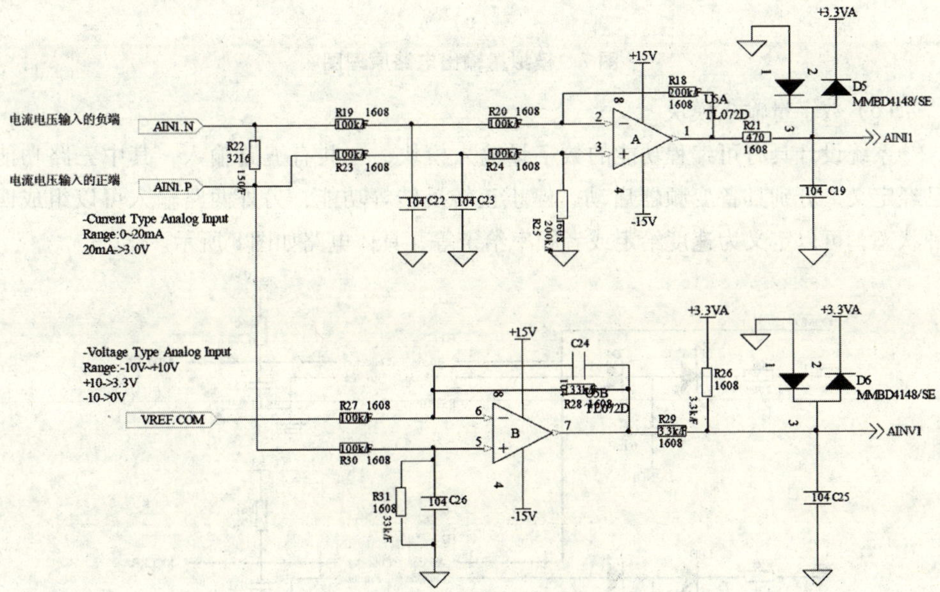

图 6　外部模拟量输入电路

试验装置还设计了一路模拟量输出电路，利用 ARM 通用定时器的比较功能，使定时器比较输入管脚输出 PWM 方波，然后经过滤波电路，电压电流转换电路，输出 4 ~ 20mA 电流。通过改变定时器的比较值，可以使输出方波占空比发生变化，输出电流也就随之发生变化，设计的最大频率为 1KHz。具体电路如图 7 所示。

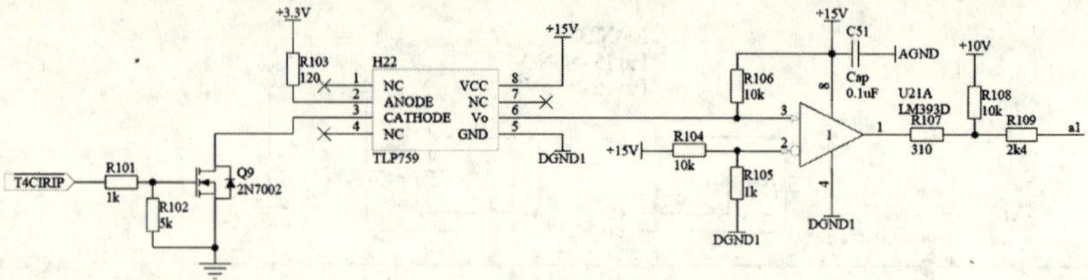

(a)

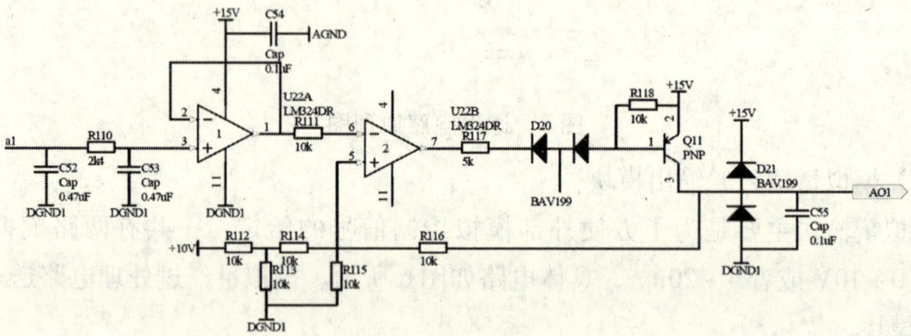

(b)

图 7　模拟量输出电路原理图

(6) 数字量输入模块

系统设计具有可编程功能的数字量输入模块，一共有五路输入，其中三路功能已经定义，分别具备变频器启动、停止正转反转等功能，另外两路输入可以组成四种状态，可以定义为速度给定或者频率给定等，具体电路如图 8 所示。

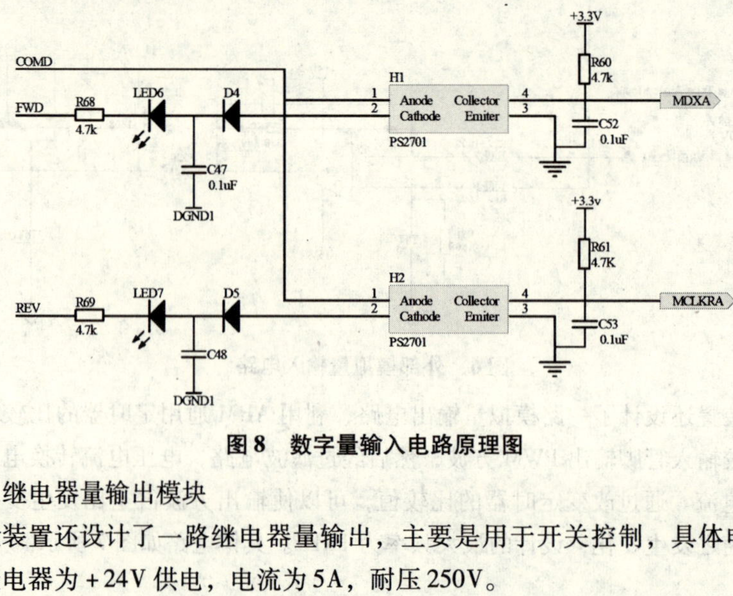

图 8　数字量输入电路原理图

(7) 继电器量输出模块

试验装置还设计了一路继电器量输出，主要是用于开关控制，具体电路如图 9 所示。继电器为 +24V 供电，电流为 5A，耐压 250V。

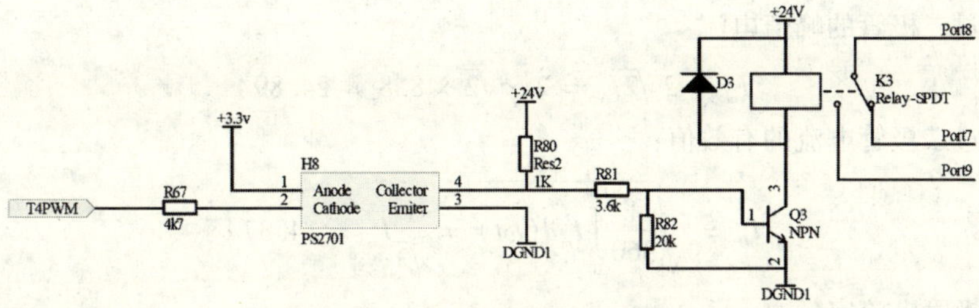

图 9　继电器量输出电路原理图

（8）故障保护模块

整个试验装置能否正常运行，主要看装置的保护功能是否可靠。试验装置拥有硬件过流保护、IGBT 故障保护和三相平衡保护功能，分别引入 ARM 的外部中断输入管脚，当外部发生中断后，通过中断程序封锁 PWM 输出，使输出管脚全部为高阻态，保护功率器件和外部设备。

为了保障控制电路的可靠性，控制电路还设计了外部看门狗电路，采用 TPS3823－3.3 芯片，如图 10 所示。

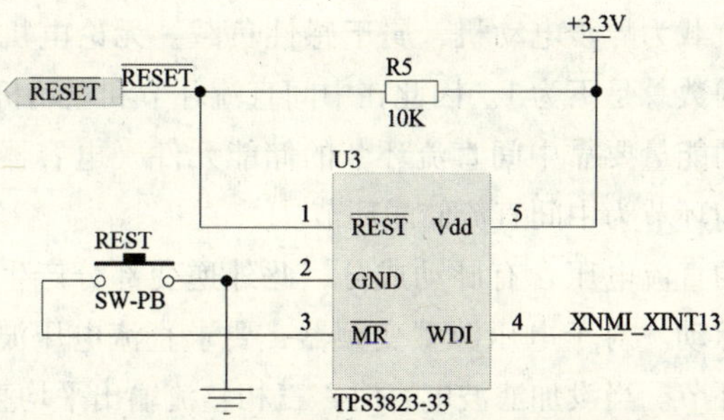

图 10　外部看门狗电路原理图

3.2　主电路设计

主电路主要分为整流器、逆变器和中间环节三部分组成。

主电路采用典型的交—直—交电压源型通用变频器结构，输入功率级采用三相桥式不可控整流电路，整流输出经中间环节大电容（由 C1 到 C4 电容组成）滤波，获得平滑的直流电压，如图 4.2 所示。逆变部分通过功率器件 IPM 的导通和关断，输出交变的脉冲电压序列。下面详细介绍各个部分电路及元件参数。被控电动机参数为；△联接，额定功率为 P_N 为 4KW，额定电压 $U_N=380\text{V}$，额定电流 $I_N=8.8\text{A}$，额定频率 $f_N=50\text{Hz}$。

（1）整流电路

采用三相不可控整流模块将交流电变成直流电。桥式硅堆的参数选择为：

通过二极管的峰值电流：

$$I_m = 2\sqrt{2}I_N = 2 \times \sqrt{2} \times 8.8 = 24.89A \tag{1}$$

流过二极管电流的有效值：

$$I_D = \sqrt{\frac{1}{360}\int_0^{120} I_m^2 d(\omega t)} = \frac{1}{\sqrt{3}}I_m = 14.37A \tag{2}$$

二极管电流定额：

$$I_n = (1.5 \sim 2)\frac{I_n}{1.57} = 13.73 \sim 18.31A \tag{3}$$

整流二极管电压定额：

$$U_D = (2 \sim 3)\sqrt{2} \times 380 = 1200V \tag{4}$$

根据上式确定的电压、电流以及市场供货情况，选用英飞凌的 IGBT 模块 FF40R12KE4，模块中的三相全桥整流模块耐压 1600V，最大电流 60A，即可满足要求。

(2) 中间环节

由于逆变器的负载为异步电动机，属于感性负载。无论电机处于电动还是发电制动状态，器功率因数总是不为 1。因此在中间直流环节和电动机之间总会有无功功率的交换。这种无功能量要靠中间直流环节的储能元件（电容器或者电抗器）来缓冲。所以又常称中间环节为中间直流储能环节。

整流电路输出的直流电压含有脉动成分，此外逆变部分产生的脉动电流及负载变化也使直流电压脉动。对于电压源型变频器，要求直流电压波形比较平直，因此要加入大电容滤波环节。当没加滤波电容时，三相整流输出平均直流电压为：

$$V_{DC} = \frac{3\sqrt{2}}{\pi} \times U_l = 1.35 \times 380 = 513 \tag{5}$$

加上滤波电容后，V_{DC} 的最大电压可达到交流线电压的峰值：

$$V_{DCP} = \sqrt{2}U_L = \sqrt{2} \times 380 = 537V \tag{6}$$

假设输入电压的波动范围为 360 ~ 400V，此对应 400V 的输入，整流后的电压为 540V。又设电源功率因数为 0.9，那么每一个周期电容吸收的能量为：

$$E = \frac{P_{OUT}}{nf} = \frac{1}{2}C_m(U_{pk}^2 - U_{\min}^2) \tag{7}$$

式中 P 为电机输出功率，U_{pk} 为峰值电压。考虑到纹波的需要，最小的交流输入电压应该在 360V 以上，所以有：

$$C_m = \frac{2P_{OUT}}{nf(U_{pk}^2 - U_{\min}^2)} = \frac{2 \times 4}{0.9 \times 50 \times (537^2 - 360^2)} = 616\mu F \tag{8}$$

滤波电容理论上讲越大越好，实际中考虑价格我们选择 6 个 450 伏 560 μF 的电解电容，分别两个串，然后并联，最后等效为一个耐压 900 伏 1120 μF 的电容。

（3）逆变电路

逆变电路的功率器件选用 IGBT，正反向峰值电压：

$$U_m = \sqrt{2}U = \sqrt{2} \times 380 = 537V \tag{9}$$

考虑 2 ~ 2.5 倍安全系数，取耐压值为 1200V。

通态峰值电流：

$$I_m = 2\sqrt{2}I_N = 2\sqrt{2} \times 8.8 = 25.2 \tag{10}$$

考虑 1.5 ~ 2.0 倍安全系数，取最大单管平均电流为 25A，由以上 IGBT 参数计算以及考虑市场价格，选用英飞凌公司产品型号为 FF40R12KE4 的 IGBT 模块，该模块一共有 7 个 IGBT 和一个不可控三相整流桥，其中 6 个 IGBT 组成三相全桥式逆变电路，耐压 1200V，最大电流为 40A，一个作为制动使用。

4. 程序设计

程序设计主要包括控制程序和 PWM 生成程序，调速给定采用外部模拟量输入作为速度给定，外部参考电压为 0 ~ 10V，对应为 0 ~ 50Hz，外部输入电路参看图 6，软件流程图如图 11 所示。

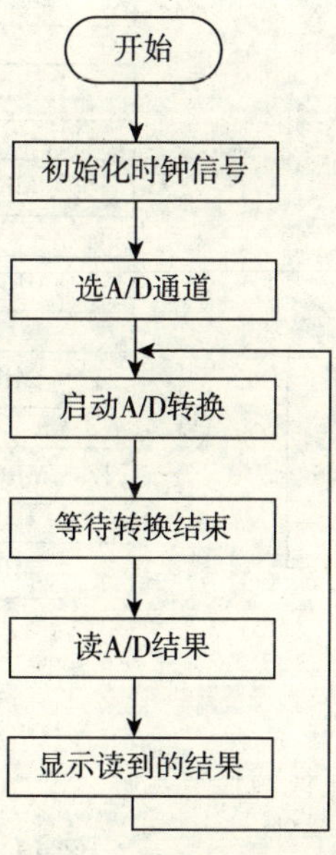

图 11　AD 程序流程图

经过 AD 得到速度信号后，转换为频率信号，根据恒压频比控制，产生调制度变量 M，通过 PWM 程序产生所需要的 PWM 波形。根据 LPC2378 的特点，通过定时器中断函数来产生 PWM，在控制器中，寄存器 MR0 是定时器，用来产生载波，MR1 和 MR2 控制 PWM2 管脚的波形输出，同理，MR3 和 MR4 控制 PWM4 管脚的波形输出，MR5 和 MR6 控制 PWM6 管脚的波形输出，程序流程图如下图所示。

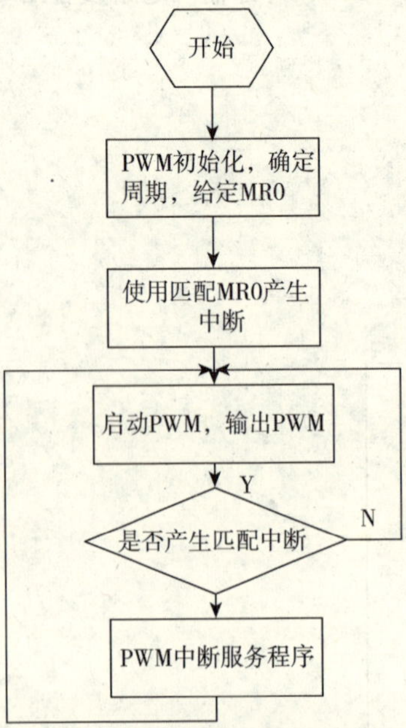
开始
PWM初始化，确定周期，给定MR0
使用匹配MR0产生中断
启动PWM，输出PWM
Y
N
是否产生匹配中断
PWM中断服务程序

图 12　PWM 主程序流程图

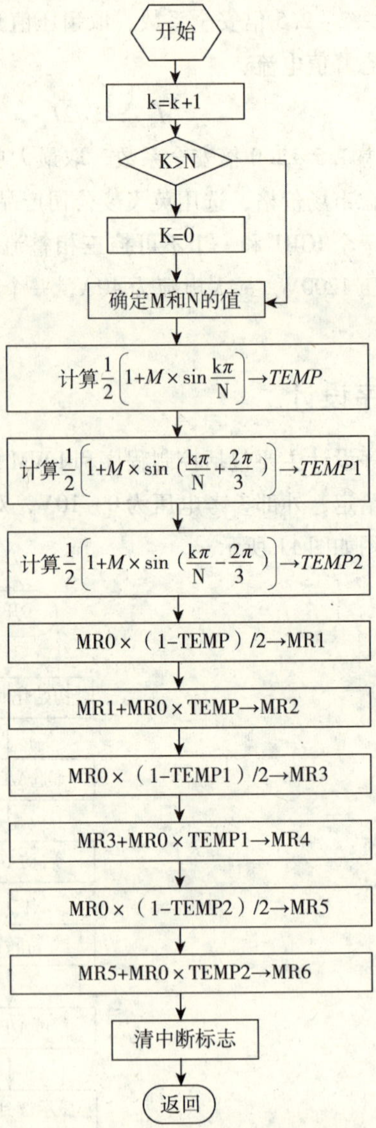
开始
k=k+1
K>N
K=0
确定M和N的值
计算 $\frac{1}{2}\left(1+M\times\sin\frac{k\pi}{N}\right)\rightarrow TEMP$
计算 $\frac{1}{2}\left(1+M\times\sin\left(\frac{k\pi}{N}+\frac{2\pi}{3}\right)\right)\rightarrow TEMP1$
计算 $\frac{1}{2}\left(1+M\times\sin\left(\frac{k\pi}{N}-\frac{2\pi}{3}\right)\right)\rightarrow TEMP2$
MR0×（1–TEMP）/2→MR1
MR1+MR0×TEMP→MR2
MR0×（1–TEMP1）/2→MR3
MR3+MR0×TEMP1→MR4
MR0×（1–TEMP2）/2→MR5
MR5+MR0×TEMP2→MR6
清中断标志
返回

图 13　PWM 中断程序流程图

5. 实验结果及其分析

以下是装置的实物图。

图 14 控制板电路图

图 15 系统硬件图

以下对试验装置的试验数据和试验波形进行介绍和分析。PWM 驱动波波形为上下桥臂的波形，变频器输出频率为 45Hz，从图中可以看出为近似一个周期的驱动波波形。

（1）PWM 驱动波波形

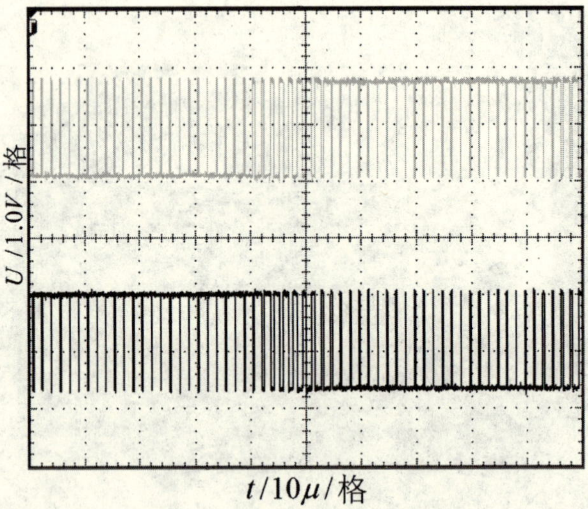

图 16　45HzPWM 驱动波波形

（2）25Hz 变频器电流波形

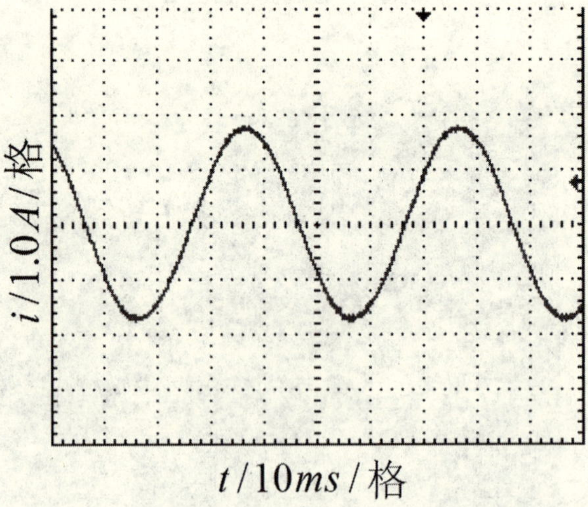

图 17　25Hz 电流波形

（3）40Hz 电压波形

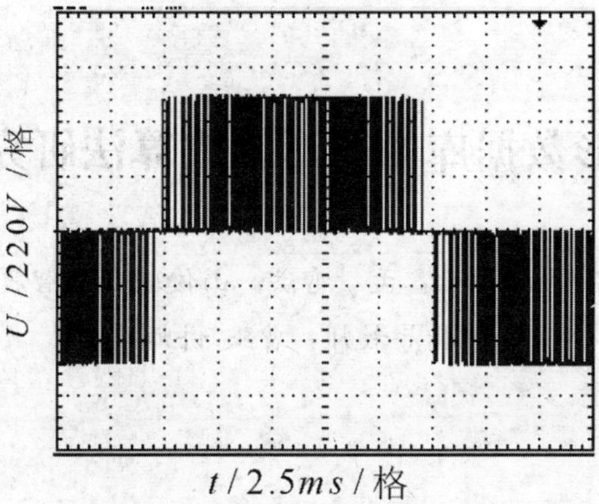

图 18　40Hz 电压波形

6. 总结

本文对试验装置的设计，进行了详细的论述。根据设计理论及设计方法，在原理图基础上对控制电路和主回路进行了 PCB 设计，制作了电路板，装配了试验装置，并进行了各个模块的调试。整个试验装置的设计完全具有自主知识产权，为调速系统的实用化打下了基础。

参考文献

[1] 李华德，白晶．交流调速控制系统．北京：电子工业出版社，2004

[2] 陈伯时．电力拖动自动控制系统．北京：机械工业出版社，2012

[3] 李正熙，白晶．电力拖动自动控制系统．北京：冶金工业出版社，2000

[4] 马小亮．大功率交 - 交变频交流调速及矢量控制．北京：机械工业出版社，1992

[5] 葛宝明，王祥珩．交流传动系统控制策略综述．电气传动自动化，2001，23（8）

[6] 李永东．交流电机数字控制系统．北京：机械工业出版社，2002

[7] 韩安荣．通用变频器及其应用．北京：机械工业出版社，2006

[8] 杨耕．电机运动控制系统．北京：清华大学出版社，2006

[9] 张峻，王远波．基于 LPC2378 的三相 SPWM 的实现．自动化信息，2008（7）

基于图形数据库的图形批改算法研究与应用

冯庆柱　王鑫孟　雷洪　山俊骁　王智履

指导教师：曹默 讲师

[摘　要] 对基于 AutoCAD 图形系统的工程制图作业自动批改算法进行了比较深入研究探讨，对工程制图作业的智能批改策略进行了较深入的研究，提出了一个基于图形特征结构的智能几何匹配方法。开发了在 AutoCAD 系统下的自动批改算法的原型，基本上能实现图形作业的自动批改。

1. 选题背景

自上个世纪 90 年代以来，工程制图辅助学习软件的开发研制就不停地进行。目前已开发出助学型、助教型、练习型、测试型等各种工程制图课程辅助学习软件，它们的推广与应用，为工程制图课程教学方法、教学手段的改革发挥了很大作用，从一定程度上缓解了教学压力，提高了教学效率。但不难发现，这些辅助学习软件中，大多数是辅助授课型的软件，很少有适合学生作业用的软件，能够辅助习题批改的软件就更少了，既能实现远程练习，又能智能批改的练习系统更是缺乏。工程制图课程是一门实践性很强的课程，学生要学好课程的内容，除了在课内外掌握课程的基本知识外，还必须动手参与实践，才能较好地学好本门课程。所以研究开发工程制图练习作业和批改系统是十分有用和必要的，也是当前工程制图课程改革的一个重要方面。

随着计算机技术、计算机图形图像学理论、计算机辅助几何造型理论的成熟，计算机作为一种先进的设计工具已在各个行业迅速使用。在发达国家，传统的绘图工具（丁字尺、三角板）早已被计算机绘图系统所代替。在我国，也提出绘图的“三无”（无绘图员、无丁字尺、无绘图板）要求，大多数企业要求大学生能熟练掌握计算机绘图。近几年来，我校在工程制图课改革方面迈出了很大一步，即将计算机绘图与传统手工绘图融合在一起，先通过一定量的手工绘图掌握绘图的基本方法与技能，然后通过大量的计算机绘图来熟练掌握各种工程图形的绘制。这就要求改变以往纯手工绘图的作业布置、提交和批改方式，以适应新的教学要求。因此，研究基于 AutoCAD 图形数据库的图形批改算法，对于开发自动、智能批改系统是十分必要的。

2. 图形批改算法研究

2.1 工程制图习题作业自动批改要求

工程制图习题作业的自动批改与一般客观选择题的批改有很大不同。工程制图习题作业主要通过图形表示，例如，给定两个视图，要求补画出相应的第三个视图；给出一个不完整的图形，补画线条或视图。工程制图习题涉及点、线、面在空间中的投影、零件模型的各视图表示、零件的标准画法等。

因此，工程制图习题作业的批改是对图的智能识别判断的处理，主要包括如下三个方面的要求。

①对习题作业图形的几何检查，要求作业的图形几何上与正确的答案相一致，包括图形几何元素和几何位置相一致。当然，这里可能不是完全一一对应的相一致的情况。例如，一条起点和终点确定的直线段，可以画一条直线表示，也可以连续多条直线，只要在转向前，起点和终点一致，就认为图形在几何上相一致。相贯线和截交线一般是一段自由曲线，通常采用样条曲线绘制，样条曲线的控制点选取的不同，曲线是有所差异的，对这类情况，系统应该能正确判断。

②对习题作业图形线条的属性检查，要求线条的属性与正确的答案相一致，线条的属性在工程制图中有非常明确的意义。例如，粗实线表示模型投影可见线，虚线表示模型投影不可见线。线条属性包括线条的粗细、线型（实线、点画线、虚线、双点画线等）。

③多解的处理。工程制图习题中经常出现有多种解法问题，每种解法都是正确的，意味着有多个正确的答案，有时有多个解法，但在工程意义上，又有可能某一种解法是最佳的。例如，尺寸标注，对一个零件图，有许多种尺寸标注方法，但只要符合要求，都认为是正确的。

自动批改的结果要求对作业图形能自动判断出何处少画了线（文字、尺寸、剖面线等），哪条线是错画的线等，并在图上用符号标识出来。例如，少画线用“?”标识，错画线用“×”标识。

2.2 自动批改处理策略

从上述分析看，工程制图习题作业自动批改的关键是图形的智能识别理解。因此，提出如下自动批改处理策略。

①将作业图形与习题图形分离开来，建立作业图形批改处理的匹配图形集。

②系统预先建立标准正确答案库，此答案库作为作业图形智能识别的样本库。

③对要批改的作业图形进行智能识别，主要采用对批改图形与样本图形的几何匹配和属性匹配推理。

④将匹配结果信息进一步处理，确定作业中哪些图形是多画的线，哪些图形是错画的线，在作业中还缺少哪些线。

2.3 图形几何匹配方法

图形几何匹配是图形智能识别的基础。一般图形的匹配问题是一个很复杂的处理过程，要求匹配图形相对于平移、旋转、比例改变等几何变换具有不变性。工程制图作业一般都是在给定的一个参考图形限制条件下完成的图形，相应匹配的条件可以进行一些限制，使匹配处理得以简化。

图形匹配方法处理算法的基本思想是采用图形结构特征的方法，用图形的结构特征（如线、圆、圆弧等）作为图形基元，与样本库中图形，使用配对的方法，计算模式与可能的模式类之间的距离，基于一定的知识库知识规则进行匹配判断推理，进行图形匹配。

2.4 相贯线、截交线的处理

相贯线及截交线是工程制图作业经常要画的线，一般是椭圆、椭圆弧和曲线，椭圆和椭圆弧可以通过图形的几何匹配进行判断。曲线采用过控制节点的 B 样条曲线，控制节点的不同影响曲线的匹配程度。由于作图方法的不同，可能会得到不同的控制节点，生成的相贯及截交曲线有可能与标准答案图形曲线不一致，但也不能就此认定该条曲线就是错画的线。因此，本系统采取如下的处理策略。

①相贯及截交曲线上的关键点（例如转向点等）必须一致。

②在一定的误差范围内，非关键点是标准答案曲线上的一点。

3. 图形批改算法设计

3.1 图形对象表示

图形是指由基本几何元素及其相互关系所构成的一个集合体，工程制图习题主要涉及直线、圆、圆弧、椭圆、椭圆弧、曲线、文本、剖面线、尺寸标注等图形元素。要对图形作业准确地识别理解和判断，必须对图形元素有一个完整的数据结构描述。笔者完全采用面向对象的表示方法，设置了直线类、圆类、圆弧类、椭圆类、曲线类、剖面线及图案填充类、文本类、图块插入类、尺寸标注类等。

此外，还有图层类、图块类、字体类等。将图形对象的一些公共属性和行为操作抽象出来一个公共基类 TDrawObject，TDrawObject 再从 MFC 的 CObject 派生下来，便于对象的串行化和数据结构的管理。对于线条元素类（如直线、圆、圆弧等）再抽象出 TLineObject 类，因为它们有一些共同的属性，如都有线型（如实线、虚线、点画线等)。

图形对象之间构成一个层次的模型结构。每一个图形对象的数据成员属性构成图形系统的数据结构，图形数据属性包括两个部分，一部分是图形对象本身的几何数据如直线的两端点坐标点，另一部分是图形对象属性数据，如对象所在的图层、显示（打印）的颜色、显示（打印）的线宽、显示（打印）的线型（如实线、虚线、点画线）等。

3.2 图形批改知识库

图形的批改、识别实际上是将要识别图形与样本库进行智能匹配的过程。识别的好坏，很大程度上依赖于识别知识库是否完善和准确。匹配知识采用产生式规则来表达，由多项产生式规则组成了图形识别知识库，自动批改算法主要建立了如下规则。

①图形元素的几何匹配规则。例如两直线的几何匹配，由两直线端点几何位置偏差确定。

②图形元素的属性匹配规则。包括线宽、线型两部分，线宽小于0.3mm 认定为细实线，否则认定为粗实线；线型包括实线、虚线、点画线和双点画线。

③图形元素的拓扑匹配规则。主要指图形元素本身的走向及相互的连接关系，例如圆弧的顺时针和逆时针走向、曲线控制点的顺序等。

④剖面线图素的匹配规则。主要包括剖面线填充边界和剖面线图案，剖面线图案由剖面线间距和角度确定，在同一零件中，只能具有相同的剖面线间距和角度。

3.3 识别处理算法

通过上述面向对象的结构描述图形，使用配对的方法，计算模式与可能的模式类之间的距离，基于上述知识库知识规则进行匹配判断推理。

产生式系统推理分为正向推理和反向推理两种基本方式。本系统采用正向推理，就是从初始事实数据出发，也就是从要识别的图形出发，正向使用上述知识规则，与样本图库中数据库事实匹配，产生结论和执行动作，朝目标方向前进，推理出最终结果。

识别批改处理算法如下：

Step1 图线归一化处理，即对共线的多段线合并为一条线，包括直线、圆、圆弧等。

Step2 打开调入相应作业的标准答案图形，将之记为 P。

Step3 从作业图形对象链表的第一个几何元素对象出发，与 P 中的几何元素对象进行类型匹配，如找到相同类型图素，并且没有标记，转 Step4 进行图形属性匹配，否则认为该图素为错画的线，执行下一个几何元素对象匹配。

Step4 图素的属性匹配，主要检查两匹配几何图素的属性，包括线宽和线型的检查，如一致，转 Step5 进行图形几何匹配，否则认为该图素为错画的线，执行下一个几何元素对象匹配。

Step5 图素的几何匹配，主要计算两匹配几何图素的几何距离，由上述规则确定是否匹配。如匹配，对两图素都作上标记。否则认为该图素为错画的线，执行下一个几何元素对象匹配。

Step6 全部图形几何元素匹配后，对有错画标记的线收集统计，对 P 中没有标记的线收集统计为少画的线。如果有错画的线和少画的线，转 Step7，否则结束。

Step7 显示标准答案图形，在错画的线上显示“×”标记，在少画的线上显示“?”标记。

Step8 结束。

4. 自动批改原型系统开发

4.1 开发工具

Autodesk 公司的 AutoCAD 在机械、建筑设计中应用非常广泛。ObjectARX 是 AutoCAD 最强大的应用程序开发环境，是一种基于 C + + 语言的开发工具，ARX 程序实质上是一种动态链接库（DLL）程序，它与 AutoCAD 共享地址空间并直接和 AutoCAD 进行通讯。ObjectARX 提供了一些 C + + 库类，这些库类能定义新类的宏，并能在已有类中添加新的功能。凭借这些库，用户可直接访问 AutoCAD 数据库、图形系统、修改和定义新的内部命令。同时使用 ARX 对 AutoCAD 进行二次开发，不仅可以利用 ObjectARX 提供的类库，而且可以利用 VC 开发环境下丰富的资源。这样应用系统的所用功能都集中在 AutoCAD 环境下，实现应用系统与 AutoCAD 的无缝连接，成为 AutoCAD 内嵌的一项专业功能。ARX 类库还提供了与 Lisp 和 ADS 的应用程序编辑接口，使其与 AutoCAD、AutoLisp、ADS 集成一体。

本原型系统利用基于 AutoCAD 图形数据库，采用 ObjectARX 面向对象的设计工具，利用 Visual C + + . net 技术在 AutoCAD 2006 系统平台上进行二次开发完成。

4.2 系统组成

自动批改原型系统命名为“工程制图电子习题集系统”，界面如图 1 所示。

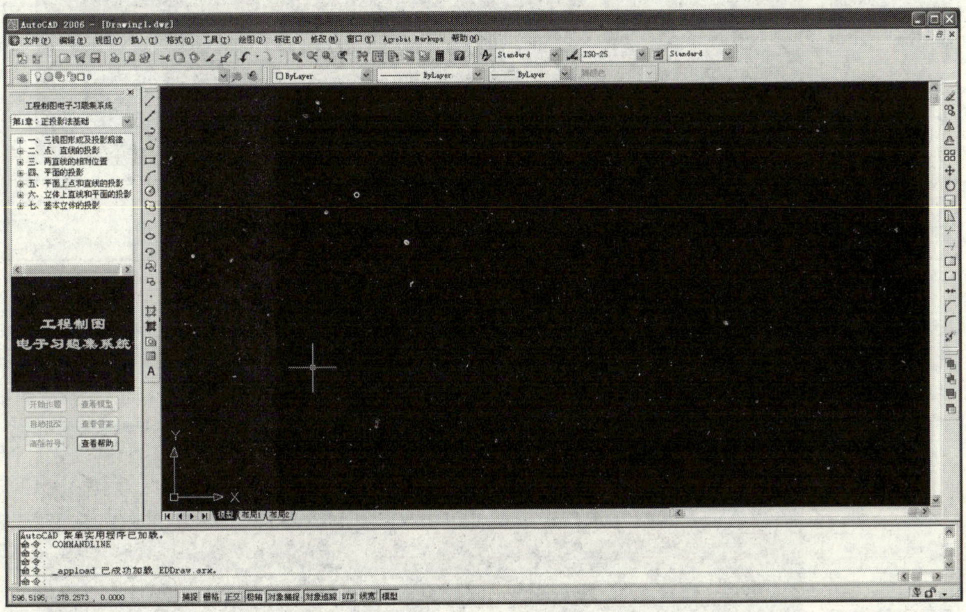

图 1　原型系统界面

系统由开始作题、自动批改、查看模型、查看答案、查看帮助及清除符号六部分组成。

4.3 系统使用方法

在章节列表中选择章节，如选择第三章，然后点击题目列表，选中题目，如 1.1 题，其界面如图 1 所示。然后开始作题，如 1.1 题为补画所缺线段，做完后的界面如图 2 所示。

做完题目后，点击自动批改按钮，系统将根据自动批改算法完成自动批改，并给出批改结果，如图 3、图 4 所示。

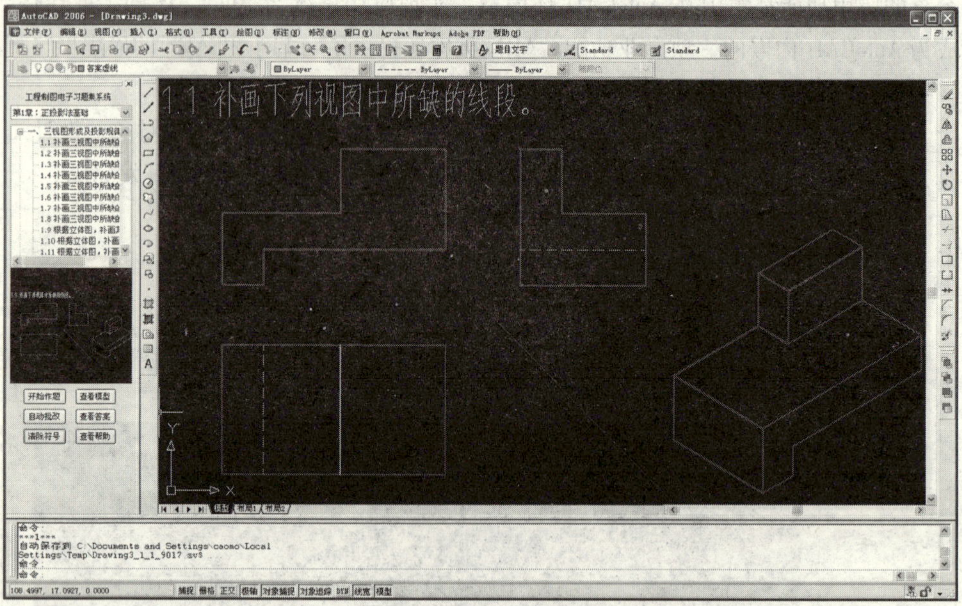

图 2　作题界面

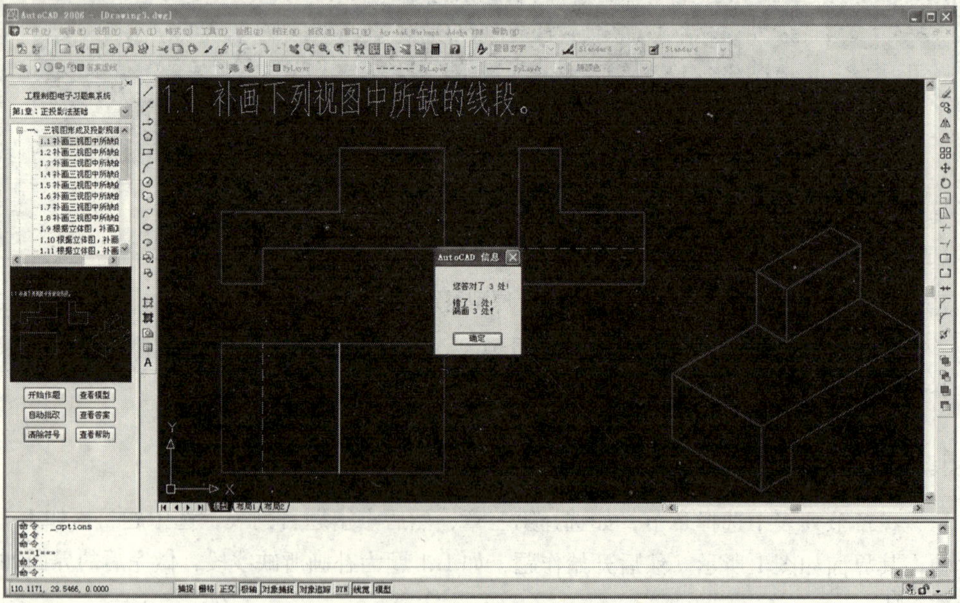

图 3　批改结果提示

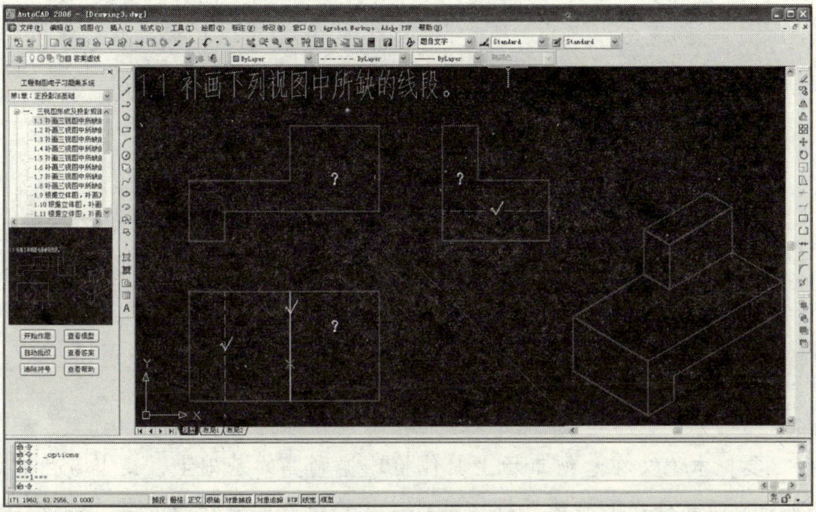

图4 批改结果

5. 结论

本项目研究了基于AutoCAD图形数据库的工程制图作业的自动批改算法，结合ObjectARX二次开发工具在AutoCAD 2006系统中开发出了自动批改的原型系统，初步验证了算法的可行性，能够完成学生作业的自动批改，具有一定的新颖性。但由于时间有限，目前原型系统还不完善，仅仅测试了三道题的自动批改，算法的稳定性和原型系统的功能扩充，还有待于后续开发来完成。

参考文献

[1] 李世国. AutoCAD 高级开发技术 ARX 编程及应用. 北京：机械工业出版社，1999

[2] 江思敏，曹默，胡春江. AutoCAD 2000 开发工具——ObjectARX 开发工具与应用实例. 北京：人民邮电出版社，1999

[3] 陶冶，文晟，吴慕春等. 工程图学智能系统的设计与实现. 工程图学学报，2009 (5)

[4] 鄢春艳，梁德才，赖兴余，邓学雄等. 基于 AutoCAD 工程制图习题自动批改系统的研究与实现. 现代制造工程，2005 (7)

[5] 陈子恒，高满屯. 画法几何及机械制图作业批改系统及其图形数据库的设计与实现. 工程图形学报，1993 (3)

[5] 何培英，常明. 计算机制图作业批改系统的研究. 郑州轻工业学院学报，2000，15 (3)

[6] 陈志远，李西琴. 盘盖类零件图作业批改软件若干技术的研究. 机械设计及制作，2005 (1)

[7] 刘蓉梅，曹学云. ObjectARX 二次开发及应用实例. 机械设计与制造，2002 (3)

[8] 欧阳全会. AutoCAD2000 环境下 ObjectARX 的开发与应用，湖北工学院学报，2002，17 (2)

乒乓球捡球车创新设计

高佳兴　汪楷健　许向彬　张焜　张林

指导教师：李玏一 讲师

[摘　要] 本论文在总结市场上其他捡球器利弊的基础上，提出自己的设计方案。论文分为两部分：①捡球器机构设计；②拾球器的制作与安装。本设计首先进行理论研究，经设计、采购、加工，最后造出实物。经实物演示发现，捡球器捡球效率高，符合设计初衷和要求。

[关键词] 乒乓球；捡球器；凸轮

1. 研究课题的意义

1.1　选题背景

乒乓球运动是一项集温和、文雅与紧张、激烈为一体的运动，具有受年龄和身体条件限制小、对场地和器械要求不高等特点。同时，由于球小、速度快、变化多，乒乓球运动具有很强的趣味性，十分易于普及和具体运作，因此是平日休闲娱乐的首选活动之一。

乒乓球在中国被称为“国球”。它是 1904 年由上海商人王道午传入中国的。中国的乒乓球运动水平极高，中国乒乓球男女队曾多次收获世界级大赛的全部冠军，涌现出一大批耀眼的明星，对世界乒坛的技战术风格也有着巨大的影响。

随着社会的不断进步和发展，人们的物质生活越来越丰富，各种各样的娱乐活动也不断发展和更新，各种集便捷、实惠、娱乐为一体的娱乐设施和设备层出不穷。这其中，打乒乓球成为最为广泛的娱乐活动，成为中国人民的新宠。

但是人们在练习乒乓球的时候经常会遇到频繁弯腰拾起地面上的乒乓球而间断练习的问题。为此人们想出储备许多乒乓球的方法，先不去管地上的乒乓球，把储备的乒乓球全都打完，再集中拾球。这样使练习减少了间断，可是并不能减少频繁弯腰拾球的次数，还是存在费时费力的问题，浪费了宝贵的练球时间。

为了解决该问题，人们发明了许多乒乓球拾球器，例如管式拾球器（如图1）、网式拾球器（如图2）、箱式拾球器（如图3）等。它们在一定程度上提高了拾球的效率，降低了拾球的劳动强度，但它们普遍并不能达到省力又轻松的要求。

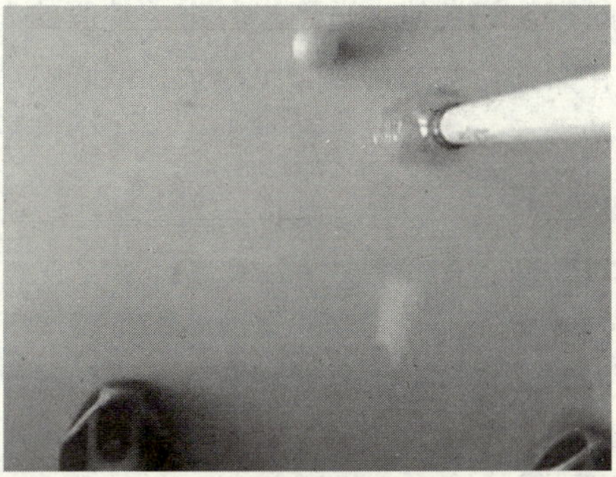

图1　管式拾球器

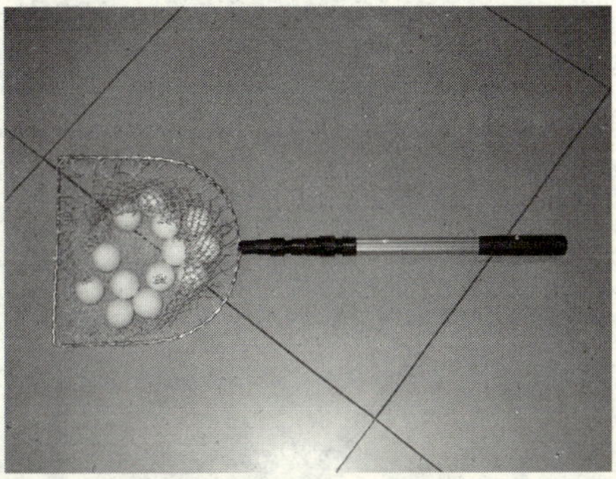

图2　网式拾球器

图3　箱式拾球器

本设计采用机械代替手工拾球。不仅降低了拾球人员的劳动强度，有效地提高拾球人员的工作速率，还能大量拾球。由于与地面的接触面积大，拾球效率也很大地提高了，所以能满足乒乓球爱好者日常练习的拾球工作。

1.2 研究现状和发展趋势

1.2.1 研究现状

目前，国内的乒乓球馆使用的拾球器多为图2的网式拾球器。在规格和使用性能上，它基本上能满足乒乓球馆的要求。它的可伸缩性使它适用于各个年龄段的人拾球。但是随着打乒乓球的人数的增多，要存储的乒乓球的数量也越大，网式拾球器已经渐渐满足不了人们的需求了，人们开始着手改进乒乓球拾球器。图4中的拾球车是人们研发出来的。

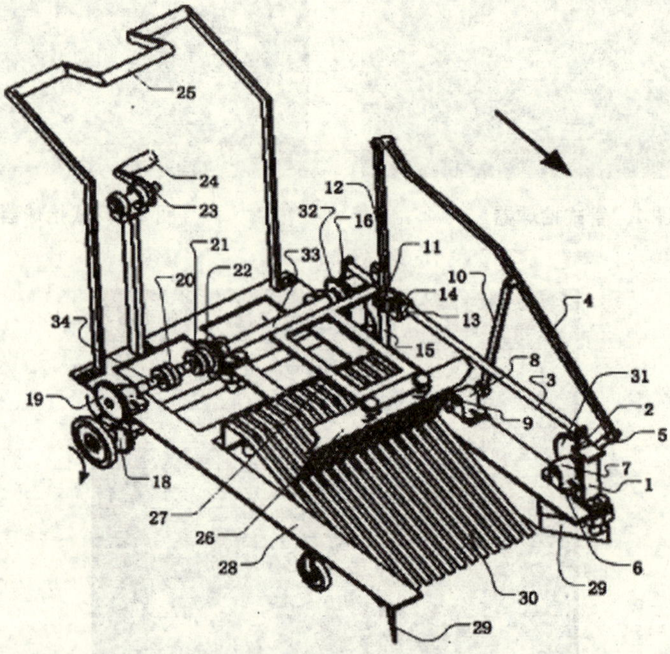

图4 拾球车

此拾球车的性能特点包括：电动作业、节省力气；体积适中，转弯灵活，易操作，适宜较大的球场使用。

此拾球车拾球效率高，使用成本低，每天只需3~6元电费。但是这款拾球车的价格比较昂贵，不适宜在一些小乒乓球馆或供个人使用。

1.2.2 发展趋势

乒乓球运动是一项集温和、文雅与紧张、激烈为一体的运动，具有受年龄和身体条件限制小、对场地和器械要求不高等特点。这就要求乒乓球拾取车也要做到方便移动，重量轻，结构简单，易于操作。

1.3 本课题的研究内容和意义

①方案及结构设计。

动力源——以人推力为动力，通过机械传动实现收集乒乓球的动作。

执行机构——凸轮的运动使拾球盒上下摆动，利用在拾球盒上连接的皮条的弹性将小球捡起来。

传动机构——由曲轴连杆机构，通过连杆长度的递增将小球送到一定高度后掉入乒乓球的收集筐中。

②主要零部件的设计计算及传动比的计算。

③利用 SolidWorks 绘制三维实体，Auto CAD 进行二维图纸绘制。

④购买材料进行加工。

⑤将比较复杂的零件承包给校外工厂加工。

本课题提供一种乒乓球拾球车，结构简单，造价低，替代手工，节省能源，拾球量大，工作效率高，方便操作，节约时间。通过这次课程设计，能够在目前所学的专业方面得到综合的训练，将理论和实际结合起来，使知识得到进一步巩固，培养独立分析和解决本专业范围内工程应用相关问题的初步能力，使我们的知识和素质得到进一步充实和提高。

2. 总体方案设计

2.1 产品预期功能要求

该设计主要是要实现机械代替手工的拾球动作，并且能够直接拾起乒乓球。拾球者可以不必弯腰就可以进行拾球工作，劳动强度低，效率高，体积小，适合一些乒乓球馆的拾球工作。

2.2 方案的比较和分析

为达到产品的预期功能要求，我们设计了三种方案，并对三种方案进行工作原理分析，经比较后对设计进行定型。

方案一：手持式乒乓球拾球器，具体结构如图 5 所示。其工作原理：首先打开真空发生器①上的开关，然后手持真空发生器①把手，使进球管⑧口接近地面上的乒乓球⑨；乒乓球⑨在空气压力的作用下，被吸入进球管⑧，迅速通过输送⑦到三通管③，在三通管③中遇到挡板④，乒乓球⑨进入环行轨道，在此空间中，乒乓球

⑨前后空气压力差逐渐减少为零，乒乓球⑨只受重力作用，并在惯性速度的作用下沿环行轨道切向飞出掉入真空的集球箱⑥中；当集球箱⑥集齐地面的乒乓球⑨或者满箱时，关闭真空发生器①开关，打开集球箱⑥的下端门，集球箱⑥中的所有乒乓球⑨会靠自重自动流出来。

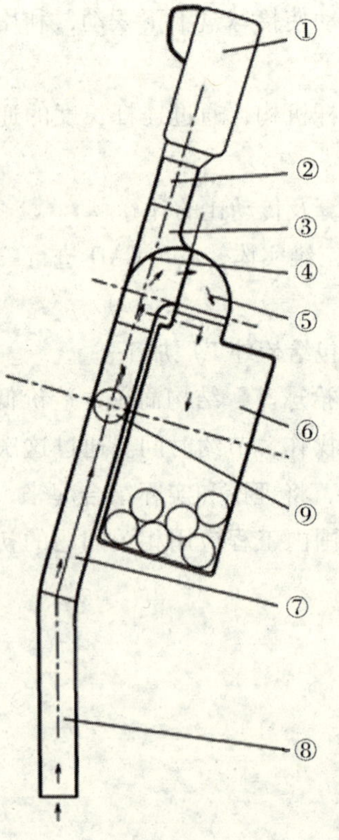

图 5　手持式乒乓球拾球器

方案二：遥控乒乓球拾取车，具体结构如图 6 所示。其工作原理：拾球车采用后轮⑥作为驱动轮，左右驱动轮由两个电机分别带动，前轮是万向轮⑧起支撑的作用。它们共同实现拾球车前进、转弯、后退等动作。万向轮⑧前进是通过传动齿轮组⑩带动拾球滚筒①，传动齿轮组⑩与万向轮⑧之间采用单向推力轴承联接，保证了拾球滚筒①在前进时转动并自动拾球，而在后退时停转以防止滚筒反转将乒乓球带出箱外。

（a）拾到的乒乓球暂时存储在存储箱②中，存储箱②设计为抽屉式结构，可随时安放和取出。拉杆式推把⑤可根据人的身高变化而调节长度。推把的长度为 70 ~ 120cm，该结构非常灵活。

（b）结构设计考虑到传感器的安装，用于避障检测用的两对红外反射式传感器

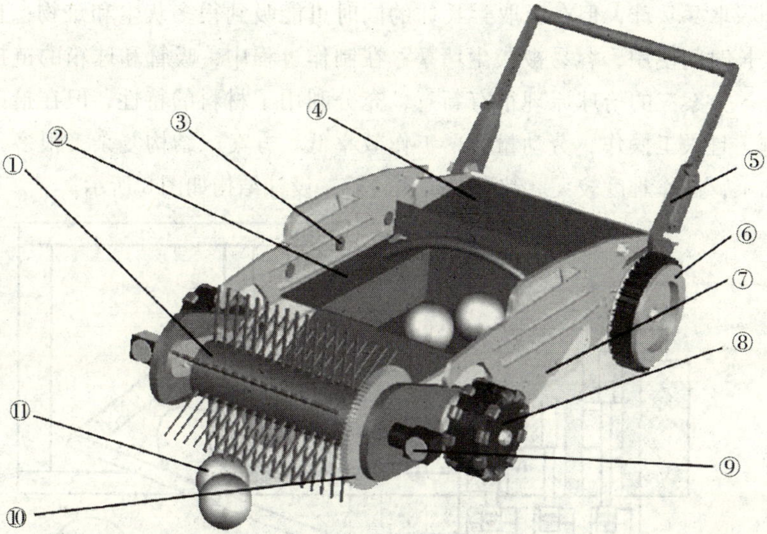

①拾球滚筒 ②储球箱 ③红外对射式传感器 ④电路板和电池 ⑤拉杆式推把
⑥驱动轮 ⑦车体 ⑧万向轮 ⑨红外反射式传感器 ⑩传动齿轮组 ⑪乒乓球

图 6 遥控乒乓球拾球车

⑨分别安装在前面左右两端。三对红外对射式传感器②安装在储球箱的上部内侧，电路板和电池④是拾球车的控制系统，控制着拾球车其他部件的动作。

其他方案：图 7 主要由滚笼、伸缩带和橡胶挡板构成。使用时，橡胶挡板将乒乓球拦截在伸缩带和地面之间，推动拾球器后，乒乓球受到挤压从伸缩带缝隙间进入到滚笼中。取球时，拉开伸缩带，使伸缩带的间距大于乒乓球的直径，乒乓球就可以取出来了。

图 7 乒乓球拾球器

以上三个方案都有各自的特点。方案一和方案三结构简单。方案一结构采用吸尘器原理吸取乒乓球，但在吸取乒乓球的同时可能吸到很多灰尘和赃物；且吸球管路较长，长时间使用，容易被灰尘堵塞；在制作过程中，吸管和球箱的链接处弯管较难加工。方案三的拾球原理很有新意，充分利用了材料的特性，但在拾取时容易把球挤跑，且人工操作，劳动量大，工作效率低。方案二结构复杂，很多元件不好购买、加工，制作难度较大。综合分析比较后，设计结构如图 8 所示。

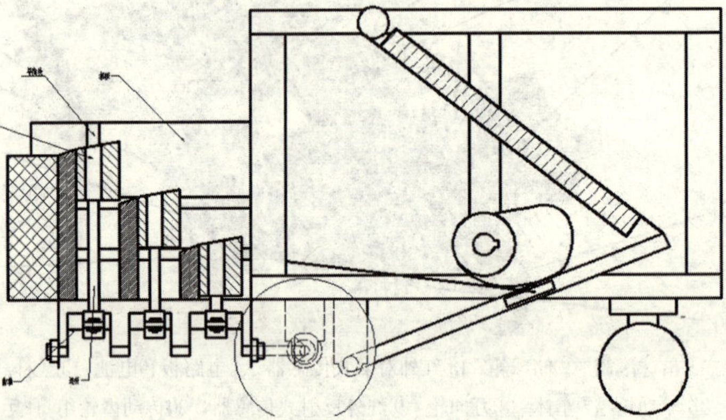

图 8　乒乓球拾球车

它的特点是后轮驱动，带动锥齿轮和链轮转动，链轮带动驱动轴上的凸轮转动，当凸轮转到近休止角时，弹簧拉动拾球盒向上转动。拾球盒上下循环运动捡球，拾球盒排列多排松紧带，通过挤压将乒乓球拾起来。

2.3　执行、传动、输送机构设计详细方案

2.3.1　拾取执行机构

由皮条组成的竖条状网格安装在捡球盒中，让网格的宽度小于一个乒乓球的宽度（20mm < s < 40mm），通过凸轮连续回转运动，使捡球盒上下往复运动。该运动使乒乓球在挤压作用下进入弹性橡皮条的间隙，从而进入捡球盆中。

2.3.2　传送至输送单元的方法

由于网格是水平方向放置且与小车的主轴呈 90°角，到凸轮转到近休止角时，捡球盒由于有弹簧的链接，在弹簧弹力的作用下，拾球盒一端抬起一定的角度，使小球向后滚。由于车轮距地面有一定高度，为了使小球能够由低处上升到高处，我们设计了一个原理为摆动导杆的机构，使小球顺利滚到输送装置的第一个传送板上。

2.3.3　输送机构

该机构的目的是将小球输送到一定的高度，以确保连接在输送机构后面的收集筐有足够的空间一次能捡更多球，减少人弯腰的次数，更有效率。该机构的原理为

曲轴连杆机构，设计灵感来自于汽车发动机。由曲轴的回转运动带动连杆机构上下往复运动，设计时连杆与活动传送板相连接，活动传送板两侧有挡板，挡板上装有导向块，并且在传送板上有与导向块相配合的导向槽，使传动板的自由度 n=1，也就是说能使传送板沿着导向槽做确定的上下往复运动。连杆长度的递增使小球每一次与传送板接触都能上升一定的高度，最终掉入捡球筐。

3. 传动件的设计计算

3.1.1 传动参数的计算

人们日常行走的速度大概是成人 4~6 *km*/h，儿童 3 *km*/h，所以可以设定拾球车的速度为 4*km*/h，即 1.1 m/s。取车驱动轮直径 $d=0.15$m，所以驱动轮转速 $n=\frac{60\times V}{\pi d}=140.1$r/ min。

由于链轮的传动比≤6，常取 $i_1=2\sim3.5$，由于为了购买方便，本次设计我取得链轮传动比为 1.5。

取小齿轮齿数 $z_1=12$，大链轮的齿数 $z_2=i_1\times z_1=1.5\times12=18$。

根据材料设定输入功率 P=0.035kw。

确定计算功率查《机械设计》教材表 9-6 得 $K_A=1.0$，查图 9-13 得 $K_z=2.2$，单排链，功率为：

$$P_{ca}=K_AK_z\mathrm{P}=1.0\times2.2\times3.5=0.077\mathrm{kw}$$

3.1.2 选择链条型号和节距

由于本次设计的传动并非用于重载、高速的运动，所以我们选用 B 型滚子链。经过比较，最终选择 05B 型滚子链。所以可知节距 P=8 计算链接数和中心距。

初选中心距 $a_0=(30\sim50)\mathrm{p}=(30\sim50)\times12.7=240\sim400$ ㎜。取 $a_0=$ 250mm，按下式计算链节数 L_{p0}：

$$\mathrm{L_p}=\frac{2\mathrm{a_0}}{\mathrm{p}}+\frac{\mathrm{z_2-z_1}}{2\pi}+\left(\frac{\mathrm{z_2-z_1}}{2\pi}\right)^2\frac{\mathrm{p}}{\mathrm{a_0}}$$
$$=2\times250/8+(12+18)/2+[(18-12)/2\pi]^2\times8/1200$$
$$\approx78.77$$

故取链长节数 $L_p=82$

由 $(L_p-z_1)/(z_2-z_1)=(100-12)/(18-12)=14.6$，查表 9-7 得 $f_1=0.24978$，所以得链传动的最大中心距为：

$$a_0=f_1\mathrm{p}[2L_p-(z_1+z_2)]$$

$=0.24978\times8\times[2\times100-(12+18)]$

$\approx339.70mm$

计算链速 V 确定润滑方式：

$v=z_1 np/60\times1000=12\times210.09\times8/60\times1000\approx0.336m/s$

由《机械设计》教材图 9－14 查得润滑方式为：定期人工润滑。

计算链运动作用在轴上的压轴力 F_P

有效圆周力：$F_e=1000P/v=1000\times0.035/0.336=104.1N$

链轮水平布置时的压轴力系数 $K_{Fp}=1.15$

则 $F_P\approx K_{Fp}F_e=1.15\times104.1\approx119.8N$

链轮材料的选择与处理：根据系统的工作情况来看，链轮的工作状况是，采取两班制，工作时有轻微振动。每年三百个工作日，齿数不多，根据《机械设计》教材表 9－5 得材料为 40 号钢，淬火 、回火，处理后的硬度为 40～50HRC 。

3.2 凸轮的设计

由于凸轮做回转运动，且捡球盒需要的压力不大，为保证捡球盒受力平稳，没有较大的力的突变，而且与捡球盒连接的推杆摆动的场合是中速轻载，所以推杆的运动规律为等加速等减速运动。

由此设计推杆运动规律的表达式为：

$$s=C_0+C_1\delta+C_2\delta^2$$

$$v=ds/dt=C_1\omega+2C_2\omega\delta$$

$$a=dv/dt=2C_2\omega$$

为保证凸轮机构运动平稳性，常使推杆在一个行程 h 中的前半段作等加速运动，后半段作等减速运动，且加速度和减速度的绝对值相等。

推程等加速段边界条件：

运动始点：$d=0$，$s=0$，$v=0$

运动终点：$\delta=\delta_0/2, s=h/2$

加速段运动方程式为：
$$\left.\begin{aligned}s&=2h\delta^2/\delta_0^2\\v&=4h\omega\delta/\delta_0^2\\a&=4h\omega^2/\delta_0^2\end{aligned}\right\}$$

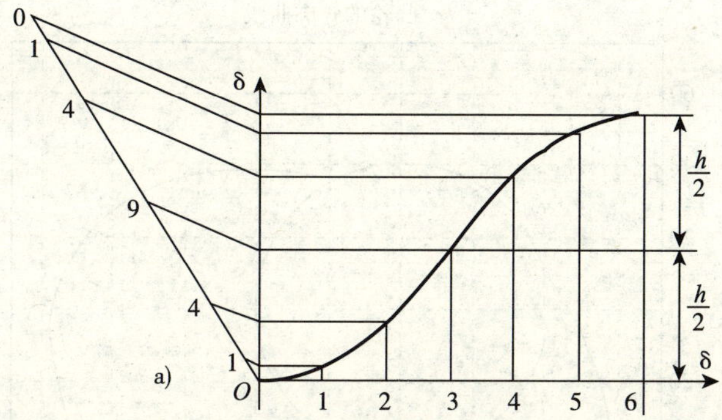

图 9 凸轮推程段运动线

推程等减速段边界条件：

运动始点：$\delta = \delta_0/2, s = h/2$

运动终点：$d = d_0$，$s = h$，$v = 0$

等减速段运动方程为：
$$\left.\begin{aligned} s &= h - 2h(\delta_0 - \delta)^2/\delta_0^2 \\ v &= 4h\omega(\delta_0 - \delta)/\delta_0^2 \\ a &= -4h\omega^2/\delta_0^2 \end{aligned}\right\}$$

★等加速等减速运动规律运动特性：

在起点、中点和终点时，因加速度有突变而引起推杆惯性力的突变，且突变为有限值，在凸轮机构中由此会引起柔性冲击。

★等加速等减速运动规律——回程运动方程

回程加速段运动方程式：

$$\left.\begin{aligned} s &= h - \frac{2h}{\delta'^2_0}\delta^2 \\ v &= -\frac{4h\omega}{\delta'^2_0}\delta \\ a &= -\frac{4h\omega^2}{\delta'^2_0} \end{aligned}\right\}$$

回程减速段运动方程式：

$$\left.\begin{aligned} s &= \frac{2h}{\delta'^2_0}(\delta'_0 - \delta)^2 \\ v &= -\frac{4h\omega}{\delta'^2_0}(\delta'_0 - \delta) \\ a &= \frac{4h\omega^2}{\delta'^2_0} \end{aligned}\right\}$$

经过计算和模拟仿真后，我们确定偏距 e = 0，基圆半径 R0 = 40mm 取滚子半径 Rt = 10mm，凸轮的推程运动角为 100°，远休止角为 60°，回程运动角为 90°，近休止角为 110°，推杆在推程以等加速等减速运动规律上升，升程为 h = 60mm，回程以简谐运动返回原处，凸轮以逆时针回转。

凸轮的轮廓线和运动规律由 MATLAB 模拟仿真而得，具体如图 10 所示。

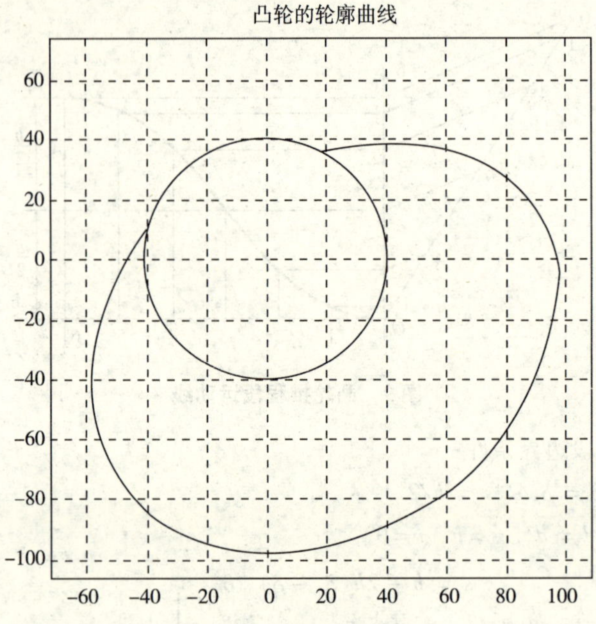

图 10　凸轮的轮廓曲线

3.3　曲轴连杆输送机构的设计

曲轴连杆机构由曲轴、连接轴、连接板、连杆、活动传送块、固定传送板、挡板、导向块八部分组成。

3.3.1　固定传送板

为保证小球在较短时间内进入到收集筐中，避免在输送过程中出现过分堆积而使小球溢出的情况，要尽量缩小小球传送的直线距离，所以设计三块固定传送板的间距 s = 45mm，固定传送板宽为 b = 20mm，高度为递增形式 h1 = 50mm、h2 = 100mm、h3 = 150mm。长度与小车宽度相同为 l = 300mm。

3.3.2　活动传送块

活动传送板由尼龙材料组成，在两边铣出两个导向槽与挡板上的导向块相配合，确保活动传送块能够按确定的轨迹上下往复运动。在活动传动块的中心打孔，并铣出一个与连杆运动范围成比例的槽，确保连杆运动时不发生干涉。尺寸设计如图 11 所示。

3.3.3　连杆

连杆的设计借鉴了汽车发动机的连杆设计样式，由连杆体、连杆头、螺栓螺母等部件组成。为了减小小车的总质量，从而减小小车行进间的阻力，我们选取材料

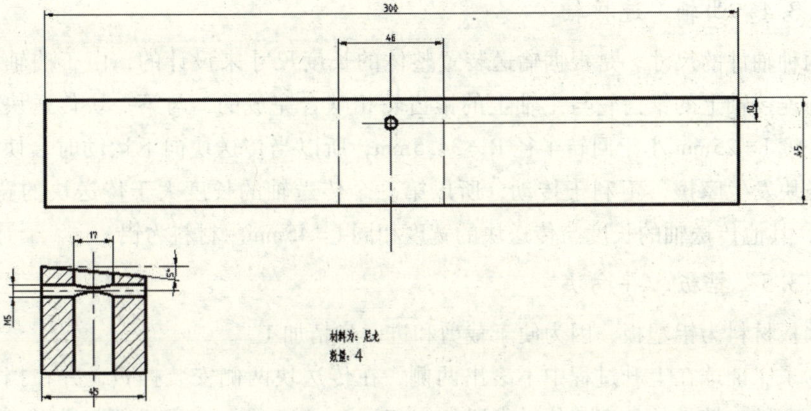

图 11　活动传送块零件图

为铝。为了达到使小球上升的目的，使连杆体的长度逐个递增 $\Delta l = 50mm$。

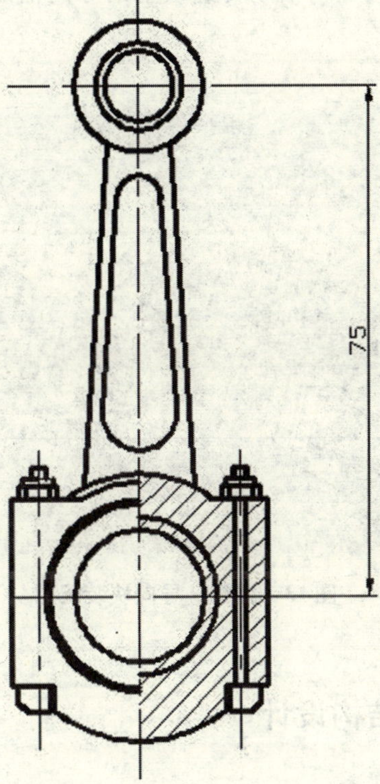

图 12　连杆装配图（第二根）

3.3.4 曲轴、连接轴

两种轴件的尺寸，是根据输送装置整体的长度尺寸来设计的，由于曲轴的回转是靠与连接轴上的锥齿轮与主轴上的锥齿轮相啮合完成的，与第一块传送块相连的连杆长度 l = 25mm 小于回转半径 R = 34.5mm，所以当传送块向下运动时会使连接板与传送块发生摩擦，不利于传动，所以第一个传送轴的长度大于传送块的宽度 l = 55mm，其他传送轴的长度与传送块的宽度相同 l = 45mm。材料为铝。

3.3.5 挡板、导向块

挡板材料为铝塑板，因为便于裁剪和进一步精加工。

为了保证球在上升过程中不滚出两侧，在传送块两侧安装挡板，并在挡板上面安装导向槽。挡板的长度与传送装置长度相同 l = 245mm。为了方便打孔和安装，我们将挡板的宽度设计为 b = 75mm。在挡板上按照固定传送板的间距打孔，安装固定传送板，并在两固定传送板中线处打孔，来安装导向槽。

导向槽材料为木质，尺寸与活动传送块上的导向槽的尺寸相同，用螺栓、螺母固定在传送板上。

装配如图 13 所示。

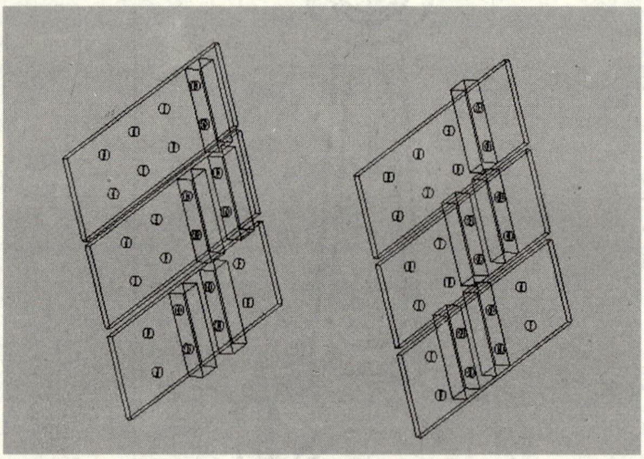

图 13　挡板、导向块装配图

4. 车体主要部分的结构设计

4.1 拾球机构的制作与安装

拾球车主要由三部分组成：拾球壳，车体，传动机构。

制作材料主要选取不锈钢空心杆，容易剪裁安装。

拾球车壳设计如图 14 所示。

图 14　拾球车壳

先用不锈钢板材搭建方壳，正面打孔，穿接松紧带，使相邻两排松紧带间距略小于乒乓球直径。

在两侧的板材上铣出导向槽，便于将与之连接的滑块放入导向槽中，让滑块在导向槽中前后滑动。滑块后面连接一排固定长度的细绳，细绳的直径和排列与松紧带的直径和排列方式相同，细绳的另一端连接在后面车架子上。在滑块前面用松紧带连接在前面的板材上，使滑块能实现直线往复运动。在前面的板材上连接两个弹簧，弹簧的另一侧连接在车架上，使捡球盒在不受凸轮压力作用时能自然抬起一定角度，使小球向后滚，滚向输送装置，弹簧选取拉应力为 30N 的拉簧两根。

4.2　拾球车车体的设计

车体采用不锈钢钢架结构，如图 15。在底部安装拾球壳，在小车前面采用万向轮，使拾球车可以控制方向，在车体上固定起两个支架，分别固定凸轮和拉弹簧。2 处安装轴承座，连接轴，轴上安装凸轮。3 处轴承座用以固定图 15 中的长轴。由乒乓球的直径与拾球壳的位置最终确定车轮大小。车轮采用直径 d = 100mm 的无轴承车轮，驱动轴与车轮采用紧配合，如图 15 所示。由正常人身高确定拾球车扶手高度，高度为 1.2m，扶手设计为上下两部分，可以拆卸，由此可以调整扶手高度，非常方便。

4.3　拾球车传动机构的设计

传动部分采用链轮传动，如图 17 所示，链轮与凸轮同心绕轴运动，通过凸轮与

图 15　拾球车车体

图 16　车轮连接图

拾球壳上的凸轮从动件接触、离开，使其绕后面的轴做扇形往复运动。旋转一圈，完成一次捡球。1、2 处连接结构相同，将其放大，如图 17 所示。

链轮与车轮轴同心，推动车的时候，链轮随车轮一起运动，从而将推力传递到凸轮轴。

凸轮处如图 18 所示，凸轮与轴由过渡配合，并用键连接，在凸轮凸台上有紧固螺钉。

拾球车的三大部分设计基本完成，最后组装到一起。

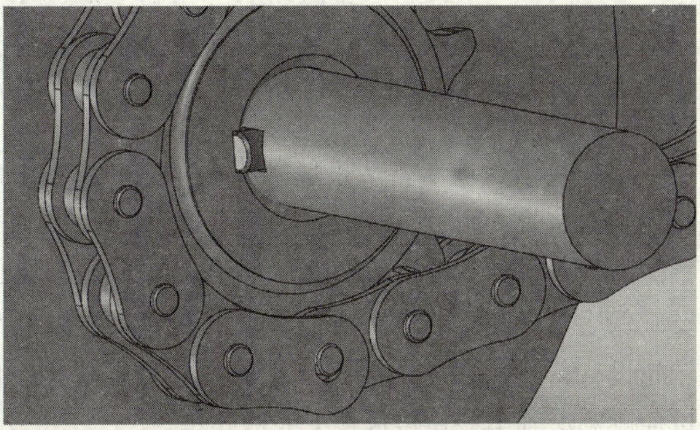

图 17　链轮与轴的连接

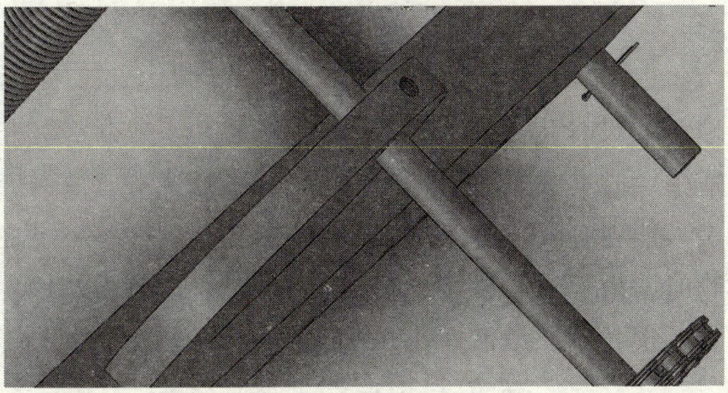

图 18　凸轮与轴的连接

4.4　拾球车的输送装置

拾球车的输送装置主要由曲轴连杆机构构成，曲轴由轴承座固定在车架的后面，曲轴前端装有一个锥齿轮，与车主轴上的锥齿轮相啮合，使主轴的旋转转化为曲轴的回转，从而带动输送装置工作。

在固定传送板上打孔由挡板把固定传送板与车体用螺栓、螺母连接，在传送板上安装导向块，将活动传送板上的导向槽与导向块相配合，并把连杆和活动传送板、曲轴相连接。

在最后一个传送板上安装球的收集筐，当球被送至最高处滚落至收集筐中。

通过实物安装，实现了本设计的预期功能。通过推动小车带动车轮转动。车轮轴上的链轮带动从动轮转动。从动轴上的凸轮及弹簧的配合可以按照预期目的使拾球盒进行上下往复运动。拾球盒进行上下往复运动可以拾起拾球盒下的乒乓球。通过与滑块后端连接细绳把球引导至输送装置上。通过输送装置把球运到高处并且收集起来。

5. 创新点

第一，我们设计的乒乓球捡球车，从捡球到收集一气呵成。由于小球在输送机构的托举下到达指定高度并最终汇入收集筐中，极大地减少了人弯腰捡球的次数。这样的设计使收集筐的体积得到了很大的增加，以便一次性收集到更多的球。

第二，由于要确保小车走同样的距离时能收集到更多的球、提高小车捡球的效率，我们刻意将车轮设计得稍大一些，并配套辅以摆动倒杆机构，使球沿着倒杆上升到一定高度，以便顺利滚到第一块传送板上完成收集。

6. 心得体会

该乒乓球拾球车的设计提供了行之有效的快速拾球的办法，并具备结构简单、使用方便、体积适中、成本低廉、全新作业感受的独特优势，值得推广。

由于时间和个人能力有限，设计和制作当中难免出现一些不足之处：

①在制作实物时，由于对零件不熟悉，没有按照最初的设计购买到零件，以致设计与实物之间有一定差别。虽然对小车的整体设计没有太大影响，但仍与预期尺寸有些偏差。

②在整个车体设计上，虽然能达到预期的目标，但是为了满足它的安装尺寸，车体内部有很大一部分空间是浪费的，不能利用起来，这样就使得车体的宽度有点大。

希望在以后的工作学习中，能够更好地利用所学的知识解决上述问题。

参考文献

[1] 王侃，杨秀梅．网球训练场拾球机的设计．第十二届全国机械设计年会，2006
[2] 纪名刚，陈国定，吴立言．机械设计．北京：高等教育出版社，2006
[3] 吴宗泽，罗圣国．机械设计课程设计手册．北京：高等教育出版社，1992
[4] 董兴军．手推式网球拾球车．中国，1605371，2005－04－13
[5] 陈尚尚．乒乓球拾球器．中国，201291041，2008－11－20
[6] 汪雨濛．圆柱形乒乓球拾球器．中国，200720086617，2007－8－20
[7] 刘杨，文静．手推式乒乓球拾球器．中国，200720085362，2007－6－20
[8] 马正月．滚笼式乒乓球拾球器．中国，200610125294，2006－11－30
[9] 刘广．乒乓球拾取器．中国，200820211142，2008－12－24
[10] 云美君．一种全方位智能乒乓球拾球机器人．中国，200920164235，2009－7－16
[11] 赵玥．乒乓球便利拾球器．中国，200720032870，2007－9－28

[12] 杨柳青．乒乓拾球器．中国，200820141013，2008－10－29
[13] 李云鹏．乒乓球方便拾球器．中国，200620130313，2006－11－2
[14] 王加学．带有推板的乒乓球捡拾器．中国，201020141270，2010－3－26
[15] 梁鸿超．软珊式圆形小球拾球器．中国，200820116108，2008－5－8
[16] 梁伟．旋转弹线式捡球器．中国，200910059338，2009－5－20
[17] 兰洋．新式拾乒乓球器．中国，200620166501，2006－12－6
[18] 杨玲．一种乒乓球拾取器．中国，200920081295，2009－5－31
[19] 王波．乒乓球或网球拾存器．中国，01223829，2001－5－16
[20] 吴赫显．新式网球拾球器．中国，02240768，2002－7－18
[21] 李龙夫．一种拾乒乓球机．中国，02243376，2002－7－25
[22] 李桐．自动捡球车．中国，200420007035，2004－3－16
[23] 向文骐．新型捡球器．中国，02252855，2002－8－27
[24] 刘震．乒乓球捡拾器．中国，1277958，2001－12－31
[25] 朱风云．乒乓球捡拾器．中国，00246193，2000－8－11

铝电解槽阳极电流分布监测分析仪的研制

刘宾　郭瑞　王昕玮

指导教师：张志芳

［**摘　要**］阳极电流分布是铝电解生产过程中非常关注的工艺技术参数，但是当前采用的检测手段简陋，分析手段简单，不能满足电流分布在线监测的需要。基于等距压降测量原理，成功融入先进技术，开发出铝电解槽电流分布监测仪，实现了铝电解槽电流分布的监测与分析。该检测仪为深入研究铝电解生产过程、把握电解槽运行状态提供了工具；提高了一线工人的数据测量效率，消除了传统方法数据录入过程中出现的数据差错问题，提高了数据的使用效率。

［**关键词**］阳极电流分布；铝电解槽；等距压降

1. 绪论

1.1　选题背景

铝电解槽中电流分布随着过程的进行发生变化，比如更换阳极、槽膛形状变化、槽底沉淀、阴极破损等。在焙烧过程中，通过监测电流分布的变化，可以及时发现和调整阳极的接触状态，避免局部过热导致的焙烧不均匀；在正常电解过程中，通过测量电流分布，可以判断电解槽的运行状况，阳极电化学反应性能和槽底破损等。因此，电流分布在线监测系统具有很重要的意义。

目前对监测电流分布的方法主要有：①万用表式，其操作方法是一人手持测量叉和万用表进行测量，另一人记录测量数据，测量完后再转录到 Excel 中；②模数板卡式，它将检测装置的信号传到采集集成模块后，再传到模数转换模块进行模数转换处理，最后将数字转换结果传到计算机进行处理；③测量小车式，即测量电解槽阳极电流分布小车，包括毫伏表，导线和测量装置，毫伏表通过导线与测量装置连接，还包括导线缠绕装置和车体，毫伏表安装在车体上，导线缠绕在安装于车体上的导线缠绕装置上；④采用安装电流互感器的方法实时监测电流分布情况。第一种方法应用的最广，其优点是测量方式简单，但数据录入和数据分析方法原始，效率不高，容易在数据录入过程中发生错误. 后三种方法都为有线测量方式，在铝厂的强磁高温的工业环境下，对每台电解槽每个阳极导杆进行布线测量从现场实际情况及系统维护方面考虑是不可行的。此外，上述①、②、③方法共有的一个缺点是无法实现铝电解槽电流分布的实时在线监测。

1.2 选题意义

在工业生产和日常生活中，都要通过各种方法获取信息。生活中人们通过各种设备获得自己所需要的信息，工厂及单位需要及时而准确地采集到所需目标的各项数值信息。而实际应用中，通过以单片机为核心的模块就可以相对快速且准确地对设备进行数据的采集，进而在将测量到的数据处理后实现对被测设备性能的控制。测量到的数据是最基础的资料，也是工业生产的眼睛，是改善设备运行状况、控制设备运作的基础指标。

因此，及时而有效地处理好测量到的基础数据，不仅能够提高产品质量，而且还可以提高设备利用率，降低能耗。

1.3 研究内容

基于单片机的信号控制及采集系统，主要设计采用等距压降法对铝电解槽的电流分布情况进行在线监测，并结合先进的 Mesh 网络（无线传感器网络）、无线宽带和动态网页技术，设计和实现了基于无线传感器网络的铝电解槽电流分布在线监测系统。

技术指标如下：

①测量范围：0～35mV。

②测量精度：0.5%。

③分辨率：满量程的：0.1%。

④采样时间：3 秒到 3 小时可调。

⑤数据传输方式：无线。

⑤最高工作温度：85℃。

⑦存储数据库：Sql express 2005。

⑧扩展功能：绘制测量数据的实时、历史曲线。

2. 系统的硬件设计

2.1 系统工作原理

系统在物理上分为测量数据接收和实时显示装置、电流分布测量仪、基于局域网的 Web 分析系统。其中，电流分布测量仪完成等距压降的测量并定时发送测量数据。测量数据接收装置为一个可以在电解车间移动的专用测量控制台，配置无线接收装置和实时显示数据的触摸屏工控机，一般放在测量电解槽的出铝端或烟道端。数据分析系统为一个 Web 应用程序，通过浏览器（如 IE）来实时查询、显示和分析电流分布数据。由于电解铝生产车间中电解槽温度高，设备密度大，不适宜采用有线的方式进行信号采集、仪器供电或构建通信网络，采用静态无线传感器网络替代有线通信网络，采用无线宽带网络替代有线宽带，采用高温电池为电流分布测量仪供电。

2.2 系统硬件电路方案设计

根据本课题的工作原理及硬件系统开发分析，采用模块化设计理念与解决方案，设计出硬件系统平台。硬件系统包括：单片机最小系统模块（MCU）、Flash 存储模块、电源模块、显示模块、信号采集模块、I/V 变换模块、A/D 转换模块、通讯模块等。其设计要求是硬件系统稳定、可靠、安全，易于软件开发与功能实现。

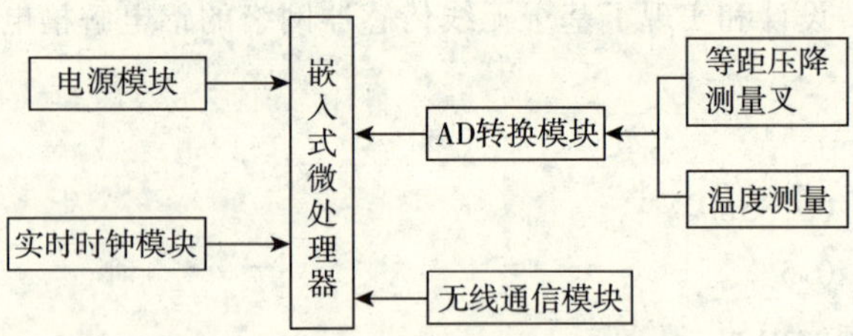

图 1　电流分布测量仪结构框图

图 1 给出电流分布测量仪的结构框图。电流分布测量仪可以分为整体式和分体式两种结构。所有结构模块都集成在一个铝合金盒中，便于携带。为克服实际测量中阳极导杆或阴极钢棒的高温对芯片的影响，分体式结构将测量部分和数据处理与发送部分分离。

2.3 芯片的选择与介绍

芯片的选取对于一个系统来说也是一个不容忽视的环节。芯片选取得当不仅可以使硬件电路结构简单、稳定，而且可以节约开发成本，缩短开发周期。

系统中单片机主要用于处理采集到的各路信号，包括流量信号、电流信号、电压信号、温度信号和PI控制信号。通过对各路信号的采集与处理，在触摸液晶显示屏上显示所测设备的流量值、电流值、电压值、温度值、功率因数值、能效比比值以及能效比曲线等信息。

由于所测信号和要处理的信息都比较多，所以系统选用了ATMEL公司的ATmega8－16AI单片机作为核心芯片。ATmega系列单片机，它的精简指令集模式在效率、速度及指令格式上都有很大优势，而且部分产品价格甚至低于同类中档AT90系列单片机的价格，其性价比更高。而ATmega8－16AI单片机用有8KB Flash、512字节的EEPROM、1K字节的片内SRAM、23个I/O口、工作于16 MHz时性能高达16 MIPS，可以很好地完成对信息的处理。

2.4 硬件电路的设计

考虑到系统涉及的元器件比较多，为了节省开发成本，硬件电路的设计中元器件全部使用表贴式器件，这样可以在PCB板的正反两面放置器件，可以更充分利用板子的有限空间。电路中数字信号的器件集中放在一起，模拟信号器件集中放在一起，所有接线端子就近放在对应芯片旁的板子边缘处。与芯片连接的电阻电容等元件要靠近所连接的芯片布置，这样可以减小信号误差与干扰。

2.4.1 单片机最小系统的设计

单片机的晶振选用7.3728M的，芯片的每个电源与地之间都接有0.1uF和10uF的电容，复位引脚通过电阻接到+3.3V，需要注意的是有一路电源为模拟电源（AVCC），所以它对应的地就应该是模拟地（AGND）。单片机最小系统如图2所示。

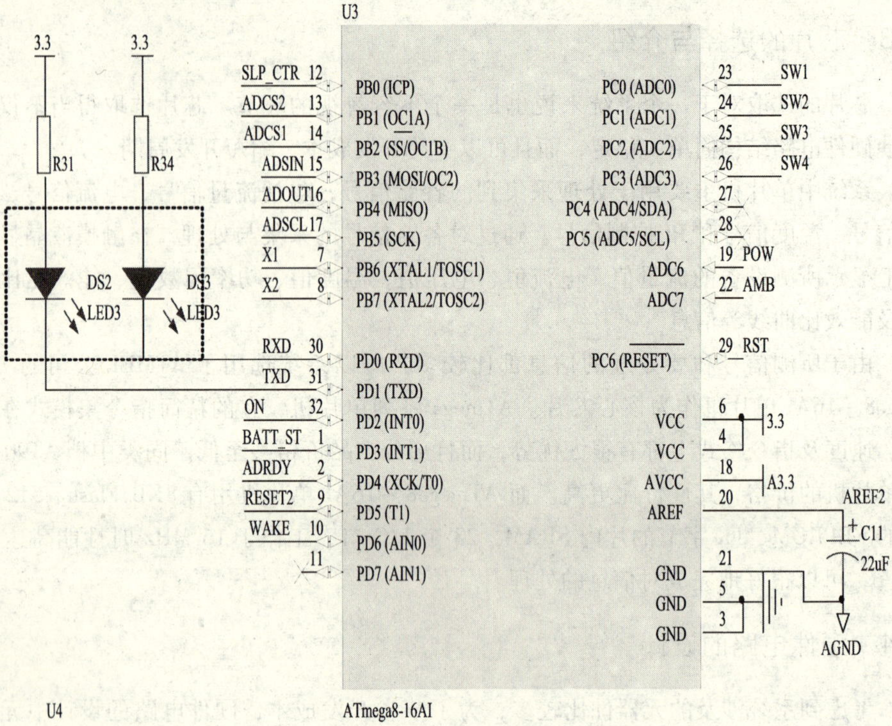

图2　单片机最小系统

2.4.2　A/D

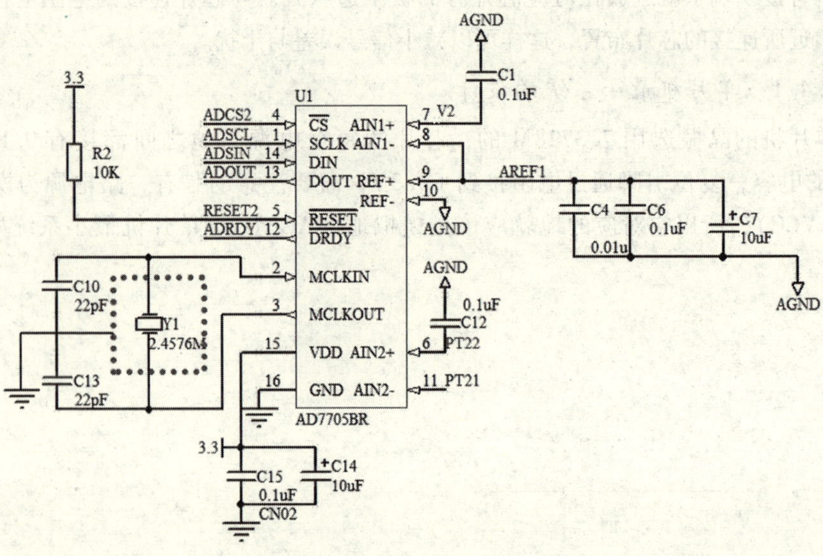

图3　A/D

2.4.3 输入信号调理电路

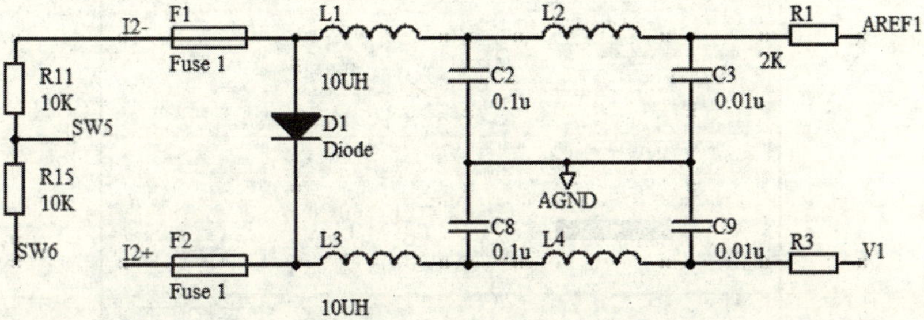

图4 信号调理

2.4.4 电源电路

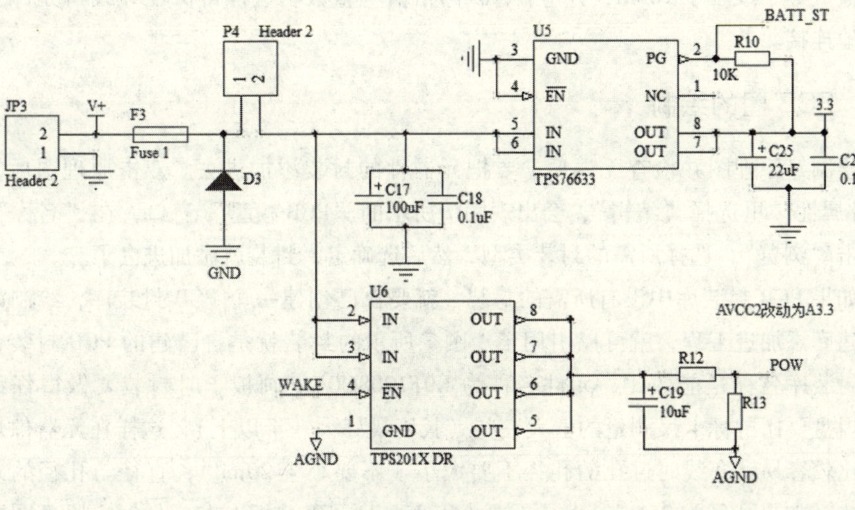

图5 电源管理

2.5 原理图的绘制

绘制原理图时，各个元器件之间的关系要弄明白，网络标号要标清楚。两线若是交差相连的，则要在交差点加点注明，否则用跨越线连接。选用的元器件库里若是没有，则需自己创建原理图库，创建的原理图库最好起一个与做的设计相关的名字以方便查找，原理图的封装名称则要起所用元器件的名字。文档尺寸不宜过大，也不宜过小，引脚间距适中即可，引脚间距可以通过右键属性、原理图属性、文档选项设置。如图6所示。

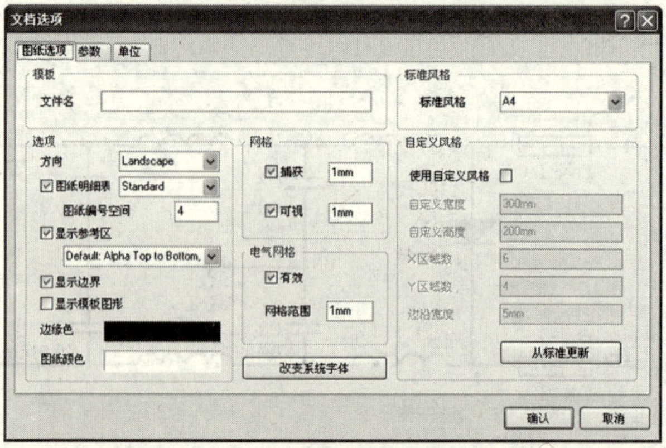

图6　原理图属性设置

原理图元件引脚的线最小间距一般为10mil（表帖式更小），所以捕获网格设置的数值应等于或小于10mil，并应使10/网格值=整数。这样可保证导线与元件引脚平滑地连接。

2.6　PCB图的绘制

绘制好原理图并检查无误后，要把元器件的封装添加进去。双击原理图后，在“元件属性”里选择“编辑”，会出现图7所示的“PCB模型”窗口，在“名称”一栏单击“浏览”，选择所需的封装类型，然后选确定，封装就添加进去了。

如果PCB封装库中没有所需的封装，就要自己创建一个PCB封装库，绘制好后把自建库添加进工程，就可以引用了。图7所示的封装就是自己建的PCB封装，自建的封装库名称是能效比，元件名称为K9F1208U0C。画板子时封装要做得仔细一点，焊盘要比游标卡尺测量的值大一些（长度最好大一半以上），这样在元器件焊接时会比较容易。布线时过孔的孔径不要太小（不要小于20mil），直径与孔径的差要大一些（如果孔径为25mil，直径不要小于35mil）。PCB板上布元件时，原理图中靠近芯片连接的元器件一定也要靠近该芯片的封装放置。布线时，不要把电源线布成环形，尽量让其从一点发散出去，而且为了降低干扰，地线要加粗。布完线后，要对照原理图检查一遍有无错误。常用的查线快捷键有：Ctrl+H（选中所有有接触的线）和Ctrl+M（测量两点间的距离）等。

布完线检查无误后，最好把PCB板上电源的正负极、胆电容的正负极和二极管的正负极等带正负极的元器件用标签标注出极性，PCB板上最好引出一些测试点（test point），比如3.3V、5V、12电源，数字地和模拟地等，这样在焊接和调试时会比较方便。敷铜时，边框要距离板子边缘远一些。

图7　添加 PCB 封装界面

3. 测量数据接收和实时显示装置

电流分布测量仪发送的测量数据由测量控制台负责接收。为了实现测量数据的永久保存并在电解厂局域网中监测电流分布数据，测量控制台同时还提供了将测量数据通过 WiFi 连接局域网方式长期保存到电解厂计算站的数据库服务。为了完成这些功能，提高系统的现场适用性，专用测量控制台上集成了工控机、无线宽带接入点、无线传感器网络路由器和协调器。在工控机上运行专用数据接口软件以负责处理接受的信号并以图表方式实时显示测量数据，并提供了报警功能。数据接口软件是一个 C/S 架构的客户端软件，它的主要功能有三个：一是从后台数据库中读取相应的参数和测试要求，并通过 Mesh 网络下载到电流分布测量仪中；二是通过 Mesh 网络从电流分布测量仪中读取测量的实时数据，包括槽号、位置、时间和测量值（温度、电压），并上传到后台数据库中；三是接受电流分布测量仪通过 Mesh 网发来的测量数据并保存到数据库中。要实现这三个功能，数据接口软件必须具有：①通过协调器和无线路由器接收电流分布测量仪的能力；②通过 WiFi 连接局域网与后台数据库服务器进行通信、读取数据库中测试任务表数据，上传测试数据到数据库的能力。因此，数据接口软件按功能划分包含如下模块：数据库处理模块、串口通讯模块和协议解析模块。

4. 系统调试

在硬件调试过程中首先调试的是电源板，其次调试信号板。信号板上按电源模块、单片机模块、模拟量采集模块、D/A 输出模块依次调试。

软件调试调试时按顺序依次调试单片机模块、触屏通讯模块、flash 模块、模拟量采集模块、D/A 输出模块。

4.1 调试注意事项

①焊接时要注意元器件的极性，焊锡不宜加得过多。焊好元器件后，用万用表测试所焊接的引脚与电路中的对应线是否相通。一定确保芯片的相邻引脚没有短接。焊接芯片时，先固定好芯片的一个引脚，然后把其他引脚与 PCB 板上的焊盘对齐，再把斜对角处的引脚焊接好，这样芯片就固定在 PCB 板上了，检查引脚没有偏、方向没有焊错后就可以把其他引脚都焊上了。在焊接时，烙铁尖不要在芯片引脚处停留太长时间，以免对芯片性能产生影响。

②为了程序调试起来方便，程序在编写时采用模块化思想，实现不同功能程序段编写成子程序。程序中要在把各个子函数中用的变量定义成全局变量，把各个芯片与单片机相连的引脚定义成宏。并且，为了程序读起来方便易于理解，名称、变量等应尽量设置成与其功能相关的名称，例如有个子程序的功能是显示时间，那么它的函数名就应该取 display _ time。

编写程序时，尽量少用全局变量，多用局部变量。因为全局变量是放在数据存储器中的，定义一个全局变量，MCU 就少一个可以利用的数据存储空间；如果定义了太多的全局变量，会导致编译器无足够的内存可以分配，编译时就会出现如图 8 所示的错误。

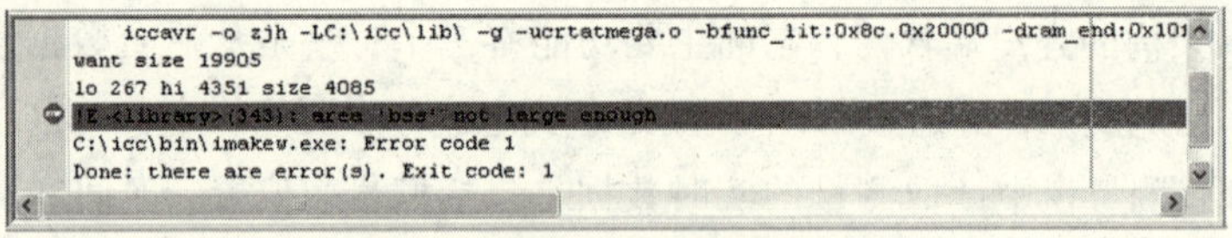

iccavr -o zjh -LC:\icc\lib\ -g -ucrtatmega.o -bfunc_lit:0x8c.0x20000 -dram_end:0x10
want size 19905
lo 267 hi 4351 size 4085
!E <library>(343): area 'bss' not large enough
C:\icc\bin\imakew.exe: Error code 1
Done: there are error(s). Exit code: 1

图 8　缓冲区不足错误提示

而局部变量大多定位于 MCU 内部的寄存器中，也有部分定位在数据寄存器中，在绝大多数 MCU 中，使用寄存器操作速度比数据存储器快，指令也更灵活，有利于生成质量更高的代码，而且被局部变量所占用的寄存器和数据存储器在不同的模块中可以重复利用。

4.2 调试中的现象与处理方法

4.2.1 电源的调试

调试电源板时，接入交流~220V 电压后发现板子上的电源指示灯有两个不亮，用万用表交流电压档测接入的电压正常，换用直流电压档测直流电压输出端的电压也正常，表明电压已经转换成功，电压模块已经工作，因此问题应该出在发光二极管出，可能是发光二极管的极性焊接反了导致其不亮。把发光二极管极性换一下后电指示灯就亮了。发光二极管的极性是由管芯处扇形金属确定的，而不是由发光二极管表面的缺口确定。管芯处扇形对应的引脚为阴极。

电源板调试好后，用排线把信号控制与采集板上的电源从电源板上接进来调试信号板。信号控制与采集板上由于元器件很多，为了调试起来方便，没有把板子上的元器件都焊上再调，而是焊接一部分调试一部分。

4.2.2 单片机的调试

电源部分调试好后，把 ATmega8 - 16AI 单片机最小系统焊接好后连上仿真器，接通电源，运行 AVR Studio，选择仿真器为 JTAGICE mkll 型号。选择 ATmega8 - 16AI，进入运行界面后在“AVR”菜单中读取单片机电压值如图 9 所示。

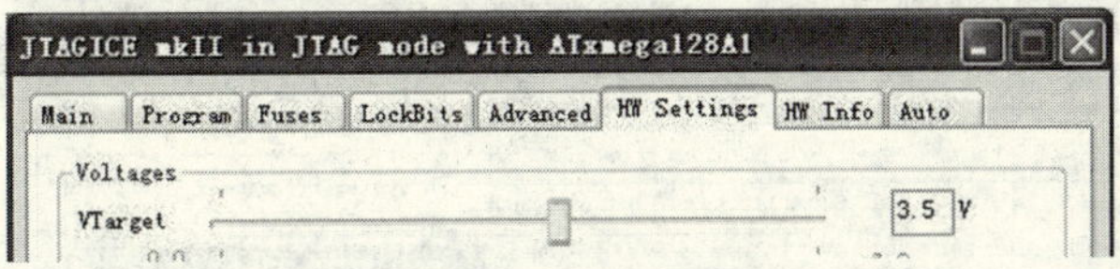

图 9 读回来的电压值

如果读回来的电压不是三点几伏，则说明单片机没有连上。连上后再给单片机设置熔丝位（Fuse），如图 10 所示。

选上 EESAVE，去掉 CKDIV8，SUT_ CKSEL 选择图 10 中所示的 3.0~8.0MHz 的晶振。

设置好后运行 ICCAVR，在 Tools 中选择 Application Builder，如图 11 所示。

单击 Application Builder 后出现图 12 所示界面。

分别对所用单片机的各个引脚进行设置，对照单片机的各个 I/O 功能设置其为输入还是输出口，如图 13 所示。

如果是作为输出口用，则初始化设置为 0；作为输入口用，则初始化设置为 I；不确定的端口可以选 × 或者设置为输出口，这样不会影响单片机。定时器可以先不设置，用时再设置。UART 要设置，因为要用 UART0 来与触屏进行数据交换。其他不清楚的可以先不设定。这样就生成了系统的程序框架。其端口初始化子程序如下所示。

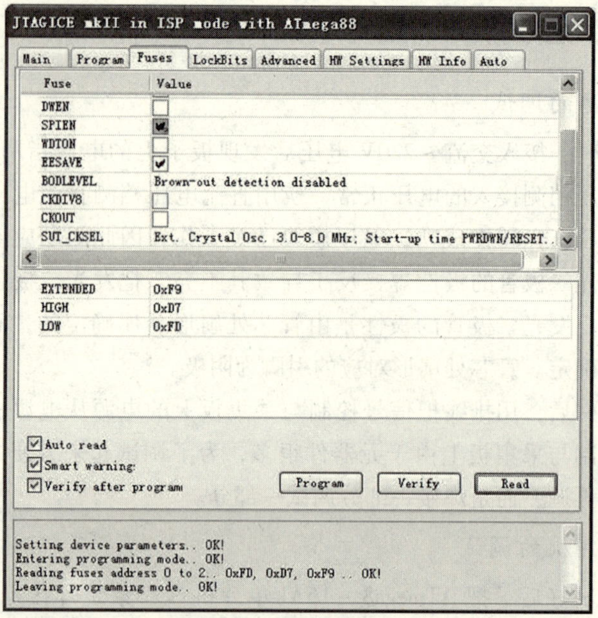

图 10 设置熔丝位

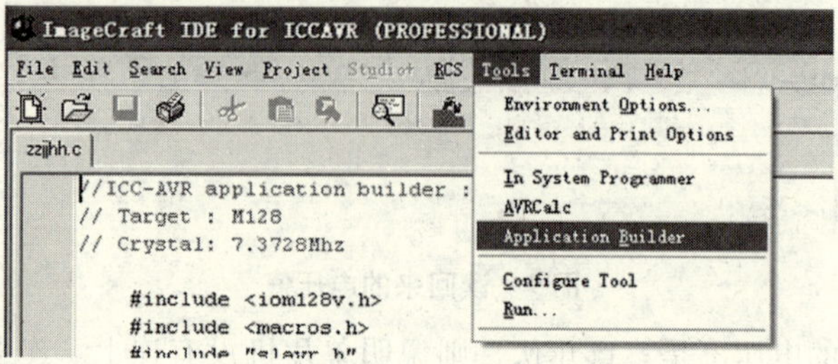

图 11 ICCAVR 运行界面

```
void port_ init (void)
{
PORTA = 0x00;
DDRA  = 0xFF;
PORTB = 0x21;
DDRB  = 0x27;
PORTC = 0x18; //m103 output only
DDRC  = 0xFF;
PORTD = 0x08;
DDRD  = 0xFA;
PORTE = 0x02;
```

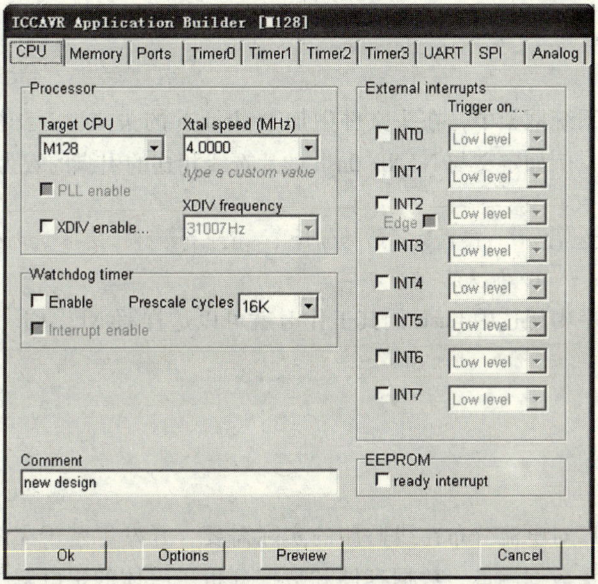

图 12　单片机设置界面

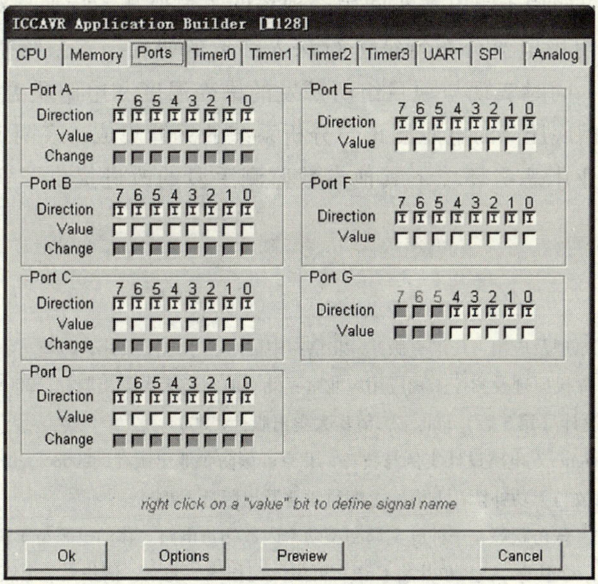

图 13　ATmega128I/O 口初始化设置界面

```
DDRE  = 0xCE;
PORTF = 0x00;
DDRF  = 0xF2;
```

```
PORTG = 0x1B;
DDRG  = 0x1F;
}
```

在生成好的系统框架中，在头文件中加上 slavr.h 的头文件，在初始化程序前定义好要用到的宏，例如定义与 NAND flash 的片选线相连的引脚的宏为：

```
#define CS3  PC4
#define NF_ CE (x)   if (x = =1) PORTC | =BIT (CS3); else PORTC& = ~BIT (CS3)
//x =1, CE 为高; x =0, CE 为低
```

这样，当程序中想选中 flash 让其工作时就可以这样写 NF_ CE (0)；其他宏定义不再详述。

5. 结论

结合电解铝厂对电流分布在线监测的实际需要，开发了基于无线网络、动态网页等技术的一套集数据测量、数据存储和数据分析于一体的铝电解槽在线电流分布检测系统，实现了电解槽电流分布的高效、准确测量，数据的存储和网络化实时监测和分析功能，可应用于铝电解车间生产现场的工艺监测，特别是对异性阴极电解槽的阳极电流和阴极电流分布特征进行深入细致的研究。本系统基于无线网络和 Web 的开放结构，同时实现与项目组所开发的槽壳温度和电解质温度测量与分析，包括卡具压降和槽底压降的电压测量与分析系统的无缝集成，表明该系统中无线网的搭建为工矿企业中恶劣环境下其他参数监测手段的改进提供了实现方法和系统框架。

参考文献

[1] 周国运．单片机原理及应用（C 语言版）．北京：中国水利水电出版社，2009
[2] 刘海成．AVR 单片机原理及测控工程应用．北京：北京航空航天大学出版社，2008
[3] 谭浩强．C 程序设计（第 3 版）．北京：清华大学出版社，2005
[4] 李珩．Altium Designer 6 电路设计实例与技巧．北京：国防工业出版社，2008
[5] 陆安定．功率因数与无功补偿．上海：上海科学普及出版社，2004
[6] 杨润生，刘洪文，张仿跃等．一种脉宽调制型功率因数测量电路．移动电源与车辆，2002（3）
[7] 沈文，Eagle lee，詹卫前．AVR 单片机 C 语言开发入门指导．北京：清华大学出版社，2003
[8] 谷树忠，侯丽华，姜航．Protel 2004 实用教程：原理图与 PCB 设计．北京：电子工业出版社，2009
[9] 徐向民．Altium Designer 快速入门．北京：北京航空航天大学出版社，2008
[10] 宋贤法，韩晶，路秀丽．Protel Altium Designer 6.x 入门与实用—电路设计实例指导教程．北京：机械工业出版社，2009

智能家居无线传输中的软件解码实现

陈高升　董春　王阿兴

指导教师：黄明 讲师

[摘　要] PT2262/2272是在无线遥控领域最常用的编解码芯片之一，目前市场上智能家居中的一些无线控制标准部件都采用了这种编解码方式，例如门磁开关检测、煤气检测等节点，但由于芯片要求一对一配对使用，对于汇总各节点信息的设计十分繁琐。采用51单片机软件模拟PT2272的解码，就能有效的解决这一局限，从而实现多对一的信息汇总传输。

[关键词] 51单片机；PT2262/2272；编码；解码

1. 概述

PT2262/2272是一种CMOS工艺制造的低功耗、低价位通用编解码电路，是目前在无线通讯电路中作地址编码识别最常用的芯片之一。

PT2262/2272必须用相同地址码配对使用，每当智能家居中需要安装多个检测节点时，传统的做法是针对每一路发射节点的PT2262编码地址，都匹配一路设置相同地址的解码芯片PT2272，再把各路解码信息汇总，以实现多对一的信息汇总传输。然而，这种设计十分庞杂繁琐，并且严重制约着使用的方便性。因此，我们采用单片机软件解码的方式弥补这种缺陷。

2. 解码原理

PT2262编码芯片可以设置地址作为ID标识，接收端只有同样地址设置的PT2272解码芯片可以解码得到传输数据。为了实现软件解码（对任何地址的编码波形，都可以解码出地址和数据），下面首先分析一下PT2262的编码原理和波形，PT2262的振荡频率 $f = 2 * 1000 * 16/Rosc$（kΩ）kHz，其中Rosc为选用的振荡电阻。

这里选用的是一种比较常用的频率 f≈10 kHz，Rosc = 3. 3MΩ。

PT2262 最多可有 12 位（A0 - A11）三态地址端管脚（悬空，接高电平，接低电平），任意组合可提供 3^{12} 种地址码，PT2262 最多可有 6 位（D0 - D5）数据端管脚，设定的地址码和数据码从 17 脚串行输出。

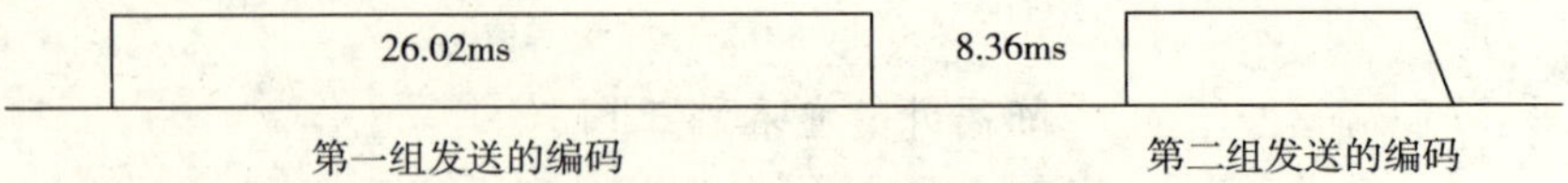

图 1　PT2262 编码波形

图 1 为 PT2262 的一段编码波形，可以看到一组一组的编码，每组编码由 12 个数据组成，8 位地址码和 4 位数据码，每组字码之间有同步码隔开，所以用单片机软件解码时，程序需要判断出同步码，然后对后面的字码进行脉冲宽度识别即可。

PT2262 每次至少发射 4 组字码，对于 PT2272 解码来说，只有在连续两次检测到相同的地址码加数据码时，才会把数据码中的“1”驱动相应的数据输出端为高电平和驱动 VT 端同步为高电平。这是因为无线发射的特点，第一组编码非常容易受零电平的干扰，往往产生误码，所以程序解码时可以借鉴这种处理方法，对第一组做丢弃处理。

下面仔细分析一下 PT2262 组内的波形特征，PT2262 有三种编码：0，1 和悬空（表示为 f）。下图是振荡频率与码位波形的对应关系。

数据“0”、“1”、“f”发送的码位如下所示。

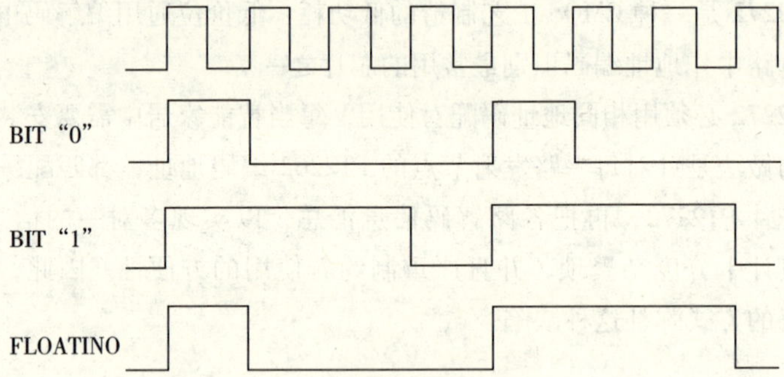

图 2　数据发送波形图

完成以上具体的波形分析，就可以进行软件解码设计了。T2262 每次至少发送 4 次编码，首先我们可以通过检测 8. 36ms 宽度的同步码头，有效则开始进行组内解码，无码头则继续不断检测码头等待。

组内的每一位码字都是从低电平开始到高电平，到低电平，再到高电平。从编码图中还可以看出，每一位码字都由两个脉冲组成，每个脉冲的周期相同，但脉冲宽度不同，图3中以每段中的电平宽度来描述码位。

码位	第一段	第二段	数值表示
0	窄	窄	00
1	宽	宽	11
F	窄	宽	01
无效码	宽	窄	10

图3　码位的电平宽度表示

因此可以通过检测高低电平时间脉宽的方式识别码字的数据。

3. 软件解码方法及实现

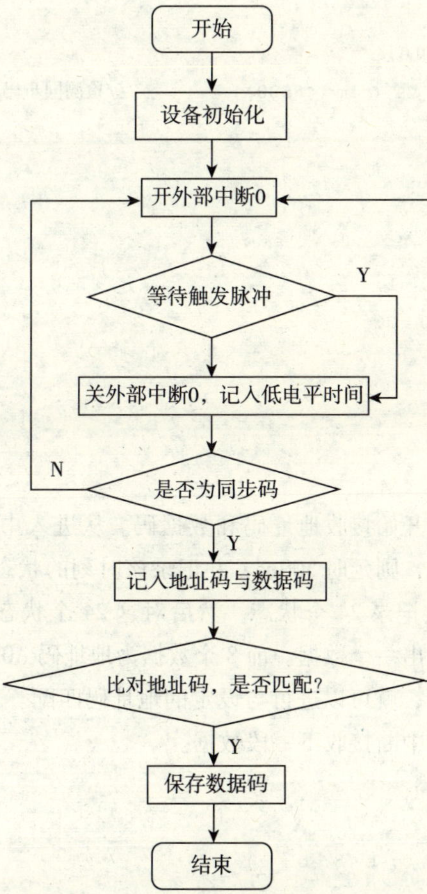

图4　主程序流程图

3.1 同步码的检测

单片机外部中断0引脚连接数据波形接收，当单片机检测到触发信号，进入中断程序处理，同时关闭外部中断0，开启定时器1记录低电平持续的时间，并检测是否为同步码。若是，则关闭外部中断，并开始接收地址码跟数据码；若不是，则重新打开中断，继续检测同步码。

```
void accept_ tongbu () interrupt 0
{
    IT0 =0; EX0 =0;
    TR0 =1;
    while (! INT0);      //等待同步码
    TR0 =0;
    time =TH0;
    time =time* 256 +TL0;
    if ( (time >7500) && (time <8500))          //检测同步码
       {
       .......}
    else
       {
          IT0 =1; EX0 =1;
          TH0 =0; TL0 =0;
          }
}
```

3.2 接收数据

当检测到同步码后，开始接收地址码和数据码。从进入中断后的第一个下降沿开始，每当检测到下降沿，则延时300us，并记录该时刻的状态。这样每个数据记录两个状态，12个数据总共记录24个状态。然后对这24个状态进行翻译，从第一个状态开始，连续两个翻译出一个数据。前8个数据为地址码A0到A7，后4个为数据码D3到D0。翻译完成后，就可以进行与设定的地址码匹配。若相同，保存数据码；不同，则丢弃并重新打开中断接收下一段数据。

```
for (a =3; a >0; a - -)
         {
            for (b =0; b <8; b + +)
            {
               while (INT0 = =1);
```

```
            delay_ 1us (300);
            accept_ AD [a -1] = (accept_ AD [a -1] > >1);
            if (INT0 = =1)
            {
                accept_ AD [a -1] = (accept_ AD [a -1] |0x80);
            }
            else
            {
                while (INT0 = =0);
            }
        }
    }
```

4. 结论

实践证明，当多个不同编址的 PT2262 节点（门磁、煤气等检测节点）分时发送无线编码波形时，接收端用同一个 8051 单片机软件解码的方式都可以实现正确的地址和数据解调。从而很简便地实现智能家居里多对一的信息汇总功能。

参考文献

[1] 赖麒文. 8051 单片机 C 语言彻底应用. 北京：科学出版社，2002

[2] 张毅刚，彭喜元，姜守达，乔立岩. 新编 MCS—51 单片机应用设计. 哈尔滨：哈尔滨工业大学出版社，2008

基于 MATLAB 的视频数字水印的研究与实现

高占威　刘聪　耿捷　巴德凯

指导教师：张永梅 教授

[摘　要] 本课题采用基于变换域的双重视频水印方案，即 DCT 与 DWT 双重变换，并结合 Arnold 置乱技术，提高了水印的鲁棒性。

[关键词] DWT；DCT；双重数字水印；Arnold 置乱

1. 选题背景

1.1 研究背景和意义

近年来，随着网络多媒体的快速发展，各种各样的媒体信息如影视制品、书籍、音像制品等纷纷以数字产品的形式呈现。它们拥有许多优点，例如便于复制、容易加工处理、方便传输等特性。但是，这些特性却对安全性产生了很大的威胁，不能很好地保护版权所有者的利益，导致他们的研究成果极有可能在极短的时间内就被非法复制、剪切或者恶意更改，这会对数字产品的销售市场带来很大冲击，严重地破坏了版权人的经济利益。随着网络的快速普及以及多媒体技术的进一步发展，数字产品版权的安全性变得越来越重要，成为网络时代的一个新问题。因此，在信息领域出现了一种数字产品防伪技术，即数字水印技术。

1.2 应用价值

数字水印技术是在信号处理的基础上发展而来的，它主要通过一定算法将数字、序列号、文字、图像标志等版权信息嵌入到多媒体数据中，如影视、音像制品。一般情况下，这种嵌入的信息是不可见的，如果需要提取水印的话，只能通过专业的软件或设备才能进行操作。通过检测和提取水印，可以标识和验证出数字化图像、视频和音频作品的作者、拥有者、发行者或授权消费者的信息，还可以追溯数字作品的非法传播，这就起到了版权保护、秘密通信、数据文件鉴别和产品标志等重要作用。

2. 方案论证

本课题采用 DWT 与 DCT 双重视频水印方案，并结合 Arnold 置乱技术，提高了水印的鲁棒性，效果良好。

2.1 离散余弦变换

离散余弦变换（Disrete Cosin Transform）简称 DCT 变换。它是数字图像处理以及信号处理常用的一种正交变换，并且是一种特殊的傅里叶变换。DCT 水印一般是将图像分成 8×8 的子块，并对每一子块进行 DCT 变换，在人眼不敏感的中低频系数中嵌入水印信息。

2.1.1 一维离散余弦变换定义

一维离散余弦变换公式为：

$$S(u) = \sqrt{\frac{2}{N}}\sum_{x=0}^{N-1} s(x)\cos\frac{(2x+1)u\pi}{2N}$$

一维离散反余弦变换公式为：

$$s(x) = \sqrt{\frac{1}{N}}S(0) + \sqrt{\frac{2}{N}}\sum_{u=1}^{N-1} S(u)\cos\frac{(2x+1)u\pi}{2N}$$

2.1.2 二维离散余弦变换定义

二维离散余弦变换公式为：

$$S(u,v) = \frac{2}{N}c(u)c(v)\sum_{x=0}^{N-1}\sum_{y=0}^{N-1} s(x,y)\cos\left[\frac{(2x+1)u\pi}{2N}\right]\cos\left[\frac{(2y+1)v\pi}{2N}\right]$$

二维离散反余弦变换公式：

$$S(x,y) = \frac{2}{N}\sum_{x=0}^{N-1}\sum_{y=0}^{N-1} c(u)c(v)S(u,v)\cos\left[\frac{(2x+1)u\pi}{2N}\right]\cos\left[\frac{(2y+1)v\pi}{2N}\right]$$

其中：

$$c(u) = c(v) = \begin{cases}\frac{1}{\sqrt{2}} & u = 0 \text{ 或 } v = 0 \\ 1, & u,v = 1,2,\ldots,N-1\end{cases}$$

2.1.3 二维离散余弦变换优点

离散余弦变换（DCT）域图像水印对压缩、滤波和其他一些数字处理算子具有很强的稳健性，具有压缩比高、误码率小、信息集中能力和计算复杂性综合效果较好等优点。

2.2 离散小波变换

离散小波变换（Discrete Wavelet Transform）简称 DWT。离散余弦变换是从图像空间到频率空间的全局变换而非局部变换，因此不能很好地解决突变信号的问题。而离散小波变换则是空间和频率的局部变换，利用基本函数平移和伸缩构成的一组函数来表示或逼近信号（函数）。DWT 在时域和频域均能做到局部化，图像缩放时，提取水印与原水印相关值的退化比 DCT 要小。把水印信号嵌入到小波变换后的数字图像的低频带或高频带系数上时，不仅考虑了对 DWT 变换系数进行加性、乘性、量化、替换等，有时还考虑到人类视觉系统的一些特性，如视觉掩蔽特性、频率敏感性、亮度敏感性等。

2.2.1 离散小波变换定义

将尺度按幂级数进行离散化并逐步加大 a，小波函数序列可以表示为：

$$\psi_{j,k}(t) = 2^{-\frac{j}{2}}\psi(2^{-j} - k)$$

任意函数 x（t）的离散小波变换（DWT）为：

$$WT_x(j,k) = \int x(t) \cdot \psi_{j,k}(t)dt$$

2.2.2 离散小波变换优点

小波变换有很多优点。首先，小波变换可以被视为傅立叶变换的发展，它是空间（时间）和频率的局部变换，能更加有效地提取信号和分析局部信号。其次，嵌入的信号能量可以分布到所有像素上。最后，人的感知系统的某些掩盖特性可以更方便地结合到编码过程中，有利于提高水印的鲁棒性。

3. 研究方法

本课题基于 MATLAB 的双重视频数字水印技术，并结合了 Arnold 置乱技术。首先对要嵌入的水印图像进行预处理，即 Arnold 置乱。而后将视频转换为图像序列，提取关键帧，对关键帧进行 DWT 嵌入与 DCT 嵌入，就完成了水印的嵌入。这时可进行攻击，如剪切、压缩、加噪等。之后进行水印的提取。

3.1 系统功能模块图

系统功能模块图见图 1。

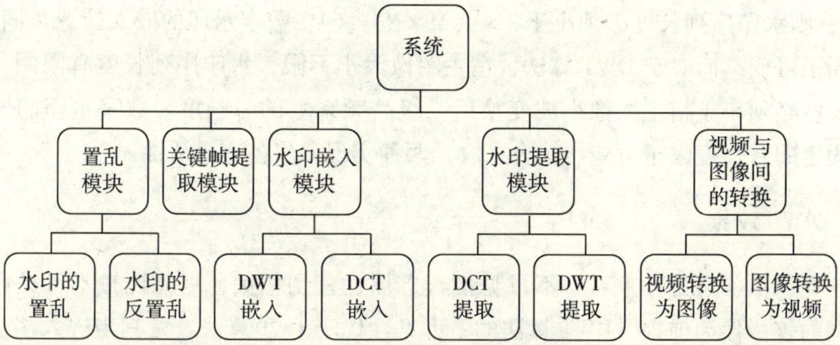

图 1　系统功能模块图

水印嵌入模块图见图 2。

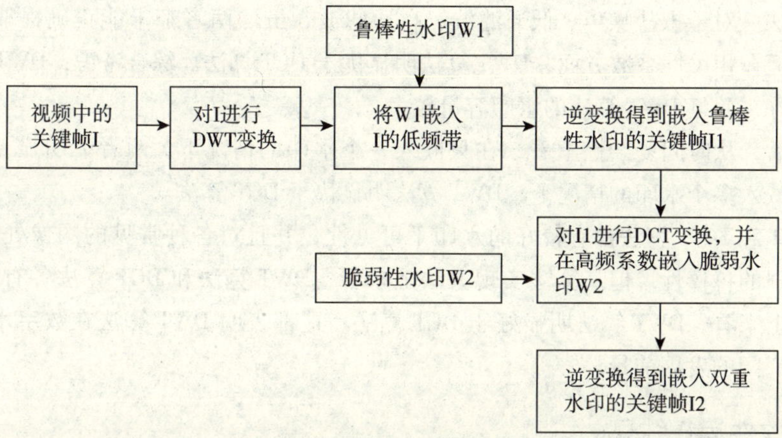

图 2　水印嵌入模块图

3.2　水印提取模块

水印提取的方式为嵌入方式的逆过程，首先进行 DCT 逆变换提取脆弱性水印，然后进行 DWT 逆变换提取鲁棒性水印。

4. 研究结果

4.1　算法实现

对于 DCT 算法，宿主图像大小不限，水印序列长度有限制，若宿主图像大小为

M×N，则水印序列长度必须小于3×（M×N）/64。数字水印的嵌入位置是固定的，强度因子可变。而对于DWT算法，宿主图像大小不限，水印序列长度有限制，水印序列长度必须小于宿主图像小波变换后二级高频系数的总长度。数字水印的嵌入位置是固定的，强度因子可变。综合来看，两种实现方法各有灵活性。

4.2 水印效果

首先，从不可见性上看，不可见性与鲁棒性密切相关，因此比较不可见性必须以相同的鲁棒性为前提。DWT算法的不可见性优于DCT算法，尤其当嵌入多个水印时，差别很明显。

其次，从鲁棒性上看，对于DCT有损压缩，DCT算法有较强鲁棒性。对于高斯噪声，DWT算法效果好于DCT算法。对于嵌入多个水印，DWT算法的效果明显好于DCT算法。对于椒盐噪声、低通滤波、高通滤波，虽然两者都未能正确提取出水印图像，但在相关性系数方面，DWT算法明显优于DCT算法。综合考虑，DWT算法鲁棒性较好，而且DWT算法的水印容量较大。

最后，从时间复杂性上看，在只嵌入一个水印的情况下，两者无明显差别。但在连续嵌入多个水印的情况下，DWT算法明显快于DCT算法。

DCT和DWT算法都有较好的水印不可见性，并且对各种常见的图像处理攻击，具有很强的鲁棒性。但从算法实现方法上来看，DWT算法和DCT算法各有灵活性。从效果上来看，DWT算法明显好于DCT算法。这都表明DWT算法在数字水印领域具有更广阔的发展前景。

4.3 软件运行结果

4.3.1 程序的基本操作界面

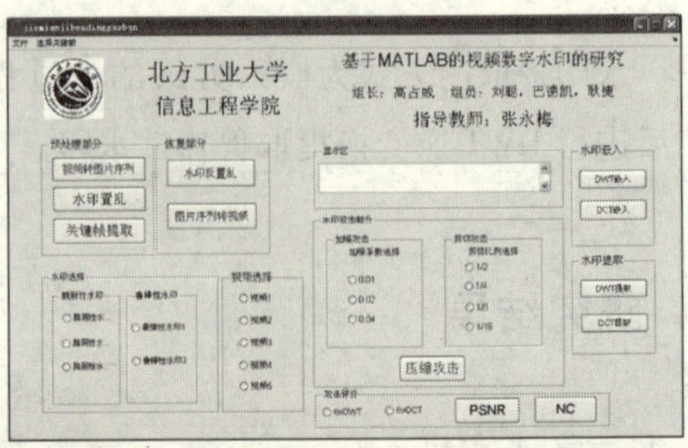

图3 程序主界面

主操作视窗的基本操作功能包括：对水印图像的置乱与反置乱；将连续的视频

帧序列转换成对应的连续图像；关键帧的提取；完成双水印的嵌入（DWT 及 DCT）与提取；水印载体图像的攻击以及将操作完的图像帧恢复为原视频等功能。

4.3.2　水印置乱

图 4　原始水印

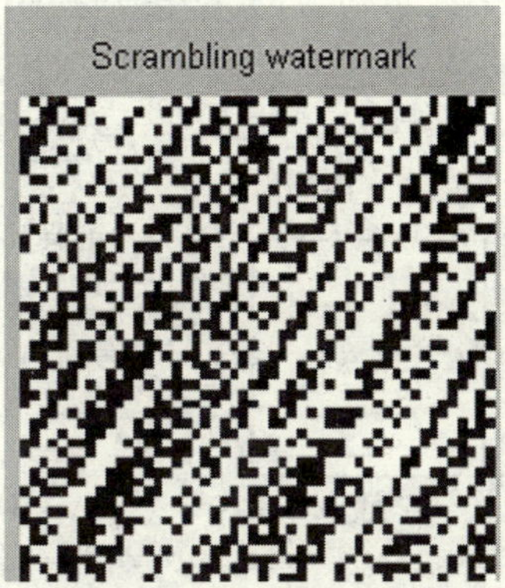

图 5　置乱后水印

该步操作主要是水印的置乱。为了提高水印的安全性，对水印进行高效率的 Arnold 置乱，将置乱后的水印嵌入到载体图像当中。

4.3.3　视频转换图像序列

图 6　视频转换图像成功

利用循环语句通过调用 imwrite（）函数，将视频帧序列的每一帧转换成对应的帧图像，并按顺序保存到相应的目标文件夹下。如成功，则会弹出如图 6 所示的界面。

4.3.4　关键帧提取

针对视频帧序列之间的时间与空间的关系，计算帧与帧之间的帧差欧氏距离，利用它计算出帧差均值、帧差方差以及帧差的差异系数作为衡量帧与帧之间相关程度的数据量标准。根据帧差欧氏距离的最大值与最小值计算出相应的平均值，并以此作为一个判别关键帧的阈值。对相应的视频帧序列进行判别，提取关键帧的帧数（筛选极值点的个数），程序运行结束后会即可得到相应载体视频的帧序列的关键帧。

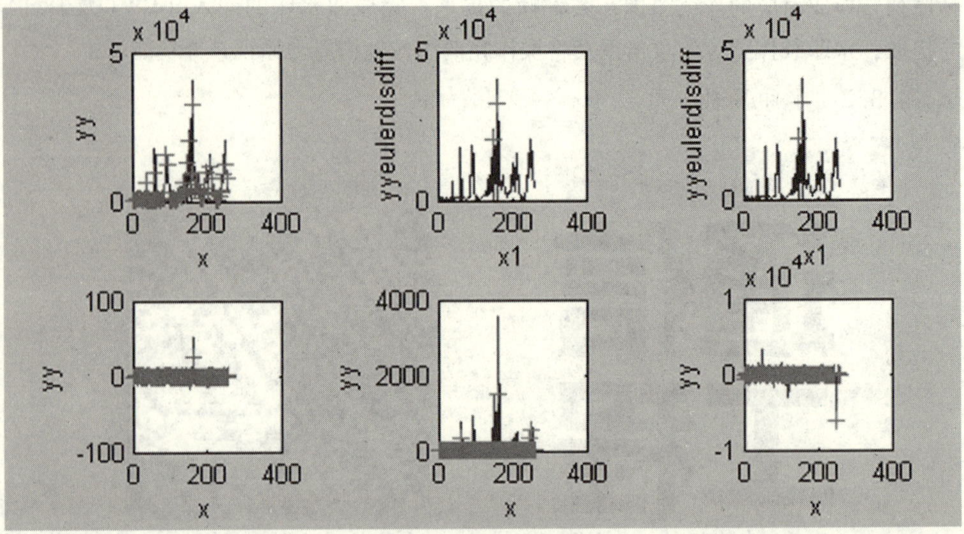

图7　关键帧提取

4.3.5　DWT水印嵌入与DCT水印嵌入

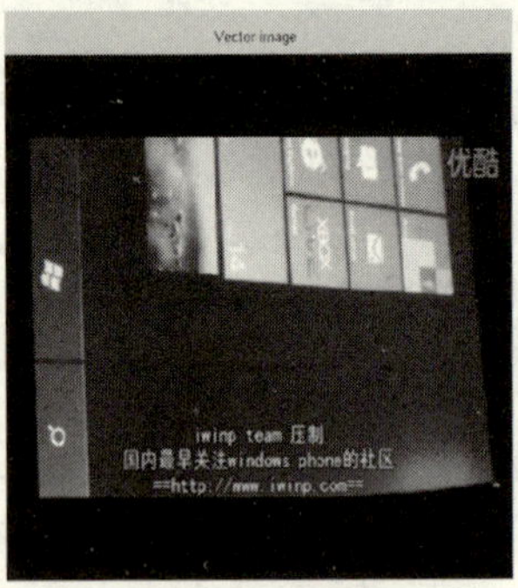

图8　原始图像

图9　水印图像

图10　嵌入水印后的图像

图8、图9、图10是基于DWT数字水印技术，对载体图像进行DWT变换，将水印嵌入到载体图像变换后的高频系数中，再进行DWT逆变换，恢复原始载体图像，以完成将鲁棒性水印（北方工业大学校徽）嵌入到视频序列的关键帧中。图8是原始载体图像，图10为嵌入水印后的结果。将原始载体图像分为8块，将脆弱性水印分割成对应的块数，对相应的载体图像块进行DCT变换，通过设定一个基本阈值，将相应的水印的灰度值嵌入到变换后载体图像的相应系数之中，即完成水印的最基本的嵌入，实验结果如图11所示。

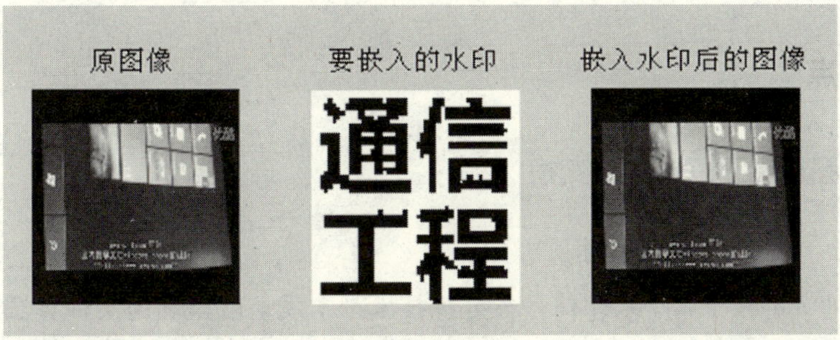

图 11　DCT 嵌入

4.3.6　DCT 水印提取与 DWT 水印提取

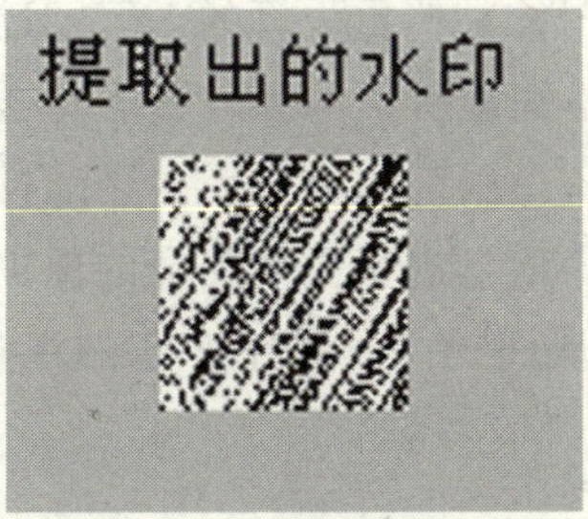

图 12　提取出的置乱水印

图 13　水印反置乱

将提取出的 DCT 水印，进行反置乱以完成相应的 DCT 水印的重构，如图 12、图 13 所示。DWT 水印的提取如图 14 所示。

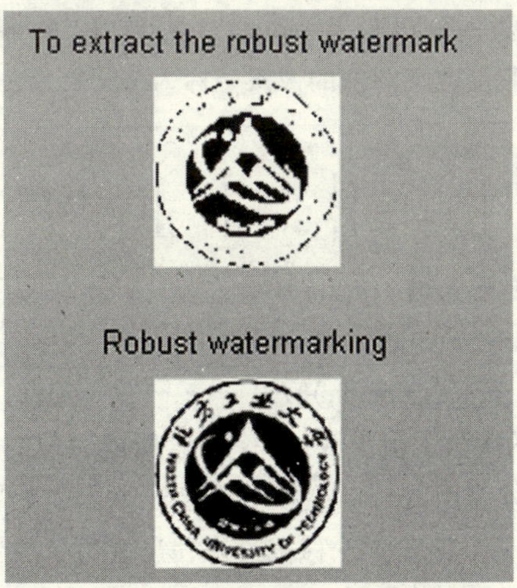

图 14　DWT 水印的提取

5. 创新点

5.1 视频图像的 Arnold 变换

5.1.1 图像的置乱技术

图像的置乱技术属于水印信号预处理技术，本质上就是利用某种算法将一幅图像各像素的空间排列次序打乱，但像素的总数和直方图不变。数字图像的置乱变换必须要求是一种可逆变换，否则，这种置乱变换在实际应用的过程中就没有实际意义。置乱变换一般都有周期性，置乱变换后的图像看起来杂乱无章，一般看不出图像原有信息。换句话说，在一定程度上置乱后的图像是严重失真的，但经过一定次数的迭代之后就会恢复成原来的图像。所以，在不知道所用的置乱算法和迭代次数的情况下，要复原出原来的图像有一定困难。也正是因为这个原因，置乱技术提高了水印信息的安全性，在更高的一个层次上对水印信息进行更为安全的保护。同时由于在置乱的过程中，分散了错误比特的分布，从而提高了数字水印的视觉效果，增强了数字水印的鲁棒性。

5.1.2 Arnold 变换

Arnold 置乱的本质就是将原来有一定顺序的数据通过一定的算法使其变得混乱，失去原有的内容及意义，这样可以大幅度提高水印图像的不可感知性、鲁棒性以及安全性，所以置乱技术在数字水印领域得到了越来越多的应用。

Arnold 变换又称猫脸变换（Cat Mapping），是 V. J. Arnold 在遍历理论的研究中提出的一类裁剪变换。假设数字图像的像素坐标为 $x,y \in \{0,1,2,\cdot\cdots N-1\}$，于是 Arnold 变换为：

$$\begin{bmatrix} x' \\ y' \end{bmatrix} = \begin{bmatrix} 1 & 1 \\ 1 & 2 \end{bmatrix} \begin{bmatrix} x \\ y \end{bmatrix} (\mathrm{mod} N)$$

记变换矩阵为 A，右端为输入 $(x,y)^T$，左端 $(x',y')^T$ 为输出，考虑其反馈，迭代程序如下：

$$P_{x,y}^{n+1} = AP_{x,y}^{n}(\mathrm{mod}n);P_{x,y}^{n} = x,y^T,n = 0,1,2\cdots$$

其中，n 代表迭代的次数。由于 N×N 个像素所能表现的图像是有限的，因此迭代过程呈周期性，即继续使用 Arnold 变换一定会还原到初始状态。通过离散点集的置换，同时把图像信息（如灰度值）移植过来，当遍历了原图像所有的点之后，便产生了一幅新的混乱不堪的图像。

表 1　　不同阶数 N 下二维 Arnold 变换的周期

N	2	3	4	5	6	7	8	9	10	11	12	16	24	25
周期	3	4	3	10	12	8	6	12	30	5	12	12	12	50
N	32	40	48	50	56	60	64	100	120	125	128	256	480	512
周期	24	30	12	50	24	60	48	150	60	250	96	192	120	384

5.2　关键帧提取

以静止图像的数字水印技术为基础，但是不能直接把视频图像看作独立帧的静止图像一帧帧地逐帧嵌入水印，这样太耗费时间，效率较低，工作量过于繁重。这对于现实生活中的实际应用来说，是不现实的，可行性较差。由于视频的帧与帧之间有着大量的信息冗余，如果我们能够在视频帧序列的关键帧中嵌入水印信息，工作效率就会得到提高，实际应用性也较为可行。在实际水印应用的过程中，可能会存在以下两个问题：第一，视频帧序列当中具有相同场景的帧与帧之间存在细微差别，攻击者可能会就此对上述帧进行对比和重构，从而有可能损坏大量有用的水印信息；第二，假如在视频序列的每一帧中，加入同样的水印信息，也会带来很大的问题。比如，对视频组合帧，攻击者可以进行组合的攻击，通过邻近帧与帧之间信息的累加，发现并进一步破坏嵌入的水印。

针对以上提到的一系列存在的问题，我们根据视频图像序列的场景分割作为依托，选取变化较大的关键帧嵌入水印。主要包括：如何对视频进行场景分割，也就是说，对视频各个帧进行不同的标准分类计算，从中找到变换最大的视频帧，按不同的场景划分成不同的视频序列，并选择关键帧嵌入水印。

一般来说，我们常选取场景相似的视频帧称作为视频镜头，一个视频镜头通常就是一个场景。当视频镜头的动作和颜色具有很大差别的时候，就代表不同的场景序列。对于一个单独的视频场景中的几个帧来说，具有相似的特征，他们之间的变化很小；相反，对于不同的场景来说，帧与帧之间存在很大差别。视频场景选取方案就是用来搜索视频序列中镜头与镜头之间的变化，然后根据不同的镜头，把视频序列分割成多段的视频序列的步骤。一般来说，一系列连续的相似视频帧就会构成一个视频镜头，在分割视频序列后的场景中，我们可以选取每个场景中的某一帧，把它作为该场景的一个关键帧。我们采用欧式帧差法，选取了 5 个关键帧，以下是 5 个关键帧中的 1 帧。

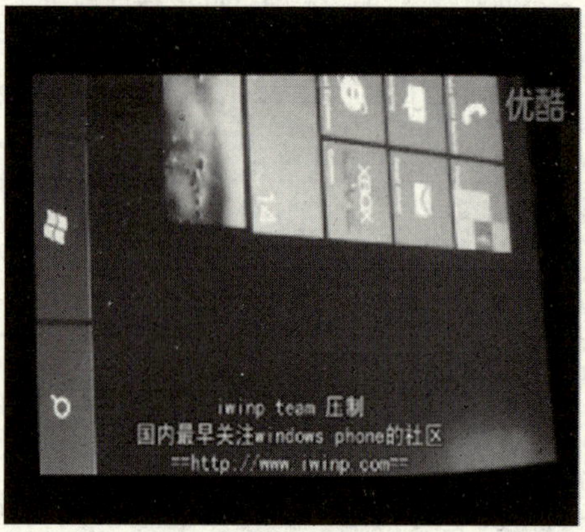

图 15　关键帧

6. 实验结果及分析

6.1　水印图像质量的客观评价

对水印可感知性进行评估，可以通过主观测试或者质量度量来衡量。主观测试对最终的质量评价有一定的使用价值，但在研究和开发情况中并不实用。在这种情况下，量化失真的度量更加有效，并且也使不同方法间的比较趋于合理，因为其结果不依赖于主观评定。一般采用的度量标准是峰值信噪比（PSNR）和归一化相关系数 NC。

在分析图像受到攻击之后的数字水印时，通常利用含水印图像和原载体图像的峰值信噪比函数来定量地衡量水印的不可见性。一般而言，*PSNR* 值越大，不可见性就越好。采用提取水印与原始水印的归一化相关系数 *NC*（$0 < NC < =1$）来描述水印算法的鲁棒性，*NC* 值越大，水印的鲁棒性越强。

本课题采用峰值信噪比和归一化相关系数度量嵌入水印视频图像质量和提取水印的质量。峰值信噪比公式如下：

$$PSNR = 10\lg \frac{M \times N \times 255^2}{\sum_{1 \le i \le M} \sum_{1 \le j \le M} [I''(i,j) - I(i,j)]^2}$$

I 和 I″分别表示原始视频图像和含水印图像，M 和 N 分别表示图像的长和宽。

为定量地评价提取的水印与原始水印之间的相似度，可用归一化互相关系数 *NC* 作为恢复水印图像质量的客观评价标准，公式如下：

$$NC = \frac{\sum_i \sum_j W(i,j) \oplus \overline{W}(i,j)}{m \times n}$$

$\overline{W}$ 表示 W 的逻辑非运算。NC 越接近于 1，说明提取到的水印图像与原始水印图像越相似。

图 8 至图 14 所示的视频图像序列在没有受到任何处理或者恶意攻击时，嵌入水印后的图像和原始图像人眼无法区分，说明本算法有很好的不可见性。提取出的水印图像与原始水印的相似度 NC 接近 1，水印算法的客观定量评价较好。

6.2 算法鲁棒性的实验结果及分析

为验证该水印软件的稳健性，分析水印图像在受到恶意攻击之后水印的鲁棒性，我们对含水印图像进行了一系列攻击实验，来检验水印算法在不同情况下的鲁棒性。

6.2.1 加噪攻击

噪声在数字信号传播过程中极易出现，图像信号在网络传播过程中会受到不可预知的噪声干扰。常见的噪声有高斯噪声，本课题对高斯噪声进行了攻击测试。图 16 是加入高斯噪声后的图像，图 17 为提取出的水印。这些噪声的加入明显降低了图像的视觉质量，超过了实际中可能遇到的图像的攻击强度，在这种情况下该算法依然能成功提取出可识别的水印信息。

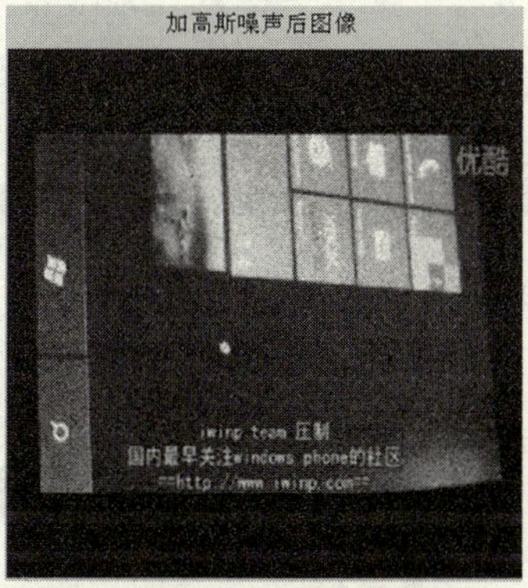

图 16 加噪后图像

图 17 提取出的 DWT 水印

6.2.2 剪切攻击

剪切是图像处理中经常用到的方法，嵌有水印的图像很容易受到剪切攻击。为了测试水印的抗剪切能力，实验中对含水印的图像进行不同强度的剪切攻击。对右下角 1/4 剪切后图像进行水印提取效果如图 18、图 19 所示，通过计算抗剪切攻击实验结果的归一化相关系数度量值，表明提取水印与原始水印相似度较高。

图 18　右下角 1/4 剪切后图像

图 19　提取的 DWT 水印

6.2.3　压缩攻击

JPEG 压缩算法是去掉图像信息中的冗余量，经过图像压缩后，高频分量被当作冗余信息清掉，我们采用 JPEG 有损压缩来检验本软件抗有损压缩的能力。图 20 和图 21 分别为对嵌入水印 JPEG 压缩 75% 后的图像与提取出的水印图像，提取出的水印图像依然可以辨认出。通过计算压缩后图像的 *PSNR* 与提取水印的 *NC* 值，*NC* 值接近于 1，表明本软件对 JPEG 压缩具有良好的抗攻击能力。

图 20　压缩后图像

图 21　提取出的 DWT 水印

7. 结论

近几年，视频水印技术成为研究的热点，它可以保护版权者的合法权益。随着社会的进一步发展，数字视频技术的应用也越来越广泛，对数字视频产品的版权保护变得越来越重要。视频水印按嵌入位置的不同可以分为三种：将水印信息直接嵌入到原始视频图像序列中；在编码压缩的过程中嵌入水印；在压缩域中嵌入水印。

每一种方法都有各自的优缺点，但后两种容易在改动编码时受到破坏，所以本文采用直接将水印信息嵌入到原始视频图像序列中的方法。此类方法的优点是水印嵌入的方法较多。缺点是会增加视频码流的数据比特率；对于已压缩的视频，需先进行解码，然后嵌入水印后，再重新编码。

本课题提出基于视频关键帧，并依托小波变换的数字水印技术，提取视频流的关键帧，利用3级小波变换将水印嵌入到中低频分量，结果表明，本软件对常见的攻击具有较强的抗干扰性，实现了水印的盲检测，同时通过控制嵌入水印的强度和嵌入水印的位置，保证了水印具有较强的鲁棒性和较好的不可见性。

参考文献

[1] Ingemar J. Cox. 数字水印．王颖等译．北京：电子出版社，2003

[2] 陈武凡．小波分析在图像处理中的应用．北京：科学出版社，2002

[3] 李振鹏，武全胜，张文超等．一种基于 Arnold 置乱和小波变换的二值图像水印算法．电子测量技术周刊，2008（6）

[4] 孙伟．关于 Arnold 变换的周期性．北方工业大学学报，1999，11（1）

[5] 丁玎，闫伟齐，齐东旭．基于 Arnold 变换的数字图像置乱技术．计算机辅助设计与图形学学报，2001，13（4）

一种反拷贝电子认证文件柜防护锁的设计与实现

胡骏　李皓　刘毅　范国贺　张鑫磊
指导教师：杜春来

[摘　要] 针对文件柜的实体钥匙被偷偷复制导致文件柜被非法开启的问题，本系统设计并实现了一种在实体钥匙基础上的U盾认证开启文件柜的双层防护锁。系统包括授权电子身份冲磁电路子系统和U盘电子身份认证电路子系统。系统通过识别用户的合法电子身份，实现文件柜锁的开启。U盾电子身份保护采用反拷贝技术，消除了非法成功拷贝U盾电子身份文件的威胁。该系统具有智能性、实用性及可靠性的特点。

[关键词] U盾认证；反拷贝；文件柜

1. 引言

现实生活中，多数文件柜对柜内文件的防护主要基于实体钥匙，无法完全确保文件柜的安全。基于此，本文设计并实现了一种实体钥匙基础上的U盾认证开启文件柜的双层防护锁。通俗来讲，在文件柜内部增加一个电子身份认证的物理锁，这个物理锁和由实体钥匙控制的物理锁无关联。基于U盾认证判断用户身份的合法性，如果合法则开启U盾控制的物理锁。这样就要求开启用户同时掌握存储正确身份信息的U盾和实体钥匙。在两者的双重作用下，才可以决定文件柜是否开启。

2. 系统设计

根据系统功能需求，选取Atmega128为主处理器，选用CH375芯片作为USB DEVICE接口芯片。用户的电子身份存放于U盾中，此U盾称为“密钥U盘”，用户的电子身份称为“权限密钥”。

Atmega128检测“密钥U盘”中的“权限密钥”是否正确。CH375负责实现对

“密钥 U 盘”中的文件进行读写等操作。只有通过合法的身份认证，系统才起开文件柜锁。

2.1 ATmega128 芯片介绍

ATmega128 为基于 AVR RISC 结构的 8 位低功耗 CMOS 微处理器。由于其先进的指令集以及单周期指令执行时，ATmega128 的数据吞吐率高达 1 MIPS/MHz，从而可以缓减系统在功耗和处理速度之间的矛盾。ATmega128 具有如下特点：128K 字节的系统内可编程 Flash（具有在写的过程中还可以读的能力，即 RWW）、4K 字节的 EEPROM，4K 字节的 SRAM、53 个通用 I/O 口线、32 个通用工作寄存器、实时时钟 RTC、4 个灵活的具有比较模式和 PWM 功能的定时器/ 计数器（T/C）、两个 USART、面向字节的两线接口 TWI、8 通道 10 位 ADC（具有可选的可编程增益）、具有片内振荡器的可编程看门狗定时器、SPI 串行端口、与 IEEE 1149.1 规范兼容的 JTAG 测试接口（此接口同时还可以用于片上调试），以及 6 种可以通过软件选择的省电模式。

2.2 硬件设计

硬件电路包含电子身份冲磁电路和 U 盾电子身份认证电路。电子身份冲磁电路是向“密钥 U 盘”写入“权限密钥”。U 盾电子身份认证电路是读取“密钥 U 盘”写入“权限密钥”并认证。

电子身份冲磁电路如图 1 所示。Atmega128 生成权限密钥，并控制 CH375 芯片，通过 USB 总线写入“密钥 U 盘”中。虚箭头为授权信息的流动方向。

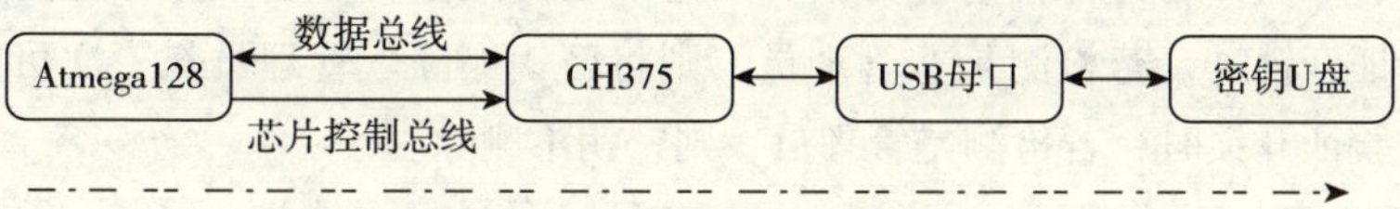

图 1　冲磁电路原理图

U 盾电子身份认证电路原理如图 2 所示。当 CH375 检测到 USB 母口有 U 盾插入后，通知 Atmega128。Atmega128 读取 U 盾中的权限密钥并进行对比，通过后，利用 L298 驱动电路产生磁力，拉动锁打开。虚箭头为认证信息的流动方向。

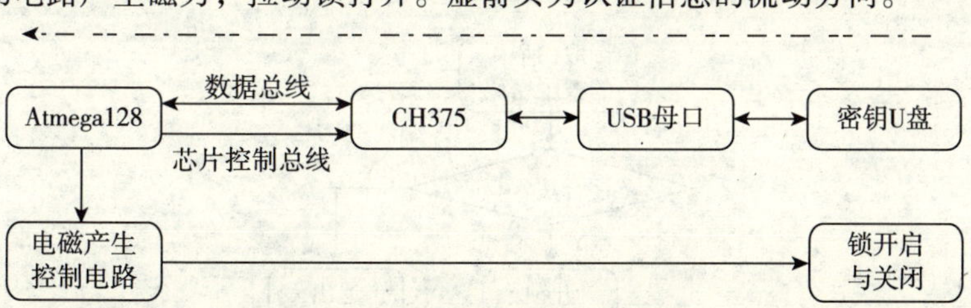

图 2　电子身份认证电路原理图

2.3 软件设计

2.3.1 反拷贝U盾权限密钥原理

U盘采用FAT32文件格式，权限密钥存在于“密钥U盘”的密钥文件中。为了防止此密钥文件被非法复制，设计权限密钥构成如下：

权限密钥=“显示密钥+隐藏密钥”（其中：符号“+”表示连接）

在充磁时，密钥的前64位是显式的，即在密钥文件里可以看到这部分密钥的信息。后边的密钥是隐藏的，即在用单片机写入密钥文件时通过修改密钥文件的长度可以使后面的密钥信息保持隐藏，在电脑上打开密钥文件时看不到后面隐藏的密钥信息。对应的密钥文件结构如下：

密钥文件=“显示密钥文件数据+隐藏密钥”（其中：符号“+”表示连接）

当非法用户在电脑上拷贝“密钥U盘”的密钥文件时，只能拷贝密钥的显式部分，而不能将密钥的全部信息复制到剪切板中，这样就保证了在复制密钥文件时不能被拷贝真正完整的密钥文件。

通过冲磁电路在“密钥U盘”的密钥文件中写入如上结构的权限密钥。该密钥不能被复制使用，必须采用冲磁电路对失效的权限密钥进行更新或复原。

2.3.2 临时权限与永久权限

临时权限与永久权限，用户选用二者之一。重要级别用户不需要临时拷贝权限，而是需要永久拷贝权限，比如公司总经理等。秘书等人员仅仅在得到总经理的授权后，才具有一次开启文件柜的能力，所以选取临时权限。非管理员只能充一次开一次锁，验证开锁时，若检测是非管理员，则将密钥删除。管理员充一次可永久无数次开锁，验证开锁时，若检测是管理员，则密钥不删除。

2.3.3 软件流程图

工作于Atmega128芯片中的控制程序，通过比较“密钥U盘”中提取出来的权限密钥来决定开锁与闭锁。工作流程如图3所示。

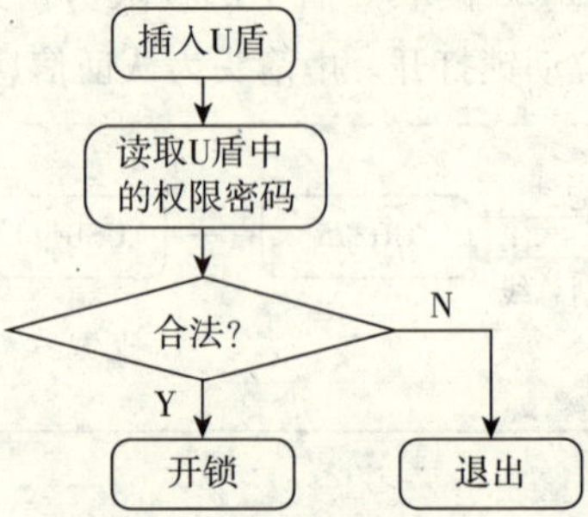

图3 工作流程图

3. 系统测试

3.1 系统外观

系统外观正面如图4所示，系统外观背面如图5所示。身份认证合法后，通过信号给锁的驱动电路接通电源，使之产生磁力，吸引锁头回缩，达到开锁的目的。反之，关闭其驱动电路的电源，使磁力消失，锁头由弹簧弹回，达到闭锁的目的。

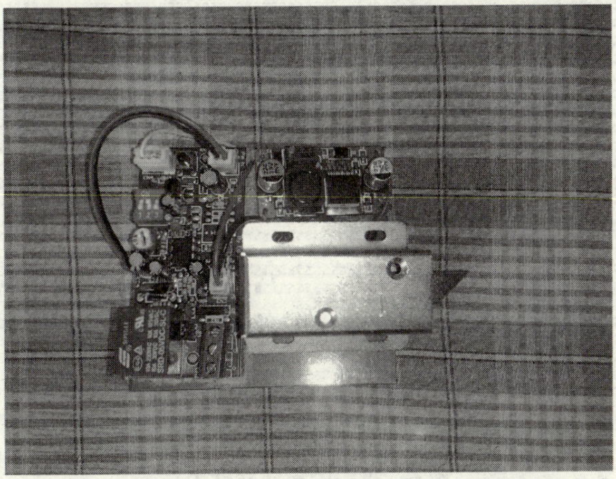

图4 系统外观正面

图5 系统外观背面

3.2 系统测试

3.2.1 反拷贝权限密钥

真实的完整权限密钥如图 6 所示。经过反拷贝处理的权限密钥，即非法用户复制得到的内容如图 7 所示。可以看到，非法用户复制的权限密钥不包含隐藏密钥，即无法复制隐藏密钥。

图 6　真实的密钥文件内容

图 7　处理后的密钥文件内容

真实的完整密钥文件长度长于非法拷贝的文件长度。图 8 为真实的完整密钥文件大小，图 9 为处理后的文件大小。

充磁程序在 U 盾中生成真实的完整密钥文件，此文件在防拷贝处理前真实大小为 493 字节，如图 8 所示。

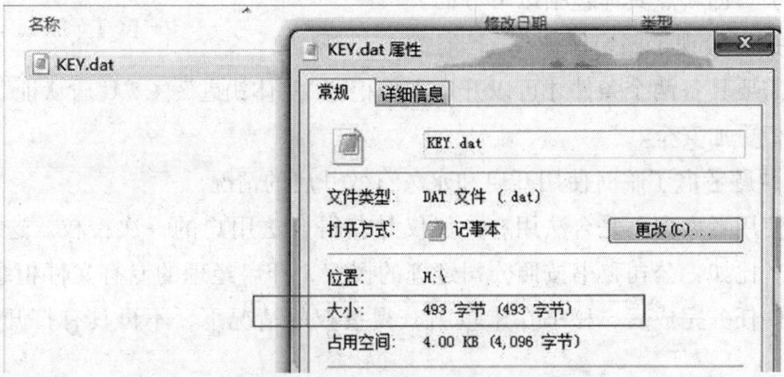

图 8　充磁后在 U 盾中生成密钥文件原始属性

充磁生成的密钥文件文件经过防拷贝处理后，大小为 483 字节，拷贝到其他地址后，大小仍为 483 字节，如图 9 所示，表明非法用户复制密钥文件失败。

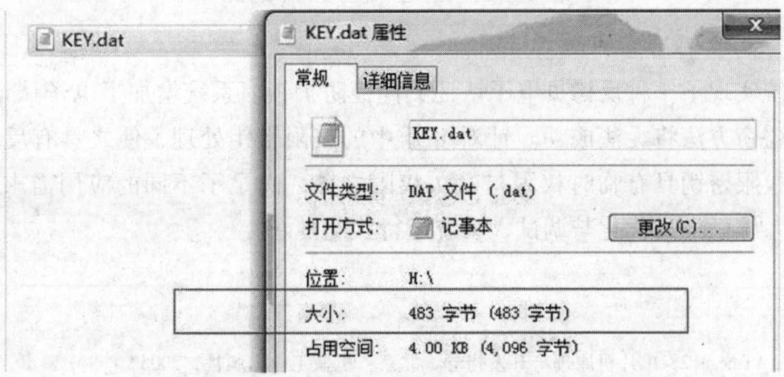

图 9　处理后的密钥文件属性

3.2.2　合法用户、非法用户测试

合法用户实验功能正确。非法用户认证不通过，文件柜无反应，锁保持关闭，功能正确。

3.2.3　临时用户使用一次临时权限

临时授权用户第一次插入后，文件柜开启。第二次插入后，文件柜无反应，锁保持关闭。实验功能正确，这是由于其 U 盾里面的临时权限已被删除。

4. 创新点

课题在文件柜的传统钥匙基础上构建一个 U 盾认证物理锁，使文件柜得到开启的双重保护。创新点具体包括以下方面。

（1）课题实现了两层保护

用户需要具备两个条件才可以开启文件柜："实体钥匙" + "U 盾认证"。相对于传统文件柜更加安全。

（2）课题考虑了临时使用开启和永久有效开启的情况

临时使用者大多不是合法用户，仅仅是获得合法用户的一次授权。这具有很大的实用性。比如：公司秘书按照公司经理的授权，开启经理的专有文件柜拿取文件。本次取文件任务完成后，秘书在未重新获得授权的情况下，不再具有打开经理文件柜的能力。

（3）U 盾密钥文件的反拷贝技术

非法用户无法复制得到真实完整的密钥文件。

5. 结语

本系统实现了一种反拷贝电子认证文件柜防护锁。系统增加了电子认证物理锁，所以传统盗窃方法将无法成功。针对 U 盾中的权限密钥处理，使之具有反拷贝的能力，同时权限密钥具有临时权限与永久权限之分，满足了不同的应用需求。实现了目前实验系统已经过优化与调试，系统运行状况良好。

参考文献

[1] 陈冬云．ATmega128 单片机原理与开发指导．北京：机械工业出版社，2005

[2] 陈立平．基于 U 盘 FAT32 文件系统的分析．沙洲职业工学院学报，2009，12（4）

[3] 张明亮，张宗杰．浅析 FAT32 文件系统．计算机与数字工程，2005，33（1）

[4] 续继俊．3 种 FAT 格式中簇链地址的计算方法研究．科技情报开发与经济，2010，20（13）

基于开源技术信息管理集群构建方法研究与应用

周全　段然　魏萌　刘斌　周小意

指导教师：刘高军 副教授

［摘　要］课题研究基于开源文化理念，在各环节中部分或全部采用开源技术，以实现信息处理及发布需求的集群环境。课题重点对开源文化和开源技术进行研究，了解和理解开源技术的发展，把握前沿技术的发展方向，并针对任务需求进行规划，构建整体系统集群环境。

［关键词］动态网页；负载；调度算法

1. 选题背景

门户网站信息发布系统中，用户对图片信息的需求量很大，且用户对信息系统的访问时间也会相对集中，这会对系统服务器的带宽和响应速度发起挑战。再考虑到有些用户对网页的响应速度比对图片清晰度的要求更高，比如手机上网用户，因此我们提出了基于负载的动态网页生成系统，希望能优化系统的负载均衡功能，缩短系统的响应时间。

2. 活动计划

项目的活动地点设在北方工业大学第五教学楼的921机房。前期，我们的研究重心放在了深入理解Linux系统平台以及开源技术上，通过阅读相关的专业书籍，以及在每周一、三晚上进行团队讨论，加深了对系统专业知识以及对开源技术的理解。在项目研究的第二阶段，我们的主要任务是使用现有的虚拟化技术和集群技术组件，建立起适用于信息处理及发布的系统集群环境。在项目进行的尾声，我们会在已搭建好的集群环境之上开发一些小的应用程序，程序主要采用开源的、跨平台的C++图形用户界面应用程序框架进行开发，让大家将学到的理论知识应用到实践中去，理论联系实际。

整个项目的进度如此规划，就是为了能让团队的每一名成员真正学到东西，努力提高团队成员间的协同、合作能力，提高大家在遇到问题时分析问题、解决问题的能力，并找到适合自己学习的方法。同时，也是给每名团队成员一把打开开源文化之门的钥匙，引领大家在开源的道路上学到更多的东西，体验更多的乐趣，走得更远。

3. 系统设计

3.1 设计目标

以信息管理为基本任务目标，完成基于开源技术平台的信息发布系统设计，利用红旗负载均衡服务器平台的网络服务、集群及虚拟化技术，配合数据库以及网络搜索等技术，完成信息发布系统的动态网页生成；同时，结合企业团队开发的项目协作知识与技术，展示团队整体协同技术方案，以及整体项目中的应用开发技术能力。

3.2 设计思路

基于开源技术平台的信息发布系统的设计。信息发布系统主要用于处理用户对于各类信息的阅读、浏览需求，这些信息包括文字信息、图片和视频信息。在系统访问量集中的时间段，用户对信息发布系统的请求将会达到一个顶峰，这对服务器的设计来说是一个很大的挑战。对一些手机用户来说，对图片的清晰度要求并不会太高，这时服务器可以产生一些小的图片，一方面满足用户的需求，一方面又能减轻服务器的压力。

在重点考虑平衡服务器的访问压力与用户需求的情况之下，为用户提供更好的服务。在应用中科红旗提供的负载均衡集群服务器的基础上，一方面通过优化负载均衡算法，另一方面通过动态产生图片的方式，提高服务器的使用效率，并减轻服务器的运行压力，减少网络的拥堵情况。对各服务器运行时的系统资源使用情况进行实时检测，并根据这些检测数据，进行负载均衡和图片动态生成，以达到提供个性化高效服务的目的。

4. 集群概述

4.1 集群的定义

计算机集群是一种低成本的分布式计算机系统，它由很多工作站或者 PC 节点组成，能够提供高性能和高可用性。集群技术可如下定义：一组相互独立的服务器在网络中表现为单一的系统，并以单一系统的模式加以管理。此单一系统为客户工作站提供高可用性的服务。大多数模式下，集群中所有的计算机拥有一个共同的名称，集群内任意一个系统上运行的服务可被所有的网络客户所使用。集群系统必须可以协调管理各分离组件的错误和失败，并可透明地向集群系统中加入组件。

4.2 集群产生的背景

计算机集群是由分布式计算机系统发展而来的，特别是近年来互联网的出现，对集群技术的要求也越来越高。自从世界上第一台计算机 ENIAC 于 1945 年在美国宾夕法尼亚大学的莫尔电子工程学院诞生起，人类对计算机性能的探索就一直没有停止过。随着互联网技术的飞速发展，网络在我们生活中扮演的角色也越来越重要，流行站点、门户网站的访问流量逐年剧增，网络服务器负载也越来越大，越来越多的网站管理员在管理站点的同时发现系统的性能瓶颈，海量的点击率会导致系统偶尔超负荷运作，升级服务器、提升服务器性能势在必行。

对于以前的单服务器系统，升级的办法是升级硬件，通过使用更快速的 CPU、更大的内存容量来提升服务器性能，但这毕竟不是长久之策。升级过程是复杂的，需要耗费较多的人力、物力和财力，而且随着时间的推移，更大的访问流量又必然会使系统出现新的性能瓶颈。对硬件的更新换代不仅会导致过高的投入和更高的维护成本，而且大大降低了整个系统的性能价格比。所以，简单的升级并不能满足系统的长远发展，如何解决网络服务器的可扩展性和高可用性，才是需要考虑的重中之重。

4.3 集群的分类

随着计算机体系结构的发展，集群以其可扩展性和较低的成本等优势被广泛研究和应用。由于集群系统构建成本低，系统利用率高，可用性和可扩展性好，现在很多公司、企业和政府越来越多地使用集群来满足其高可用性、高性能计算的需求。

由于侧重点及集群系统所要完成的任务不同，可以将集群分为以下三种类型。

①负载均衡集群。

将外部的应用请求尽可能平均地分配到不同的计算机上处理，充分利用集群系统的计算能力，提高整个系统的处理效率。

②高可用集群。

高可用集群的主要功能就是利用集群系统的容错性，对外提供 7×24 小时不间断服务。有许多应用程序都是必须一天 24 小时不停运转的，如工业控制系统、数据库服务器等关键应用。比较有名的高可用集群有 Mission Critical Linux 的 Convolo 和 Steel Eye 的 Life Keeper for Linux。

③科学计算集群。

将多台计算机连接起来，处理复杂的科学计算。在这种集群上运行的是专门开发的并行应用程序，它可以把一个问题所需要的数据分布到多台计算机上，利用这些计算机的共同资源来完成复杂的计算任务，从而解决单个计算机所不能解决的问题，像处理气象计算、石油勘探等需要进行大规模数值计算这类问题。比较有名的 Beowulf 集群就是科学计算集群。

在实际的应用中，这几种集群往往会混合使用，以使整个系统有较高的稳定性和较强的信息处理能力。

5. 实验环境的部署及算法的改进

5.1 实验环境搭建

我们使用红旗负载均衡集群作为实验环境。整个集群服务器的系统结构如图 1 所示。

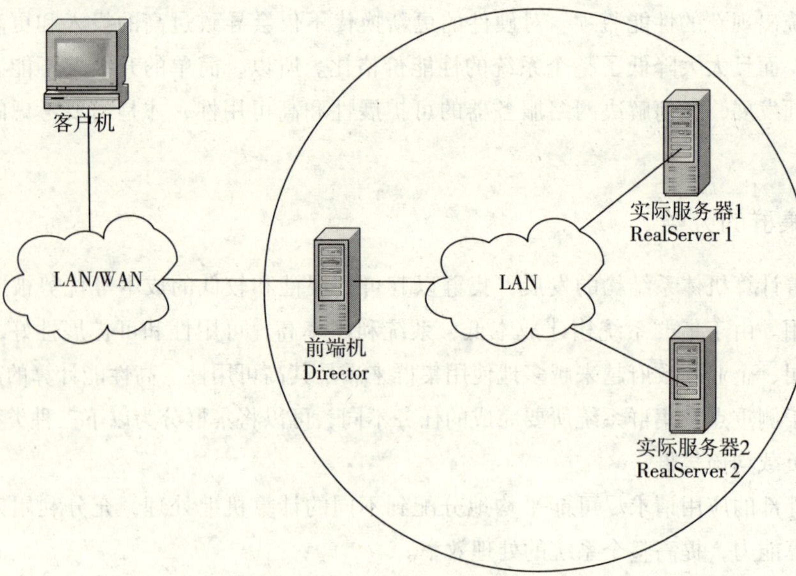

图 1　集群系统结构图

整个集群系统构建在两台实际服务器之上，集群中的实际服务器对用户是不可见的，用户只能看见一台在集群中被称为负载均衡服务器（Director）的前端机。三台机器通过局域网连接起来，用户将请求发至前端机，再由前端机将用户请求转发到两台实际服务器。

分别在两台实际服务器上部署 Apache 网页服务器，修改默认网页，一台为 Real Server1，另一台为 Real Server2。集群搭建完毕后，通过客户机不停访问集群的前端机，如果出现两个页面相互轮转的效果，则负载均衡集群搭建成功。

红旗负载均衡集群系统为前端机提供了三种 IP 级的请求转发方法，分别是网络地址转换（Network Address Translate，NAT）、IP 隧道（IP Tunneling）和直接路由（Direct Routing）。

在调度算法方面，红旗 LVS 系统提供了八种调度算法供用户选择。我们使用最简单的轮转调度（Round Robin Scheduling）算法。这种算法将所有的实际服务器看作相同的结点，不考虑各服务器的连接数和响应时间，以轮转的形式将请求转发到不同的实际服务器上。

5.2 关于前期测试结果的一点思考

在实验的过程中，我们发现目前所实现的算法中，大部分只能预先设置好服务器权值对 Web 请求进行调度，虽然负载本身通过轮转或者最小连接策略等八种调度算法尽量平衡各实际服务器的压力，但是这在实际应用中还是经常会出现部分服务器压力过大，而其余服务器却比较空闲的情况。究其原因，我们认为是由于每个 Web 服务器请求所耗的系统资源各不相同，但是负载还是静态地根据预先设计好的算法进行实际服务器的调度，导致某些服务器负担过重却依旧在接收负载服务器的任务，而相对空闲的服务器却继续空闲，这样一方面造成资源浪费，另一方面可能导致服务器崩溃。当我们认识到这其中的欠缺之后，在本作品的设计过程中，提出了一种改进的算法——最小负载算法。由负载服务器收集实际服务器的压力状况，然后分析各实际服务器的实时压力状况，选择压力较小的实际服务器完成用户的请求。

5.3 关键算法与技术

负载调度算法主要由两部分组成，均衡服务器上部署的是负载均衡算法（最小调度算法）如图 2 所示，实际服务器上部署的是负载检测评估算法。

5.3.1 算法调度模块

算法调度模块主要分为负载均衡算法和负载检测评估算法两个部分。

负载均衡算法主要是实时收集各实际服务器的状态评估指数，并根据这些指数

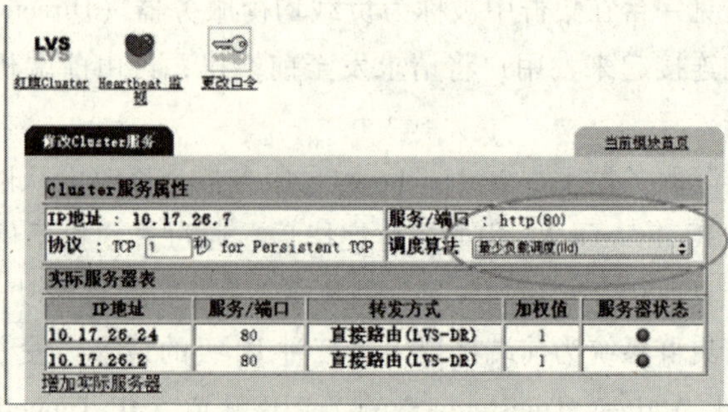

图 2　负载均衡的配置

分配网络请求。比如，我们把系统的评估指数分为三级：0 级、1 级和 2 级。0 级代表服务器状态良好，处于比较空闲的状态，而 2 级则代表服务器比较繁忙。均衡服务器就是根据这些指数选择比较闲的服务器分配网络请求。由于在修改 LVS 源码时无法得到对应版本的 LVS 源码，而只有动态链接库文件，此算法并没有真正编译到 LVS 中。

负载检测评估算法主要分为负载的检测和评估。对服务器的负载检测主要是对服务器 CPU 使用率、I/O 使用率、内存使用率和网络流量进行检测。负载评估是根据这些检测到的指标对系统的状态进行一个评估，评估结果以等级（0，1，2）的方式返回，以便均衡负载器进行负载均衡，CGI 程序进行网页动态生成。此算法在实际服务器上，以守护进程的方式运行。简单评估算法如下：当 CPU 使用率小于 50%，内存使用率小于 50%，网络流量小于最大流量的 2/5 时，我们认为服务器状态良好，返回评估等级 0；当 CPU 使用率大于 80%，内存使用率大于 80%，网络流量大于最大流量的 4/5 时，我们认为服务器状态繁忙，返回评估等级 2；其他情况则返回评估等级 1。

5.3.2　CGI 实现模块

CGI（Common Gateway Interface）通用网关接口，在物理上是一段程序，运行在服务器上，提供同客户端 HTML 页面的接口。当用户向服务器发送请求之后，浏览器把这些请求信息传送到服务器 CGI 目录下特定的 CGI 程序中，于是 CGI 程序在服务器上按照预定的方法进行处理。然后 CGI 程序给客户端发送一个信息，表示请求的任务已经结束。此时用户在浏览器里将看到服务器返回的界面，整个过程结束。本作品中 CGI 程序在接到用户访问图片的请求之后，根据本服务器此时的负载情况动态产生与之相对应清晰度的图片，然后返回到用户浏览器界面。

系统的图片处理模块主要是完成图片的压缩处理，把图片按一定的比例进行压缩，减小的图片的大小，也就是降低它的清晰度，这样我们就可以根据系统状态选择合适的图片生成网页。图片处理模块可以对图片进行批处理，这样也就提高了处理速度和响应速度。支持的图像格式包括：JPG，JPEG，BMP，PNG，DIB，JPE，

PGM，TIF，PBM，JP2。

在 CGI 的整体实现过程中，我们使用了 CGIC 函数库。这是一个支持 CGI 开发的开放源码的标准 C 库，利用 CGIC 所提供的方便的功能函数，再调用 mysysstat（）函数获得本服务器的负载状态，然后将此状态信息反馈给上一级的负载均衡服务器。负载服务器根据各实际服务器的状态，选择其中压力最小的服务器接收用户请求。当此实际服务器接收到负载最终发送来的请求之后，调用本服务器中的 CGI 程序，动态生成包含不同清晰度图片的网页，返回给用户。

6. 系统测试

6.1 测试方法

①配置红旗负载均衡服务器并打开 http 服务。

②在实际服务器上启动系统检测的守护进程 sysstat，以模拟的方式启动。

③通过其他 PC 机访问服务器上的 index. CGI 程序，可以看到图片随着网页的动态生成而变化。

6.2 测试结果

在服务器处于不同负载的情况下，用客户端访问页面，可以得到如下截图。

在服务器压力较大时，客户端收到如图 3 所示的网页，从图片属性可以看出，客户端收到较不清晰的图片；在服务器压力一般时，客户端则收到如图 4 所示的较清晰图片；而在服务器压力较小时，客户端收到最清晰的图片，如图 5 所示。

图 3　服务器压力大时的测试结果

图 4　服务器压力一般时的测试结果

图 5　服务器压力小时的测试结果

表 1　　　　CGI 程序测试结果

服务器状态	发送的图片大小	像素
繁忙	9.5KB	200X96
正常	24KB	349X168
空闲	28KB	500X241

从以上测试数据可以看出守护进程和 CGI 程序的功能可以正确实现。

7. 研究成果

通过对整个系统的设计、开发和测试，完成了预想的系统功能，并取得了预期的效果。项目研究成果最终形成了一篇论文——《基于负载的动态网页生成系统的设计与实现》，并发表在由安徽省科技情报学会主办的省级优秀科技期刊《电脑知识与技术》上。

在项目刚开始的团队讨论过程中，由于大家都很积极，我们的行为也感染了其他同学。整个活动的过程，吸引了两名团队外的技术爱好者和我们一起讨论知识点，他们是丁伟杰和刘俊宇。这种大家一起分享知识、一同交流、共同提高的体验，让每名参与者都获益良多，也得到了指导教师的认可，这同样也是对开源精神所提倡的自由和分享精神的发扬。

在搭建集群环境的过程中，我们遇到了很多棘手的问题。当大家都焦头烂额的时候，红旗公司的技术支持向我们伸出了援手，他们不厌其烦地讲解和指导，让我们在一点一滴中积累和进步。同时，他们真诚地邀请我们参观红旗公司，感受新技术的魅力，体验科技给人们生活带来的巨变。这次宝贵的参观经历，开阔了我们的眼界，拓展了大家的视野，非凡的体验也让大家意犹未尽、回味无穷。

在项目临近结束的时候，在老师的指导下，我们在搭建的集群平台上做了二次开发和改进，形成了一个具有巨大社会效益和竞争力的平台——基于负载均衡的校园图像采集与个性化定制平台，并参加了由工信部主办的第二届全国软件专业人才设计与开发大赛——软件创业大赛的比赛。预赛中，我们取得了北京市二等奖的好成绩，并顺利入围全国总决赛。在总决赛的较量中，凭借着平台的亮点，作品深受评委的好评和认可，最终取得了全国三等奖的好成绩。

8. 总结

在将近一年的项目研究过程中，我们对待每一个环节都无比认真。从一开始的团队讨论，到后来整个集群环境的成功搭建，应用程序的成功开发，再到最后在全国大赛中取得优异成绩，这其中的每一次进步和喜悦都凝聚着各位指导老师的辛勤汗水。这一年来，我们从对 Linux 的好奇，到接触到 Linux 之初的无奈和懵懂，再到感受到开源文化的魅力与乐趣，最后到创业大赛的准备和参与，这期间我们收获很多，也学会了很多。整个研究过程中，我们收获的不仅仅是乐趣和知识，更重要的是一种高效学习的方法、一种思维方式、一种理念，它打开了开源文化世界的大门，让我们在这里自由翱翔、乐在其中。

最后，衷心感谢红旗公司给我们提供的帮助，每一次的技术支持以及公司参观、技术观摩，都给他们带来了不小的麻烦。同时也要深深感谢指导教师的辛勤指导，没有您的耐心指点，也就没有我们团队每一名成员的点滴进步；感谢学校、学院能给我们提供这样一个难得的机会，让我们不断创新、不断进步、提高自己。真诚感谢在项目进行过程中，帮助过我们的每一个人。谢谢!

参考文献

[1] 崔小燕. Linux 集群系统分析. 西安邮电学院学报，2006，11（5）

[2] 李英壮，李先毅，王利明等. 基于 Linux 的集群管理系统设计与实现. 大连理工大学学报，2003，43（S1）

[3] 古奋飞，王良侠. 浅析 Linux 集群技术. 电脑知识与技术，2010（6）

[4] 北京中科红旗软件技术有限公司. Red Flag Server 4.0 集群技术白皮书

基于 DSP 的实时智能监控系统的设计与实现

陈桐　张庚硕　孙昊　金晓文

指导教师：叶青 副教授

［摘　要］基于 DSP 的嵌入式视频监控系统代表着视频监控新的发展方向。本文对基于 DSP 的实时智能监控系统进行了研究，采用 TMS320DM642 作为 DSP 主控芯片，以 Seed－VPM642 开发板作为硬件平台，以 CCS 3.3 软件开发环境为软件平台编程实现了一套智能监控系统。所实现的主要功能包括视频图像的采集，基于肤色的人体运动目标检测、异常动作如跌倒情况的自动预警功能及显示功能。

［关键词］DSP；人体检测；异常情况预警；TMS320DM642

1. 选题背景

视频监控技术通过分散设置的摄像机记录监控场景并集中显示，使得监控人员可以实时了解发生的事件，以便及时做出反应。但是依靠监控人员对大量集中的视频进行分析，即使是专业的操作人员，也难构成真正有效的监控系统，具有限制的因素有：人类自身的弱点、监控时间、误报漏报、数据分析困难、响应时间长等。为了解决这些导致视频监控效率低下的问题，人们尝试将计算机视觉中的相关技术引用到视频监控中，从而视频监控系统越来越成为研究的焦点。

传统监控系统的功能往往非常单一，要求监控人员持续监视屏幕，然后做出相应的决策。但让监控人员长期盯着众多的电视监控器也是一项繁重的工作，特别是当监控点较多时，监控人员几乎无法做到实时完整全面的监控。况且大多数监控场景出现异常的情况毕竟为少数，这样人工监控不仅造成巨大的人力浪费，且容易使得监控人员思想松懈导致漏警，造成不可避免的损失。智能监控利用计算机视觉技术，自动分析和抽取视频源中关键的信息。它能够识别不同的物体，发现监控系统中的异常情况，并以最快和最佳的方式发出报警和提供有用信息，从而能够更加有效地协助安全人员处理危机，并最大限度地降低误报和漏报现象，解决了人类工作极限的问题，更实现了报警的实时性。

数字信号处理器（Digital Signal Processor）是在模拟信号变换成数字信号以后高速实时处理的专用处理器，其处理速度比最快的 CPU 还快 5～10 倍。在当今的数字时代背景下，DSP 已成为通信、计算机、消费类电子产品等领域的基础器件，被誉为信息社会革命的旗手。业内人士预言，DSP 将是未来集成电路中发展最快的电子产品，并成为电子产品更新换代的决定因素，将彻底变革人们的工作、学习和生活方式。

随着数字化技术的广泛普及和应用，DSP 技术的地位突显出来。因为数字化的基础技术就是数字信号处理，而数字信号处理的任务，特别是实时处理的任务，是要由通用的或专用的 DSP 处理器来完成的。因此，在整个半导体产品增长趋缓时，DSP 处理器还在以较快的速度增长。可以毫不夸张地说，DSP 芯片的诞生及发展对 20 多年来通信、计算机、控制等领域的发展起到十分重要的作用。

近年来，各行各业对视频监控的需求不断升温，以 DSP 为代表的嵌入式视频监控系统代表着视频监控新的发展方向。特别是新一代高性能 DSP 的出现，给嵌入式视频监控系统发展带来了硬件支持，使高速实时视频图像处理成为可能。视频监控系统应用于社会的方方面面，既可以用于工厂或机场的安全监控，还可以用于敬老院或医院对病人的监护。视频监控得到了飞速的发展，国内外研究者在这个领域都做了许多工作，特别是基于嵌入式视频处理终端成为视频监控发展的方向。基于此，本文对基于 DSP 的视频监控系统进行研究，处于实时监控状态的摄像机一旦捕捉到异常情况，便立即发出报警信号，从而使跌倒者及时被发现，该项研究具有重要的意义和广阔的应用前景。

2. 视频监控系统设计方案

本文对基于 DSP 的视频监控系统进行研究，采用 TMS320DM642 作为 DSP 主控芯片，以 Seed－VPM642 开发板作为硬件平台，以 CCS 3.3 软件开发环境为软件平台编程实现一套智能监控系统。所实现的主要功能包括视频图像的采集，基于肤色的人体运动目标检测、异常动作如跌倒情况的自动预警功能及显示功能。算法流程图如图 1 所示。

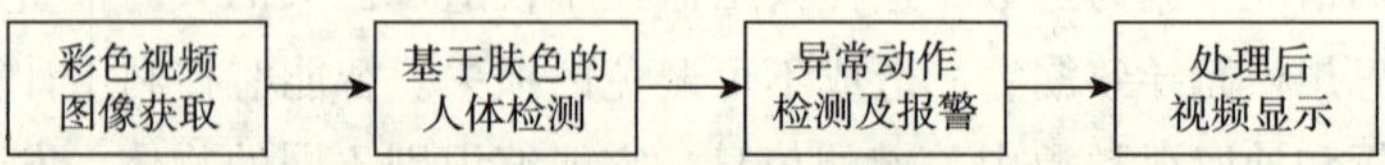

图 1　监控系统算法流程图

本系统分为 DSP 端和 PC 端两部分。DSP 端是基于 TMS320DM642 的开发板，工作在 TI 提供的微操作系统 DSP/BIOS 下。PC 端工作在 Windows XP 操作系统下。DSP 端的软件开发主要采用 C 语言编程，软件开发平台为 PC 机及 DSP 集成开发环境 CCS3.3。

本设计使用的系统开发硬件平台是北京合众达电子技术有限责任公司生产的 SEED－VPM642 多媒体实验平台，该实验平台包含了专用于数字多媒体应用的高性能 32 位定点 TMS320DM642、多路视频处理模块和其他涉及的模块等。该系统具有很好的便携性、实时性、可扩展性和移植性。监控系统框架图如图 2 所示。

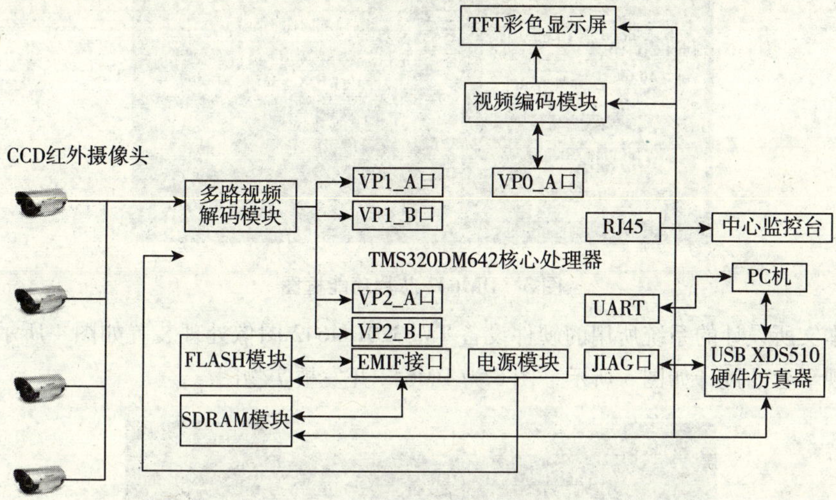

图 2　SEED－VPM642 多媒体实验平台系统框图

使用 SEED－VPM642 硬件平台编程实现智能监控系统的功能，首先通过摄像头采集视频图像，然后基于视频图像中运动人体的肤色信息检测肤色区域确定人体，如人体头部位置大幅度降低，则认为出现了异常动作跌倒现象，给出报警信号。该方案具有可行性。

3. 研究方法

3.1　硬件开发平台的搭建

3.1.1　硬件开发平台介绍

TMS320DM642 是 TI 公司推出的一款针对多媒体处理领域应用的 DSP 芯片，它在

TMS320C64x 的基础上，增加了很多外围设备和接口。其功能框图如图 3 所示。

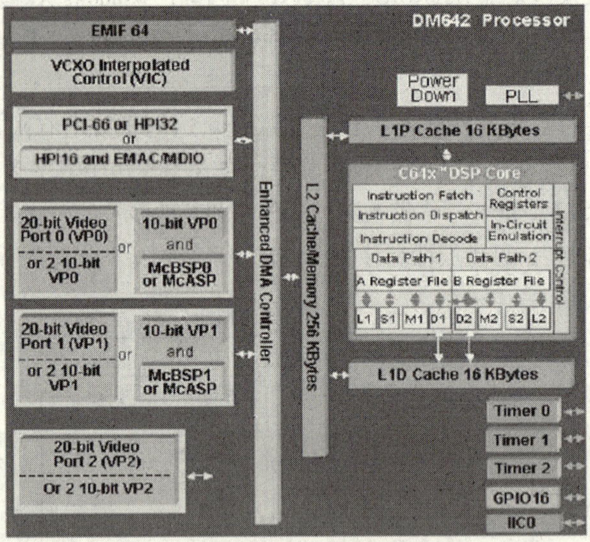

图 3　DM642 芯片功能框图

本文所设计的系统所用的硬件设备 TMS320DM642 图像处理装置如图 4 所示。系统实现平台的设计如图 5 所示，图 6 为 DM642 开发板实物图。

图 4　TMS320DM642 图像处理装置

SEED－VPM642 模板，其上包含：专用于数字媒体应用的高性能 32 位定点 DSP TMS320DM642，其工作主频高达 720MHz，处理性能可达 5760MIPS，可实现多路数字视频/音频的编码运算，如 MPEG4、H. 264、G. 729 等；多路视/音频接口，如 4 路

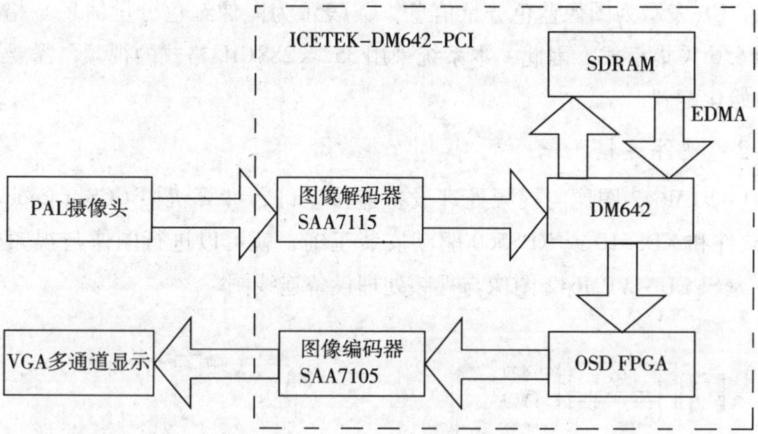

图 5　系统平台框图

PAL/NTSC 制标准复合或 Y/C 模拟视频输入，1 路 PAL/NTSC 制标准复合或 Y/C 模拟视频输出，4 路标准的 Microphone 输入或 Audio Line In 立体声输入，4 路标准的 Audio Line Out 立体声输出；2 路可编程切换的 RS232/RS422/RS485 异步接口，8 路数字输入、8 路数字输出；标准的 ATA 硬盘接口，方便本地存储，实现数字视频录像功能；高速数据传输接口，标准的支持主/从模式的 PCI 2.2 总线、10/100M 以太网接口，方便实现数字视频服务器功能。

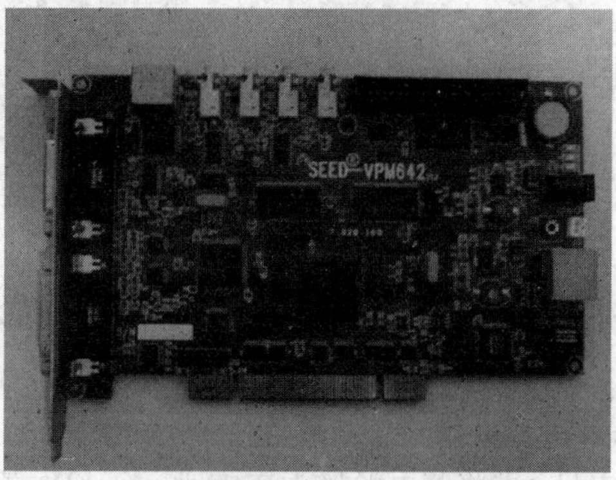

图 6　DM642 开发板实物图

如图 5 所示，本系统硬件平台以 TMS320C64x 为核心，由视频输入、视频存储、图像处理、视频输出、VGA 输出五部分组成。各组成部分完成功能如下。

平台提供三个灵活可配置的视频端口：VP0、VP1、VP2。视频端口可以在三种模式下工作：视频采集、视频显示和传输流（Transport Stream Interface）。视频采集模式有九种采集形式，本系统的视频端口工作在 YCbCr4：2：0（其中 Y 表示图像的亮度信息，Cb 表示为图像蓝色分量信息，Cr 表示为图像红色分量信息）格式的 BT。系统导用 656 采集模式。因此，本系统采用 352×288CIF 格式的视频，需要对视频芯片进行初始化配置。

3.1.2 硬件连接

SEED－VPM642 图像与视频处理设备连接正确，计算机中 CCS（Code Composer Studio）软件和 XDS510 或 XDS560 驱动安装正确，就可以进行图像与视频处理实验了。图 7 为 SEED－VPM642 图像与视频处理设备连线图。

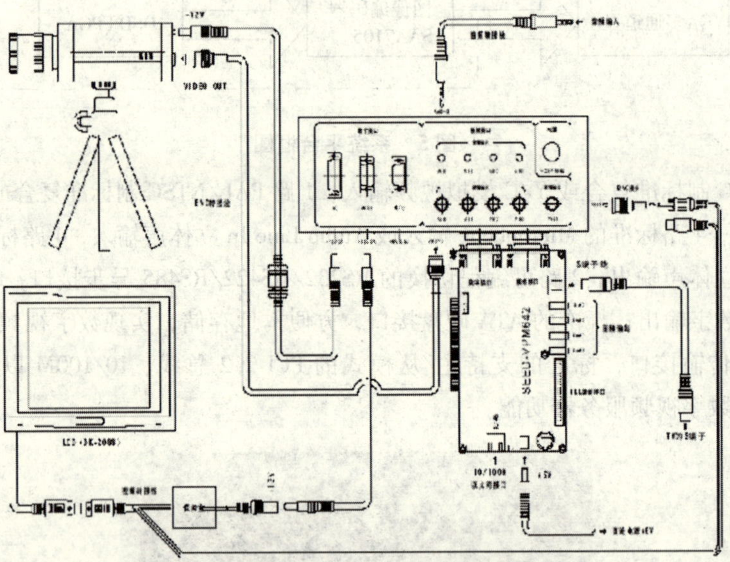

图 7 SEED－VPM642 图像与视频处理设备连线图

实验箱按照以下步骤连接。

①将 SEED－VPM642 板卡通过仿真器 XDS560 连接到计算机的 USB 口。

②将实验箱的右下角的 5V 直流电源接线头连接到板卡的电源端口。

③将 BNC 转接头装到 Vout 端口上。

④将液晶显示器支起，并将其电源接头连接到一个 12V 直流电源端口。将摄像头视频输入头连接到 Vout 上的 BNC 转接头上。

⑤取出摄像头并用三角架支好，将摄像头连接到 12V 直流电源端口。

⑥用 BNC 连接线连接摄像头的 VIDEO OUT 和实验箱上的 Vin1，将实验箱电源连接到 220V 电源。

⑦开启电源，如连接正确，则电源端口右方的指示灯为亮，仿真器上指示灯也为亮。

⑧如果液晶显示屏不亮，请按其上的 POWER 键。

3.2 CCS3.3 软件开发平台

为了充分发挥 DSP 芯片的高性能，TI 公司推出了强大的集成开发环境 CCS，具有实时、多任务、可视化的软件开发特点。使用 CCS 提供的工具，开发者可以非常方便地对 DSP 软件进行设计、编码、编译、调试、跟踪和实时性分析。CCS 支持如图 8 所示的开发周期的所有阶段。

本文是基于 DSP 进行研究的，所以本系统是在 CCS 平台下进行开发的。在连接好硬件设备后，CCS 的运行过程如下所述。

①此次实验选用 TMS320C64 系列的芯片，打开 CCS Setup 安装界面后，安装 C64 系列的驱动，图 8 为安装界面。

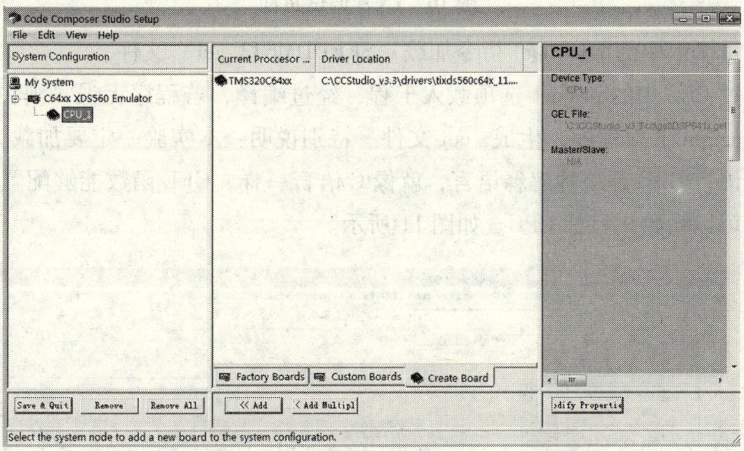

图 8 驱动安装界面

②保存设置，启动 CCS，如图 9 所示。

图 9 启动 CCS

③出现 CCS 调试页面，如图 10 所示。

④打开 CCS，通过 DEBUG 中的 connect 连接好设备。

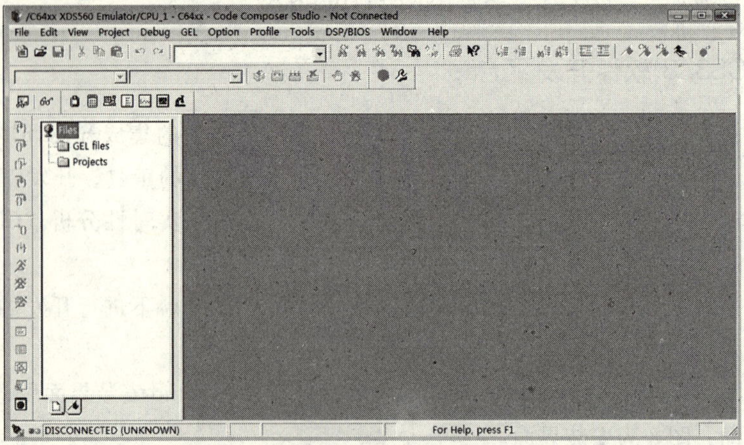

图 10　CCS 调试页面

⑤通过 File 中的 Load Gel 指令加载“SEEDDM642. gel”文件。

⑥通过 CCS 中的 project 选项载入工程，经过编译，若程序无误，则在 File 中选择 load program 下载程序，生成 . out 文件。特别说明：本实验一定要加载 . gel 文件，通用扩展语言 GEL 是一种解释语言，就像 C 语言一样，GEL 函数能够配置 CCS 集成环境，也可以初始化目标 CPU。如图 11 所示。

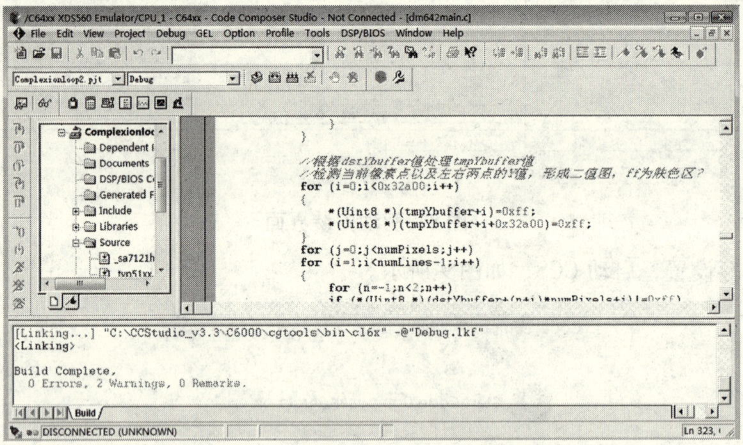

图 11　CCS 经过编译链接后页面

3.3　视频信号获取及预处理

视频信号获取及预处理的方法：由摄像头获取模拟视频信号，把模拟视频信号解码为 YUV 分量后，分别进行 A/D 量化采样，转换为数字视频流。

其中 Y 代表亮度信息，U（Cb）代表蓝色色差（就是蓝色信号与亮度信号之间的差值），V（Cr）代表红色色差。

RGB 模型空间对应红、绿、蓝三原色。

RGB 转换为 YCrCb 的变换公式为：

$$\begin{cases} Y = 0.299R + 0.587G + 0.114B \\ Cr = (0.500R - 0.4187G - 0.0813B) + 128 \\ Cb = (0.500B - 0.3313G - 0.1687R) + 128 \end{cases}$$

YCrCb 转换为 RGB 的变换公式为：

$$\begin{cases} R = Y + 1.402 \times (Cr - 128) \\ G = Y - 0.71414 \times (Cr - 128) - 0.34414 \times (Cb - 128) \\ B = Y + 1.772 \times (Cb - 128) \end{cases}$$

3.4 基于肤色的运动人体检测

运动目标检测通常在视频图像经过预处理后，采用背景差分法检测出运动图像，步骤如下。

①获取一帧图像作为初始的背景 Bg（x，y，tk）。

②间隔 4 帧再次获取下一幅图像，作为当前图像 Curr（x，y，tk）。

③按照背景差分法得到差分图像：Sub（x，y，tk）=｜Curr（x，y，tk）－Bg（x，y，tk）｜。

④统计所有和值 $\sum_{x,y} sub(x,y,t_k)$，与设定的阈值 FF 相比较，如果小于阈值 FF，按下式进行背景更 Bg（x，y，tk）=α＊Curr（x，y，tk）+（1－α）＊Bg（x，y，tk－1）。

⑤重复前面②到③的步骤。

本文采用基于人体肤色的方法检测人体，人体肤色的 Cb 值一般位于 108～123 区间，Cr 值一般位于 135～156 区间。

对整幅图像从左到右、从上到下逐个像素扫描，若扫描到某像素的 Cb Cr 值符合人体肤色值，为目标中的点对其标记为 1（该点灰度值赋值 255），不为目标中的点赋值 0，最后形成二值图。

3.5 异常情况自动报警

人的行为理解和识别是智能视频分析与监控的重要研究内容之一，属于视频图像处理的高级处理阶段，其主要任务是从视频序列中提取高层面的信息进行识别。

目前，大多数的研究都集中在人的常规动作的识别上，如走路、跑步等，对于异常行为识别的研究比较少。与一般常规行为相比，打架、追逐、拉扯等特定场合中人的异常行为，往往具有突发性大、持续时间较短、动作较为剧烈、不可预知、无周期规律性等特点。此外，大多数的方法都是通过样本库的训练或学习来识别行为的，而异常行为通常又很难用样本库来定义，因此对识别方法的适用性和鲁棒性提出了更高的要求。人体行为分析构架如图 12 所示。

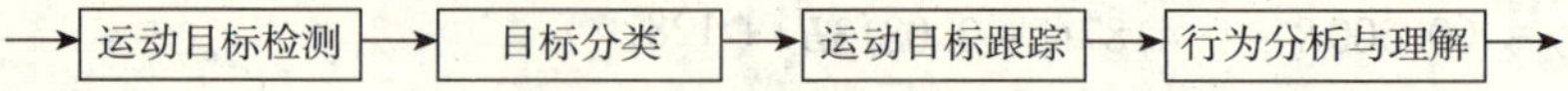

图 12　人体行为分析构架

本文根据实际需求，初步提出对运动目标行为分析的一种简单方法：根据人的头部位置进行人的行为分析。最后，本系统可以实现对检测到的运动目标突然摔倒、蹲下等行为，在显示器上显示白色横条。

4. 实验结果

4.1　视频的采集与输出

电视视频每秒钟包含几十帧静止图像，每一帧静止图像由几百个行组成，每一行又由几百个像素点组成。1 秒钟包含的图像帧数为帧频，1 秒钟包含的总行数为行帧，1 秒钟包含的总像素实际上就相当于视频带宽。视频处理实物图如图 13 所示。

图 13　视频的采集与输出

4.2　运动人体检测

实验结果在显示器上显示视频数据，在 DM647 下使用 CCS 编程实现了基于肤色检测运动人体的方法，取得了良好的效果，具体过程如图 14 所示。

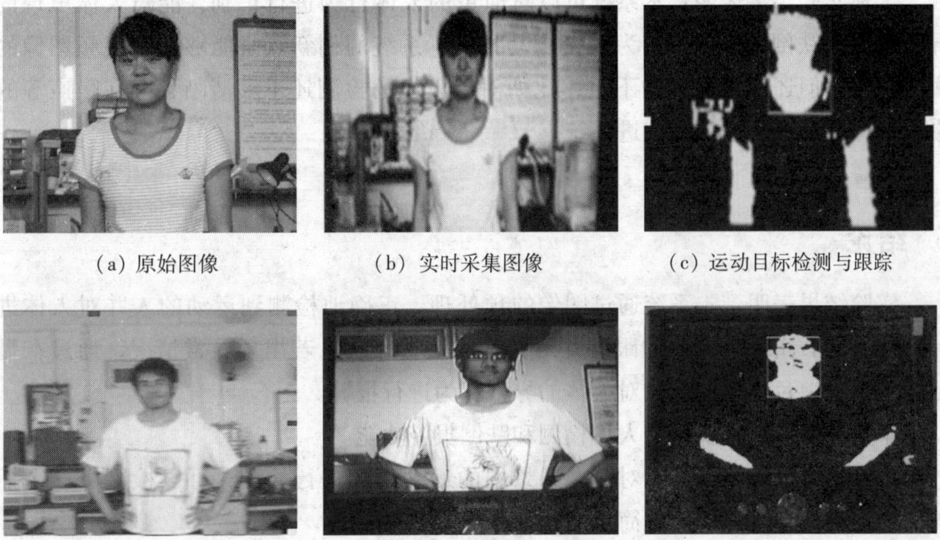

(a) 原始图像　(b) 实时采集图像　(c) 运动目标检测与跟踪

(a) 原始图像　(b) 实时采集图像　(c) 运动目标检测与跟踪

图 14　基于肤色的人体检测

4.3　异常动作情况的自动预警

设置报警规则：得到运动目标的外接矩形以后，对每一个目标进行的跟踪监控就可以转化为对每一个矩形框的跟踪监控。在这一个过程中，通过软件设置报警规则，实现对人的监控。当发现有人摔倒时，则认为情况异常，这时显示器将出现白条，通过白条进行报警，如图 15 所示。

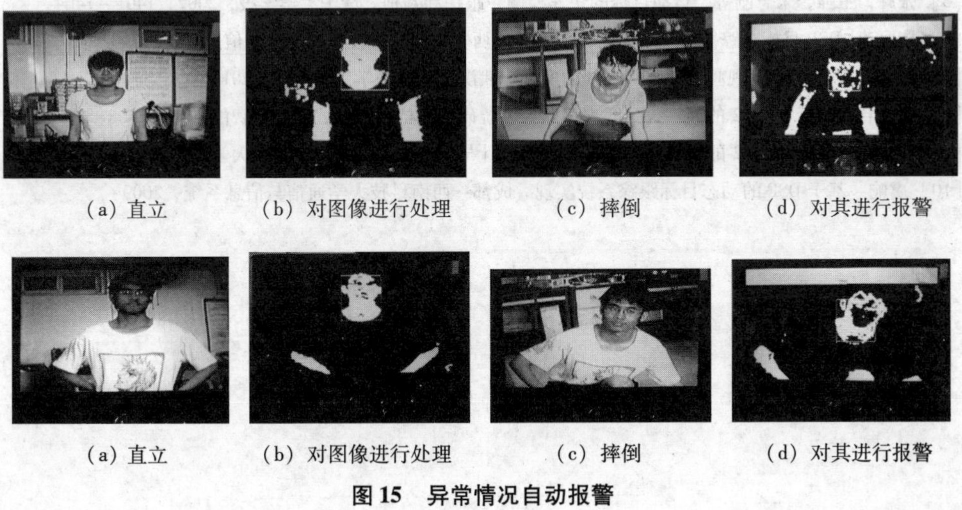

(a) 直立　(b) 对图像进行处理　(c) 摔倒　(d) 对其进行报警

(a) 直立　(b) 对图像进行处理　(c) 摔倒　(d) 对其进行报警

图 15　异常情况自动报警

上述实验结果表明：本系统可以对简单的人体行为进行识别，能对人体出现的异常情况如跌倒、晕倒等行为进行自动报警。系统的创新点是能够实现视频图像的实时采集。但还存在很多的不足，比如对于人体的检测还不够清晰，存在噪声等的影响等，今后还会进一步改进系统。

5. 结论

实验结果表明，本系统通过图像的预处理，正确地检测到运动的人并对人体进行定位，然后实现对人体的跟踪并对其行为进行分析。若出现异常情况，通过在显示屏上出现白色横条的形式对人体的异常行为进行报警。

本文的创新点是实现了人体检测和跌倒报警功能。

优点：本系统可以实时对静态场景中的运动目标进行检测，可以检测出多个不同的运动目标，且可以实现简单的行为分析。

缺点：检测出的目标效果图不是特别清晰，需要进一步改进。同时系统能够分析得出的目标的行为较少，仍需要增加识别行为种类。

参考文献

[1] 黄凤华，杜玉晓．多人体识别监控技术的研究．电脑与信息技术，2008，16（2）

[2] 郭红建，敖婷，冯建强．复杂背景彩色图像中的人脸分割技术．计算机工程与应用，2005，35

[3] 薛丽霞，李涛，王佐成．一种自适应的Canny边缘检测算法．计算机应用研究，2010，27（9）

[4] Kumar, A. Pavan., Kamakoti, and V., Das, Sukhendu. System - on - programmable - chip implementation for on - line face recognition, Pattern Recognition Letters, 28 (3), 2007

[5] 张辉，王强，朱志刚等．运动目标的快速检测、跟踪和判别．清华大学学报，2002，1401～1404

[6] 楮丽莉．DSP目标跟踪控制算法的研究与实现．西安：西安科技大学通信与信息系统，2007

[7] 况璐．基于DM642视频监控跟踪系统的实现．武汉：生物医学工程学院，2010

[8] 周一君．基于DM642的嵌入式林区火焰监控系统研究．杭州：模式识别与智能系统，2008

[9] 程时虎．基于DM642的视频监控系统软件的设计与实现．武汉：华中科技大学，2008

[10] 虞响．基于DSP的动态目标跟踪系统实现．成都：西南科技大学通信与信息系统，2009

基于手势控制的智能电动车设计

蒋梦飏　李雨昂　安锐　钟延　孙骁晨
指导教师：杨扬 讲师

［摘　要］本文设计并实现了一种基于手势识别的电动车控制系统，能够通过不同的手势来控制小车的行进方向。该系统能够自动捕获用户的手势，并将其作为信号读入系统进行识别，将识别结果转化成命令，通过无线模块传输至车载 MCU，从而实现小车的手势控制。本系统设计简单，硬件成本低廉，具有一定的实际用途。

［关键词］手势控制；图像处理；电动车导航；无线传输

1. 引言

手势是人类最富有表现力的交互方法和最有力的沟通手段之一。在人类的交流当中，手势是经常使用的手段，也是人机交互领域研究的热点。基于手势控制的智能电动车，使用普通摄像头采集人手视频，通过对图像序列的处理，识别使用者的指令意图，并通过无线方式控制小车的行动。本文提出一种利用图像采集的方法来远程控制小车的系统，该设计能够通过摄像头采集手势，以此控制智能小车。

2. 设计方案及原理

本设计方案以具有摄像头的 PC 为核心完成图像采集和处理，采集到手势后，将其识别并转化为小车控制指令，通过无线通信模块发送到小车端的单片机上，由单片机完成对智能小车的行进控制。系统基本结构图如图 1 所示。

图 1　系统结构框图

2.1 手势识别原理

本文定义了六种手势实现时小车的控制，如图2所示。通过识别手指的个数，实现手势的识别。

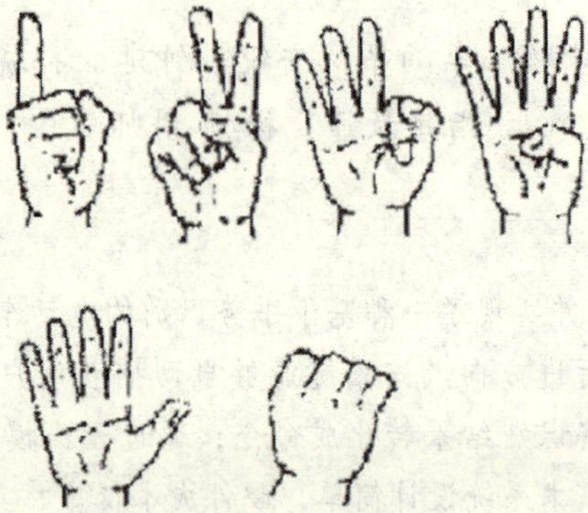

图2 手势种类图

手指检测的目的是从分割出的人手轮廓中提取出手指，并可实现手指统计的功能。手指提取的方法是图像形态学的腐蚀—膨胀的方法。

形态学的图像处理方法，是将骨架、边界等形态作为工具，从图像中提取有用处的图像分量的方法。它能完成图像的预处理或后处理，如过滤、细化和修剪等。一般来说，形态学的方法所处理的对象是二值图像，其基本的方法是进行像素值［0，1］的逻辑运算，与、或和非（求补），以及它们互相组合形成的其他逻辑运算。膨胀和腐蚀是形态学处理的基础，许多形态学算法都以这两种运算为基础。

膨胀的目的是使图像变大，其数学上的定义为集合运算。A和B是两个集合，A被B膨胀定义为：

$$A \oplus B = \{z \mid (\hat{B})_z \cap A \neq \phi\}$$

其中ϕ代表空集，B为结构元素。A被B膨胀后，A中所有的像素点都会以B为卷积模板，进行与操作。

腐蚀的数学定义与膨胀类似：

$$A \Theta B = \{z \mid (\hat{B})_z \subseteq A\}$$

B对A进行腐蚀同样会用结构元素B与A中的做与操作，腐蚀处理的结果是使原来的二值图像减小一圈。

在手指提取的过程中，首先使用腐蚀操作，将手指都去除掉，然后使用膨胀操作使剩余的手掌部分还原成原来的大小。接着用原始的图像减去还原出的手掌图像，就得到所有的手指图像。最后使用联通量分析，手指可以被编号，并计算出其数量。

同时，手掌的图像还可用于手心位置的确定。手指检测的过程如图 3 所示。

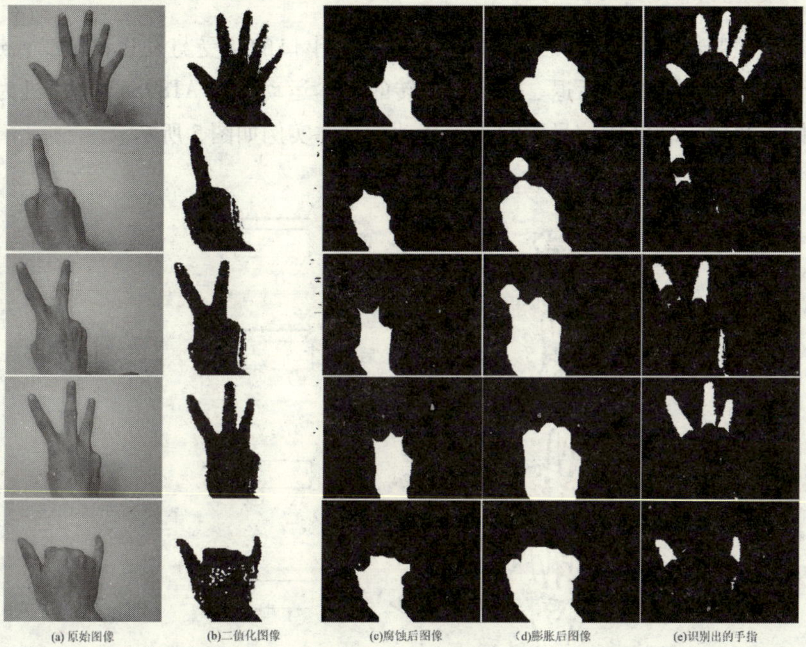

图 3　手指识别过程

2.2　小车通信

手势识别之后，需要将识别出的手势指令发送给小车，实现控制功能。为了使通信过程简化，系统使用了两个无线透明传输模块，将模块与计算机端及小车端的串口连接，通过串口通信程序，即可实现透明传输功能。其硬件连接如图 4 所示。

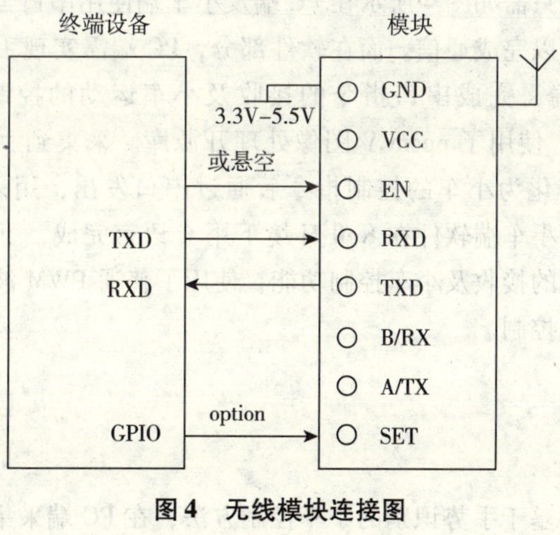

图 4　无线模块连接图

2.3 小车控制过程

小车的控制部分需要实现两个目标：第一，串口的接受与发送；第二，通过接受的信号控制小车前进、后退、左转和右转的基本运动。以AT89S52单片机为基础，通过不同手势输入转换成信号控制小车运动。具体实例如图5所示。

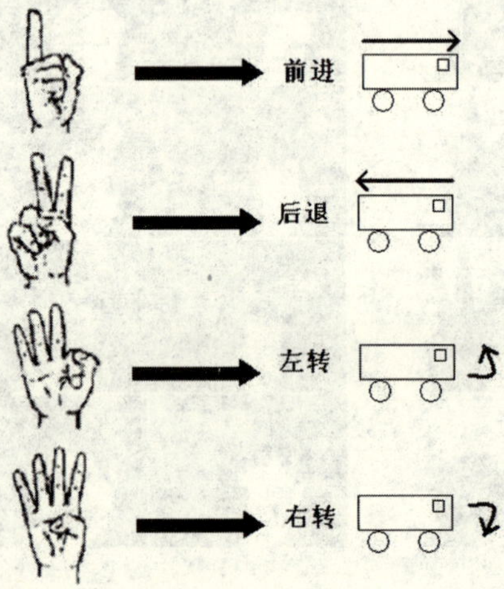

图5 手势控制图

3. 系统设计

系统设计分为硬件与软件设计两部分。在硬件设计部分，由于选用了透明串口无线传输模块，因此只需如图4所示在PC端及小车端使用串口与该模块相连，通过发送串口指令，就可以完成通信。而在软件部分，PC端需实现手势的识别与串口指令的发送，在小车端需完成串口指令的接收及小车运动的控制。PC端的软件在VC2008下编写完成，使用了openCV图像处理开源库。采集到手势图像后，将手指轮廓的个数提出，转化为小车的控制指令后通过串口发出，用来控制小车的运动。其流程如图6所示，小车端软件在Keil环境下用C语言完成，下载到AT89S52单片机后，完成串口指令的接收及小车控制功能，使用了普通PWM波控制小车电机的旋转，完成对其运动的控制。

4. 结束语

本文实现了一种基于手势识别的小车控制方法，在PC端采集人手图像，通过图

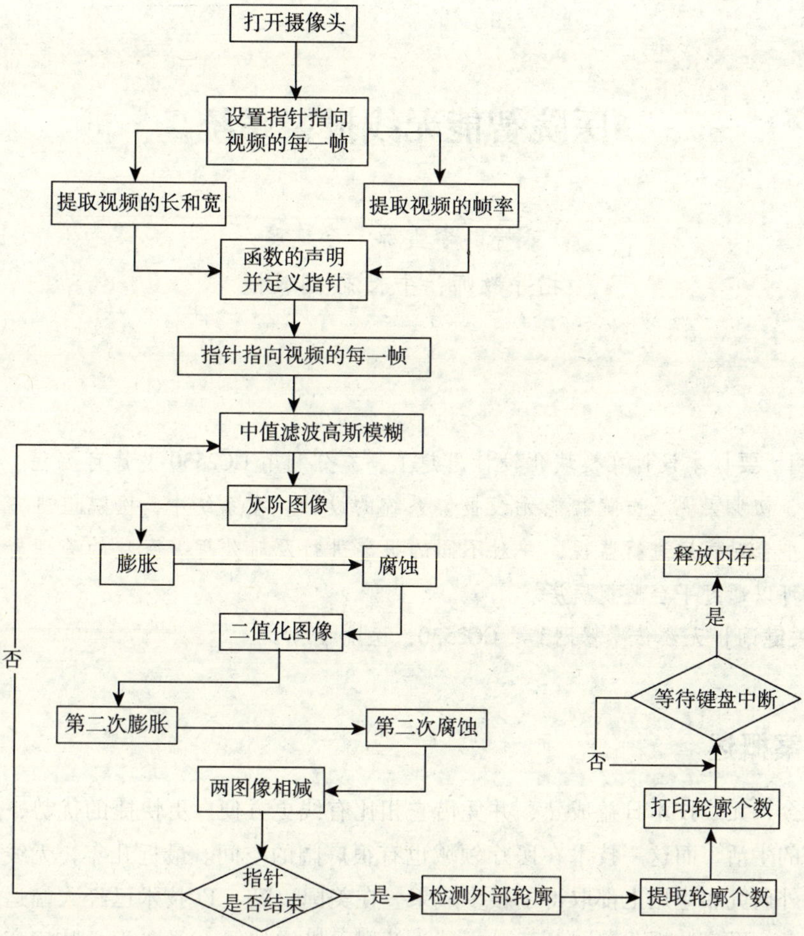

图6　系统软件流程图

像处理算法识别其手指轮廓，并转化为串口指令发送至小车端用于控制小车的运动。本方案使用了无线控制，采用了模块化设计，只需稍加修改就可以移植到各个领域中，而不仅仅局限于小车控制，具有较好的移植性。

参考文献

[1] 秦志强 . C51 单片机应用与 C 语言程序设计 . 北京：电子工业出版社，2007

[2] 布拉德斯基，克勒 . 学习 openCV. 北京：清华大学出版社，2009

[3] 崔屹 . 图象处理与分析：数学形态学方法及应用 . 北京：科学出版社，2009

[4] 刘瑞祯，于仕琪 . OpenCV 教程（基础篇）. 北京：北京航空航天大学出版社，2007

医院智能无线报警系统

武峥　李雪源　李建赢

指导教师：牛长流 副教授

［**摘　要**］本设计在模块化设计思想上，充分利用 CC2530 芯片可编程、易控制等优点，初步实现了医院智能无线报警系统的设计。在系统中，医院值班室可以通过监测平台对病房进行监视，并对不同的报警进行及时处理。医院的管理者和病患家属也可以通过平台监视病房。

［**关键词**］无线传感器网络；CC2530；医院报警

1. 方案概述

如今，无线技术日益成熟，并凭借它相比有线更方便、更快捷的优势，逐步走进我们的生活，而这一技术在医疗领域也有很广阔的空间。最近几年，无线医疗技术在国外研究和应用上都取得了很多成果。在美国，Wi－Fi 技术已经大幅运用到了医疗设备、医疗监视。美国 IBM 公司就为新型手机增加了一项“为心脏病高危者发送求救信息”的功能，该系统的核心只是一个口香糖大小的无线电信号转发装置，通过“蓝牙技术”与便携式心脏监测仪配合使用，当使用者心跳处于“高危”时，这套系统将自动拨打一个预置电话，以短信方式发送心跳数据，起到报警效果。我国无线医疗技术近年来应用十分活跃，但比起欧美来还是低得太多，仅仅处于一种起步阶段。

本系统实现了对病房内的多项监测，方便了值班人员对病房的管理；同时，病患家属可以通过访问平台了解病人状况，并反馈对值班人员的评价，使病人获得更好的服务；而医院的管理者，可以通过查看病房信息以及病患家属的反馈意见，多方面地了解值班人员的工作效果。系统包括 PC 机、协调器模块、病房监测模块、值班人员评价模块、电源模块五部分。其中 PC 机担任中间件与协调器沟通和监视平台的载体，网络内的 PC 机都可以通过登陆监视平台，在自己的权限内获取信息。协调器模块起到接收各个无线传感器的信息，并传输给中间件的作用。病房监测模块由温湿度及光电传感器模块组成，在设想中温度传感器应贴在病人的某个固定身体部位上，来检测病人体温；湿度传感器放在房间空气流通处，来检测病人生活环境是否舒适；将液压传感器（因为模块局限，由光电传感器代替）放在输液瓶口，对药品剩余量进行检测。值班人员评价模块由继电器模块、电压输出模块以及带有LED灯和七段数码管的自制拓展模块组成，LED灯用来显示家属评价，七段数码管用来显示医院管理者评价。电源模块由电源板接5V电源输入端供电。总之，该系统各模块相辅相成，共同完成对医院智能无线报警系统的功能实现。

在指标上，网络内的所有PC机都应该能够准确接收到病房各项指标的实时信息，设想中值班室的PC机应该能成功接收来自病房的各项自动报警。病患家属可以通过网络内PC机对值班室工作进行评价，并正确显示在LED灯上。医院管理者可以监测病人家属的反馈意见、评价值班室人员的工作，并正确显示在七段数码管上。若能够完成以上功能，则代表系统成功。

2. 系统创新点与难点

这个系统实际上是一个庞大的医院智能无线报警系统的缩影。首先，在对病房进行监控管理和提供病人服务上，是立体化的。对病人体温的监测代表了对病人身体现状的监测，可以在病人心律、尿糖、血压等方面进行扩展；对病房湿度的监测代表了对病人生活环境的监测，可以在病房温度、噪音等方面扩展；对输液瓶液压的监测代表了对病人医疗用品的监测，可以在液氧剩余、一些医疗用品的使用寿命等方面进行扩展。其次，系统在对值班人员的监管上具有很大优势。医院的管理者不仅可以通过查看病房了解值班人员的工作情况，还可以通过病人家属的评价进行多方面的了解。同样，在对值班人员的监管上还有许多方面可以进行拓展，例如家属留言、安装摄像头等。最后，也是最重要的，系统在各个节点之间均通过无线连接，大大方便了医院布局、设备维护等工作。而且实现了病人的实时信息网络化，在网络内的PC机均可以在自己的权限内进行查看监测。

系统的难点在于我们自身技术不足并受到模块本身的限制，很多可以想到的拓展方案对于我们来说都难以实现，所以只取一些较简单也较有代表性的功能进行实现，以此冰山一角来表现这一系统。

3. 系统实现描述

如图1所示，网络内PC机包含中间件，系统通过串口—网口转换器和中间件，使得信息在监视平台和协调器之间交互。协调器通过无线传感器网络，实时获取节点信息，控制节点状态，来实现系统功能。主要流程为：病房监测模块通过温湿度传感器和光电传感器获取信息，传送到不同的监测平台并绘图，值班室监测平台会根据数据情况进行自动报警。病人家属可以登录病人家属监测平台，对病房进行监测并反馈评价，通过值班人员评价模块中的自制板块，用 LED 进行显示。医院管理者可以登录管理者监测平台，监测病房状况以及病人家属的反馈信息，给出管理者评价，并通过值班人员评价模块中的自制版块上的七段数码管显示出来。

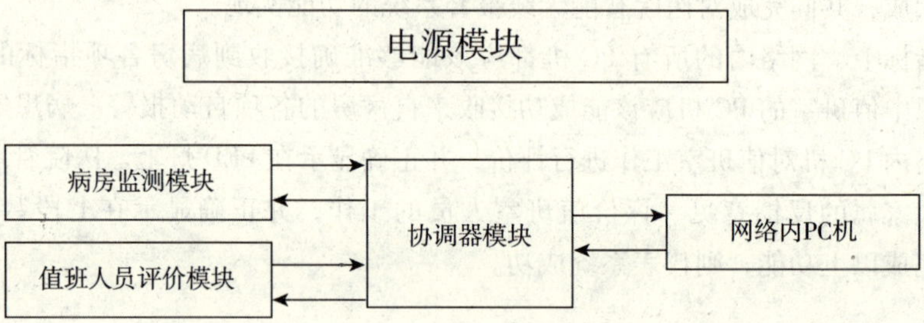

图1　系统功能框图

4. 硬件设计

在硬件设计中，系统包括协调器模块、病房监测模块、值班人员评价模块，网口—串口转换器和电源模块。

4.1　协调器模块的设计

图 2 所示电路为无线节点电路，CC2530 通过 P1_ 0、P1_ 1 口与温湿度传感器 SHT10 的 DATA、SCK 口相连，获取温湿度数据。CC2530 通过 P1_ 0、P1_ 1 对 PCA9554D 的 SDA、SCL 口进行数据传输，控制 LED，接收按键信息。通过 P2_ 0、P1_ 4——P1_ 7 对 LCD 液晶屏进行控制。传感器、继电器节点模块也使用了这个电路，之后不再赘述。图 3 所示电路为 LCD 电路，将 LCD_ CS、LCD_ SDA、LCD_ SCL、LCD_ A0、LCD_ RST 分别与 CC2530 的 P1_ 4——P1_ 7、P2_ 0 相连，对 LCD 进行数据传输及控制。

4.2　病房监测模块的设计

图 4 所示电路为温湿度传感器，SHT10 通过 2、3 端口与 CC2530 的 P1_ 0、P1_ 1 口相连，传输温湿度数据。

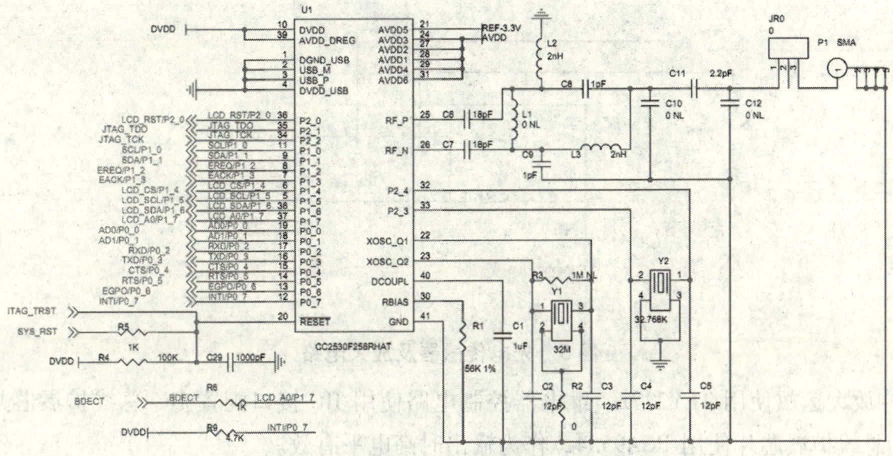

图 2　无线节点电路

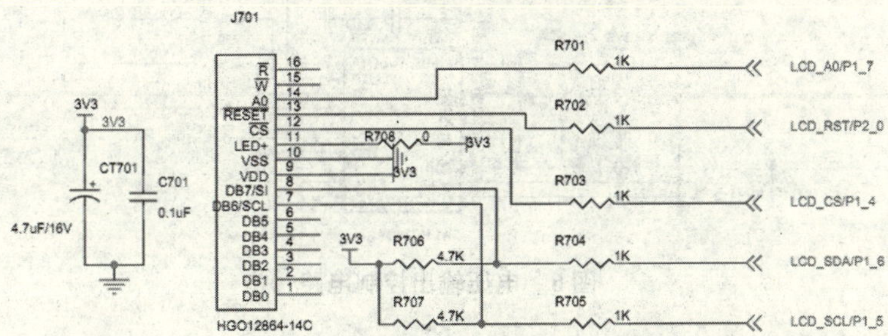

图 3　LCD 电路

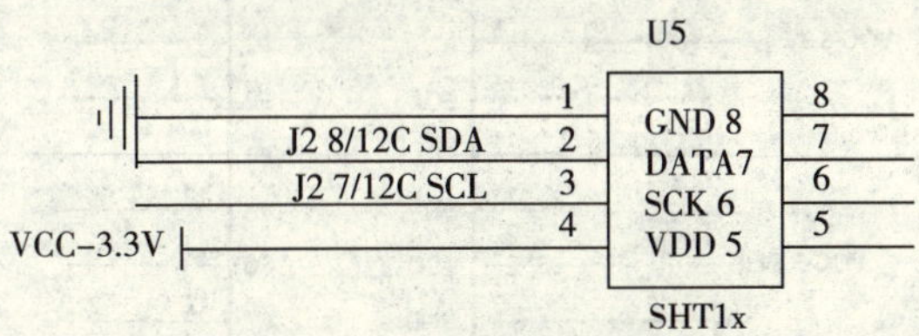

图 4　温湿度传感器

图 5 所示电路为光电传感器及其控制电路，传感器 BPW34S 通过光照产生电压，并由 TLV2372 放大。（在系统中，因为模块限制，以此模块代替液压传感器。）

4.3　值班人员评价模块的电路设计

图 6、图 7 所示电路分别为电压输出控制电路、继电器控制电路。电压输出控制电路采用 IIC 接口的 DA 实现程控电压输出，电压输出 DA 芯片使用 TI 的 DAC5573，

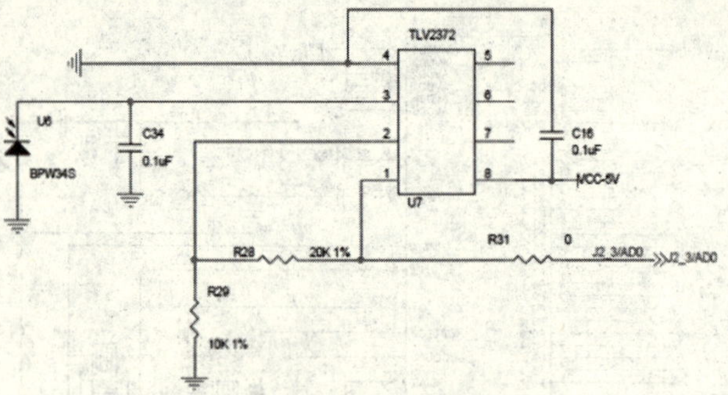

图 5　光电传感器及放大电路

缓冲放大运放使用 TLV2372。继电器控制电路使用 IIC 接口配置 IIC 总线扩展芯片，IIC 总线扩展芯片使用 PCA9554，作为输出时高电平有效。

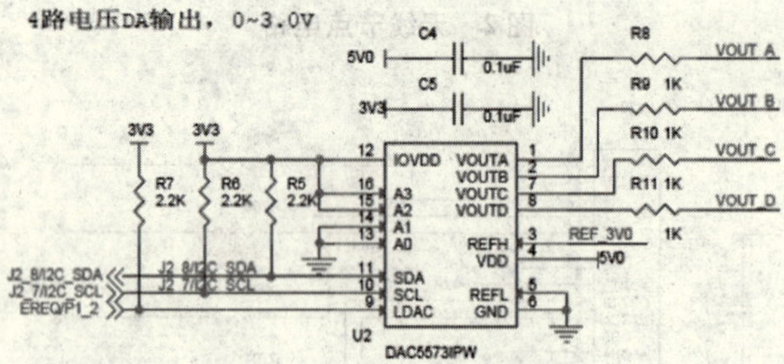

图 6　电压输出控制电路

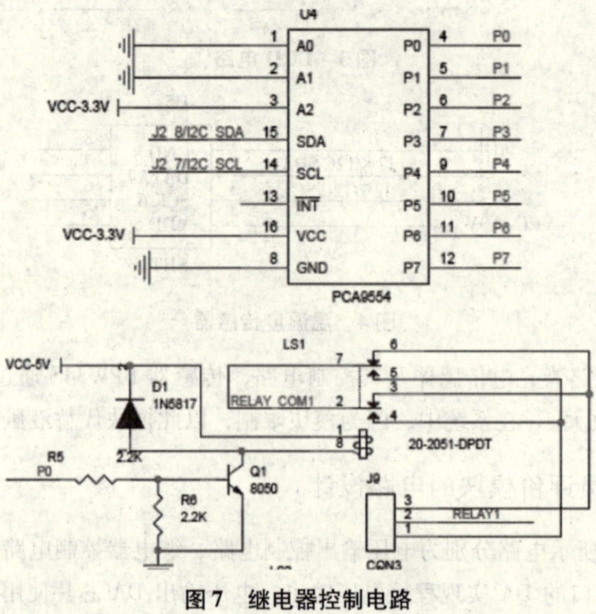

图 7　继电器控制电路

系统通过电压输出控制电路和继电器控制电路，进而控制 LED 灯和七段数码管，LED 灯亮数由多到少代表了值班人员工作的由好到坏，LED 灯逻辑如下：

一个灯亮输入为 1“0001”

二个灯亮输入为 7“0111”

三个灯亮输入为 3“0011”

四个灯亮输入为 5“0101”

五个灯亮输入为 8“1111”

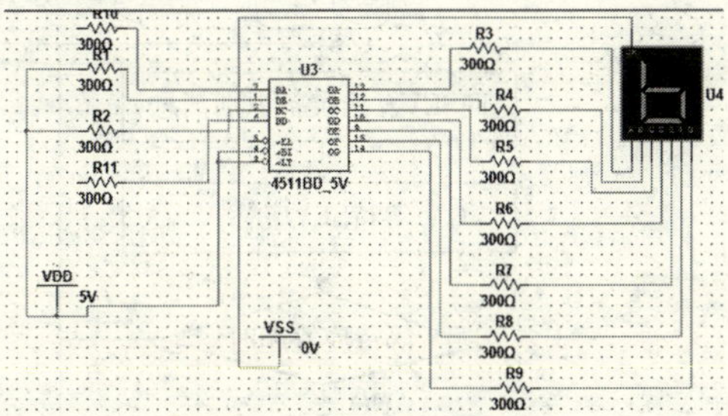

图 8　七段数码管显示

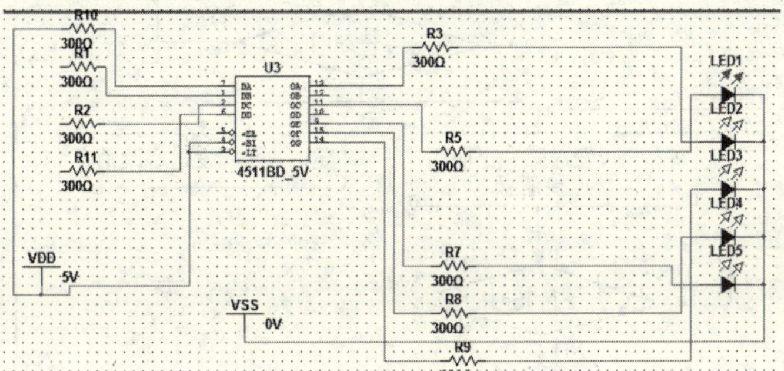

图 9　LED 灯的显示

4.4　电源模块的设计

如图 10，电源模块通过 USB 线，对系统实现稳定供电。

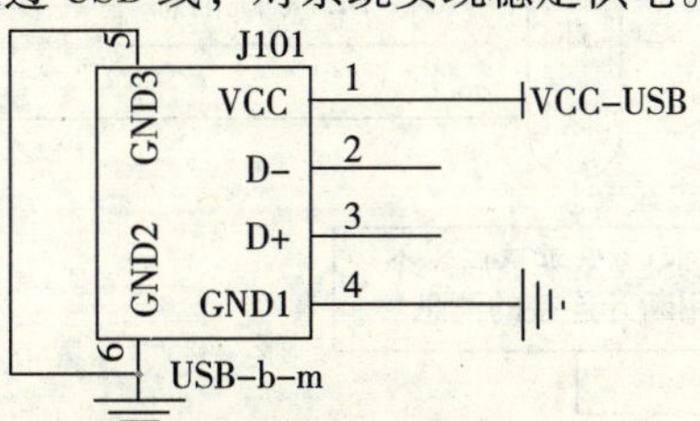

图 10　电源电路

5. 软件设计

图 11 所示流程图为协调器流程图。首先，先向 SEV 发送识别消息，若 SEV 作出应答并且没有超时，则进入消息处理循环，等待其他无线节点传输来的数据，并作出反应。在这个过程中将持续接收心跳消息，若心跳超时，则回到程序第一步。

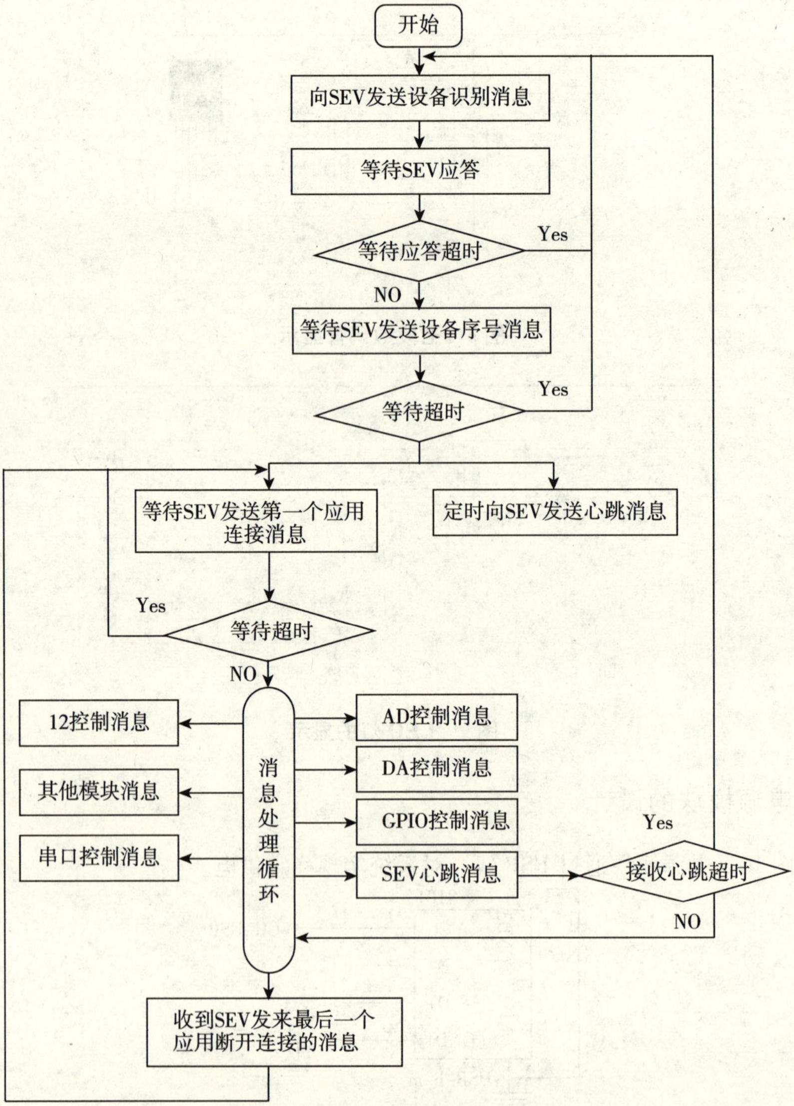

图 11　协调器执行程序流程图

图 12 所示流程图为终端程序流程图。当终端加入网络成功后，开始获取节点信息，并定时发送父子节点关系消息，之后进入消息处理循环中。当没有接收无线接收消息时，将发送消息，重新确认父子节点关系。

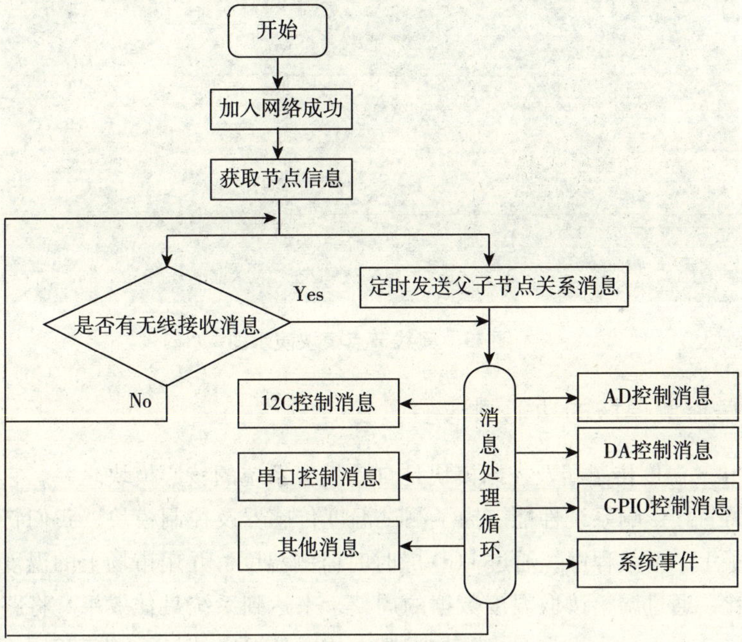

图 12　终端执行程序流程图

6. 系统测试及结果

一个系统是否达到标准需要进行仔细的测试，以下是本系统测试方法与步骤、指标测试记录。

6. 1　协调器模块的功能测试

本设计中系统模块的核心元件是 CC2530 芯片，所以软件部分的设计显得尤为重要。为此，我们主要利用 IAR 软件进行多次调试，并根据模拟出来的结果不断修改和完善软件的设计部分。此外，我们还适时地将所编的软件程序烧进芯片内，与真实的硬件相结合，以便及时地做好系统的调试工作。结果协调器一直工作良好，极少出现错误和丢包现象。

图 13 无线节点模块演示图

6.2 病房监测模块的功能测试

如图 14，温度传感器及控制模块是自动报警系统的核心模块之一，它的灵敏度和精确度将直接影响系统性能。为了测试温度传感器及控制模块，我们将模块安插在智能主板上，下载程序，通过 LCD 屏时时监测温度，并用市场上的温度计同时监测进行对比，通过调整读取温度数据的周期，来达到系统最佳效果。将路图连接好电路后，LCD 屏上显示出室温，且与市场中的电子温度计显示数值相同。当拿来热源同时对两者进行测试时发现，系统的灵敏度要低于市场中温度计，比市场中的温度计要慢 1S 左右，但最终可以达到相同温度，完全可以满足本系统的要求。

图 14 温度传感器及控制模块演示图

6.3 值班人员评价模块的功能测试

这一模块的测试，先是在 protues 7 上进行了硬件模拟，在模拟成功后进行了电路的焊接。监测主要是应用万用表，对电路的连接进行了仔细的检查，结果符合系统要求，效果也很好。

6.4 电源模块的功能测试

如图 15，系统是通过 USB 线对电源板提供 5V 的供电，所以电压源的稳定程度对系统的影响很大。所以，我们用示波器输入电源进行波形检测，结果波形基本稳定，基本没有起伏。

图 15　电源模块演示图

7. 改进措施

这个系统除了现有的功能还有很大的拓展空间，如前文所述，系统不仅可以考虑监测病人体温，可以在病人心律、尿糖、血压等方面进行扩展；对病人生活环境的监测，可以在病房温度、噪音等方面扩展；对病人医疗用品的监测，可以在液氧剩余、一些医疗用品的使用寿命等方面进行扩展。同样，在对值班人员的监管上也还有许多方面可以进行拓展，例如家属留言、安装摄像头等。之所以没有进行这些拓展，主要原因是需要自行设计电路、调试模块，因为时间有限，故没有采用这些方案，在日后的学习中，可以将这些功能逐步添加进去。

8. 结论

通过验证，系统满足预定要求，可以通过 PC 机对病房状态进行实时检测，同时系统利于监督，方便管理，基本满足了医院智能无线报警这一主题。

参考文献

[1] 谭浩强. C 程序设计（第 3 版）. 北京：清华大学出版社，2009
[2] 李文仲，段朝玉. ZigBee 无线网络技术入门与实战. 北京：北京航空航天大学出版社，2007
[3] 高吉祥. 全国大学生电子设计竞赛培训教程. 北京：电子工业出版社，2007
[4] 周航慈. 单片机应用程序设计技术. 北京：北京航空航天大学出版社，1991
[5] 北京教育科学研究院. 无线电技术基础. 北京：人民邮电出版社，2005
[6] 郭兵. SoC 技术原理与应用. 北京：清华大学出版社，2006
[7] 赵阿群，陈少红，赵直等. 计算机网络基础. 北京：北京交通大学出版社，2003
[8] 蒋挺，赵成. 紫峰技术及其应用. 北京：北京邮电大学出版社，2005
[9] 徐爱钧，彭秀华. 单片机高级语言 C51Windows 环境编程与应用. 北京：电子工业出版社，2003
[10] 国内外无线通信技术在医疗领域的应用. 上海力拓电子有限公司供稿

“基于图像切换技术的图像阅读器设计与实现”研究报告

杨际航　张晓楠　杨晓彤　何晓楠　史伟泽
指导教师：孙晶

[摘　要] 针对传统图像处理的方法，本课题设计出一种基于单文档 MFC 图像切换技术的图像阅读器。通过综合考虑变换的切入角度、变换的方式以及变换的趣味性等，本课题设计了数种传统的与新颖的图像变换算法，加强了图像阅读的趣味性。实际应用表明，此系统界面简洁明了，操作简单易行，图像阅读效率较高；与一般的图像阅读器对比发现，加了变换的浏览效果比没有变换的要强烈很多。

[关键词] 图像切换技术；基于 MFC；图像阅读器

1. 选题背景

人类通过眼、耳、鼻、舌、身接受信息、感知世界。约有 75% 的信息是通过视觉系统获取的。数字图像处理是用数字计算机处理所获取的视觉信息的技术。视觉效果渐渐成为人类认知以及人们生活中必不可少的一部分，而视觉效果的保存就在于图像从最早的黑白相机到后来的胶片相机，再到现在的数码相机。虽然图像留影的技术在飞速发展，但是人们对于图像的依赖始终如一。图像留影的目的是为了观看，为了在以后观看图片时回忆起从前那些美好的时光，于是图像阅读器就应运而生了。

传统的图像阅读器并非基于图像切换技术，只是为了方便人们浏览查看图片而设计出的简单图像阅读软件。传统图像阅读器的功能十分简单，无非是放大、缩小、顺时针旋转、逆时针旋转、上一张、下一张等。这种传统的图像阅读器对于图像的理解比较浅显，只能认识到图像是过去某一时间事物的定格，证明了其存在而已。其实图像并非如此，图像鉴证了过去的光辉岁月，它本身虽然只是时光的留影，但是它带给人们的感受远不止如此。图像作为多媒体最重要的存在形式之一，它有着不可替代的重要价值。人们对于静态图像的感受也远远不如带有动态切换的图像感受来得强烈。静态图像带来的效果比较直观，动态图像事实上是静态图像的一种影像化形式。

如何确定视觉重要区域，一直是图像处理领域的重要课题之一。在正常的视觉处理过程中，人眼对不同视觉信息的感受灵敏度不同，各种信息的相对重要程度也不同。人们在浏览图像时，受图像内容的影响或刺激，往往会被图像中最重要、最具代表性、最易引起注意的对象或区域吸引，这些区域通常称为图像视觉重要区域。通过图像变换技术的应用，使得图像视觉重要区域更加突出，能够使使用者快速捕捉到重点。

2. 方案论证

C++语言作为一种老牌的程序设计语言，被广泛应用于软件工程开发项目之中，而以其为主要编程语言的 Microsoft Visual Studio 2010 是微软公司开发的面向 Windows 程序设计的非常先进的开发环境，同时也是可视化的快速开发工具，因为其操作简单、界面和功能设计符合程序员的开发习惯，故得到了广泛应用。由于它是微软公司推出的，因此也能够较好地与 Windows 平台接合，深入操作系统的内部和底层，实现高级程序设计要求，提高程序的运行效率。在一般的游戏设计中，Visual C++也是非常好的开发工具。为了使开发 Windows 应用程序变得更容易，Visual C++提供了一个强大的类库——MFC。MFC 是一个很大的、扩展了的 C++类层次结构，使用它的最大优点是它为你做了很多最难做的事，其调用的很多成员函数可以帮助你完成自己可能很难完成的工作。由于 MFC 编程方法充分利用了面向对象技术的优点，使得编程时极少需要关心对象方法的实现细节，同时类库中的各种对象的强大功能足以完成程序中绝大部分所需的功能，这使得应用程序中程序员所需要编写的代码大为减少，有力地保证了程序的良好可调试性。

3. 研究方法

通过大量阅读相关文献，并对课题作考量，了解课题研究对象的诸多信息，初步确定了研究方向；通过对同类产品的观察和对比，确定了本课题不同于同类产品的特性，并针对其他同类产品的欠缺之处进行研究，提出新的想法，并付诸实践，最终得到了不错的效果。

本课题文献的范围主要锁定在相关学术期刊，通过对期刊上学术论文的阅读研究，得到最新的学术信息，并根据信息确定本课题的创新核心。确定了提出课题核心的可行性，并最终得到了印证。

4. 研究结果

本课题意在设计出一款用户易于接受的，但又不同于以往的图像阅读器。阅读器的外观等设计基于 MFC，属于传统 Windows 操作界面的应用程序，其亮点在于动态图像切换时的算法设计以及基于这些改进后算法所达到的另类效果。在实际应用中，本课题设计的阅读器界面简洁，操作简单易行，适用范围比较广，能够打开. jpg、. bmp、. gif、. png、. tga、. tif 等多种格式的图像，并比较高效地实现了图像切换时的各种变换效果。与一般的阅读器相比，本阅读器在浏览效果上有了不小的提升。

5. 创新点

5.1 开发环境

软件开发平台为 Visual Studio 2010，为 Microsoft 提供的最新的集成开发环境，非传统开发工具 VC + +6.0。该软件使用更为方便，对 C + +的支持更为完善，工具更为人性化，使开发得到了不少的改进，速度也得到了很大的提升。

5.2 技术创新

本课题采用的是 DIB（Device Independence Bitmap），即设备无关位图的操作，其图像处理采用函数 DrawDibDraw（）。通过对 DrawDibDraw（）函数的不同使用，本课题完成了特殊切换效果的算法。相对于原先的简单切换算法，本课题主要改进了三点。

①对于闪屏的改进。由于特殊效果算法常常需要“刷屏”，即对屏幕上已存在的图像进行清空，而实际的做法是将整体用户区 draw 一个白色的“纸”，对原先的图像进行覆盖。但在实际操作中发现，由于内存读取图像时会产生短暂的停顿，在刷下一张图像之前就会短暂停留在白屏界面，连贯起来就会产生白屏闪烁的现象。我们采用的策略是局部刷新的方法，即分析每次图像切换的变化过程，并自定义需要刷新的 Rect 区域的四个边界，手动刷新将要变换为空白的部分，而将要被新图像所覆盖的部分则不予处理。这样既提高了效率，又解决了整体刷屏所带来的闪屏问题。

②对于原先只能在矩形区域绘图做了改进。由于 DrawDibDraw（）函数的参数限制，原先只能在矩形区域绘图，而本课题做出的改进之一在于应用微积分思想，以细长矩形近似代替直线，并在循环中改变矩形的高度与位置，从而实现在非矩形区域内绘图。详见圆形展开算法示例。

③对于单张图像变换的改进。早先的图像阅读器的变换仅限于单张图像的动态变换。本课题对此做出的改进在于能够使两张图像交互变换。实现方法为：将下一张需要显示的图像提前存入 DIB（设备无关位图）中，然后根据时刻图像的具体变化，同时使用 DrawDibDraw（）画出两张图像的相对变换位置。

5.3 创新效果

（1）纸卷轴特效

此特效以模仿纸卷轴横向展开为最终目的。将图像分为两部分：展开部分和轴承部分。展开部分为向右横向展开；轴承部分比较复杂，由纸卷右边距几厘米部分倒映而成，随着纸卷的展开，轴承不断刷新，以形成滚动特效，并在纸卷完全展开时，作“轴承消失”处理，模仿得非常逼真。此次特效还对高度进行了重新定义，使特效有貌似 3D 的效果，其实是由 2D 效果模仿而成。

（2）横向纵向拉伸效果

此效果的算法主要是：利用循环以不同比例逐步扩大所显示图像区域的宽高，达到“拉伸”效果；到达一定程度之后，继续按不同比例缩小至图像应有的大小，达到“收缩”效果。最后在完成了一次变换后添加一个微小的延迟 Delay（5）;，以便能更好地看清变换效果。效果如图 1 所示。

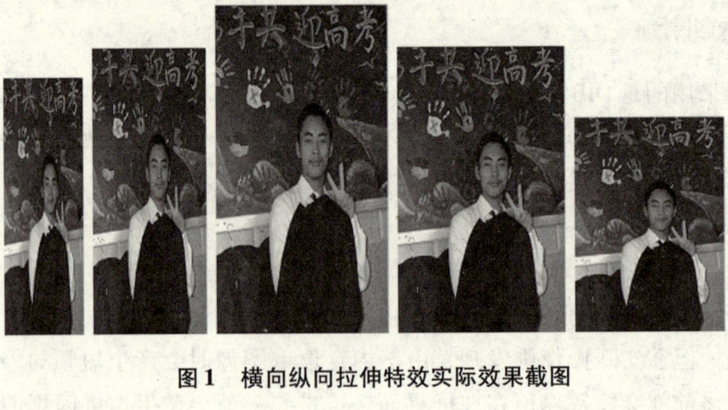

图 1 横向纵向拉伸特效实际效果截图

（3）圆形展开效果

此效果通过计算，将图像按照像素列画出不同高度的边界细长矩形区域（宽度短，接近于直线）内。从视觉效果来看，如同在一个非规则区域画出原图像效果。

其原理为微积分原理，以矩形区域近似代替直线，以二维效果替代，产生三维视觉效果。效果如图 2 所示。

图 2　圆形展开特效实际效果截图

（4）撞击特效

使将要显示的下一张图像，从右侧飞出，撞击当前图像，将当前图像从左侧撞出显示区域。本效果为双图显示特效，即同时出现两幅图的变换，较为复杂。难点在于：不同大小、不同长度、不同宽度、不同格式的图像差异很大，它们互相撞击产生的效果不能有所偏差。此效果还有“速度概念”，即大图撞小图，看起来小图的速度会比较快，非常符合物理事实。效果如图 3 所示。

图 3　撞击特效实际效果截图

(4) 界面创新

本软件在界面上非常简洁。常用功能在工具栏一览无遗，并且设有快捷键。工具栏图标全部手绘原创，表意清晰、结构简单。主屏幕显示区域为用户显示图像的区域，此区域非常大，以达到用户欣赏图像或照片效果更好为目的。另外，本程序还做了全屏幻灯片播放设置，即可在欣赏图像或照片时，用最大的屏幕，让图像顺序自动播放。这个功能使用方便，而且非常实用。

(5) 兼容性创新

本软件能够打开 . jpg、. bmp、. gif、. png、. tga、. tif 等多种格式的图像，并比较高效地实现图像切换时的各种变换效果。与一般的阅读器相比，本阅读器在阅读效果上有了很大的提升。

参考文献

[1] Kenneth R. Castleman. Digital Image Processing. 朱志刚等译 . 北京：清华大学出版社，2000

[2] 姜晓希等 . 视频内容敏感的动态字母 . 计算机辅助设计与图形学学报，2011，23（05）

[3] 曾麒 . MFC 中双缓冲处理贴图闪屏问题 . 科技信息，2011（03）

[4] 魏为等 . 基于 WINCE 智能手机图片浏览器的设计与实现 . 电脑开发于应用，2010，23（8）

[5] 朱薇，刘利刚 . 保色调的黑白卡通图像着色方法 . 计算机辅助设计与图形学学报，2011，23（03）

[6] 潘斌，王帅，陈为等 . 基于感知的视点自动选取 . 计算机辅助设计与图形学学报，2011，23（05）

[7] 李佳璐，宋爱国 . 张小瑞彩色图像的纹理力/触觉渲染方法 . 计算机辅助设计与图形学学报，2011，23（04）

[8] 秦绪佳，桑贤生，程时伟等 . 改进的规范化卷积图像修复算法 . 计算机辅助设计与图形学学报，2011，23（02）

[9] 李晓明，秦茜茜 . 基于准稠密匹配的结构化场景三维重建 . 计算机辅助设计与图形学学报，2011，23（05）

[10] 何卫华，郭永彩，高潮等 . 利用 NSCT 实现夜视图像的彩色化增强 . 计算机辅助设计与图形学学报，2011，23（05）

[11] 李红松，李凤霞，赵伟 . 基于图像的方向透射实时绘制算法 . 计算机辅助设计与图形学学报，2011，23（05）

[12] 张寅，宋永红 . 杨蕾利用图像不连续特性的溶解型镜头检测算法 . 计算机辅助设计与图形学学报，2011，23（05）

[13] 施美玲，徐丹 . 主体大小能控的内容感知图像缩放 . 计算机辅助设计与图形学学报，2011，23（05）

[14] 王洪申，张树生，白晓亮等 . 基于区域分割的三维自由曲面相似性评价算法 . 计算机辅助设计与图形学学报，2011，23（02）

基于单片机的无线多路环境监测系统的设计项目研究报告

刘晓凯　胡辉　于洪波　王煜炜　米磊

指导教师：刘红 副教授

［摘　要］本系统采用 STC89C52 作为控制中心；采集部分分别采用 DHT22 进行温湿度采集、TSL230 进行光强采集；系统集成了模拟噪声采集电路和 TF 三杯脉冲式风速传感器。本系统实现了本地 LCD 显示、远程数据采集、本地报警和远程短信报警的功能。

［关键词］STC89C52；GSM 无线采集；数据采集；远程报警

1. 引言

随着社会工业化进程的加快，环境问题对人们生活的影响逐渐加大，因此环境因素的监测已广泛地为生产生活中的人们所重视。传统的环境监测系统一般都是有线连接的监测器，也就是说，用户只能用传统的监测器测量用户当下所处位置的环境因素值。但是目前人们的生活节奏越来越快，有时用户需要获知其他位置的环境因素值，这利用传统环境监测器是无法实现的。因此，设计一种带有无线传输模块的环境监测系统可以在一定程度上解决这个问题，并且设计者要着意将系统设计成操作简单又经济适用的监测设备，以便用户的使用。

本文是“北京市大学生科学研究与创业行动计划”课题的研究，介绍了该系统硬件和软件的设计。

2. 系统组成概述

本系统由采集设备和终端设备两部分组成。采集设备采用了模块化的设计方式，包括硬件设计和软件设计两部分。采集设备由单片机控制的温湿度、风速、光强及噪声采集模块组成，由液晶屏进行显示。系统特设无线传输部分，GSM 模块为传输装置，终端设备是用户手机。系统组成如图 1 所示。

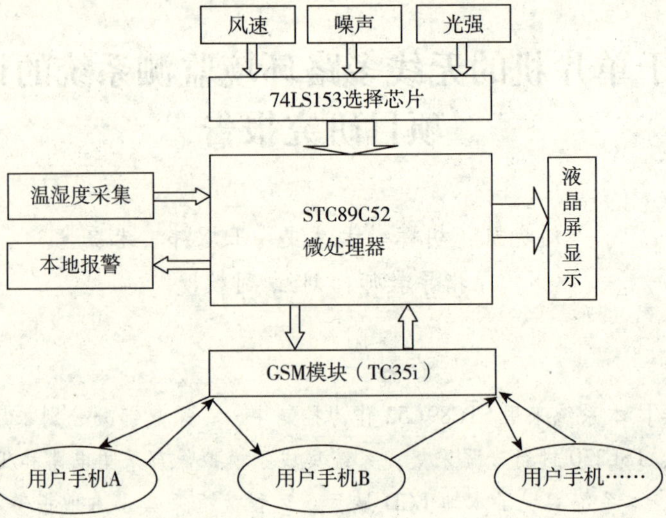

图 1　系统硬件组成

3. 采集设备硬件组成

系统硬件包括单片机最小系统、GSM 无线传输、温湿度采集、风速采集、光强采集、噪声采集和 LCD12864 的显示。

4. 采集设备硬件设计

4.1　单片机的最小系统

单片机的最小系统主要用来控制各个模块的工作，本系统采用 STC 公司生产的 STC89C52 为控制中心，主要实现数据的采集处理、输出显示和阈值判断。单片机控制电路如图 2 所示。

4.2　GSM 无线传输模块

GSM 模块主要实现信息的无线传输，包括控制信号的接收和数据信号的发送，并实现报警功能。GSM 的实现原理如图 3 所示。

GSM 短信息服务是一种在移动通信网络上传送简短信息的无线应用服务，是信

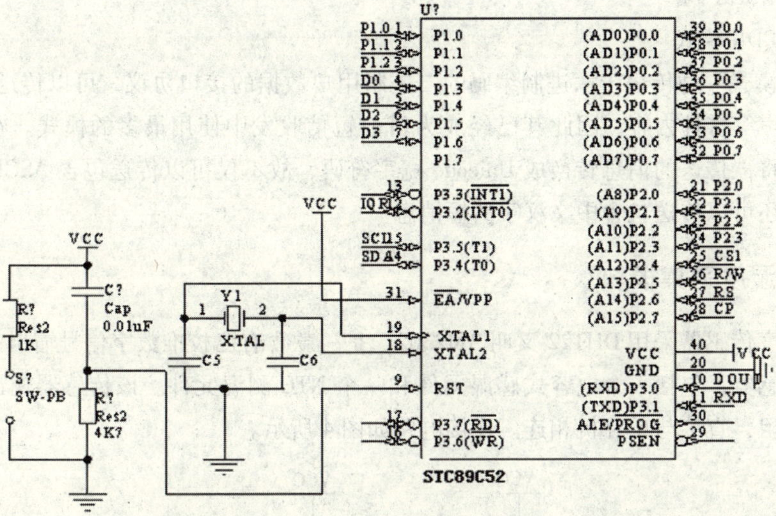

图 2　单片机的最小系统

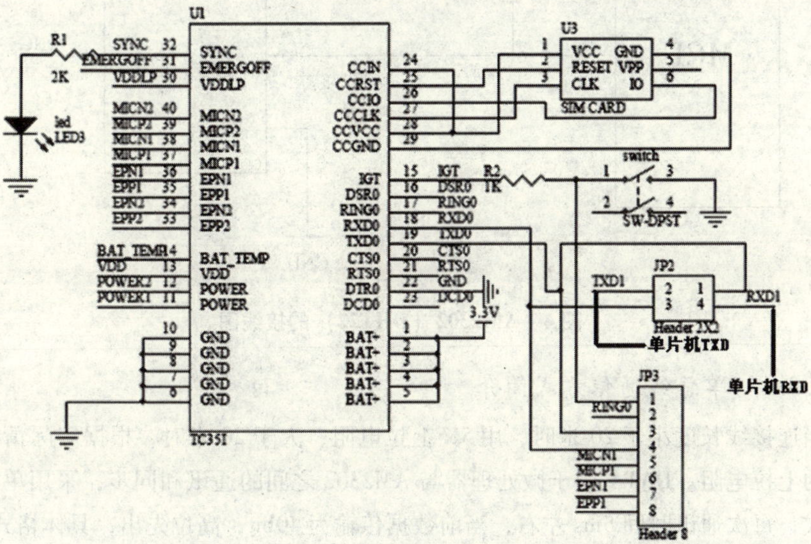

图 3　GSM 实现原理图

息在移动通信网络上存储和转寄的过程。本系统的 GSM 通信模块在接收和发送短信息时支持两种模式，即文本（Text）模式和协议描述单元（Protocol Description Unit - PDU）模式。

（1）Text 模式

Text 模式一种比较简单的短信收发模式，只适合用来传输一些可以用来显示的字符，如 ASCII 码。

（2）PDU 模式

PDU 模式一种传送十六进制编码的二进制用户数据的接口协议，可以传送图像、文本、铃声等多种内容，因此其已经成为目前短信收发中使用最多的模式。在 PDU 模式中须将欲传送的消息转换成 Unicode 宽字符码，故不仅可以传送包含 ASCII 码的短消息，还可以传送包含中文汉字的短消息。

4.3 温湿度采集模块

温湿度传感器采用 DHT22 又叫 AM2302，是一款含有已校准数字信号输出的温湿度复合传感器，包括一个电容式感湿元件和一个 NTC 测温元件。该传感器输出端通过上拉电阻，直接与单片机相连。连接电路如图 4 所示。

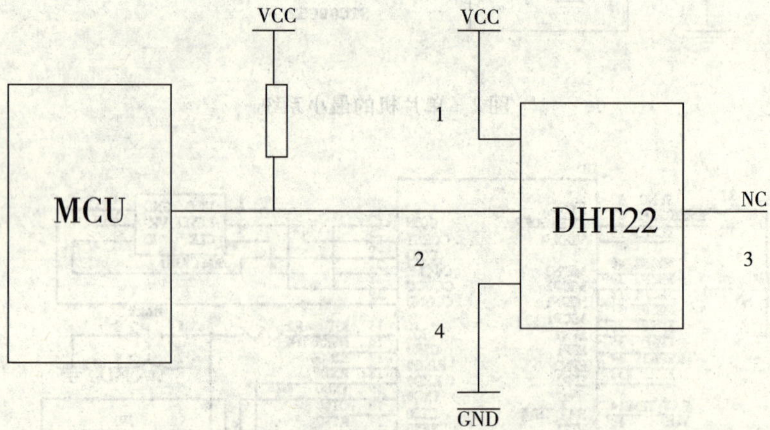

图 4 AM2302（DHT22）的接线图

4.3.1 单总线通信方式简介

当连接线长度小于 20 米时，用 5K 上拉电阻；大于 20 米时，根据实际情况使用合适的上拉电阻。DATA 用于微处理器与 AM2302 之间的通讯和同步，采用单总线数据格式，每次通讯时间 5ms 左右，当前数据传输为 40bit，高位先出，具体格式如下：

40bit 数据 = 8bit 湿度整数数据 + 8bit 湿度小数数据 + 8bit 温度整数数据 + 8bit 温度小数数

据 + 8bit 校验和数据，当数据传送正确时，8bit 校验和数据如下：

8bit 校验和数据 = （湿度高位 8bit + 湿度低位 8bit + 温度高位 8bit + 温度低位 8bit）的末位 8bit，当温度低于 0℃，温度数据的最高位置 1。

目前，常用的微处理器与外设之间进行数据传输通信的总线方式主要有 IC 总线、

SPI 总线和 SCI 总线三种。其中，IC 总线以同步串行两线（即 1 条时钟线、1 条数据线）方式进行通信，SPI 总线则以同步串行三线（1 条时钟线、1 条数据输入线、1 条数据输出线）方式进行通信，而 SCI 总线是以异步方式（1 条数据输入线、1 条数据输出线）进行通信。这些总线至少都需要两条信号线。

单总线系统与上述总线方式不同，它采用单根信号线，既能传输时钟，又能传输数据，而且数据传输是双向的，因而其具有线路简单、硬件开销少、成本低、便于扩展和维护等优点。单总线适用于单主机系统（本系统中正是单主机系统），主机与从机进行数据交换只需要一条信号线。

4.3.2　AM2302 的时序说明

用户主机（MCU）发送一次开始信号后，AM2302 从低功耗模式转换到高速模式；等待主机开始信号结束后，AM2302 发送响应信号，送出 40bit 的数据，并触发一次信号采集。主机从 AM2302 读取的温湿度数据总是前一次的测量值，如两次测量间隔时间很长，请连续读两次，以获得实时的温湿度值的时序图，如图 5 所示。

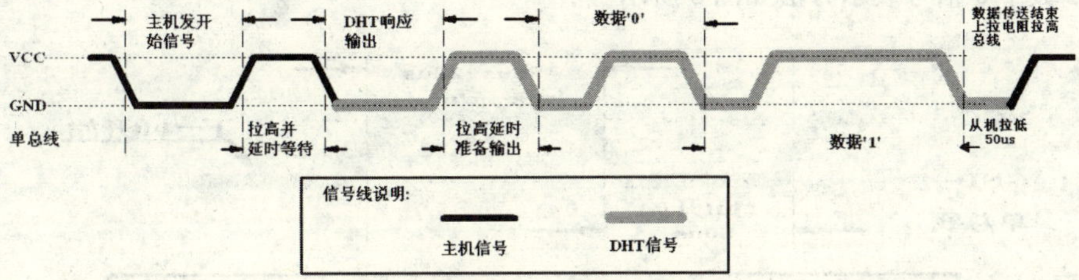

图 5　实时获得温湿度时序图

空闲时总线为高电平，通讯开始时主机（MCU）拉低总线 1 ~ 10ms 后释放总线，延时 20 ~ 40us 后主机开始检测从机（AM2302）的响应信号。从机的响应信号是一个 80us 左右的低电平，随后从机在拉高总线 80us 左右代表即将进入数据传送。如图 6 所示。

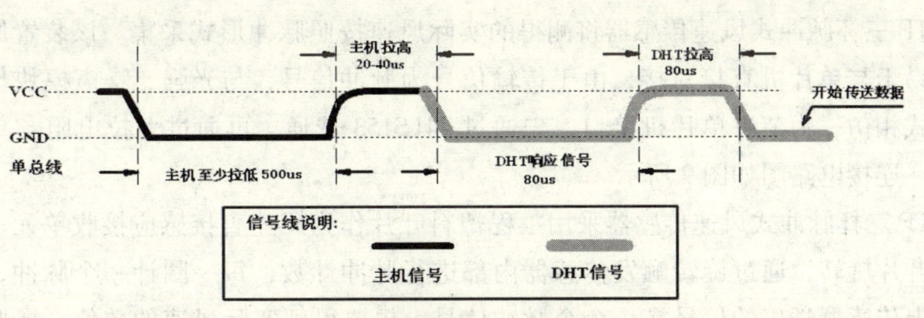

图 6　数据传送实序图

高电平后就是数据位，每1bit数据都是由一个低电平时隙和一个高电平组成。低电平时隙就是一个50us左右的低电平，它代表数据位的起始，其后的高电平的长度决定数据位所代表的数值，较长的高电平代表1，较短的高电平代表0。共40bit数据，当最后1Bit数据传送完毕后，从机将再次拉低总线50us左右，随后释放总线，由上拉电阻拉高。数字1信号表示方法如图7所示。

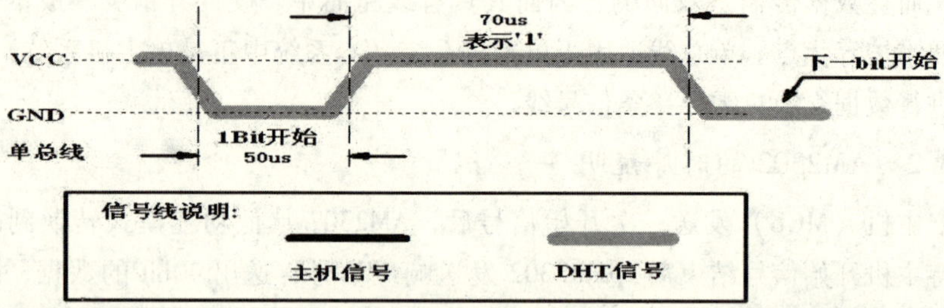

图7 数字1信号表示方法

数字0信号表示方法如图8所示。

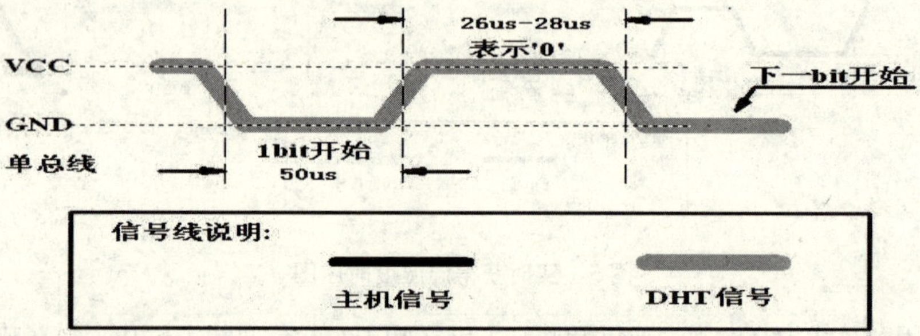

图8 数字0信号表示方法

4.4 风速采集模块

TF三杯脉冲式风速传感器将测得的实际风速按照脉冲形式采集。该装置原理简单，易于与单片机直接对接，由于传输信号为脉冲信号，与光强、噪声模块传输信号形式相仿，为节省单片机接口，先通过74LS153选通，再通过上拉电阻与单片机相连。连接电路图如图9所示。

TF三杯脉冲式风速传感器采用工程塑料叶片作为风速直接感应接收单元。风力致使叶片旋转，通过旋转触发传感器内部进行脉冲计数，每一圈计一个脉冲，所以实际上传感器送出的信号是一个个脉冲信号，想要得到实际风速的数值，需要在脉冲数据传输至单片机后，通过单片机处理，得到相应的数值。通过实际测量，TF三

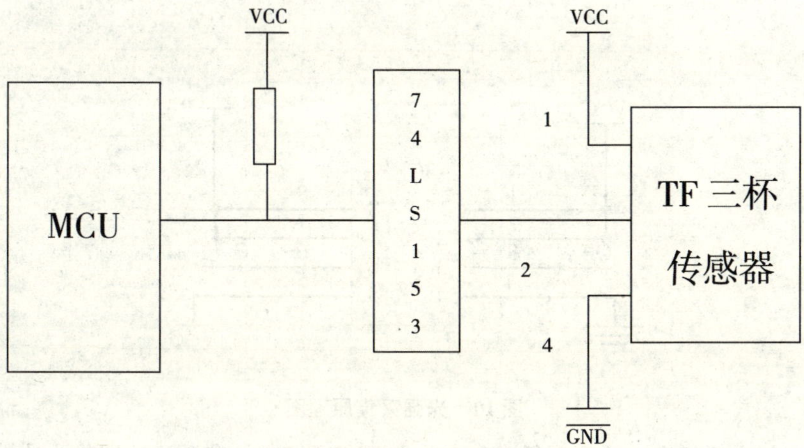

图 9　风速采集原理图

杯脉冲式风速传感器在其叶片没有因转动使内部计数器工作的状态下，传感器内阻在 20k 左右；而在触发脉冲计数时，传感器内阻在 50Ω 左右。50Ω 左右的内阻在某些情况下不能实现单片机可以识别的足够低的低电平，因此要在传感器输出脉冲信号端外接下拉电阻降低输出整体阻值，以保证满足要求。脉冲数据送入单片机后，利用单片机自带的定时与外部中断功能，采集单位时间（1 秒内）由脉冲所触发的外部中断数，将这样一个单位时间内的外部中断数值，近似换算为实际风速，并通过液晶屏进行实时显示。

4.5　光强采集模块

本系统选用了 TI 公司的 TSL230 作为检测器。该器件采用先进的 LinCMOS 工艺，主要由多晶硅光电二极管单片 CMOS 电流频率集成转换器构成。光强转换成相应的脉冲频率，分辨率极高，不受外围元件的影响。输出频率为 100KHz 时，非线性误差仅为 0.2%。不需外接元件即可完成高分辨率的光频转换。由于该传感器传输信号为脉冲信号，与风速、噪声模块传输信号形式相仿，为节省单片机接口，先通过 74LS153 选通，再通过上拉电阻与单片机相连。连接电路如图 10 所示。

4.6　噪声采集模块

噪声采集采用无指向型驻极体传声器作为声音的接收部分，此部分是噪声测量的关键部分。声压级为 $Lp = 20\ lg\ (p/p0)$，其中 $p0 = 20upa$。输出电压 $u = p * u0$，p 为瞬时声压，u0 为声压为 1pa 时传声器输出端的电压，即为传声器的灵敏度。噪声声压级与输出电压的关系即为 $Lp = 20lg\ (u/u0 * p0)$。随后采用两级 NE5534 作为放

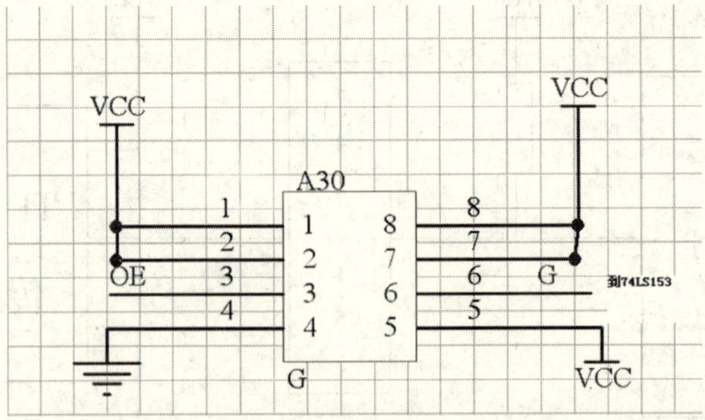

图 10　光强采集原理图

大部分，放大后经由二阶有源低通和二阶有源高通组成的带通滤波器作为滤波部分，精心调整相关参数使滤波特性曲线与 A 计权特性相近，A 计权能较好反映人耳对声音的主观感觉，一般测噪声的分贝值较常采用 A 计权。滤波后经集成交直流转换器 AD637 进行检波，检波后利用 LM331 作为压频转换，输出为频率与输入直流电压成正比关系的脉冲，之后送给单片机。利用软件编程实现将单片机测得的脉冲频率转化为最终所要测量的分贝值。由于传输信号形式为脉冲信号，与风速、光强模块传输信号形式相仿，为节省单片机接口，先通过 74LS153 选通，再通过上拉电阻与单片机相连。硬件原理图如图 11、图 12、图 13、图 14 所示。

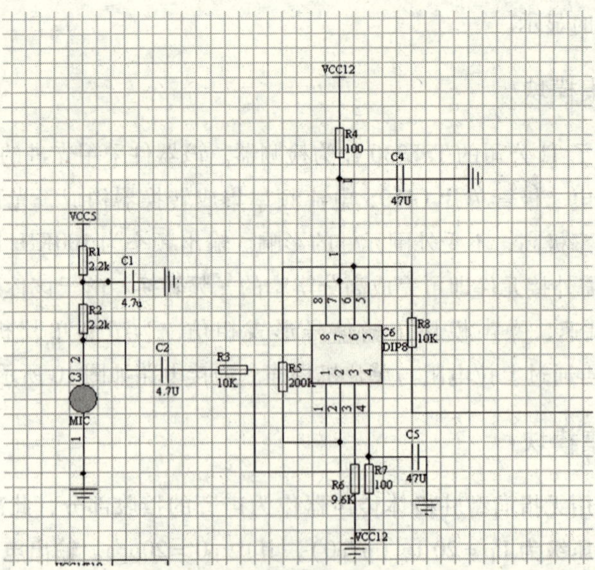

图 11　噪声接收端和一级放大

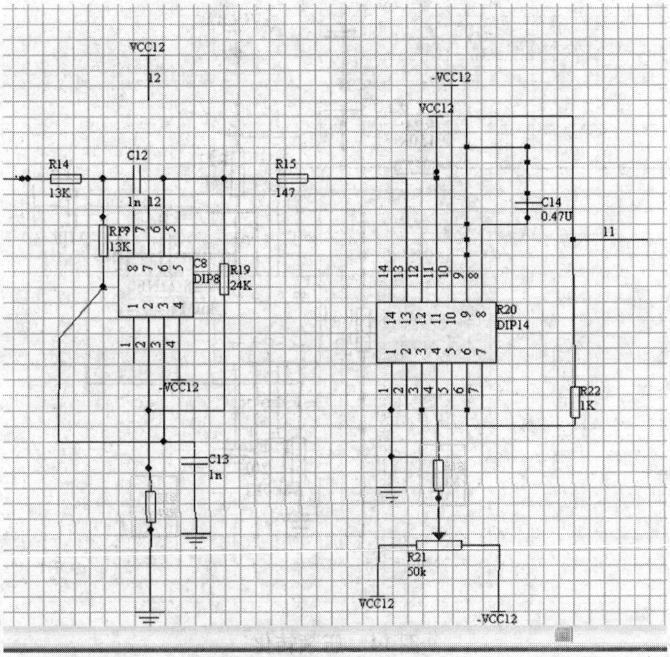

图 12　二级放大和噪声滤波

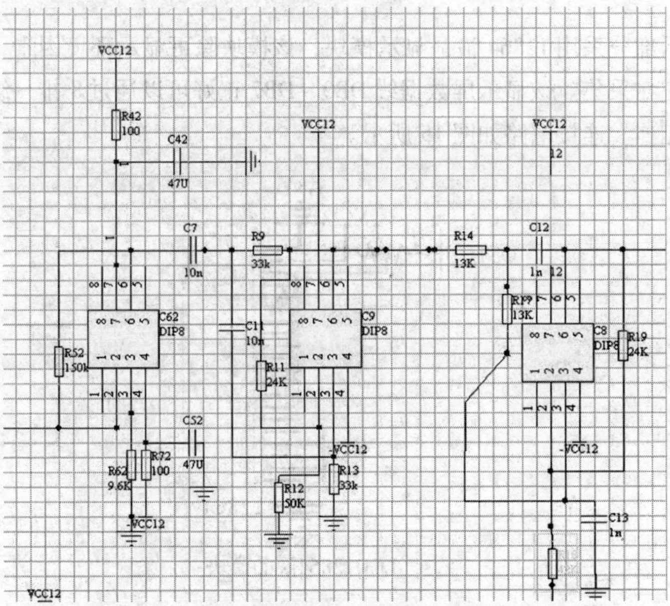

图 13　交直流转化

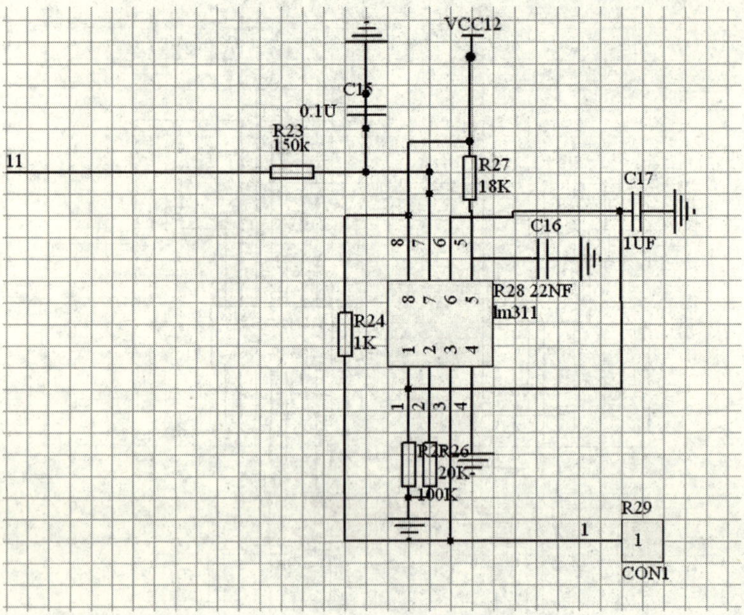

图 14 压频转化

4.7 液晶屏显示模块

液晶显示部分采用 12864 液晶显示模块，该模块除可显示环境因素，还可显示系统是否有人正在采集。该显示屏数据线 DB0 ~ DB7 正好可以通过 8 排一组的杜邦线与单片机接口相连。连接电路如图 15 所示。

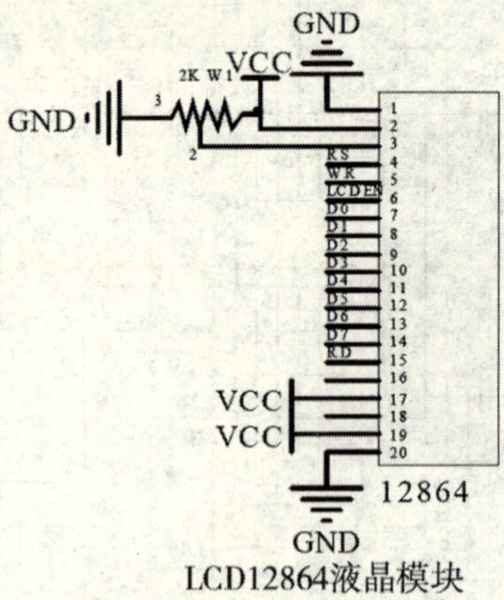

图 15 12864 液晶屏模块

5. 采集设备软件设计

软件程序设计主要包括以 AT 指令为标准的串口程序设计、中断程序控制以及单总线程序设计。

5.1 GSM 程序设计

本系统 GSM 通信模块程序设计是发送短信程序设计。该模块以本系统使用的 TC35i 所对应的 AT 指令集为基础，结合具体的功能完成设计。当用户通过手机向单片机发送信息时，GSM 模块立即进行初始化，并继而完成短信服务模式及内容设置，以便单片机读取短信并通过已接收的短信回发相应的数值。在超过阈值的情况下，单片机驱动 GSM 模块给用户发送报警短信。

主要程序如下。

AT　　初始化命令

AT + CMG = x　　短信服务模式设置，x = 0 时为 PDU 模式，x = 1 时为 TEXT 模式；

AT + CMGS　　短信内容设置；

AT + CSCA　　短信服务中心地址设置。

AT + CNMI　　AT + CNMI 新信息指示。这个命令选择如何从网络上接收短信息。

AT + CMGR　　读短信。信息从 + CPMS 命令设定的存储器读取。

AT + CMGD　　删除短信息。删除一个或多个短信息。

发送报警信息的程序如下。

```
uchar code  cmgf [] = "AT + CMGF = 0 \r";
uchar code  size [] =  "AT + CMGS = 60 \r";
uchar code mesiw []
 = "0891683108100005F011000B815101011330F80008A72E60A8597DFF0C5F53524D76846
E295EA65DF27ECF8FBE52308B666212FF0C8BF75C3D5FEB91C753D663AA65BDFF01 \x01a \r";
void  wendubaojing ()
{  send (at);
   delay (200);
   send (cmgf);
   delay (200);
   send (size);
   delay (200);
   send (mesiw);
   delay (1000);
}
```

程序流程图如图 16 所示。

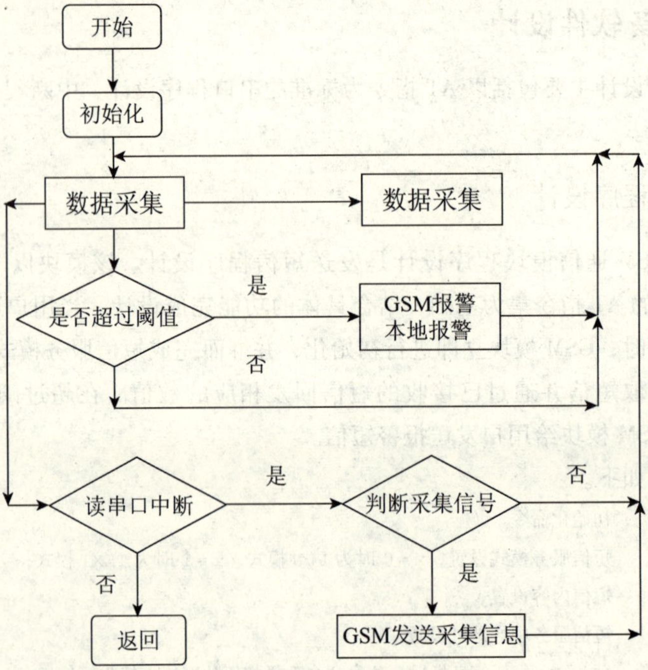

图 16　GSM 程序流程图

5.2　温湿度采集程序设计

按照当前数据传输为 40bit，在传感器感应显示温湿度后，定义读取字节，通过内部转换器将模拟量转化成脉冲信号，并传输到单片机进行数据处理及阈值判断，同时在液晶屏上进行显示；若超过阈值，则进行报警。

主要程序如下。

```
void  readbyte ()
  {
  //定义字节读取函数
  }
void  readdata ()
{
   //调用 readbyte () 函数按字节读入 5byte 温湿度数据
}
void  chuli ()
{
```

```
    //进行数据处理，判断是否超阈值，若超则报警
}

void  main ()
{
    readdata ();    //读取温湿度数据
    chuli ();    //调用处理函数对数据进行处理
    display ();      //显示函数
}
```

程序流程图如图 17 所示。

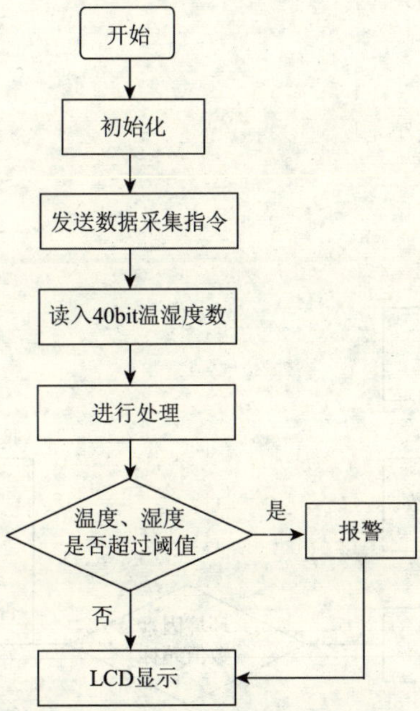

图 17　温湿度采集程序流程图

5.3　风速采集部分程序设计

经传感器采集到脉冲信息，设置判定单位时间（1s 内）的脉冲个数，按照写入单片机的相应计算公式将脉冲信号换算为模拟量，在单片机内部进行数据处理并判断是否超过阈值；若超过阈值，则进行报警。

主要程序如下。

```
void main ()
{
```

```
    TMOD=0x01;
    TH0= (65536-50000)/256;
    TL0= (65536-50000)%256;
     EA=1;
     EX0=1;
     IT0=1;
     ET0=1;
     TR0=1;
  while (1)
    {
    display (x, y, z, r);
   }
  }
```

程序流程图如图18所示。

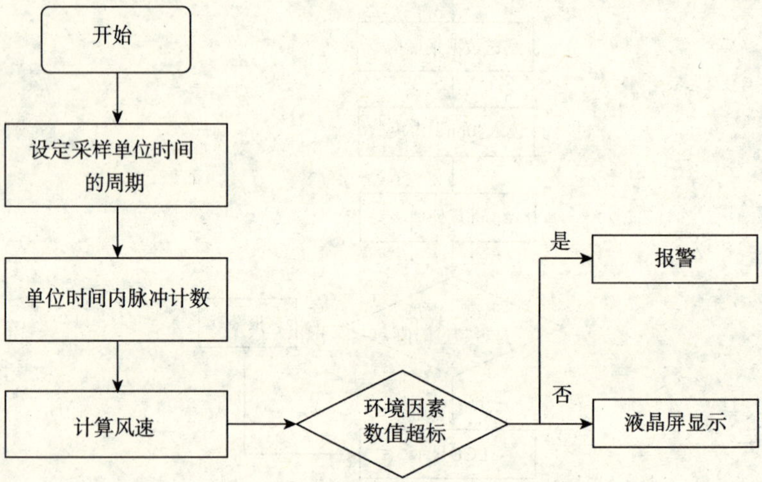

图18 风速采集程序流程图

5.4 光强采集部分程序设计

经传感器采集到脉冲信息，设置判定单位时间（1s内）的脉冲个数，按照写入单片机的相应计算公式将脉冲信号换算为模拟量，在单片机内部进行数据处理并判断是否超过阈值；若超过阈值，则进行报警。

主要程序如下。

```
    void timer0 () interrupt 1
  {
```

```
        TH0 = (65535 -50000) /256;
        TL0 = (65535 -50000)% 256;
        aa + +;
        tt =12;
    if (aa = =1)
    {
        EA =0;
        TR0 =0;
        tempg = tt* 20;
        ag = tempg/100000;
        bg = tempg/10000% 10;
        cg = tempg/1000% 10;
        dg = tempg/100% 10;
        eg = tempg/10% 10;
        fg = tempg% 10;
    }
```

程序流程图如图19所示。

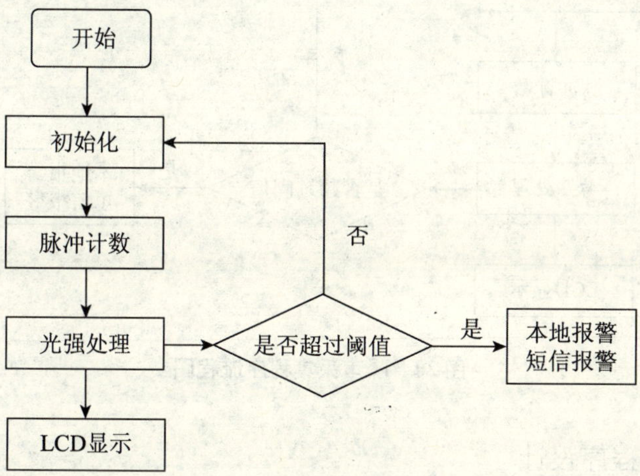

图19　光强采集程序流程图

5.5　噪声采集部分程序设计

经传感器采集到脉冲信息，设置判定单位时间（0.5s内）的脉冲个数，按照写入单片机的相应计算公式将脉冲信号换算成为模拟量，在单片机内部进行数据处理并判断是否超过阈值；若超过阈值，则进行报警。

主要程序如下。

```
  if (counter = =10)
{
    counter =0;
    EA =0;
    if (flag2 = =1) {
      ES =0;
flag2 =0;
temp =20* log10 (aa* 200);
      a =temp% 1000/100;
      b =temp% 100/10;
      c =temp% 10;
    ES =1;   } }
```

程序流程图如图 20 所示。

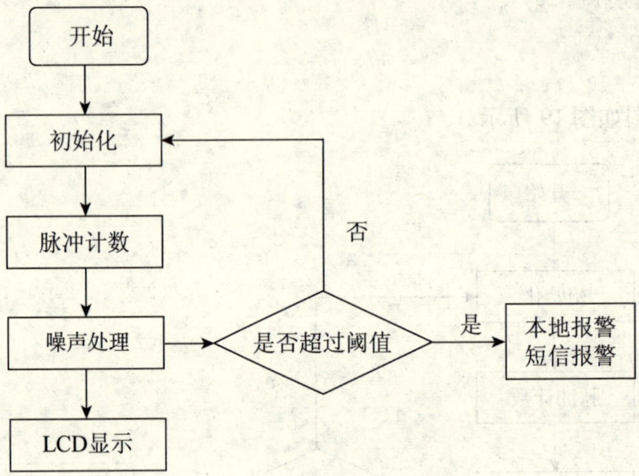

图 20　噪声采集程序流程图

5.6　液晶屏程序设计

液晶屏直接通过单片机控制，一旦将数据处理并判断好以后，单片机将驱动液晶屏显示及定时清屏再扫描显示。

主要程序如下。

```
void Print_ String (char * str)
void LCD_ 12864_ DISPLAY (uchar X, uchar Y, uchar * str)
void LCD_ 12864_ DISPLAY_ ZU (uchar x, uchar y, uchar str []) //显示程序
void clr_ lcd (void) //清屏程序。
```

6. 测试设备

PC 机、keil uVision3 C 语言软件开发系统和手机。

7. 系统硬件测试

本系统硬件核心是 TX 开发板的 STC89C52 微控制器，通过 keil uVision3 单片机编程软件进行编译。通过一系列编译测试，达到了原理样机的要求，使本系统达到预期效果。

8. 系统软件测试

软件测试主要采用分块采集、分块测试的方式，最后整合。经过分块测试，尤其是短信收发测试，符合预期要求，整合后，成功地完成了系统的检验。

9. 结论

本系统实现了无线多路环境监测系统的基本功能，系统正常供电后，通过环境因素本身驱动各传感器，各传感器将自动将采集的模拟量转换成脉冲信号，并传输到单片机控制中心进行数据处理及阈值判断。当环境因素值处于正常范围时，仅液晶屏进行环境因素的数值显示。若有某一项环境因素超过相应的阈值，则系统自动进行本地报警与远程报警。用户也可以主动地发送短信查询被监测处的各项环境因素值，系统会相对迅速地将用户询问的某一类具体数值回发到用户手机终端。

本系统具有以下优点：①系统采用有线无线相结合的方式，既提供本地显示与报警，又提供远程现实与报警；②用户可以通过不同的短信指令分别查询不同的环境因素，不致产生读取数据的混乱；③在某一项环境因素的数值超标后，系统就会产生本地警报以及远程短信警报，大大提升了安全性；④对于用户来说，本系统操作简单，仅需要直接观看者发短信就可以方便地了解某种环境因素值。

本系统存在以下不足之处：①GSM 虽然能够方便地进行短信收发，但是目前只能针对一个用户，尚未完成多用户交互功能；②由于该设计依赖于 GSM 网络，网络质量的好坏直接影响着信息的传递；③本系统只完成了原理样机，距产品市场化还有一定的距离。

参考文献

[1] 郭天祥. 新概念51单片机C语言教程——入门、提高、开发、拓展（第1版）. 北京：电子工业出版社，2009

[2] 梅文思. 基于GSM的无线数据传输系统设计. 科技广场，2011（1）

[3] 赵建领. 51单片机开发与应用技术详解（第1版）. 北京：电子工业出版社，2009

[4] 邵政. 基于单片机的风速检测系统. 华电技术，2008，30（6）

[5] 赵燕. 一种基于STC单片机的温湿度检测系统的设计. 南京工业职业技术学院学报，2010，10（4）

[6] 潘启勇，娄维鸿，邬正义. 基于89C51单片机的环境噪声测量仪. 电子器件，2000，23（2）

基于 PSoC 的温度监测仪设计

马依兰　王进国　张春雨

指导教师：吴小林 实验师

[摘　要] 随着嵌入式技术的发展，各种仪器产品趋于智能化、微型化。本设计采用了集数字、模拟阵列为一体的可编程片上系统 PSoC 芯片，具有温度设置、自动温度检测、LCD 显示及声光报警等功能，相对单片机的设计来说大大缩小了 PCB 板的面积，保障了温控仪器功能多但结构简单等特点的实现。

[关键词] 可编程片上系统（PSoC）；温度检测；CY8C29466

1. 设计背景

温度是生产过程中最普通且必不可少的监测参数之一，温控系统在工业生产中应用非常广泛。人们最熟悉的就是用单片机设计，附加一些外围电路构成整个温控仪的硬件电路，这样设计出来的电路板不仅面积大，稳定性欠佳，设计周期也长。然而随着嵌入式微处理器的飞速发展，芯片的功能越来越强，集成度越来越高，价格越来越便宜。因此，本设计采用 PSoC（Programmable System on Chip）的混合阵列芯片 CY8C29466 - PXI 作为主控制器，以 PSoC Designer 为开发平台实现温度监测的功能。其硬件电路结构简单，拓展性强。软件程序设计灵活，从而大大缩减了产品的开发周期。

2. 关于 PSoC

PSoC 是赛普拉斯（Cypress）半导体公司于 2003 年推出的一种“在系统编程”的片上系统。其独特之处在于它既具有 8 位微处理器的处理能力，又具有组成多种可编程数字和模拟用户模块的能力。对于用户来说，只需按设计要求来选择相应的功能模块，构建自己的产品系统，从而大大节省了设计时间，缩减了印制板空间和功耗，系统成本也可降低。

PSoc 是具有极端灵活且完全可编程的混合信号 SOC 的基本原理的全新一代器件。

3. 智能温度监测的设计

3.1 硬件方案设计

智能温度监测的硬件方案设计如图 1 所示。

图 1 硬件设计

3.2 传感器信号的输入

LM35 系列是精密集成电路温度传感器，它具有很高的工作精度和较宽的线性工作范围，其输出电压与摄氏温度线性成比例。它无需外部校准或微调，在 -55℃ 至 +150℃ 温度范围内精度为 ± 3/4℃，重复性好，输出阻抗低，线性输出和内部精密校准使其与读出或控制电路接口简单，可单电源和正负电源工作。其输出电压与摄氏温度一一对应，使用极为方便。LM35 与用开尔文标准的线性温度传感器相比更有优越之处。

LM35 输出电压与摄氏温度的线形关系为：

VoutLM35（T） = 10 mV /℃ × T℃ + TO

3.3 主控芯片 CY8C29466

如图 2 所示，CY8C29466 是普通型 PSoC 推出资源最多的 CY8C29 × 66 系列中的一种高速、低功耗芯片，工作频率高达 24MHz，工作电源为 3.3v 或 5v。本设计主要用到的内部模块（如图 3 所示）有 PGA 两个、ADCINC12 两个、LCD 一个、LED 一个。下面介绍主要模块 ADCINC12。ADCINC12 原理图如图 4 所示，ACDINC12 用户模块由一个开关电容模块和两个数字模块构成。

模拟模块配置成一个可以复位的积分器。根据输出极性，对参考电压控制装置进行配置。

让此参考电压或者加入到输入之上或者从输入之中减去，然后输入至积分器。

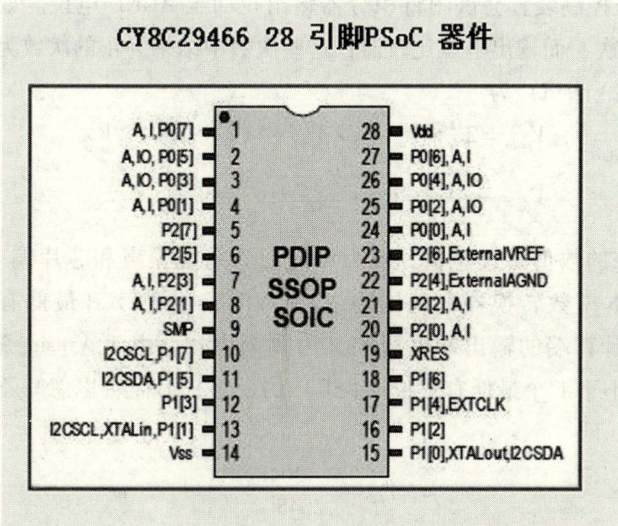

图 2　CY8C29466 芯片

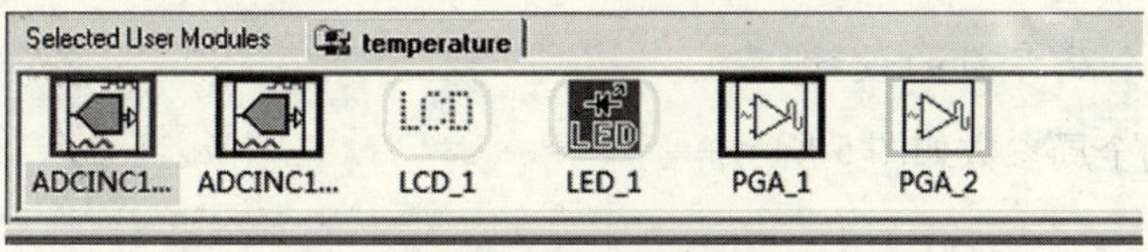

图 3　内部模块

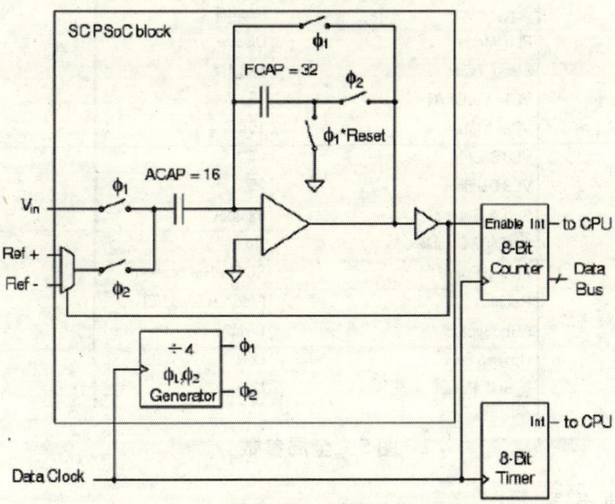

图 4　ADCINC 12 原理方框图

这样的参考电压控制装置会试图将积分器输出拉回至 AGND 电位。如果积分器运行了4096（2^{12}）次，而输出电压比较器在这些次数中结果为正的次数为“n”，则输出端的残余电压（Vresid）为：

$$V_{resid} = 2^{12} \times V_{in} - n \times V_{Rcf} + (2^{12} - n) \times V_{Rcf}$$

$$V_{in} = \frac{n - 2^{12-1}}{2^{12-1}} V_{ref} + \frac{V_{resid}}{2^{12}}$$

所计算出来的数值是理想值，极为可能因为系统噪声和芯片偏差而出现差异。此公式表明了本模数转换器的范围为 +/- VRef，分辨率（最低有效位 LSB）为 VRef/2048，而计算端的输出端电压定义为剩余电压。由于 Vresid 总是小于 VRef，Vresid/4096 就小于1 个最低有效位（LSB）的一半，因而可以忽略不计。结果所得出的公式列出如下：

$$V_{in} = \frac{n - 2048}{2048} V_{ref}$$

3.4 硬件参数设计

3.4.1 全局参数的设计

本设计的全局参数如图 5 所示。

Global Resources	Value
Power Setting [Vcc / SysClk freq]	5.0V / 6MHz
CPU_Clock	SysClk/8
32K_Select	Internal
PLL_Mode	Disable
Sleep_Timer	512_Hz
VC1= SysClk/N	16
VC2= VC1/N	15
VC3 Source	VC2
VC3 Divider	250
SysClk Source	Internal
SysClk*2 Disable	No
Analog Power	SC On/Ref Low
Ref Mux	(Vdd/2)+/-(Vdd/2)
AGndBypass	Disable
Op-Amp Bias	Low
A_Buff_Power	Low

图 5 全局参数

3.4.2 模块放置

本设计模块放置如图 6 所示。

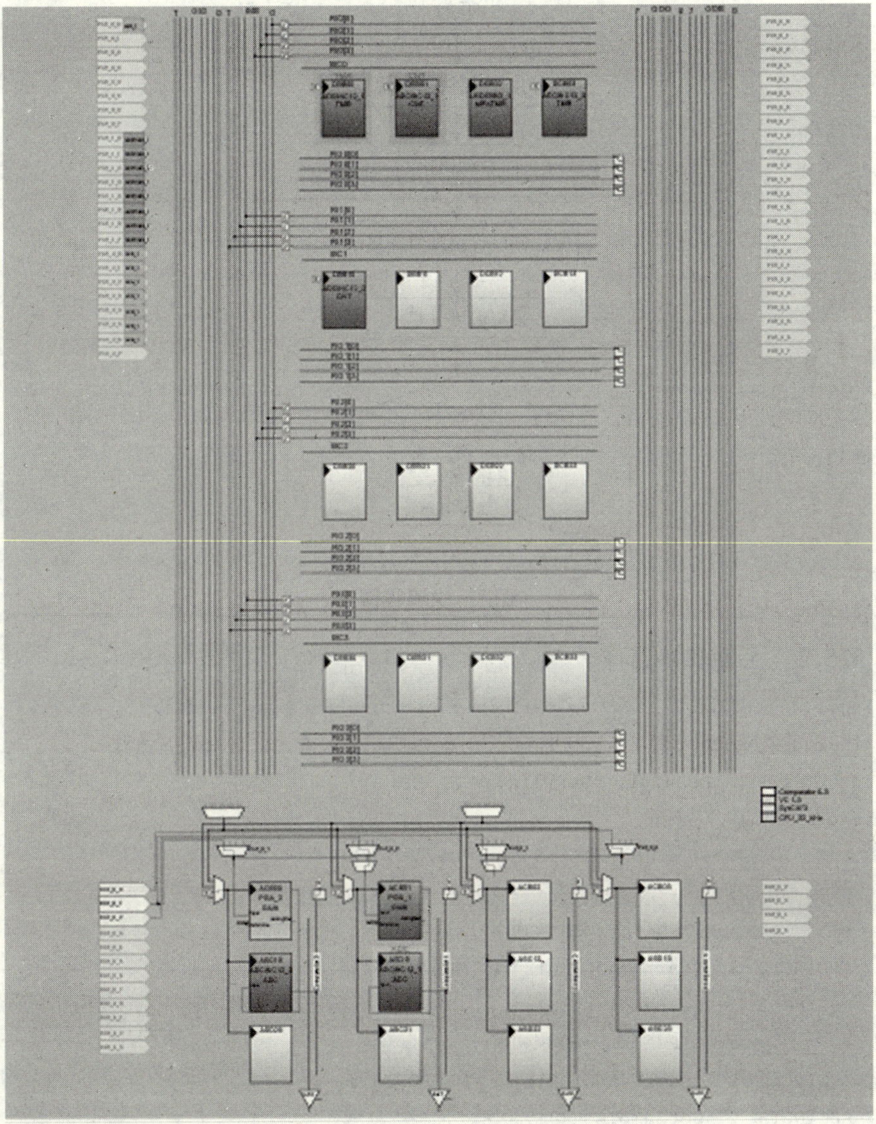

图 6 模块放置

3.5 软件程序设计

3.5.1 主流程图

本设计软件程序主流程如图 7 所示。

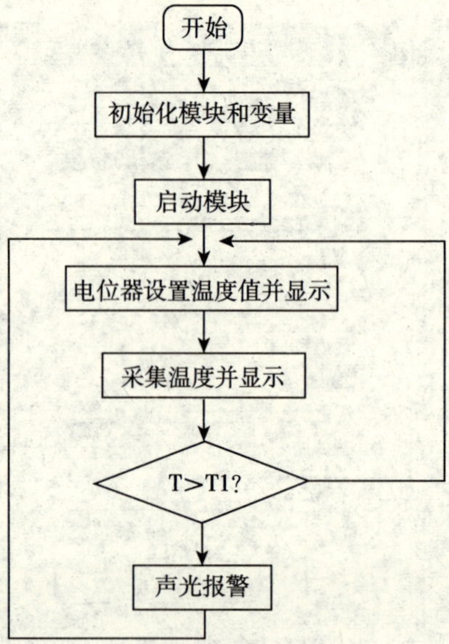

图7 主流程图

3.5.2 主要程序清单

```
#include <m8c.h>          // part specific constants and macros
#include "PSoCAPI.h"      // PSoC API definitions for all User Modules
int iResult, iResult1, iResult2;
void main ()
{
  BYTE bgPos;
  PGA_1_Start (PGA_1_MEDPOWER);
  ADCINC12_1_Start (ADCINC12_1_MEDPOWER);
  ADCINC12_1_GetSamples (0);
  PGA_2_Start (PGA_1_MEDPOWER);
  ADCINC12_2_Start (ADCINC12_1_MEDPOWER);
  ADCINC12_2_GetSamples (0);
  LCD_1_Start ();
  LCD_1_Position (0, 0);
  LCD_1_PrCString ("SET T:");

  M8C_EnableGInt;

  while (1)
   {
```

```
if (ADCINC12_2_fIsDataAvailable ()! =0)
{
  iResult1 =ADCINC12_2_iGetData () +2048;
  iResult1 =iResult1* 5000.0/4096 ;
  iResult1 =iResult1/100;
  LCD_1_Position (0, 7);
  LCD_1_PrHexByte ( (iResult1/10) < <4);
  LCD_1_Position (0, 8);
  LCD_1_PrHexByte ( (iResult1% 10) < <4);
  LCD_1_Position (0, 9);
  LCD_1_PrCString ( "C");
}
  else
  if (ADCINC12_1_fIsDataAvailable ()! =0)
{
  iResult =ADCINC12_1_iGetData () +2048;
  ADCINC12_1_ClearFlag ();
  iResult =iResult* 5000.0/4096 ;
  iResult =1.019* iResult -55;
  iResult2 =iResult* 5000.0/4096 ;

  LCD_1_Position (1, 7);
  LCD_1_PrHexByte ( (iResult/100) < <4);
  LCD_1_Position (1, 8);
  LCD_1_PrHexByte ( ( (iResult/10)% 10) < <4);

 }

  LCD_1_Position (1, 9);
  LCD_1_PrCString ( "C");
  LCD_1_Position (1, 0);
  LCD_1_PrCString ( "GET T:");
  if (iResult > (iResult1* 10))
  {
     LED_1_On ();
  }
  if (iResult < = (iResult1* 10))
```

```
        {
          LED_1_Off ();
        }
    }
}
```

4. 对于该系统的功能扩展

①添加继电器驱动风扇和加温电路实现温度调控。

②加入 GSM 模块实现短信报警，并通过短信进行远程控制，使其更加智能化。

③加入低成本、低功耗、高可靠性的无线射频模块 CyFi，实现数据的无线传输。

5. 结论

利用 PSoC 芯片设计数字温度传感器，一方面硬件电路非常简单，软件编程时只需简单调用 API 函数，避免了一般数字温度传感器的复杂时序；另一方面，如果系统需要实现其他的控制功能，只需对 PSoC 芯片硬件进行重新配置，无须外加其他芯片，从而有效地提高系统的性价比。

实验证明，该温度传感器非常适合低成本和小型化应用，如家用电器、CPU 和 PC 机其他外围设备的热保护，同时也可用于要求不太苛刻的温度测量和控制系统。

参考文献

[1] 叶朝辉．可编程片上系统 PSoC 原理及实训．北京：清华大学出版社，2008
[2] 朱明程，李晓滨．PSoC 原理与应用设计．北京：机械工业出版社，2008

电路板网表测绘仪

张振佳　齐林　崔伯栋　姜雪峰　康民　张北南

指导教师：王振红 高级实验师

［摘　要］电路检测系统的作用是对电路板通断进行检测，并实现数字化控制和数据采集。能够用来收集传输数据的方法有很多，本课题研究的是基于 USB 数据传输的电路检测系统，实现系统与上位机 PC 通信，便于操作及将数据作后续处理。实现方法是应用 USB 微控制器和 CPLD：USB 微控制器主要用于与上位机 PC 通信，CPLD 主要用于控制测试工作和采集数据。检测原理是：在两测试点间通入电流，若两测试点相连，则两点间电位差会很小，否则会很大；通过比较器进行比较，判断通断。检测系统的控制部分与检测部分采取光电隔离，防止被测试电路存在高电压损坏该电路检测系统。

［关键词］USB；电路检测；USB 微控制器；CPLD；光电隔离

1. 绪论

本课题主要研究电路板测试系统的电路结构、实现方式和设计方法，为电路板测试系统产品化的可能性提供设计依据和实验方法。设计开发基于 USB 传输及 CPLD 控制的电路板测试系统。本系统综合性、设计性较强，可作为开发的产品来研究，也可投入实际应用。

1.1　系统的功能需求

①系统通过对电路板进行测试，得到相应测试点间的连接关系数据，而后将测量数据传输至上位机 PC。

②系统一次能测 64 点相互连接关系，或两个 64 位相互连接关系。

③测试点导通范围可由上位机进行设置，提供 50Ω、100Ω、250Ω 三个档位，以及一个手动调节档位。

④系统应具有 USB 接口，通过 USB 接口实现上下位机的数据传输与控制。

1.2 系统的性能指标

①测试电路部分与数字电路部分采取电气隔离，隔离电压至少 1000V。

②工作时给测试点输出（输入）最大电流 1.5mA。

③工作时测试点所承受的最大电压 1.5V。

④测试时平均功耗不大于 5W。

⑤一次完全测试耗时小于 10s。

2. 硬件设计

2.1 检测原理设计

系统检测电路通断的原理如图 1 所示。

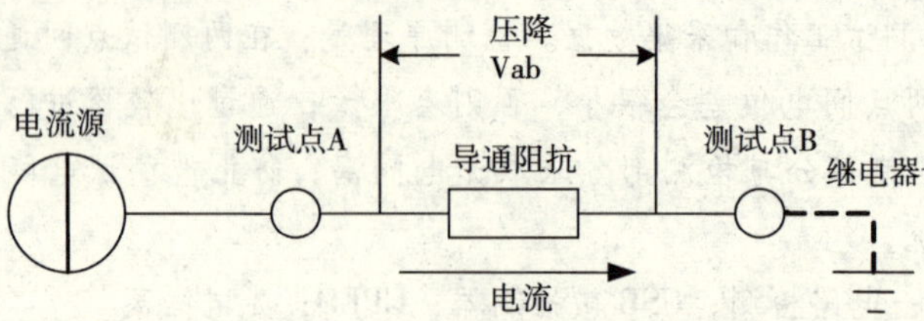

图 1 检测原理

系统的微控制器驱动继电器阵列将测试点依次单独切换接地，如测试 B 点与其他测试点的相通情况，则单独将 B 点通过继电器导通接地。每个触点均与系统内部电流源相接，若被测板的测试点 A 与测试点 B 在板上相通，则此时压降 Vab 电压值较小，否则 Vab 将会较大。再通过比较器与参考电压 RV 进行比较，判断通断。系统即利用这个原理判断两点间是否导通。

2.2 整体设计

整体设计如图 2 所示。

其中，数字电路部分（左边灰框中部分）与检测电路部分（右边灰框中部分）采取电气隔离，防止被测板存在高电压，破坏系统核心部分。

接口 1－1 与接口 1－2 对应点相连，统称为接口 1。

数字控制部分使用 USB 微控制器和 CPLD：USB 微控制器主要用于实现系统与上

位机 PC 通过 USB 接口通信，CPLD 主要用于实现控制系统整体测试及数据收集。

检测分为 64 点内部互联关系测试和两个 64 点之间互联关系测试。进行 64 个测试点内部互联测试时，系统接口 1 的 64 根测试线对应 64 个测试点，将接口 1－2 与接口 2 用插头对接，也就是使接口 1 的测试点完全映射到接口 2。两个 64 点之间的互联测试原理与上面类似，操作上不同的是需要将接口 1 和接口 2 分别接 64 根测试线到测试点。接口 1 用作测试点切换接地，接口 2 接比较器输入。

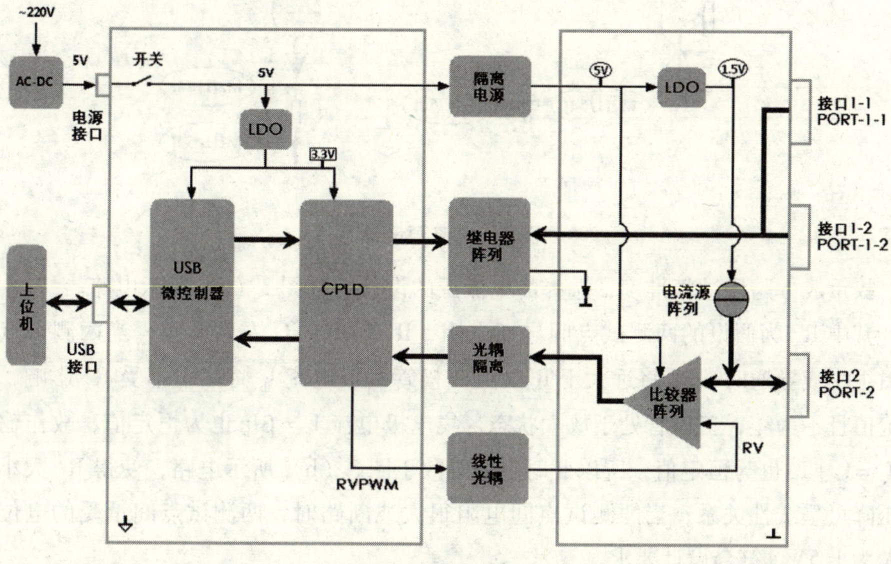

图 2　整体框图

进行 64 点内部互联测试前，需要将系统的 64 根测试线与被测板上的测试点相连，记为测试点 1 至测试点 64。上位机 PC 通过 USB 接口对系统进行控制。开始测试时，上位机 PC 发出测试指令，系统的 CPLD 首先驱动继电器阵列将测试点 1 切换接地。由于每个触点均与系统内部恒流源相接，若被测板的测试点 n 与测试点 1 在板上相通，则此时触点 n 的电压值较小，否则该点的电压值将会较大，将所有测试点的电压接入比较器与参考电压比较，判断测试点 1 与其余测试点的通断情况，收集数据，然后 CPLD 驱动继电器阵列，将测试点与地断开，测试点 2 与地相连，检测测试点 2 与其余测试点导通情况，以此类推，即可测试所有 64 个测试点的导通情况。

假设触点间的电阻小于 50Ω 认为两个触点相通，即电阻档设在 50Ω，电流源输出电流在 50Ω 电阻上的压降设为 V_0，通过 CPLD 发出的比较器公共参考电压 RV 接到比较器阵列的正向端，即可设定参考电压 $RV = V_0$。

CPLD 将采集的通断数据，暂存发给 USB 微控制器，USB 微控制器再通过 USB 接口将数据发回上位机 PC，进行后续的数据处理。

2.3 电流源阵列设计

用于电路检测的电流源，虽然对电流源本身要求不高，但是能使64个测试点在相同情况下输出的电流保持一致，也是不容易做到的。

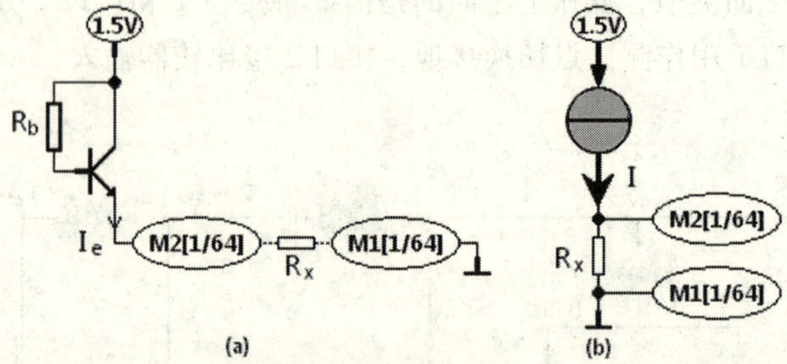

图3　电流源设计

权重成本与测试精准度，选择的电流源的设计为如图3（a）所示电路。

其中 R_X 为假设的两测试点间导通电阻，R_b 为 100kΩ 左右电阻，当两测试点间电阻很小或导通时，R_b 将远大于 R_X，则三极管基极电流 I_b 将几乎不受 R_X 影响，恒为定值且不为零，三极管处于放大状态，集电极电流 $I_c = \beta I_b$ 也为恒定值，故作输出的 $I_e = I_c + I_b$ 也为恒定值，所以此时电路等效于图3（b）所示电路，使得 R_X 大小与其压降可呈线性关系；当两测试点间电阻很大或断路时，两测试点间承受的电位差最大为1.5V，符合设计要求。

2.4 隔离设计

2.4.1 电源隔离设计

电源隔离是在电路两端电气隔离的情况下，将电能从一端传输到另一端，为满足检测电路部分与数字控制部分的电气隔离，电源隔离必不可少，所以采用型号为NR5S5/1000B的DC/DC变换隔离电源模块，能实现5V不变压的电源隔离，最大输出电流1A，工作效率80%，满足系统需要，其输入输出隔离电压也达到1000V。

2.4.2 继电器阵列设计

继电器阵列是由能使每一个测试点单独接地的所有继电器所组成的部分，考虑到测试速度与测试功耗，系统采用光继电器（Photo Relay），光继电器是光电耦合器的一个分支，由于输出端使用的是场效应管，所以其特点是导通电阻很小，功能与一般的继电器相同，不过相比一般的继电器，光继电器有速度快、功耗小的优点。

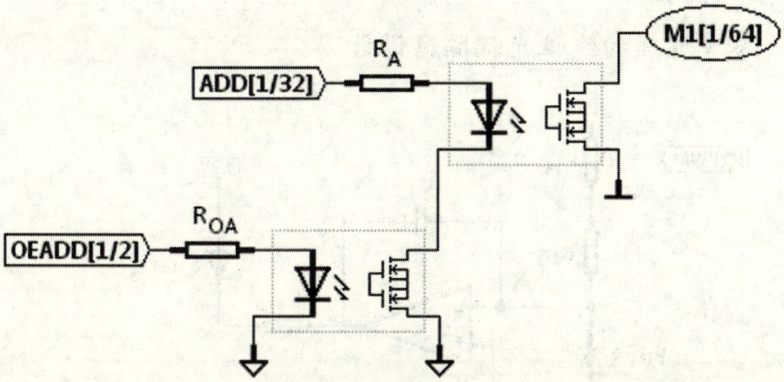

图4　光继电器设计

由于系统工作时只会有一个测试点被接地，为减少继电器地址的位数，采取2位继电器总地址和32位继电器地址，来控制64个检测所需继电器的通断，设计电路如图4所示。

其中，只有当继电器地址线中的一位ADD［1/32］和继电器总址中的一位OE-ADD［1/2］都为高电平时，某一个测试点M1［1/64］才会被接地。

2.4.3　比较器阵列输出数据的光耦隔离设计

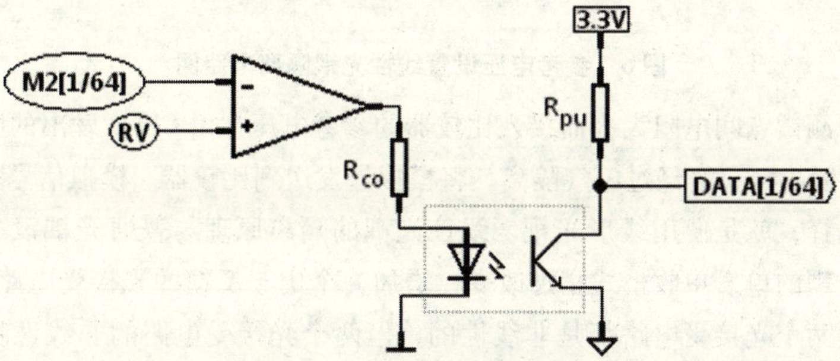

图5　比较器输出光耦隔离

比较器阵列是系统比较64个测试点电位与参考电位高低的64个比较器，比较器的同相端接入参考电位RV，以反相端接入64个测试点其中之一，当该测试点与接地测试点向导通，则其电位将低于参考电位RV，比较器输出高电平，反之输出低电平。

比较器输出的数据需经过电气隔离传输给CPLD，设计电路如图5所示。按照设计电路，当比较器输出高电平时，经过光耦隔离输出低电平，反之输出高电平，即如果CPLD接收到某测试点通断数据DATA［1/64］为低电平，则表示该测试点与接地测试点导通；相反的接收到高电平，则表示该测试点与接地测试点间电阻大于该时刻设定档位，即判断为不导通。

2.4.4 参考电压的线性光耦隔离设计

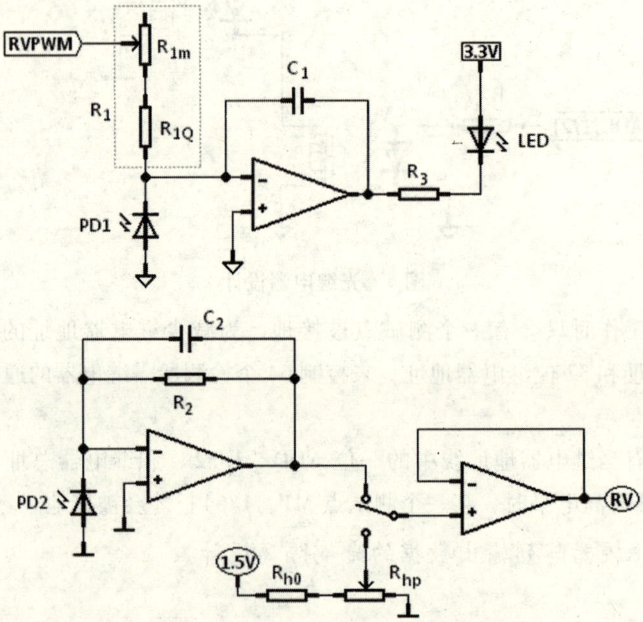

图 6 参考电压设置线性光耦隔离电路图

为判断测试点间电阻大小而接入比较器的参考电压，由 CPLD 发出的脉宽调制信号 RVPWM 所决定，需经过电气隔离，将模拟量发送到比较器。模拟信号隔离的一个比较好的选择，就是使用线形光耦。线性光耦的隔离原理与普通光耦没有差别，只是将普通光耦的单发单收模式稍加改变，增加一个用于反馈的光接受电路用于反馈。这样，虽然两个光接受电路都是非线性的，但两个光接受电路的非线性特性都是一样的，这样，就可以通过反馈通路的非线性来抵消直通通路的非线性，从而达到实现线性隔离的目的，电路如图 6 所示。

2.5 数字控制电路设计

2.5.1 USB 微控制器电路设计

系统的 USB 微控制器使用 Cypress 公司 USB FX2 系列芯片，型号为 CY7C68013A。

其引脚与 CPLD 自定义引脚连接如表 1 所示，其个引脚具体功能见下文软件设计。

表 1　　USB 微控制器（U）与 CPLD（C）连接引脚定义

引脚号	引脚名	CPLD 定义名	信号方向	符号
2	PD6	Level［1］	U→C	Level[1..0]
1	PD5	Level［0］	U→C	
56	PD4	Change_ D	U→C	Change_D
55	PD3	Change_ Addr	U→C	Change_Addr
54	PD2	Start_ clr	U→C	Start_clr
32	PB7	dato［7］	U←C	dato[7..0]
31	PB6	dato［6］	U←C	
30	PB5	dato［5］	U←C	
29	PB4	dato［4］	U←C	
28	PB3	dato［3］	U←C	
27	PB2	dato［2］	U←C	
26	PB1	dato［1］	U←C	
25	PB0	dato［0］	U←C	
40	INT0	Ready	U←C	Ready

2.5.2　CPLD 电路设计

由于系统的继电器地址线，比较器数据线繁多，故控制系统进行检测工作的整体运作由 CPLD 承担。系统使用 Altera 公司的，型号为 EPM570T144 的 CPLD，该型号 CPLD 共有 144 个引脚，其中 116 个是可自由分配的输入输出引脚。虽然一片该型号的 CPLD 的自定义引脚数恰好能满足系统的需要，但为了能分开输入输出线路，也为了之后能拓展更多功能，系统使用两片该型号的 CPLD，分别命名为 CPLD_ A 和 CPLD_ B。其中 CPLD_ A 用于接受 USB 微控制器指令，进行继电器控制以及比较器参考电压设置；CPLD_ B 用于数据收集，发送给 USB 微控制器。

除固定引脚外，CPLD 的其他引脚可以自由分配，两片 CPLD 引脚命名分配及连接如图 7 所示，与 USB 微控制器连线见表 1。

其中，时钟输入 clk 接 24MHz 四脚晶振输出端，为 CPLD 提供时钟信号。指示灯信号 LED 串连限流电阻接发光二极管，用于显示系统正在工作。信号 bclk 则是由 CPLD_ A 发给 CPLD_ B 的信号，各接线具体功能见下文软件设计。

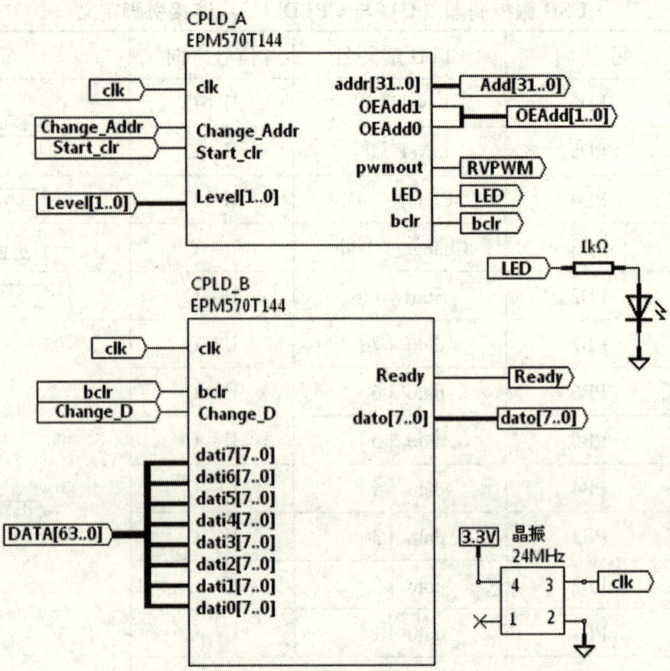

图 7　CPLD 自定义引脚定义命名及接线

3. 软件设计

3.1　通信方式设计

USB 微控制器与 CPLD 通信方式时序如图 8 和图 9 所示。

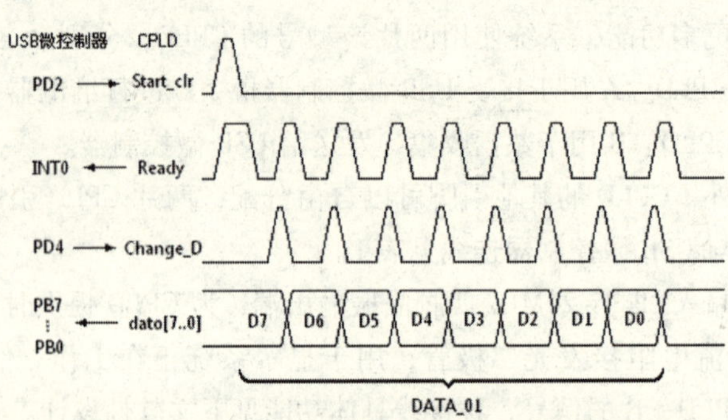

图 8　CPLD 与 USB 微控制器通信时序

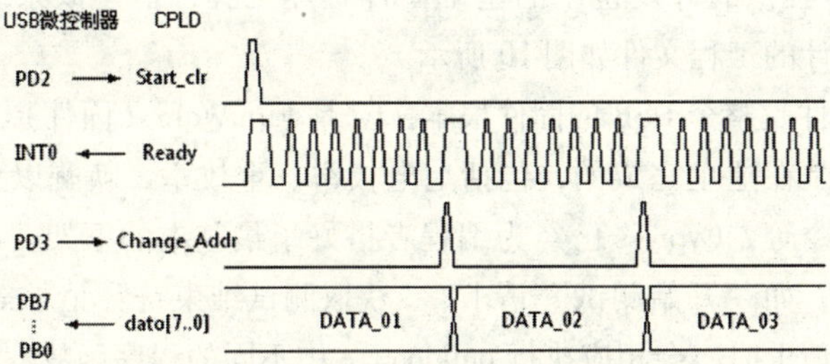

图 9 USB 微控制器与 CPLD 通信总时序

当 USB 微控制器接收完数据，会将所有 64 个 64 位数据，共计 4kbit，从缓存中写入到 USB 端点，并修改“测试结束符”为“已结束”，等待上位机 PC 接收。

电阻档位的信息通过 USB 微控制器的 PD6 和 PD5 引脚，发送到 CPLD 的 Level［1..0］两位端口，具体方式见后文。

3.2 USB 微控制器固件程序设计

3.2.1 程序设计环境简介

由于 USB 微控制器实际是由一个增强型的 8051 单片机内核控制，所以其程序代码撰写使用 Keil Software 公司的 51 系列兼容单片机 C 语言开发软件 Keil uVision2。

而固件程序的下载，还有程序的测试，则使用 Cypress 公司提供的 USB 开发软件 Cypress USB console，该软件专门用于该公司的 USB 微控制器系列芯片的开发，能简单方便地通过 USB 接口对 USB 微控制器进行测试，接收和发送的数据也能很清楚地显示出来。

3.2.2 C 语言程序设计

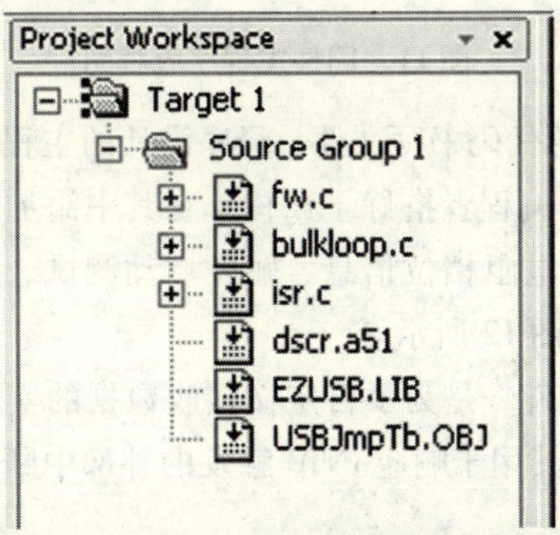

图 10 USB 微控制器固件程序工程文件

根据 Cypress 提供的开发包中的基础固件程序工程，搭建该系统所需功能的程序。固件程序设计的工程文件如图 10 所示。

fw. c 这个文件是整个 USB 的固件根本，fw 是 FirmWare（固件）的缩写，USB 协议方面的通信都是在这里完成的，包括上电枚举、重枚举、唤醒以及调用用户自己的程序和控制命令等，Cypress 已经为编程者搭好了最基本的框架。在该文件中添加多个自定义请求，如“开始测试”请求、“获取测试结束符”请求等，当上位机 PC 发送不同的设备请求时，会相应执行 bulkloop. c 中不同的程序函数。该文件的程序流程图如图 11 所示。

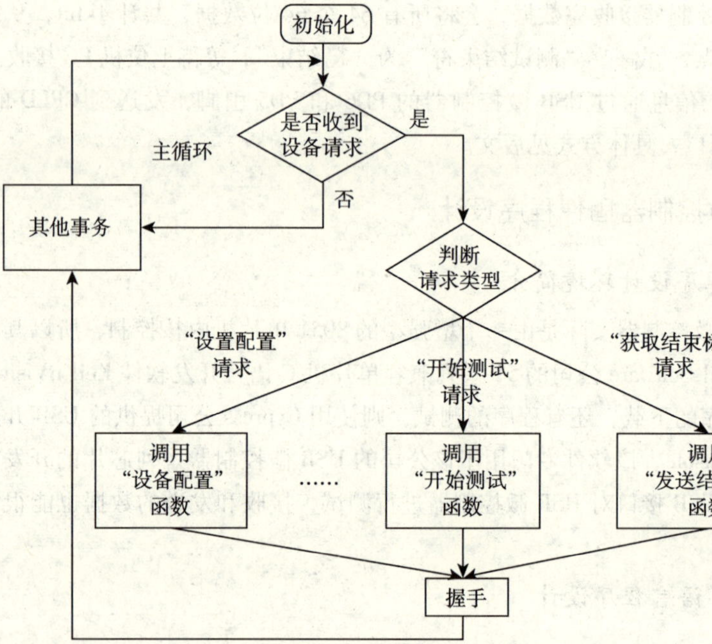

图 11 固件主程序流程图

bulkloop. c 是编程者的代码书写文件。程序设计的主程序代码都在这个文件里书写。同样，Cypress 已经为编程者搭好了架构。在其中添加多个函数，分别对应 fw. c 中的设备请求，实现传递电阻档位信息、触发启动测试、回应测试状态等功能。该文件的几个函数流程图如图 12 所示。

Isr. c 是中断程序的文件，是为了自定义接收数据的实现而新建的程序文件，其中撰写中断函数的代码，其用于响应 INT0 触发的外部中断。中断程序函数的流程图如图 13 所示。

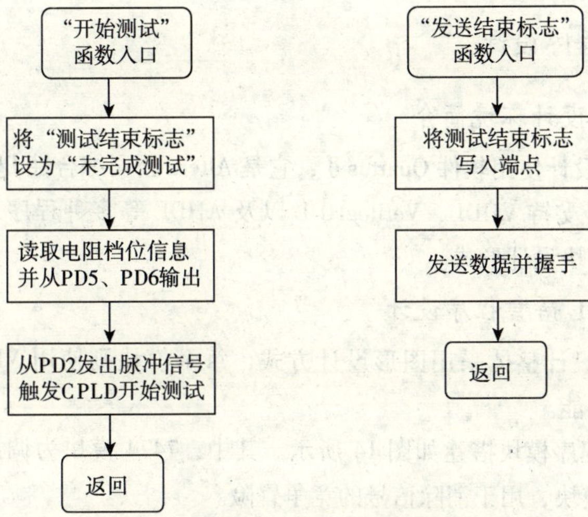

“开始测试”函数入口
将“测试结束标志”设为“未完成测试”
读取电阻档位信息并从PD5、PD6输出
从PD2发出脉冲信号触发CPLD开始测试
返回
“发送结束标志”函数入口
将测试结束标志写入端点
发送数据并握手
返回

图 12 buckloop.c 中自定义程序函数路程图

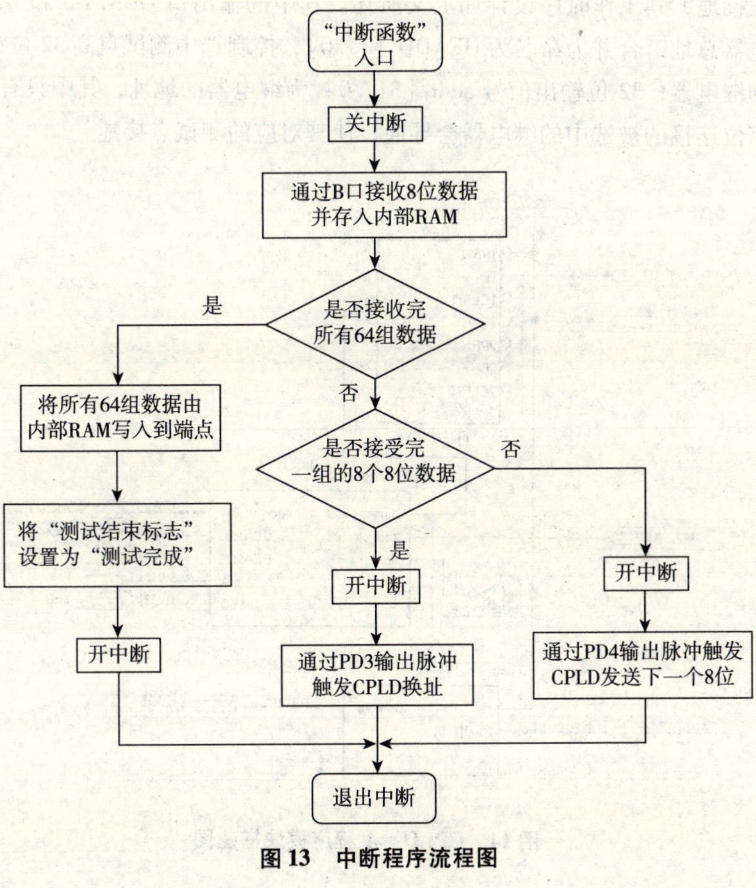

“中断函数”入口
关中断
通过B口接收8位数据并存入内部RAM
是否接收完所有64组数据
是
否
将所有64组数据由内部RAM写入到端点
将“测试结束标志”设置为“测试完成”
开中断
是否接受完一组的8个8位数据
否
是
开中断
通过PD3输出脉冲触发CPLD换址
开中断
通过PD4输出脉冲触发CPLD发送下一个8位
退出中断

图 13 中断程序流程图

3.3 CPLD 的程序设计

3.3.1 程序设计环境简介

CPLD 的程序设计使用软件 QuartusⅡ，它是 Altera 公司综合性 PLD（可编程逻辑器件）开发软件，支持 VHDL、VerilogHDL 以及 AHDL 等多种程序设计语言输入形式，还包括图形模块设计形式。

3.3.2 VHDL 语言程序设计

CPLD 的程序设计整体采用图形设计方式，每个模块则使用 VHDL 语言进行编程，实现其各自功能。

CPLD_ A 的程序模块搭建如图 14 所示。其中，7474 模块为调用 QuartusⅡ模块库中的 D 触发器模块，用于消除信号的竞争冒险。

add_ control 模块为继电器控制模块，其主要功能是切换继电器地址，依次将测试点单独接地，其工作时序设计如上文所述。其中的输出口 OEADD0 和 OEADD1 为两路继电器总址，合并为命名为 OEADD［1..0］，控制选中测试点高 32 位或低 32 位所对应的继电器；32 位输出信号 addr［31..0］为继电器的地址，其中只有一位为高电平，该位连接的被选中的继电器会导通，使其对应的测试点接地。

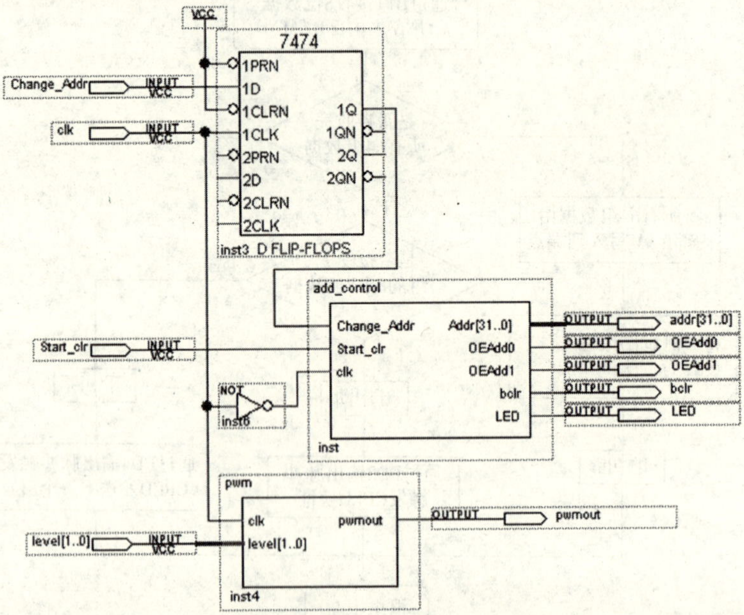

图 14 CPLD_ A 程序模块搭建图

add_ control 模块的时钟输入 clk 与 D 触发器的时钟反相，有效地防止了输入信号与时钟信号的竞争冒险。输出信号 LED 为指示灯信号，每次换址输出信号 LED 都会取反，系统实际进行工作的时候，它会控制一个发光二极管闪烁，表示系统正在进行检测工作。输出信号 bclr 是 CPLD_ A 发给 CPLD_ B 的触发信号，用于同步两块 CPLD 时序。

pwm 模块是参考电压设置模块，其输出信号 pwmout 就是参考电压脉宽调制信号 RVPWM，而其输入信号 Level［1..0］是接收来自 USB 微控制器 PD6 和 PD5 引脚的输出信号。测试开始时，USB 微控制器会提前根据上位机发出的档位设定信息，选择将 PD6 和 PD5 置为高电平或是低电平。pwm 模块根据 Level［1..0］端口输入的数据，确定档位，决定其输出 pwmout 的方波脉宽，即输出 RVPWM 的脉宽，从而决定参考电压大小。

CPLD_ B 的程序模块搭建如图 15 所示。其中的 7474 模块同 CPLD_ A 的设计。

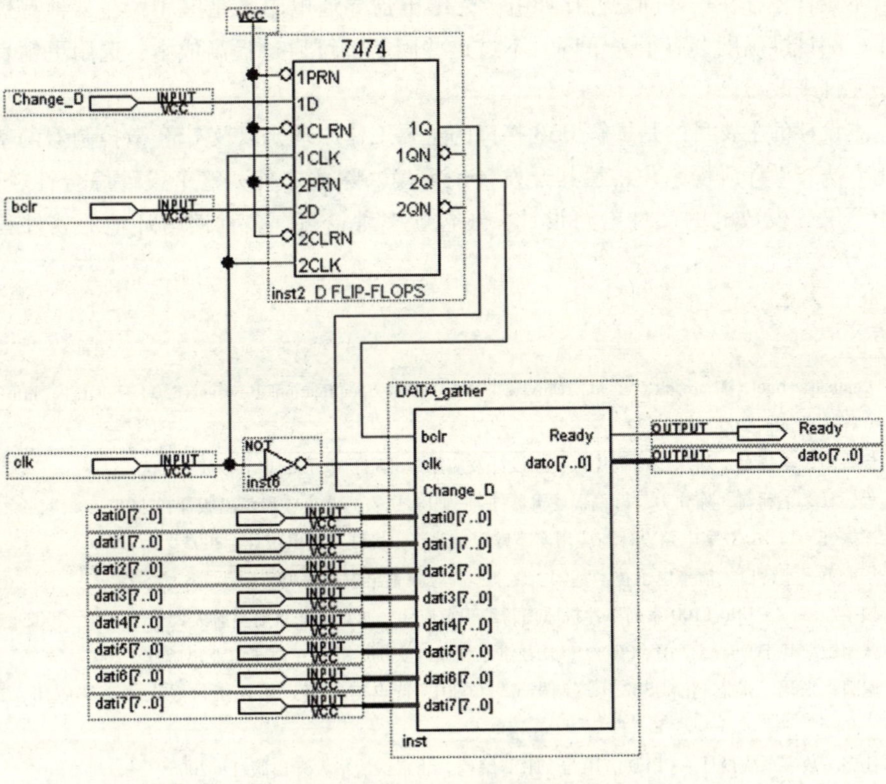

图 15　CPLD_ A 程序模块搭建图

DATA_ gather 模块为数据选择模块，其输入 dati0［7..0］到 dati7［7..0］共 64 位，分别接入 64 位通断数据，由输入端 Change_ D 触发，依次将 dati7［7..0］

到 dati0［7..0］发送到输出口 dato［7..0］，传给 USB 微控制器，时序如上文所述。

当 DATA_ gather 模块检测到输入端 bclr 为高电平时，会令 Ready 置为高电平，表示光继电器正在切换，未准备好发送数据，延时之后令数据输出 dato［7..0］与输入数据 dati7［7..0］相连接，再把 Ready 置为低电平，表示准备完成，触发 USB 微控制器中断，接收第一组数据，时序如图 8 所示。

4. 结论

本设计完成了基于 USB 数据传输的电路检测系统的制作，包括系统硬件以及各部分的软件程序。设计完成了设计的各项功能需求，经测试也达到了预期的各项性能指标，但其中的隔离电压性能指标，未经测试，仅为理论达到指标。

本设计还存在一些问题，比如由于光继电器导通电阻不足够小，在某种特殊情况下，测试准确度会有很大下降，不过这些问题都可通过提高成本、选用更精良的电子元件来改善。

本设计的主要目的是了解 USB 接口的主要工作原理，以及 USB 微控制器的基本使用方法、设计流程，并熟悉其开发环境环境。除此之外，整个设计综合性较强，其中不仅有模数电的硬件电路设计，还包含多种语言、多种编写环境的软件程序设计。

参考文献

［1］Compaq，Intel，Microsoft，et al. Universal Serial Bus Specification Revision 2.0［S/OL］. http：//www.usb.org，2000－04－27

［2］杨将新，李华军，刘东骏. 单片机程序设计及应用. 北京：电子工业出版社，2006

［3］程云长，王莉莉，陈立力. 可编程逻辑器件与 VHDL 语言. 北京：科学出版社，2005

［4］王振红. VHDL 数字电路设计与应用实践教程. 北京：机械工业出版社，2005

［5］华成英，童诗白. 模拟电子技术基础. 北京：高等教育出版社，2006

［6］颜荣江. EZ－USB 2100 系列单片机原理、编程及应用. 北京：北京航空航天大学出版社，2002

［7］张丽敏. 基于 Quartus2 的 CPLD/CPLD 数字系统设计实例. 北京：电子工业出版社，2007

［8］扈啸，张玘，张连超. USB2.0 控制器 CY7C68013 特点与应用. 单片机与嵌入式系统应用，2002（10）

［9］杜克. 数字系统设计－CPLD 应用与 VHDL 编程. 北京：清华大学出版社，2005

［10］杨恒，卢飞成. CPLD/VHDL 快速工程实践入门与提高. 北京：北京航空航天大学出版社，2003

附 1：系统实物照片

附 2：相关符号定义及说明

符号	名称	说明
	DVcc	数字 3.3V 电源
	DGND	数字地
	AVcc	模拟 1.5V 电源
	AVdd	模拟 5V 电源
	AGND	模拟地
	RV	比较器参考电压（电位）
	M1［01］－M1［64］	接口 1 测试点
	M2［01］－M2［64］	接口 2 测试点
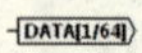	DATA［n］	检测数据其中一路
	DATA［01］－DATA［64］	64 路检测数据
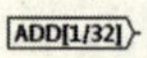	ADD［n］	测试点继电器地址其中一路
	ADD［01］－ADD［32］	32 路测试点继电器地址
	OEADD［n］	测试点继电器总址其中一路
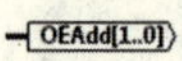	OEADD［0］－OEADD［1］	2 路测试点继电器总址
	RVPWM	参考电压脉宽调制

利用 MATLAB 对非对称结构进行时程分析

费翔　李立明　胡文柱　金亚明　田瑞平

指导教师：符川 讲师

［摘　要］本文利用数学计算软件 MATLAB 对非对称结构的被动控制进行了分析，对一三层空间框架模型放置减振装置，加载地震波并进行时程响应分析，并比较了无控结构和受控结构的时程响应结果，表现出被动控制的显著效果。

［关键词］非对称结构；被动控制；结构响应；MATLAB 程序

1. 选题背景

强烈地震和风荷载给人类造成巨大的损失，在结构的适当位置设置阻尼器来改变结构由外部激励所产生的反应是一种经济有效的方法。虽然土木工程中调频液柱阻尼器（tuned liquid column damper，TLCD）的研究及应用时间不长，但已取得了重要的研究成果，其有效性已在实际结构的应用中得到证实，但还有许多问题有待研究。从已有的国内外参考文献来看，目前的减振控制研究大都将结构简化成平面模型进行控制，然而现代建筑体型多样化导致结构质量中心和刚度中心不重合，在外力作用下迫使结构产生扭转耦联的空间振动。

传统的调频液柱阻尼器 TLCD 的自振频率与倾斜角和液柱有效长度有关。由于结构地震反应谱的卓越周期范围一般在 0. 1 ~2. 5s 范围之间变动，因此只有当液柱有效长度小于 3 米时才有可能在此范围取值，满足调谐比（阻尼器和结构的频率比）的要求；但另一方面，欲取得满意的减震效果，由于阻尼器和结构的质量比的需要有效长度又不能太小。因此，常规 TLCD 在抗震领域的应用受到了极大的限制。因此，通常如果按质量比要求，有效长度取值较大，则 TLCD 的周期将远超过 2. 5s，而周期远超过 2. 5s 的结构一般也极少，同时已经超出地震激励的一般频谱范围。在这种情况下，根据动力吸振器理论，尽管 TLCD 可以用于抗风，但对抗震而言则难以应用。调频气压液柱阻尼器（tuned liquid column gas damper，TLCGD）是一种从调频液柱阻尼器发展而来的新型而有效的结构减震装置。在 U/V 形阻尼器液柱上加上封闭式气压不仅增加了它的使用范围，使频率扩大到 5Hz，并且提高了结构的有效阻尼。Hochrainer 研究该阻尼器用于抑制高层建筑结构在单向动力作用下的水平振动。Reiterer 研究这种阻尼器抑制大跨度桥梁在水平和竖向地震作用下所发生的桥板扭转耦联振动。本人利用 TLCGD 对非对称高层建筑振动控制进行研究。对于弱扭转结构，偏心放置 U/V 形阻尼器能有效控制以水平为主的耦联反应。因此，鉴于该阻尼器的优越性，它一定会在土木工程结构的减振中发挥越来越大的作用。

2. 调频气压液柱阻尼器

调频气压液柱阻尼器的构造如图 1 所示。由装有液体的 U/V 形刚性管柱组成，管柱的截面可以为方形、圆形或其他形状。B 和 H 为液柱（一段水平管道和两段斜向管道）的长度，其对应的截面面积为 A_B 和 A_H。管道系统的末端密封并充满气体，两端气压参照平衡压力 p_0 表示为 p_1 和 p_2。u 为液体沿管壁的相对位移。该阻尼器直接固定在高层建筑的楼面或屋面，设计成封闭式框架使其在振动过程中具有更好的稳定性。

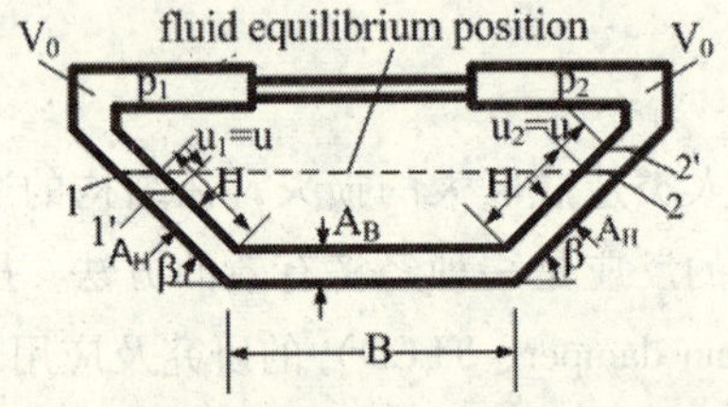

图 1　U/V 形 TLCGD，液体体积 $2HA_H + BA_B$。单边气体体积 $V_0 = A_H H_a$

2.1　液体的运动方程

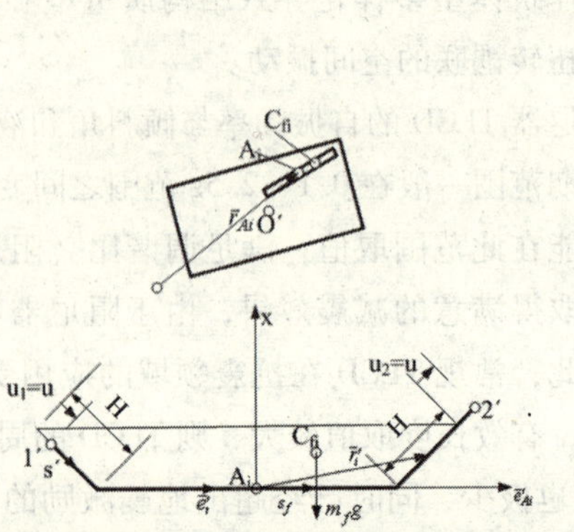

图 2　TLCGD 水平运动

假设在结构第 i 层放置一调频气压液柱阻尼器，并与 y 方向成 γ 角，$A_i(y_{Ai}, z_{Ai}, 0)$，在刚性管道系统中理想液体的运动方程由广义 Bernoulli 方程建立：

$$\int_{1'}^{2'} \vec{a} \cdot \vec{e}'_t \, ds' = -g(x_2 - x_1) - \frac{1}{\rho}(p_2 - p_1) \tag{1}$$

其中 $\vec{a}$ 为 TLCGD 中液体运动的绝对加速度，ρ 为液体的密度，$g = 9.81 \frac{m}{s^2}$ 为重力加速度，$x_2 - x_1$ 为液面高度差。当管道系统封闭时，以准静态压力作用于液体表面的气体缓慢移动（活塞运动）并且液体最大相对位移限制为 $\max|u| \leqslant \frac{H_a}{3}$，因此气压差可以近似线性化 $p_2 - p_1 \approx \frac{2np_0u}{H_a}$，$1 \leqslant n \leqslant 1.4$。式中 H_a 为气体有效高度。将液体非线性阻尼力 $\delta_L|\dot{u}|\dot{u}$ 用等效线性阻尼力 $2\zeta_A\omega_A\dot{u}$ 代替，采用能量等效原则确定 TLCGD 的等价线性阻尼比 $\zeta_A = (4/3\pi)\max|u|\delta_L$，即认为在振动 1 周内液体等效阻尼与实际非线性阻尼消耗的能量相同，并加入方程（1）中。假定扭转角非常小 $|\theta| << 1$，得到 TLCGD 在地震作用下的运动方程：

$$\ddot{u} + 2\zeta_A\omega_A\dot{u} + \omega_A^2 u =$$

$$-\kappa\{[\ddot{v}_g + \ddot{v}_i - (z_{Ai} - z_{C_{Mi}})\ddot{\theta}_i]\cos\gamma + [\ddot{w}_g + \ddot{w}_i + (y_{Ai} - y_{C_{Mi}})\ddot{\theta}_i]\sin\gamma\}, \kappa = \frac{B + 2H\cos\beta}{L_{eff}},$$

$$L_{eff} = 2H + \frac{A_H}{A_B}B \tag{2}$$

阻尼器的自振频率为：

$$\omega_A = \sqrt{\frac{2g}{L_{eff}}\left(\sin\beta + \frac{h_0}{H_a}\right)}, \quad h_0 = \frac{np_0}{\rho g} \tag{3}$$

传统的调频液柱阻尼器 TLCD 的自振频率与倾斜角 β（$\frac{\pi}{4} < \beta \leqslant \frac{\pi}{2}$）和液柱有效长度 L_{eff} 有关。由于液柱的长度不能设计得太短，因而影响了 TLCD 的使用。适当调整被封闭的气压能扩大阻尼器频率的使用范围，h_0 为重要的调频参数。线性阻尼足够大能避免地震竖直加速度或扭转带来的参数激励。液体最大相对速度控制在 10m/s 以下，以保证液体气体接触面水平。最大液体相对位移 $\max|u| < \frac{H}{2}$ 以保证阻尼器斜管不出现无水现象。

2.2 控制力

TLCGD 与建筑结构在振动过程中发生的相互作用力和力矩利用动量和角动量守恒得出，

$$F_{Aiy} = m_f\left[\ddot{v}_g + \ddot{v}_i - \frac{(z_{Ai} - z_{C_{Mi}})\ddot{u}_{Ti}}{r_{Si}}\right] + \bar{\kappa} m_f \ddot{u}\cos\gamma ,$$

$$F_{Aiz} = m_f\left[\ddot{w}_g + \ddot{w}_i - \frac{(y_{Ai} - y_{C_{Mi}})\ddot{u}_{Ti}}{r_{Si}}\right] + \bar{\kappa} m_f \ddot{u}\sin\gamma ,$$

$$\bar{\kappa} = \frac{\kappa L_{eff}}{L_1}, L_1 = 2H + \frac{A_B}{A_H}B, u_{Ti} = \theta_i r_{Si}, M_{Aix} = \frac{m_f \bar{\kappa}_3 H^2 \ddot{u}_{Ti}}{r_{Si}} \tag{4}$$

m_f 为 TLCGD 中液体的质量。作用在 A_i 点的控制力将对质量中心产生扭转力矩：

$$M_{C_M x} = M_{Aix} - F_{Aiy}(z_{Ai} - z_{C_{Mi}}) + F_{Aiz}(y_{Ai} - y_{C_{Mi}}).$$

3. 调频气压液柱阻尼器的最优位置

对于非对称高层建筑，刚性楼面拥有 3 个自由度，2 个水平分量和绕竖轴的转动分量。任意振型的水平位移和扭转转化成以速度中心（center of velocity）为基点的扭转。如果所有振型的速度中心位于楼面外，该结构产生以水平为主的振动。U/V 形 TLCGD 的最佳位置为，使其到速度中心的垂直距离最大，$z = -\frac{b}{2}$，如图 3 所示。对于高层建筑来说，只考虑基本振型控制是不够的，因此设置多个阻尼器分别控制其不同的振型。所有液柱阻尼器可以设置在顶层，但对于高阶振型，中间层振动更大，在该层设置阻尼器能达到更有效的控制。

4. 参数的优化设计

4.1 振型优化

假定设置一个液柱阻尼器来控制主结构的某个振型，并且结构自振频率很好的分离。在主结构 - TLCGD 体系和主结构 - TMD 体系中，如图 4 所示，阻尼器运动方程和控制力中的位移采用所控制的振型 j 近似表示：$v_i = q_j\varphi_{j(3i-2)}$，$w_i = q_j\varphi_{j(3i-1)}$，$u_{Ti} = r_{Si}\theta_i = q_j\varphi_{j3i}$。分析这两种系统的耦联方程，得出液柱阻尼器与质量阻尼器参数的关系式，利用 Den Hartog 公式转化，从而得到液柱阻尼器的优化参数。

Den Hartog 推导出主结构在不含阻尼的情况下受到谐和外力作用时，最佳化调谐质量阻尼器的阻尼比和最佳化频率比，使得主结构的位移反应放大系数在频率域范围中有最小值：

$$\delta_{jopt}^{*} = \frac{f_{Aj,opt}^{*}}{f_{Sj}^{*}} = \frac{1}{1 + \mu_j^{*}}, \quad \zeta_{jopt}^{*} = \sqrt{\frac{3\mu_j^{*}}{8(1 + \mu_j^{*})}} \tag{5}$$

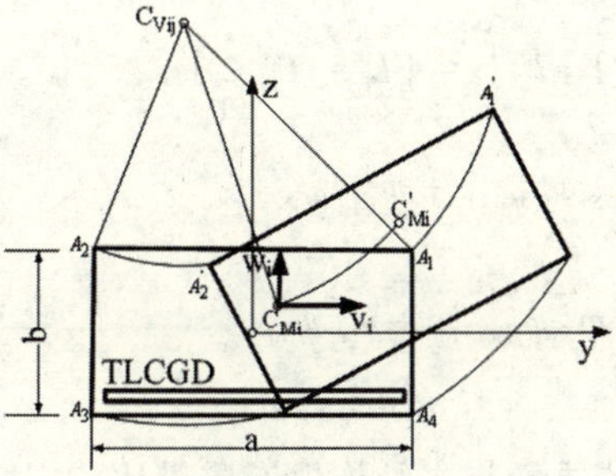

图 3　非对称高层建筑调频气压液柱阻尼器的最优位置

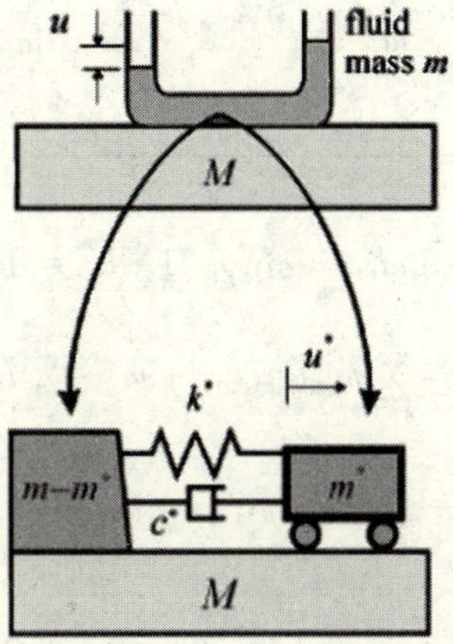

图 4　类比液柱阻尼器和质量阻尼器

方程（5）同样适合主结构在谐和地面加速度作用下，绝对加速度放大系数达到最小值。主结构－TLCGD 体系和主结构－TMD 体系在振型 j 的运动方程：

$$\begin{bmatrix} 1+\mu_j & \bar{\kappa}(v_{Aij}\cos\gamma + w_{Aij}\sin\gamma)\dfrac{m_{fj}}{m_j} \\ \kappa(v_{Aij}\cos\gamma + w_{Aij}\sin\gamma) & 1 \end{bmatrix}\begin{bmatrix}\ddot{q}_j \\ \ddot{u}\end{bmatrix} + \begin{bmatrix} 2\zeta_{Sj}\omega_{Sj} & 0 \\ 0 & 2\zeta_{Aj}\omega_{Aj}\end{bmatrix}\begin{bmatrix}\dot{q}_j \\ \dot{u}\end{bmatrix} + \begin{bmatrix}\omega_{Sj}^2 & 0 \\ 0 & \omega_{Aj}^2\end{bmatrix}\begin{bmatrix} q_j \\ u\end{bmatrix} = -\begin{bmatrix}\dfrac{\vec{L}_j^T}{m_j} \\ \kappa\vec{r}_S^T\end{bmatrix}\ddot{x}_g + \begin{bmatrix}\dfrac{\vec{\varphi}_j^T\vec{F}(t)}{m_j} \\ 0\end{bmatrix} \tag{6}$$

、

$$\begin{bmatrix} 1+\mu_j^* & (v_{Aij}\cos\gamma + w_{Aij}\sin\gamma)\dfrac{m_{Aj}^*}{m_j^*} \\ (v_{Aij}\cos\gamma + w_{Aij}\sin\gamma) & 1 \end{bmatrix}\begin{bmatrix}\ddot{q}_j \\ \ddot{u}^*\end{bmatrix} + \begin{bmatrix} 2\zeta_{Sj}^*\omega_{Sj}^* & 0 \\ 0 & 2\zeta_{Aj}^*\omega_{Aj}^*\end{bmatrix}\begin{bmatrix}\dot{q}_j \\ \dot{u}^*\end{bmatrix} + \begin{bmatrix}\omega_{Sj}^{*2} & 0 \\ 0 & \omega_{Aj}^{*2}\end{bmatrix}\begin{bmatrix} q_j \\ u^*\end{bmatrix} = -\begin{bmatrix}\dfrac{\vec{L}_j^{*T}}{m_j^*} \\ \vec{r}_S^T\end{bmatrix}\ddot{x}_g + \begin{bmatrix}\dfrac{\vec{\varphi}_j^T\vec{F}(t)}{m_j^*} \\ 0\end{bmatrix} \tag{7}$$

、

$$\mu_j = \frac{m_{fj} V_{ij}^2}{m_j} < 6\% \text{ , } \mu_j^* = \frac{m_{Aj}^* V_{ij}^{*2}}{m_j^*} \text{ , } V_{ij}^2 = V_{ij}^{*2} + \bar{\kappa}_3 \left(\frac{\varphi_{j3i} H}{r_{Si}} \right)^2 \text{ , } V_{ij}^{*2} = v_{Aij}^2 + w_{Aij}^2 \text{ ,}$$

$$v_{Aij} = \frac{\varphi_{j(3i-2)} - \varphi_{j3i}(z_{Aij} - z_{C_{Mi}})}{r_{Si}} \text{ , } w_{Aij} = \varphi_{j(3i-1)} + \frac{\varphi_{j3i}(y_{Aij} - y_{C_{Mi}})}{r_{Si}} \text{ ,}$$

$$\vec{r}_S^T = [\cos\gamma \quad \sin\gamma \quad] \text{ , } \vec{L}_j^T = [L_{jy} \quad L_{jz} \quad] \text{ , } \vec{L}_j^{*T} = [L_{jy}^* \quad L_{jz}^* \quad] \text{ ,}$$

$$L_{jy} = \sum_{n=1}^{N} m_{Sn} \varphi_{j(3n-2)} + m_{fj} v_{Aij} \text{ , } L_{jz} = \sum_{n=1}^{N} m_{Sn} \varphi_{j(3n-1)} + m_{fj} w_{Aj} \text{ ,}$$

$$L_{jy}^* = \sum_{n=1}^{N} m_{Sn}^* \varphi_{j(3n-2)} + m_{Aj}^* v_{Aij} \text{ , } L_{jz}^* = \sum_{n=1}^{N} m_{Sn}^* \varphi_{j(3n-1)} + m_{Aj}^* w_{Aij} \tag{8}$$

其中μ_j，ζ_{Sj}，ω_{Sj}和ω_{Aj}为TLCGD中液体质量与主结构模态质量比，主结构阻尼比（$\zeta_{Sj} << 1$），主结构自振频率和TLCGD的自振频率。μ_j^*，ω_{Sj}^*和ω_{Aj}^*为TMD质量与等效结构模态质量比，等效结构自振频率和TMD的自振频率。TLCGD中液体质量与主结构模态质量之比越大，控制和减振效果越好，但因经济因素不能无限扩大，因此在实际工程中$\mu_j < 6\%$。比较方程（6）和（7）得到两种系统质量比，频率比和阻尼比的关系式：

$$\mu_j^* = \mu_j \frac{\kappa\bar{\kappa}\left(\frac{V_{ij}^*}{V_{ij}}\right)^2}{1 + \mu_j\left[1 - \kappa\bar{\kappa}\left(\frac{V_{ij}^*}{V_{ij}}\right)^2\right]} < \mu_j$$

$$\delta_{jopt} = \frac{f_{Aj,opt}}{f_{Sj}} = \frac{\delta_{jopt}^*}{\sqrt{1 + \mu_j\left[1 - \kappa\bar{\kappa}\left(\frac{V_{ij}^*}{V_{ij}}\right)^2\right]}}$$

$$\zeta_{Aj} = \zeta_{Aj}^* \tag{9}$$

TLCGD中液体质量与主结构模态质量之比μ_j和其最佳频率比δ_{jopt}与TMD相比减小，然而最佳阻尼比ζ_{jopt}不变。TLCGD中液体质量有一部分$m_f(1 - \kappa\bar{\kappa})$作为附加质量（dead mass）作用于主结构上（取决于阻尼器的几何形状）使得主结构原有的自振频率略为降低。

4.2 状态空间优化

单个气压液柱阻尼器控制结构某个振型，其优化参数由Den Hartog转化得出。考虑邻近振型的影响，多个气压液柱阻尼器的参数在结构状态空间进行优化，使得每个气压液柱阻尼器参数更合理。

联合气压液柱阻尼器的运动方程，结构的运动方程及控制力的表达式，可得到整个控制体系在地震作用下的运动方程：

$$\underset{\sim}{M}_C \ddot{\vec{x}} + \underset{\sim}{C}_C \dot{\vec{x}} + \underset{\sim}{K}_C \vec{x} = -\underset{\sim}{M}_{gC} \ddot{\vec{x}}_g \tag{10}$$

上式中 $\underset{\sim}{M}_C$，$\underset{\sim}{C}_C$，$\underset{\sim}{K}_C$ 分别为结构（包括阻尼器控制系统）的总体质量矩阵，阻尼矩阵和刚度矩阵。$\ddot{\vec{x}}_g$ 为地震加速度向量。$\ddot{\vec{x}} = [\ddot{\vec{x}} \quad \ddot{\vec{u}}]^T$ 为结构和阻尼器的相对加速度。引入状态向量：

$$\dot{\vec{z}} = \underset{\sim}{A}_r \vec{z} + \underset{\sim}{e}_g \ddot{\vec{x}}_g(t), \qquad \vec{z} = [\vec{x}^T \ \vec{u}^T \dot{\vec{x}}^T \dot{\vec{u}}^T]^T \tag{11}$$

$\underset{\sim}{A}_r$ 包含所有相关的系统信息，比如阻尼器的参数。$\underset{\sim}{e}_g$ 为地震作用的影响矩阵。阻尼器的最佳自然频率和阻尼比由下列目标函数最小化来计算：

$$J = \int_{-\infty}^{\infty} \vec{z}_S^T(\omega)\, \underset{\sim}{S} \vec{z}_S(\omega)\, d\omega = 2\pi \bar{b}^T \underset{\sim}{P} \bar{b} \rightarrow Minimum, \quad \vec{z}_S = [\vec{x}^T \quad \dot{\vec{x}}^T]^T \tag{12}$$

式中 $\vec{z}_S$ 表示主结构的状态参数。$\underset{\sim}{S}$ 为半正定矩阵，$\bar{b}$ 为激励向量。$\underset{\sim}{P}$ 由 Lyapunov 代数矩阵解答。通过 MATLAB 编程调用优化工具箱中 *fminsearch* 命令，Den Hartog 参数优化值作为初始值，使得函数 J 快速达到最小值。在这个优化设计过程中为使结果更为精确，液柱阻尼器管道的质量不能忽略。

当阻尼器本身阻尼很小，可以通过在 U/V 形管中加上开有小孔的隔板，调节隔板孔洞的面积来达到所需要的最优阻尼。在最后施工过程中结构频率的变化可简单调节封闭的气压。

由结构在地震和风作用下的数值模拟得到，在振动的前几个周期，调频气压液柱阻尼器无太好的减振效果，因此改为主动式调频气压液柱阻尼器，可藉由控制力的施加而得到不错的减振效果，设计原理参照 Hochrainer。

5. 数值计算

取一三层偏心结构模型，结构每层质量 16×10^3kg，附加质量 6×10^3kg，8×10^3kg，10×10^3kg 依次设在每层楼板 A1 的位置。因此该结构的质量中心在不同竖轴上。结构 y，z 方向的刚度系数分别为 $k_{yi} = 4433.23$kN/m 和 $k_{zi} = 1544.68$kN/m。结构阻尼比取 1%。通过对结构简化模型进行动力特性分析，得到结构简化模型的前三阶振型的频率 1.05Hz、1.72Hz 和 2.22Hz。在顶层放置 3 个 TLCGD 来控制结构前三阶振型，如图 5 所示。TLCGD 中水的质量为 1710kg、670kg 和 210kg。TLCGD 的尺寸如表 1 所示。结构前三个阻尼比增长到 5.73%，4.7% 和 4.3%。图 6 显示系统在基本振型的频率响应曲线，明显看到安装 TLCGD1 使结构的共振响应得到很好抑制。

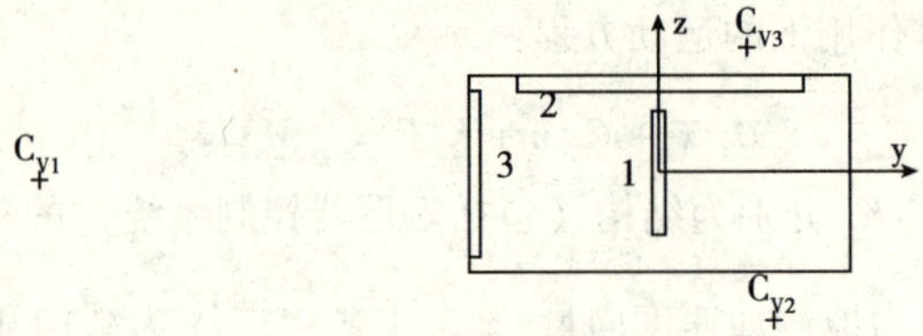

图 5　TLCGD 的设置

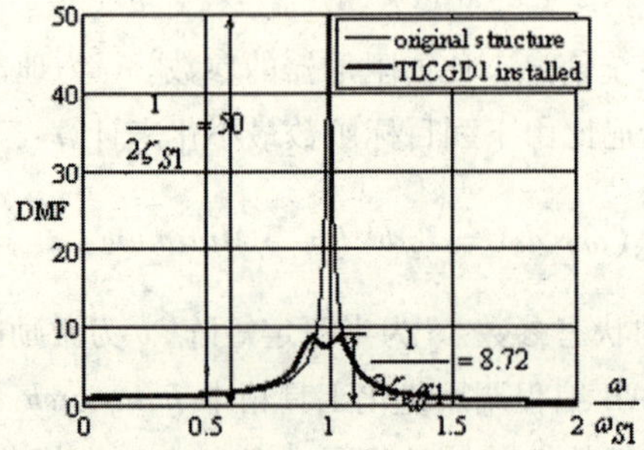

图 6　安装及未安装 TLCGD1 的系统频率响应曲线

采用谐波激励，强度 0.1g，以不同角度作用于结构，图 7 显示状态空间优化的参数明显减少了共振峰值。三个 TLCGD 中液体位移在满足所需限制范围如图 7 所示。该新型阻尼器具体设计过程和数值分析参看参考文献［3］。

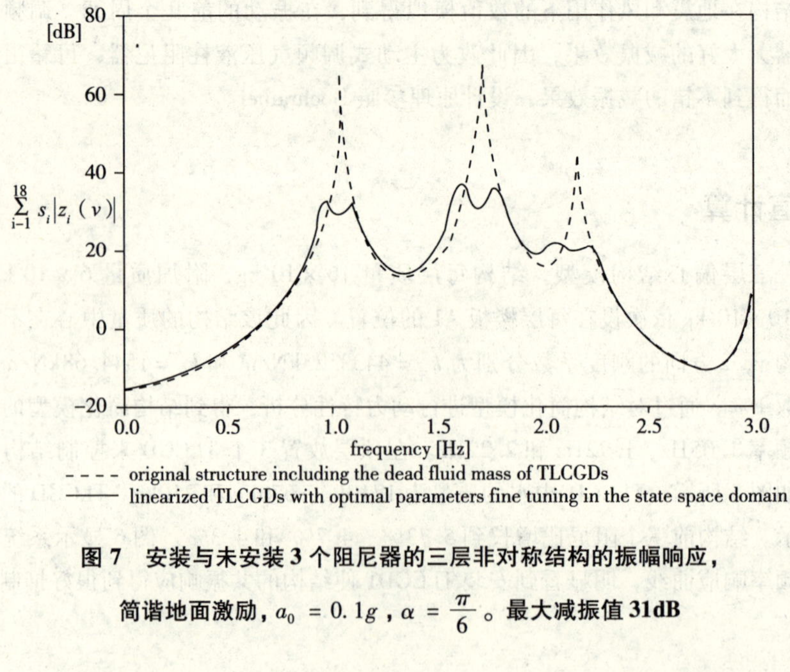

图 7　安装与未安装 3 个阻尼器的三层非对称结构的振幅响应，

简谐地面激励，$a_0 = 0.1g$，$\alpha = \frac{\pi}{6}$。最大减振值 31dB

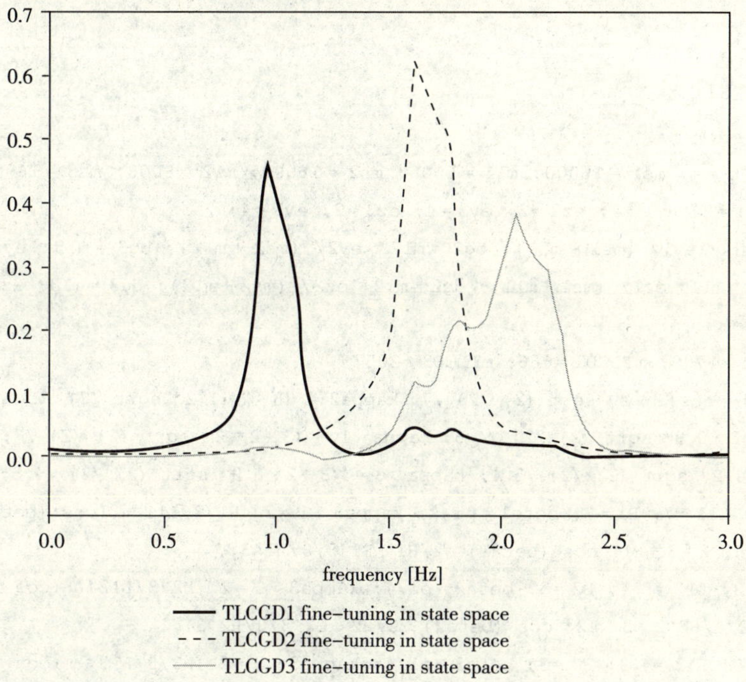

图 8　安装在三层非对称结构 TLCGD 中相对液体位移响应（激励角 $\alpha = \frac{\pi}{6}$）

表 1　　TLCGD 的尺寸

		TLCGD 1	TLCGD 2	TLCGD 3
水平液柱长度 B［m］		3.00	3.00	3.00
倾斜液柱长度 H［m］		2.00	1.20	0.90
截面面积［m^2］		0.2440	0.1240	0.0440
有效长度 $L_{eff} = L_1 = 2H + B$［m］		7.00	5.40	4.80
倾斜角 β［rad］		$\pi/4$	$\pi/4$	$\pi/4$
几何系数 $\kappa = \bar{\kappa}$		0.833	0.88	0.89
几何系数 $\bar{\kappa}_3$		0.80	1.45	2.12
平衡气压 h_0，［m］$n = 1.2$		48.92	64.80	73.39
气体体积 $V_0 = A_H H_a$［m^3］		0.800000	0.250000	0.069000
自振频率 f_{Aopt}［Hz］	Den Hartog	1.02	1.71	2.19
	Fine tuning	1.02	1.68	2.10
最优线性阻尼 %	Den Hartog	8.62	7.31	6.58
	Fine tuning	8.50	5.72	6.20

5. 程序

```
order =9;
nTLCD =3;
a =8; b =4; ms1 =16000; m11 =6000; ms2 =16000; m12 =8000; ms3 =16000; m13 =
10000; ez1 =2; ey1 =4; ez2 =2; ey2 =4; ez3 =2; ey3 =4;
bg1 =m11* ey1/ (ms1 +m11); bg2 =m12* ey2/ (ms2 +m12); bg3 =m13* ey3/ (ms3 +
m13); dg1 =m11* ez1/ (ms1 +m11); dg2 =m12* ez2/ (ms2 +m12); dg3 =m13* ez3/ (ms3 +
m13);
mTLCD1 =1709; mTLCD2 =666; mTLCD3 =205;
kappa1 = (3 +2* 2* sqrt (2) /2) /7; kappa2 = (3 +2* 1.2* sqrt (2) /2) /5.4; kap-
pa3 = (3 +2* 0.9* sqrt (2) /2) /4.8; kappa_ 1 = (3 +2* 2* sqrt (2) /2) /7; kappa_ 2
= (3 +2* 1.2* sqrt (2) /2) /5.4; kappa_ 3 = (3 +2* 0.9* sqrt (2) /2) /4.8;
H1 =2; L11 =7; B1 =3; beta1 =pi/4; kappa3_ 1 =2* H1/3/L11* (cos (beta1) ^2 +3
* B1^2/4/H1^2 +3* B1* cos (beta1) /2/H1 +B1^3/8/H1^3);
H2 =1.2; L12 =5.4; B2 =3; beta2 =pi/4; kappa3_ 2 =2* H2/3/L12* (cos (beta2) ^
2 +3* B2^2/4/H2^2 +3* B2* cos (beta2) /2/H2 +B2^3/8/H2^3);
H3 =0.9; L13 =4.8; B3 =3; beta3 =pi/4; kappa3_ 3 =2* H3/3/L13* (cos (beta3) ^
2 +3* B3^2/4/H3^2 +3* B3* cos (beta3) /2/H3 +B3^3/8/H3^3);
Ix1 =ms1* (a^2 +b^2) /12 +ms1* (dg1^2 +bg1^2) +m11* ( (ey1 -bg1) ^2 + (ez1 -
dg1) ^2);
aa1 =Ix1/ (ms1 +m11);
Ix2 =ms2* (a^2 +b^2) /12 +ms2* (dg2^2 +bg2^2) +m12* ( (ey2 -bg2) ^2 + (ez2 -
dg2) ^2);
aa2 =Ix2/ (ms2 +m12);
Ix3 =ms3* (a^2 +b^2) /12 +ms3* (dg3^2 +bg3^2) +m13* ( (ey3 -bg3) ^2 + (ez3 -
dg3) ^2);
aa3 =Ix3/ (ms3 +m13);
rs1 =sqrt (aa1); rs2 =sqrt (aa2); rs3 =sqrt (aa3);
zaa2 =2; ya3 = -4;
kz =12* 2.1* 10^11* 3923* 10^ (-8) /4/4/4; ky =12* 2.1* 10^11* 11259* 10^ (-
8) /4/4/4;
ky11 =2* ky -6* 201.948* 1000/20; ky12 =ky -6* 100.974* 1000/20; ky41 =2* ky -6
* 387.357* 1000/20; ky42 =ky -6* 206.922* 1000/20; kz11 =2* kz -6* 201.948* 1000/
20; kz12 =kz -6* 100.974* 1000/20; kz41 =2* kz -6* 387.357* 1000/20; kz42 =kz -6*
206.922* 1000/20;
ky13 =2* ky -6* 201.948* 1000/20; ky14 =ky -6* 100.974* 1000/20; ky43 =2* ky -6
```

```
* 440.331* 1000/20; ky44 =ky -6* 233.409* 1000/20; kz13 =2* kz -6* 201.948* 1000/20; kz14 =kz -6* 100.974* 1000/20; kz43 =2* kz -6* 440.331* 1000/20; kz44 =kz -6* 233.409* 1000/20;
    Ms =diag ( [ms1 +m11, ms1 +m11, ms1 +m11, ms2 +m12, ms2 +m12, ms2 +m12, ms3 +m13, ms3 +m13, ms3 +m13]);
    Ks = [3* ky11 +ky41, 0, ( (3* ky11 +ky41) * dg1 + (ky11 -ky41) * b/2) /rs1, -(3* ky12 +ky42), 0, - ( (3* ky12 +ky42) * dg2 + (ky12 -ky42) * b/2) /rs2, 0, 0, 0; ...
      0, 3* kz11 +kz41,   - ( (3* kz11 +kz41) * bg1 + (kz11 -kz41) * a/2) /rs1, 0, - (3* kz12 +kz42), ((3* kz12 +kz42) * bg2 + (kz12 -kz42) * a/2) /rs2, 0, 0, 0; ...
       ((3* ky11 +ky41) * dg1 + (ky11 -ky41) * b/2) /rs1, - ( (3* kz11 +kz41) * bg1 + (kz11 -kz41) * a/2) /rs1, (3* ky11 +ky41) * (b^2/4 +dg1^2) /rs1/rs1 + (3* kz11 +kz41) * (a^2/4 +bg1^2) /rs1/rs1 + (ky11 -ky41) * b* dg1/rs1/rs1 + (kz11 -kz41) * a* bg1/rs1/rs1, - ( (3* ky12 +ky42) * dg1 + (ky12 -ky42) * b/2) /rs1, ( (3* kz12 +kz42) * bg1 + (kz12 -kz42) * a/2) /rs1, - (3* ky12 +ky42) * (b^2/4 +dg1* dg2) /rs2/rs1 - (3* kz12 + kz42) * (a^2/4 +bg1* bg2) /rs2/rs1 - (ky12 -ky42) * b/2* (dg1 +dg2) /rs1/rs2 - (kz12 -kz42) * a/2* (bg1 +bg2) /rs1/rs2, 0, 0, 0; ...
      - (3* ky12 +ky42), 0, - ( (3* ky12 +ky42) * dg1 + (ky12 -ky42) * b/2) /rs1, (3* ky13 +ky43), 0, ( (3* ky13 +ky43) * dg2 + (ky13 -ky43) * b/2) /rs2, - (3* ky14 +ky44), 0, - ( (3* ky14 +ky44) * dg3 + (ky14 -ky44) * b/2) /rs3; ...
      0, - (3* kz12 +kz42),   ( (3* kz12 +kz42) * bg1 + (kz12 -kz42) * a/2) /rs1, 0, (3* kz13 +kz43), - ( (3* kz13 +kz43) * bg2 + (kz13 -kz43) * a/2) /rs2, 0, - (3 * kz14 +kz44), ( (3* kz14 +kz44) * bg3 + (kz14 -kz44) * a/2) /rs3; ...
      - ((3* ky12 +ky42) * dg2 + (ky12 -ky42) * b/2) /rs2, ((3* kz12 +kz42) * bg2 + (kz12 -kz42) * a/2) /rs2, - (3* ky12 +ky42) * (b^2/4 +dg1* dg2) /rs1/rs2 - (3* kz12 +kz42) * (a^2/4 +bg1* bg2) /rs1/rs2 - (ky12 -ky42) * b/2* (dg1 +dg2) /rs1/rs2 - (kz12 -kz42) * a/2* (bg1 +bg2) /rs1/rs2, ( (3* ky13 +ky43) * dg2 + (ky13 -ky43) * b/2) /rs2, - ( (3* kz13 +kz43) * bg2 + (kz13 -kz43) * a/2) /rs2, (3* ky13 +ky43) * (b^2/4 +dg2* dg2) /rs2/rs2 + (3* kz13 +kz43) * (a^2/4 +bg2* bg2) /rs2/rs2 + (ky13 -ky43) * b/2* (dg2 +dg2) /rs2/rs2 + (kz13 -kz43) * a/2* (bg2 +bg2) /rs2/rs2, - ( (3* ky14 +ky44) * dg2 + (ky14 -ky44) * b/2) /rs2, ( (3* kz14 +kz44) * bg2 + (kz14 -kz44) * a/2) /rs2, - (3* ky14 +ky44) * (b^2/4 +dg2* dg3) /rs3/rs2 - (3* kz14 +kz44) * (a^2/4 +bg3* bg2) /rs3/rs2 - (ky14 -ky44) * b/2* (dg2 +dg3) /rs3/rs2 - (kz14 -kz44) * a/2* (bg3 +bg2) /rs3/rs2; ...
    0, 0, 0, - (3* ky14 +ky44), 0, - ( (3* ky14 +ky44) * dg2 + (ky14 -ky44) * b/2) /rs2, 3* ky14 +ky44, 0, ( (3* ky14 +ky44) * dg3 + (ky14 -ky44) * b/2) /rs3; ...
      0, 0, 0, 0, - (3* kz14 +kz44), ( (3* kz14 +kz44) * bg2 + (kz14 -kz44) * a/2) /rs2, 0, (3* kz14 +kz44), - ( (3* kz14 +kz44) * bg3 + (kz14 -kz44) * a/2) /rs3;
```

```
...
    0, 0, 0, - ( (3* ky14 +ky44) * dg3 + (ky14 - ky44) * b/2) /rs3, ( (3* kz14 +
kz44) * bg3 + (kz14 - kz44) * a/2) /rs3, - (3* ky14 +ky44) * (b^2/4 +dg2* dg3) /
rs2/rs3 - (3* kz14 + kz44) * (a^2/4 +bg2* bg3) /rs2/rs3 - (ky14 - ky44) * b/2*
(dg2 +dg3) /rs3/rs2 - (kz14 -kz44) * a/2* (bg2 +bg3) /rs3/rs2, ( (3* ky14 +ky44)
* dg3 + (ky14 -ky44) * b/2) /rs3, - ((3* kz14 +kz44) * bg3 + (kz14 -kz44) * a/2) /
rs3, (3* ky14 +ky44) * (b^2/4 +dg3^2) /rs3/rs3 + (3* kz14 +kz44) * (a^2/4 +bg3^
2) /rs3/rs3 + (ky14 -ky44) * b* dg3/rs3/rs3 + (kz14 -kz44) * a* bg3/rs3/rs3];
    [V, D] =eig (inv (Ms) * Ks); Cmod =2* diag ( [0.01, 0.01, 0.01, 0.01, 0.01,
0.01, 0.01, 0.01, 0.01]) * sqrt (D) * V'* Ms* V; C =V* Cmod* V';
    A1 = (mTLCD1* dg3 -mTLCD2* (zaa2 -dg3) +mTLCD3* dg3) /rs3;
    B1 = ( -mTLCD1* bg3 -mTLCD2* bg3 +mTLCD3* (ya3 -bg3)) /rs3;
    C1 = (mTLCD1* (bg3^2 +dg3^2) +mTLCD2* (bg3^2 + (zaa2 -dg3) ^2) +mTLCD3*
(dg3^2 + (ya3 -bg3) ^2) + (mTLCD1* kappa3_ 1* H1^2 +mTLCD2* kappa3_ 2* H2^2 +mTL-
CD3* kappa3_ 3* H3^2)) /rs3^2;
    MM1 = [mTLCD1 +mTLCD2 +mTLCD3, 0, A1; 0, mTLCD1 +mTLCD2 +mTLCD3, B1; A1, B1,
C1];
    MM2 = [0 0 0; 0 0 0; 0 0 0];
    MM4 = [MM2 MM2 MM2; MM2 MM2 MM2; MM2 MM2 MM1];
    L = [0, 0, 0; 0, 0, 0; 0, 0, 0; 0, 0, 0; 0, 0, 0; 0, 0, 0; 0, mTLCD2* kappa_ 2,
0; mTLCD1* kappa_ 1, 0, mTLCD3* kappa_ 3; -mTLCD1* bg3* kappa_ 1/rs3, -mTLCD2*
(zaa2 -dg3) * kappa_ 2/rs3, mTLCD3* (ya3 -bg3) * kappa_ 3/rs3];
    H = [0, 0, 0, 0, 0, 0, 0, kappa1, 0; 0, 0, 0, 0, 0, 0, kappa2, 0, 0; 0, 0, 0,
0, 0, 0, 0, kappa3, 0];
    P = [0, 0, 0, 0, 0, 0, 0, 0, -kappa1* bg3/rs3; 0, 0, 0, 0, 0, 0, 0, 0, -kap-
pa2* (zaa2 -dg3) /rs3; 0, 0, 0, 0, 0, 0, 0, 0, kappa3* (ya3 -bg3) /rs3];
    % M =Ms +MM4 -L* (H +P); [V, D] =eig (Ks, M);
    M = [Ms +MM4, L; H +P, eye (nTLCD)];% Massenmatrix des Gesamtsystems
    iM =inv (M);% inverse Massenmatrix
    A = [zeros (order +nTLCD), eye (order +nTLCD); ...
    -iM* [Ks, zeros (order, nTLCD); zeros (nTLCD, order +nTLCD)], -iM* [C, ...
    zeros (order, nTLCD); zeros (nTLCD, order +nTLCD)]];% Fundmentalmatrix
    B = [zeros (order +nTLCD), zeros (order +nTLCD); -iM* [eye (order), ...
    zeros (order, nTLCD); zeros (nTLCD, order), eye (nTLCD)], ...
    -iM* [eye (order), zeros (order, nTLCD); zeros (nTLCD, order), eye (nTL-
CD)]];
    % Glied der Fundamentalmatrix
    r = [ 41.0895  111.7022  174.1385    1.0904    1.2049    1.6069];
```

```
R=diag([zeros(1, order), r(1), r(2), r(3), zeros(1, order), r(4), r(5), r(6)]);% Glied der Fundamentalmatrix
Ar=(A+B*R);
s=diag([10, 10, 10, 10, 10, 10, 10, 10, 10, 1, 1, 1, 1, 1, 1, 1, 1, 1, 1, 1, 1, 1, 1, 1]);
sita=0; a11=0.1*9.81; s1=[cos(sita); sin(sita); 0; cos(sita); sin(sita); 0; cos(sita); sin(sita); 0];
eg=[zeros(order); zeros(nTLCD, order); -iM*[Ms+MM4; H]];
eg_1=eg*s1*a11;
% Glied der Fundamentalmatrix
ff=0.001:0.001:3;
for n=1:3000
  z=inv(A-i*(2*pi*ff(1, n))*eye(24))*eg_1;
  zz1(n)=z(1);
  zz2(n)=z(2);
  zz3(n)=z(3);
  zz4(n)=z(4);
  zz5(n)=z(5);
  zz6(n)=z(6);
  zz7(n)=z(7);
  zz8(n)=z(8);
  zz9(n)=z(9);
  zz10(n)=z(10);
  zz11(n)=z(11);
  zz12(n)=z(12);
  zz13(n)=z(13);
  zz14(n)=z(14);
  zz15(n)=z(15);
  zz16(n)=z(16);
  zz17(n)=z(17);
  zz18(n)=z(18);
  zz19(n)=z(19);
  zz20(n)=z(20);
  zz21(n)=z(21);
  zz22(n)=z(22);
  zz23(n)=z(23);
  zz24(n)=z(24);
end
```

```
zz1;
zz2;
zz3;
zz4;
zz5;
zz6;
zz7;
zz8;
zz9;
zz21;
zz13;
zz14;
zz15;
zz16;
zz17;
zz18;
zz19;
zz20;
z1 =abs (zz1);
z2 =abs (zz2);
z3 =abs (zz3);
z4 =abs (zz4);
z5 =abs (zz5);
z6 =abs (zz6);
z7 =abs (zz7);
z8 =abs (zz8);
z9 =abs (zz9);
z21 =abs (zz21);
z13 =abs (zz13);
z14 =abs (zz14);
z15 =abs (zz15);
z16 =abs (zz16);
z17 =abs (zz17);
z18 =abs (zz18);
z19 =abs (zz19);
z20 =abs (zz20);
f1 =s (1, 1) * z1 +s (2, 2) * z2 +s (3, 3) * z3 +s (4, 4) * z4 +s (5, 5) * z5 +s
(6, 6) * z6 +s (7, 7) * z7 +s (8, 8) * z8 +s (9, 9) * z9 +s (21, 21) * z21 +s (13,
```

```
13) * z13 + s (14, 14) * z14 + s (15, 15) * z15 + s (16, 16) * z16 + s (17, 17) * z17 +
s (18, 18) * z18 + s (19, 19) * z19 + s (20, 20) * z20;
  f2 =20* log (f1);
  for n =1: 3000
    za = inv (Ar - i* (2* pi* ff (1, n)) * eye (24)) * eg_ 1;
    zza1 (n) = za (1);
    zza2 (n) = za (2);
    zza3 (n) = za (3);
    zza4 (n) = za (4);
    zza5 (n) = za (5);
    zza6 (n) = za (6);
    zza7 (n) = za (7);
      zza8 (n) = za (8);
    zza9 (n) = za (9);
    zza10 (n) = za (10);
    zza11 (n) = za (11);
    zza12 (n) = za (12);
    zza13 (n) = za (13);
    zza14 (n) = za (14);
      zza15 (n) = za (15);
    zza16 (n) = za (16);
    zza17 (n) = za (17);
    zza18 (n) = za (18);
    zza19 (n) = za (19);
    zza20 (n) = za (20);
    zza21 (n) = za (21);
    zza22 (n) = za (22);
  zza23 (n) = za (23);
    zza24 (n) = za (24);
  end
  zza1;
  zza2;
  zza3;
  zza4;
  zza5;
  zza6;
  zza7;
  zza8;
```

```
zza9;
zza13;
zza14;
zza21;
zza15;
zza16;
zza17;
zza18;
zza19;
zza20;
za1 =abs (zza1);
za2 =abs (zza2);
za3 =abs (zza3);
za4 =abs (zza4);
za5 =abs (zza5);
za6 =abs (zza6);
za7 =abs (zza7);
za8 =abs (zza8);
za9 =abs (zza9);
za21 =abs (zza21);
za13 =abs (zza13);
za14 =abs (zza14);
za15 =abs (zza15);
za16 =abs (zza16);
za17 =abs (zza17);
za18 =abs (zza18);
za19 =abs (zza19);
za20 =abs (zza20);
f3 =s (1, 1) * za1 +s (2, 2) * za2 +s (3, 3) * za3 +s (4, 4) * za4 +s (5, 5) *
za5 +s (6, 6) * za6 +s (7, 7) * za7 +s (8, 8) * za8 +s (9, 9) * za9 +s (21, 21) *
za21 +s (13, 13) * za13 +s (14, 14) * za14 +s (15, 15) * za15 +s (16, 16) * za16 +s
(17, 17) * za17 +s (18, 18) * za18 +s (19, 19) * za19 +s (20, 20) * za20;
f4 =20* log (f3);
```

6. 结论

非对称结构在外力作用下的扭转耦联反应是结构破坏的重要因数。本文研究调频气压液柱阻尼器的抑制水平—扭转振动的性能。该装置通过调节管中气压，扩大

了 TLCD 的使用范围。为了简化研究过程，对液体非线性运动方程进行了等效线性化。足够大的线性化阻尼比能忽略地震竖直作用和扭转所带来的参数激励。液体运动的相对位移满足 $\max|u| \leq \frac{H_a}{3}$，$\max|u| < \frac{H}{2}$，同时相对速度也必须满足 $\omega_{Aj}|u_{\max j}| < 10\frac{m}{s}$。通过状态空间的优化使得阻尼器参数更合理，自振频率变化不大而阻尼比明显减小。对于多自由度结构，在最佳位置设置多个阻尼器分别控制结构的前几个起主导作用的振型。算例分析表明，偏心放置的 TLCGD 可有效抑制结构水平—扭转振动。

参考文献

[1] 黄世敏，魏琏，衣洪建等．地震作用下不对称高层建筑平移－扭转耦联振动的控制研究．工程抗震，2003（4）

[2] 霍林生，李宏男．环形调液阻尼器（CTLCD）对结构平移－扭转耦联振动控制的参数研究．工程力学，2005，22（2）

[3] Hochrainer MJ. Control of vibrations of civil engineering structures with special emphasis on tall buildings. Vienna University of Technology，Austria，2001

[4] 梁枢果．环形可调液体阻尼器对扭转振动控制的实验研究．特种结构，1996，13（3）

[5] Hochrainer MJ. Tuned liquid column damper for structural control. Acta Mechanica 2005，175

[6] Fu Chuan. Effective damping of vibrations of plan – asymmetric buildings. Vienna University of Technology，Austria，2008

[7] Ziegler F，Fu Chuan. Effective vibration damping of plan – asymmetric buildings. *Proc. of The 8th Int. Conf. on Multi – Purpose High – rise Towers and Tall Buildings*（Sabouni，A. – R. R.，El – Sawy，K. M.，eds.），pp. 1 ~13. The International Federation of High – Rise Structures，CD – ROM Paper ID IFHS – 039，Abu Dhabi，2007（www. acevents. ae ́online documents´_ ifhs2007 + ifhs2007dxb _ TB – 28. pdf）.

[8] Fu Chuan，Ziegler F. Vibration prone multi – purpose buildings and towers effectively damped by tuned liquid column – gas dampers. AJCE（Asian Journal of Civil Engineering）2009，10（1）

[9] Ziegler F. Mechanics of Solids and Fluids. corr. Repr. 2nd ed. Springer，New York，1998

[10] Reiterer M. Damping of vibration – prone civil engineering structures with emphasis on bridges. Vienna University of Technology，Austria，2004

[11] Lindner – Silvester T，Schneider W. The moving contact line with weak viscosity effects – an application and evaluation of Shikhmurzaev' s model. Acta Mechanica 2005，176

[12] Den Hartog JP. Mechanical Vibrations. Repr. 4th ed. McGraw – Hill，New York，1956

[13] MATLAB，User Guide，Control Toolbox. MathWorks Inc.，Version 6. 5. 1，2002

温度—应力耦合作用下沥青混合料变形机理

郑伟　蔡青城　李欣宇　任鹏
指导教师：宋志飞 讲师

［摘　要］随着我国国民经济的快速发展和社会对交通运输需求的大幅度增加，高速公路的建设和发展成为我国经济发展水平的风向标。但随着公路运输量日益增长和运输向重型方向发展，路面破坏出现多种形式，并且愈演愈烈。因此，提出适合描述沥青路面热力耦合问题的热粘弹性本构模型，无疑可为定量分析温度和交通共同作用下沥青路面的力学行为和车辙发展预估及防治提供理论依据。

［关键词］高速公路；温度；应力耦合；沥青

1. 前言

随着我国国民经济的快速发展和社会对交通运输需求的大幅度增加，道路运输近些年得到了飞速发展。道路及公路基础设施建设，尤其是高速公路建设，得到了迅猛的发展。截至2010年底，高速公路通车总里程达到7.4万公里，继续居世界第二位。高速公路的建设和发展是国家经济发展水平的风向标，中国高速公路业正处在产业的扩张期，面临着持续繁荣的契机。“十二五”期间，国家将继续保持交通运输基础设施建设适度规模和速度，确保国家扩大内需的重点和续建项目并发挥效益，完善国家综合交通运输基础设施网络。这一方面给我国交通运输发展和公路建设事业提供了巨大的空间，另一方面也对广大道路工作者提出了新的挑战。

虽然我国公路通车总里程已居世界前列，并且进入一个高速公路大发展时期，而沥青路面作为一种无接缝连续路面，具有整体强度高、行车平稳性好、低噪音、振动小、维修比较方便等特点，被我国及世界各国广泛采用，但是，随着公路运输量日益增长和运输向重型方向发展，路面破坏出现多种形式，并且愈演愈烈。分析路面破坏产生的原因，可以归纳为以下几点。

①由疲劳产生的分布裂纹。

②在面层产生的反射裂缝。

③由热膨胀收缩产生的局部裂缝。

④车辙。

⑤局部的冻融破坏。

⑥潮湿引起的损害。

⑦沥青层的剥离、脱落。

上述因素相互作用使得路面破坏机理更为复杂，影响因素更难确定。另外，许多破坏方式出现在不同时间和不同位置，例如车辙容易出现在高温时节，温度裂缝往往出现在低温环境中，疲劳裂缝更容易出现在中等温度季节，且疲劳裂缝根据路面温度和应力条件，有时从路面结构底层向顶层扩展，有时从路面顶层向底层延伸，等等。各种损失十分惊人，路面的实际使用寿命普遍低于设计寿命，路面破坏问题的严重性引起了政府、学术界、工程界、企业界及道路使用者等社会各界的广泛关注。

因此，分析沥青混合料的路面特性及沥青路面破坏形式，通过试验及理论分析深入揭示沥青混合料力学行为，建立材料本构模型，对预测路面路用性能、提高路面抗变形能力、延长路面使用寿命具有重要而深远的意义。

2. 国内外研究现状

2.1 国内方面

沥青混合料本构模型的早期研究主要建立在一些经验公式上，随着细观力学的发展和数值图像技术的成熟，其本构关系的研究逐步从线性粘弹性模型转化到了非线性粘弹塑性模型上。

最简单的粘弹性模型由 1 个弹簧和 1 个阻尼器串联或并联而成，即 Maxwell 模型和 Kelvin 模型。三参数固体模型由 Kelvin 模型与弹簧元件组合而成，具有瞬时弹性特征。三参数流体模型由 Kelvin 模型与粘壶元件组合而成，具有流体流动特征。四参数固体模型由 2 个 Kelvin 模型串联而成，具有瞬时弹性固体特征。四参数流体模型由 Kelvin 模型和 Maxwell 模型串联而成，兼顾瞬时弹性和流体流动特征。指数模型可表征材料的加速蠕变特征。

研究发现，四参数流体模型（Burgers 模型）能够较好地反映沥青混合料线性粘弹性，具有模型参数少且模拟精度较高的特点，因而在实际中得到一定的应用。2004 年，李静进行了沥青混合料路用性能预测模型的研究，以试验研究和数据分析得到的 Burgers 模型为基础，根据各指标特点进行修正后，采用粘弹性层状体系理论对常用的沥青路面结构进行结构分析，得到各指标的性能预测模型。2005 年，吕松涛等人运用粘弹性力学相关理论对沥青混合料的粘弹性参数测定方法进行了分析，提出了该测定方法的数学模型。2006年，彭妙娟和许志鸿通过在广义的Maxwell模型基础上串联一个弹塑性模型，提出了一个非线性的粘弹—弹塑性模型，模型中采用Mises屈服准则和随动强化模型，分析了不同沥青混合料的路面车辙深度，并与相关文献的计算结果进行了比较。2007年，魏建明采用马歇尔试验和S G C旋转压实试验设计沥青混合料配合比并进行高温蠕变试验，试验结果表明，蠕变劲度可客观地反映沥青混合料高温稳定性，沥青混合料 高温稳定性与混合料类型和沥青用量关系密切。2008年，长沙理工大学郑健龙等分析了沥青和沥青混合料的流变特性，做了沥青混合料热粘弹性本构关系试验测定。2009年，张久鹏等人对Burgers模型中的粘弹性弹簧进行改进，认为其弹性模量随应变增大而减小；推导了非线性蠕变模型的本构方程，给出了蠕变应变、蠕变速度和蠕变加速度的解析表达式。2010年龙尧进行了不同荷载、不同作用时间和不同温度下的车辙试验，结合Burgers模型的粘弹性参数，推导了采用粘弹性参数，计算车辙动稳定度计算公式。

2.2 国外方面

2002年，Huang等通过实验发现，沥青混合料在低温、小变形范围内变形接近线弹性，在高温、大变形范围以粘塑性为主，而在通常温度的过渡范围内则主要表现为粘弹性行为。此后，一些研究人员又进一步开展了沥青混合料、沥青马蹄脂的粘弹特性研究。2004年Alrey等人通过动态剪切流变实验，研究了沥青混合料和结合料两种材料变形的线性范围，结果显示，在低温或中等温度下，沥青混合料依赖应变的线性范围约为100微应变（0.01%应变），而沥青结合料有更高的线性范围，约为混合料的100倍（1%应变），而两种材料依赖应力的线性范围约为0.02MPa，超过这个范围或在高温条件下，两者表现为非线性变形。由此可见，沥青混合料是一种非线性粘弹塑性复合材料，其力学行为需要采用非线性粘弹塑性本构关系来描述。但由于影响因素众多，沥青混合料力学行为的研究难度很大。

人们开始从变形机理上探索沥青混合料的粘弹塑性本构关系，通过对其变形机理的研究，发现其变形主要由瞬时弹性变形、粘弹性变形、塑性变形和粘塑性变形组成，分别采用不同模型描述这些分变形，最后加以组合，即可得到所需的本构关系。基于这一思想，1985年Sides等人通过对受压缩和拉伸循环载荷作用的沥青砂试样的残余应变分析，认为材料的总变形可以根据时间依赖性和卸载过程中的可回复性分解为弹性、塑性、粘弹性和粘塑性变形四个部分，并且采用Hooke定律描述弹性变形，采用应力和载荷重复次数的指数模型描述塑性变形，采用带有不同参数的应力和时间指数模型分别描述粘弹性和粘塑性变形，模型中的参数通过一系列重复的蠕变和蠕变回复实验确定。这种通过变形分解的方式建立沥青混合料本构关系的方法，无疑使问题的复杂性大大简化。

3. 小结

沥青混合料的力学特性研究一直得到国内外学者的重视，从20世纪60年代开始，国内外的科技工作者进行了大量的实验和理论研究，并取得了一系列研究成果。综观国内外对沥青混合料的研究现状，可以发现在如下方面的研究相对比较薄弱：沥青混凝土材料是一种典型的热粘弹性材料，其物理力学性能与温度和荷载作用时间密切相关。尽管国内外学者对其本构模型提出了各种不同的方程，但可以用于粘弹性热力耦合问题求解的成果较少。

因此，基于实验研究结果，深入分析温度对沥青混合料力学特性的影响机理，提出适合描述沥青路面热力耦合问题的热粘弹性本构模型，无疑可为定量分析温度和交通共同作用下沥青路面的力学行为和车辙发展预估及防治提供理论依据。

参考文献

[1] 中国交通报. 李盛霖部长在2011年全国交通运输工作会议上的讲话，中华人民共和国交通运输部网站［EB/OL］，http：//www. moc. gov. cn/，2011－02－10

[2] 沈金安. 沥青及沥青混合料路用性能. 北京：人民交通出版社，2001

[3] 张肖宁. 沥青与沥青混合料的粘弹性力学原理及应用. 北京：人民交通出版社，2006

[4] 李静. 沥青混合料路用性能预测模型的研究. 长安大学博士论文，2004

[5] 吕松涛，田小革，郑健龙. 沥青混合料粘弹性参数的测定及其在本构模型中的应用. 长沙交通学院学报，1000－9779（2005）01－0037－06

[6] 彭妙娟，许志鸿. 沥青路面永久变形的非线性本构模型研究. 中国科学，2006，36（4）

[7] 魏建明. 沥青混合料蠕变试验研究. 公路与汽运，1671－2668（2007）04－0118－03

[8] 樊统江，何兆益. 沥青混合料蠕变劲度模量的静态和动态响应. 建筑材料学报，1007－9629（2008）06－0736－05

[9] 张久鹏，黄晓明，高英. 沥青混合料非线性蠕变模型及其参数确定. 长安大学学报，1671－8879（2009）02－0024－04

[10] 龙尧. 沥青混合料车辙实验及粘弹性分析. 长沙理工大学硕士论文，2010

[11] Huang B，Mohamad L，et al. Development of a thermo－viscoplastic constitutive model for HMA mixtures，the Association of Asphalt paving Technologiests 77th Annual Meeting. colorado，2002

[12] Alrey GD，Rahimzadeh B. combined bituminous binder and mixture linear rheopogical properties. construction and Buliding Materials，2004，18（7）

[13] Sides A，Uzan J. et al. Acomprehensive visco－elastoplastic characterization of sang－asohalt under compression and tension cyclic loading，ASTM journal of Testing and Evaluation，1985，13

安心+安全
——北京市石景山区八角社区防灾空间调查

李帅　孙滢　梁倩　陈茜　孟義　梁飞虎　李仲阳
夏海龙　王宣　杨东　刘文芳　张泽月　马赛
指导教师：许方 高级工程师
于海漪 高级工程师

［摘　要］近年来，全球频发的自然和社会灾害的惨痛教训凸显出现代城市的防灾问题。在北京，综合做好防灾、减灾工作是促进城市可持续发展、建设世界城市的重要课题。本调查选取八角社区为对象，通过实地调查、入户调研、问卷调查等方法，对其社区防灾空间现状、社区居民对防灾空间的需求与意识等方面进行调查。结合文献调查，根据相关案例研究与社区防灾空间设计规范，针对调研发现的问题提出改造规划建议，供所调查社区及北京市其他社区参考。

［关键词］北京市；社区防灾空间；调查；改造建议

1. 调查的背景与内容

1.1　背景

1.1.1　近年来灾难频发

近年来，重大地震、气象、地质等自然灾害及火灾等人为灾害的频繁发生，造成了惨重的人员伤亡并对人居环境产生巨大破坏。随着世界城市化水平的提高，城市规模、人口规模不断扩张，建筑密度和容积率不断提高，当发生自然灾害时，那些没有准备的城市或社区，就会出现灾难，如图1所示。

1.1.2　北京面临安全压力

北京市主要的突发公共事件多达40多种，其中主要包括自然灾害、事故灾害、

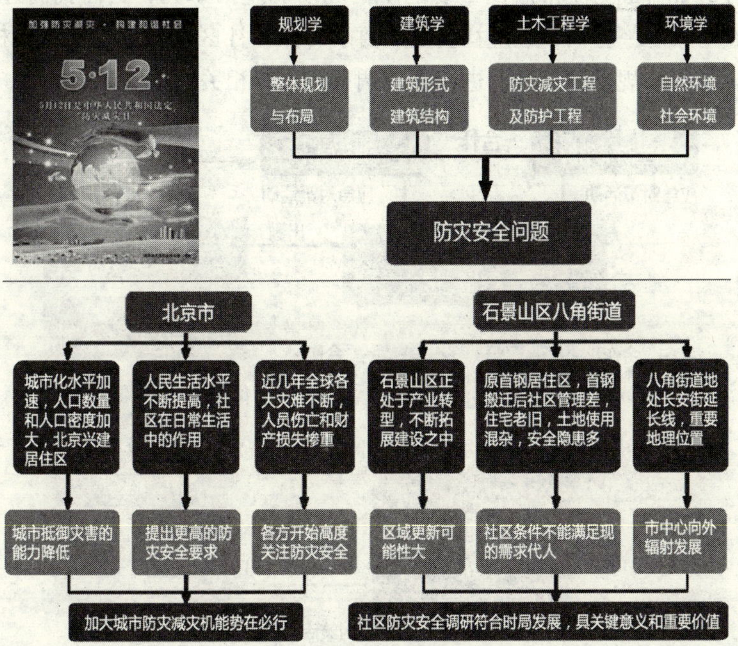

图 1　理论背景及现实背景

突发公共卫生事件、社会安全事件等类型。面对日益庞大的人口规模和城市规模，如何防灾避灾、保障居民安全，成为城市规划、建设和管理的紧迫的课题。

1.2　社区防灾概念与社区防灾空间

1999 年 7 月，在日内瓦召开的第二次世界防灾减灾大会上通过的管理论坛强调，要关注大都市的防灾减灾，尤其强调应将社区视为防灾减灾的基本单元。2009 年 5 月 11 日，国务院新闻办公室在汶川地震一周年之际发表的《防灾减灾，中国在行动》白皮书里同样强调完善城乡社区灾害应急预案，完善城乡社区减灾基础设施，认为社区代表着基层，是防灾减灾的核心。

日本震灾多发，在减灾防灾方面有丰富的经验。日本防灾减灾体制（图 2）的特点在于“重点规划，强化基层”。1995 年阪神大地震后，日本提出了“公助 · 共助 · 自助”的减灾理念。政府职能部门担当了减灾的重要职责，同时也强调“自己的社区自己保护”。经验表明，城市社区在防灾救灾中，即从灾前准备、灾时救助，到灾后恢复等各阶段，均具有不可替代的重要性，因而立足于社区的防灾规划和安全社区建设成为当前国际上的前沿课题（图 3）。建立政府和社区互动的减灾模式，才能提高社会减灾能力。

城市社区日益成为城市居民重要的生活场所和生活单元，因而我们选择城市社区作为调查对象。一方面，顺应社会发展要求，抓住社区这个重要的城市构成单位；另一方面，社区的规模便于我们进行实地调查和进行相关研究。

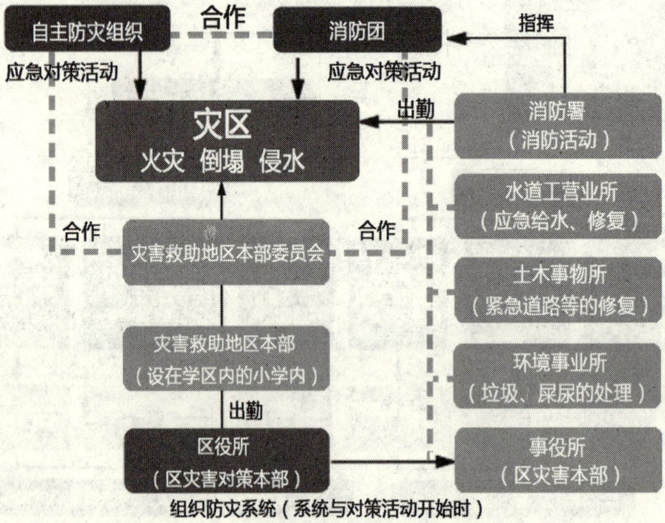

图2　日本社区防灾减灾体制

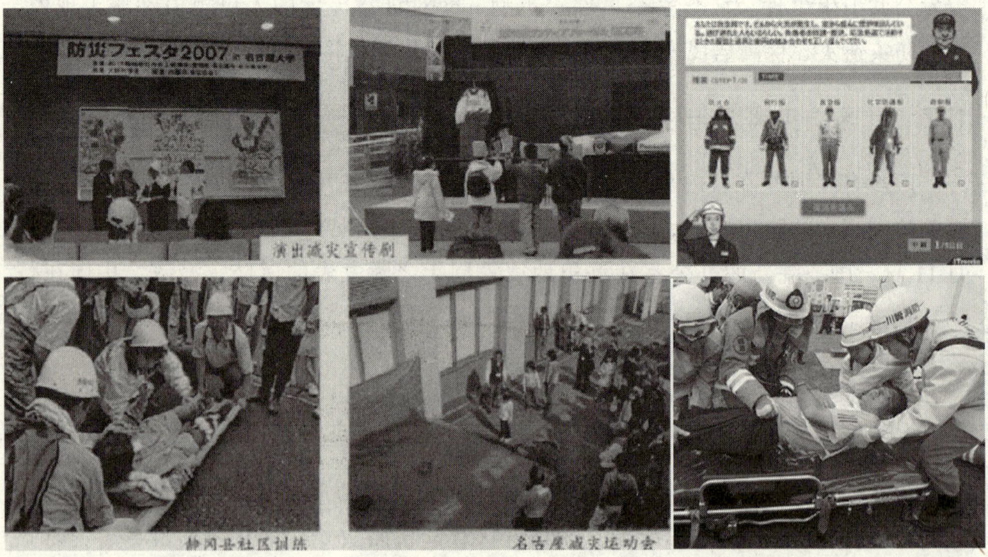

图3　社区防灾措施

2. 调查的目的、方法、对象与结果

2.1 目的

本课题选取石景山区八角社区作为调查对象，对城市社区防灾空间的有无、规模、利用、管理及特征等现状进行实地调查。关注社区居民对防灾空间的需求、意识等现状，目的是：

①掌握社区概况，了解人口、用地现状。

②调查社区防灾空间现状，分析问题。

③通过文献调研，对八角社区防灾空间改造提出建议。

2.2 方法

本课题采用实地调查、入户调研、问卷调查、文献调查等方法，如图4、图5和表1所示。

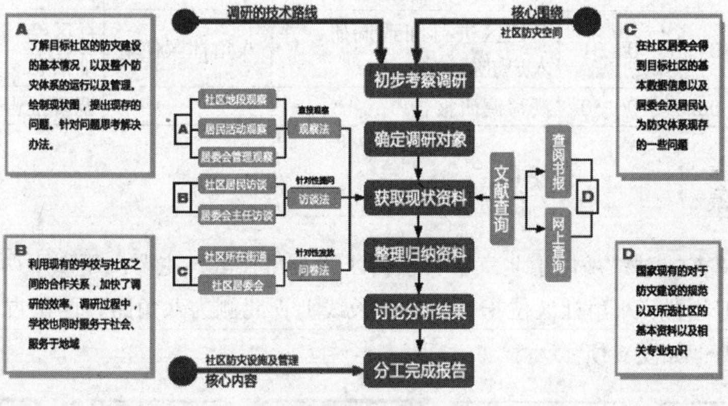

图4 调研过程

图5 团队合作

①实地调查：了解社区空间布局及防灾空间分布，绘制现状图，发现问题。

②入户调研：进入居民家庭，了解住宅户内布局，访问居民对防灾减灾的认识，和管理者交流管理措施。

③问卷调查：对八角社区的管理者、居住者分别设计问卷，调查其对社区现状的认识与满意程度。

④文献调查：查阅城市防灾减灾方面的研究成果和相关设计规范，为提出改造规划建议提供理论基础。

本调查组还包括城市规划一至三年级的多名同学及建筑学的三位同学，他们参与了实地调研和资料查询的相关工作，大家互相学习，一起研究，实现了学科内的纵向交流及学科间的横向交流。同时此次调查的开展还与八角街道的居委会进行了良好的合作，做到学校依托于社会并服务于社会。

表1　　调查进度安排

	时间进度	研究内容	研究对象	研究成果
1	2011. 01. 10—03. 15	查询与社区防灾减灾相关的论文、文献	文献资料	研究背景的探讨
2	2011. 03. 16—04. 15	调研问卷的制作与发放，对八角社区进行初步调研	八角社区居民	社区基本情况，整理得到问卷信息
3	2011. 04. 16—05. 31	对社区进行细致调研，并入户进行访谈	八角社区住宅	社区结构、住宅的详细信息
4	2011. 06. 01—06. 30	撰写调研报告		调研报告

2.3 对象

此次调查的对象是位于北京市石景山区的八角社区，主要出于以下两方面考虑。

①地理位置：八角社区位于长安街延长线上，北侧为八角路，西至古城东路，东接八角东街，如图6所示。

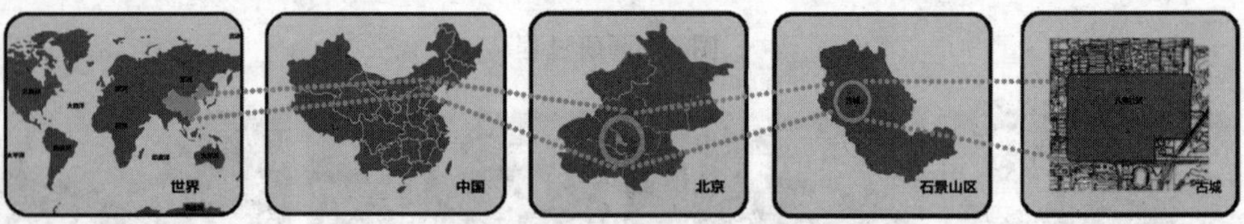

图6　八角社区区位分析

②住宅老旧现象与城市更新并存：八角社区占地53公顷，人口土地利用混杂，住宅有些是原首钢宿舍楼，住宅老旧现象十分严重。八角社区是石景山区的一个重要的区政府机构集中地，在建设CRD的大背景下，八角社区在区域中的地位逐渐提高，并且社区更新的可能性十分大。

2.4 预期结果

①通过实地调研和问卷调查，掌握八角社区的现状及社区居民对防灾减灾的认识，提出存在的问题。

②整理学习国内外对城市防灾空间的研究，初步了解城市社区防灾的相关内容。

③在现状调查与文献理解的基础上，提出八角社区防灾空间改造规划建议。

3. 八角社区概况调查与分析

社区防灾能力大小是由社区居民的防灾意识和防灾设施共同决定的，而且良好的避难空间分布、合理的疏散道路规划及建筑功能的正确组合都会很大程度的提高防灾能力。因此，对八角社区的建筑现状、建筑功能分布及开放空间进行调研分析是很必要的。

3.1 建筑年代分析

石景山区八角社区建于上世纪 90 年代左右，为政府统一建设的福利分配房。社区内以六层板式住宅为主，局部有点式小高层和高层塔楼。建筑整体稍显破旧，立面颜色变化较多。因为建设年代稍早，在规划时对防灾空间的考虑较少，70% 建筑物抗震等级不能满足建筑设计要求。

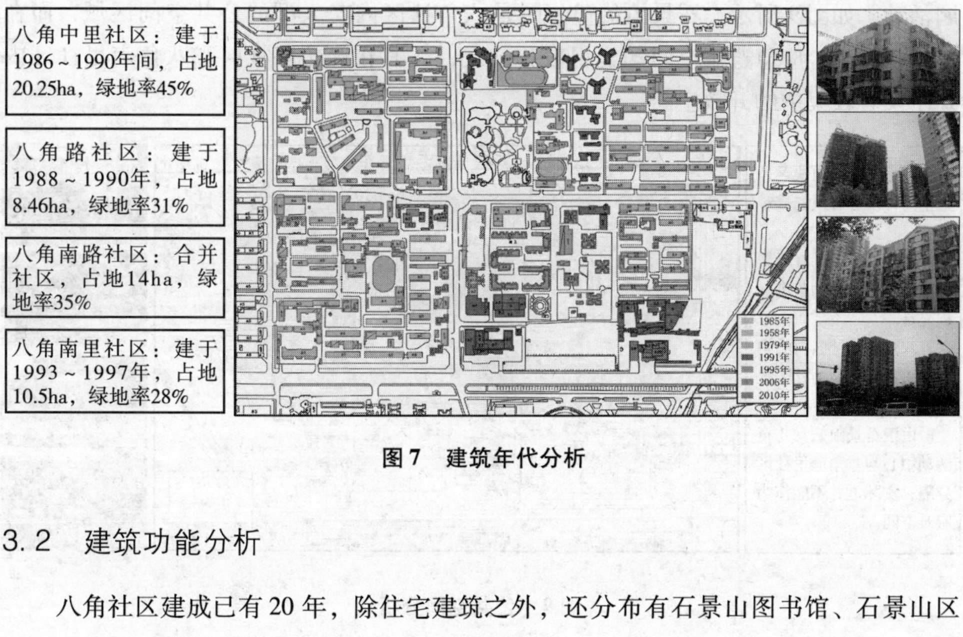

图 7　建筑年代分析

3.2 建筑功能分析

八角社区建成已有 20 年，除住宅建筑之外，还分布有石景山图书馆、石景山区教育局等较大型公共建筑。长期以来由于管理简单，社区内各功能建筑布置较乱，公建与住宅混合严重。社区内没有较为集中的公共活动场所，公共建筑没有起到应有的集散功能，如图8所示。

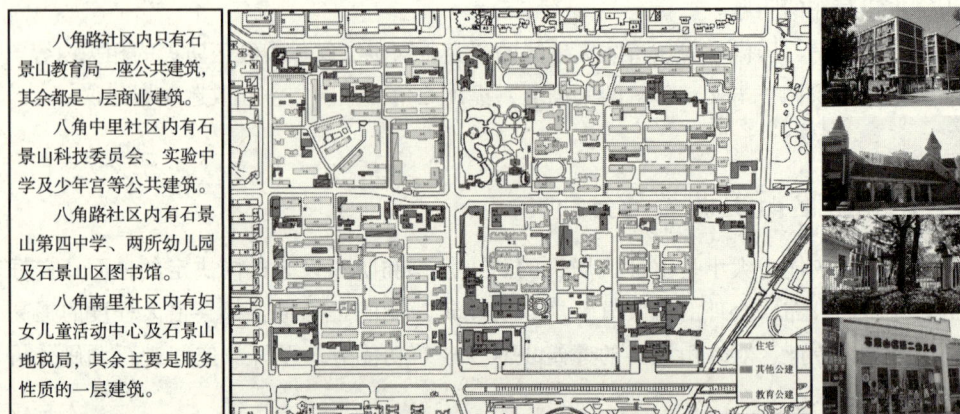

八角路社区内只有石景山教育局一座公共建筑，其余都是一层商业建筑。

八角中里社区内有石景山科技委员会、实验中学及少年宫等公共建筑。

八角路社区内有石景山第四中学、两所幼儿园及石景山区图书馆。

八角南里社区内有妇女儿童活动中心及石景山地税局，其余主要是服务性质的一层建筑。

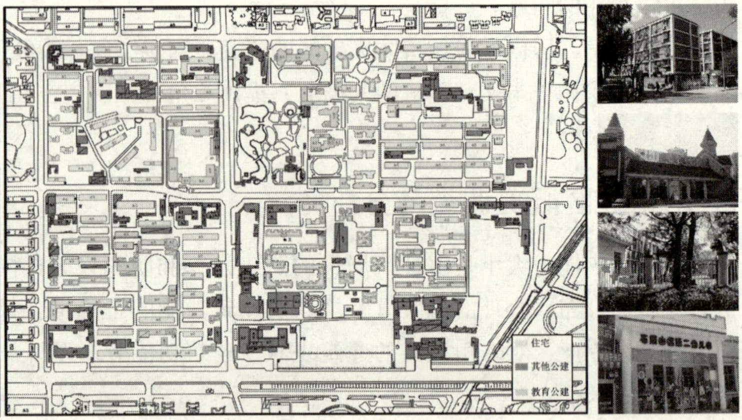

图8　建筑功能分析

3.3　公共空间分析

八角社区内可作为避难场所使用的开放空间主要有：雕塑公园、妇女儿童活动中心的宝乐园、少年宫操场、古城四中和实验中学操场。周边居民一般会到雕塑公园活动。如图9所示，石景山雕塑公园是八角社区内交大型的公共空间区域，而在各社区内部，应急避难空间却显得较为缺乏，尤其在八角路社区和八角南里社区内几乎没有较集中的开放空间。

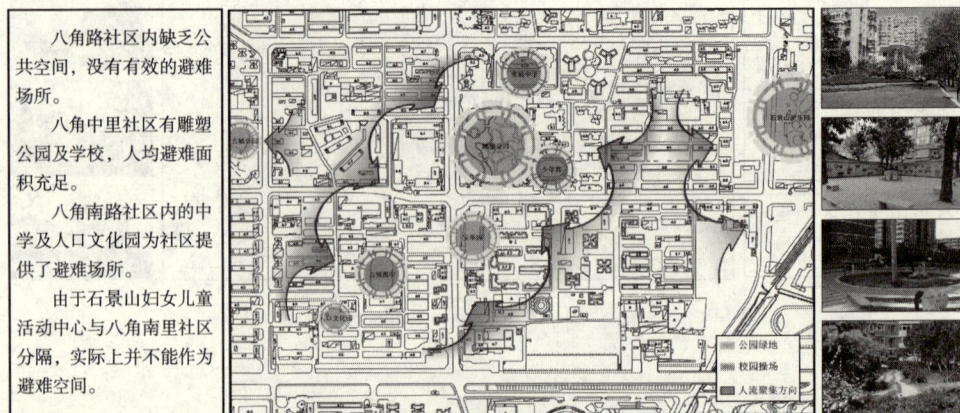

八角路社区内缺乏公共空间，没有有效的避难场所。

八角中里社区有雕塑公园及学校，人均避难面积充足。

八角南路社区内的中学及人口文化园为社区提供了避难场所。

由于石景山妇女儿童活动中心与八角南里社区分隔，实际上并不能作为避难空间。

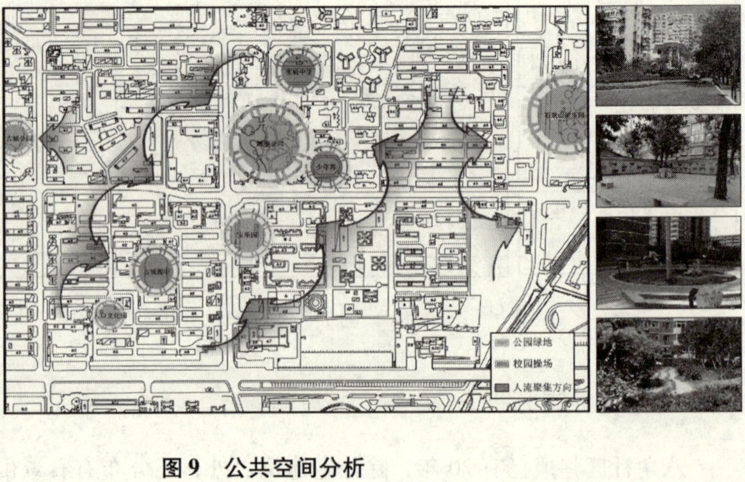

图9 公共空间分析

4. 社区现状特征及住宅使用的分析与总结

城市抗震减灾的工作主要体现在震前防灾、震中应急疏散及震后避难、重建三个阶段。震前疏散和避难主要选择就近的绿地、广场等空旷地，也可以进入防震等级较高的防灾据点，震后避难场所就主要包括紧急避难疏散场所和固定避难场所。由于四个社区的建成时间不同，所以在建筑形式、道路等级及避难空间等方面也存在一定的差异，同时也存在一些问题，因此对各社区的现状进行更仔细的分析，并对各社区在防灾减灾方面的问题进行归纳总结。

4.1 四个社区的开放空间现状特征

4.1.1 八角路社区

八角路社区西起古城东街，东至八角西街，南起八角南路，北至八角路，总用地面积8.46ha。社区内建筑以六层板楼为主，总建筑面积84000万 m^2。现有住宅楼24栋，共2046户，4800余人。社区内30岁以上人群占到总人数的50%，人口老龄化现象比较突出。建筑形式多样，道路等级较为明显。但整个社区没有固定避难场所。宅间绿地是唯一一种向居民开放的公共空间。人均避难面积严重缺乏。具体情况如图10所示。设想在社区中央开辟集中绿地，同时对石景山教育局的公建空间进行改造，作为避难场所的另一种选择。

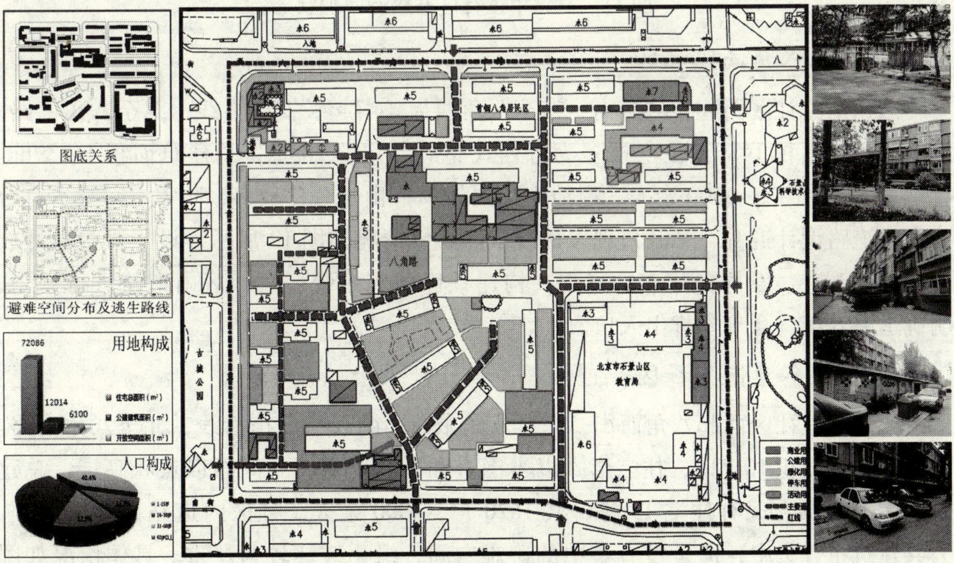

图10 八角路社区开放空间现状

4.1.2 八角中里社区

八角中里社区西起八角西街，东至八角东街，南起八角南路，北至八角路。社区总用地面积20.25ha，住宅建筑以行列式为主，局部为点式高层及小高层，总建筑面积18.7ha。现有住宅27栋，共2545户，5200余人。紧邻石景山区雕塑公园，人均避难空间较大。社区内道路等级达不到避难要求，出入口较少。具体情况如图11所示。设想对道路进行扩宽，增进社区与雕塑公园的联系；同时对社区内废弃用地加以规划，提高社区自身防灾减灾能力。

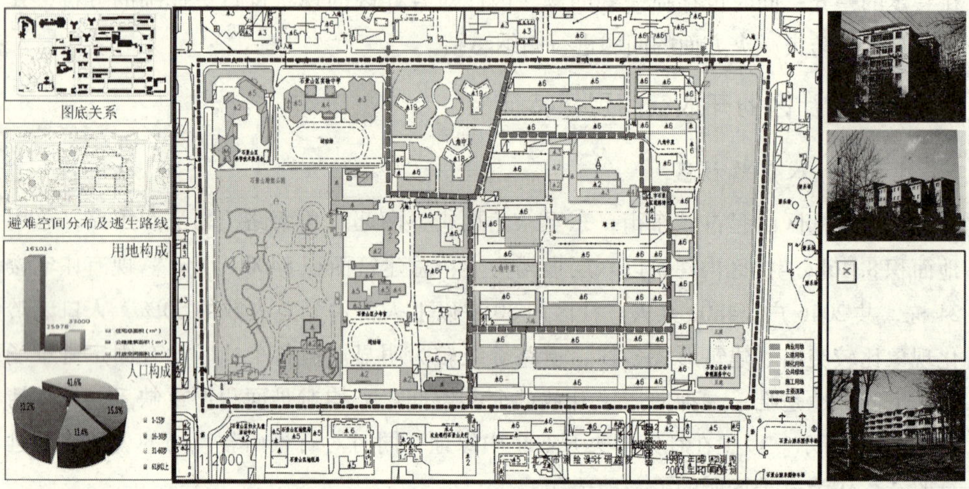

图11 八角中里社区开放空间现状

4.1.3 八角南路社区

八角南路社区西起古城东街，东至八角西街，南起长安街沿线，北至八角南路。社区总用地面积14ha，住宅楼多为行列式布局，共计28栋，总建筑面积16.39ha。社区内共2003户，4500余人，绿地率达到35%。由于公建较多，防灾空间基本符合要求。道路设计混乱，私开口现象最严重。具体情况如图12所示。设想对中学开放空间加以改造，发挥公建多的优势，构建社区防灾系统，对社区内道路进行规划，明确道路等级，合理安排出入口。

4.1.4 八角南里社区

八角南里社区西起八角西街，东至八角东街，南起长安街沿线，北至八角南路。社区总用地面积10.5ha，住宅形式以半围合和围合为主，中间布以点状高层，总建筑面积15.6ha。现有住宅19栋，共1620户，4000余人。社区内道路设置较合理，公共建筑布置集中，但是没有集中的避难空间，绿化破坏较为严重。具体情况如图

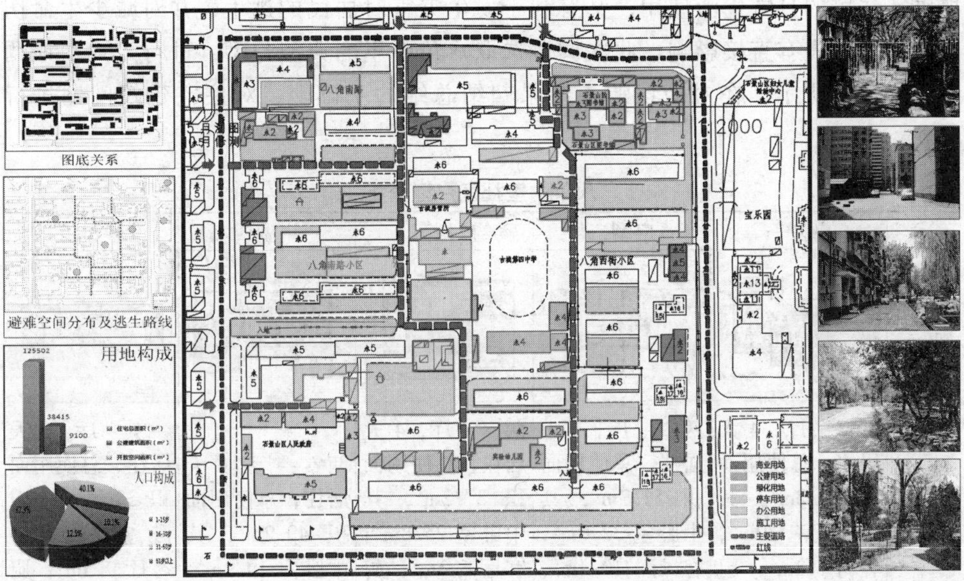

图 12　八角南路社区开放空间现状

13 所示。设想对社区西南角绿地进行改造，并与北侧相连，形成社区带状绿地结构；同时利用中间部分高层建筑间距大的特点，布置应急避难场所，合理开发地下空间。

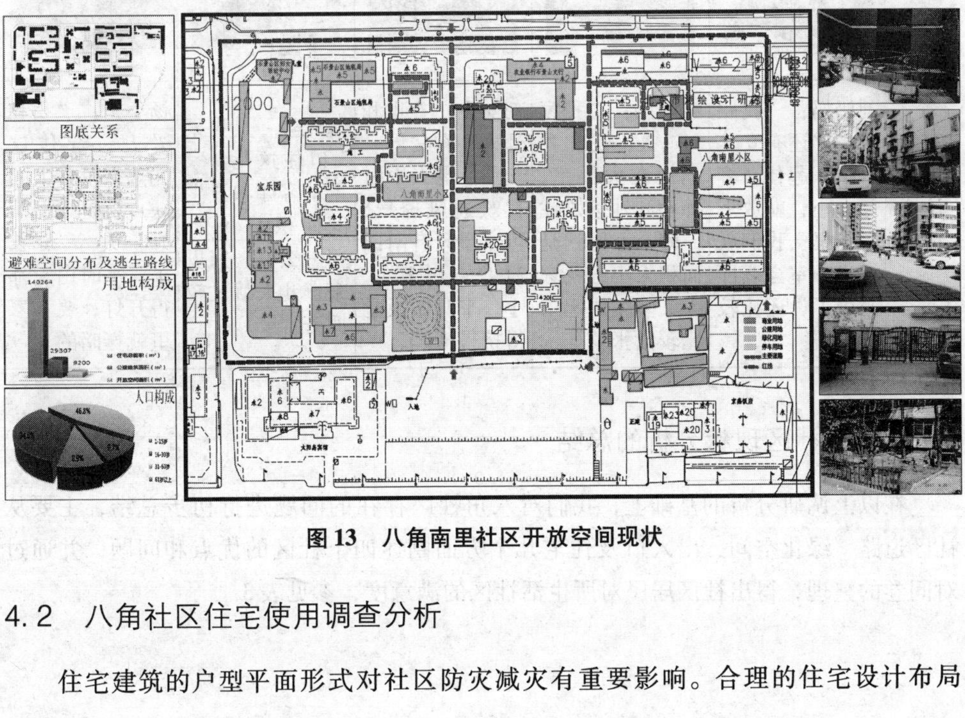

图 13　八角南里社区开放空间现状

4.2　八角社区住宅使用调查分析

住宅建筑的户型平面形式对社区防灾减灾有重要影响。合理的住宅设计布局既便于居民的日常生活使用，又有利于发生灾害时居民的逃生，并对减少生命伤害和财产损失有直接影响。此次调研选取八角中里的典型户型，进行入户访谈调查，如表2所示。在对访谈调查结果归纳总结的基础上，对住宅建筑问题进行分析。

表2　　八角中里社区户型分析

	户型一	户型二	户型三	户型四	户型五
户型平面	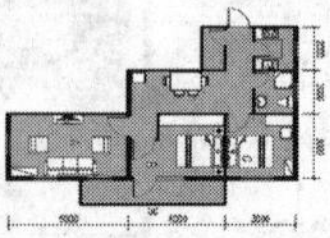	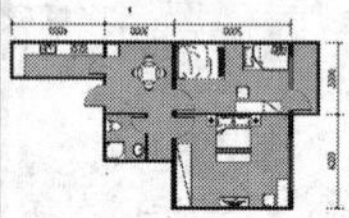	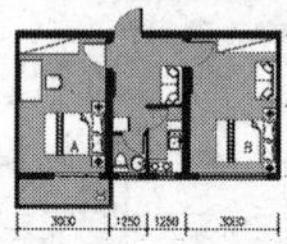	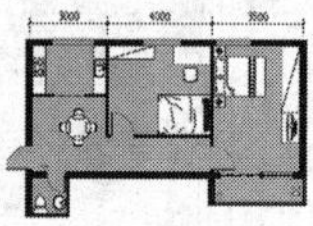	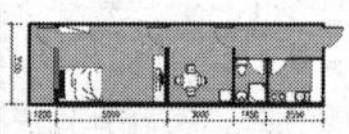
户型参数	三室一厅，4人居住，总使用面积 $49.2m^2$，其中卧室 $30m^2$，客厅 $13m^2$，厨房 $3.1m^2$，卫生间 $3.1m^2$	两室一厅，5人居住，总使用面积 $51.7m^2$，其中卧室 $32.6m^2$，客厅 $10.4m^2$，厨房 $5.5m^2$，卫生间 $3.2m^2$	两室一厅，4人居住，总使用面积 $37.2m^2$，其中卧室 $25.8m^2$，客厅 $6.3m^2$，厨房 $2.5m^2$，卫生间 $2.6m^2$	两室一厅，3人居住，总使用面积 $49.2m^2$，其中卧室 $19.9m^2$，客厅 $13.3m^2$	一室一厅，2人居住，总使用面积 $38m^2$，其中卧室 $21.5m^2$，客厅 $9.5m^2$，厨房 $4.4m^2$，卫生间 $2.6m^2$
实景照片					
访谈记录	刘奶奶："我跟我老伴还有女儿女婿一起住。客厅太小，就放下了餐桌。我们就把主卧室当客厅来用了，还比较宽敞。"	赵奶奶："我家5口人，我和我老伴在大卧室，孙女和她爸妈住一间。家里就是面积太小，我家人又多，住起来比较紧张。"	刘女士："我和爱人还有父母一起住。老人平时喜欢通风透气，可家里只有南面窗户。厨房太小，平时做饭觉得挤得慌。"	魏先生："我家3口住这儿，家里就客厅和卫生间面积太小了，不怎么好，家里来点儿人就比较拥挤。"	杨小姐："我和爱人一起住这儿。家里最大的缺点就是户型不好，太窄太长了，平时白天都得开灯，要不家里就挺暗的。"

4.3　八角社区现状分析的总结

在以上调研分析的基础上，我们对八角社区存在的问题进行初步总结，主要从社区道路、绿化空间、出入口及住宅几个方面阐述四个社区的优点和问题，并通过对问卷的整理，得出社区居民对所生活社区的满意度，参见表3。

表3　八角社区现状总结

	八角路社区	八角中里社区	八角南路社区	八角南里社区
社区优点	1. 小区出入口较多，便于逃走 2. 车行道路较通畅，对外转移方便	1. 组团由绿化带相连，楼间较大 2. 车行道路7m以上，符合规范	1. 公共建筑较多，易于构建公建避难系统 2. 社区中央有中学，利于改造	1. 宅间绿地面积大，易于构建绿化系统 2. 道路等级明确，转移方便
存在问题	1. 居住环境不佳，绿化环境得不到统一管理 2. 人车混杂，交通安全保障低 3. 违章私搭建多，并有棚户区，存在安全隐患 4. 住宅老旧现象严重，人均居住面积小	1. 管理较差，绿地长期无人维护 2. 没有公共停车场地，占用道路两侧停车现象严重 3. 小区南侧出入口过少，不利于疏散与转移 4. 一梯多户现象严重，彼此开门受到影响	1. 道路交通流线混乱，人车混行现象较多 2. 两个车行出入口均位于北侧，面侧疏散不便 3. 小区居民自开口现象多 4. 公共建筑分布太分散，没有发挥公建的集散作用	1. 小区车行和人行出入口较少 2. 停车空间有限，车辆多随意停放，占用绿地空间 3. 主要疏散道路缺少，人车混行现象严重 4. 随意堆放垃圾现象严重，物品没有归类回收，易引起火灾
满意度调查	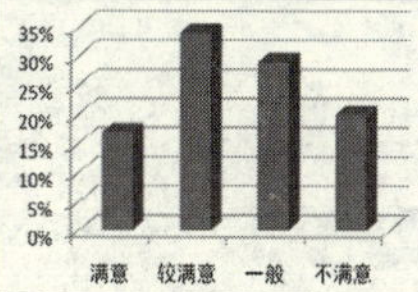	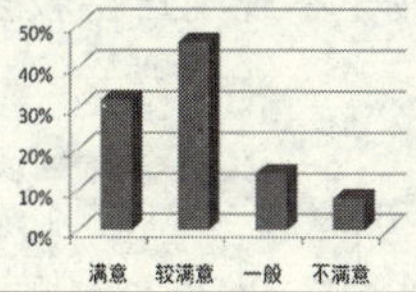	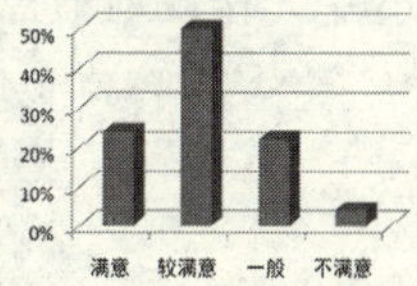	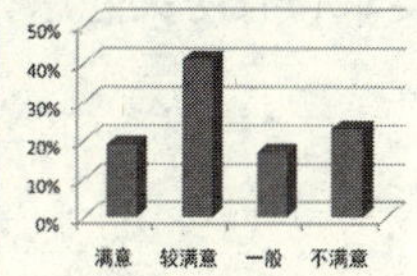

5. 防灾视野下八角社区的问题分析

城市抗震减灾的工作主要体现在震前防灾、震中应急疏散以及震后避难、重建三个阶段。居住区避难疏散场所系统是城市防灾应急系统的重要组成部分，是城市抗震防灾规划的重要环节。对于震中应急疏散以及震后避难这两个阶段来讲，公共空间的应急避难性就体现得淋漓尽致了。对于公共空间来讲，其应急避难性主要体现在：①逃生路线的顺畅；②避难空间的充足；③路标指示的清晰；④震后设施配备的完善与及时。居住区内疏散、避难场地的空间布局应满足如下要求：就近的要求，即空间环境熟悉，便于居民互相照应并处置家庭财产、处理家庭事务；安全原则，即适于居民就近短期驻留避难，避免火灾等引起的次生灾害损失；有方便的对外交通通道，便于及时展开自救互救。

针对以上要求，通过调查及上文分析，从防灾视角看八角社区存在的问题体现在以下几个方面。

5.1 公共空间的问题

重要问题如下：①人均有效避难空间面积不足 ；②开放空间之间缺乏联系；③避难道路等级较低；④公共建筑利用率低 ；⑤停车占用避难空间。

表 4　　八角社区公共空间问题分析

存在问题	人均有效避难面积不足	开放空间之间缺乏联系	避难道路等级较低	公共建筑利用率低	停车占用开放空间
空间示意			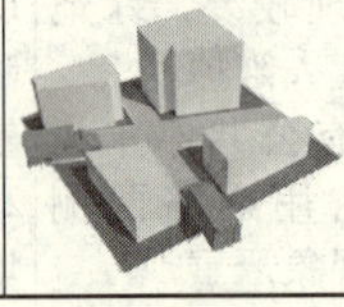	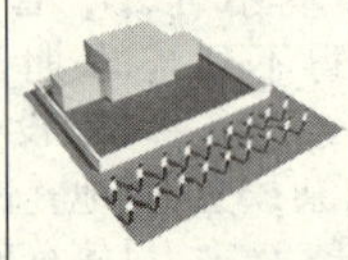	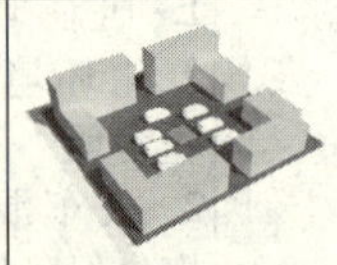

5.2 住宅的问题

主要问题如下：①人口老龄化，高层建筑不利于应急疏散；②一梯内户数较多，逃生受影响；③楼道采光通风较差，对疏散有影响；④部分建筑抗震等级不能满足要求，有防灾隐患；⑤单元楼规划不合理，不规则户型较多。

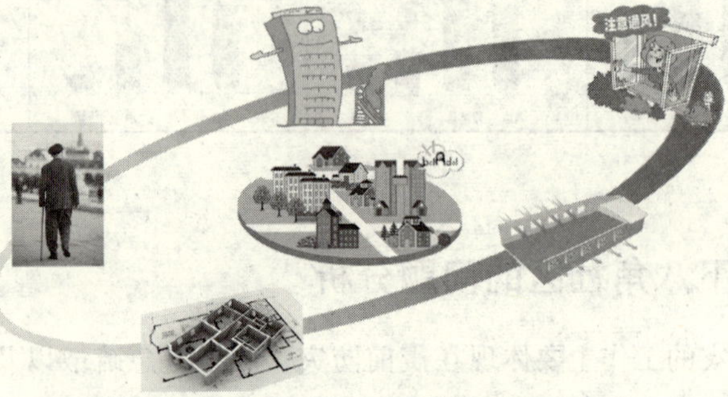

图 14　八角社区住宅问题示意图

6. 防灾视野下的公共空间形态模式分析

城市公共空间是指城市中在建筑实体之间存在着的开放空间体，是城市居民进行公共交往、举行各种活动的开放性场所。从防灾角度来说，宅间绿地、道路系统、社区公共建筑及社区广场公园都是防灾避难的场所。宅间绿地是居民震前疏散和震中临时紧急避难的首选场地，社区公共建筑则是为居民提供固定避难场所的比较理想的选择。因此，我们对宅间绿地和社区公共建筑进行分析，得出一种较为理想的分布模式，如图15所示。

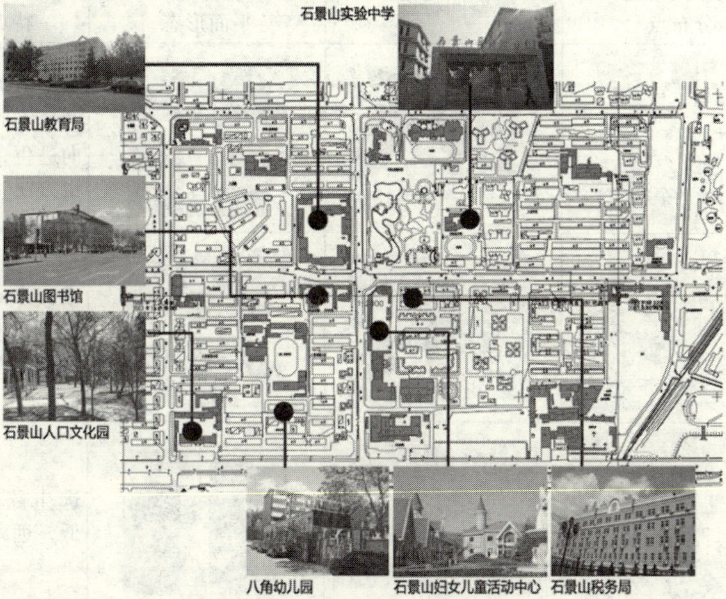

图15 八角社区公共建筑分布图

6.1 宅间绿地

宅间绿地因为建筑布局形式的变化而变化，在对八角社区进行调研的过程中，我们总结出了四种宅间绿地的存在形式，即行列式、点状式、半围合式及围合式。通过对这四种形式的分析，得出行列式对于社区防灾来说是一种比较理想的模式。主要原因是：①布局在住宅前后，居民选择多；②与道路连接紧密，转移方便；③多为南向采光，利于辨别逃生方向；④建筑物倒塌方向固定，利于减少次生灾害。具体参见表5。

6.2 公共建筑

从防灾的角度来看，城市居住区内的公共设施包括三类：大量人流集散的建筑设施，如商场、中小学；行为能力弱人群的建筑设施，如老年公寓、幼儿园等；抗震防灾的关键公共服务设施，如医院、消防站等。

通过对不同公建分布形式的分析，并借鉴日本公民馆的经验，相对集中式的布局能最大限度地减轻灾害伤亡。主要原因是：①能提高公建区域防灾面积，避免小范围转移；②抗震等级高的公建可以有效避免建筑物倒塌和次生灾害的发生；③集中贴近避难道路，可以提高向高等级避难场所的转移速度。具体参见表6。

表 5　　宅间绿地的空间形式及特征

	在社区内的分布点	空间特点	抽象的平面形态	防灾视野下的特点分析
行列式		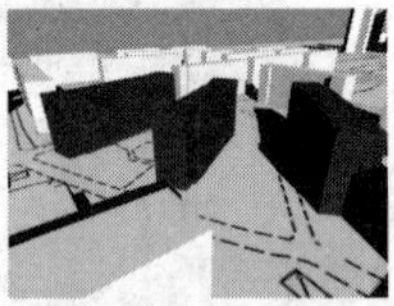		在发生灾害时可以疏导人们向一定方向逃生，对外转移也方便
点状式		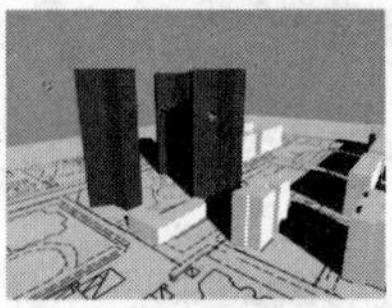		逃生方向多，但是会导致混乱，且建筑物倒塌方向不定
半围合式	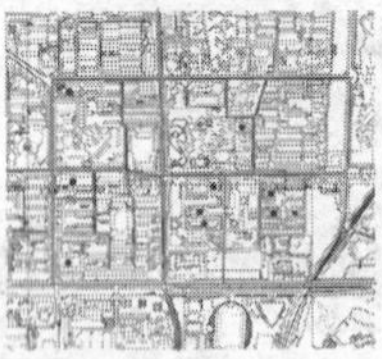		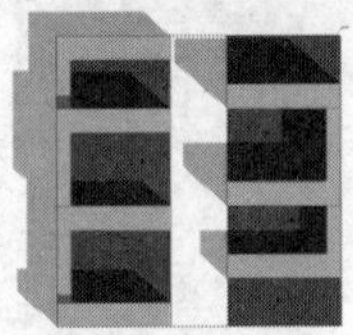	逃生路线选择性低，远离转移道路
围合式			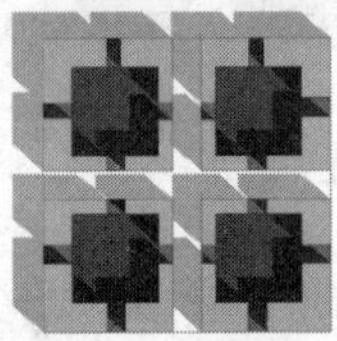	逃生视野封闭，次生灾害发生概率极大

表 6　　公共建筑分布形式

	点状分散	点状集中	集中分布
区位图	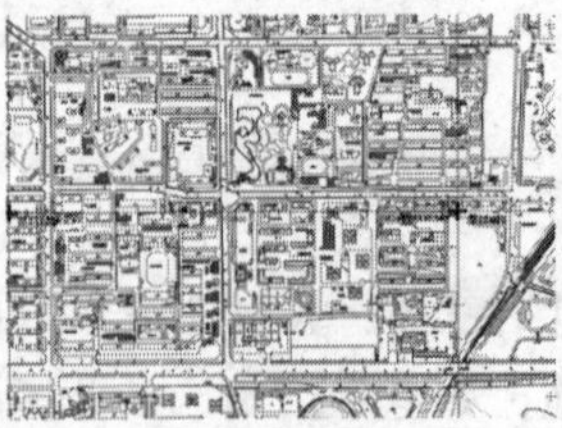	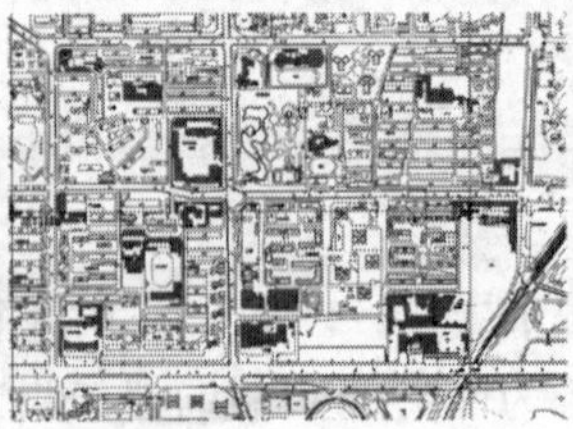	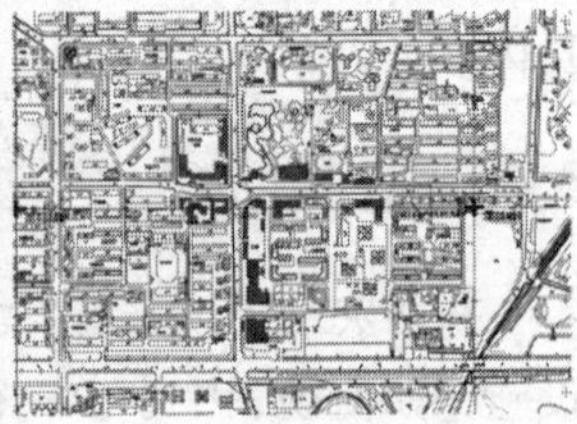
特征	主要分布于社区的周边，位置较为分散，面积较小，只能作为临时避难场所	主要由小学、幼儿园等具有一定规模的场地组成，可以用于较长时间的避难	沿穿越整个八角社区的东西和南北主干道形成集中的公建用地，有利于避难
评级	★★★	★★★	★★★★

7. 对八角社区防灾空间体系的建议

居住区科学合理的避难空间应满足：①就近布置，保证居民能够以最短的时间到达；②对外交通便捷，能够保证安全的逃生路线及物品供应；③防灾空间也应该做好防止发生次生灾害的准备。如图16所示。

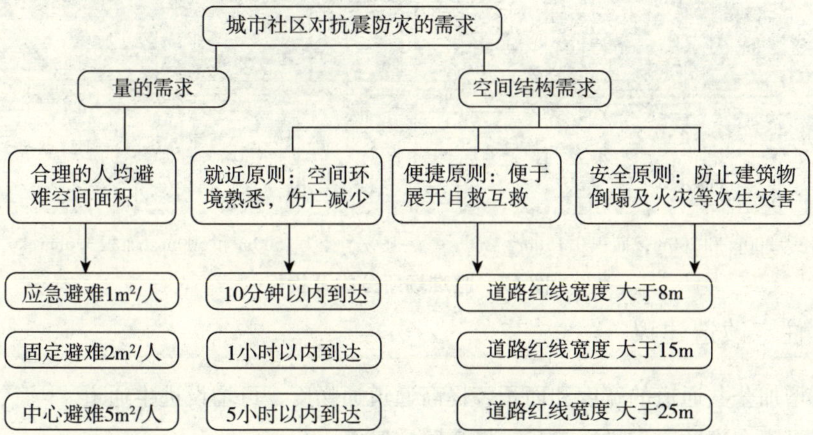

图16 社区防灾需求示意图

7.1 开放空间规划建议

①重新规划路网，增加地下停车场、地上临时停车场，保证地震发生后，紧急救援通道顺畅。小区宜设应急出入口，在灾难发生后，确保救援工作顺利。

②增加中心绿地。人们到达绿地很方便，既能增加绿地的平时使用率，也能在灾后发挥应急避难的作用。

③每一个中心绿地周围设一条居住小区级道路通往居住区级道路，人们在震后第一时间跑到中心绿地后可以得到及时的救助，以到达避难中转地点。

④中小学校是人员比较集中的场所，宜拆除违章建筑，将居住区公园、中小学校、商业设施、社区医疗、老年公寓等进行统一、集中设置，提供充足的开放空间用于疏散、避难。

⑤组团间绿地进行优化整饬，增加绿化草坪以及树木。

⑥增加幼儿园等教育类建筑。

⑦增加残疾人设施。

参见图17。

紧急避难疏散场所　　　　固定避难疏散场所

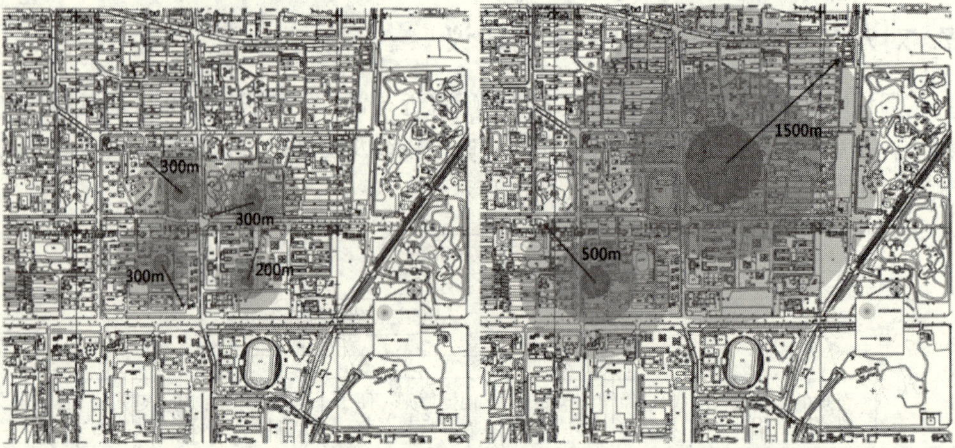

服务半径为300m 和200m，面积0.15hm^2　　服务半径为1500m 和500m，面积3.6hm^2

图17　避难场所分类及指标

7.2　住宅改造建议

①增加公共通道的宽度和面积，提高通道通畅度，可增设逃生通道。

②对不合理的户型进行改建，提高防灾等级。

③应对人口老龄化，考虑增加电梯，便于医疗救助和平日使用；在单元楼内布置紧急避难场所，平时作为娱乐场所，灾时临时避难。

8. 总结

通过对石景山区八角街道四个社区的调查，总结出平时和灾时两种情况下北京市社区存在的问题，并对宅间绿地和大型公共空间的防灾模式进行了初步探讨，提出了以行列式为主的防灾住宅模式，并结合日本的公民馆提出在北京社区集中设置防灾等级高的公共建筑的设想。希望能为未来的社区改造和建设提供参考。

参考文献

[1] 王文．城市防灾，不妨先画张避难图——同济大学教授束昱谈防灾软实力．中华民居，2009（6）

[2] 徐波，关贤军，尤建新．城市防灾避难空间优化模型．土木工程学报，2008，41（1）

[3] 卜雪旸，曾坚．城市居住区规划中的抗震防灾问题研究．建筑学报，2009（1）

[4] 武石遥，山家京子．コミュニティ支援を意図した防災空間情報に関する研究：その2 横浜市神奈川区における地震災害危険度評価．日本建築学会大会学術講演会梗概集（東北）2009

[5] 高橋永，齋藤千夏，山家京子等．コミュニティ支援を意図した防災空間情報に関する研究：その3

地域防災力評価とソフト・ハードの重ね合わせによる総合評価. 日本建築学会大会学術講演会梗概集（東北）2009

[6] 亀田昌宏，山家京子，佐々木一晋. コミュニティ支援を意図した防災空間情報に関する研究：その4防災マップ作成者と利用者を対象としたアンケート調査. 日本建築学会大会学術講演会梗概集（東北）2009

[7] 川端寛文. 地域コミュニティを対象にした防災まちづくりマネジメントシステムの開発に関する研究. 日本建築学会計画系論文集，2008，73（631）

[8] Hilda Blanco. Pre – event Disaster Planning：Towards More Sustainable Communities. 日本建築学会総合論文誌，2008（6）

[9] 中华人民共和国建设部，GB50413 – 2007，城市抗震防灾规划标准. 北京：中华人民共和国建设部，2007

[10] 伍国春. 日本社区防灾减灾体制与应急能力建设模式. 城市与减灾，2010（2）

城市色彩景观状况调查与改进对策研究

谢俊鸿　吴盟　金璇　李雪
指导教师：安平 讲师

[摘　要] 城市色彩景观蕴含城市意向，展现城市风貌与文明发展程度。结合北京市自然地理、人文地理因素与建筑色彩现状，通过实践调查和科学研究对主城区城市色彩景观规律进行探讨，进而对北京市主城区城市色彩景观系统进行科学、合理的统筹安排，并提出具体控制引导建议。

[关键词] 城市色彩景观；北京市；建筑色彩特征；规划管理建议

北京自然环境独特，形成特有的建筑色彩与文化。在经济社会与城市化快速发展时期，探究北京市主城区城市色彩景观（针对建筑色彩），对提升城市品质、丰富城市文化内涵、保持历史文化名城特色风貌，具有重要现实意义。本课题组开展城市色彩景观状况调查与改进对策研究的相关工作，对北京自然地理因素、人文地理因素、主城区建筑色彩现状进行研究和取样分析，结合问卷调查、心理测评，从五彩缤纷的城市形象中找出城市色彩景观的主要规律。

1. 选题背景与意义

1.1　选题背景

改革开放以来，我国经历了大规模的城市建设和开发。旧城改造、新城建设，各类型的建筑如雨后春笋般拔地而起，居民的生活工作环境得到极大改善。但是，令人感到失望的是，城市的特色逐步消亡。近年来，不少城市管理者和学者注意到此类问题的严重性，试图改变这种不良倾向，重新追求有特色的城市色彩景观。

北京是世界著名的古都和历史文化名城。它具有保存文物极为丰富、古代都城风貌较完整和非物质文化遗产众多等特征。随着首都现代化建设步伐的加快，妥善处理历史文化名城保护与城市现代化建设的关系，对北京的城市发展十分重要。2000年3月，北京市市政市容管理委员会颁布了《北京市建筑物外立面保持整洁管理规定》(北京市人民政府令第56号)，提出“北京城市建筑物外立面色彩主要采用以灰色调为本的复合色，以创造稳重、大气、素雅、和谐的城市环境”。对于中国城市来说，这是首次为城市色彩景观的总体风格进行定位，其意义非常值得肯定。

虽然北京市在2000年明确了城市建筑的主色调，但是由于没有进行深入具体的建筑色彩调查，也未形成规范有效的色彩管理和监督机制，因而北京市在城市保护和发展的过程中出现了不少建筑色彩问题。

1.2 研究意义

城市色彩景观是一项新兴的研究课题，在保护和发扬城市及地区文化、建设和谐城市景观等方面具有重要意义。城市面貌是一个地区的经济发展程度、市民生活质量以及地域文化传统最为直观的反映。由于长期以来在城市色彩景观领域观念上的滞后，我国城市色彩景观的形成常处于自主、随意状态。因此，城市色彩景观研究在城市建设和环境整治中意义重大，它将为规划、建设和管理城市的色彩景观提供科学的理论依据。

2. 研究目的与范围

2.1 研究目的

本研究旨在通过对北京市的城市色彩景观特征（针对建筑色彩）的调查研究，经过科学系统地分析、归纳与整合，为北京市提出控制性、指导性的建筑色彩运用原则与建议，实现北京市建筑色彩的有效管理和控制，以及引导色彩景观设计，从而延续北京传统的城市色彩文脉，进而为北京营造良好的城市色彩景观。

2.2 研究范围

本课题选择城市色彩景观作为研究对象。城市色彩景观是指城市物质环境通过人的视觉所反映出的总体的色彩面貌。显然，城市色彩景观不是个体要素色彩的简单叠加，其概念强调人的视觉所感知的总体色彩面貌。从城市的角度研究城市色彩景观，不同于单体建筑设计中色彩语言运用的研究，其对象不是微观的个体要素，而是城市的整体物质环境，必然具有整体性、宏观性；其目的也在于提出控制性、指导性的色彩运用原则与建议，而不牵涉具体某一个体的色彩设计。作为城市色彩景观中相对恒定的要素，城市总体的建筑色彩所占比重最大，是影响城市色彩景观的决定性因素，因此是本课题研究的重点。

3. 研究方法与技术路线

3.1 研究方法

本研究采取文献综述研究、理论方法研究、对比研究、案例分析、实地调查、实验评价等方法，充分运用文献研究与实证分析相结合，定性与定量研究相结合，尊重传统理念与研究创新相结合的研究手段。此外，由于城市色彩景观研究是一项非常复杂的工作，为使研究能够深入开展，作者在研究的过程中吸纳了其他领域的相关知识，如城市规划学、统计学和心理学等，具有一定的学科渗透性。以下内容为本次研究的具体方法。

①通过对城市色彩景观研究现有成果与相关领域的资料收集，分别形成研究成果资料数据库、基础数据库、理论支持数据库，为后续科研提供理论和数据支持。

②采用定性与定量研究相结合的方式，对重点区域建筑色彩现状进行调研，得出北京城市色彩景观现状的初步结论。

③采用规划设计学相关调查分析方法，对市民进行问卷调查；对数据进行科学分析，得出市民对城市色彩景观现状的满意度及评价结果。

④根据以上结果，结合北京市自然地理与人文历史因素，对北京城市色彩景观规划的技术指标提出推荐值以及一些可行性方案。

3.2 技术路线

本研究以文献检索和走访学术机构的方式，对国内外城市色彩景观规划的研究成果及发展动态进行收集、整理，经整合后，针对本次城市色彩景观状况调查与改进对策研究制定切实可行的技术路线。本研究以北京市主城区为例，采用实践调研与理论分析相结合的方式，结合文献查阅、问卷调查、数据分析等科学方法，将整个研究过程分为背景研究、现状调研、问卷调查、综合分析四个主要环节，参见图1。

①背景研究：通过查阅大量相关文献，研究北京的城市景观的色彩特质（包括自然地理色彩、人文历史色彩等），重点关注建筑色彩的历史溯源和演进历程。

②现状调研：针对北京城市功能布局和规划建设重点区域中具有代表性的街区

建筑组群进行调研。首先，通过文献调查，熟悉各个调研区域的历史沿革、街道概况、建筑风貌，并掌握相关的基础理论知识，根据实际情况选择最为合适的调研方法。然后，选取调研区域内的典型性建筑，通过色卡目测对比法来采集建筑色彩信息，并拍摄照片留档。在此基础上，对数据进行系统整理和深入分析，进而得出建筑色彩信息相关的统计分析图，并整理出建筑现状色谱。

③问卷调查：以问卷调查的方式，对市民关于北京市城市色彩景观的评价和喜好、需求和期待进行综合考量，从而了解城市居民对北京市城市色彩景观设计与建设的真实想法，并将其作为本次研究中制定色彩规划原则和提出管理建议的重要参考依据。

④综合分析：首先对本次调研的建筑按功能性质进行分类，其次从城市色彩景观的角度分析各类建筑的色彩特征，并从中发现目前所存在的建筑色彩问题，然后结合历史发展与实际需求，针对各类建筑归纳整理出推荐色谱，并制定出传承色彩文脉、符合时代要求、与周边环境协调的建筑色彩配色方案。最后总结归纳出北京市城市色彩景观规划原则与管理建议，为城市色彩景观规划管理实施提供有力保障。

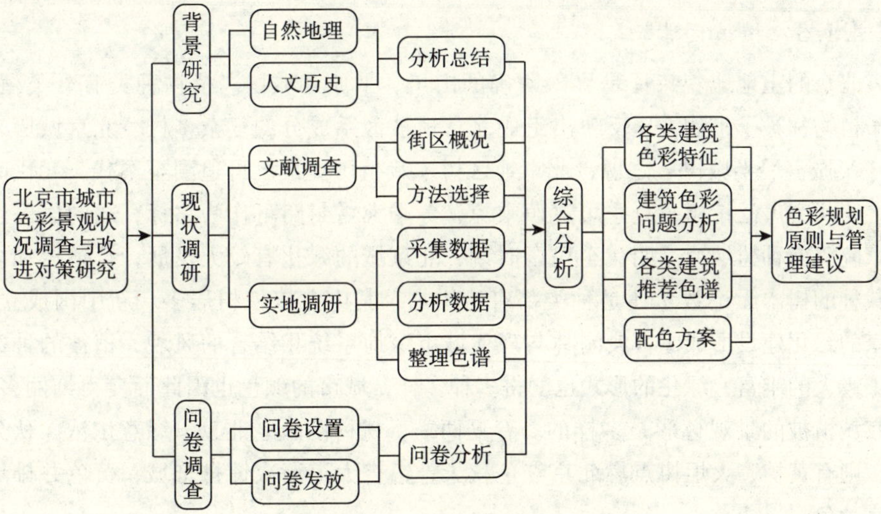

图1 北京市建筑色彩研究技术路线

4. 北京市城市色彩景观特质研究

城市色彩景观的传承与发展受诸多因素影响，如自然因素、社会因素、科技因素、经济因素、心理审美因素等，因而产生不断变化，以适应市民的不同需求。伴随历史变迁，城市色彩景观由传统走向现代，这展现出一种动态演绎的过程。因此，探寻城市色彩景观的影响成因与演进脉络，是城市色彩景观研究的重要前提与基础。

4.1 北京市自然地理研究

4.1.1 气候因素

北京位于华北平原的北部边缘，依山傍海，为典型的暖温带半湿润大陆性季风气候，四季非常分明，属典型的北方城市。春季风沙大，冬季气候寒冷干燥，草木枯萎，环境色彩单调而沉闷。

4.1.2 水系因素

北京地区的主要河流有属于海河水系的永定河、潮白河、北运河、拒马河和属于蓟运河水系的泃河。这些河流都发源于西北山地，乃至蒙古高原，并且蜿蜒穿越山区流往于东南平原。其中永定河是北京的母亲河，北京悠久的历史文化均发源于此。同时，永定河的变迁还带动了北京水环境的变迁、发展，逐渐形成了今天我们看到的北京水系格局。

4.1.3 植被因素

北京的土地地貌特征是界限明确的山川、平原和城区。植物种类有蕨类植物、裸子植物和被子植物，这反映出组成北京植被区系成分的复杂多样。北京城历来就有“半城宫墙半城树”之说，北京地区树木栽植历史最早可追溯至秦代。元代时倡导在路两旁广泛植树，夏季可遮荫乘凉，冬季大雪封路可作为路标，胡同居民也在自家院落前种树纳凉。明代至民国时期，北京城的绿化有较大发展，行道树和胡同内栽种的树木无论数量还是种类都有所增加，其中尤以槐树居多。新中国成立后，北京的绿化建设形成了古典园林与现代城市绿地系统相结合的风貌，植被的种类得到了极大的丰富，绿化的形式也变得多种多样，城市的颜色也因此而变得绚丽多彩。北京城植被的景观色彩是多样的。春夏两季，槐树荫蔽老北京，绿意浓浓。秋分时节，则有黄栌、火炬树点燃北京红色秋天，银杏大道渐次铺排全城，黄色并排点缀北京秋色。

4.1.4 土壤因素

北京市的土壤类型可分为七类：山地草甸土、山地棕壤、褐土、潮土、沼泽土、水稻土和风砂土。其中褐土占整体土壤的一半以上，是北京市的主要土壤类型。这使得土壤呈现出丰富的色彩。

4.1.5 材料因素

北京民居建筑材料基本上就地取材，如砖、瓦、灰、沙、石等，都采集自北京近郊或烧制而成，这些建筑材料基本都呈现出灰色的颜色特征。虽然建材单一（传统的砖作、瓦作），但由于手工烧制过程中黏土和火候的差别使得颜色有些许差别，加之经过长时间的磨砺，不同程度的褪色使得表现出来的颜色丰富而统一、和谐而稳重。雕梁画栋便是传统建筑彩画雕饰的真实写照，经过银朱、石三青、群青、砂绿等矿物质颜料的装饰，建筑色彩更加异彩纷呈。此外，流光溢彩的中国传统建筑物件琉璃瓦早在元大都的皇宫大规模建造时便得到大量应用，明代十三陵与九龙壁都堪称琉璃瓦建筑史上的杰作，这些琉璃彩色铅釉包括金黄、翠绿、碧蓝等，为古都带来了一抹亮色，而这些材料也为这些建筑材料产地涂抹上一层历史文化内涵。例如，门头沟区琉璃渠便因历史上生产优质皇家御用琉璃瓦而得名。

4.2 北京市历史文脉研究之建筑色彩演进

中国古代封建制度下等级制度森严，强调以色彩来标志建筑类型与等级，黄色代表权力，红色代表吉祥，唯有皇家建筑（如故宫）才能使用“金灿灿”的黄瓦红墙，王府建筑或宗教建筑则是绿瓦灰墙朱门彩绘，而民居建筑只能用“灰沉沉”的灰墙灰瓦赭门兼施少许的彩绘。并且王府建筑的灰是深灰、中灰色系，民居建筑的灰是中灰、浅灰色系，这更加深了等级区别。例如，北京旧城25片历史文化保护区的历史遗留建筑大都是传统民居四合院和少量王府、寺庙建筑，色彩表现上主要以灰墙、灰瓦为主调，兼有少许的红、绿色系。这成了非常明显的建筑色彩特征，也是北京旧城历史文化保护区明确的建筑色彩基调。

清代中期以后，由于引进西方的建筑样式和建筑技术，西式建筑和中西合壁建筑开始出现，建筑风貌、建筑色彩向多元化方向演进。其中有的是传统建筑类型采用新的建筑技术，有的是采用新结构形式、新的建筑装修材料、新的构造与施工方式。这些西式建筑由于部分材料与装饰的本地化，在颜色上逐渐与当地传统建筑相融合，以明显的西方特征和中式建筑特点相结合的形式融于环境中，别具一格。

上世纪，由于历史原因，旧城居住区存在严重的住房问题，住房紧张使得保护区大量传统四合院被居民私搭乱建，成了大杂院，严重影响了传统建筑风貌，并且私搭乱建过程中使用的各种建材也令保护区内的建筑色彩出现一些杂乱无序的现象。

本世纪初，政府施行了一系列城区风貌整修工程，对原有建筑进行了修复、粉饰、翻建和修建。例如，在历史文化保护区拆除了部分违章建筑，修建了一些仿古建筑，建材为灰色清水砖墙、砖墙外加泥砂浆抹面和砖墙外加灰色贴面砖等，与原有建筑在色彩、风格上基本协调。

图 2 北京市建筑色彩的变迁

当前，随着北京的快速发展，传统的砖、瓦等建筑材料已不能完全满足新型建筑结构的要求，并逐渐被新材料取代，涂料、有色玻璃、轻金属等新装饰材料开始流行起来，人们也逐渐认同，甚至喜欢这些建筑色彩。因此，新材料的广泛应用使得城市色彩景观呈现出多样化的面貌，同时也散发出时代的新气象，参见图 2。然而，近年来城市街区出现的部分新建建筑不仅分布零散，而且它们巨大的体量或鲜艳的色彩与原有建筑风貌严重脱节，并且割裂了与原有建筑和街区色彩景观的连续性与协调性。此外，部分保护区内的街道过度商业化开发，沿街商店广告缺乏统一规划，常以高彩度颜色为主，色彩组织杂乱无章，街道色彩面貌存在很多问题。

5. 北京城市色彩景观状况调查研究

本次研究根据北京市规划委员会颁布的《北京城市总体规划（2004～2020）》文件，对北京市的历史街区与现代街区进行筛选，配合北京城市功能布局以及北京城市分区规划建设的重点区域，选取六类具有代表性的街区（城市新建居住区、商业商贸聚集区、商务金融聚集区、教育科研聚集区、文化娱乐聚集区、历史文化保护区）的建筑组群进行色彩测试（见图 3）。重点对建筑主体色、辅助色及建造材料进行科学调查与统计。在晴天 9：00～15：00 时段，以中国建筑色卡国家标样（GSB 16－1517－2002）为标准，运用色卡目测对比法，录入色彩样品数据，并对样品拍照留档。运用“蒙赛尔色彩体系”对取样色彩的色相（Hue）、明度（Value）和彩度（Chroma）进行定量化分析，根据色彩三维属性所呈现不同权重进行科学筛选，归纳出各功能街区建筑色谱。

5.1 调研结果

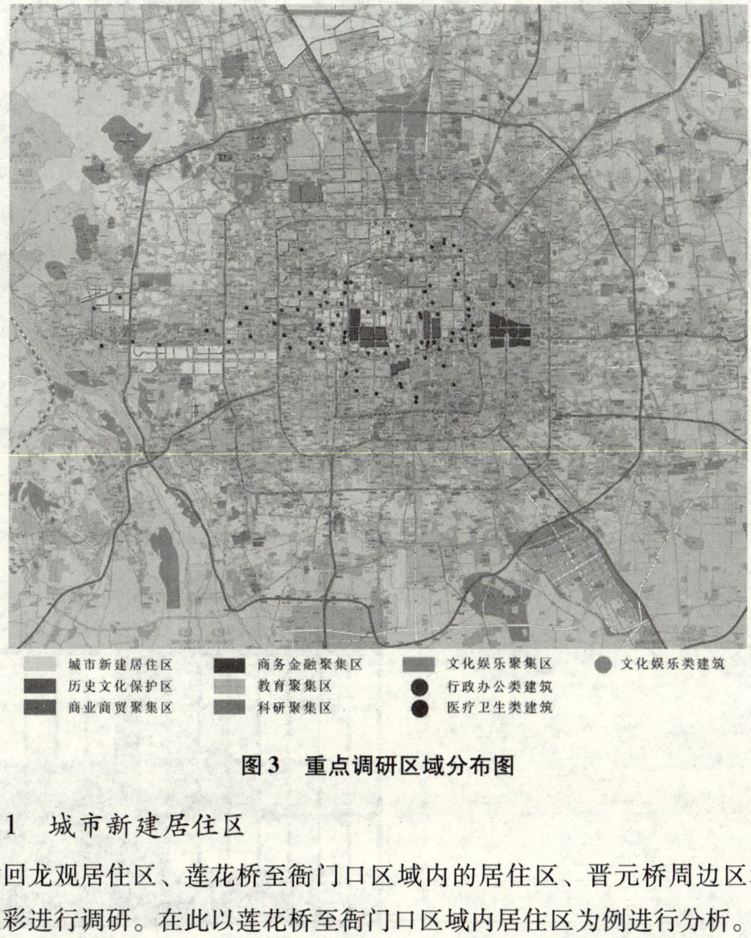

图3 重点调研区域分布图

5.1.1 城市新建居住区

针对回龙观居住区、莲花桥至衙门口区域内的居住区、晋元桥周边区域居住区的建筑色彩进行调研。在此以莲花桥至衙门口区域内居住区为例进行分析。

(1) 建筑色彩分析

主体色（229 个样品）：色相以暖色调为主，23% 黄色（Y）和紫蓝色（PB），18% 黄红色（YR），11% 红色（R），8% 紫色（P），7% 无彩色（N），% 红紫色（RP），3% 其他；明度为 60% 高明度、35% 中明度、5% 低明度；彩度（排除 18 个无彩度样品）为无高彩度、19% 中彩度、81% 低彩度。

辅助色（190 个样品）：色相以暖色调为主，34% 红色（R），20% 黄红色（YR）、11% 黄色（Y），9% 红紫色（RP），8% 绿黄色（GY），7% 紫蓝色（PB），11% 其他；明度为 64% 高明度、31% 中明度、5% 低明度；彩度（排除 1 个无彩度样品）为 2% 高彩度、24% 中彩度、74% 低彩度。

具体参见图4。

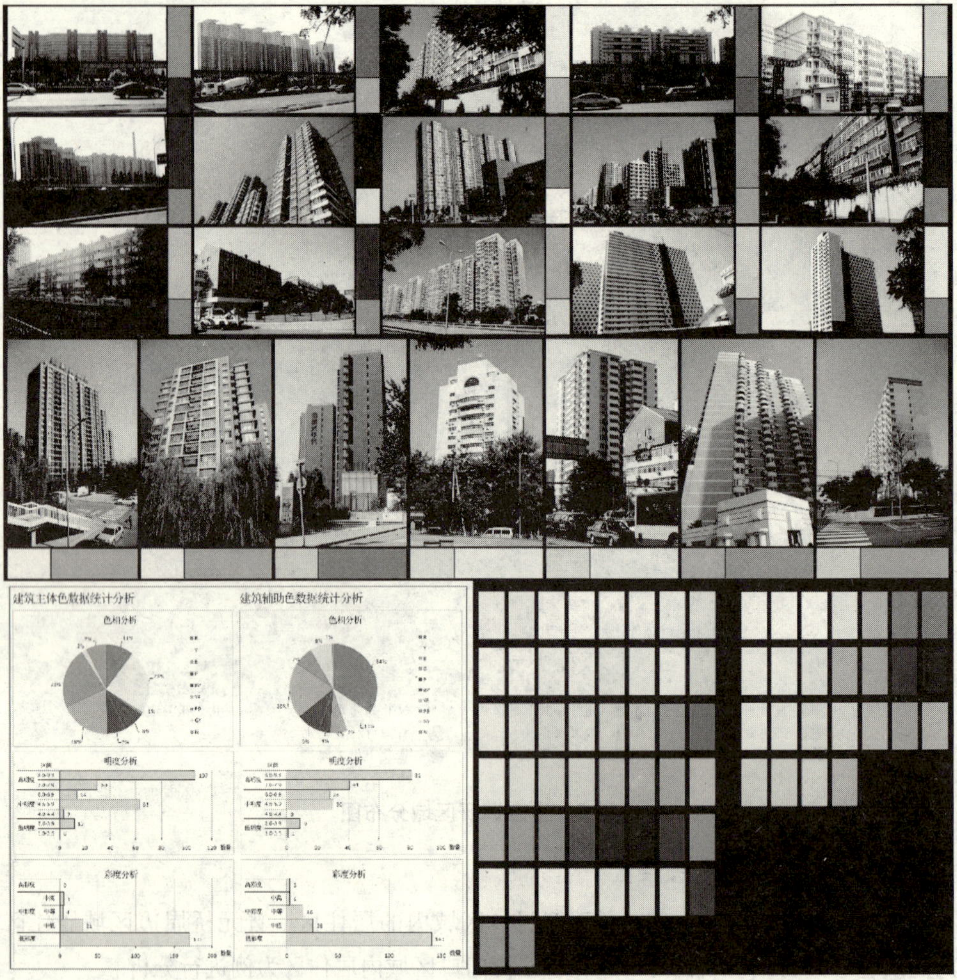

图4　莲花桥至衙门口地区居住区建筑色彩展示图、分析图及色谱图
（图中左侧为主体色，右侧为辅助色）

（2）建筑色谱归纳

主体色以暖色调、中高明度、低彩度为主；辅助色以暖色调、中高明度、低彩度为主。

5.1.2　商业商贸聚集区

针对西单商业区、东单商业区、王府井商业街和大栅栏商业街的建筑色彩进行调研。在此以西单、东单、王府井商业区为例进行分析。

（1）建筑色彩分析

主体色（123 个样品）：色相以暖色调为主，28% 黄红色（YR），26% 黄色（Y），15% 红色（R），10% 无彩色（N），7% 绿黄色（GY），14% 其他；明度为 63% 高明度、26% 中明度、11% 低明度；彩度（排除 12 个无彩度样品）为 2% 高彩度、15% 中彩度、83% 低彩度。

辅助色（98 个样品）：色相以冷色调为主，34% 绿色（G），13% 黄色（Y），11% 绿黄色（GY）和蓝绿色（BG），9% 无彩色（N），7% 紫蓝色（PB），15% 其他；明度为 30% 高明度、59% 中明度、11% 低明度；彩度（排除 7 个无彩度样品）为 2% 高彩度、14% 中彩度、84% 低彩度。

具体参见图 5。

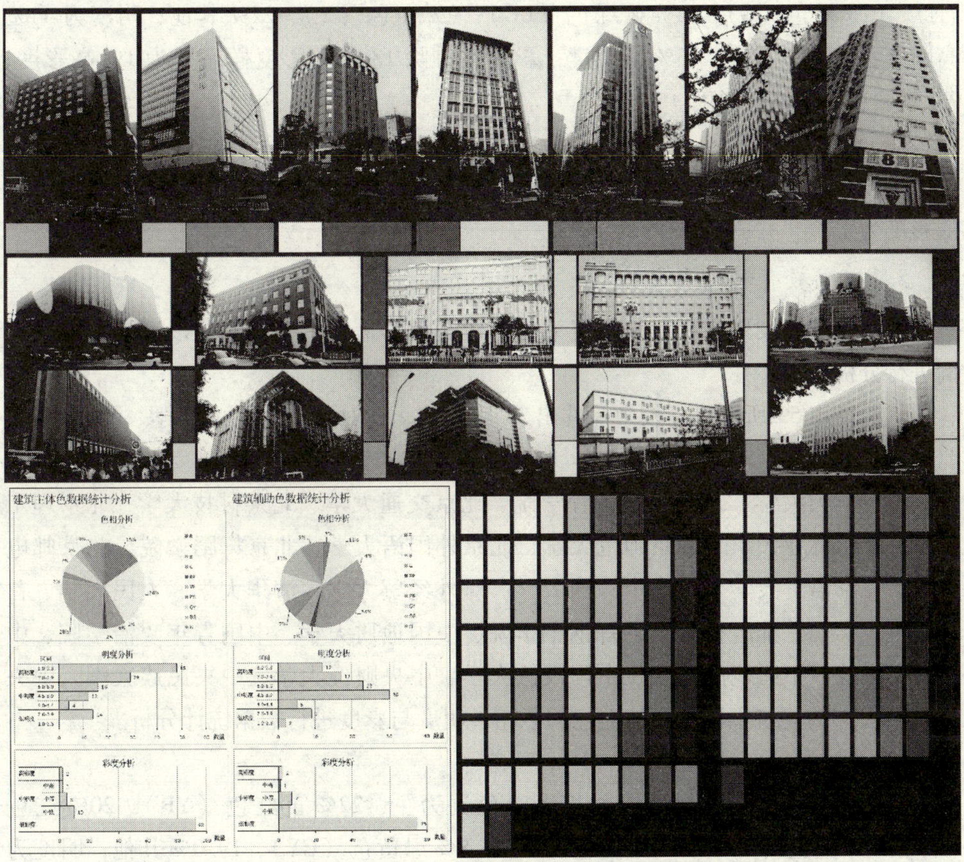

图 5　西单、王府井、东单商业区建筑色彩展示图、分析图及色谱图
（图中左侧为主体色，右侧为辅助色）

（2）建筑色谱归纳

主体色以暖色调、中高明度、低彩度为主；辅助色以冷色调、中高明度、低彩度为主。

5.1.3 商务金融聚集区

针对北京中央商务区（CBD）和金融大街的建筑色彩进行调研。

（1）建筑色彩分析

主体色（153 个样品）：色相冷暖均衡，21% 黄色（Y），16% 无彩色（N）和绿色（G），13% 黄红色（YR），12% 蓝绿色（BG），21% 其他；明度为 34% 高明度、42% 中明度、14% 低明度；彩度（排除 25 个无彩度样品）为 1% 高彩度、9% 中彩度、90% 低彩度。

辅助色（108 个样品）：色相以冷色调为主，25% 蓝紫色（PB），17% 无彩色（N），16% 绿色（G），11% 蓝绿色（BG），9% 黄色（Y），22% 其他；明度为 44% 高明度、43% 中明度、13% 低明度；彩度（排除 18 个无彩度样品）为 1% 高彩度、9% 中彩度、90% 低彩度。

（2）建筑色谱归纳

主体色色相冷暖均衡，以中高明度、低彩度为主；辅助色以冷色调、中高明度、低彩度为主。

5.1.4 教育科研聚集区

针对北京高校聚集区和科研聚集区的建筑色彩进行调研。在此以高校聚集区为例进行分析。

从北京市 59 所本科高校中筛选出 33 所院校，针对（北方工业大学、北京大学、北京大学医学部、北京电影学院、北京服装学院、北京工商大学、北京化工大学、北京航空航天大学、北京建筑工程学院、北京交通大学、北京科技大学、北京理工大学、北京林业大学、北京师范大学、北京外国语大学、北京舞蹈学院、北京邮电大学、北京语言大学、北京中医药大学、对外经贸大学、清华大学、人民大学、首都师范大学、首都医科大学、首钢工学院、中国地质大学、中国青年政治学院、中国外交学院、中国戏曲学院、中国政法大学、中央财经大学、中央民族大学、中央音乐学院）的建筑主体色及辅助色的色相、明度与彩度进行数据统计分析。

（1）建筑色彩分析

主体色（1329 个样品）：色相以暖色调为主，22% 黄红色（YR），20% 红色（R），19% 黄色（Y），12% 紫蓝色（PB），8% 绿黄色（GY），19.0% 其他；明度为 63% 高明度、34% 中明度、3% 低明度；彩度（排除 77 个无彩度样品）为 6% 高彩度、24% 中彩度、70% 低彩度。

辅助色（701 个样品）：色相以暖色调为主，22% 红色（R）和黄色（Y），20% 紫蓝色（PB），11% 绿黄色（GY），8% 无彩色（N），17% 其他；明度为 57% 高明度、35%中明度、8%低明度；彩度（排除53个无彩度样品）为2%高彩度、20%中彩度、78%低彩度。

（2）建筑色谱归纳

主体色以暖色调、中高明度、低彩度为主；辅助色以暖色调、中高明度、低彩度为主。

5.1.5 文化娱乐聚集区

针对三里屯和什刹海地区的建筑色彩进行调研。在此以三里屯为例进行分析。

（1）建筑色彩分析

主体色（135个样品）：色相以暖色调为主，34%黄红色（YR），30%黄色（Y），10%无彩色（N），6%红色（R）和绿黄色（GY），14%其他；明度为66%高明度、25%中明度、9%低明度；彩度（排除10个无彩度样品）为3%高彩度、23%中彩度、74%低彩度。

辅助色（44个样品）：色相冷暖均衡，30%紫蓝色（PB），20%红色（R），16%黄红色（YR），9%无彩色（N），7%黄色（Y）和绿色（G），11%其他；明度为45%高明度、39%中明度、16%低明度；彩度（排除4个无彩度样品）为8%高彩度、10%中彩度、82%低彩度。

（2）建筑色谱归纳

主体色以暖色调、中高明度、低彩度为主；辅助色冷暖色调均衡，以中高明度、低彩度为主。

5.1.6 历史文化保护区

针对南锣鼓巷、东四三条至八条、东交民巷地区的建筑色彩进行调研。在此以南锣鼓巷为例进行分析。

（1）建筑色彩分析

主体色（565个样品）：色相以冷色调为主，20%无彩色（N），38%紫蓝色（PB），23%蓝色（B），19%其他；明度为50%高明度、49%中明度、2%低明度；彩度（排除113个无彩度样品）为3%高彩度、1%中彩度、96%低彩度。

辅助色（457个样品）：色相以暖色调为主，35%无彩色（N），15%黄红色（YR），13%蓝色（B），13%黄色（Y），12%红色（R），13%其他；明度为69%高明度、18%中明度、14%低明度；彩度（排除160个无彩度样品）为6%高彩度、7%中彩度、87%低彩度。

（2）建筑色谱归纳

主体色以冷色调、中高明度、低彩度为主；辅助色以暖色调、高明度、低彩度为主。

本次研究以建筑的功能类型为基本依据，将调研的各类建筑进行分类归纳，具体包括生活居住类、商业商贸类、商务金融类、行政办公类、教育科研类、医疗卫生类、文化娱乐类、历史风貌类八个类别，并分别对调研结果进行整合分析。

5.2 结果分析

5.2.1 生活居住类建筑

获取的1782个主体色样品和1532个辅助色样品表明，生活居住类建筑的主体色和辅助色都呈现出以高明度、低彩度的暖色系为主的特征，其中黄红色系（R、Y、YR）和无彩色系（N）占主导地位。这种偏灰的淡暖色基调既传承了北京市传统居住类建筑“灰色”的色彩基调，又与人们追求温暖、明快、和谐的生活居住环境的心理非常吻合，给人一种温馨和谐的心理感受。

5.2.2 商业商贸类建筑

获取的364个主体色样品和203个辅助色样品表明，商业商贸类建筑的主体色整体呈现无彩色，暖色系（R、Y）所占比例也较为突出，主体色整体呈现出中高明度、中低彩度的色彩感觉，这与北京部分商业商贸建筑由传统民居建筑改造而成的情况相符合；而辅助冷暖色调均衡，色相较为丰富，其中出现不少的高彩度蓝绿色系（B、G），这起到了强调的作用，给人营造出一种醒目、活跃的心理感受，另外整体表现出中低彩度的色彩氛围。

5.2.3 商务金融类建筑

获取的249个主体色样品和163个辅助色样品表明，虽然商务金融类建筑的主体色整体呈现冷暖色调并重的现象，但中高明度和低彩度的色彩表现使之趋向柔和，给人一种和谐的色彩印象，并在一定程度上削弱了建筑的体量感。辅助色偏向于冷色调和无彩色，这很好地搭配了主体色，使之显得稳重和大气。

5.2.4 行政办公类建筑

获取的174个主体色样品和69个辅助色样品表明，行政办公类建筑的主体色整体呈现暖色调，黄红色（R、Y、YR）所占比例较大，整体呈现高明度、低彩度的色彩倾向，这符合该类建筑的外观需求，给人一种庄重、肃穆的整体感觉。而辅助色整体呈现冷色调，明度中等以上，彩度偏低，与主体色相搭配给人一种冷静、理智的心理感受，体现了该类建筑的功能需求。

5.2.5 教育科研类建筑

获取的1466个主体色样品和723个辅助色样品表明，教育科研类建筑主体色整体呈现暖色调，色调相对鲜亮，且明度较高，彩度较低，作为学校和文化活动场所较为适合。而辅助色中冷暖色调均衡，色相较为丰富，与主体色形成灵活的搭配，给人现代、活跃的色彩感受。且明度中等以上，彩度较低，削弱了建筑的体量感。此外，搭配主体色和辅助色中的黄红色系，营造出清新、明快的文化氛围。具体参见图6。

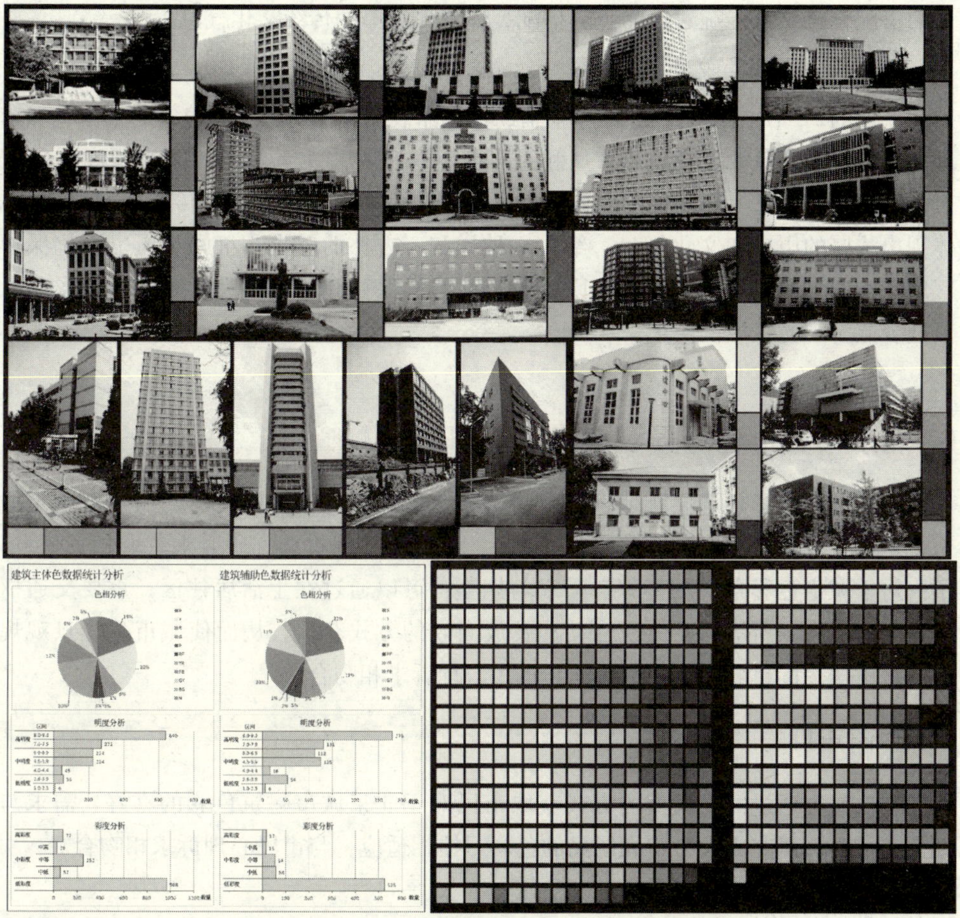

图6　教育科研类建筑色彩展示图、分析图及色谱图

（图中左侧为主体色，右侧为辅助色）

5.2.6　医疗卫生类建筑

获取的70个主体色样品和41个辅助色样品表明，医疗卫生类建筑主体色和辅助色整体呈现冷暖色调并重，明度偏高，彩度较低，表现出色相变化丰富、相对明亮、柔和的色彩感觉，给人一种洁净、卫生的直观感受和平静、清新的心理感受，基本符合该类建筑的功能需求。

5.2.7 文化娱乐类建筑

获取的179个主体色样品和95个辅助色样品表明，文化娱乐类建筑的主体色和辅助色在色彩基调上较为统一，整体呈现低彩度的色彩倾向，给人一种静谧清雅的心理感受，体现出休闲娱乐的意味。此外，主体色和辅助色中无彩色和低彩度暖色系的搭配符合北京传统建筑的色彩搭配，体现出浓厚的传统文化气息。

5.2.8 历史风貌类建筑

获取的72个主体色样品和52个辅助色样品表明，历史风貌类建筑的主体色和辅助色整体呈现暖色调，红色（R）和无彩色（N）所占比重较大，而且明度适中以上，彩度变化丰富。无彩色和红色的大量出现在色相上符合了北京传统建筑的特征，体现出浓厚的历史和文化气息，给人一种祥和、古朴的感觉，正好与历史文化保护区所营造的氛围相一致。此外，原有色彩基调的保持和相对明亮、鲜艳的色彩印象又迎合旅游观光性质的需求。

6. 北京市城市色彩景观问卷调查研究

由于城市色彩景观规划是以城市居民为终极服务对象，广大市民的建议也是城市色彩景观规划所需综合考量的要素之一，因此需要通过调查研究来获取相关信息。市民对于城市色彩景观的喜好、需求与期望，可以通过在生活居住区、重要交通枢纽、公共集会场所等地以交谈互动和发放问卷的方式获取，从而使城市色彩景观规划与城市居民的色彩习惯相适应，与市民心理诉求相吻合。

6.1 调查目的

本次研究通过问卷调查的方式获取市民对于北京城市建筑色彩的喜好、需求与期望，从而使研究成果与广大居民的色彩习惯相适应，与市民心理诉求相吻合。

6.2 研究方法

6.2.1 问卷制作

此次调查问卷中设问的内容与形式参考了既往研究成果，其中包括城市色彩景观调查、城市景观照明调查、城市绿化印象调查等方面的内容，从中选取重复频率较高的问题作为问卷中设问的原始问题。在此基础上，结合城市色彩景观的特殊性，例如城市色彩景观与城市的性质（如港口城市、旅游城市）、城市色彩景观的地域特色（如历史民俗、建筑风貌、植物特色）以及城市色彩景观构成因素多样化（建筑、道路、广告）等诸多方面问题的提出，对设问简化提炼，使不同被访者都能易于理解并便于回答。与此同时，充分考虑到北京市所处地理纬度以及空气质量水平，在问卷的设问中增加了对城市常年天空色彩印象的问题。此外，问卷中尝试性地加入了关于市民理想城市色彩景观的设问，以期对未来城市色彩景观的发展规划与前瞻性进行综合考虑，其结果可能会对城市色彩景观规划设计起到一定借鉴和指导作用。本次问卷设定中还综合考虑了城市色彩景观未来发展的趋势，即夜晚的色彩景观将成为展现城市特色的重要方式之一，因此，在问卷中增加了城市夜景的相关设问，以期得出市民对夜态城市色彩景观的喜好倾向。总之，在此次问卷设定中包括了对城市现有色彩景观看法的调研内容，还包含了对未来城市色彩景观预期效果的调研内容。

6.2.2 调查情况

调查组共组织了15人并分成5组在不同区域内进行调查。为了兼顾被调查人群的广泛性与有效性，问卷调查的地点分别选取大学校园、居民小区、商业地段三类不同区域。

调查采用现场发放问卷的方式，让市民当场填写问卷，问卷小组现场回收。用这种方法不仅有利于调查人员与市民进行直接交流，以便得到原始资料，还有助于调查人员在现场了解具体问题，并解答被调查者的疑问，从而使此次问卷调查中所反映出的问题更加真实可信。此外，通过与市民交流，问卷调查小组还了解到他们所关注的问题以及这些问题对于城市色彩景观的影响，这将对后续数据分析处理具有重要的参考价值。

由于受到天气因素的影响，此次调查实验共进行了3天，总发放问卷500份，回收有效问卷468份，回收率达93.6%。

6.2.3 数据整理

首先对录入人员进行数据统计相关知识的基础培训，从而提高录入数据的准确性与可靠性。在对有效问卷进行数据录入后，通过不同人员对所录入的数据进行全面核对检查，以确保数据的准确性。通过分类统计分析，以形象化的图表方式来直观展现统计结果。

6.3 问卷分析

6.3.1 总体评价

（1）北京的城市环境

北京市作为首都持续进行的市容整治工程和2008年迎奥运城市环境大规模整治工作，使城市的整体环境取得较大改观，从而得到了多数市民的认同，但北京的城市环境仍存在一定的问题，需要进一步努力，才能提高市民对北京城市整体环境的满意度。

(2) 北京市常年天空颜色

市民对于北京城市天空的色彩普遍不满意，有关部门在今后应更加关注环境保护，改善空气质量，为市民营造出更加清新、美丽的天空色彩；同时也显示出在蓝灰色天空映衬下，如何合理地选择建筑色彩来改善城市的整体色彩印象尤为重要。

(3) 北京的建筑代表色彩

皇家建筑的红墙黄瓦，民居建筑的灰墙灰瓦，充分体现出砖红色和砖灰色是北京的传统色，61%的市民认为这两种颜色是北京市城市的代表性色彩，这正与北京市城市色彩景观的自然地理与人文历史因素相契合，体现出市民对北京传统文化的高度认同感（见图7）。

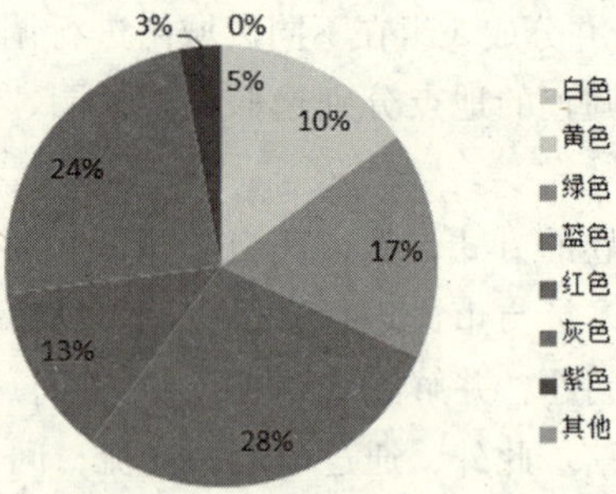

图7　北京的建筑代表色彩问卷分析

6.3.2　建筑色彩分析

(1) 北京市理想的生活居住类建筑色彩倾向

北京作为多数市民认同的历史文化名城和政治文化中心，其地位决定了北京市整体色彩印象应充分反映出城市的文化内涵和功能特征，因此多数人选择了砖灰色和蓝色。此外，少数人选择了绿色、红色、黄色，这是由于北京冬季环境色沉闷单调，绿色、红色、黄色不仅可以打破冬季色彩的乏味，也满足人们趋暖性的心理需求，还反映出市民对于丰富多彩生活环境的追求和向往（见图8）。

(2) 北京市理想的商业商贸类建筑色彩倾向

灰色是北京传统商业建筑的基调，而红色、蓝色、绿色等都是体现时代气息的流行色彩，能让人想到热闹、愉悦的商业氛围，与灰色搭配又不会使整体街道色彩显得过于艳丽、浮燥，因此成为多数市民所青睐的商业商贸类建筑的颜色（见图9）。

(3) 北京市理想的商务金融类建筑色彩倾向

大部分市民选择了以蓝色、绿色为代表的冷色系和以灰色代表的无彩色系，这与色彩心理学理论相吻合，冷色给人以快捷、高效的心理感受，并且能够使人联想

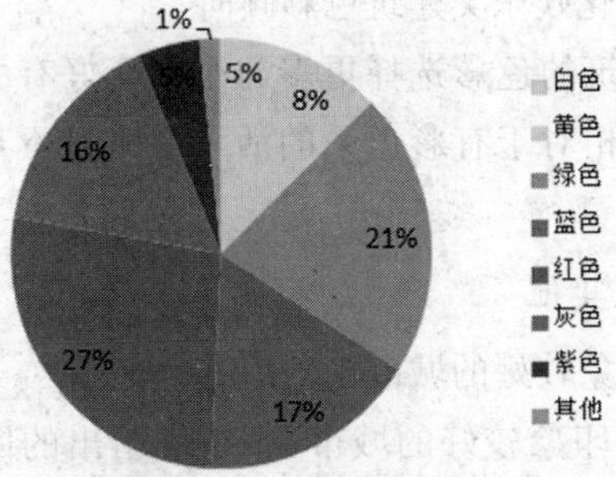

图 8　理想的生活居住类建筑色彩问卷分析

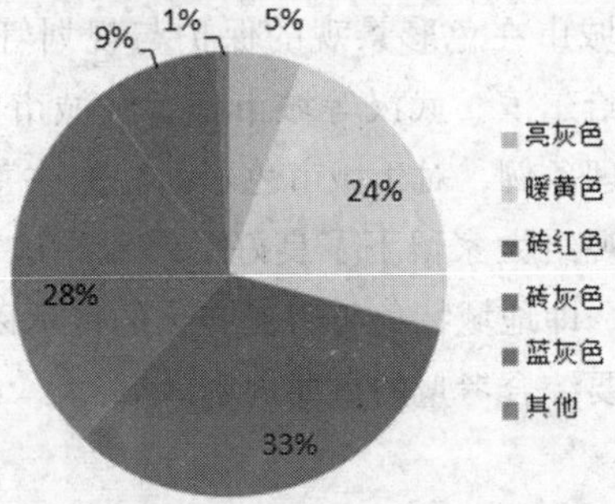

图 9　理想的商业商贸类建筑色彩问卷分析

到高大的玻璃幕墙建筑，灰色则蕴含着理性、严谨的意味，这与商务金融类建筑的内涵与功能相一致。

（4）北京市理想的行政办公类建筑色彩倾向

大部分市民选择了以灰色和白色为代表的无彩色系，以及以黄色和红色为代表的暖色系，这符合依据色彩心理学相关理论分析得出的结果，灰色、白色易给人庄重、公正、廉洁的心理感受，暖色系（如红色、黄色）则体现出和谐、亲切的心理感受，而冷色系则不太适宜用作行政办公类建筑的主体色彩。

（5）北京市理想的教育科研类建筑色彩倾向

大部分市民选择了以灰色为代表的无彩色系，以及以蓝色和绿色为代表的冷色系，蓝色易使人感到理性与睿智的心理感受，与科技创新的科研教育活动相吻合，而灰色所体现出的朴素宁静的色彩氛围倾向与高校以及科研单位的整体氛围较协调。

（6）北京市理想的医疗卫生类建筑色彩倾向

大部分市民选择了以白色和灰色为代表的无彩色系，这与色彩心理学分析极其吻合，白色给人安静、洁净的心理感受。而冷色系（蓝色、绿色）或暖色系（如红色、黄色）则不太适宜用作医疗卫生类建筑的主体色彩。

（7）北京市理想的文化娱乐类建筑色彩倾向

市民对文化娱乐类建筑的色彩选择更多与个人喜好有关，并且这些色彩所占比重比较均衡，而无彩色系相对于有彩色系的活力性略显不足，因此在色彩运用和选择上应体现多元化倾向。

6.3.3　环境色彩及其他

（1）国内其他色彩印象较好的城市

关于“国内其他色彩印象较好的城市”，市民给出的回答主要集中在苏州、杭州、青岛、哈尔滨、大连、广州、武汉等城市。通过分析可以得出，这些城市自身具有独特的地域特色或历史文化特征，从而在一定程度上形成与之相协调的城市色彩景观基调。此外，这些城市在色彩景观的保护与规划管理方面也走在国内前列，例如广州、杭州、苏州、哈尔滨、武汉等城市都曾在城市色彩景观规划方面进行了探索，并出台过相应的管理条例，对于城市色彩面貌的改善起到了一定的积极作用。因此，这些城市的色彩景观给大家留下了良好的印象。这对北京城市色彩景观规划研究具有一定的启示作用，即地域特色与历史文化的传承以及相应规划管理的制定，是城市色彩景观规划中需要综合考量的重要内容。

（2）其他

从本次问卷调查被访者的年龄比例可以看出，年轻人对城市色彩景观的关注度较高，而老年人所占比重中相对较小。这提醒我们在提出北京市建筑色彩改进建议时要适当考虑不同年龄人群对色彩的需求程度，以营造出符合不同年龄层次的和谐色彩环境。

6.3.4　小结

此次问卷调查，在大学校园、居民小区和商业地段三类区域进行，共回收有效问卷468份，可以得出以下结论。

①市民对“北京的城市环境”基本满意，认为市容整治工程和城市环境整治工作所取得的成果较为可观；通过城市色彩景观来传承和发展北京深厚的历史人文，将是今后城市色彩景观研究需要关注的重要问题。

②砖灰色、砖红色是市民心目中北京市建筑的代表色；灰色、红色是大部分市民对北京市居住类、商业类和文化类建筑理想色彩的选择，这与市民高度认同北京传统文化、自觉传承北京历史文脉有直接关系。

③市民对建筑色彩的满意度不高。这表明有关部门应采取有效措施，加大建筑色彩研究的力度，在保护的前提下，全面改善北京市的建筑色彩景观。

7. 北京市城市色彩景观调查与改进对策研究成果

历史积淀深厚的北京要发展，改造更新是必然，继承和发展辩证统一。作为中国乃至世界知名的国际大都市，中国政治文化中心、历史文化名城的北京，如何强调地域性色彩的挖掘和传承，通过城市色彩景观规划充分体现其历史文化名城的文化品格、展现城市魅力，是推动北京实现个性化发展的重要环节。综合本研究中以上结论，最终得到城市色彩景观状况调查与改进对策研究的成果：提出建筑色彩主题，建立建筑色彩数据库，以及提出建筑色彩规划与管理建议。

7.1 提出建筑色彩主题

在北京“灰调复合色”的城市主色调背景下，基于对北京城市重点区域内建筑色彩的调研结果，结合北京历史人文特色和时代发展需求，将市民对城市色彩景观的总体印象和色彩喜好倾向，以及对不同色彩对象的情感因素进行综合考量。在此基础上，去除不符合大众色彩审美习惯的颜色，并强化人对不同类型建筑代表色彩的心理感知，保留符合广大市民心理需求的和谐色彩，结合城市规划和管理的具体需要，针对北京市不同功能类型的建筑类别提出 8 种色彩主题，参见表 1。

表 1　　建筑色彩主题

建筑功能类型	建筑色彩主题	建筑色彩意象
生活居住类	馨	和谐温馨
商业商贸类	盈	繁华活跃
商务金融类	锐	快捷高效
行政办公类	明	公正廉洁
教育科研类	睿	睿智创新
医疗卫生类	洁	清新明快
文化娱乐类	悦	轻松愉悦
历史风貌类	雅	淡雅古韵

7.2 建立建筑色彩数据库

以本次研究所提出的建筑色彩主题为基本依据，针对不同建筑类型系统地进行归纳与整合，最终精练得出北京城区内各类功能建筑的推荐色谱。具体包括生活居住类建筑推荐色谱（见图10、图11）、商业商贸类建筑推荐色谱、商务金融类建筑推荐色谱、行政文化建筑推荐色谱、教育科研类建筑推荐色谱、医疗卫生类建筑推荐色谱、文化娱乐类建筑推荐色谱以及历史风貌类建筑推荐色谱，从而为北京城市色彩景观的规划与管理提供有力的科学依据（见图12）。

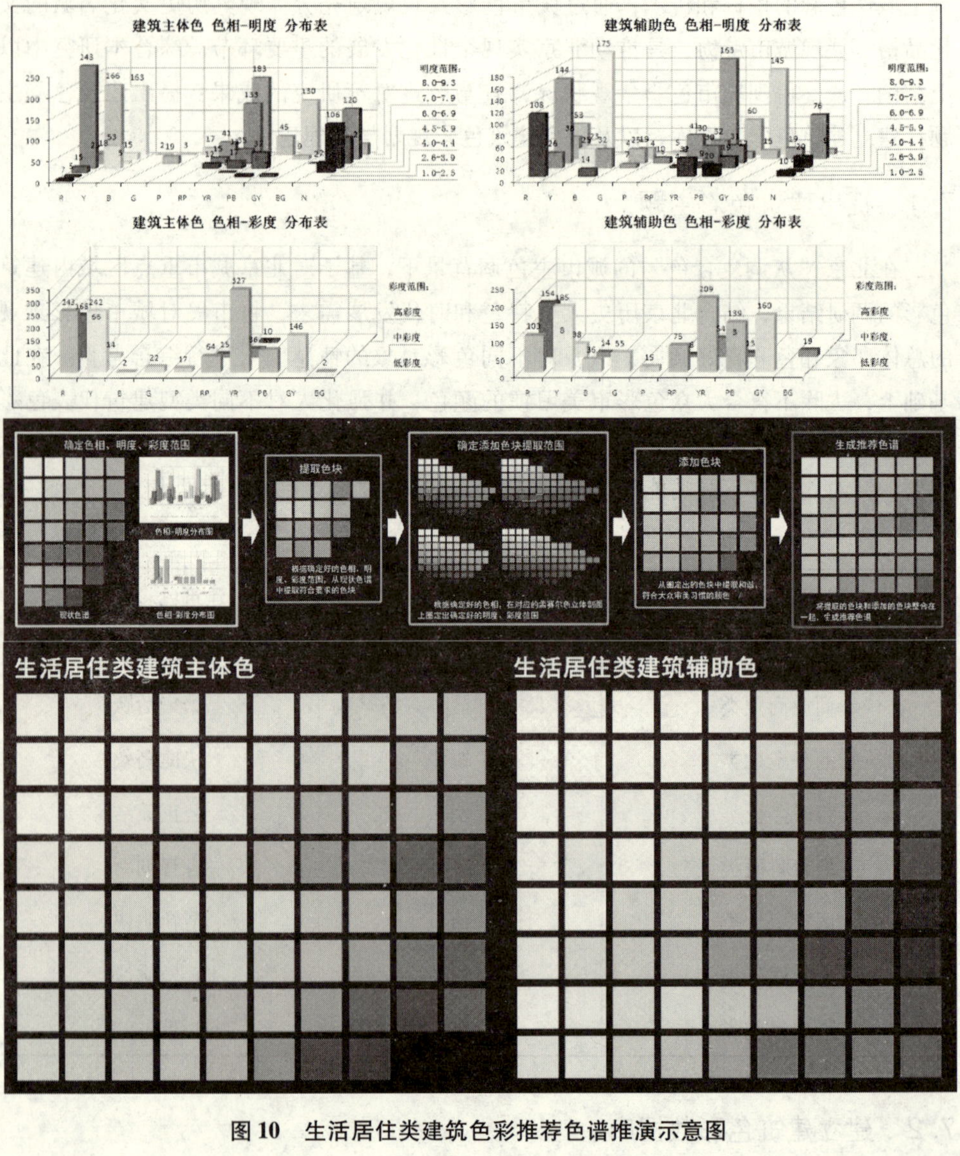

图10 生活居住类建筑色彩推荐色谱推演示意图

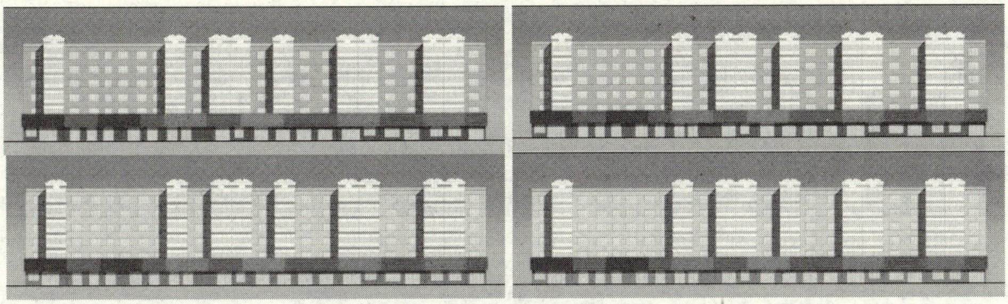

图11 生活居住类建设色彩配色示意图

7.3 提出建筑色彩规划与管理建议

按照《北京城市总体规划（2004～2020年）》的总体要求，以《北京市“十一五”时期历史文化名城保护规划》和《北京皇城保护规划》为基础。在总结此次研究经验的基础上，提出今后北京市主城区建筑色彩规划与管理的相关建议。

7.3.1 规划原则

①城市建设发展时刻受到环境的影响，充分尊重城市的自然环境和气候条件，最大限度地使用与环境和谐的色彩，是创建和谐城市的基础。

②延续城市的文化色彩和历史文脉，保护自身特殊禀赋的色彩，展现深厚的建筑文化底蕴，使城市的历史在色彩中得以延续。

③配合城市规划的区域功能定位增强区域的属性，结合开放空间的布置，强化领域感和场所感的创造，为城市建立科学的色彩秩序。

④依据区域色彩规划，推进保护、整理、创造的色彩实施工作，营造和谐统一的新城市个性形象。

7.3.2 规划区域管理

（1）总体控制（宏观）

北京市主城区建筑色彩规划发展应基于现实色彩条件，依托自然地理与人文历史因素，以“馨、盈、锐、明、睿、洁、悦、雅”八色主题为指导依据，运用科学的色彩学、美学规律以及城市规划设计理念，对主城区的建筑色彩系统进行科学、合理的统筹安排和控制引导。从而创造出和谐、有序、优美、明晰并兼具文化内涵和鲜明风格特色的城市色彩景观格局（见图13）。依据北京市主城区的城市结构特征初步制定5个控制等级。

①历史文化保护区（保护）。

历史街区的范围涵盖北京市总体规划中确定的25个历史文化保护区。历史文化

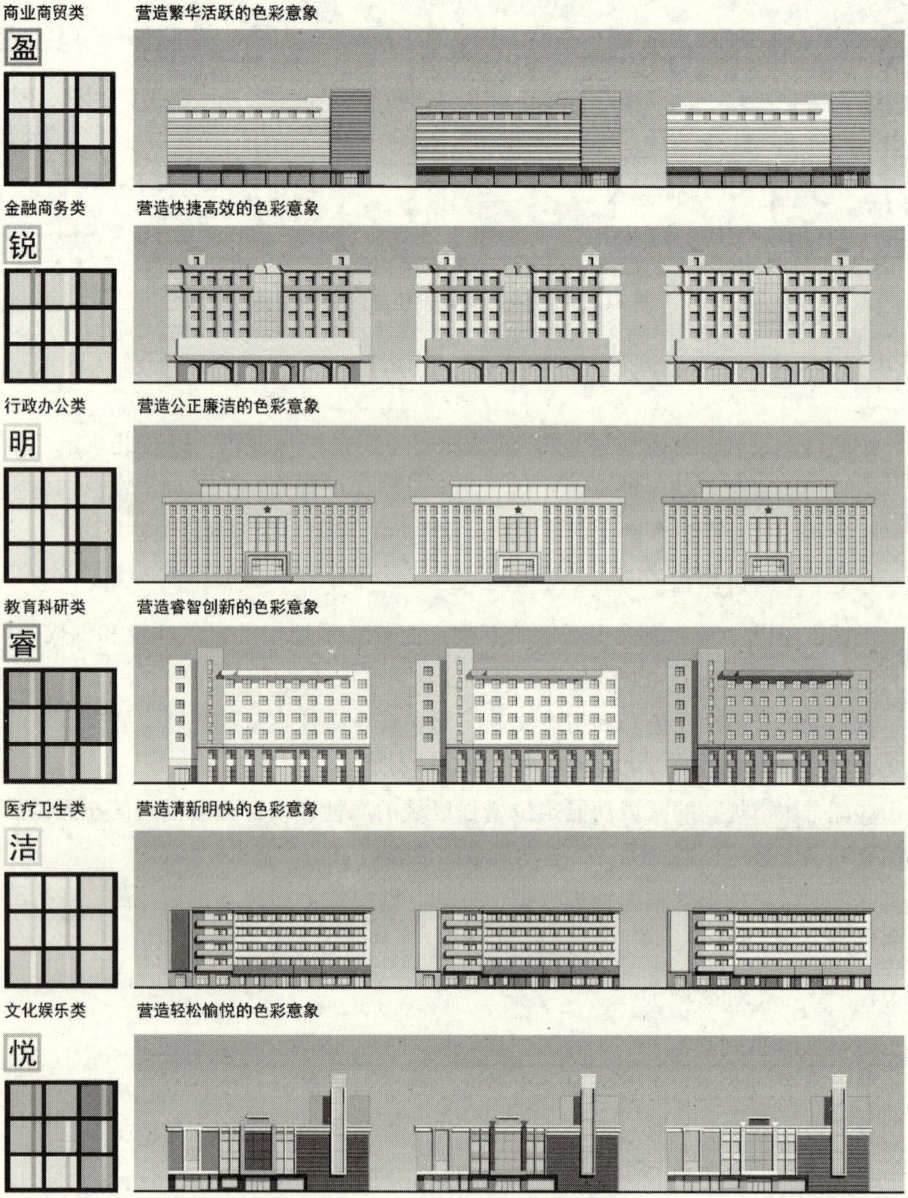

图 12　各类型建筑色彩配色示意图

保护区是历史风貌建筑集中的区域，区内各类建筑具有明显的特色风貌，因此，要求各类建筑色彩必须与区内标志性及代表性建筑（群）色调保持一致，与周围的环境氛围相吻合，从而使历史街区特有的建筑风貌与场所氛围得以保持。该区域内的

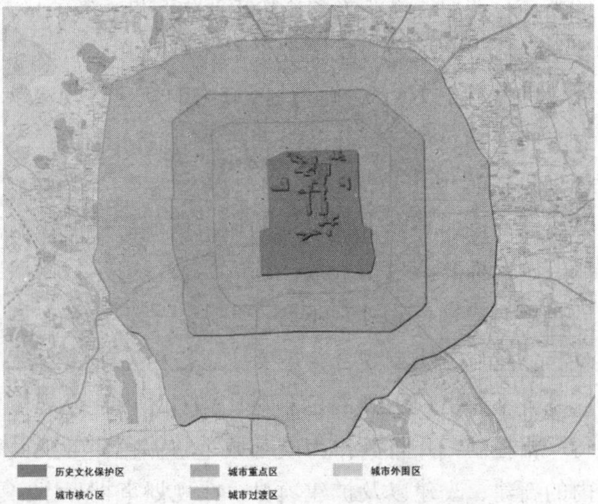

图 13　北京市建筑色彩总体控制

建筑色彩必须从色彩规划所制定的推荐色谱中选取；如区内建筑色彩现状与该区域的城市色彩景观整体氛围相悖时，则必须在近期对建筑色彩进行整治，改造方案及实施流程必须上报城市规划有关行政主管部门审批，通过后方可进行施工。此外，该区域内的新建、改建以及扩建项目，在规划审批程序中要求将“建筑色彩”作为强制性控制指标上报。

②城市核心区（严控）。

城市核心区是指北京市二环以内的北京旧城区域。核心控制区内各类建筑具有明显的特色风貌，因此要求各类建筑色彩必须与区内标志性及代表性建筑（群）色调保持一致，与周围的环境氛围相吻合，从而使历史文化保护区特有的建筑风貌与场所氛围得以保持。该区域内的建筑色彩必须从色彩规划所制定的推荐色谱中选取；如区内建筑色彩现状与该区域的城市色彩景观整体氛围相悖时，则必须在近期对建筑色彩进行整治，改造方案及实施流程必须上报城市规划有关行政主管部门审批，通过后方可进行施工。此外，该区域内的新建、改建以及扩建项目，在规划审批程序中要求将“建筑色彩”作为强制性控制指标上报。

③城市重点区（严控）。

城市重点区是指北京市二环至四环以内的城市区域。重点控制区内要求新建、改建以及扩建建筑的色调必须与区内各功能建筑的整体色调风格保持一致。区内建筑色彩必须从色彩规划所制定的推荐色谱中选取，区内对城市景观形成一定影响的重要建筑色彩，应按色彩规划管理程序，严格控制建筑色彩的总体效果、色彩的面积与搭配以及对周边景观环境的影响程度；区内与城市核心区边界接壤的建筑色彩应与城市核心区的整体色调形成过渡关系，不能产生与城市核心区割裂的色彩印象；区内公建项目的建筑色彩，其配色方案需要经城市规划相关行政主管部门审批，在专家论证及公众评议的基础上方可实施。该区域内的新建、改建以及扩建项目，在规划审批程序中要求将“建筑色彩”作为强制性控制指标上报。

④城市过渡区（严控）。

城市过渡区是指北京市四环至五环以内的城市区域。过度控制区内的建筑色彩必须从色彩规划所制定的推荐色谱中选取；区内建筑色彩不得使用大面积高彩度的原色以及低明度的色彩，建筑色彩外观不允许出现高彩度相搭配的现象，要与建筑自身的功能、形式、体量与材质相吻合，还要注意与相互毗邻的建筑（群）之间应形成一定的色彩联系，不能出现强烈的色彩对比；对区内建设规模较大的居住类建筑的屋顶颜色进行严格控制，并将其作为改善城市整体色彩景观面貌的重要手段之一。此外，该区内的新建、改建以及扩建项目，在规划审批程序中要求将“建筑色彩”作为强制性控制指标上报。

⑤城市外围区（管制）。

城市外围区是指北京市五环以外的城市区域。外围区主要由城市居住区、大规模开放空间以及低密度公共设施区共同组成；要求该区域内建筑色彩应与建筑自身的功能、形式、体量及材质保持一致，还应与建筑所处区位的整体环境氛围相吻合；区内建筑色彩原则上不要求进行强制性控制，主要根据建筑地处区位、建筑主导功能、建筑地处环境及建筑自身的体量、形式及材质的不同，并依据建筑、美学等相关专业的设计原理，确定出具体建筑（群）的主色谱以及外观配色方案。此外，该区内的新建、改建以及扩建项目，在规划审批程序中要求将“建筑色彩”作为参考性控制指标上报。

（2）分区规划与控制（中观）

结合城市各功能区属性将细化控制类别，北京市作为国际大都市其城市功能组织复杂，除了依据城市结构特征进行规划管理之外，还需要采用色彩景观分区进一步对城市建筑色彩进行更为细化的色彩管理方式。

对主城区内历史文化保护区、商业商贸聚集区、金融商务聚集区、行政办公聚集区、文化娱乐聚集区、生活居住区、城市观光游览区等七类可控建筑色彩类型进行针对性的色彩规划管理，并进一步明确各区域色彩主题及区域间差异性，同时提供了相应的配色引导方案。

①历史文化保护区。

历史文化保护区内历史性建筑以及街区改造，建筑色彩运用应以恢复色彩原貌与场所氛围为基本原则。对于能反映建筑自身材质的色彩修复，应在可能的情况下采用清洗、修补等技术手段恢复其色彩原貌。涂料类建筑色彩修复，应注意采用比原有建筑色彩明度低、纯度高的色彩，其配色方案应与周边建筑色彩相协调，并与街区整体色调相吻合。

②商业商贸聚集区。

商业性建筑要求与商业繁荣、热闹的场所氛围相一致，色彩选择范围可以适当放宽。在色相上不做限制，可选用亮丽、醒目的色彩，但应注意对其彩度与明度做出相应限定，以避免暧昧、杂乱、刺激以及晦暗的高纯度和低明度色彩出现。

③金融商务聚集区。

金融商务类建筑因自身严谨、冷静、理智、高效的整体形象要求，主色调应选用中低彩度、中高明度的中性色或冷灰色为主的复合色彩与建筑功能相协调（见图 14）。

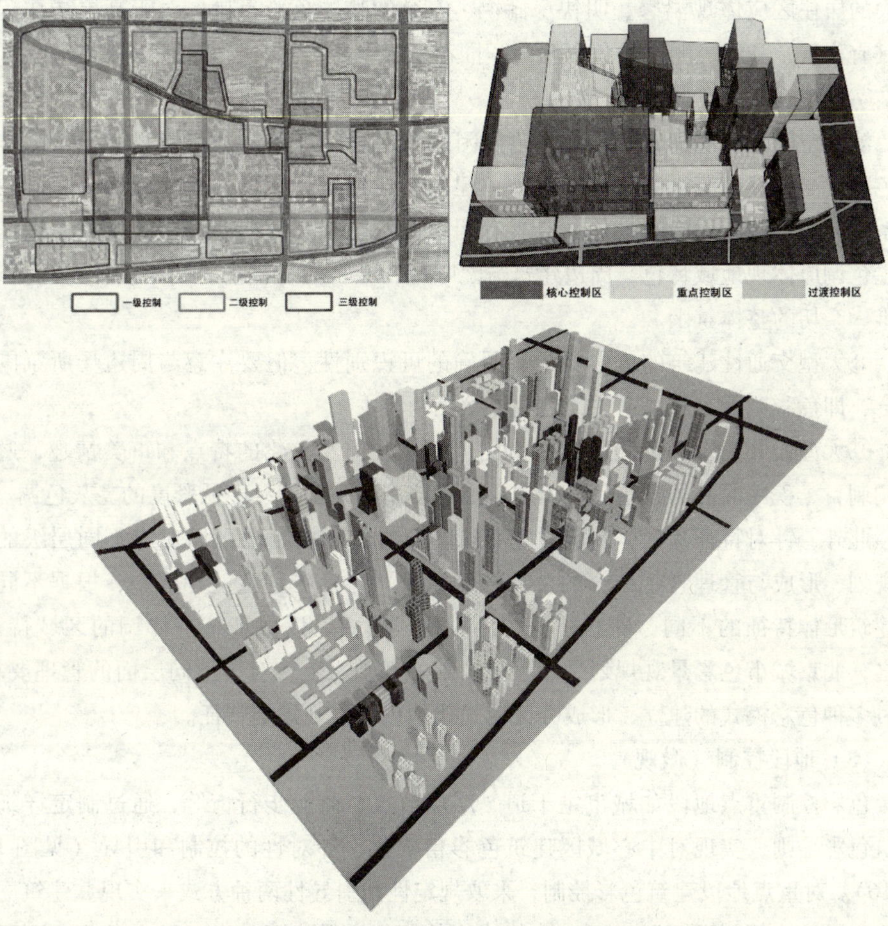

图14　金融商务聚集区建筑色彩规划管理示意图

④行政办公聚集区。

行政办公类建筑色彩应依据建筑自身的形式、体量及材质进行相应的色彩规划设计与管理，该类建筑色彩应体现出庄严、肃穆、大气的色彩倾向，其彩度应为低彩度或无彩度，明度应以中高明度为宜。

⑤文化娱乐聚集区。

文化类建筑的色彩应与城市历史文化特性、精神文明水平以及市民精神面貌相协调，其色彩应用从历史文化等角度进行挖掘，并体现出亲切、典雅的色彩倾向。色调应选用明度适中、彩度较低的复合色。

⑥生活居住区。

生活居住类建筑的色彩是市民生活与休憩环境的重要景观成分，对于建设规模较大的居住区应体现温馨、明快、愉悦、安全的整体色彩氛围，对于高层居住建筑应具有稳重、和谐、明朗的色彩倾向，推荐采用中高明度、中低彩度的暖色调。

⑦城市观光游览区。

滨水空间是市民和旅游者喜好的休闲地域，应展现和谐的色彩环境，其沿岸建筑色彩要与天然的滨水景观交相辉映，建议新建建筑采用低彩度、中高明度的亮灰色系。此外，城市设施的主色调应具有明显的指向性和相应彩度，广场及地面铺装的主色调应体现地域特色，周边建筑与之呼应，在自然植被的映衬下，体现出大气、典雅、亲切的整体氛围。

⑧大型交通性建筑的色彩要具有明确的可识别性，但要注意与周边场所氛围相吻合，即色彩明度、彩度适中，色相以冷色调为主。

⑨大型公共建筑的色彩应体现市民生理、心理及文化的特点和审美情趣，避免色调刺目、秩序混乱的建筑色彩出现，推荐使用中高明度、中低彩度的亮灰色调。

此外，针对特征片区，制定对应不同层面的色彩控制导则以对应不同层级的法定规划，形成与管理紧密结合的分层控制系统。并且在划定的片区中，根据不同功能建筑形体特征的不同，确立相应的色彩构成模式，以保证统一协调的区域特征。总之，北京城市色彩景观规划是在风貌区划的基础之上，对应不同层面的管理要求，通过多种色彩模式的建立，形成分区模式化的色彩景观规划特征。

（3）地段控制（微观）

色彩控制重点地段如城市主干道、广场节点、商业步行街等，通过制定详细的建筑色彩导则，实现对中心城区建筑色彩精确化、针对性的控制和引导（见图15、图16）。对重点地段建筑色彩控制，采取规定性和引导性两种方式来实现。建筑立面不能仅以“水平拼贴式”立面色彩构成来体现街道及广场特色，要在色相、面积与材质上进行更为细致的规划与管理才能更好地营造宜人的色彩空间氛围。此外，要考虑以车行与人行的视觉色彩体验差异性，城市第五立面即建筑屋顶也将成为主城区建筑色彩管理的重要内容，它将丰富美化城市鸟瞰景观，增强建筑色彩新视野。

7.3.3 完善色彩审核程序

（1）确定地域

确定被审核项目所处区域位置，并在色彩规划管理指南中找到与之相对应区域的色彩。

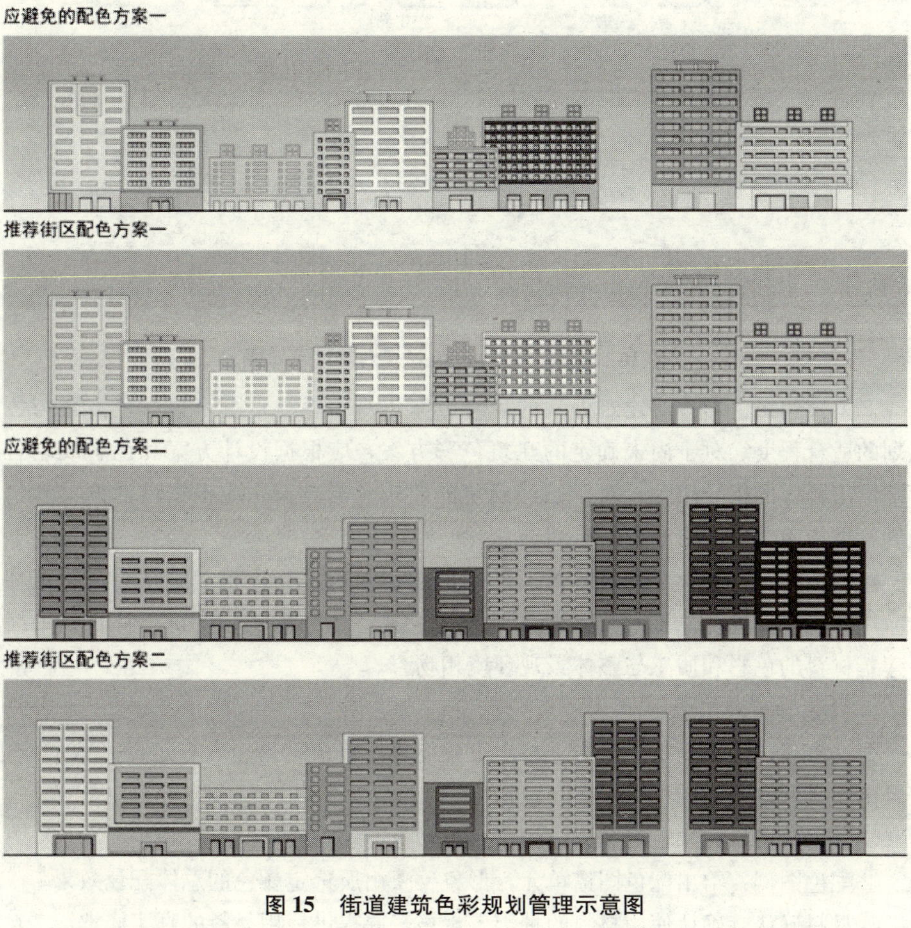

图 15　街道建筑色彩规划管理示意图

（2）审核建筑外观

对建筑的外观进行审核，了解外观及其周围环境的现状，作为色彩选择的依据。具体内容包括以下几点。

①审核建筑形制：审核建筑的整体形态和各部位的形状，及其与所处地域的形象定位是否相符。

图 16 道路交口建筑色彩规划管理示意图

②审核建筑色彩：对建筑外观的色彩方案进行审核，重点审核配色方案与色彩规划的适合程度。对于尚未确定的建筑色彩方案，应根据设计方案和色彩规划管理指南给出相应的指导用色；对于已经确定的建筑色彩方案，应根据设计方案和色彩规划管理指南给出相应的调整范围。

③审核建筑材料：对建筑外檐所使用的建造材料进行审核。对材料在特定环境中应用的可行性进行论证，其中包括对周围景观环境的影响程度进行评价，最终确保建筑材料的色彩和质感与整体景观环境相吻合。

（3）色彩审核结果

根据审核过程中确定的色彩，给出审核结果。审核结果包含有定量系数的颜色，以及由这些颜色形成的配色效果，包括以下几点。

①颜色及名称：颜色的名称、颜色参数、色卡编号。

②配色图例：给出配色图谱单元，形象反映出所选定颜色的总体配色效果。

③材料确认：确认使用材料的种类、规格，并提供使用材料的真实样本。

8. 结语

北京市主城区城市色彩景观要根据过去与现在构成将来的一致。对北京市主城区城市色彩景观的探索，体现了人类社会对未来城市发展方向的思考和探索，也充

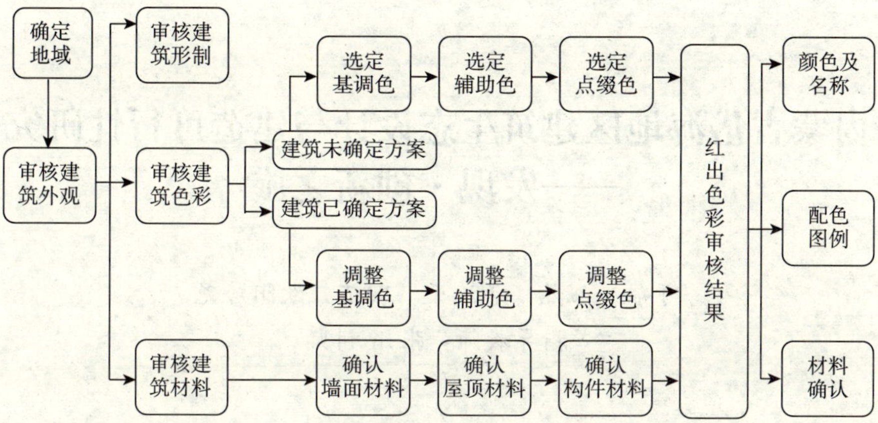

图17 建筑色彩审核流程图

分体现了城市的实质就是要为人类提供一个美好、舒适的物质环境和社会环境。城市色彩景观客观存在的审美争议，决定其色彩不能用简单的方式来表达。由于建筑功能复杂、多彩而生机勃勃的城市生活在很大程度上将催生出更为复杂多样的建筑色彩，因此我们要把握整体特色化的基调与局部丰富的色彩格调，逐步促成多样和谐的北京市城市色彩景观格局。

参考文献

[1] 洛伊丝·斯文诺芙．城市色彩景观——一个国际化视角．屠苏南，黄勇忠译．北京：中国水利水电出版社，2007

[2] 哈罗德·林顿．建筑色彩——建筑、室内和城市空间的设计．谢洁，张根林译．北京：中国水利水电出版社，2005

[3] 日本建筑学会．建筑师谈建筑色彩设计．张军伟，兰煜译．北京：电子工业出版社，2009

[4] 李亨．颜色技术原理及其应用．北京：科学出版社，1994

[5] 尹思谨．城市色彩景观规划设计．南京：东南大学出版社，2003

[6] 吴伟．城市风貌规划——城市色彩专项规划．南京：东南大学出版社，2009

[7] 崔唯．城市环境色彩规划与设计．北京：中国建筑工业出版社，2006

[8] 宋建明．色彩设计在法国．上海：上海人民美术出版社，1999

[9] 张长江．城市环境色彩管理与规划设计．北京：中国建筑工业出版社，2009

[10] 泉州市城乡规划局，中国美术学院色彩研究所．泉城城市色彩规划．上海：同济大学出版社，2009

[11] 马炳坚．北京四合院建筑．天津：天津大学出版社，2004

[12] 萧默．巍巍帝都：北京历代建筑．北京：清华大学出版社，2006

[13] 陈刚．朱嘉广．历史文化名城北京．北京：北京出版社，2005

内蒙古岱海地区建筑生态设计与建造可行性研究
——发现·创新之旅

于航　汪然　于鸿天　田苗　欧阳羚尧

指导教师：张娟 讲师

[摘　要] 本项目从当前城市建设可持续发展与建筑资源合理化利用的实际需要出发，以北京修实基金“内蒙古岱海草房子”公益项目实践为切入点，从环境、能源、材料、结构等多个侧面，对地方性建筑材料在当今可持续营建中的应用进行研究。通过本课题的调查和研究，掌握一定的实地调研方法、学习调查技术，培养通过模型制作掌握科学研究及实践操作能力，探讨解决实际问题的技术策略。同时锻炼团队配合能力和自我组织能力。

通过对地方性、可持续建筑的调研，深入理解地方性建筑材料的特点、掌握传统建筑材料在当今可持续设计中的应用技术策略，通过设计实践的可行性研究寻找解决现实存在问题的方法，旨在通过当地的建筑材料的利用，加强当地人们的环境保护意识，和对土地沙化的反思。试想如果我们用新型建筑材料在大草原上建造一个环保的、生态的建筑，那么当地人们会觉得它离我们很远，也就不会对保护环境有什么帮助，为此我们尝试使用当地特有的建筑材料进行建筑生态设计。

[关键词] 内蒙古岱海地区；地方性材料；生态建筑；可持续设计

1. 内蒙古岱海地区概况

1.1　历史渊源

凉城县历史悠久，早在6000年前就有人类繁衍生息，曾是北方游牧民族活动的重要地区。相传战国时属赵国，秦属雁门郡。西汉始置县，名为沃阳，因经过城的沃水（今弓坝河）而得名。北魏设凉城郡，辖参合、旋鸿二县，始有“凉城”之名。辽置天成、宣德二县。金、元改称宣宁县。明废县置宣德卫，为大同边外地。清设宁远厅，属朔平府通判管辖。民国元年（1912年），设宁远县。民国三年（1914

年），因“宁远”与别省县重名，遂沿用北魏旧名，复称凉城县，属察哈尔特别区管辖，治所设在今永兴镇。1929年划归绥远省，1948年凉城县解放后，迁治所于新堂（今岱海镇），先后属和林、集宁专员公署、平地泉行政区管辖，1958年~2004年8月属乌兰察布盟，2004年9月至今属乌兰察布市。

有文字记载以来，这里就成为草原文明和中原文明水乳交融的沃土。数千年来，在这方钟灵毓秀的土地上，英贤辈出，俊采星驰。新中国成立后，众多国家领导人和社会名流都曾踏上这方热土。悠久的历史和灿烂的文化孕育了勤劳、勇敢、纯朴、善良的凉城人民。凉城县是北方人类文明的发祥地，迄今为止已发现各个时期的文化遗址291处，形成了以老虎山、园子沟和王墓山遗址为代表的环岱海遗址群，2001年被国务院确定为第五批全国重点文物保护单位。2007年环岱海遗址群及岱海旅游区被评为内蒙古十大历史风景名胜区。

1.2 地理自然环境特点

（1）自然特点

本次调研所在地区是内蒙古自治区乌兰察布市凉城县。凉城县座落在东经112°28′~112°30′、北纬40°29′~40°32′之间，地处阴山南麓、长城脚下、黄土高原东北边缘、内蒙古自治区中南部，乌兰察布市南部。西距呼和浩特100公里，东距北京400公里。

名称：凉城县

地理位置：乌兰察布市南部、大青山南麓

下辖地区：5镇、2乡（其中1民族乡）

政府驻地：城关镇面积：2494平方公里

人口：22.91万人

气候条件：干旱、半干旱温带季风气候

（2）地形地貌

全县土地总面积3458.3平方公里（518万亩），约占自治区总面积的0.3%；县境东西最长82公里，南北最宽73公里。地形总体特征为四面环山、中怀滩川（盆地）。北部为蛮汉山山系，山体狭而陡峭，最高峰海拔2305米；南部为马头山山系，山体宽而平缓，最高峰海拔2042米；中部为内陆陷落盆地——岱海盆地，岱海镶嵌其中。林地146万亩；草地140万亩；林草覆盖率58.8%，森林覆盖率28.1%，位居全区前列，在全市排第一位。

（3）气候特征

属典型中温带半干旱大陆性季风气候，年平均气温5℃，1月平均气温13℃，极

端最低气温 -34.3℃；7 月平均气温 20.5℃，极端最高气温 39.3℃。无霜期平均为 140 天左右，初霜 9 月 9 日至 9 月 20 日，终霜 5 月 17 日至 5 月 27 日。年日均气温 0℃以上持续时间 193 天左右。年降水量平均约 350 ~ 450 毫米，降水量最多时达 790 毫米，降水量最少时 201 毫米。

(4) 植物资源

凉城县通过实施退耕还林（草）、天然林保护、京津风沙源治理等项目工程，造林面积年均以 10 万亩、48 万株的速度递增。现全县森林覆盖率达到 28.1%，林草覆盖率达到 58.8%。蛮汉山为天然次生林主要分布区，位于中段的二龙什台于 1993 年被命名为"国家级森林保护公园"。

凉城县主要的乔木树种有油松、樟子松、华北落叶松、云杉、山杏、白桦山杨混生林、杨树，主要分布在蛮汉和马头山区。

凉城县主要的灌木树种有紫花苜蓿、柠条、草木樨。

2. 选题背景

气候变化和人类活动所导致的天然沙漠扩张和沙质土壤上植被破坏、沙土裸露和人类不合理活动所导致的天然沙漠扩张和沙质，是内蒙古地区存在的主要问题。建筑设计不仅做到对生态理念的反映，同时应成为一种地标性建筑将岱海地区的历史特征与地区文化特性充分加以诠释，进而推进生态理念的宣传，提高人们的环保意识。

2.1 气候变化问题

我国沙化土地集中分布的西北地区，由于深居大陆腹地，是全球同纬度地区降水量最少、蒸发量最大、最为干旱的地带。气候变暖、降水减少加剧了该区气候和土壤的干旱化。这使得该区的植被盖度降低，土壤结构变得更加松散，加速了土地的荒漠化。

图 1 内蒙古草场现状

2.2 开荒问题

在荒漠化相对集中的西部地区，曾经有大量草地和林地被开垦为耕地。因开垦草地增加的耕地面积占 69.5%，因开垦林地增加的耕地面积占 22.4%。由于该区属干旱、半干旱地区，草地和林地被开垦为耕地后，在农闲季节土壤失去了植被的保护。

2.3 过度放牧问题

目前内蒙古放牧超载率较高，超载率达到了 66%。每支羊拥有的草场面积从 50

年代的3.3公顷，减少到80年代的0.87公顷，目前仅为0.42公顷。过度放牧造成了对草地地表的过度践踏，草原地表土壤结构破坏严重，经风吹蚀，出现大量风蚀缺口，牲畜放牧越多的草地，土壤裸露越多，形成的荒漠化面积也越大。

2.4 滥挖滥伐问题

近些年来，在生态环境相对脆弱的西北地区，大规模滥挖发菜、干草和麻黄等野生中药材的事件时有发生。1.9亿亩的草场面积遭到严重破坏，约占内蒙古全部草原面积的18%，有相当部分正处于沙漠化的过程中。其中约0.6亿亩的草场面积被完全破坏且已沙化。由于1.9亿亩草地遭到严重破坏而不能放牧，被迫到其他草场超载放牧的草地要远远大于1.9亿亩，草原负担过重，加速了荒漠化的扩展。

2.5 现有的有效防治措施

（1）种树种草

当植被盖度达到30%以上时，土壤风蚀就会基本消失。种树种草治理沙漠化的措施，就是基于控制土壤风蚀的原理。在沙漠化发展严重的农耕地区，主要采取把部分已经沙漠化的耕地退还为林地和草地的方法，以达到沙漠化土地恢复的目的。

（2）围栏封育

在草原地区，牲畜压力过大，过度放牧造成了土地沙漠化。治理的方式通常采用“围栏封育”，即把草场划分成若干小区，使围起来的草地因牲畜压力的消失，而自然恢复。

围栏封育，建设“草库仑”，实行划区轮牧的做法，本身没有把区域内的人畜压力释放出去。围起来的地方，沙漠化有所逆转；没围起来的地方，由于人畜压力的加大，植被破坏更加严重，势必造成沙漠化的继续加剧。

正因如此，我们才要加强当地人们的环境保护意识，合理放牧、适度利用资源，利用生态能源（如太阳能、风能），善用当地的建筑材料，对土地沙化进行反思。

3. 方案论证

在项目研究创作过程中，采用对比、分析的方式，对全国范围内的典型地方性材料可持续应用特征与现状进行考查分析，找出其中的共性与特性，从而进行内蒙古地区地方性材料在生态理念指导下的可持续设计应用研究与论证。

3.1 我国主要建材地区分布

我国主要建材地区分布情况如图2所示。

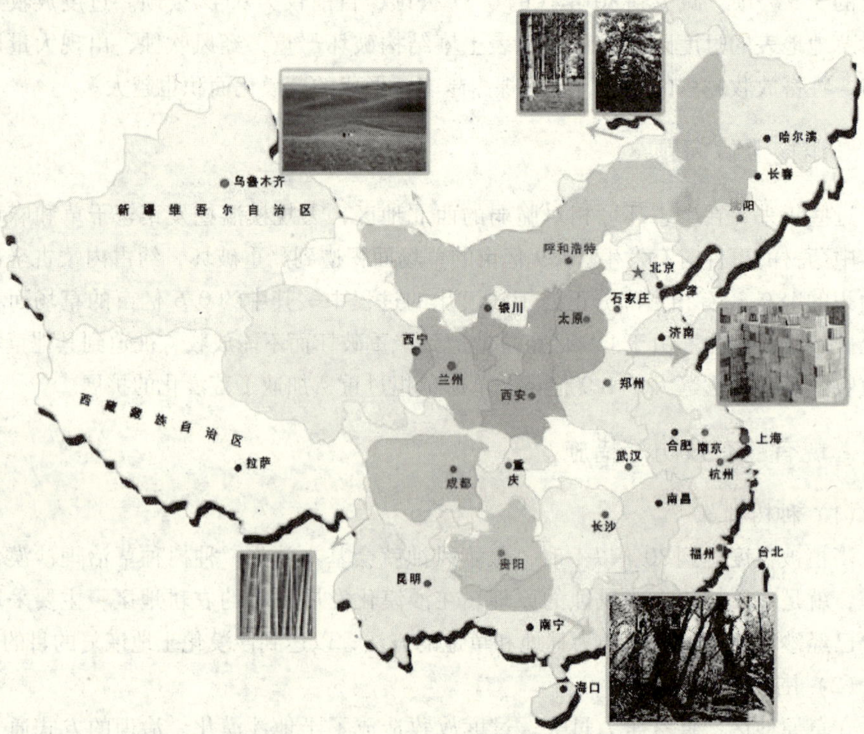

图2　我国主要建材地区分布图

3.2　对我国典型地方性建筑的分析

3.2.1　福建土楼

（1）建筑特征

福建土楼主要有方楼和圆楼两种建筑形态。其中，方楼在土楼中最为普及。该建物类型的特征，是先夯筑一正方形或接近正方形的高大围墙，再沿此墙扩展该楼其他建物。而扩建的制式规格通常是敞开的天井与天井周围的回廊。最后使用木制地板与木造栋梁，加上瓦片屋顶，即成为土楼中最普遍的方楼。

圆楼是当地土楼群中最具特色的建筑（见图3），一般以一个圆心出发，依不同的半径，一层层向外展开，如同湖中的水波，环环相套，非常壮观。其最中心处为家族祠院，向外依次为祖堂、围廊，最外一环住人。整个土楼房间大小一致，面积约十平方米左右，使用共同的楼梯，各家几乎无秘密可言。

（2）当地建材

- 沙质黏土和黏质沙土拌合而成的泥土

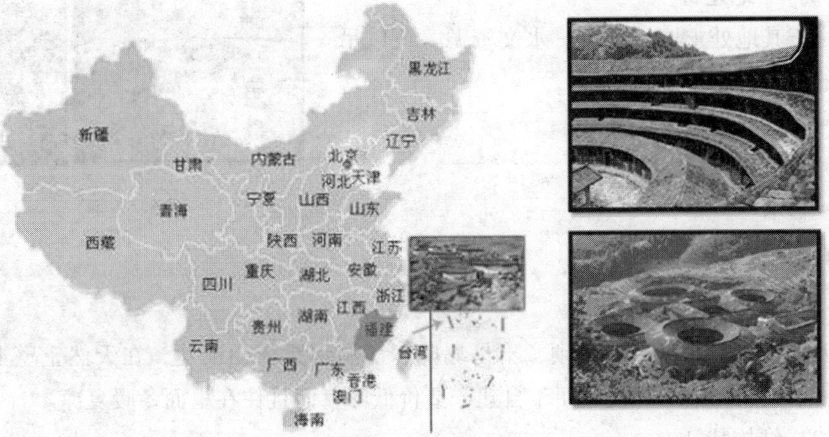

图3　福建圆楼

- 当地黏质红土，掺入适量的小石子和石灰
- 杉木枝条或竹片作为“墙骨”

图4　吊脚楼

- 木制地板与木造栋梁，瓦片屋顶
- 大块鹅卵石

3.2.2　吊脚楼

(1) 建筑特征

正屋建在实地上，厢房除一边靠在实地和正房相连，其余三边皆悬空，靠柱子支撑（见图4）。吊脚楼有很多好处，高悬地面既通风干燥，又能防毒蛇、野兽，楼板下还可放杂物。吊角楼属于干栏式建筑，但与一般所指干栏有所不同。干栏应该全部都悬空的，所以称吊角楼为半干栏式建筑。

依山的吊角楼，在平地上用木柱撑起分上下两层，节约土地，造价较廉；上层通风、干燥、防潮，是居室；下层关牲口或用来堆放杂物。四排扇三间屋结构者，中间为堂屋，左右两边称为饶间，作居住、做饭之用。饶间以中柱为界分为两半，前面作火炕，后面作卧室。吊脚楼上有绕楼的曲廊，曲廊还配有栏杆。

（2）当地建材

由于其地处土壤、植被、水文资源，所以吊脚楼的建筑材料很多。

- 茅草或杉树皮
- 石板、泥瓦
- 杉木

图 5　窑洞

3.2.3　甘陕地区窑洞

（1）窑洞的优点

因为高原上的黄土粘且硬，不易塌陷。窑洞都是依山而建，在天然土壁上水平向里凿土挖洞，施工简便，便于自建，造价低廉，而且住在里面冬暖夏凉。

（2）结构特征

窑洞一般高 3 米多，宽 3 米左右，最深的可达 20 米。洞口都朝阳，这样便于阳光照射。最简便的窑洞就是直接挖土形成的土窑洞；将土窑洞用石头加固，就成石窑洞了；当然，如果用砖加固就是砖窑洞了，砖窑洞外表更美观一些。

3.2.4　蒙古包

（1）结构特征

蒙古包呈圆形，四周侧壁分成数块，每块高 13 米左右，用条木编围砌盖。游牧区多为游动式。游动式又分为可拆卸和不可拆卸两种，前者以牲畜驮运，后者以牛车运输。

蒙古包主要由架木、苫毡、绳带三大部分组成。制作不用水泥、土坯、砖瓦，原料非木即毛。蒙古包的架木包括套瑙、乌尼、哈那、门槛。

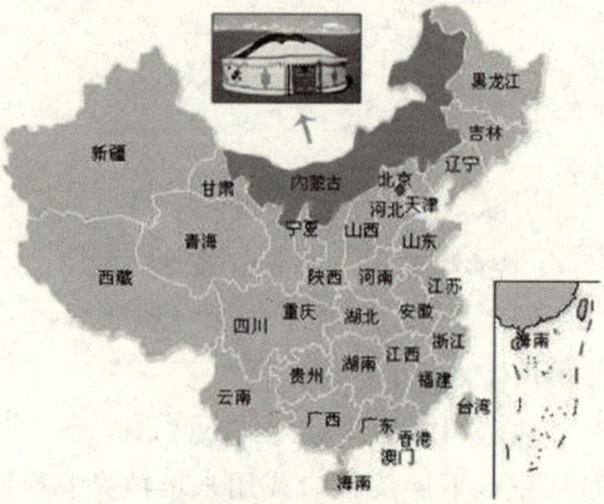

图 6　蒙古包

（2）当地建材

•瑙：木质要好，一般用檀木或榆木

•尼：一般为松木或红柳木

图7 建造过程中的蒙古包

•作：用水泥、土坯、砖瓦，原料非木即毛、苫毡由顶毡、顶棚、围毡、外罩、毡门、毡门头、墙根、毡幕等组成

•绳和围绳是围捆哈那的绳子，用马鬃、马尾制成

•绳是把相邻两片哈纳的口绑在一起，使其变成一个整体的细绳，用骆驼膝盖上的毛和马鬃、马尾搓成

•石材：白云石

5. 研究方法

5.1 绿色生态可持续建筑的设计

生态建筑设计应注重把握和运用以往建筑设计所忽略的自然生态特点和规律，贯彻整体优先的准则，并力图塑造一个人工环境与自然环境和谐共存的、面向可持续发展的未来建筑环境。从技术层面上，生态建筑的设计要求如下：

①选址规划尽量保护原生态系统。

②资源利用高效循环，尽量使用再生资源。

③综合措施有效节能，努力采用太阳能、地热、风能、生物能等自然资源。

④废物排放减量无害，并采用各种生态技术实现废水、废物资源化以及再生利用。

⑤建筑环境健康舒适，日照良好，自然通风，控制室内空气中各种化学污染物质的含量。

⑥建筑功能灵活适宜，易于维护。

5.2 建筑的生态化

建筑的生态化一般应具备如下基本特征：

①能为人类提供宜人的室内空间环境，包括健康宜人的温度、湿度，清洁的空气，舒适的光环境、声环境以及灵活开敞的空间。

②在对自然资源的利用上对环境的索取要小。主要包括节约土地，在能源与材料的选择上贯彻减少使用、重复使用、循环使用以及用可再生资源替代不可再生资源的原则。

③对环境的影响要最小。主要指减少排放和妥善处理有害废弃物以及减少光污染、声污染。

5.3 我国生态建筑现状

我国的生态建筑已经有深远的历史。不同于西方的高技派，中国的生态建筑大多是从很不发达的地区起源的，或许当时的技术条件和科学水平没有达到今天的高度，所以那个时代可能只有极少数人认识到该建筑形式的合理性。

客观地讲，我国在生态建筑推行和发展方面仍有很多需要解决的问题。

①对生态环境的认识不够。“以环境为中心”的设计观念尚未形成或成为社会的共识。

②生态建筑本身的经济合理性问题。目前我国建筑生态技术和材料严重落后于发达国家，因此建筑单方造价过高使建筑业主望而却步，开发商也因生态建筑前期投入较大而回收速度缓慢不愿冒险开发。

③相关政策尚不到位。发展生态建筑首先要解决的是认识问题，要加大生态环境的教育，在可持续发展原则上建立一套新的价值体系和行为规范。其次是政府用制度推进生态建筑及其技术的发展，如推行市场准入制度，补贴建立示范性的生态住宅小区，无偿推广实用生态技术等。

④在建筑设计中先从中、低技术开始，如节能技术、通风技术等。

5.4 秸秆建材

秸秆是高效、长远的轻工、纺织和建材原料，既可以部分代替砖、木等材料，又可有效保护耕地和森林资源。秸秆墙板的保温性、装饰性和耐久性均属上乘，许多发达国家已把“秸秆板”当作木板和瓷砖的替代品广泛应用于建筑行业。

生态秸秆再生彩瓦自身具备品质超群的优势，又有国家政策的支持。生态秸秆再生彩瓦和生态无机复合麦秸板产品强度高、不变形、不起壳、抗老化，可钉、可锯、可刨、可钻、握钉力强、可加工性能好，并有其自身优良的物理性，成本低、无污染、无放射性、不含甲醛、防火、防水，具有极佳的环保性和广泛的适用性。这些都决定着其无限的发展前途。

5.5 芦苇筋

禾木科。多年生草本。地下有粗壮匍匐的根状。叶片广披针形，排列成两行。

夏秋开花，圆锥花序长 10 ~ 40 厘米，分枝稍伸展。生长于池沼，河岸，湖边，水渠，路旁。

适宜的气候使苇质柔韧、色泽光亮、拉力强。

芦苇有第二森林之称，用途广泛。芦苇是上佳环保材料。不仅是重要建筑用材料，可以代替塑料等制造饭盒、餐具等多种日用品，是“白色污染”的克星。

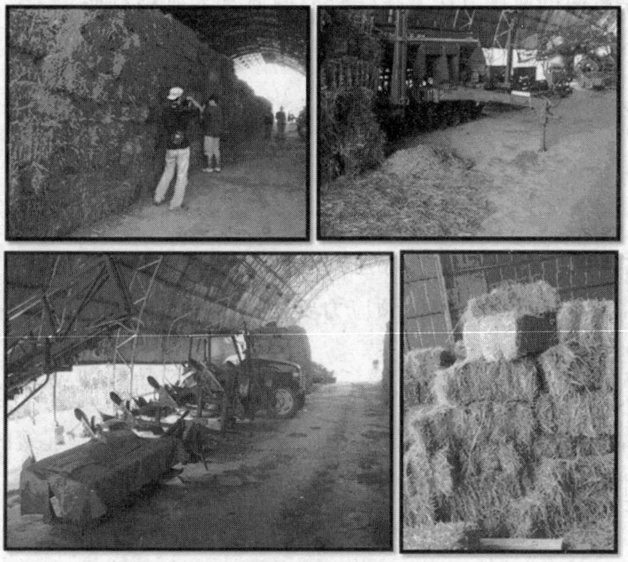

图 8　由秸秆压成的草砖

5.6　强化草砖墙结构原理

这种方法比较简单，但是要想获得合适、理想的预应力有些困难，而且皮带可能成为工作中的一大障碍。

为了获得均衡的墙体预应力的系统，一种表层可膨胀的直径为 20 ~ 30 厘米的管状织物要安装的圈梁上，足以将墙体压缩 15 厘米。

对水泥打底承重墙的有关研究显示，水泥打底需要与强体承重量有所匹配。

5.7　两种结构体系

一种是屋面荷载直接通过秸秆砖墙传向基础。另外一种是屋面荷载通过木桩和由秸秆填充板或秸秆砖构成的横梁传入基础。后一种框架结构被普遍认为是非承重结构或填充墙，是由木料、钢铁或钢筋混凝土框架组成的，用来传递屋面荷载并稳定墙体。这时，秸秆砖并没有起到真正的结构作用，只是用来作为隔热材料。

5.8 泥灰砖矩阵承重墙体系

砖块在水泥浆中以交叉连接的形式排列，垂直水平的排列连接形式全部或局部地承担作用。因此这是一种既由秸秆砖进行承重又由其承担填充板功能的混合系统。然而这一系统的热桥效应特性决定了它不能在寒冷地区应用。

还有一种秸秆砖的应用方法，在既有的墙体外表砌秸秆砖作为隔热层，从而达到隔热的目的。

5.9 承重秸秆砖墙

由秸秆堆砌起来的承重秸秆撞墙能够很好地起到将屋面荷载直接传向基础的作用，结构简单，制造周期短以及旨在成本低廉等特点备受人们的青睐。

承重墙用秸秆砖必须是经过良好压缩，且墙体是采用预应力处理的。有必要对顶部圈梁进行张拉处理，墙体内的预应力要稍大于屋面荷载，从而不会再对秸秆砖结构产生过于的二次压缩。

清华大学吴良镛先生提出“建立人居环境循环体系”，将人居环境纳入动态的生生不息的循环体系即对这一思想的提倡。它对建筑的要求不仅是建筑的使用过程，而是建筑的整个生命周期。

6. 研究结果

6.1 方案设计过程

本方案分为两个部分。

一期夯土墙模块建筑已在内蒙古岱海地区开始施工，本次着重研究了夯土墙模块建筑的墙体结构技术方案并进行了节点大样的制作。

图9 夯土墙模块建筑效果图

图10 墙体模型

二期的另外两个建筑延续一期建筑在环保生态和可拆卸方面的理念，更进一步研究了最新建筑的绿色环保技术及其运用；并采用了各具特色的建筑形式来体现小组成员们对“绿色、环保、可拆卸”的理解。

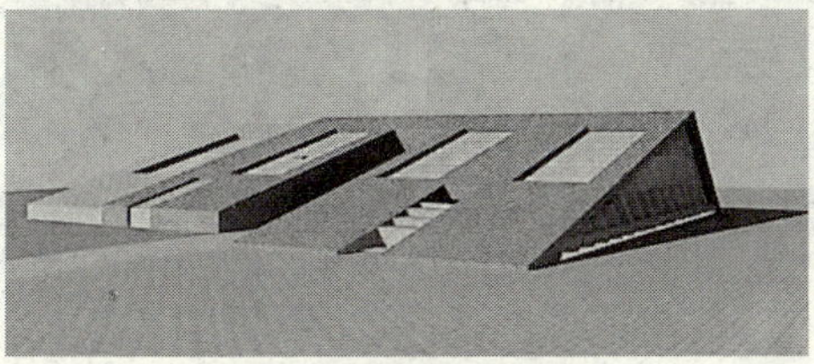

图 11　草砖建筑效果图

图 12　新型保温隔热材料建筑效果图

6.2　各方案简介

6.2.1　方案一

建筑“骨架”采用钢结构框架，建筑“表皮”则就地取材采用生土夯实墙体。本着“生态、生长”的设计理念，建筑充分利用太阳能、种植屋面、雨水收集等技术，并将就地取材的绿色建材用于建筑的各个部分。建筑采用等体积模块组合的方式，易于拆减、维修与更新，便于内部功能的划分，以满足不同使用需要。本方案为使用者提供了全方位的人文关怀与本土生态文化的宣传。

简约、平直的夯土墙在虚与实之间，在落地窗和竖窗间自由延伸，在光影中伸展、转折、戛然而止，在平静中体现着力量，展现着夯土墙的愿望。

墙体模块以西藏宗庙建筑中最有特点的边玛墙为基础，辅以现代的墙体保温中的外墙夹层保温技术手段，以当地草场上常见的资源丰富的苜蓿草为墙体最外层的原料，配合多种现今广泛用于墙体保温的轻质保温材料，制作了一种新的墙体结构，运用于岱海草房子的方案之中。此种墙体的运用实现了墙体的部分承重，在抗震方面减轻了建筑的自重，材料质量较轻体现了便于拆卸的特点，与此同时还兼顾了防潮、保暖、通风等优点。

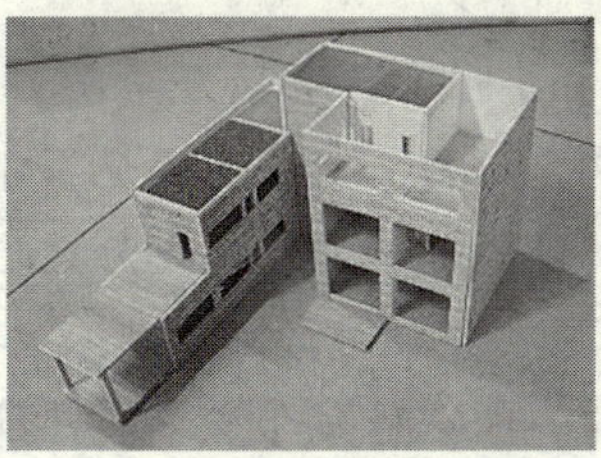

图 13

图 14

图 15

图 16

图 17

图 18

6.2.2 方案二

该建筑位于内蒙古岱海地区的广阔大草原上，针对该项目的规划要求——打造集展览、文化、休闲、研究等功能于一体的公共艺术空间，设计了该建筑。

建筑理念是包容，生活在内蒙古草原上依赖着自然生存的人类就需要多为自然着想，两者相互依赖、相互包容。

从建筑外观可看出，这个建筑分为两大区域三个体块。建筑东侧为一个体块，西侧叠落两个体块，这三个体块由一个曲面环绕并包围。这个曲面“包容”着三个体块，相互依存。

其中展览空间的不规则形状窗户，不仅采用可拆卸的环保形式，同时大面积的玻璃也使得人们在参观的时候也可观赏到大草原上的风景。

该建筑共两层，其中东区为展览空间，西区一层为办公、娱乐及公共空间，二层为休憩住宿空间，上下层之间由折形楼梯连通，在满足疏散要求的同时，也为一层的公共空间平添一丝趣味性。

6.2.3 方案三

该建筑吸收大自然的能源，既节能，又适应当地气候，实现了与周围环境的融合。

由于当地风很大。该建筑整体设计为三角形。当风来袭时可以轻松通过，不会给建筑造成伤害。表皮多以绿色植物为主，可以更好地防风固沙。

建筑拔地而起，但又不突兀。与周围的草坪融合，柔和不张扬。

建筑首层以展览、办公为主，用温室大棚分开了这两个部分。二层主要是工作人员的研究区和游客的休闲、体验区。二层的四块大玻璃使里面的人能更充分地与大自然交流，仰望天空，也为研究人员为达人 员创造出了更好的研究环境。

建筑表皮除了运用大量的绿色植物，也吸收了当地的一些草秆赋予表面。并部分设置可滚动的卷帘，可更好地为建筑保温。

四块主要的大玻璃为锯齿型，一半负责采光，一半是太阳能板，白天吸收太阳的能量，真正做到了节能。

植物的种植灌溉靠我们新设计出的水循环系统，更好地节省水资源，使整个建筑生动起来。建筑自己进行着新陈代谢，被赋予了生命。

7. 创新点

7.1 岱海草房子新型墙体模块灵感来源——西藏建筑中的秸秆墙体边玛墙

图19 萨迦寺大殿上的边玛墙

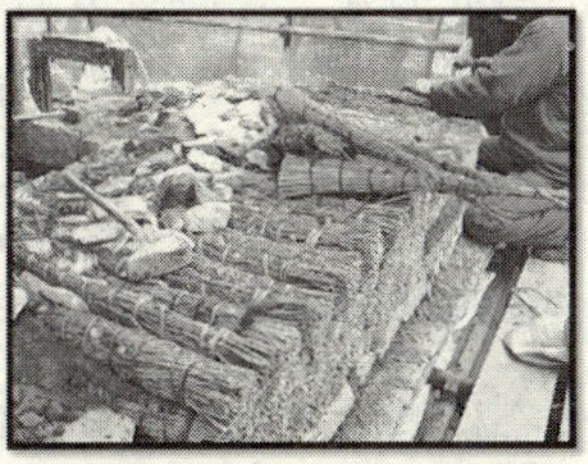

图20 边玛墙制作过程

在藏区，寺院建筑中的重要殿堂，如大的“扎仓”以及诵经大堂女儿墙都是与白墙形成鲜明对比的赭红色墙体。它的材料是藏语称之为“边玛”的灌木。其实边玛草本来并不是赭红色。边玛草即怪柳枝是一种生长于高寒地区深山中的灌丛，这种灌丛质地坚硬，枝条长又少有分叉，不易弯曲，不易腐烂，去掉叶子和皮后，枝条本身的色泽呈土黄偏白。用它的树枝捆扎、染色制成的墙体，叫边玛墙。

从建筑角度来讲，边玛墙是藏族人民智慧的结晶，是藏族建筑师利用当地材料因地制宜、大胆创新的成果，在建筑质量和美观两方面均获得了最佳效果。边玛墙是边玛枝干去皮、晒干，切成30厘米长短，捆扎成手臂粗细垒砌而成的。砌筑边玛墙的时候，先把捆扎好的边玛树枝铺一层，再加一层黏土夯实，同时用泥灰和碎石将墙内侧铺实，这样重复砌筑，到了顶部还要进行防水技术处理，墙体基本筑成后，在墙面上涂一层赭红色的涂料。涂料由红泥、牛奶、红糖、牛胶、豆粉再添加木浆等各种原料在铁锅内混合搅拌熬煮成浆后，泼染在铺好的边玛草墙上，注意要泼染得均匀。这样既可染色，也可填实草束之间的空隙。

边玛墙就这样形成了。这种墙体从建筑技术角度讲，可以减轻墙体顶部的重量，对高层藏式建筑无疑有着很好的减重作用；从建筑外观装饰来讲，边玛墙对建筑起到色彩对比反差的作用，从而获得视觉美感。藏式建筑墙体色彩以白色为主流色，白色墙体上有了赭红色的女儿墙和窗户边沿的黑色条，颜色从单调变成了多彩，从轻淡变成了凝重，增加了整个建筑的庄重感。布达拉宫、大昭寺以及三大寺给我们的感觉正是这样。

边玛墙是藏式墙体建筑技术领域中的一大发明，这种创意的灵感源于平民百姓的建筑形制。西藏农区建筑中可以发现农民宅院建筑中院墙的墙头上整齐地垒一圈木柴或者牛粪饼，看上去与白墙从颜色上形成了反差，本来这是农家人充分利用墙头空间堆放柴禾，一来节省地盘，二来防盗贼跃墙偷盗。聪明的藏族建筑师从这个现象中产生了灵感，将之用于建筑墙体的砌筑技术上。

边玛墙在藏式建筑领域中占有重要地位，但是由于它的材料稀缺，制作过程繁杂，成本昂贵等原因，不可能在现代藏式建筑中大量使用。面对传统藏式建筑领域不可或缺的组成部分，我们对边玛墙材料的分布、边玛枝干的加工工艺、边玛墙的砌筑技术及其产生的作用，应当做一番抢救式的普查整理，使这一民族建筑领域中的闪光点永久地保存下去，在西藏古代建筑的维修中发挥作用。

7.2 现代建筑中的墙体保温技术——多层复合保温外墙

多层复合保温即采用导热系数较低（保温隔热效果较好）的绝热材料与建筑物墙体固定一体，增加墙体的平均热阻值，从而达到保温或隔热效果的一种工程做法。

外墙夹心保温是将保温材料置于外墙的内外侧墙片之间，内外侧墙片可采用混凝土空心砌块。

7.2.1 优点

①对内侧墙片和保温材料形成有效的保护，对保温材料的选材要求不高，聚苯乙烯、玻璃棉以及脲醛现场浇注材料均可使用。

②对施工季节和施工条件的要求不十分高，不影响冬期施工。在黑龙江、内蒙古、甘肃北部等严寒地区曾经得到一定的应用。

7.2.2 缺点

①在非严寒地区，此类墙体与传统墙体相比偏厚。

②内外侧墙片之间需有连接件连接，构造较传统墙体复杂。

③外围护结构的“热桥”较多。在地震区，建筑中圈梁和构造柱的设置，“热桥”更多，保温材料的效率仍然得不到充分的发挥。

④外侧墙片受室外气候影响大，昼夜温差和冬夏温差大，容易造成墙体开裂和雨水渗漏。

7.3 方案确定

经过以上调查研究和资料搜集，决定以边玛墙为基础辅以现代的墙体保温手段，就地取材以苜蓿草为原料制作一种新的墙体结构运用于岱海草房子的方案之中。

7.4 墙体模型试验

7.4.1 秸秆墙块制作用具

①墙体块模具。

②搅拌器具。

③苜蓿干草碎屑。

④UHU 防水胶。

⑤固体甘油。

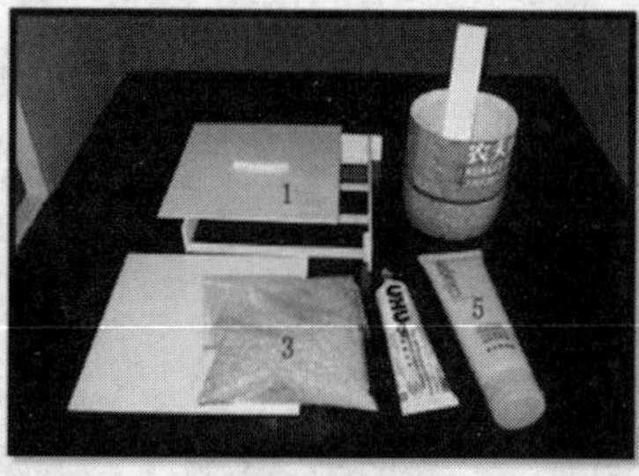

图 21 秸秆墙块制作用具

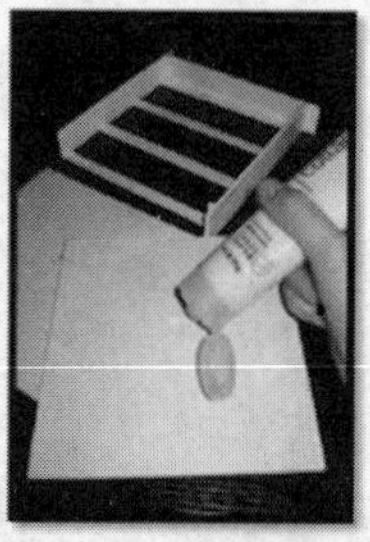

图 22 墙块模具上油

图 23 墙体材料准备

7.4.2 秸秆墙块制作过程

①墙块模具上油：为了防止后期苜蓿草碎屑成型过程中与模具黏结，因此在模具内表面涂抹一层甘油。

②墙体材料准备：把苜蓿草碎屑加入到搅拌器具之中，同时把 UHU 防水胶置于一旁备用。

③加入黏合剂：向苜蓿草碎屑中加入 UHU 胶并加以搅拌，使草屑与胶充分接触。

④倒入模具：将搅拌好的草屑倒入墙体块模具之中，铺展均匀，确保各处的厚度一致。

⑤加盖压实：此过程中要确保顶盖垂直地附于草屑之上，再用力下压，以保证墙块的形状和薄厚一致。

⑥墙块取出：待墙块整体形状基本固定后，拖住底板从模具中取出，此时墙块尚未定型，过程中应小心。

⑦晾晒：墙块取出后，先连同底板一起晾晒；当朝上一面手触不再有潮湿感时取下底板，翻面晾晒；晾晒处最好在背阴处，尽量不要在

⑧固定成型：晾晒约 4 小时后拿起墙块，以整体结实不易松散、不易碎落为宜。阳光直射的环境下暴晒。

图 24 加入黏合剂

图 25 倒入模具

图 26 加盖压实

图 27 墙块取出

图 28 晾晒

图 29 固定成型

7.4.3 失败经验分析

第一次尝试制作的结果出现了问题，不太成功，我们进行了以下分析和讨论。

图 30 墙体碎裂

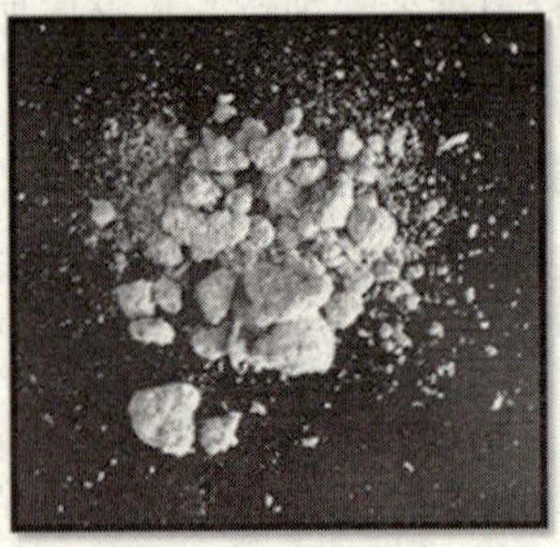

图 31 内部结块

①墙体碎裂：墙块的强度不够，导致稍一用力就断裂掉渣。

原因分析：草屑与黏合剂的比例不适当，导致体块碎裂，应适当增多胶的用量。

②内部结块：碾碎后，发现草块墙体内部有大量质硬结块。

原因分析：在加胶搅拌的过程中，搅拌不均匀导致出现结块，应在加胶过程中充分搅拌。

7.4.4 其他复合材料与墙体的组装

图 32 复合材料

图 33 墙体模型成品

①苜蓿草屑墙块。

②胶浆。

③聚苯板。

④21/22 胶浆。

⑤玻纤网。

⑥弹性涂料。

7.5 岱海草房子水循环系统

绿色建筑是我国建筑业发展的必然趋势，其中水是绿色建筑中不可忽视的环境因子，为指导、规范绿色建筑水循环过程的运行，有必要建立绿色建筑水循环评估体系。在参考国外绿色建筑评估体系水循环的相关内容及国内相关手册、导则的基础上，建立了绿色建筑中的水循环评估体系，包括水系统规划、给排水系统、污水处理与再生利用、雨水管理与利用、海水利用、绿化及景观等非饮用水、管材及器具与设施、节水指标等内容。

7.5.1 建筑水循环过程

随着社会的发展，生态住宅成为住宅建设的发展趋势和潮流。水是生态住宅小区的基础，生活水平越高，生态住宅小区越完善，用水量就越大。中国是水资源缺乏的国家，市政供水远远不能满足生态住宅的需要。解决用水需求与供水矛盾的根本途径在于主动节水，积极开发一切可以利用的水资源，实现水的循环使用。中水在解决水资源短缺上发挥了巨大的作用，但是，由于受各种因素的限制，中水一般只用于冲厕、绿化等，还不能从根本上解决生态住宅用水的供需矛盾。

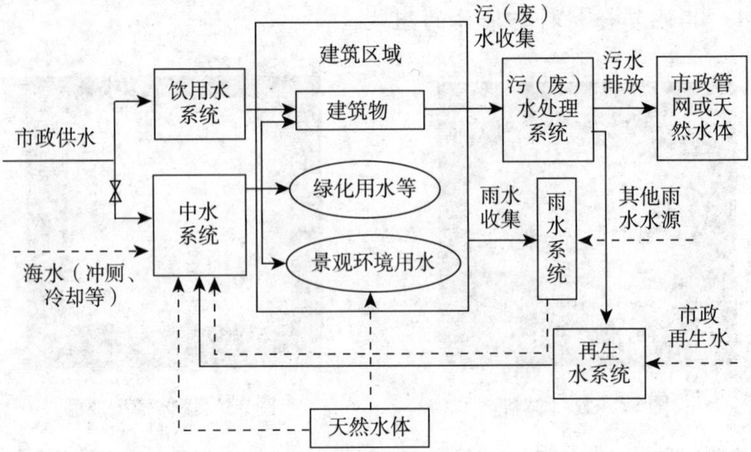

图 34　建筑水循环的过程

7.5.2　水循环利用系统

系统构成：中水循环利用系统是人工系统，污水经过再生处理、水库天然处理和二次处理，达到使用水标准，一部分回用，其余的中水进入地表涵养水循环系统，实现了水量基本平衡的使用循环。

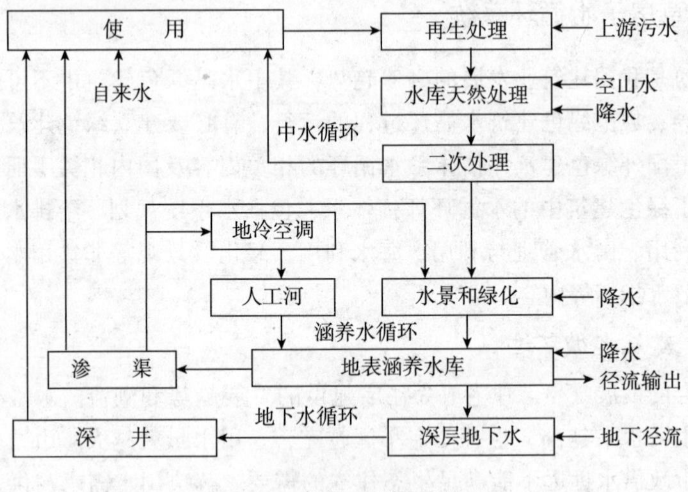

图 35　水循环利用系统

7.5.3　中水人工循环利用系统流程

水在自然界不断往复循环，这是自然规律。利用水的循环规律，修复、强化、提升水的循环，深层次地开发利用水的循环，是解决城市用水供需矛盾的根本途径。自来水不是城市的唯一水源，利用污水、雨水、地表涵养水、地下水作为水资源，开发生态住宅小区水循环利用系统，将成为一条更符合自然规律的、崭新的水综合利用模式，大大推动生态居住小区的发展，为我国乃至于世界水务事业做出积极的贡献。

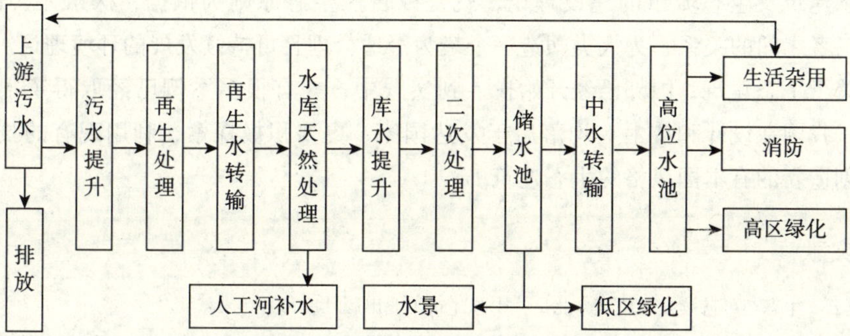

图 36　中水人工循环利用系统流程

以雨水、地表涵养水、地下水和污水作为可利用的水资源，利用水循环往复的原理，深层次发掘水可循环利用的特性，创造性地利用和开发了中水人工循环利用系统、地表涵养水半自然循环利用系统和地下水自然循环利用系统，并使三个系统有机结合，形成独创的生态住宅小区水循环利用系统，从根本上解决缺水的问题。

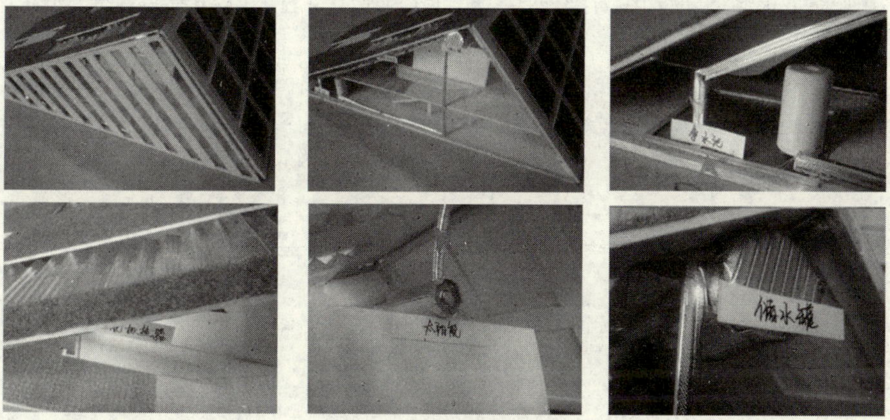

图 37　模拟生态建筑水循环系统

8. 结束语

随着全球资源锐减、环境恶化，生态问题日趋严重，人们越来越关注人类自身的生存环境。在严峻的现实面前，人们开始重新审视和评判现时的城市发展观和价值系统。建筑及其建成环境在人类对自然环境的影响方面扮演着重要角色。因此，符合可持续发展原理的设计，需要对资源和能源的使用效率、对健康的影响、对材料的选择等方面进行综合思考，从而使其满足可持续发展原则的要求。近几年提出的生态建筑及生态城市的建设理论，就是以自然生态原则为依据，探索人、建筑、自然三者之间的关系，为人类塑造一个最为舒适合理且可持续发展的环境理论。

关于生态建筑，国外已经开始投入到实践中，并有很多案例已经取得了很好的成效。我国在设计和技术上均落后于发达国家，更要积极探索，利用现有的技术条件去创造新的有本国风格的生态建筑。

参考文献

[1] 夏云. 生态与可持续发展建筑. 北京：中国建筑工业出版社，2001
[2] 清华大学建筑学院，清华大学建筑设计研究院. 建筑设计的生态策略. 北京：中国计划出版社，2002
[3] 周浩明. 张晓东. 生态建筑. 南京：东南大学出版社，2002
[4] 荆其敏. 生态的城市与建筑. 北京：中国建筑工业出版社，2005
[5] 曹云钢. 从生态角度观建筑. 山西建筑，2007，33（8）
[6] 何文晶. 太阳能采暖通风技术在节能建筑中的研究与实践. 山东建筑大学，2005
[7] 尹宝泉. 复合太阳能墙与建筑一体化的节能研究. 河北工程大学，2009
[8] 王崇杰，何文晶，薛一冰. 欧美建筑设计中太阳墙的应用. 建筑学报，2004（8）
[8] 林少培. 中国西部大开发中“可持续开发”和“绿色建筑”. 工程设计 CAD 与智能建筑，2000（7）

问卷调查统计结果

在该地区我们进行了问卷调查，统计结果如下。

您的年龄是多少?

- 10 ~ 20 岁
- 21 ~ 30 岁
- 31 ~ 40 岁
- 40 岁以上

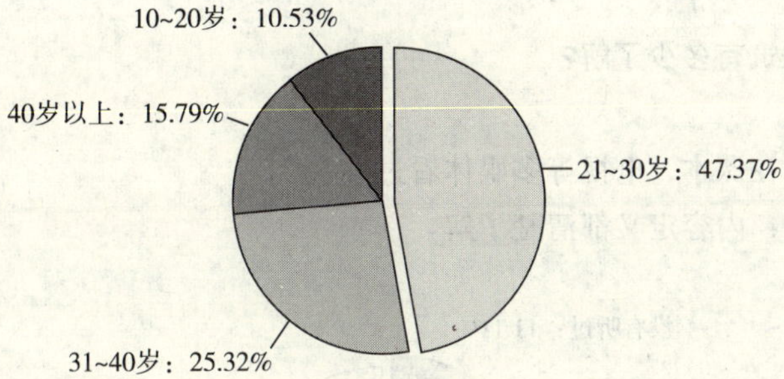

您的家庭月收入是多少?

- 5000 元以下
- 5000 ~ 9999 元
- 10000 ~ 14999 元
- 15000 ~ 19999 元
- 20000 ~ 24999 元
- 25000 ~ 29999 元
- 30000 ~ 49999 元
- 50000 元以上

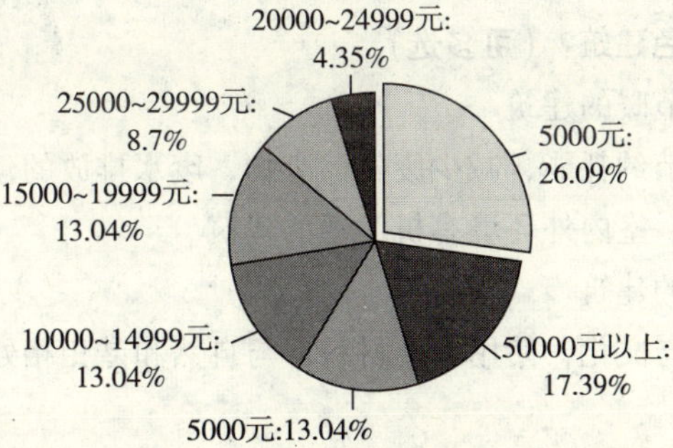

您是否知道建筑是高污染产业？

- 是
- 否

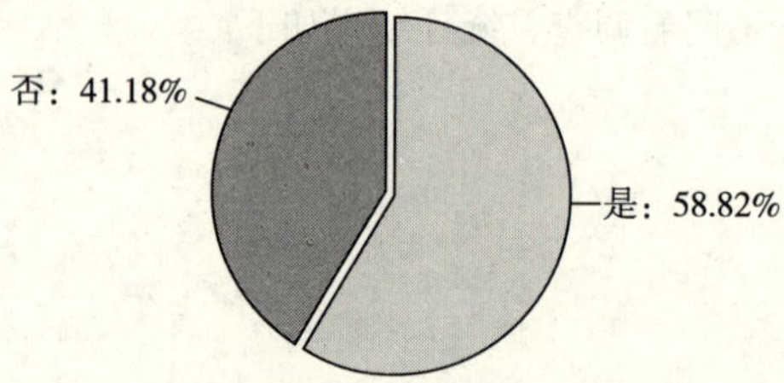

您对绿色建筑有多少了解？

- 没有听过
- 一点点，在课本，电视等多媒体看过
- 非常了解，内容定义都清楚了解

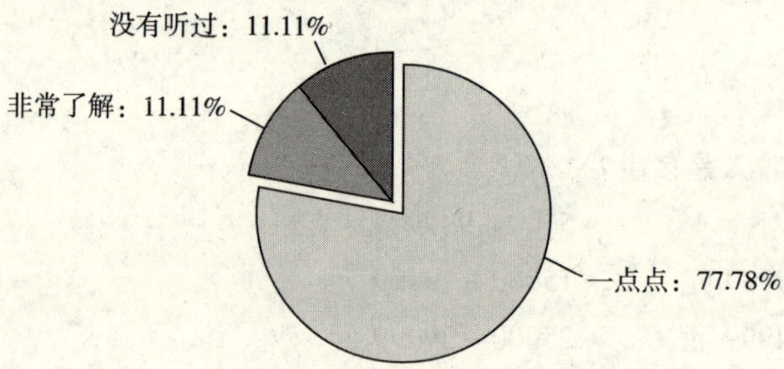

您认为什么是绿色建筑？（可多选）

- 节水、节电、节暖的建筑
- 在建筑全过程节约耗能，减少废气、废物、废水排放的建筑
- 有益身心健康，室内外环境有机沟通的建筑
- 小区绿化很好的建筑
- 遵从本土环境与文化，使用本土材料，与自然和谐相相处的建筑
- 其他

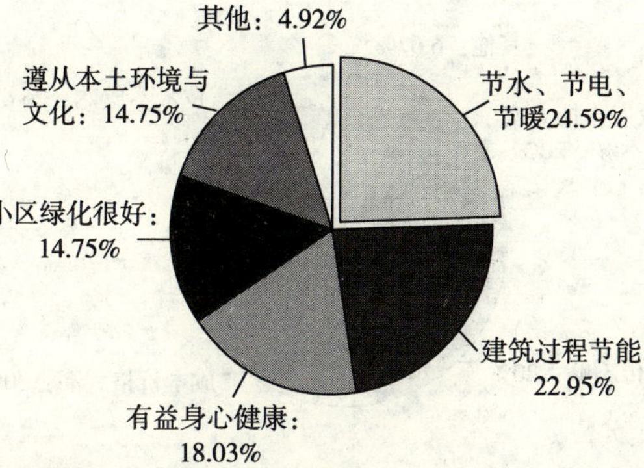

您印象中绿色建筑是否一定要用到高科技？

- 是
- 否

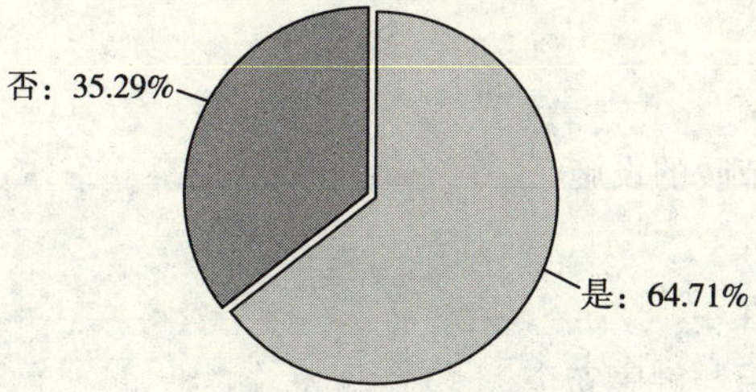

您印象中绿色建筑是否一定要比一般建筑贵许多？

- 否
- 是

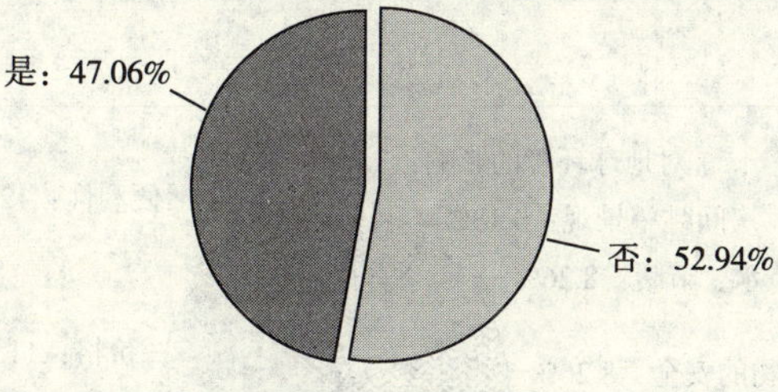

您认为在绿色建筑的推广过程中主要有哪些困难？（可多选）

- 技术不成熟
- 成本价格太高
- 政府支持力度不够
- 宣传不够
- 其他

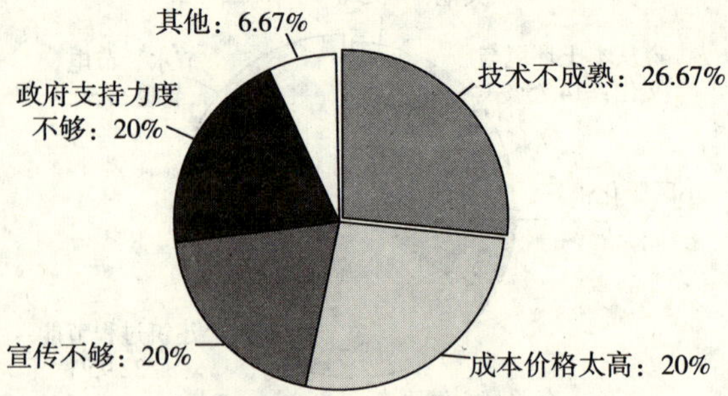

您在购买房屋时最主要的考虑因素是什么？（请选择六项）

- 生活便利性，如学校、商场、会所、就医等
- 价格
- 室内舒适度，如空气质量与换气、热舒适度、采光、噪音等
- 地理位置
- 小区的绿化环境
- 节电、节水、节暖的设施
- 建筑物的安全
- 房间布局合理性
- 建筑材料的环保与健康安全
- 邻居与社区活动及社区氛围
- 房间眺望景观
- 对地球环境的影响，如 CO_2 排放、废弃物的循环利用等
- 物业管理公司
- 其他

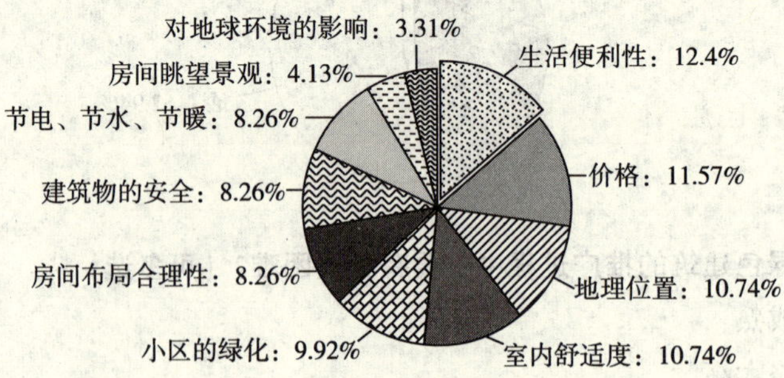

您认为以下哪些条件可以促使您购买有绿色建筑认证的房屋？（可多选）

- 绿色建筑适宜人居，有良好的生态功能，有益健康

- 绿色建筑能节约今后的水、电、气开销
- 贷款时享受利率折扣
- 购房时减免契税、印花税
- 绿色建筑有益于保护地球环境

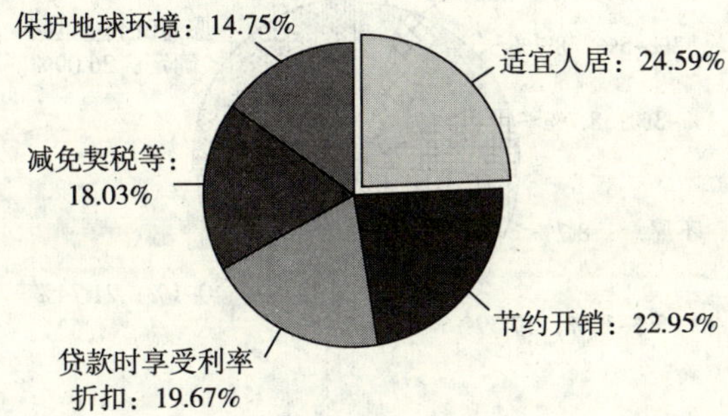

如果由政府相关部门指定标准，由独立认证公司对绿色建筑进行认证，您是否愿意相信这种认证的科学性和权威性？

- 不确定
- 相信
- 不相信

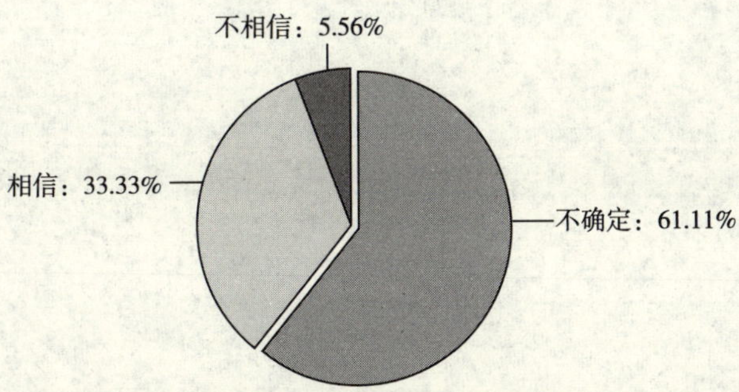

您是否愿意为购买有认证的绿色建筑而付出额外的价格？如果是，您最多愿意多花多少钱？

- 愿意支付，但不确定额外的价格
- 不愿意
- 0 ~ 1%
- 1% ~ 3%
- 3% ~ 5%

- 5% ~10%
- 10% ~20%
- 20% 以上

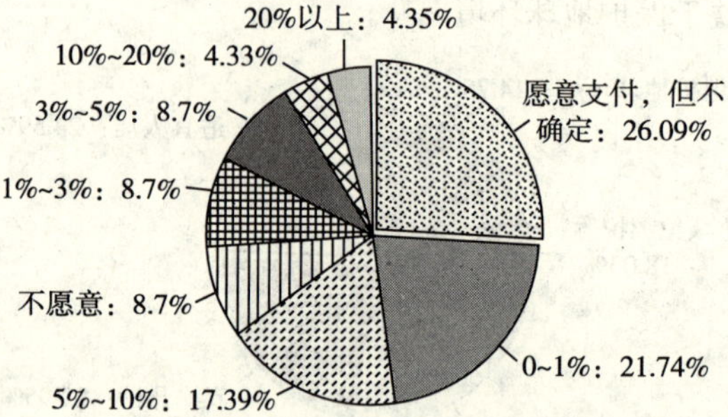

图像处理的偏微分方程模型分析

周标　董友谊　王俣含　况帅睿
指导教师：杨志辉 副教授

[摘　要] 作为一种重要的数学工具，偏微分方程越来越多地被用在图像处理中。本文通过对图像区域特点进行研究，建立能量函数并利用变分法建立了一种基于偏微分方程的图像分割新模型。它实现了对图像中感兴趣区域的分割，具有很好的抗噪效果。

[关键词] 变分法；图像分割；偏微分模型；骨架

1. 前言

近年来，偏微分方程方法越来越多地被用在图像处理领域，尤其是图像分割中。图像分割作为图像分析的关键步骤，不仅决定着后续研究如特征提取、目标识别等的效果，而且在医学图像处理等领域有重要的实际应用作用。

自20世纪70年代起，图像分割技术便一直受到人们的高度重视，虽然研究人员针对各种问题提出了许多方法，但迄今为止仍然不存在普遍适用的理论和方法。现在图像分割的方法一般可分为四种：基于阈值的图像分割方法、基于边缘检测的图像分割方法和基于区域的图像分割方法、基于模式识别原理的图像分割方法。基于偏微分方程的图像分割属于基于边缘检测的分割方法。

作为所有基于边界分割方法的第一步，经典的边缘检测方法是通过构造对图像灰阶变化敏感的差分算子来进行图像分割的，常见的边缘检测算子有梯度算子、Robert 算子、Sobel 算子、Prewitt 算子、kirsch 算子、Laplacian 算子、Marr 算子等。但这些方法抽取出的边缘往往是基于灰度变化的某种准则而得到的“图像意义上的边缘”，这种边缘不一定与实际意义上的边缘完全对应。而且边缘点信息需要附加后续处理步骤或与其他相关算法相结合（比如边缘连接、轮廓跟踪、区域填充等）才能最终完成图像分割任务。而通过构造偏微分方程并利用水平集方法求解的图像分割方法，弥补了传统方法的不足。

基于偏微分方程的图像分割模型的主要思想是通过最小化能量函数得到对应的偏微分方程，模型的建立过程为：构造能量函数，用水平集函数改造能量函数，通过变分方法将问题转化为偏微分方程，通过有限差分结合离散网格求解方程的数值解。这种模型总体上分为两类，一种为基于边界梯度信息的活动轮廓模型，比如传统的Snakes模型和活动轮廓模型，另一种为不依赖于梯度信息的C－V模型。

活动轮廓模型（Snake模型）的基本思想为，在给定的图像中演化闭合曲线，使其向图像中物体边缘靠近，直到其停在边缘位置。Snake模型中的能量函数为：

$$J_1(C) = \alpha\int_0^1 |C'(s)|^2 ds + \beta\int_0^1 |C''(s)|^2 ds - \lambda\int_0^1 |\nabla u_0(C(s))|^2 ds$$

其中，$\alpha,\beta,\lambda \geqslant 0$，能量函数中的前两项控制着曲线的光滑性，为内部能量；第三项则引导曲线向梯度变化大的方向演化，是外部能量。当能量函数最小时，演化曲线将停在物体的边缘位置，$|\nabla u_0(C(s))|$ 极大的那些点处，因此 $|\nabla u_0|$ 可作为边界检测子。一般而言，函数g为边界检测子，如果g为依赖于图像中点的梯度，恒正的单调递减的函数，且满足 $\lim\limits_{z\to\infty} g(z) = 0$。

1993年，基于平均曲率运动，Casells等人提出了几何活动轮廓模型。随后，在以上模型的基础上，测地轮廓模型被提出，其演化方程为：

$$\begin{cases}\dfrac{\partial\phi}{\partial t} = |\nabla\phi|\, g(|\nabla u_0|)\left(div\left(g(\nabla u_0)\dfrac{\nabla\phi}{|\nabla\phi|}\right) + \gamma g(\nabla u_0)\right)\\ \phi(x,y,0) = \phi_0(x,y)\end{cases}$$

这几种模型的共同点在于，它们的演化速度都依赖于边界梯度。但是由于数值计算采用的是离散方法，图像梯度有界，g 不可能为零，这就会导致演化曲线不能停止在正确的边缘位置。另一方面，对于噪声图像，也可能不能达到理想的效果。

2001年，Chan和Vese提出了不依赖于图像梯度信息的分段常数C－V分割模型，在图像只有两相的情况下，其能量函数为：

$$F(c_1,c_2,C) = \mu\cdot length(C) + \gamma\cdot Area(inside(C)) + \lambda_1\int_{inside(C)} |u_0(x,y) - c_1|\, dxdy + \lambda_2\int_{outside(C)} |u_0(x,y) - c_2|\, dxdy$$

其中，$\mu \geqslant 0, \gamma \geqslant 0, \lambda_1, \lambda_2 > 0$ 为固定参数。通过能量最小化得到的演化方程为：

$$\frac{\partial\phi}{\partial t} = \delta_\varepsilon(\phi)\left[\mu\cdot div\left(\frac{\nabla\phi}{|\nabla\phi|}\right) - \gamma - \lambda_1(u_0 - c_1)^2 + \lambda_2(u_0 - c_2)^2\right]$$

之后，Chan－Vese将这种模型扩展到了分段光滑图像和向量值图像中。由于这种模型不依赖于图像梯度，因此在含噪声图像中能得到好的分割结果。

以上模型一方面分割出来了图像中的所有物体，而且当方程依赖于边界梯度时，分割对噪声比较敏感。本文中我们将构造出一种灰度图像中不依赖于梯度的局部分割模型。一方面它能分割出图像中我们感兴趣的部分，另一方面由于其不依赖于边缘梯度，因此对噪声不敏感。在第 2 部分中我们将介绍基于偏微分方程的一种分段常量图像的分割模型；在第 3 部分中对其进行改进使之更好地适用于灰度图像分割；第 4 部分中我们将给出部分分割的实验结果；在此基础上，在第 5 部分提出了一种提取灰度图像中物体骨架的算法。

2. 分段常量图像局部分割模型

在给定图像中待检测物体一部分的情况下，我们假设待分割物体和其已知点集对应的灰度分布相似。待分割区域应满足：①其灰度分布与其子区域的灰度分布的差别达到最小；②区域的面积达到最大，即在图像中其补集的面积最小。

为了满足条件①，我们选择方差作为分布差别的测度。若图像为 $I(x,y)$，分割部分的内部记为 Ω_+，已确定的其子集为 Ω_0，其对应的灰度方差为 σ_0，期望值为 I_0，那么在我们的假设条件下，Ω_+ 的灰度期望 Ω_0 相同。由此可以推导出 Ω_+ 区域灰度对应的方差为：

$$\sigma^2 = \frac{\int_{\Omega+} (I(x,y) - I_0)^2 dxdy}{\int_{\Omega+} dxdy}$$

根据分割区域所应满足的条件①，得出：

$$\min_{\Omega_+} E_1 = | \sigma^2 - \sigma_0^2 | = \left| \frac{\int_{\Omega_+} (I(x,y) - I_0)^2 dxdy}{\int_{\Omega_+} dxdy} - \sigma_0^2 \right|$$

$$= \frac{\left| \int_{\Omega_+} [(I(x,y) - I_0)^2 - \sigma_0^2] dxdy \right|}{\int_{\Omega_+} dxdy}$$

在满足条件②的情况下，得出：

$$\min E_1 = \min \frac{\left| \int_{\Omega_+} [(I(x,y) - I_0)^2 - \sigma_0^2] dxdy \right|}{\int_{\Omega_+} dxdy}$$

$$\Leftrightarrow \min E_1^* = \min \left| \int_{\Omega_+} [(I(x,y) - I_0)^2 - \sigma_0^2] dxdy \right|,$$

由于图像为分段常量图像，故得出：

$$E_1^* = \left| \int_{\Omega+} [(I(x,y) - I_0)^2 - \sigma_0^2] dxdy \right|$$

为了便于数据量纲尺度的统一性，我们用 $E_1^* = \int_{\Omega_+} \sqrt{|(I(x,y)-I_0)^2-\sigma_0^2|}\,dxdy$ 取代原始的 E_1^*。因此，我们构造了以下能量函数：

$$E = \lambda \int_{\Omega_-} dxdy + \mu \int_{\Omega_+} \sqrt{|(I(x,y)-I_0)^2-\sigma_0^2|}\,dxdy + \nu \int_{\partial\Omega_+} ds \qquad (1)$$

这里，第三项是为了控制分割区域边界的光滑性。我们可以将（1）转化为水平集函数形式：

$$E = \lambda \int_{\Omega} (1-H(\phi))\,dxdy + \mu \int_{\Omega} H(\phi) \sqrt{|(I(x,y)-I_0)^2-\sigma_0^2|}\,dxdy + \nu \int_{\Omega} \delta(H(\phi))\,|\nabla\phi|\,dxdy \qquad (2)$$

在（2）中，

$$\phi = \begin{cases} d(x,\partial\Omega)\, x \in \Omega_+ \\ -d(x,\partial\Omega)\, x \notin \Omega_+ \end{cases}$$

$d(x,\partial\Omega)$ 表示 到 的距离。

$$H(x) = \begin{cases} 1, x > 0 \\ 0, x \leqslant 0 \end{cases}, \quad \delta(x) = H'(x)$$

通过变分法，可以得到（2）对应的偏微分方程为：

$$\phi_t = [\lambda - \mu(\sqrt{|(I(x,y)-I_0)^2-\sigma_0^2|}) + \nu div(\frac{\nabla\phi}{|\nabla\phi|})]\delta(\phi) \qquad (3)$$

3. 灰度图像分割模型

3.1 改进的分段常量图像分割模型

观察式子（3），可以发现右边的三项在分割中有不同的作用。第一项使得演化曲线沿法向向外演化，第二项判断演化前后灰度分布的差距，第三项使得在演化过程中曲线足够光滑。从实验中可以看出，在图像为一般的灰度图像时，如果使用分段常数的模型，则初始曲线，即所选分割区域的子区域（样本区域）的边界不总是向外演化，这与初始区域是待分割区域的子集矛盾。因此，我们将（3）中的 λ 换为 $\lambda \cdot p(i,j)$，其中

$$p(i,j) = \begin{cases} \dfrac{p_1(k)}{p_2(k)} & I(i,j) = k \text{ and } \phi(i,j) > 0 \\ \max(\dfrac{p_1(k)}{p_2(k)}) & \phi(i,j) \leqslant 0 \end{cases}$$

$p_1(k), p_2(k)$ 分别表示灰度值为 k 的点在样本子区域和图像区域中出现的频数。这里 $p(i,j)$ 从一定程度上反应了初始曲线附近点属于分割区域的可能性。此时，(3) 变为：

$$\phi_t = [\lambda \cdot p(i,j) - \mu(\sqrt{|(I(x,y)-I_0)^2 - \sigma_0^2|}) + \nu div(\frac{\nabla\phi}{|\nabla\phi|})]\delta(\phi) \quad (4)$$

由于子样本点处（4）中第一项即向外演化的作用比较大，所以改进的模型保证了初始曲线始终向外演化。

3.2 离散化过程

这里我们使用［1］中的方法，用连续函数 $H_\varepsilon(\phi) = \frac{1}{2}(1 + \frac{2}{\pi}\arctan(\frac{\phi}{\varepsilon}))$ 来近似 $H(\phi)$，差分形式表示为：

$$\Delta_+^x \phi_{i,j} = \phi_{i+1,j} - \phi_{i,j}, \quad \Delta_-^x \phi_{i,j} = \phi_{i,j} - \phi_{i-1,j}$$

$$\Delta_+^y \phi_{i,j} = \phi_{i,j+1} - \phi_{i,j}, \quad \Delta_-^y \phi_{i,j} = \phi_{i,j} - \phi_{i,j-1}$$

我们采用显示差分形式，则 $\frac{\nabla\phi}{|\nabla\phi|}$ 有四种离散方法，分别为：

$$(\frac{\nabla\phi}{|\nabla\phi|})_{i,j}^1 = (\frac{\Delta_+^x \phi_{i,j}}{\sqrt{(\Delta_+^x \phi_{i,j})^2 + (\Delta_+^y \phi_{i,j})^2}}, \frac{\Delta_+^y \phi_{i,j}}{\sqrt{(\Delta_+^x \phi_{i,j})^2 + (\Delta_+^y \phi_{i,j})^2}})$$

$$(\frac{\nabla\phi}{|\nabla\phi|})_{i,j}^2 = (\frac{\Delta_-^x \phi_{i,j}}{\sqrt{(\Delta_-^x \phi_{i,j})^2 + (\Delta_-^y \phi_{i,j})^2}}, \frac{\Delta_-^y \phi_{i,j}}{\sqrt{(\Delta_-^x \phi_{i,j})^2 + (\Delta_-^y \phi_{i,j})^2}})$$

$$(\frac{\nabla\phi}{|\nabla\phi|})_{i,j}^3 = (\frac{\Delta_+^x \phi_{i,j}}{\sqrt{(\Delta_+^x \phi_{i,j})^2 + (\Delta_-^y \phi_{i,j})^2}}, \frac{\Delta_-^y \phi_{i,j}}{\sqrt{(\Delta_+^x \phi_{i,j})^2 + (\Delta_-^y \phi_{i,j})^2}})$$

$$(\frac{\nabla\phi}{|\nabla\phi|})_{i,j}^4 = (\frac{\Delta_-^x \phi_{i,j}}{\sqrt{(\Delta_-^x \phi_{i,j})^2 + (\Delta_+^y \phi_{i,j})^2}}, \frac{\Delta_+^y \phi_{i,j}}{\sqrt{(\Delta_-^x \phi_{i,j})^2 + (\Delta_+^y \phi_{i,j})^2}})$$

取 $(\frac{\nabla\phi}{|\nabla\phi|})_{i,j} = (n_{i,j}^1, n_{i,j}^2) = \sum_{k=1}^{4}(\frac{\nabla\phi}{|\nabla\phi|})_{i,j}^k \Big/ \left|\sum_{k=1}^{4}(\frac{\nabla\phi}{|\nabla\phi|})_{i,j}^k\right|$，方程（4）离散为

$$\frac{\phi_{i,j}^{n+1} - \phi_{i,j}^n}{\Delta t} = \delta_h(\phi_{i,j}^n)[\lambda - \mu(\sqrt{|(I_{i,j} - I_0)^2 - \sigma_0^2|}) + \nu(\Delta_-^x \circ n_{i,j}^1 + \Delta_-^y \circ n_{i,j}^2)]$$

4. 实验结果

图 1 为分段常数分割模型的分割结果，可以看到这种方法只分割出了标记的物体，而不是图像中的所有物体，这不同于传统的活动轮廓等模型。但是当这个模型

用于灰度图像时，效果并不理想，图 2 中的 b 和 c 可以说明。图 2 中 b 和 c 是使用分段常数分割时 μ 分别取 0.07 和 0.04 的结果，很明显 c 图的效果比 b 图要好，这是向外演化作用相对增大的结果。但是 d 图显示利用改善的模型更好地得到了完整的边界。图 3 显示了在多物体的灰度图像中应用改善的分割模型的分割结果。图 4 为图像加噪声后进行分割效果图，在初始曲线选取合适的情况下，可以看出，在利用改进后的模型分割的过程中，噪声并没有影响分割的效果。

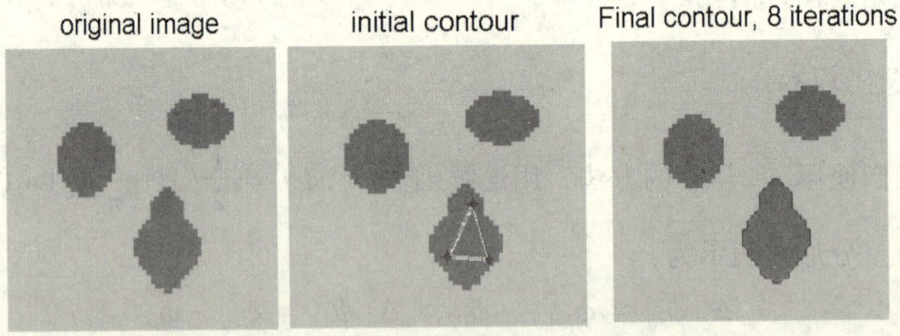

图 1　分段常数局部分割

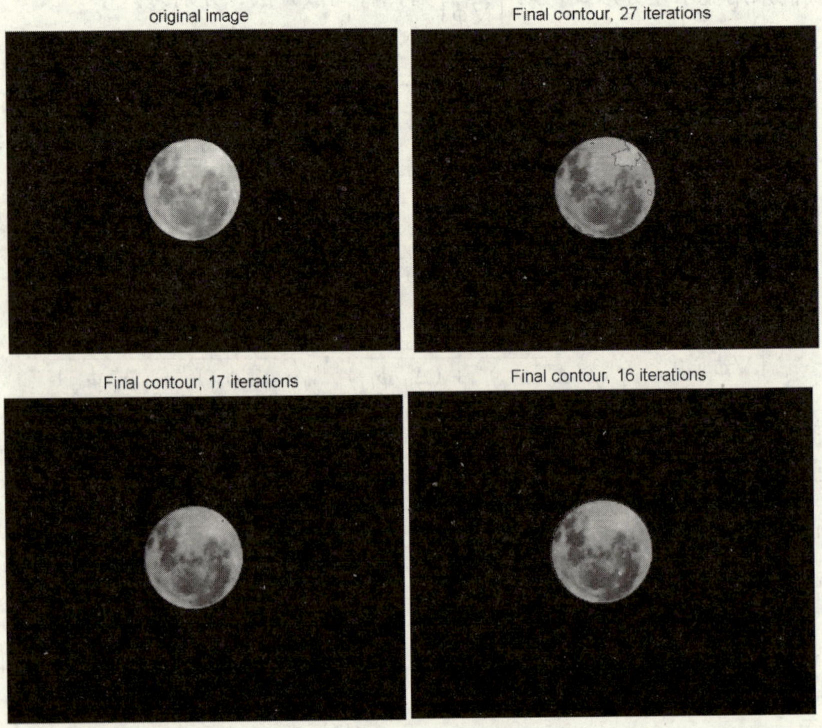

图 2　灰度图像分割

图 3　灰度图像局部分割

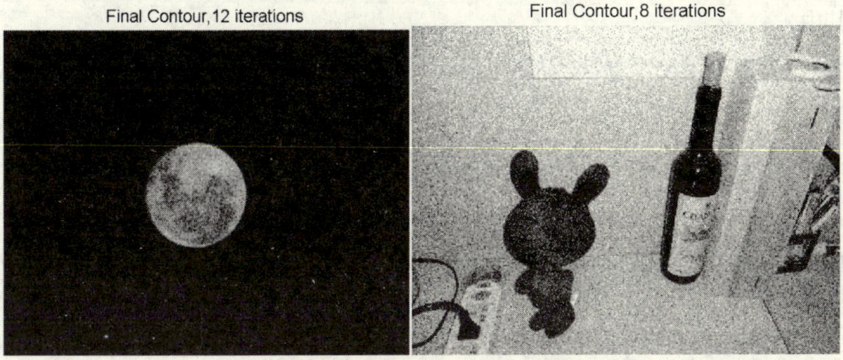

图 4　加噪声灰度图像分割

5. 基于局部分割的骨架提取

骨架，又称中轴，是1967年由Blum提出的一种描述物体形状的方法，并将其定义为与边界相切于不止一个点的，并且完全落入区域内的最大圆的圆心轨迹。在Goh和Chan的研究中，图形骨架被分为反应物体整体拓扑形状的结构骨架和反映边界特征的纹理骨架，这里我们提取的为结构骨架。由Kuiper和Giblin等人的研究可以得出，骨架端点为边界上曲率极大值点的曲率圆的圆心，本文中，我们将通过对边界上曲率极大值点的寻找，再从骨架预区域中筛选出其对应的骨架端点。

5.1　初始骨架区域提取

在图像中提取物体轮廓后，我们可以利用距离变换提取出其骨架线。距离变换可以通过用快速行进算法求解偏微分方程 $|\nabla\phi| = 1$ 得到，其中 ϕ 为符号距离函数。考虑到骨架点为处符号距离函数不可微，结合试验可以得到骨架点出对应的距离函

数梯度模小于1，因此我们通过提取图像中 $|\nabla\phi| < \alpha$ 的点得到了骨架所在的区域。

5.2 基于 Harris 角点检测算法的骨架端点追踪

Harris 角点检测的主要思想是通过图像局部灰度值得近似变化来得到一个自相关函数的解析表达式。设 (u,v) 为一单位方向向量，$f(i,j)$ 为灰度图像，则沿此单位方向向量的图像灰度值变化可近似地表示为：

$$E_{u,v} = \sum_{i=-w}^{w}\sum_{j=-w}^{w}\left(\frac{\partial f(x+i,y+j)}{\partial x}u + \frac{\partial f(x+i,y+j)}{\partial y}v\right)^2$$

即

$$E_{u,v} = A(x,y)u^2 + 2C(x,y)uv + B(x,y)v^2 \quad (5)$$

其中，

$$A(x,y) = \sum_{i=-w}^{w}\sum_{j=-w}^{w}\left(\frac{\partial f(x+i,y+j)}{\partial x}\right)^2, B(x,y) = \sum_{i=-w}^{w}\sum_{j=-w}^{w}\left(\frac{\partial f(x+i,y+j)}{\partial y}\right)^2$$

$$C(x,y) = \sum_{i=-w}^{w}\sum_{j=-w}^{w}\frac{\partial f(x+i,y+j)}{\partial x}\cdot\frac{\partial f(x+i,y+j)}{\partial y}$$

w 表示局部邻域大小的测度量，则 E 的最小值即可表示曲率的大小。

在这里，我们注意到，二值图像中的角点恰好在边界上，而且沿边界点切方向 E 即图像强度值变化最小，而沿着法方向将变化比较大，而这两个方向刚好是（5）的两个主方向，因此通过寻找 E 对应的最大特征值对应的特征向量可以确定曲率极值点处得法向，即骨架端点的搜索方向。

5.3 算法描述

我们将我们的骨架算法描述为：

① 提取图像的边界，利用快速扫描法对图像进行距离变换。

②求距离变换后图像的梯度模，通过对模值取阈值限定骨架所在区域。

③利用 harris 角点检测确定边界上的角点，即估计曲率极值点的位置，并通过求特征向量来确定骨架端点搜索方向。

④以角点位置为起点，沿3中的搜索方向进行骨架端点搜索。

⑤构造连通骨架区域，并在区域内利用最短路径法对骨架端点进行连接。在这一步中，考虑到骨架点处的距离函数梯度模极小，因此通过最短路径算法将端点进行连接，这里从点 p_i 到 p_j 的距离为 $d(p_i,p_j) = \begin{cases}|\nabla\phi|, & p_i,p_j \in S\\ +\infty & else\end{cases}$。

5.4 骨架提取实验结果

图5为利用我们的算法提取出的图像中物体的骨架线，其中a中的红点为由角点

检测算法检测出的角点位置，蓝点为追踪到的骨架端点，b 中的骨架线很好地保持了物体的拓扑形状。图 6 为灰度图像中我们在图 3 分割结果基础上得到骨架线的过程。

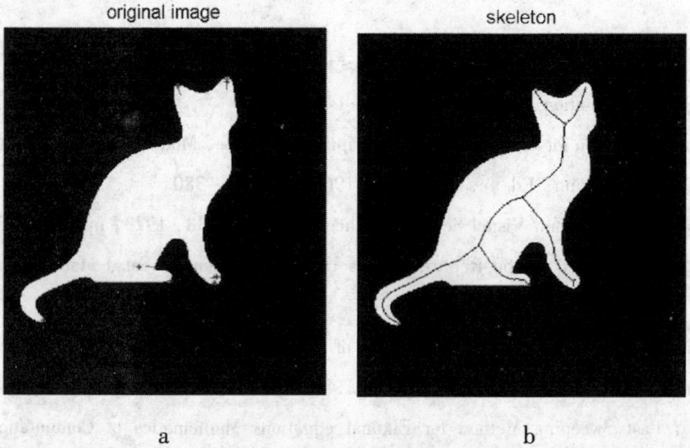

图 5　二值图像骨架提取

图 6　灰度图像骨架提取

6. 结论

本文提出了一种新的基于偏微分方程的图像分割模型。和传统的提取方法相比，该模型很好地提取出了图像中我们感兴趣的部分，而不是图像中的所有物体；并且通过一系列的实验结果展现了其良好的抗噪性。最后，我们将其应用于骨架提取，给出了一种提取物体骨架线的快速算法。

参考文献

[1] T. Chan and L. Vese. Active Contours without Edges. IEEE Trans. Image Process. 2001, vol. 10, pp. 266 ~ 277

[2] M. Kass, A. Witkin, and D. Terzopoulos. Snakes: Active contour models. Internat. J. Comput. Vision 1, 1988, pp. 321 ~ 331

[3] V. Caselles, F. Catté, T. Coll, and F. Dibos. A Geometric Model for Active Contours in Image Processing. Numer. Math. 66, 1993, pp. 1 ~ 31

[4] V. Caselles, R. Kimmel, and G. Sapiro. Geodesic Active Contours . International. J. Comput. Vision 22, 1997, pp. 61 ~ 79

[5] T. Chan, and L. Vese. Active Contours without Edges for Vector - valued Images. Journal of Visual Communication and Image Representation 11, 2000, pp. 130 ~ 141

[6] H. Blum. A Transformation for Extracting New Descriptions of Shape, Models for Perception of Speech and Visual Form (W. Wathen - Dunn, Ed.) . MIT Press, 1967, pp. 362 ~ 380

[7] Blum, H. Biological Shape and Visual Science. J. Theor. Biol. , vol. 38, 1973, pp. 205 ~ 287

[8] Arjan Kuiper. Alternative 2D Shape Representations Using the Symmetry Set. J Math Imaging Vis 26, 2006, pp. 127 ~ 147

[9] Peter J. Giblin. On the Local Form and Transitions of Symmetry Sets, Medial Axes, and Shocks. International Journal of Computer Vision 54 (1/2/3), 203, pp. 143 ~ 157

[10] H. K. Zhao. A Fast Sweeping Method for Eikonal equations. Mathematics of Computation, 2004, vol. 74, no. 250, pp. 603 ~ 627

[11] Mark Nixon, Alberto Aguado. Feature Extraction and Image Processing. Academic Press, 2008, pp. 159 ~ 163

[12] Wooi - Boon Goh, Kai - Yun Chan. Structural and Textural Skeletons for Noisy Shapes . ISCV2005, pp. 454 ~ 461

[13] Wooi - Boon Goh, Kai - Yun Chan. The Multiresolution Gradient Vector Field Skeleton . Computer Vision and Image Understanding, 110 (3), 2008, pp. 326 ~ 345

[14] S. Osher, J. A. Sethian. Front Propagating with Curvature Dependent Speed: Algorithms Based on Hamilton - Jacobi Formulations. Journal of Computational Physics, 1988, vol. 79, pp. 12 ~ 49

[15] S. Osher, J. A. Sethian. Level Set Methods and Dynamic Implicit Surface. New York: Springer - Verlag, 2002

[16] J. A. Sethian, Level Set Methods [M] . Cambridge, U. K. : Cambridge Univ. Press. 1996.

[17] Liu Juntao, Liu Wenyu, Wu Caihua, Yuan Liang. A New Method of Extracting Objects' Curve - skeleton. Acta Automatic Sinica, 2008, vol. 34, no. 6, pp. 617 ~ 622

基于数字图像的平面测量技术研究及实现

李梦娇　付逸麟　王建刚

指导教师：张彩霞 副教授

[摘　要] 本文主要研究了基于单幅图像的平面测量问题。借助平面单应这一数学工具，分别在点对应和线对应下，阐述了图像下的平面测量基本原理，并在Matlab下编程实现了该技术，同时进行了实验验证，结果表明基于图像的平面测量技术是可行的，具有非接触性、成本低、易存储的优势。

[关键词] 图像测量；单应矩阵 ；奇异值分解（SVD）法

图像测量技术，是对图像中目标或区域的特征进行量测和估计。广义的图像测量包括对图像的灰度特征、纹理特征和几何特征的量测和描述。狭义的图像测量仅指对图像中目标的几何特征的量测，包括对目标或区域几何尺寸的量测和几何形状特征的分析。其原理是用特征点（模板）对原始图像的几何畸变过程进行数学建模，建立待配准图像与参考图像之间的某种对应关系，利用这种关系把真实的待测物品与图像相对应，以估算其实际值。其他测量技术，如超声波、激光等，很容易受到外界不可预测反射等因素的影响，而基于图像的测量技术所需的只是场景图像，所以更灵活、方便。

1. 平面测量技术原理

1.1　射影平面，齐次坐标

平面上的一点可以用 R^2 中的一对坐标（x，y）来表示。因此，通常 R^2 等同于一个平面。把 R^2 看作一个矢量空间时，坐标对（x，y）是矢量，也就是说等同于矢量。为了表征空间点与图像点间的射影关系，需引入平面上点和线的齐次表示。

考虑矢量空间之间的线性映射并将这样的映射表示成矩阵。在通常的方式下，一个矩阵和一个矢量的积就是另一个矢量，即该映射下的象。它出现了“列”与“行”矢量的区别，因为矩阵可以被列矢量右乘或被矢量左乘。在不加说明时，几何实体用列矢量表示。粗体符号 x 总表示列矢量，它的转置是行矢量 $x \in I, (x'_i, y'_i) \in S$。按此约定，平面上的点将表示为列矢量（x，y）^{T}，而不是行矢量（x，y）。我们记 x =（x，y）^{T}，这个等式的两边都是列矢量。

平面上的一条直线可用形如 $ax + by + c = 0$ 的方程式表示，a、b 和 c 的不同值给出不同的直线。因此，一条直线也可以用矢量（a，b，c）^{T} 表示。但是，直线和矢量（a，b，c）^{T} 不是一一对应的。因为，对任何非零 k，直线 $ax + by + c = 0$ 与直线 $kax + kby + kc = 0$ 相同。因此，对任何非零 k，矢量（a，b，c）^{T} 与 k（a，b，c）^{T} 表示同一直线。事实上，这两个只相差一个全局缩放因子的矢量是等价的。这种等价关系下的矢量等价类被称为齐次矢量。任何具体矢量（a，b，c）^{T} 是所属的等价类的一个代表。在 R^3 -（0，0，0）^{T} 中的矢量等价类的集合组成射影空间 P^2。（0，0，0）^{T} 仅表示矢量（0，0，0）^{T}，而不与任何直线对应，因此被排除在外。

点 x =（x，y）^{T} 在直线 l =（a，b，c）^{T} 上的充要条件是 $ax + by + c = 0$，也可用矢量内积形式把它表示为（x，y，1）（a，b，c）^{T} =（x，y，1）l =0，即添加"1"作为最后一个坐标，将 R^2 中的点（x，y）^{T} 表示成三维矢量。对任何非零 k 和直线 l，方程（ka，kb，kc）l =0 的充要条件是（a，b，1）l =0。因而，自然地将 k 取所有非零值所得的矢量集（kx，ky，k）^{T} 看作 R^2 中点（x，y）^{T} 的一种表示。因此，与直线一样，点也可用齐次矢量表示。一个点的任何齐次矢量的表示形式为 x =（x_1，x_2，x_3）^{T}，它表示 R^2 的点 x =（x_1/x_3，x_2/x_3）^{T}。于是，点作为齐次矢量同样也是射影空间 P^2 的元素。

由以上论述得到判断点 x 是否落在直线 l 上的条件，即点 x 在直线 l 上的充要条件是 $x^T l = 0$。表达式 $x^T l$ 就是两矢量 x 和 l 的内积或标量积，即 $x^T l = l^T x = x \cdot l$。一个点的齐次坐标是三维矢量 x =（x_1，x_2，x_3）^{T}，非齐次坐标是二维矢量（x，y）^{T}。

给定两直线 l =（a，b，c）^{T} 和 l' =（a'，b'，c'）^{T}，为求得它们的交点，需引入矢量 $x = l \times l'$，这里×表示矢量积或叉积。由三重纯量积等式 $l \cdot (l \times l') = l' \cdot (l \times l') = 0$，推出 $l^T x = l'^T x = 0$。因此，如果把 x 视为一个点，则 x 同时在两条直线 l 和 l' 上，因而是两线的交点。这表明两直线 l 和 l' 的交点是点 $x = l \times l'$。

过两点 x 和 x' 的直线的表示式可完全类似地导出。定义直线 $l = x \times x'$，不难验证点 x 和 x' 都在 l 上。因此过两点 x 和 x' 的直线就是 $l = x \times x'$。

1.2 自由度

为了指定一个点必须提供两个值，即它的 x 和 y 坐标。同样，一条直线由两个参数指定（两个独立的比率 {a：b：c}），因而有两个自由度。在非齐次表示中，这两个参数可以取为直线的斜率和 y 轴上的截距。

1.3 平面单应

几何研究的是在变换群下保持不变的性质。因而，2D 射影几何研究的是关于射影平面 P^2 在所谓射影映射的变换群下保持不变的性质。射影映射是把射影空间 P^2 的点（即齐次三维矢量）映射到 P^2 的点的一种可逆映射，它把直线映射到直线。更准确地说射影映射是射影空间 P^2 到它自身的一种可逆映射 h，这种映射满足以下条件：如果三点 x_1, x_2, x_3 共线，则 h（x_1），h（x_2），h（x_3）也共线，反之亦然。

射影映射组成一个群，因为射影映射的逆以及两个射影映射的复合也是射影映射。射影映射也称为保线变换，或射影变换或单应，它们是同义术语。在以下的叙述中，统称为单应。

单应的等价的代数定义为：映射 h：$P^2 \to P^2$ 为单应的充要条件是存在一个 3×3 非奇异矩阵 H，使得 P^2 的任何一个用齐次矢量 x 表示的点都满足 h（x）$= Hx$，即平面单应是关于三维齐次矢量的一种线性变换，并可用一个非奇异 3×3 矩阵 H 表示为 $x' = Hx$。此方程中的矩阵 H 乘以任意一个非零比例因子不会使单应改变。换句话说 H 是一个齐次矩阵，与点的齐次表示一样，有意义的仅仅是矩阵元素的比率。在 H 的九个元素中有八个独立比率，即一个单应有八个自由度。

2. 算法流程——直接线性变换（DLT）算法

2.1 点对应

讨论给定 2D 到 2D 的四组点对应 $x_i \leftrightarrow x'_i$ 确定 H 的一种简单的线性算法。变换由方程 $x'_i = Hx_i$ 给出，这是一个齐次矢量方程；因此三维矢量 x'_i 和 Hx_i 有相同的方向，但在大小上可能相差一个非零因子。该等式可以用矢量叉积：$x'_i \times Hx_i = 0$ 表示。由该表示式可推出 H 的一个简单的线性解。

如果将矩阵 H 的第 j 行记为 h^{jT}，那么

$$H x_i = \begin{pmatrix} h^{1T}x_i \\ h^{2T}x_i \\ h^{3T}x_i \end{pmatrix}$$

记 $x'_i = (x'_i, y'_i, \omega'_i)^T$，则叉积可以写成：

$$x'_i \times Hx_i = \begin{pmatrix} y'_i h^{3T}x_i - \omega'_i h^{2T}x_i \\ \omega'_i h^{1T}x_i - x'_i h^{3T}x_i \\ x'_i h^{2T}x_i - y'_i h^{1T}x_i \end{pmatrix}$$

因此对 j = 1，2，3，$h^{jT}x_i = x_i^T h^j$ 皆成立，这就给出关于 H 元素的三个方程，并可以写成下列形式：

$$\begin{pmatrix} 0^T & -\omega'_i x_i^T & y'_i x_i^T \\ \omega'_i x_i^T & 0^T & -x'_i x_i^T \\ -y'_i x_i^T & x'_i x_i^T & 0^T \end{pmatrix}\begin{pmatrix} h^1 \\ h^2 \\ h^3 \end{pmatrix} = 0 \tag{1}$$

这些方程都有 $A_i h = 0$ 的形式，其中 A_i 是 3×9 的矩阵，h 是由矩阵 H 的元素组成的九维矢量：

$$h = \begin{pmatrix} h^1 \\ h^2 \\ h^3 \end{pmatrix}, \qquad H = \begin{pmatrix} h_{11} & h_{12} & h_{13} \\ h_{21} & h_{22} & h_{23} \\ h_{31} & h_{32} & h_{33} \end{pmatrix}$$

①$A_i h = 0$ 是未知矢量 h 的线性方程。矩阵 A_i 的元素是已知点的坐标的二次多项式。

②虽然在（1）式中有三个方程，但仅有两个是线性独立的（第三个方程可由前两个方程线性表示），因此每组点对应给出关于 H 元素的两个方程。在解 H 时可省去第三个等式，从而方程组变为：

$$\begin{pmatrix} 0^T & -\omega'_i x_i^T & y'_i x_i^T \\ \omega'_i x_i^T & 0^T & -x'_i x_i^T \end{pmatrix}\begin{pmatrix} h^1 \\ h^2 \\ h^3 \end{pmatrix} = 0 \tag{2}$$

它可写成

$$A_i h = 0$$

其中 A_i 是 2×9 矩阵。但是，其中若有一个无穷远点 x'_i，则 $\omega'_i = 0$，于是（2）式的两个方程将退化为单个方程。但是，方程（1）式仍然有两个线性独立的方程，在这种情况下，（1）式的第三个方程一定不能省略，但可以省略前两个当中的一个。

③该方程组对 x'_i 的任何齐次坐标 $(x'_i, y'_i, \omega'_i)^T$ 成立。我们可以取 $\omega'_i = 1$，此时 $(x'_i, y'_i)^T$ 就是图像中点的坐标。

求解 H：

每组点对应给出关于 H 元素的两个独立的方程。给定四组这样的点对应，便获得方程组 $Ah = 0$，其中 A 是由每组点对应产生的矩阵行 A_i 构成的方程组的系数矩阵。我们所要求的是 h 的非零解。对 A 进行奇异值分解（SVD），求最小二乘解 h。可采用（2）式，则维数是 8×9，A 的秩为 8，因而有一维零空间，从而存在只相差一个非零尺度因子意义下的解 h。但是，变换矩阵 H 也只能确定到相差一个尺度，因此解 h 给出所要求的 H。H 的非零因子可以通过对范数的要求来任意选择。

2.2 线对应

令 L 是空间平面上的一条直线，l 是其对应的图像直线，由点和直线的对偶关系可知：$sL = H^T l$，其中 s 为非零比例因子。

类似的线对应的算法可由点对应的算法得出：

令 $L_i = (A_i, B_i, C_i)^T \leftrightarrow l_i = (a_i, b_i, c_i)^T$，$(1 \leqslant i \leqslant n)$ 为给定的 n 组线对应，则有下面的约束方程组：

$$\begin{pmatrix} 0^T & -C_i l_i^T & B_i l_i^T \\ C_i l_i^T & 0^T & -A_i l_i^T \\ -B_i l_i^T & A_i l_i^T & 0^T \end{pmatrix} h = 0,\ (i=1,\ 2,\ \cdots,\ n)$$

实际上，对于每一组线对应，上述三个方程中的第三个方程可由前两个方程线性表示。所以上式可写为两个线性方程：

$$\begin{pmatrix} 0,0,0,-C_i a_i,-C_i b_i,-C_i c_i,B_i a_i,B_i b_i,B_i c_i \\ C_i a_i,C_i b_i,C_i c_i,0,0,0,-A_i a_i,-A_i b_i,-A_i c_i \end{pmatrix} h = 0$$

当 $i \geqslant 4$ 时，我们可以用奇异值分解（SVD）法求最小二乘解 h。

3. 实验结果

本文在 Matlab 软件下，编程实现了基于点对应和基于线对应下的平面测量技术，并利用 GUI 进行了界面编程实现，如图 1 所示。

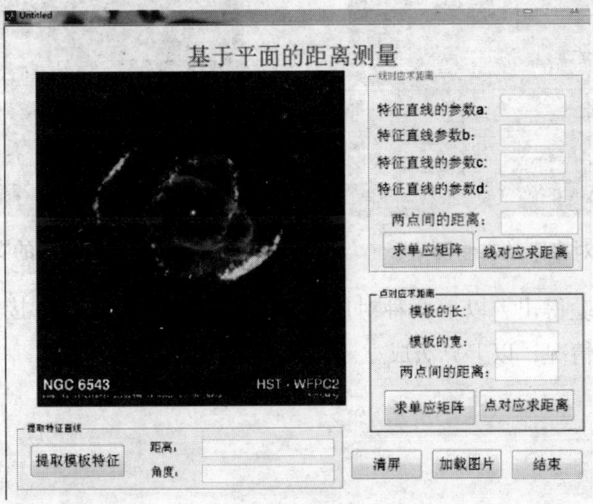

图 1 界面

下图为一书柜，其下方放有一黑色样本，样本的实际长、宽分别为38cm和28cm，利用本文方法来测量书柜高度，其中书柜的实际高度为200cm。我们先来实现点对应求距离，取样本的4个顶点，与已知模板长宽对应，求其单应矩阵，得书柜高度为202.4611cm，如图2所示。

图2　点对应下的书柜测量

图3　线对应下的书柜测量

我们再来实现线对应求距离：让模板图象的四条边的参数与模板实际参数一一对应，求其单应矩阵，再通过所求的单应矩阵测出书柜的高度，为200.0563cm，如图3所示，显然，误差比基于点的测量要精确。

以同样的方法测量衣服的胸围和身长（经手工测量，1/2胸围约为53cm，衣长约为75cm，1/2袖口越为10.3cm）。实验结果如图4和图5所示：

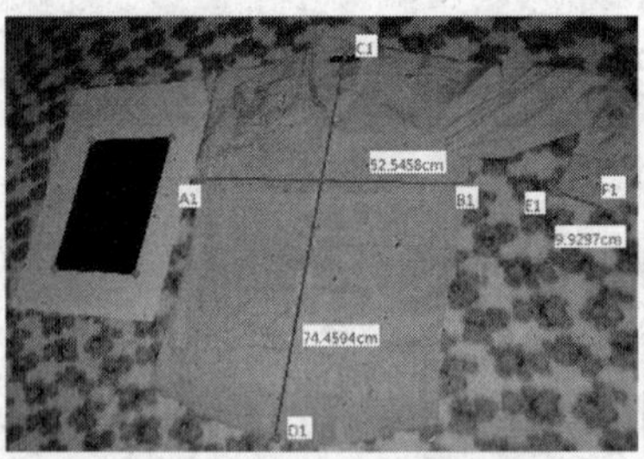

图4　点对应下的衣物测量

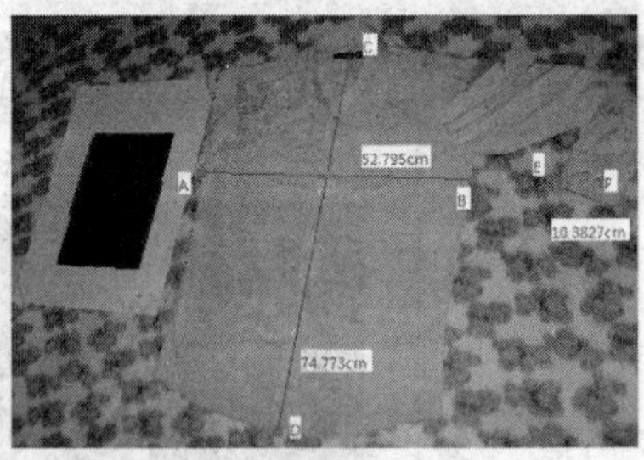

图5　线对应下的衣物测量

通过大量实验得出，以上两种对应方法所得到的解，均在可接受的范围内。所求长度满足实际情况，以上算法成立。

4. 结论

本文主要研究基于数字图像的平面测量技术，运用平面单应的原理，分别采用点对应和线对应的方法对图像中的实物进行测量，实验结果表明这种方法是可行的。相对于基于点的测量，基于线的测量更有应用价值。其优势主要体现在以下几方面：①与点特征相比。线特征用于对应可以引入更多的几何特征约束。结果比较鲁棒且精度更高；②不同于点特征，直线提取过程对噪声不敏感，且受影像的几何变形和灰度畸变影响小，其用于匹配可以有效提高匹配的精度；③由于直线特征的数量远远低于数字影像像素点或特征点的数量，较直接用特征点进行对应，更有效率。

参考文献

[1] 孙仲康，沈振康．数字图像处理及其应用．北京：国防工业出版社，1985

[2] 哈特利・齐瑟曼．计算机视觉中的多视图几何．合肥：安徽大学出版社，2002

[3] 刘润．基于图像的平面测量方法研究．安徽大学，2002

[4] 秦襄培．MATLAB 图像处理与界面编程宝典．北京：电子工业出版社，2009

作业成本法在高等院校管理中的应用

崔诗凝　王亚楠　闫君
指导教师：王丽新 副教授

[摘　要] 随着高教事业的迅速发展，加强高校成本控制和财务成本管理变得越来越必要。本文分别从高校教学、科研、后勤三方面成本的管理与控制进行了理论研究，同时阐明了作业成本法的特征及优点，并剖析了将其运用于高校成本管理的可行性与优势。

[关键词] 高校成本；作业成本法；可行性

进入新千年后，伴随着我国高等院校办学规模的扩大、高教投入的不断增加，我国教育事业取得了飞速的发展，并努力从人口资源大国转型为人力资源大国。然而，在我国高等教育从精英化步入大众化的令人欣喜的表象之下，仍隐藏着一些亟待解决的问题。我国高等教育规模之所以能够在短期内迅速扩大，主要依靠行政手段实现，所以，在相当长的一段时间中，我国高校普遍存在师资力量不充足、硬件设施不到位、资源利用不充分、资金分配不合理等问题。而选择一种更适合高等院校的成本控制方法，无疑会发挥事半功倍的效果，并将问题迎刃而解。

1. 高等学校教育成本控制的重要意义

1.1　教育成本已备受大众关注

中国尊师重教自古闻名，教育开支不仅受政府重视，更被广大民众关注。1996年国家出台的《高等学校收费管理办法》中规定："高等学校学费占年生均教育培养成本的比例最高不得超过25%。"由此而想：我国高等学校年生均教育成本为多少？培养一名大学生究竟需要消耗多少资源？通过何种方法能核算出最精准的成本？这些问题引起广大学子、家长及学者的关注，也使得合理计算成本变得更为棘手。

1.2 进行教育成本控制是提高办学效率、促进高校发展的有力手段

与生产企业核算产品成本、控制生产损耗、提高企业利润的道理类似，进行教育成本核算是高等院校提高办学效率、增强自身竞争力的最为有效的途径之一。计算教学成本，不仅可使高校在人才培养过程中所发生的各种耗费及各种耗费的合理性得到正确反映，为高校的教育成本管理提供重要的信息，还可进一步增强教职工的教育成本意识和教育效率意识，利于财务部门对教育成本进行监管、控制，对成本升降原因进行分析，并及时采取有效措施降低成本。如此，使学校所拥有的有限的各种人力、物力和财力资源得到充分的、合理的利用，使更多的社会效益和经济效益被创造出来。

在具有竞争优势后，高校不仅可以在有限的资源分配中优先获得，还能在买方市场的竞争中争取更多的主动权。此外，这种优势具有滚动效应，有助于提高学校的声望，得到民众和社会的认可，以便日后获得更多的资助，改善办学条件，形成良性循环。

1.3 高校教育成本控制是政府确定拨款和收费标准的依据

从国家角度来看，自改革开放以来，教育一直被放在优先发展的战略地位，我国财政教育投入大幅度增加。以北京市为例，根据《北京市教育经费执行情况公告》，2001～2009 年北京市教育经费呈稳步增长之势。北京市 2001～2009 年教育事业费增长情况如图 1 和图 2 所示。

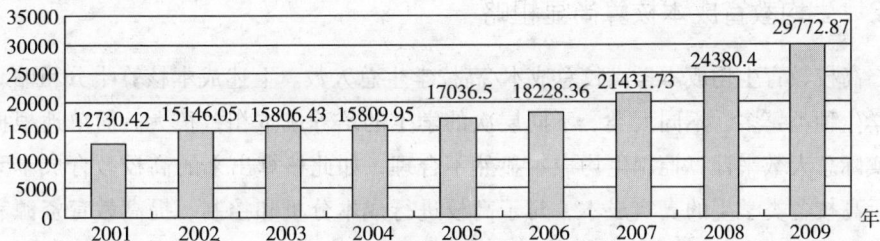

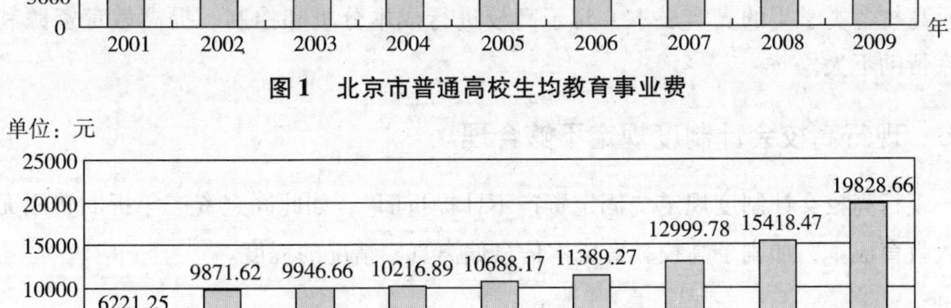

图 1　北京市普通高校生均教育事业费

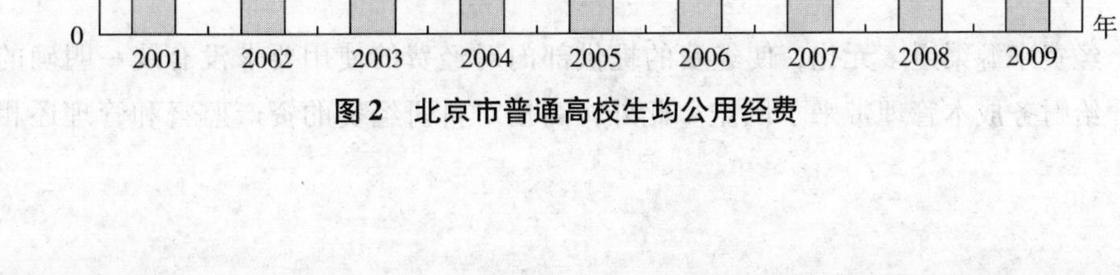

图 2　北京市普通高校生均公用经费

尽管数十年来国家财政性教育经费占GDP的比例逐年递增，但截至2007年，我国财政性教育经费占GDP的比例为3.32%，这与2005年世界政府教育经费占GDP的平均比例4.9%仍有很大的差距。面对我国教育发展的巨大需求，政府如何对有限的资源进行分配显得极为重要。

从高校角度来看，我国高等教育经费主要靠政府投入。与美国高校捐赠和学校自身创收方面的收入相比，我国高校除学费收入之外的其他非财政教育投入渠道并未得到充分拓展。再加之，教育部、财政部联合颁布的《普通高等学校收费管理办法》中，规定了高校收取的学费最高不得超过生均培养成本的25%。可见，要确定合理的财政拨款标准和学费标准，必须首先确定并掌握高等教育中不同级别和类别的教育成本数据信息。

2. 现行高校成本管理与控制存在的问题

2.1 对教育成本认识有偏差

将高校教育总成本简单地视为高校总支出是存在很大偏差的。在事实情况中，很大一部分高校支出耗费在教育以外的其他活动中，比如后勤保障、离退休人员费用等。

2.2 生均教育成本核算尚显粗略

高校教育生均成本=高校总成本/高校学生总人数。上述成本核算十分粗略。高校学生种类繁多，不同大类、不同层次的学生的培养成本相差很大。简单地根据学生实际总人数来计算控制生均成本显然不合理，如此核算出来的高校教育成本无法揭示高校各类学生的真实成本，对于高校进行成本分析和控制、提高教育资源利用效率帮助不大。

2.3 现行高校会计制度规定不够合理

现行高校会计制度规定“固定资产不计提折旧”，如此固定资产年折旧费用无法计入教育成本，加剧了高校教育成本信息偏离真实情况的程度。

2.4 经费管理复杂、使用效率不高

经费来源渠道多元化，使经费的提供部门对经费的使用要求没有统一明确的规定，给财务成本管理带来了困难。此外，高校对科研经费的资产监督和管理还相当

薄弱，特别是对移动性比较大的资产，存在资产流失和失控现象，缺乏有效的监督机制。

2.5 后勤社会化出现失控和资源浪费现象

高校后勤实施社会化管理之后，在遵循市场原则、讲投入产出的效益及成本核算的同时，还要注意服务对象的指向性及计划性经营。现实中，高校在制定管理机制时难以避免失控、资源浪费等现象发生，从而无法最大限度地提高效益性。

3. 运用作业成本法的可行性

作业成本法，即基于作业的成本计算法，指以作业为间接费用的归集对象，通过资源动因的确认、计量，归集资源费用到作业上，再通过确认、计量作业动因，将作业成本归集到产品或服务上去的对间接费用的分配方法。该方法将生产经营活动视为一系列的作业，并通过作业成本动因串联起产品与作业，作业再通过资源动因与所消耗的资源联系起来，即每一项作业都要消耗一定的资源，如此计算得出的成本能比较真实地反映企业的成本状况，能比较真实地提供成本信息。作业成本法主要在分配高校间接费用和解决高校的“生产经营”复杂性两方面适用于高校的成本计算与控制。

3.1 作业成本法有利于分配高校发生的大量的间接费用

高校教育培养学生所发生的全部成本中，间接费用比例较高。除直接发给学生的生活补助、奖学金、实习费等可直接计入学生教育成本外，其余均属间接费用。而且引发如此大量间接费用发生的成本动因迥异，使用单一分配率（如学生数、课时数等），明显已无法满足成本准确分配的要求，因此应当分别归集各项资源耗费，细致划分作业中心。

3.2 细化的作业动因、资源动因有利于解决高校的“生产经营”活动复杂性

在教学管理中，从招生到各种教学活动（授课、实验等）、学生日常活动、社会实践、组织竞赛及众多辅助教学活动（图书馆、实验中心、电子设备等）等，各项活动重叠大、易交叉。不同专业所侧重的学生活动也各不相同。例如实习活动中，理工科学生以实验、操作为主，而文科学生以社会实践、调查为主。此外，高校服务对象层次、种类多，不同专业、不同学位级别消耗的费用相差较大。因此，应将动因具体化，归集获得准确教育培训成本，以利于教育成本的控制和管理。

在科研管理中，科研项目有经费来源多元化（纵向经费、横向经费和校内自筹经费）、科研跨越年度不同、消耗时间不同、归集成本不同的特点。作业成本法恰好适用于业务流程复杂、成本动因多样的情况，可有效避免信息失真和成本失控。

在后勤管理方面，高校后勤社会化改革的重点是学生生活后勤改革，在内容上主要包括饮食、物业和运输。这三个方面相对独立，但在管理上都涉及人员、经费、校产和时间的管理。采用作业成本法，可将这四个要素结合后勤管理的不同内容作为不同的作业管理面，针对各自的特点，分别核算、分别管理。

4. 作业成本法在高校管理中的具体应用

4.1 作业成本法在教学管理中的具体应用

4.1.1 划分作业确立作业中心

采用作业成本法计算产品成本的第一步是确认作业，找出消耗资源的作业中心。由于高等教育成本核算对象繁多、成本构成复杂，为每项作业单独设置成本库并不可行。因此，在实施作业成本计算时，必须在合理的范围内确认作业。我们可以将有共同资源动因的作业确认为同质作业，将同质作业引发的成本归集到同质作业成本库中以合并分配。

由此，可将高校培养学生活动相关的作业中心简化为直接培养中心和间接培养中心。直接培养中心是指直接服务于学生的各教学部门，即各个学院；间接培养中心是指间接服务于学生的教学管理部门，包括教学管理部门、教学辅助部门、学生管理部门、资源管理部门和行政管理部门。

4.1.2 确定高校教学管理支出的主要成本项目

教学支出，是指高校各教学单位和部门为教育培养各类学生而发生在教学过程中的支出。对于其具体包含内容，美国高等教育经济专家布奋斯·约翰斯通曾将高等教育成本分为三类，其中一类是教学成本，并将其定位为学校（教育机构）为教学支付的费用，包括教师工资、辅助人员工资、图书杂志、仪器设备、教学用建筑、水电费用等。

这些成本通常可见于学校的日常预算和开支账目中，它们的开支形式是工资、津贴、设备购置费用、折旧损耗、维修费用等。因此，此类资源费用数据基本可以直接从原有成本信息系统中获取。

4.1.3 确认成本动因

根据资源动因，可将其分为直接成本和间接成本。直接成本包括教师差旅及资料费、学生实习经费、毕业设计（论文）费、教学业务费等，可根据各系的学生人数直接分摊计入各系作业成本库。间接成本包括各系教师及教辅人员的工资、津贴和课酬、教学仪器设备折旧费及实验维持费，必须根据成本动因将其分配到各系。间接费用成本中心的主要成本动因及分配基础见表1。

表1　间接费用成本中心的主要成本动因及分配基础

成本中心名称	主要成本动因	分配基础
教学辅助单位人员工资及福利保障	教学辅助单位人数：支撑比	学生数
教学辅助单位业务费	教学辅助单位人数	学生数
图书资料	学生数	学生数
体育维持费（含体育场维持费）	学生数、体育设施及场馆面积	学生数
信息化平台维护费	网络流量	学生数

确定成本动因时，应注意遵循成本效益原则和重要性原则。作业成本法需要对大量的作业进行分析、确认、记录和计量，增加了成本动因的确定、作业成本库的选择和作业成本的分配等额外工作，其实施成本是比较高的。因此，对数十种甚至上百种作业逐一进行分析是没有必要的，应该根据成本效益原则和重要性原则，对那些高校发展比较重要的作业进行分析。

4.1.4　分摊作业成本

成本费用分配的重中之重是确定成本动因，它是作业成本库分配成本的标准。在间接成本中，教师及教辅人员的工资、津贴、课酬等可视为同质作业，主要依据教学小时数来进行分配，其动因分配率 = 系承担总教学学时/系总工资性费用。教学仪器设备折旧费和实验维持费亦可视为同质作业，按实验小时数来进行分配，其动因分配率 = 系实验总时数/（系总折旧额 + 实验维持费）。

4.2　作业成本法在科研管理中的具体应用

高等院校经费支出包括与项目研究有关的所有直接费用和间接费用。直接费用无需进行分配，直接计入相应科研项目中；对间接费用要进行合理的分配，科研间接成本按其收益大小进行分摊。

4.2.1　确定成本对象

成本对象是通过作业成本法进行计量的成本，主要计算各个科研项目、科研人员的成本，将未纳入科研项目的费用扣除，教育成本中有一部分科研费用也予以扣除。

4.2.2 确定主要作业，形成成本作业库

根据学校费用规模较大的特点，分别建立作业中心。科研项目按类别分为纵向项目、横向项目、科研专项项目、学校项目四类，按性质分为国家级项目、省部级项目和一般项目三种。科研项目由不同学院的科研人员负责，每个学院的科研人员依其研究专业的不同而科研项目有所不同。

4.2.3 选择成本动因

高校科研成本动因主要包括科研人员数量、科研工作时间、设备价值、咨询考察、参考资料消耗、水电费、招待费、其他费用等。其中包括可直接计入某特定专业、特定层次的学生培养成本的终结资源动因；可直接计入各作业成本库的作业专属资源动因，科研过程中的办公费、交通费；必须分解后间接计入各作业本成库的资源动因，使用机械设备、折旧、水电费。

4.2.4 确定成本库分配率，并将作业中心成本分配到最终产品

成本库分配率，即每单位成本动因耗费成本，直接由作业总成本除以成本动因数得到。作业动因确定后，就可以计算每一个成本库单位作业动因的成本，即成本动因率。然后汇集各个作业中心成本库的成本动因率分配到科研中。一方面是各科研项目发生的直接费用，如科研项目人员工资、购买的设备费用和与科研相关的成本项目等；另一方面是根据与科研项目的有关性而分摊的间接费用，通过作业成本法进行核算。

4.3 作业成本法在后勤管理中的具体应用

4.3.1 确定主要作业及作业成本

资源包括直接人工、直接材料、生产维持成本（如采购人员的工资成本）、间接制造费用以及生产过程的成本（如广告费用）。资源按一定的相关性进入作业。高校后勤部门的人员结构可分为两部分，在生产服务第一线的为一线人员；各部门管理人员为二线人员。由此，学生食堂的员工也就分为经理和普通员工两部分：前者的作业主要是对普通员工的管理；后者的作业包括洗刷碗筷、做菜、窗口叫卖等。其作业成本主要是人力资本。

4.3.2 选择成本动因并分配作业成本

成本动因，是指导致成本发生的任何因素。选择成本动因要考虑三个因素：实施成本、相关程度和行为导向。实践中要权衡准确性与相关性的关系，如学生食堂的管理可按学生的数量及就餐高峰时段进行分配。学生后勤成本主要成本动因分配详见表2。

表 2　学校后勤成本主要成本动因及分配

成本中心名称	主要成本动因	分配基础
水电费	水电用量	水电用量或按总课时数
物业管理与取暖费	校舍面积	所占校舍面积或总课时数
教学、办公建筑维修费	建筑面积、校园面积	所占校舍面积或总课时数
教学、办公设备购置与维修费	设备数量、设备种类	所使用的设备数量
后勤净支出	后勤人员数	学生数
学生宿舍费用	学生宿舍面积	学生数

4.3.3　分析作业成本、优化管理

作业成本法的应用，其目的主要是将对成本的控制落实到每一项作业上，再以作业为核心，进行分析，以成本动因为基础进行成本控制，从而有效、持续地降低成本，改进预算控制。建立相应的业绩计算体系，对作业成本管理的执行效果进行考核和评价，及时发现和解决问题，也能达到管理的最终目的。

5. 结论

作业成本法引入我国时间较短，在我国尚未得到充分运用，加之我国高等学校教育成本核算的观念尚未形成，以及由于作业成本法在推行过程中需要耗费大量人力、物力，从而使财务人员对新任务产生抵触情绪等原因，现已使用作业成本法进行成本核算的高校仍然屈指可数。作业成本法的许多应用细节还需要在高校的教育成本核算控制过程中，通过实践逐步将其完善。我们迫切希望“年初报预算，年末报决算，经费支出靠拨款，经济效益无人管”的现象早日成为历史。

参考文献

[1] 燕廷森．高等学校会计制度（征求意见稿）之商榷处．会计之友，2011（1）
[2] 孟丽青．基于作业成本法的高校教育成本分析与管理．会计之友，2009（8）
[3] 孙丽雅．基于作业成本法的高校教学成本计算模式构建研究．财会通讯·学术版，2006（7）
[4] 徐江波．高校成本结构的信息归集与优化．高等教育成本研究专辑，2009
[5] 崔荣芳，杨海平．高校教育成本核算方法探析．企业科技与发展，2008（20）
[6] 王博．作业成本法在高校教育成本管理中的应用．沈阳师范大学学报，2006（4）
[7] 张兆通．作业成本法在高校后勤管理中的应用．中国乡镇企业会计，2008（4）
[8] 曹越楠．作业成本法的优势分析．现代商业，2008（32）
[9] 加里·柯金斯．作业成本管理：政府机构手册．北京：经济科学出版社，2007

“消费者选择新能源汽车的影响因素”研究报告*

李小楠　罗思齐　朱良　冯超　苏虹薇　魏晓峰　王博骁　江运龙

指导教师：纪雪洪 讲师

面对能源、环境问题的严峻挑战，全球汽车工业正孕育着一场声势浩大的新技术革命，新能源汽车的发展已成为一种趋势。国内汽车制造商纷纷推出自己的产品，例如比亚迪 F3DM 双模混合动力轿车、比亚迪 E6 纯电动轿车、奇瑞 S18 纯电动轿车、众泰 2008EV 纯电动 SUV 车等。美国、日本等发达国家的混合动力汽车市场也在飞速发展。2010 年，日本国内的汽车销量中有 16% 是混合动力汽车，如果包括纯电动车，市场份额将增至 25%；自 2009 年 5 月份以来，丰田 Prius（普锐斯）混合动力轿车的累计销量稳居日本最畅销车型榜首。

面对潜在的激烈的市场竞争，充分了解消费者对电动汽车的消费习惯、使用方式便成为一种必要。因此，为了更好地了解这些信息，本课题组在北京进行了相关的调查问卷研究。通过分析影响消费者选择电动汽车的因素，从而有效地了解消费者对新能源汽车的消费需求，为新能源汽车更好地进入大众市场提供一定的理论依据。

此次问卷设计主要从消费者对电动汽车的熟悉程度和购买意愿及消费者对电动汽车的选择和使用偏好这两方面进行了相关的调研。问卷采用随机抽查的方式，共收回问卷 508 份。受调查人中男性 360 人，占比 70.9%；女性 148 人，占比 29.1%。35 岁以下的人群占比 68.3%；35 岁以上的人群占比 31.7%。年收入 10 万元以下的人群占比 73.1%，年收入 10 万元以上的人群占比 26.9%。

本次调查数据显示，使用私家车的占总数的 32%。如图 1 所示，加上公交车的话，目标对象对汽车的使用量达到了 57%，即基本上每两人中就会有一人乘坐汽车，说明汽车在此次调查群体中较为普及。

---

* 本次调研的“新能源汽车”是指“纯电动汽车”和“可外接充电式电动汽车”。

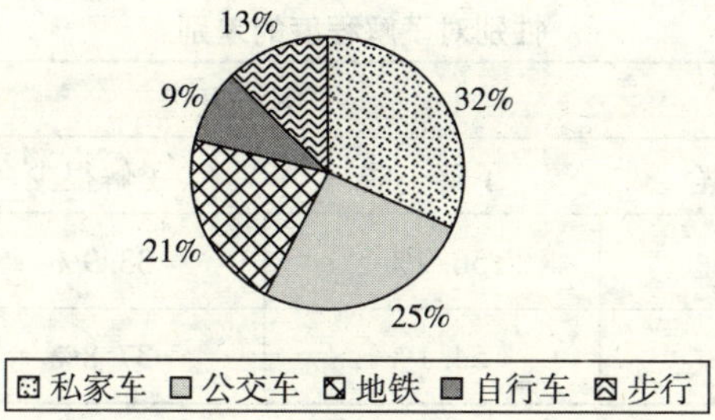

图 1 您主要出行方式

1. 消费者对产品的熟悉程度和购买意愿

1.1 总体来说，消费者对新能源汽车的了解程度偏低

如图 2 所示，仅五成多的消费者对新能源汽车有一些了解。通过进一步分析发现，消费者了解程度偏低的一个很大原因是市场上的新能源汽车太少，能够享受高额补贴的纯电动汽车更少。有消费者表示市场上很难见到新能源汽车，"没车可买"的局限影响了部分对新能源汽车感兴趣的消费者。所以，还需要继续普及消费者对新能源汽车的了解，加大新能源汽车的技术宣传力度，形成市场消费示范效应。

1.2 性别上，男性和女性对新能源汽车的了解程度差异不大

如表 1 所示，男性中有 62.2% 对新能源汽车比较了解，在女性中有 56.8% 比较了解，男性略高于女性。

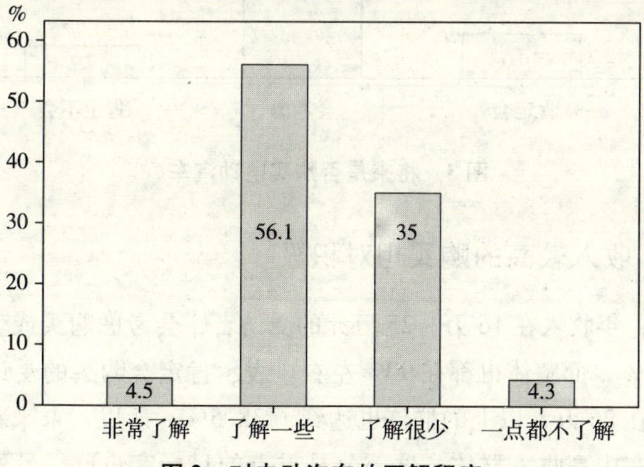

图 2 对电动汽车的了解程度

表 1 性别对了解程度的差别

	了解程度			
	非常了解	了解一些	了解很少	一点都不了解
男	5.3%	56.9%	33.9%	3.9%
女	2.7%	54.1%	37.8%	5.4%

1.3 与了解程度形成差异的是，九成多消费者会考虑购买或肯定会购买新能源汽车

如图 3 所示，肯定会购买和会考虑购买的消费者占比达到了 92.3%。这说明消费者对新能源汽车的前景充满信心，愿意尝试新技术、新发现。这部分汽车细分市场的潜力十分巨大。

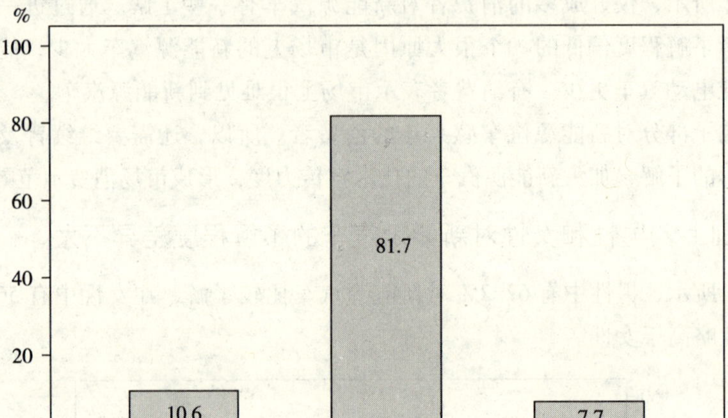

图 3 将来是否购买电动汽车

1.4 收入上，收入较高的购买相对积极

如表 2 所示，年收入在 16 万 ~25 万元的受访者，会考虑购买或者肯定会购买的比例达到了 97.1%，而整体也都在 90% 左右。表示肯定会购买的受访者占比相对较少，但是年收入在 26 万元以上的群体也达到了 38.5%。所以，未来新能源汽车的消费群首先将集中在中高收入群体，这部分是重点的目标客户群，另外总体市场需求也相对比较乐观。

表2　年收入对购买意愿的影响

	年收入范围					
	3万元以下	4万~6万元	7万~10万元	11万~15万元	16万~25万元	26万元以上
肯定会	10.30%	9.70%	8.30%	6.60%	11.80%	38.50%
会考虑	80.30%	81.30%	86.20%	84.20%	85.30%	57.70%
肯定不会	9.40%	9.00%	5.50%	9.20%	2.90%	3.80%

1.5　学历上，随学历的上升，消费者的购买意向呈上升趋势

如表3所示，随着学历的不断攀升，消费者"肯定会"购买电动汽车的比例整体呈上升趋势。特别需要关注的是本科及以上的高学历消费人群，这部分人群应该是未来电动汽车的消费主力，也是相关行业营销人群定位的主要目标。

表3　学历对购买意愿的影响

	您的最高学历是		
	初中及初中以下学历	高中以及大专学历	本科及以上学历
肯定会	3	18	33
会考虑	14	147	255
肯定不会	5	16	18
肯定会以及会考虑的占比	77.27%	91.16%	94.12%

2. 消费者对电动汽车的选择和使用偏好

2.1　从不选择购买原因来看

如表4所示，27.7%的人认为充一次电走100公里，半路没电就倒霉了，即对蓄电能力表示担忧；21.2%的人认为每次充电都要8个小时，太麻烦了，没精力照顾它，即对充电问题表示担忧。上述二者加起来有将近一半的人对新能源汽车在这些技术方面的问题最为担忧。而对于汽车行业一直认为阻碍新能源汽车发展的一大障碍——过高的价格，仅有16.5%的消费者选择。

由此可见，技术因素是阻碍新能源汽车发展的最大因素，价格并不是影响新能源汽车发展的最主要问题。汽车厂家的重心应放在推出技术成熟的新能源车型，并

控制好成本。政府解决好充电站等基础设施建设问题。厂家和政府两方面共同努力，新能源汽车这一块的市场应该会做大做强。

表4 不选择购买新能源汽车的原因

您目前不选择购买新能源汽车的首要原因	N	百分比
充一次电走100公里，半路没电就倒霉了	198	27.7%
每次充电都要8个小时，太麻烦了，没精力照顾它	152	21.2%
新能源汽车价格太贵，不划算	118	16.5%
新能源汽车是高技术产品，维修保养肯定很贵很麻烦	56	7.8%
车速太低，无法享受到驾驶乐趣	61	8.5%
我不了解新能源汽车的技术水平，买汽油车比较保险	131	18.3%

2.2 从选择的车型来看，消费者倾向续驶里程长的车型

如表5所示，选择车型8的消费者是最多的，相比其他种类的电动汽车，车型8最大的优点在于续驶里程长（油电混合动力），最高时速高于其他车至少1/3。对于较高的车价与油耗，消费者反而不太重视。

因此数据再一次表明，消费者最看重新能源车的技术水平，而非价格。

表5 八类电动汽车的参数

车型	最高时速	总续驶里程/纯电动模式行驶里程	充电时间（慢充/快充）	车辆价格	百公里能耗（油+电）费用
车型1：2门2座纯电动汽车	60公里/小时	100公里	8小时/30分钟充80%	3万~5万元	6元
车型2：4门5座纯电动汽车	60公里/小时	100公里	8小时/30分钟充80%	3万~5万元	7元
车型3：2门2座纯电动汽车	60公里/小时	100公里	8小时/30分钟充80%	5万~8万元	6元
车型4：4门5座纯电动汽车	60公里/小时	100公里	8小时/30分钟充80%	5万~8万元	7元
车型5：4门5座纯电动汽车	80公里/小时	120公里	8小时/30分钟充80%	8万~10万元	8元
车型6：4门5座纯电动汽车	120公里/小时	150公里	8小时/30分钟充80%	10万~15万元	10元
车型7：4门5座纯电动汽车	120公里/小时	200公里	8小时/30分钟充80%	15万元以上	12元
车型8：4门5座可外接充电式混合动力汽车	160公里/小时	430公里/100公里	8小时/30分钟充80%	12万~15万元	30元

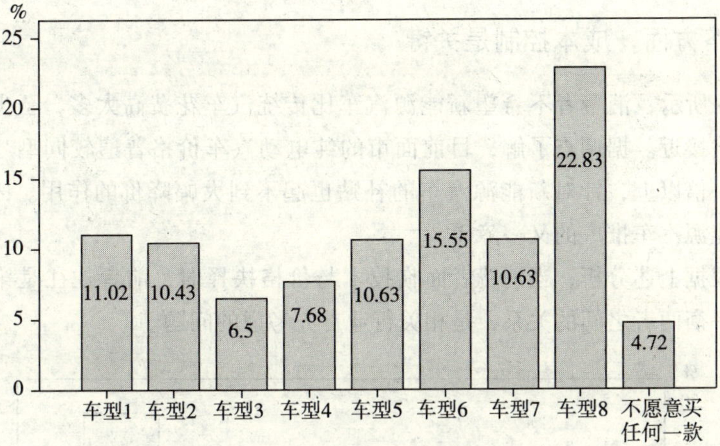

图 4 消费者最愿意购买的车型

2.3 新能源汽车目前的续驶里程能满足大部分消费者的日常需要

尽管因为技术的原因，电动汽车的充电后行驶里程平均为 100 ~ 200 公里之间，但对于普通上班族来说，目前的续驶里程在大多数情况下是够用的。如图 5 所示，每天出行距离 20 公里以内的人群超过了 50%，每天出行距离在 100 公里以内的消费者人群总数超过了 90%。

电动汽车的续驶里程目前能够满足普通人群的日常需要。在新能源技术没有重大突破的情况下，企业的营销应该刺激消费者这方面的认知。但是如果遇上突发事件或者要自驾游玩的话，目前的续驶里程还是无法满足需求的。

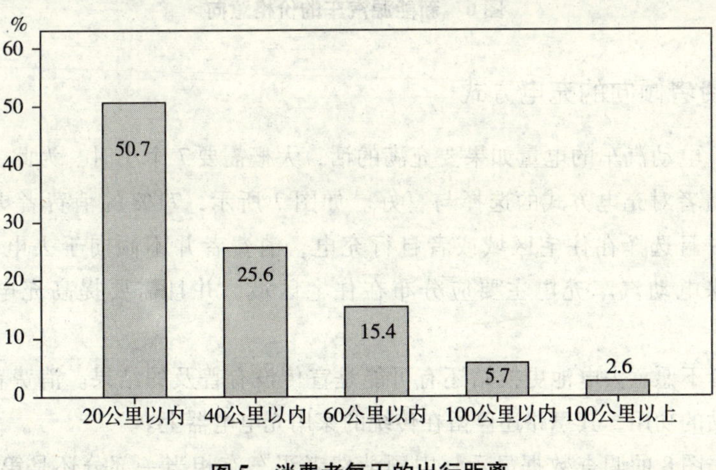

图 5 消费者每天的出行距离

2.4 价格方面，成本控制是关键

如图6所示，消费者不希望新能源汽车比传统汽车花费高太多，至少应该跟传统汽车价格接近。据调查了解，目前面市的纯电动汽车价格普遍较同型号的传统燃油车要高一倍以上，针对新能源汽车的补贴也起不到大幅降价的作用。因此，成本高将是新能源汽车推广的又一障碍。

但是根据上述分析，当消费者面临技术与价格抉择时，前者往往是第一关键要素。如何平衡两者之间的关系，是相关行业首先考虑的问题。

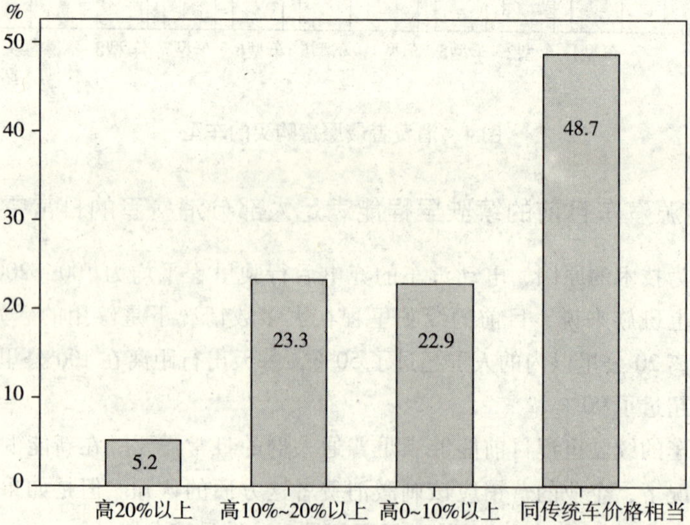

图6　新能源汽车的价格意向

2.5 消费者倾向的充电方式

目前，电动汽车的电量如果要充满的话，大概需要7个小时。为此，我们专门调查了消费者对充电方式的选择与喜好。如图7所示，71%的消费者更愿意在晚上充电，并且选择在住宅区域或者自行充电，消费者并不倾向于去电池更换站。所以，未来电动汽车充电主要应分布在住宅区域，并且需要提高充电方式的便捷性。

消费者不愿意去电池更换站还有可能是宣传没有普及的结果。消费者并不明白电池更换站的功用，其思路还停留在传统的家用充电电器上。

此外，图8的调查数据显示，中国消费者买车有相当一部分还是第一次买车，有将近四成的人还未买车，他们买车肯定会去买可以代替传统汽车的车款，用户肯

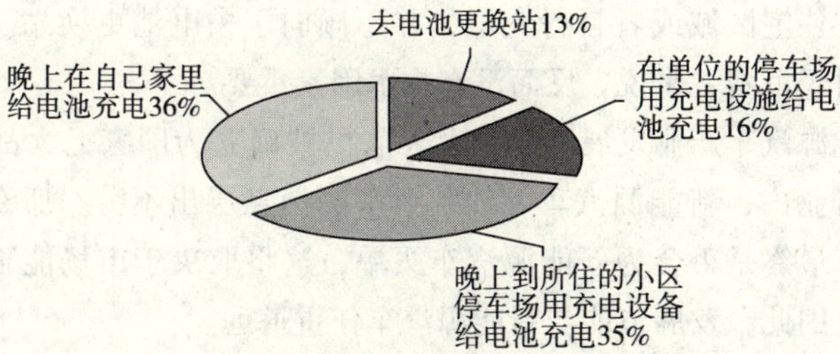

图 7　消费者对充电方式的期望

定还是希望能够一步到位。所以，在新能源汽车的普及率还不是很高的时候，未来推广新能源汽车还有很大的空间，需求也是相当大的。

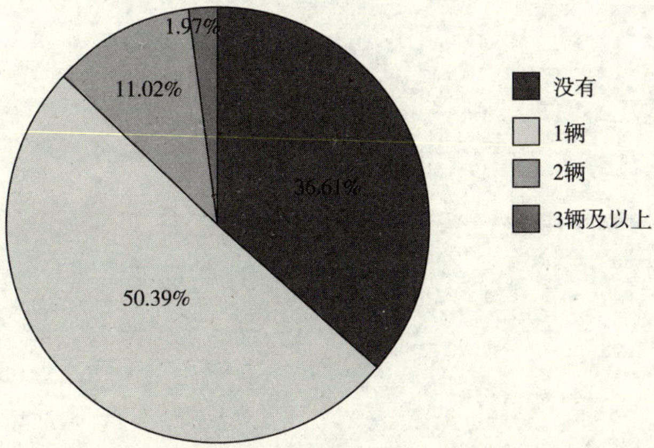

图 8　消费者家庭目前拥有的汽车数量

3. 新能源汽车目前的境况

消费者对新能源汽车的了解程度偏低，仅五成消费者了解一些新能源汽车的概况。而通过调查分析我们知道，消费者的了解程度与最后的购买欲望呈正相关。所以，向消费者普及新能源汽车的知识成了全行业的一般性问题。

消费者购买新能源汽车的意向很强，并且多集中在高学历、中高收入群体中。虽然消费者目前的了解程度偏低，但通过调查发现，部分消费者的购买意愿还是很强烈的。特别是高学历、中高收入群体的消费者，他们更愿意购买新能源汽车。这是企业营销上的重点目标客户群体。

消费者最看重的是新能源汽车的技术问题。在车型的选择上，消费者对续驶里程长和蓄电时间短这两点比较看重。在充电方式的选择上，消费者更愿意在晚上充电，并且选择在住宅区域或者自行充电，并不倾向于去电池更换站。而新能源汽车的价格因素，对于消费者来说，反而没有技术因素重要。

目前，新能源汽车产业发展迅速，不久前更被确立为国家七大战略性新兴产业之一。在汽车行业内，新能源汽车下线、上市的消息层出不穷。那么消费者对新能源汽车如何看，最终是否会为新能源汽车买单，这将取决于市场能否更好地解决现存的这些问题。因此，发展节能与新能源汽车任重道远。

企业和消费者对于企业社会责任的认知差异分析

于明洋　孙毅　邢婧茜　赵顺发　刘玉玲

指导教师：魏秀丽 副教授

1. 企业社会责任的概念和基本框架

1.1　企业社会责任的起源和发展历史

企业社会责任（Corporate Social Responsibility，简称 CSR）指的是企业在创造利润、对股东利益负责的同时，还要承担对员工、社会和环境的社会责任，包括遵守商业道德、安全生产、关爱员工健康、保护劳动者的合法权益、节约资源等。其具体内容包括在股东方面为证券价格的上升和股息的分配；保证职工有相当的收入水平、工作的稳定性并为其创造良好的工作环境和提升的机会；对政府号召和政策进行支持并遵守法律和规定；对供应商保证付款的时间；对债权履行人合同条款并保持诚信；对消费者或代理商保证商品的价值（产品价格与质量、性能和服务的关系），尽可能提高产品或服务的方便程度；对所处社区环境的保护和贡献；对社会发展的贡献（税收、捐献、直接参加）；对解决社会问题的贡献；对于贸易和行业协会各种活动的支持（经济上的）；与竞争者的公平竞争；在产品、技术和服务上的创新；对特殊利益集团提供平等的就业机会；对城市建设的支持；对残疾人、儿童和妇女组织的贡献等。

企业社会责任思想的起点是亚当·斯密的“看不见的手”。18 世纪中后期英国完成了第一次工业革命，企业社会责任的观念还未出现，实践中的企业社会责任局限于业主个人的道德行为。

进入 19 世纪，人们对企业的社会责任观是持消极态度的，许多企业不是主动承担社会责任，而是对与企业有密切关系的供应商和员工等不负责任，以求尽快变成社会竞争中的强者。

19 世纪中后期，企业制度逐渐完善，劳动阶层维护自身权益的要求不断高涨，加之美国政府接连出台《反托拉斯法》和《消费者保护法》以抑制企业的不良行为，客观上对企业履行社会责任提出了新的要求，企业社会责任观念的出现成为历史必然。

20世纪80年代，企业社会责任运动开始在欧美发达国家逐渐兴起。它包括环保、劳工和人权等方面的内容，由此导致消费者的关注点由单一关心产品质量，转向关心产品质量、环境、职业健康和劳动保障等多个方面。

20世纪90年代初期，美国劳工及人权组织针对成衣业和制鞋业发动“反血汗工厂运动”。在劳工和人权组织等NGO和消费者的压力下，许多知名品牌公司也都相继建立了自己的生产守则，后演变为“企业生产守则运动”，企业生产守则运动的直接目的是促使企业履行自己的社会责任。

2000年7月，50多家著名跨国公司在《全球契约》论坛上承诺，在建立全球化市场的同时，要以《全球契约》为框架，改善工人工作环境、提高环保水平。2002年2月在纽约召开的世界经济峰会上，36位首席执行官呼吁公司履行其社会责任，并称企业社会责任是核心业务运作至关重要的一部分。

1.2 企业社会责任在中国的发展历程

企业社会责任这一概念在中国起步比较晚，步入21世纪的头四年，企业社会责任才刚刚起步。接二连三发生的煤矿事故、雀巢奶粉事件、苏丹红事件、光明牛奶事件、冠生园霉月饼事件、金华火腿事件使企业社会责任变成了中国社会的一个热门话题，受到政府、企业、媒体、非政府组织、公众、学术界等多方社会主体的高度关注。国内学术界开始将西方学者关于CSR研究的主流框架引入中国，特别是以利益相关者理论为基础，从本质上探讨企业何以承担社会责任（why）、对谁承担社会责任（who）和如何承担社会责任（how）的问题。2005年，国资委中国企业改革与发展研究会发起了“中国企业社会责任联盟”，并召开了“2005年中国企业社会责任论坛”，大会讨论制定了国内第一部综合性的《中国企业社会责任标准》，并发表了《中国企业社会责任北京宣言》。该联盟的成立标志着我国民间团体在社会责任方面的进步，而其制定的《中国企业社会责任标准》也为企业履行社会责任提供了指导方向。2005~2007年是徘徊的三年，中国企业在承担社会责任上呈现出明显的两极分化态势。三年间，涌现出一大批富有责任感的企业。然而，仍然有大量的中国企业不愿意在承担企业社会责任上有所投入，一些中小企业，特别是一些规模较小的民营企业，普遍存在劳动合同不规范、工作环境恶劣、超负荷工作、生产假冒伪劣产品、污染环境和资源浪费等问题。2008年，南方雪灾和汶川地震等种种事件使中国企业社会责任行动呈现出喷薄而出的态势。三鹿奶粉事件和富士康事件也激发了民众对于企业社会责任的关注。同年1月，国资委下发了《关于中央企业履行社会责任的指导意见》，鼓励有条件的企业要定期发布社会责任报告或可持续发展报告。近三年，在政府的引导下，企业社会责任在中国发展较好。

2. 消费者对于企业社会责任的认知调查

在食品安全问题、产品质量安全事故层出不穷的背景下，“责任意识”已成为摆在消费者和企业面前不容回避的问题。企业的根本使命是持续创造价值，追逐利润是企业的基本性质。但同时，企业作为社会经济发展的微观基础，强调可持续发展、构建和谐社会、强化企业社会责任亦刻不容缓。鼓励消费者树立起负责任的消费方式和消费理念，通过他们自身负责任的消费行为，选择那些对环境、社会和经济发展高度负责的产品和服务，有利于影响和改变企业的生产方式，进而促进企业和社会、企业和环境的和谐共生和可持续发展。

为了较为全面地了解消费者对企业社会责任和责任消费的认知程度，本调查针对不同年龄阶段、不同文化程度、不同收入的经常购物的人群，于 2011 年 7 月发放 169 份有效问卷，回收率 100%。通过对这些数据进行统计分析，展现了中国目前消费者对企业社会责任的认知情况及责任消费的情况，从而得到一些有意义的启示。

2.1 何为企业社会责任、责任消费

企业社会责任是指企业在创造利润、对股东承担法律责任的同时，还要承担对员工、消费者、社区和环境的责任。企业的社会责任要求企业必须超越把利润作为唯一目标的传统理念，强调要在生产过程中对人的价值给予关注，强调对消费者、环境和社会作出贡献。企业是社会的细胞，是市场经济的基本微观主体。企业不仅是创造物质财富的单元，更应该是承担社会责任的重要载体，构建和谐社会也有利于企业财富的增长，最终有利于企业所有者。

责任消费是指消费者通过有鲜明价值导向的“选择消费”、“货币投票”和维权监督等方式，去支持、鼓励符合国家标准级产业政策的优质商品与服务，摒弃、抵制不符合国家标准及产业政策的商品与服务，推动企业自觉履行社会责任的消费观念、消费态度、消费行为和消费方式。责任消费是消费者对企业社会责任认知意识的一种体现。消费者选择购买或者不购买都是对生产者的一种积极的信息传递，他们的使用、保存和弃用方式也为其他消费者传递积极的信息，通过这种传递，促进企业生产和提供更符合社会健康、长久发展的产品，履行社会责任。

2.2 消费者对企业社会责任认知及责任消费认知的调查结果

本次调查内容分为两个部分，第一部分是被调查者的基本信息，如年龄、文化

程度、月收入等；第二部分为问卷的主体部分，内容涉及对企业社会责任、责任消费的了解、认识、看法、理解及接受可能性等。

2.2.1　消费者对企业社会责任的基本认知

（1）总体的认知情况

调查初始，本调查小组原以为“企业社会责任”越来越受人们关注，了解和认识这个概念的人会不少，但从调查数据来看，如图1显示，75.15%的受访者对企业社会责任不甚了解或者不清楚。大部分受访者是通过本次问卷调查知道和了解“企业社会责任”、“责任消费”这两个概念，这也暗示了我们提倡消费者了解企业社会责任这一概念并进行责任消费宣传的意义与作用。

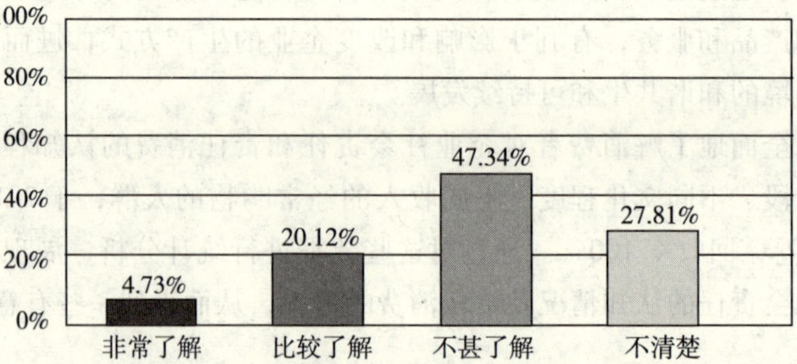

图1　消费者对企业社会责任的了解程度

我们给“非常了解”、“比较了解”、“不甚了解”和“不清楚”分别赋值为3分，1分，-1分，-3分，经过加权计算得出我国消费者对社会责任的认知程度为-0.9646。这说明，我国消费者对社会责任的认知还处于启蒙阶段，实现责任消费的路还很远。

（2）年龄对于企业社会责任认知的影响

我们用先前的赋值方法来分别计算各个年龄段对于企业社会责任认知的情况，见表1。

表1　各年龄段对于企业社会责任认知的情况

年龄段	非常了解（3分）	比较了解（1分）	不是很了解（-1分）	不清楚（-3分）	综合得分
18岁以下	0%	20%	10%	70%	-2.0000
19~25岁	3.49%	16.28%	63.95%	16.28%	-0.8604
26~40岁	8.2%	17.65%	52.94%	20.59%	-0.7246
41~50岁	10%	25%	25%	40%	-0.9000
50岁以上	0	0.3684	0.0526	0.5789	-1.4209

从这个结果来看，各年龄段对企业社会责任的认知情况是：26~40岁>19~25岁>41~50岁>50岁以上>18岁以下。

（3）教育程度对于基本认知的影响

我们用同样的赋值方法计算得出，教育程度对企业社会责任的认知情况如下：本科及大专>硕士及以上>高中、中专和高职>初中以下。具有本科及以上学历的受访者在对企业社会责任的理解方面明显优于具有专科及以下学历的受访者，而在进行消费决策时也能更接近于责任消费的相关做法和标准。

（4）收入对于基本认知的影响

从受访者收入情况来看，我们用同样的赋值方法计算得出，收入对企业社会责任的认知情况如下：1万元人群>5000~10000元人群>2000~5000元人群>2000元以下人群。调查得到了一个很显见的趋势，即随着收入的提高，受访者在对企业社会责任的理解方面明显提高。

2.1.2 消费者对企业社会责任的关注点和对责任消费实践形式的选择

（1）消费者对企业社会责任的关注点

虽然绝大多数被调查者对“企业社会责任”及“责任消费”不甚了解，有些人通过此次问卷第一次接触这两个概念，但这并不影响人们对“企业社会责任”及“责任消费”本身的理解和认识。

表2　消费者认为企业履行社会责任时应该注重的方面

选项	比例
遵纪守法，按照法律法规的要求进行生产或提供服务	67.5%
依法纳税，不偷税漏税	53.3%
注重产品质量，为消费者提供优质产品和服务	81.7%
节约资源，节能减排，注重环保，不以环境的恶化和生态破坏为代价	68.6%
公开披露使用和排放的有毒有害物质以及对人类和环境的威胁	47.9%
信息公开，不提供虚假广告	65.7%
为员工提供安全的生产环境	45%
保护中小股东利益，为股东创造价值	17.2%
为员工提供良好的工作环境和福利待遇	39.6%
积极开展慈善活动、慈善事业与社会公益	44.4%

由表2可以看出，消费者最注重企业的产品质量、节能环保、遵纪守法、不提供虚假广告和依法纳税这五个方面。消费者最不关注的是企业是否保护中小股东利

益、为股东创造价值。出乎意料的是，消费者也不是特别关注企业所进行的慈善活动。

（2）消费者对责任消费实践形式的选择

通过表3可以看出，有1/2以上的消费者开始注意使用环保的产品，但是对于履行企业社会责任的企业的产品的关注度大约只有1/3，对于有问题的产品，积极维护自身权益的也不足1/2。这表明，责任消费的意识还没有完全形成，消费者手中的“货币投票”权并没有很好地发挥促进作用。

表3 消费者对于责任消费的实践形式的选择

选项	比例
购买节能环保产品，如节能灯等	62.1%
尽量不用一次性筷子等产品，总是重复使用购物袋或者自备购物篮等	53.3%
经常劝说家人和朋友不买对环境有害的产品	36.1%
优先购买那些热心慈善事业与环保事业的企业的产品	33.7%
优先购买注重生态环境保护的负责任的企业的产品	37.9%
发现产品有质量问题时，要求退货、投诉等方式，“勇于告状”	41.4%
其他	2.4%

2.1.3 消费者对企业履行社会责任的态度

本次调查研究也发现，有46.2%的受访者主要考虑质量，只要质量比其他同类产品好，即使该企业未做好社会责任，也购买该企业产品。此外，消费者的行为也受到价格等因素的影响。由表4可知，当价格相同时，履行社会责任的企业的产品更受欢迎，但当其价格偏高时，消费者选择它的倾向就降低了。

表4 您是否因为某企业的企业社会责任做得不好而拒绝或减少购买他们的产品

选项	比例
当然会拒绝购买不履行企业社会责任的企业的产品	45%
主要考虑产品价格，只要产品价格比其他同类产品便宜就买	13.6%
主要考虑质量，只要质量比其他同类产品好就买	46.2%
不会，只要喜欢这个产品，就不会考虑企业是否履行社会责任	4.1%

据图2（a）显示：假设有两种价格相同、质量相同的产品A、B，其中A产品的生产商更注重节能环保等社会责任，则97.63%的消费者会选择A产品。图2（b）显示：现在有两种质量相同的产品A、B，但A产品的生产商因为推行节能环保，所

以A产品价格略高于B产品，则72.78%的消费者选择了A产品。

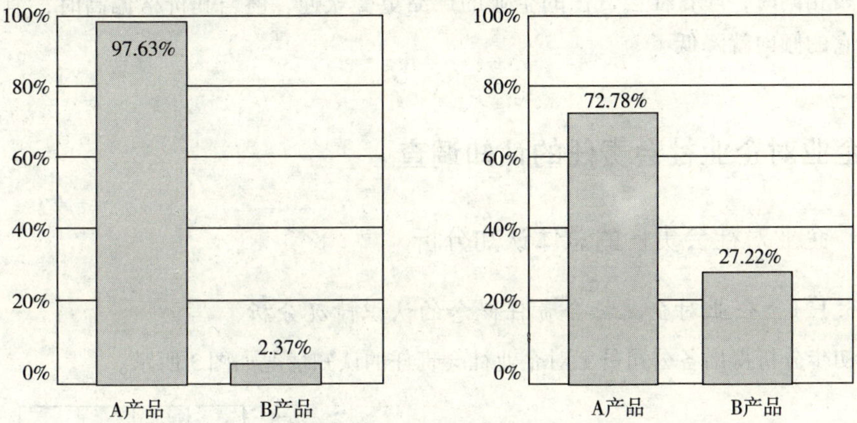

（a）　　　　　　　　　　　　（b）

图2　消费者对于价格的敏感度对比

以上数据说明，人们已经一定程度上意识到自己的消费行为与企业生产产品之间的关系，并且希望自己的消费行为对企业履行社会责任产生一些积极的影响。但是价格依然是一个重要的影响因素。

2.3　主要结论

在本次调查分析中，我们发现并得出以下几个基本结论与启示。

第一，从本次调查分析的整体情况来看，75.15%的受访者对企业社会责任不甚了解或者不清楚。大部分受访者是通过本次问卷调查知道和了解“企业社会责任”、“责任消费”这两个概念的。

第二，26~40岁、本科及大专以上的人群对企业社会责任的认识程度较高；随着收入的提高，受访者在对企业社会责任的理解方面明显提高。

第三，消费者最注重企业的产品质量、节能环保、遵纪守法、不提供虚假广告和依法纳税这五个方面。消费者最不关注的是企业是否保护中小股东利益、为股东创造价值。出乎意料的是，消费者不是特别关注企业所进行的慈善活动。

第四，有1/2以上的消费者开始注意使用环保的产品，但是对于履行企业社会责任的企业的产品的关注度大约只有1/3，对于有问题的产品，积极维护自身权益的也不足1/2。这表明，责任消费的意识还没有形成，消费者手中的“货币投票”权并没有很好地发挥作用。

第五，消费者在考虑企业履行社会责任的同时，仍受一些其他因素的影响，有46.2%的受访者认为主要考虑质量，只要质量比其他同类产品好，即使该企业未做好社会责任，也购买该企业产品。此外，消费者的行为也受到价格等因素的影响，当价格相同时，履行社会责任的企业的产品更受欢迎，但当其价格偏高时，消费者选择它的倾向就降低了。

3. 企业对企业社会责任的认知调查

3.1 企业对社会责任的总体认知分析

3.1.1 企业对企业社会责任概念的认识情况分析

初步分析得出各公司员工对企业社会责任的认知情况如图3所示。

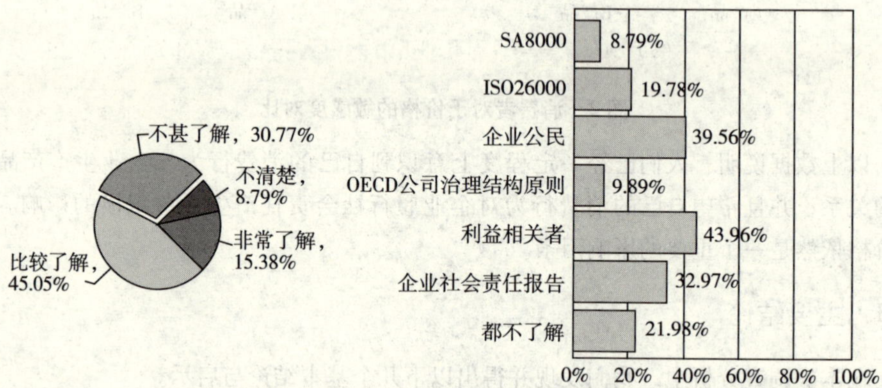

图3 公司员工对企业社会责任认知情况

比较了解或是非常了解占了64.03%，不清楚或是不甚了解占近40%。经对高层、中层、基层管理者和普通员工的交叉分析得出，中层管理者对企业社会责任是有比较好的了解的，而普通员工中对企业社会责任比较了解的人数较少，大多数人是不了解这一概念的，由此可见，管理者相对于普通员工来说对于企业社会责任还是有较深的认识的。

问卷涉及了企业社会责任相关的几项概念，结果显示企业员工对“企业公民”、“利益相关者”的概念比较熟悉，排在其次的是“企业社会责任报告”，但也有近22%的人表示对其都不了解。这就显示出，中国企业的员工对企业社会责任还是处在浅层的认识，对一些专业术语等基础概念还是不太了解的，无论在企业社会责任的培训还是媒体信息的传递等方面都有一定的缺陷，这也从侧面反映出，中国企业的企业社会责任还处于一个初级阶段，员工的了解程度并不尽如人意。

3.1.2 履行社会责任对企业经营的影响的认知分析

从调查问卷的结果来看（见图4），大多数企业对企业社会责任的作用已经有了一个良好的认识，并不将它视为一种经济负担，已经走出了以前企业对企业承担责任的认识误区，认为它反而是一种增长利润的方式。

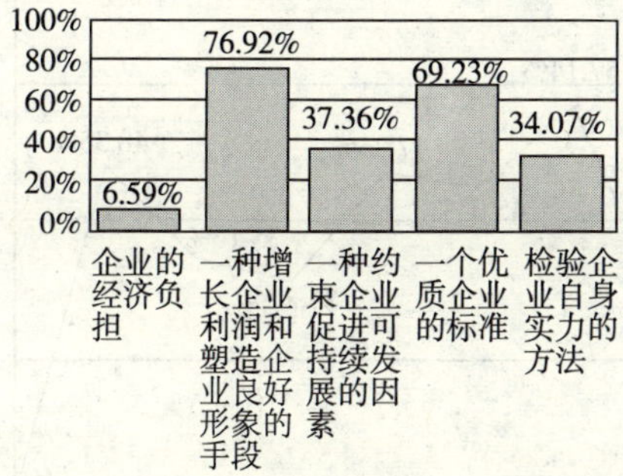

图4 企业对于社会责任的认知

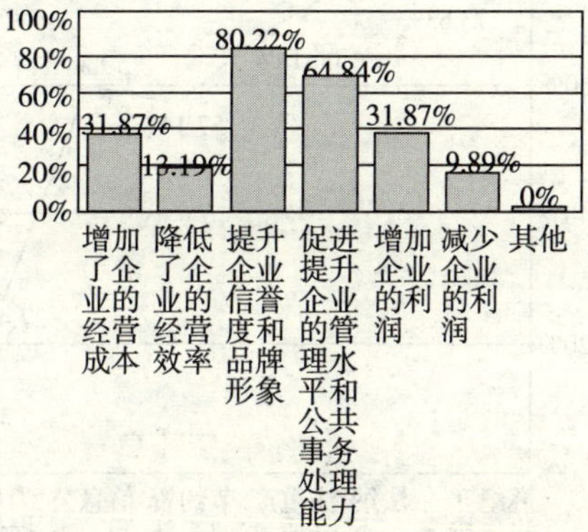

图5 企业认为社会责任对于企业的影响

企业倾向于相信或是承认企业履行企业社会责任可以提升企业信誉度和品牌形象，并促进提升企业的管理水平和公共事务处理能力（见图5）。但是这里还有一个比较矛盾的地方：31.87%的人认为履行企业社会责任会增加企业的经营成本，可是如果从公司整体利益来看，这种实践还是值得的，实行企业社会责任还是会对公司整体带来很大的正面效应。

在执行情况整体调查中，只有46%的被调查企业已经开始有行动执行企业社会责任，但仍有53%的公司没有计划或是有计划但未开始执行。在已经开始履行了企业社会责任的企业中，国有企业和外商独资企业履行企业社会责任的情况优于中外合资企业和私营企业。

3.1.3 企业对目前中国企业履行社会责任的状况的认知分析

经问卷分析得出：仅有11%的企业认为企业社会责任在中国有很好的履行；37.36%的企业认为企业社会责任在中国处于逐步完善阶段；30.77%的企业认为中国的企业社会责任现状很差，还存在很大的问题；20.9%的企业认为中国企业刚刚开始具有社会责任的意识。总之，中国企业在企业社会责任方面仍然处于起步阶段。

我们就是否愿意参与改进自身社会责任体系的行动征求了企业方的意见，50%愿意参与改进，40%表示不知道，这也表明了我们的社会关于企业社会责任的认知还处在相当初级的阶段，责任购买的概念没有真正进入所有企业当中。其中仍然有4%不愿意参与，这其中的原因值得进一步探究。

3.1.4 关于企业社会责任的侧重点的选择

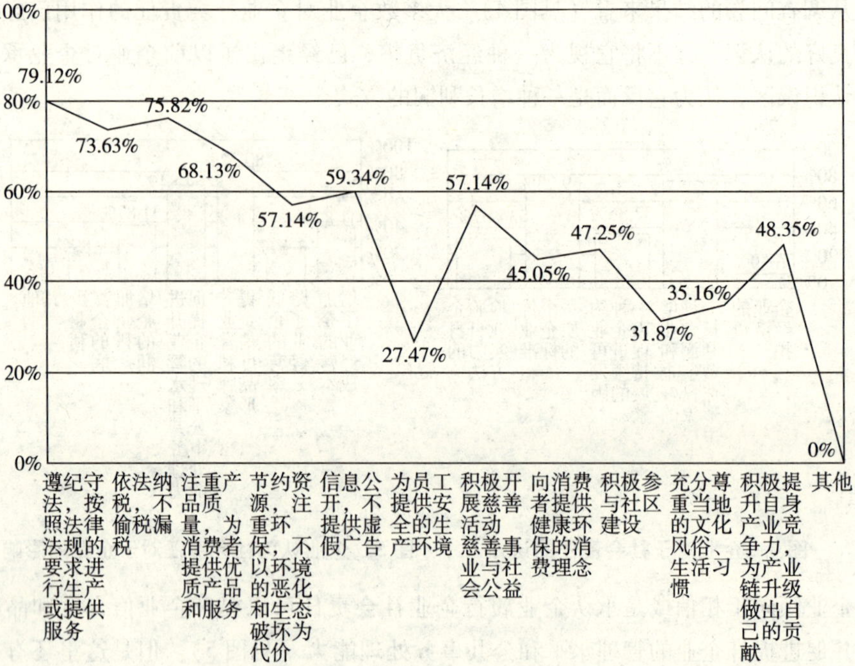

图6 企业注重的社会责任方面

遵纪守法、依法纳税、注重产品质量占据了前三位（见图6），这说明企业比较认同这些内容成为企业社会责任的重点，其次还有节能减排、关爱员工健康和安全、福利，信息公开也是企业比较认同的。

3.2 企业履行企业社会责任的实践形式的选择

3.2.1 对于利益相关方的倾向性分析

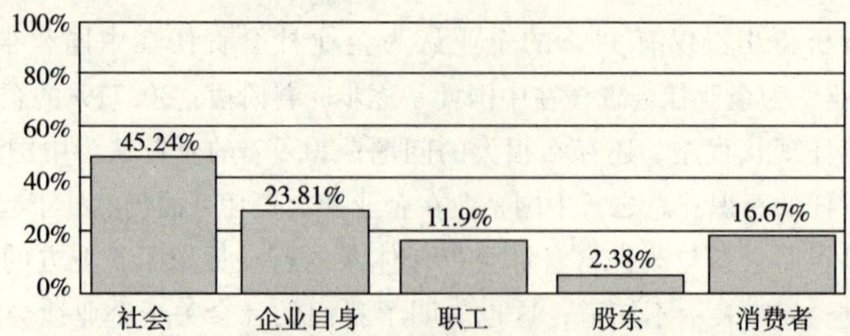

图7 企业对于利益相关方的倾向程度

从图7中可以得知，企业最关注的利益方依次为：社会、企业自身、消费者、职工、股东。企业把社会这一大项放在了第一位，说明企业十分认同自己是依赖于社会并从社会中得到发展的，这一点也体现出我国的集体观念在促进企业执行与发展社会责任方面起到了正向的作用。但调查结果也显示企业会把自身的经济利益放在消费者之前，表明现在的企业还是以谋求利益为主。

3.2.2 涉及各利益相关方的企业实践分析

在我们的调查中，我们的把利益相关方人为地分为消费者、员工、股东、社会整体、政府、环境。下面我们将一一分析企业在这几方面所执行的情况。

由调查得出，在消费者方面，一半以上的企业可以做到：提供完整、真实、准确的产品/服务信息；提供合格的产品/服务，但在产品召回机制或告知消费者产品缺陷上只有21.43%的公司能做到。可见在消费者维权意识越来越强的环境下，企业也越来越重视消费者的感受与选择，但由于市场上存在着过多的中间商和代理，消费者合理的反馈可能会在信息传递过程中丢失。

根据调查问卷分析，企业对员工承担的责任中，企业比较注重员工健康安全管理制度和工作守则、薪酬制度、社会保障体系和技能培训，而在降低健康安全风险方面，只有19.05%企业可以做到。可见企业在监督、管理员工上做得都比较全面，而为了员工健康而增加生产成本这一点，部分企业显然是不愿意去做的，但是员工的健康才是企业保证生产质量的基本前提。

在企业内部除员工外最应关注的就是股东的利益，股东作为出资方，理应享受企业相关的社会责任的利益回报。在调查中我们得知，只有一半企业基本可以做到为股东承担一定的责任，我们的股东，尤其是小股东的利益，在一定程度上受到了一定的轻视。

在企业对企业外部执行的社会责任中，环境方面处在比较重要的地位，企业要想长期稳定发展，自身的可持续发展起到了决定性作用。基于数据分析结果，在环境承担责任中，70%的企业能做到政策或是法律上严格要求的依法获取原材料和不超标使用有毒有害物质，企业在执行责任时还是主要考虑对法律的敬畏。其他方面企业做得也比较好，但执行却不尽如人意，其中只有1/4的企业建立了环境管理体系，对自然的保护还是没有进入大多数企业管理层的意识之中，尤其是一些从事服务业的小企业，相对于大型制造业来说，他们给予环境的考虑自然会少一些。

在对社会组织承担的责任中，由调查可知，企业与民间组织的关系及活动不够密切。而企业在公益捐款方面，其中救灾和社区公益的实践情况远远好于其他形式，这说明企业在人道方面做得比较深入，企业会比较重视参与社会援助活动，作为社会一员，企业愿意将自己融入社会之中，并从慈善中得到企业自己的价值体现。

企业对政府应履行的责任，企业通过纳税为政府提供了大量财政资金，作为社会的主要组织形式，企业也为地区稳定起到了不可替代的作用。在对政府承担的责任中，企业对于强制性的责任还是比较重视的，远远超过了企业向政府提供的无偿支持及额外的帮助，可见，企业在履行企业社会责任时，还是缺乏一定的自觉性。

3.3 企业履行企业社会责任实践的动因分析

企业作为社会一种主要的组织形式或市场中主要的利益相关方，他们所持有的态度将会影响其他利益相关者的收益情况，也会间接影响其他利益相关者今后的做法或态度。

3.3.1 企业履行社会责任的动机分析

表5　　企业履行社会责任的动机

选项	比例
响应政府的号召	34.1%
回报社会	33%
满足企业自身的利益需求	57.1%
获得社会及民众认同	56%
其他	1.1%

由表5不难看出：满足企业自身的利益需求和获得社会及民众认同所占的比例高于其他选项。其中前者直接反映了企业还是以自身发展与生存为第一目的与诉求；后者可以帮助企业更好地拓展市场占有率、赢得消费者的信誉，同时也反映了消费者在企业社会责任履行中的重要地位，企业不得不重视消费者的认同。

3.3.2 促进企业履行社会责任的推动力量的分析

在探究推动企业执行和完善自身社会责任体系的外界影响因素时，我们得出数据如图8所示。

其中具有推动作用的前三位为政府、媒体和消费者，后三位为大学、非营利性组织和股东。这说明企业比较重视在社会中有较大影响力的群体，比如政府和媒体。而企业主管部门也是企业自身认为比较有推动作用的一方。综上我们可以得出，“媒体”、“消费者”、“政府”和“企业”四股力量在推动企业履行社会责任方面起到了比较大的作用。

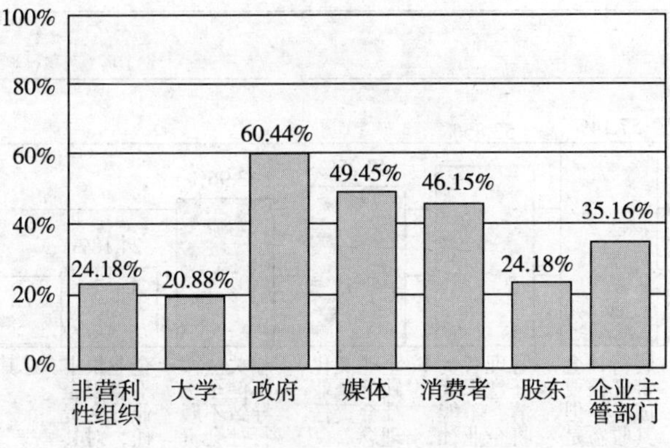

图 8　推动企业履行社会责任的组织

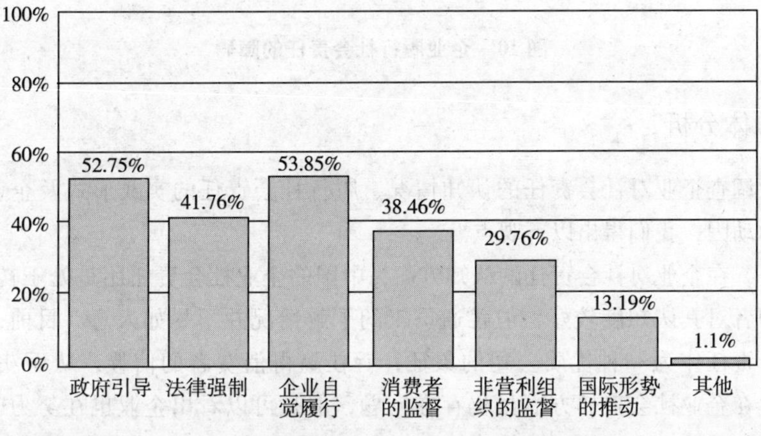

图 9　促进企业履行社会责任的措施

由图 9 可知，在企业认为促进企业履行社会责任的措施方面，在法律和政府的引导面前，企业只有加上自我的能动性，社会责任的执行才能真正落实。由于企业对政府和法律存有一些恐惧心理，一些不愿承担责任的企业也被迫承担责任，这就起到强制的作用，其他因素也都必不可少地都起到了一定的辅助和促进作用。

3.3.3　履行企业社会责任的障碍

由图 10 可见，企业其实并不是不重视企业社会责任，资金投入并不是主要原因，而是企业犹豫这样的投入是否能和收益成正比，这就显示出中国企业对企业社会责任的认识太过功利。可见，企业对社会责任这方面认识不全面、意识淡薄是主要障碍。

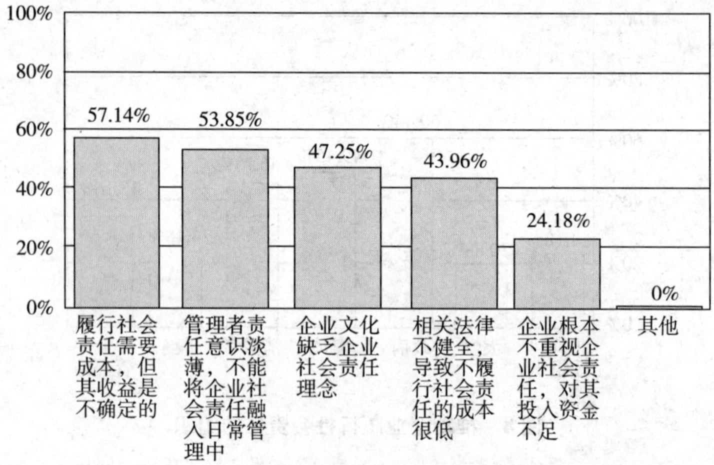

图10　企业履行社会责任的障碍

3.4　总体分析

通过调查企业对社会责任的认知情况、履行社会责任的实践形式及企业履行社会责任的动因，我们得出以下观点。

第一，在企业对社会责任的认知方面，中国的企业社会责任还是处于初级阶段，高层管理者对其认知度较好，但普通员工的了解情况并不尽如人意。目前，企业将履行社会责任作为一种优质公司的象征，旨在赢得消费者的信赖，从而获得利润。中国企业在企业社会责任方面虽仍存在问题，但是可以看出企业也在努力改善，逐步完善自己的社会责任执行情况。

第二，企业在社会责任的实践方式选择上，企业对于各利益相关方的责任履行上，对于强制的外界条件比如法律，企业会积极主动地将其履行，但大多数公司仍未完善其社会责任履行体系。企业应更多地以道德为原因来执行社会责任，而非强制性的外界条件。

第三，在企业社会责任实践的动因分析方面，企业认为对其履行社会责任具有促进作用的主要是政府、媒体和消费者。而企业履行社会责任的障碍主要是成本的投入过多造成利益损失。

第四，关于企业社会责任的利益相关方，企业和消费者作为利益链条的首位两级，是整个互动的开始和结束，他们之间需要建立良好的信息沟通渠道；媒体和政府以及社会上的非营利机构是这之间的润滑剂和协调人；而政府作为有强制力的机构，在这一互动中还起到了制定相关法律的作用。媒体、消费者、企业、政府、社会上的非营利机构等利益相关方作为这个市场游戏的几个主要参与者互相影响，互相促进发展，各方也从中获得了应得的利润。

4. 消费者和企业对企业社会责任认知的差异分析

4.1　消费者及企业对企业社会责任认知的差异分析

如图 11 显示，75.15% 的受访者对企业社会责任不甚了解或者不清楚。大部分受访者是通过本次问卷调查知道和了解了“企业社会责任”、“责任消费”这两个概念，这也暗示了我们提倡消费者了解企业社会责任这一概念并进行责任消费宣传的意义与作用。

如图 12 显示，了解占了 64.03%，非常了解仅占 15.38%，不清楚或是不太了解占近 40%。经对高层、中层、基层管理者和普通员工的交叉分析得出，中层管理者对企业社会责任是有比较好的了解的，而普通员工中对于企业社会责任比较了解的人数是较少的，大多数人是不了解这一概念的，由此可见，管理者相对于普通员工来说对于企业社会责任还是有较深的认识的。

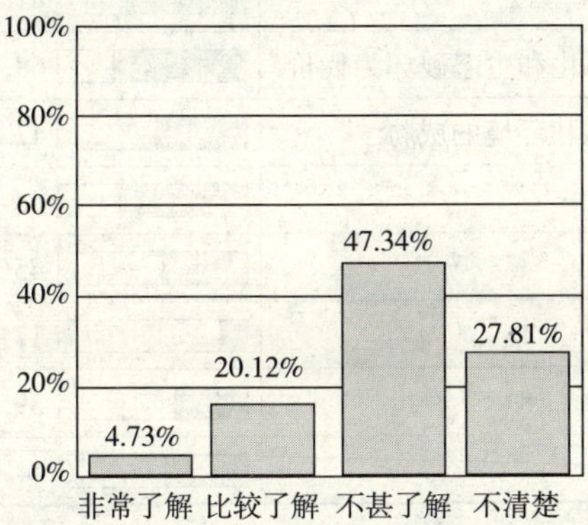

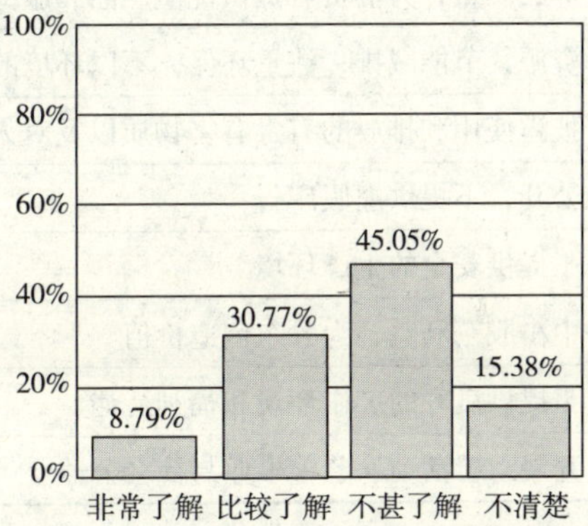

图 11　消费者对企业社会责任的了解程度　图 12　企业对企业社会责任的了解程度

我们给“非常了解”、“比较了解”、“不甚了解”和“不清楚”分别赋值为 3 分、1 分、-1 分、-3 分，经过加权计算得出我国消费者对社会责任的认知程度为 -0.9646。这说明，我国消费者对社会责任的认知还处于启蒙阶段，实现责任消费的路还很远。而企业对社会责任的认知程度为 0.3405，说明企业对社会责任的认知还处于发展阶段。

通过以上数据可知，消费者中对企业社会责任了解占 24.85%，其中非常了解仅占 4.73%；企业中对企业社会责任了解占 64.03%，其中非常了解仅占 15.83%。整体而言，消费者及企业对企业社会责任的认知不足，有待加深。相较企业而言，消费者对企业社会责任的认知明显不足，这更说明了促进消费者对企业社会责任认知的必要性。

4.2 消费者及企业对企业社会责任实践形式选择的差异分析

绝大多数消费者对“企业社会责任”不甚了解，有些人通过此次问卷第一次接触这两个概念，但这并不影响人们对“企业社会责任”本身的理解和认识。通过调查，由表6可以看出，消费者最为注重“产品质量”、“节能环保”、“遵纪守法”、“不提供虚假广告”和“依法纳税”这五个方面。消费者最不关注的是企业是否保护中小股东利益、为股东创造价值。出乎意料的是，消费者也不是特别关注企业所进行的慈善活动。

表6 消费者对于企业社会责任实践形式的选择

选项	比例
遵纪守法，按照法律法规的要求进行生产或提供服务	67.5%
依法纳税，不偷税漏税	53.3%
注重产品质量，为消费者提供优质产品和服务	81.7%
节约资源，节能减排，注重环保，不以环境的恶化和生态破坏为代价	68.6%
公开披露使用和排放的有毒有害物质以及对人类和环境的威胁	47.9%
信息公开，不提供虚假广告	65.7%
为员工提供安全的生产环境	45%
保护中小股东利益，为股东创造价值	17.2%
为员工提供良好的工作环境和福利待遇	39.6%
积极开展慈善活动、慈善事业与社会公益	44.4%

企业方对“企业社会责任”非常了解的不多，但企业在实际行动中却体现出了对“企业社会责任”较深的理解和认识。通过调查，由图13可以看出，企业最为注重“遵纪守法，按照法律法规的要求进行生产或提供服务”、“依法纳税，不偷税漏税”、“注重产品质量，为消费者提供优质产品和服务”和“节约资源，注重环保，不以环境的恶化和生态破坏为代价”这四个方面。这说明我们的企业还是会主动遵守国家法规，这样我们也可以从侧面看出，市场法制的不断健全会对企业执行自我的社会责任起到很重要的监督和促进作用。

通过以上数据可知，消费者及企业在对“企业社会责任”实践形式的选择上是较为一致的，都强调“遵纪守法”、“注重产品质量”和“依法纳税”。

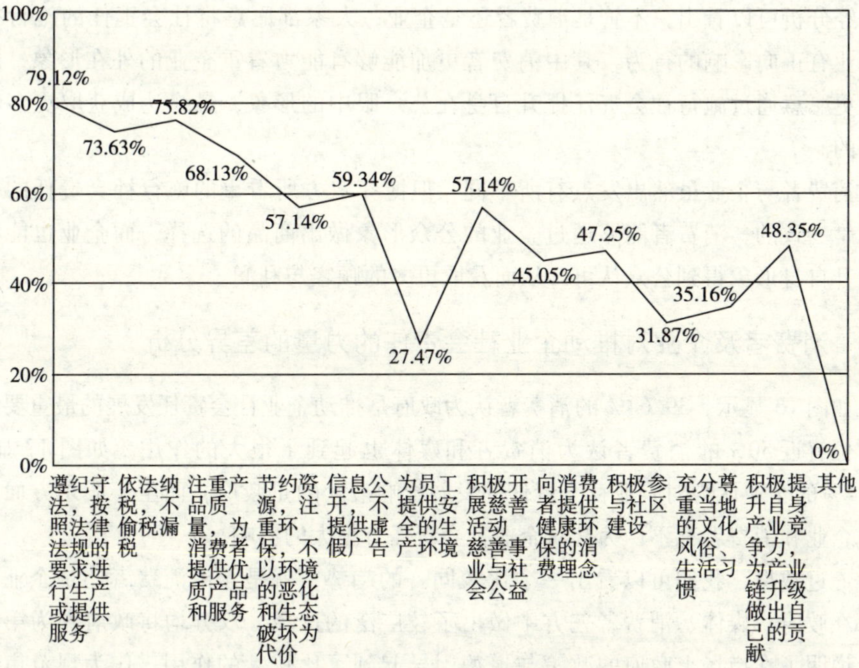

图 13　企业对于企业社会责任实践形式的选择

4.3　消费者主企业对履行社会责任目的的差异分析

如图 14 显示，作为消费者群体，其中提升企业信誉度与品牌形象成为 72.19% 的消费者的选择。图 15 显示，作为企业，有 76.92% 的认为是一种增加利润与提升形象的手段，有 69% 的企业认为是一种优质企业的标准。

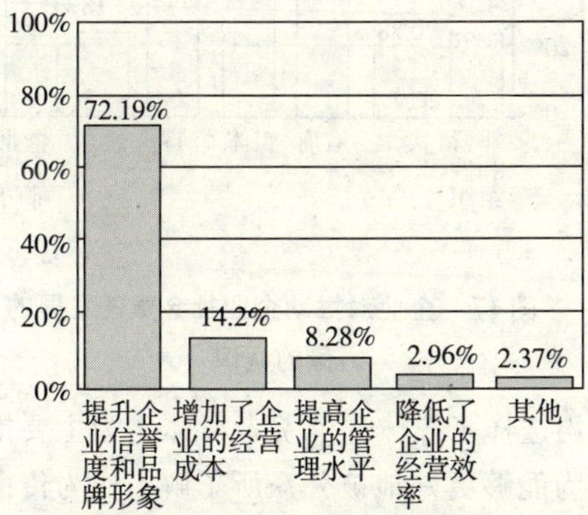

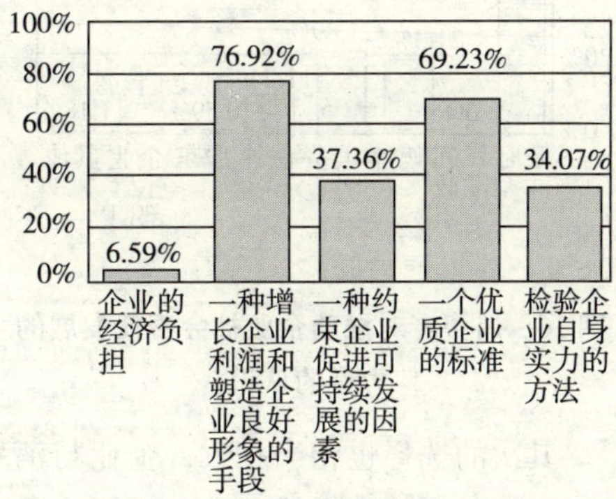

图 14　消费者对企业社会责任实践目的的认识　图 15　企业对企业社会责任实践目的的认识

经分析可以看出，不管是消费者还是企业，大家都愿意将社会责任的施行视为对企业有正向影响的行为，其中消费者更加能够有能力看重企业的外在形象，因为企业更愿意通过施行社会责任提升自身在公众眼中的形象，最终达成获取更多利润的目的。

消费者与企业虽然出发点有所不同，但博弈双方所看重的施行社会责任的外在表现是一致的，消费者能够通过企业的公众形象做出商品的选择，而企业也能够通过提升自身形象得到公众认可，从而获取更多的顾客与利润。

4.4 消费者及企业对推动企业社会责任的力量的差异分析

如图16显示，39.64%的消费者认为政府是推动企业社会责任发展的最重要的因素，也有近50%的消费者认为消费者和媒体也起到了很大的作用。如图17显示，60.44%的企业认为对企业社会责任的发展影响最大的是政府，而至于股东方面的影响，企业和消费者都不认为其对企业社会责任有很大的影响。

通过数据，我们可以看出一个比较同一的趋势，就是无论消费者还是企业，双方都在政府、媒体、消费者三方中做出了较广泛的选择。双方均将政府作为第一选择，说明了在市场上政府的政策与道德引导起到了比较大的作用，作为规范市场运作和维护法律正常运行的机构，政府在监督与引导企业施行与改进企业社会责任方面起到了不可替代的作用。

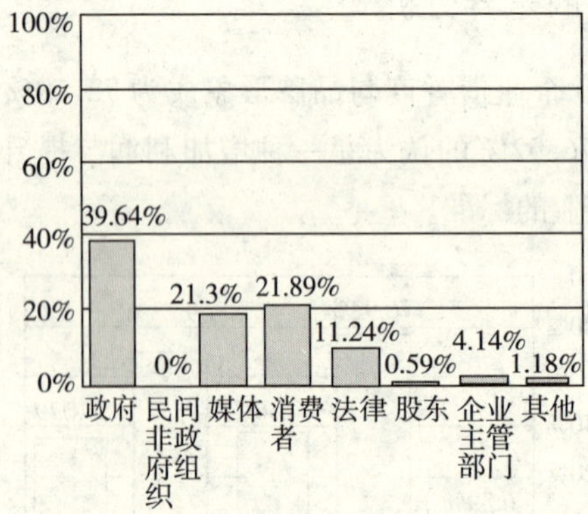

图16 消费者对推动企业社会责任发展的力量的认识

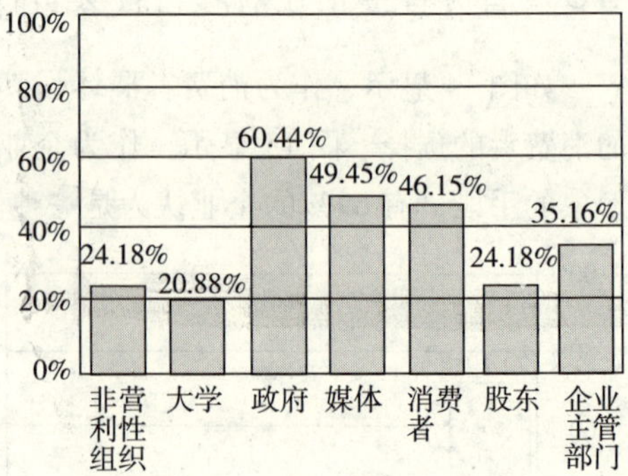

图17 企业对推动企业社会责任发展的力量的认识

其次的选择也相当一致，企业与消费者均选择了媒体和消费者群体作为主要推动力量。这说明在媒体的监督下，企业的行为能够更好地被公众所了解，作为传播信息的机构，媒体在推动社会责任施行方面起到了很大的监督与宣传作用。消费者群体的力量被消费者自己和企业双方重视，作为产品的终端消费人群，企业的关注体现出企业愿意以顾客意愿为发展方向，消费者也渐渐意识到自身力量的作用，也希望通过一定的企业与消费者的博弈得到更多的权益。

根据问卷我们分析得出企业的观点：推动企业施行社会责任的力量中占据主导推动作用的前三位是政府、媒体、消费者。60.44%的数据说明企业认为政府政策的推进作用很强大，企业媒体的作用在不断变强；其次是消费者，消费者的作用也是增长最快的，消费者维权意识的增强，也导致消费者作为一个群体，对推进企业完善其社会责任起到了越来越重要的作用。

4.5 小结

消费者及企业对“企业社会责任”的认知不足。企业相对消费者而言认知相对更深一些，但消费者及企业对企业社会责任实践形式的选择基本一致，且符合推行企业社会责任的要求。消费者及企业对“企业社会责任”的关注度都在提升，虽然企业社会责任的发展还有很长的一段路要走，但前景是可以预见的。

企业和消费者作为博弈中的两方，对企业施行社会责任有比较统一的看法。他们均认为企业是市场中的一环，施行社会责任是一种企业发展的方式，履行社会责任会带给企业更多的利润。在推动因素分析中，消费者与企业的意见与看法也大体一致，政府、消费者和媒体均被双方作为很重要的选择因素，说明在这种博弈中，企业和消费者有着比较统一的关注目标，所需要努力的方向也趋于一致。其中博弈的成分更多地可以被视为相互促进的过程。

贸易术语策略在大宗商品进口谈判中的应用和仿真

郭梦曦　程丽　任卓超　徐柏琦　何俊锋

指导教师：郝凯 副教授

［摘　要］本文从大宗商品进口贸易角度切入，采用仿真实验的方法，对大宗商品进口谈判中的术语选择策略进行了探索和验证。研究表明，在大宗商品贸易中，采用 CIF 术语进行交易的运输和保险费用往往比采用 FOB 术语更低，这是导致贸易双方更多选择 CIF 交易的主要原因。

［关键词］大宗商品；进口谈判；谈判；贸易术语

1. 选题背景

随着经济的快速增长，中国已经成为全球重要的能源及农、矿产品等原材料消费国之一，对国际大宗商品的进口贸易量持续增加。目前，大宗商品不仅是支持中国经济发展的紧缺资源，而且影响到中国的宏观经济运行。2011 年，国际大宗商品价格出现上涨情况，全球的资源性产品和农产品价格急剧上升，在能源、原材料高度依赖进口的贸易结构下，国际市场商品价格的上涨将会直接和迅速传导至我国的物价上来，影响国内通胀预期。在此背景下，大宗商品进口谈判的重要性日益增加，特别是在进口谈判中，贸易术语策略的选择尤为重要，其结果直接决定了谈判的成败和国家贸易利益的大小。

目前，学者们已经围绕进口谈判中贸易术语的选择进行了相关研究。苏莉（2008）和刘艳姿（2009）等学者主张进口采用 FOB 术语，他们认为这样进口方不仅在合同履行环节保持主动，而且还可以自主选择货物的承运人，由此可以最大限度地保证货物的安全。此外，进口商自己租船订舱，可以减少由外商租船订舱条件下对外商及其货运代理的资信调查，从而节约一笔开支。

王溶花、鲍平平（2009）和张乐（2010）等学者则持有相反的观点，他们认为在进口贸易中应尽量多使用 CIF 术语。由于国际贸易中存在许多不确定因素，进口商在贸易术语的选择上更趋向选择风险小、责任少的术语。特别是，为了规避贸易中一些不必要的风险，进口商在国际贸易进口业务中使用 CIF 术语的比例应该逐步增加。

谢崇誉（2008）等则认为，进口谈判应争取 FOB 术语，出口谈判应争取 CIF 术语，这种说法主要是基于 FOB 是买方租船订舱，CIF 是卖方租船订舱，各方均想把主动权掌握在自己手中。这种观点的本质与苏莉（2008）和刘艳姿（2009）等学者是一致的，即主张进口采用 FOB 术语。

关于贸易术语选择的研究，对大宗商品而言尤为重要，因此本文以大宗商品为研究对象，从进口谈判的方向切入，重点探讨大宗商品贸易谈判中的术语选择问题。

2. 大宗商品进口谈判术语选择的规范分析

2.1 贸易术语的基本概念

国际贸易术语（International trade terms），又称价格术语。在国际贸易中，买卖双方所承担的义务，会影响到商品的价格。在长期的国际贸易实践中，逐渐把某些和价格密切相关的贸易条件与价格直接联系在一起，形成了若干种报价的模式。每一模式都规定了买卖双方在某些贸易条件中所承担的义务。用来说明这种义务的术语，称之为贸易术语（冷柏军，2010）。对于国际贸易术语的使用，目前国际上以国际商会（ICC）发布的《国际贸易术语解释通则》（Incoterms）为规范，主要包括 CIF 和 FOB 等 13 种贸易术语。其中，在货物进出口贸易中最常用的是 CIF 和 FOB 贸易术语。

2.2 术语谈判的博弈机理

从表面上来看，CIF 和 FOB 术语的区别仅在于价格内涵不同：FOB 作为离岸价格不包含货物的海运费用和保险费，而 CIF 作为到岸价格则是货物价格加上海运费用和保险费后的报价。另一方面，两个术语关于风险和责任的划分点是相同的：买卖双方的风险均以装运港船舷为界进行划分。由此可见，两个术语对买卖双方而言并无太多不同。换句话说，无论进口方还是出口方对于选用哪种贸易术语成交是无所谓的。真是这样吗？显然不是。长期以来，在贸易领域有一个业界共识，即进口方应争取 FOB 术语定价，出口方则应争取 CIF 术语定价。为什么会如此呢？原因在于，虽然表面上两个术语关于风险和责任的划分点是相同的，但是二者给双方带来的真实风险却大不相同。这个真实风险主要基于对货物的控制权。从法律上说，CIF 和 FOB 贸易的实质是单证贸易，卖方只要把以提单为核心的物权凭证交给买方即算履行了交货义务，并不保证买方实际收到货物，这就是所谓的“象征性交货”。在单证贸易中，卖方的义务是象征性交货，买方的义务是履行付款责任。对买方而言，如果采用CIF术语成交，此时租船订舱和货物装运工作是由卖方完成的。一旦卖方与船方暗中勾结，则虽然货物风险在装运港船舷就已转移至买方，但货物真实控制权仍在卖方手中。此时双方若履行单证贸易，一手交钱一手交货，买方拿到的只是充当物权凭证的提单，却有可能遭遇卖方和船方的暗算而提不到货，由此落得个钱货两空。相反，如果采用FOB术语成交，则由买方自己租船订舱并完成装运，由此将货物真实控制权掌握在自己手中，在履行完单证贸易义务后则可保证提到货物，大大降低了货物风险。因此，在货物进口时，买方偏好使用FOB贸易术语。同理，对国际货物贸易的卖方而言，如果采用FOB术语成交，由买方完成租船订舱和装运，则货物控制权掌握在买方手中。此时假如买方与船方暗中勾结，买方即使不履行付款义务，也有可能将货物拿走，使卖方虽然手握提单却失去货物，遭受巨大损失。相反，如果采用CIF术语成交，卖方自己租船订舱并完成装运，将货物控制权掌握在自己手中。假如对方不履行付款义务，本方不仅握有提单，而且持有真实的货物，受骗的风险则大为降低。因此，在货物出口时，卖方偏好使用CIF贸易术语。

2.3 关于术语选择策略的假说

以上分析说明，国际贸易中买卖双方对贸易术语的偏好截然不同。如此一来，在贸易谈判中，买方必然争取以FOB术语成交，而卖方必然争取以CIF术语成交。如果双方谈判实力对等，又不存在其他因素作为谈判筹码进行挂钩补偿，则最终以两种术语达成交易的概率应各占50%。这一结论反映到现实中，意味着国际贸易中FOB的成交数量应该和CIF的成交数量基本一样多。现实情况是否如此呢？针对此问题，笔者对中国大宗商品的进口案例进行了调查，调查主要围绕铁矿石和能源商品的进口展开。经过调查，笔者发现了一个有趣的现象：在中国大宗商品的进口中，采用CIF术语成交的案例数量要远远多于FOB术语成交的数量。CIF成交数量大约占到成交总量的70%，而FOB成交数量仅占约30%。这和前文分析得出的结论完全不同。

那么，在大宗商品进口中，CIF成交数量较大的原因是什么呢？有两种可能。第一种可能是谈判双方实力不均衡，卖方实力较强导致如此。第二种可能是买卖双方彼此非常信任，并不担心对方拥有货物实际控制权而导致骗货的发生。具体到大宗商品的国际贸易，笔者认为第二种可能出现的概率较大。因为目前中国的大宗商品进口通常具备两个条件：首先，外国大宗商品出口商多是实力雄厚、商誉卓著的国际大企业，他们更看重贸易中的长远利益，不太可能做出骗货的短视行为；其次，这些大宗商品出口商通常已经与中国进口方开展了较长时间的合作，双方素有交往，彼此可以互相信任。这是大宗商品贸易有别于一般商品贸易的特点。在这种情况下，其实买卖双方对于采用何种贸易术语是无所谓的。那为什么现实中 CIF 术语的成交数量要远远多于 FOB 术语呢？笔者推测，这很可能是因为 CIF 术语在大宗商品交易中比 FOB 术语优越，这种优越性不仅让卖方受益，同时也能让买方受益。具体而言，采用 CIF 术语交易时货物的运输和保险费用比采用 FOB 术语时要低，这样不仅使卖方节约成本，同时也使买方节约成本并提高效率。在双方都不担心货物控制权带来的骗货风险时，这些成本的节约可能就成为双方选择贸易术语的核心要素，而且此时双方选择的目标和方向是一致的。那么，在大宗商品贸易时，为什么 CIF 交易比 FOB 交易的运输和保险费用更低呢？大概有以下几个方面的原因。

①西方国家拥有更加完善发达的海运体系，并且垄断了世界上 70% 的海运，能够以相对较少的成本、优惠的价格进行运输，并且能够提供低价格高质量的服务，经验丰富，安全可靠。根据国际有关资料的统计，在以 CIF 和 CFR 价格条件成交的交易中，运费一般占商品价格的 12% 左右。相比之下，我国出口商品的运费占价格的百分比还高于这个国际水平，个别商品达 40% 以上，有的甚至高达 100% 以上，发生倒贴外汇运费的事故。上述数据可以看出，运费在价格中占据重要的地位。

②不存在货物的衔接问题带来损失。在 FOB 术语中，买方负责租船订舱，卖方交货装船，必须等到买方派的船，买方派船到装货港后，必须看卖方是否已将货物准备好，尽快装船，它需要双方的配合。而 CIF 术语中，卖方负责将货物运到目的地港口的一切事宜，不存在衔接问题，避免了衔接问题的损失。

③规避运输中原油价格上涨带来的风险。由于形势动荡，原油价格不断上涨。如果以 FOB 术语成交的话，买方就要承担原油价格上涨带来的额外费用。而 CIF 术语能够成功地规避这个风险。

④由出口商办理租船订舱、保险等业务，可为进口企业省去许多不必要的麻烦，在激烈的国际贸易中，争得了宝贵的时间，不用花费过多的财力和精力，节省了一大笔资金和人力的投入，让进口商的资金得到最大的利用，提高了效率。

由此，形成了本文的基本理论假说（H1）：在大宗商品贸易中，采用 CIF 术语交易的运输和保险费用比采用 FOB 术语更低，是导致贸易双方更多选择 CIF 交易的主要原因。

这一假说是否正确呢？本文拟采用仿真实验的方法进行验证。

3. 研究方案与方法

3.1 研究思路与技术路线

本文研究的技术路线如图 1 所示。首先，如前文所述，本文以大宗商品的进口视角为切入点，运用相关国际贸易实务理论进行规范分析，形成理论假说，即在大宗商品贸易中，采用 CIF 术语交易的运输和保险费用比采用 FOB 术语更低，是导致贸易双方更多选择 CIF 交易的主要原因。其次，为了验证这一假说，本文将采用仿真实验的方法，先进行实验设计，此处拟设计两组实验：在第一组实验中，给定买方和卖方承担货物运输和保险所发生的费用相等，并按此条件展开贸易谈判；在第二组实验中，给定卖方承担货物运输和保险所发生的费用显著小于买方，并按此条件展开贸易谈判。通过多次独立重复实验，研究者观察并统计两组实验中 CIF 和 FOB 术语成交的次数，查看有无显著差异，并对数据进行对照分析。如果第二组实验的结果中 CIF 术语成交的次数比第一组实验明显增加，同时 FOB 术语成交的次数明显减少，则前述理论假说得到验证，说明大宗交易中更多使用 CIF 术语的原因是成本因素。反之，如果两组实验得到的数据并无显著差异，或者第二组实验中 CIF 术语成交的次数比第一组更少，则表明前述理论假说并不成立，这意味着大宗交易中 CIF 术语较多的原因并不是成本因素，还需要寻找其他原因。由此，根据数据对照分析的结果，即可得到研究的结论。

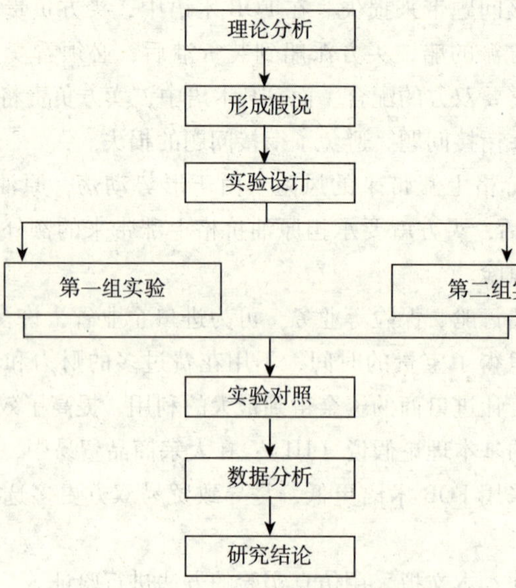

图1 研究的技术路线

3.2 实验设计

两组实验均以铁矿石谈判为背景，买方为中国宝山钢铁集团有限公司，卖方为澳大利亚必和必拓公司。假设国际铁矿石市场是一个完全竞争市场，澳方在同中国谈判的同时，也在和日、韩等国家的其他钢铁企业进行谈判。中国宝钢的代表也在积极地同巴西、印度等国家的铁矿石供应商谈判。双方对此次谈判都很重视，希望能够达成协议。双方就数量、交货方式、商检索赔等事宜已经达成一致，现在双方就贸易术语和成交价格进行谈判。

在第一组实验中，买卖任何一方承担海运和保险的费用相同。在国际市场上，铁矿石的 FOB 成交价格在每单位 123～131 美元之间，而 CIF 成交价格在每单位 139～147 美元之间。并且，假设买卖双方为首次与对方合作，尚未建立彼此之间的信任关系。

第二组实验为对照组实验，市场状况及价格与第一组实验相同，即完全竞争市场，在国际市场上，铁矿石的 FOB 成交价格在每单位 123～131 美元之间，而 CIF 成交价格在每单位 139～147 美元之间。考虑到卖方对海运市场的垄断以及不同国家保费差异，假设由澳方办理运输与保险的成本为 15 美元/单位，而由中方办理的成本为 29 美元/单位。同时，假设买卖双方彼此已合作了多年，素有交往，已经建立了较好的相互信任关系。

研究者选取国际经济与贸易专业本科学生共 112 人，他们均受过谈判培训，具备一定的贸易谈判经验。将这 112 名学生分为 56 组，分别独立进行第一组实验和第二组实验的谈判。每组谈判均为一对一谈判，谈判时间限定为 3～5 分钟。要求谈判者根据实验背景以及资料，通过谈判就贸易术语及价格达成一致。

4. 实验结果与分析

4.1 实验结果

通过 56 组对照实验，我们得到如下的实验结果，如表 1 和表 2 所示。

表 1　第一组实验结果

术语	成交价格						
CIF	145	145	143	140	150	140	143
	143	146	141	143	143	143	142
	142	145	145	143	144	142	143
	140	145	145	139	145	140	
	143	150	143	146	143	145	
	142	155	142	140	144	141	
FOB	127	129	128	129	129	126	127
	125	129					
	129	129	129	128	129	129	

注：共 54 组数据，有两组实验未达成交易。

表 2　　第二组实验结果

术语	成交价格						
	145	145	140	143	144	145	144
	143	140	143	143	142	140	145
	140	140	150	143	140	142	143
	144	142	143	145	143	143	142
CIF	145						
	144	140	156	143	140	145	
	143	140	141	140	140	142	
	142	143	140	146	145	143	
	140	143	140	145	145	144	
FOB	138	128	128				

注：共 56 组数据。

4.2　实验结果分析

4.2.1　实验结果直观分析

从第一组实验结果的数据情况来看，我们可以得出以下判断。

①第一组实验共得到 54 个结果，两组未达成协议。其中以 FOB 术语成交的协议是 15 个，其余的 39 个是以 CIF 术语成交。

②第二组实验共得到 56 个结果，没有未达成协议的。其中以 FOB 术语成交的有 3 个，以 CIF 成交的有 53 个。

③第一组实验中是完全竞争市场，各种因素行情一致，理论 FOB 与 CIF 的成交情况为 1∶1，但实验结果却是 CIF 的成交结果远高于 FOB 成交的数目，分析其原因，可能是谈判者技巧和谈判策略的选择和应用有别。每个谈判者都具备丰富的谈判经验，但在技巧与策略的使用上存在差异，导致结果偏差。我们觉得第一组实验的谈判结果具有参考价值。

通过对比两组实验结果，第二组实验中以 CIF 术语成交的个数明显大于第一组实验，证明运费和保险费的差异是导致 CIF 术语选择的重要原因。

4.2.2　实验结果深入分析

本次实验只涉及贸易术语和价格两个因素，谈判中只能通过两者的挂钩进行利益交换。市场上铁矿石价格的均价为 FOB 价美元（123，131），中间价格为 127 美元；CIF 价美元（139，147），中间价格为 143 美元。FOB 价格在 127 美元以上成交的结果是用高价格换取 FOB 术语；CIF 价格在 143 美元以下成交结果是用 CIF 术语换取低价格。符合条件的数据才有实际意义。由此，我们对第一组和第二组实验的结果进行筛选和剔除，得到如下结果，见表3和表4。

第一组实验中，CIF成交个数是13个，FOB成交个数为11个，二者之比接近1∶1，符合完全竞争市场的背景。

第二组实验中，CIF成交个数是22个，FOB成交个数为3个。由于卖方办理运费和保险费用低于买方，导致在进口中CIF贸易术语使用增多，支持假说H1。

表3　　修正后第一组实验结果

术语	成交价格						
				140		140	
			141				142
	142					142	
CIF	140			139		140	
	142		142	140		141	
		129	128	129	129		
FOB		129					
	129	129	129	128	129	129	

表4　　修正后第二组实验结果

术语	成交价格						
			140				
		140			142	140	
	140	140			140	142	
		142					142
CIF		140			140		
		140	141	140	140	142	
	142		140				
	140		140				
FOB	138	128	128				

5. 研究结论与创新点

以上分析说明，在大宗商品贸易中，采用CIF术语交易的运输和保险费用往往比采用 FOB 术语更低，这是导致贸易双方更多选择 CIF 交易的主要原因。在大宗商品进口中，多采用 CIF 术语具有合理性，能够在一定程度上有效地规避风险，降低交易成本，令进口商从中获利。第一组实验和第二组实验的对比，说明在谈判中能够通过贸易术语的选择争取较低的价格，为我国进口商在大宗商品进口中选择贸易术语提供了一定的科学依据。

以上结论不仅在仿真实验中得到了验证，而且在实际的大宗商品贸易中也有所体现。以铁矿石贸易为例，近几年铁矿石的国际运费大幅上涨，进口铁矿石的海运费占 CIF 价格的比重也呈上升趋势。2003 年，首次出现运费高于货价的现象。2004 年，海运费占 CIF 价格的比重达到历史最高点，为 62%。三大矿山公司基本垄断了世界海运市场的 70% 左右，由于矿山公司的背后操作，运输价格不断上涨，海运费占 CIF 的比例也不断增加，甚至成为铁矿石谈判的关键因素。在这种情况下，具有垄断地位的出口方的运输成本必然大大低于进口方。可以说，铁矿石贸易谈判中双方选择 CIF 术语成交，既是卖方的偏好，也是买方的要求。因此，铁矿石贸易中出现大量 CIF 成交案例也就不足为奇了。

参考文献

[1] Yongma Moon, Tao Yao, Sungsoon Park. Price Negotiation under Uncertainty, *International Journal of Production Economics*, 2009, 26 (11)

[2] Cheng Shih - Fen. Designing the Market Game for a Commodity Trading Simulation. *Proceedings of the IEEE/WIC/ACM International Conference on Intelligent Agent Technology* (*IAT* 2007), 2007: 445 ~ 449

[3] Wang Yun - qi, Tian Zhi - hong. Theoretical Analysis on the Determinate Factors of Terms of Trade. *Proceedings of* 2007 *International Conference on Management Science & Engineering* (14*th*), 2007: 1340 ~ 1345

[4] 王溶花，鲍平平．我国进出口业务中选择 FOB 与 CIF 术语的风险及防范．经济视角，2009 (9)

[5] 张乐．浅谈常用贸易术语 CIF 在出口中的优势及其灵活应用．科技致富向导，2010 (9)

[6] 刘艳姿．CIF 与 FOB 贸易术语比较研究．金卡工程，2009 (11)

[7] 苏莉．浅析进出口贸易中 FOB、CIF 贸易术语的选用——基于风险规避的分析．企业家天地，2008 (5)

中小型高科技企业学习型组织构建
——以中关村科技园区企业为例

郭佳　秦爽　王萌　康继　黄瑛
指导教师：付艳荣 讲师

［摘　要］在知识经济时代，企业间竞争实质上就是学习力的竞争，知识整合和创造能力的竞争。本文主要在对中关村科技园区的中小企业进行实践调研的基础上，结合学习型组织建设的相关理论，总结了中小高技术企业在学习型组织的建设上存在的普遍问题，并从企业文化建设、系统性制度建设方面为其建设学习型组织提出了相应的对策。

［关键词］学习型组织；中小型高科技企业；企业文化；组织结构变革

1. 研究背景及意义

1.1　学习型组织的概念

学习型组织这一概念是彼得·圣吉（Peter M. Senge）在他的著作《第五项修炼》中提出的。彼得·圣吉将其定义为：自我超越、改善心智模式、建立共同愿景、团体学习和系统思考。

①自我超越（Personal Mastery）：个人有意愿投入工作，专精工作技巧的专业，个人与愿景之间有种"创造性的张力"，正是自我超越的来源。

②改善心智模式（Improve Mental Models）：组织的障碍多来自于个人的旧思维，例如固执己见、本位主义，唯有通过团队学习和标杆学习，才能改变心智模式，有所创新。

③建立共同愿景（Building Shared Vision）：愿景可以凝聚公司上下的意志力，达到组织共识，大家努力的方向一致，个人也乐于奉献，为组织目标奋斗。

④团队学习（Team Learning）：团队智慧应大于个人智慧的平均值，以做出正确的组织决策，透过集体思考和分析，找出个人弱点，强化团队向心力。

⑤系统思考（System Thinking）：应通过资讯搜集掌握事件的全貌，以避免见树不见林，培养综观全局的思考能力，看清楚问题的本质，有助于清楚了解因果关系。

1.2 高科技企业建立学习型组织的意义

高新技术企业是一种地地道道的“人本经济”，在高新技术企业的各种生产要素中，人力资源（智力资源）起着决定性作用。怎样使这些高智力人才的积极性和创造力在高新技术企业活动中有效地发挥，是问题关键。随着科技的不断发展，信息量不断爆炸式的溢出，知识更新的日益加快，高新技术企业所面对的竞争不再是大吃小，而是快吃慢。这种“快”与“慢”的实质就是认知模式转化速度的快慢问题。彼得·圣吉认为：“企业唯一持久的竞争优势就是有能力比你的竞争对手学习得更快。”

高科技企业有如下特点：①知识型员工为主；②所应用的技术更新速度快；③外部环境竞争激烈。在高科技企业中，建立学习型组织将会有如下作用：①有利于企业快速跟进知识的更新速度，时刻掌握行业内先进的技术及管理方法；②当环境发生变化时，企业可以利用良好的内部学习机制，迅速调整企业方向，使企业长远发展；③学习型组织的建立有利于中小型高科技企业中的知识共享与交流，增强组织的学习力，形成企业不容易被模仿的核心竞争力。

本研究因为收集资料的能力所限，而且高技术企业中很大比例的是中小企业，所以以下的研究对象主要是中小高技术企业。

2. 中小型高科技企业实践学习型组织的现状和存在的问题

2.1 中小高科技企业对于学习型组织的认识及执行效果的调研

2.1.1 调查问卷的编制

根据现有文献，我们发现建立学习型组织效果不明显的原因大致有两个方面：①企业没有理解学习型组织的实质内涵便趋之若鹜；②输在了执行力上。另外，还有文献对学习型组织的评价指标进行了研究。基于这些文献，我们编制了初始问卷，同时在对初始问卷调研的基础上，再次进行修改和细化，分别从员工和领导层对于学习型组织的认识以及各方在推行学习型组织的过程中的做法设计了最终问卷，对可能导致学习型组织发挥作用受限的可能原因进行相应的探究。

2.1.2 调查问卷的设计

本次调查的两份问卷均采用5级划分，分值为1、2 、3、4、5分，代表“行为的持续性”的大小：1 = 从来不做；2 = 比较少做；3 = 做过一些；4 = 经常做；5 = 始终一贯。

2.1.3 调查对象

根据本次研究的目的，又限于调查能力的限制，本文的调查对象确定在中关村科技园区中的20家中小型高科技企业中的各层次员工。

2.1.4 问卷调查的实施

采用发放纸质版和电子版网络问卷的方式进行问卷的发放与回收。共向20家企业发放问卷400份，回收了302份问卷。为了保证本次调查数据的准确性和一致性，在统计数据之前先把意思理解有错误或是填写不合格的问卷剔除，剔除8份无效问卷后，有效问卷数共计294份，问卷的有效回收率为73.5%。

2.1.5 调查结果统计

表1　中小型高科技企业对于学习型组织的实践情况统计表

编号	实践情况	有效样本数	均值（升序）
5	各部门的负责人都会及时对员工的绩效进行反馈	294	1.14
17	本单位中，管理者的领导水平在不断提高	294	1.96
18	本单位中，领导层率先垂范、以身作则	294	2.12
1	本单位有提高员工素质的目标、规划和要求以及提升学习能力的内容	294	2.17
12	组织内各层次领导对员工的学习热情、学习行为和学习成果给予充分肯定、大力支持	294	2.18
3	建立“终身学习、全员学习、团队学习、全程学习”的新理念	294	2.19
16	相对于一般企业来说，组织成员分权程度比较大	294	2.23
2	本单位有培养员工实践能力、创新能力、创业能力和职业再生能力的内容	294	3.37
21	学习渠道的多元化（在网络远程教育、企业内局域网学习和交流平台、社会培训机构、学习研讨会等项中要有2项以上才符合学习渠道多元化）	294	3.39
20	对各类员工运用各种方式进行岗前培训和继续教育培训	294	3.41
4	组织成员养成了以学习推动工作、以工作促进学习的习惯	294	3.47
11	本单位支持那些深思熟虑后进行适度冒险的员工	294	3.49
13	日常的学习工作是以部门、项目组和班组为单位进行的	294	3.59
8	组织内有学习成果与工作成就共享互动的环境	294	3.61

续表

编号	实践情况	有效样本数	均值（升序）
10	本单位赏识那些富有主动进取、开拓创新精神的员工	294	3.61
7	通过各种途径使员工及时了解别人的经验教训，并从中得到学习	294	3.81
15	本单位部门之间可以直接沟通和协商解决问题	294	3.90
14	团队成员间有相互信任氛围和团结合作精神	294	3.94
19	请您评价您所在单位在本行业的相对业绩水平	294	3.96
6	各部门的负责人在员工工作中会发现问题，并给予及时的指导	294	4.00
9	本单位中，人们彼此之间愿意公开又坦诚地进行意见交流	294	4.61

同时，针对有学习型组织建设的企业，进行了“学习型组织的建设对企业的绩效贡献度认知”的调查，目的是检验学习型组织建设结果对企业绩效的影响度到底有多高。结果如表2所示。

表2　　学习型组织的建设对企业的绩效贡献度统计表

统计量	有效样本数	缺失	均值
对促进员工在工作中培育创新能力的贡献	244	0	1.95
对提高员工创新能力转化为经济和社会效益的贡献	244	0	2.09
对增强员工掌握新技能的意愿的贡献	244	0	2.23
对员工能够提供更多合理化建议的贡献	244	0	2.91
对降低单位产品的平均成本的贡献	244	0	3.64
对缩短生产时间的贡献	244	0	3.77
对新客户增加的贡献	244	0	3.82
对新市场开拓的贡献	244	0	3.82
对提高及时交货率的贡献	244	0	3.82
对提高客户保有率的贡献	244	0	3.95
对提高员工完成目标情况的贡献	244	0	4.00
对提高员工服务质量的贡献	244	0	4.09

2.2 中小型高科技企业实践学习型组织的现状和问题

2.2.1 没有把学习型组织建设付诸实施

从我们对“本单位有提高员工素质的目标、规划和要求以及提升学习能力的内容”的调查结果来看，受访者的平均分只有2.17分。“是否建立终身学习、全员学习、团队学习、全程学习的新理念”，打分只有2.19分。说明有很多企业并没有提出和建设学习型组织。

2.2.2 未把握着学习型组织的内涵而形式化

学习型组织并不是一个空口号，它需要一个内容扎实的方案、一个长期推行的机制和一个学习反馈评价系统来不断校正在实施过程中的不良效果，保证学习型组织的效率。

但是在实际调查中发现，“组织内各层次领导对员工的学习热情、学习行为和学习成果给予充分肯定、大力支持”的认可率只有2.18分，“领导层率先垂范、以身作则”的认可率只有2.12分，而被调查员工认为企业里的培训活动还是普遍存在的，“学习渠道的多元化”是3.39分，“对各类员工运用各种方式进行岗前培训和继续教育培训”是3.41分。从“学习型组织的建设对企业的绩效贡献度认知”的调查结果也可以看出，学习型组织的建设最重要的目的之一是“改善心智模式，促进团队学习和创新”，而在“促进创新”方面，被调查者打分评价不高，只有2分左右，而对直接改善经营绩效方面的打分普遍都比较高。可见，企业在学习型组织的认识上还是停留在“学习=培训”的阶段，存在内涵认识不清的问题。

通过对企业的访谈，发现有一些企业在“红头文件”、企业网站和企业内标语条幅上都提到了类似于“建立学习型组织”的说法，但是从实际对员工的调查来看，该企业并没有建立真正的学习型组织。企业的领导把创建学习型组织当成形象工程，敷衍了事，并没有理解建立学习型组织的意义，从而蜕化成形式主义。

2.2.3 没有上升到公司的企业文化层面

学习型组织作为一种长效的学习机制，必须建立相适应的企业文化作为意识和行为支撑才能更好地贯彻下去。

我们的调查发现，只有20.41%的企业把学习型组织当成一种企业文化，自始至终推行“终身学习、全程学习”的文化理念；34.69%的企业会把学习型组织当成一种长效机制，经常敦促员工不断超越自己；剩下的将近45%的企业员工认为，学习型组织建设只是形式主义或口号工程，没有上升为一种所有员工共同的价值理念。

企业文化作为一种企业领导者倡导的文化，如果领导者自己都没有意识到应该如何，那么这种企业文化就不会建立起来。从调查结果可以看出，只有4.1%的企业一把手以身作则来推行这种文化；剩下的96%的企业都是人力资源部门在做学习型组织的推广。如果企业老总不亲自推行和动员“全员学习、全程学习”等理念的话，它很难对员工有足够的影响力，实施必定会大打折扣。

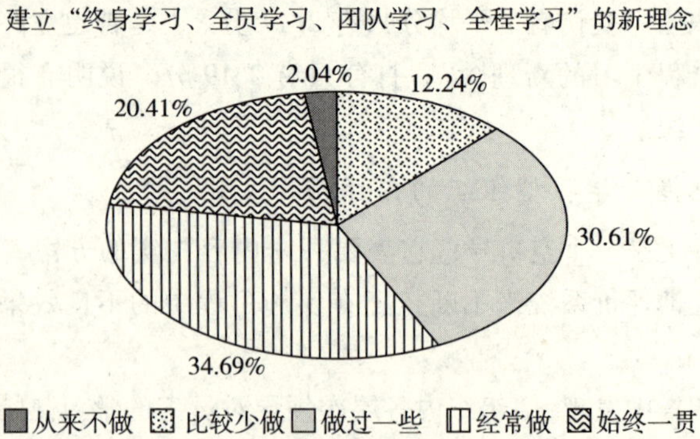

图1 学习型组织文化理念的贯彻

2.2.4 没有相应的配套机制

要实现真正的学习型组织，组织结构应该扁平化和柔性化，但是从调查结果来看，大部分企业还是传统企业，实行直线职能制的领导方式，进行严密的监督和控制。比如，“相对于一般企业来说，组织成员分权程度比较大”这个问题，员工的打分是2.23分，说明对于员工来说，集权化程度还是很高，更多的决策是来自于上级领导，员工承担的责任小，那么创新的动力自然就会比较弱，自我超越就很难做到。从表2的“对增强员工掌握新技能的意愿的贡献”的平均分只有2.23，也可以从另一个角度验证这些企业学习型组织的建设并没有使员工增强学习新知识、掌握新技能的意愿，也并未对他们将知识转化成经济和社会效益起到多大的帮助。

要实现真正的学习型组织，从管理制度上看，应该对员工的业绩反馈、学习互助和鼓励更多一些，使员工认识到自己工作上的优点和不足，在相互学习和帮助中共同成长，同时对适度的冒险进行鼓励也有利于员工超越自己。但事实上并非如此。对“各部门的负责人都会及时对员工的绩效进行反馈”打分更低，只有1.14分，说明管理者并没有及时地让员工知道自己目前的状况，而只是在一定时期以后给员工工作业绩进行评价，只做事后控制，对员工的业绩提升并没有很大作用。

3. 中小型高科技企业建设学习型组织的问题分析

3.1 公司员工和管理层对学习型组织内容及意义的认知存在偏差

建设学习型组织，首先就要求相关人员对学习型组织有大概的了解，企业的推行者还要对学习型组织理论有深刻的认识。但是根据访谈结果显示，接受调查的公司的员工层面，有近60%的员工根本不知道什么是学习型组织，近40%的员工听说过“学习型组织”的概念，但对于学习型组织的内涵并不了解也不关心，很多人认为“学习就是培训和多看书，跟上时代步伐”；而公司管理者几乎100%的被访谈者都知道“学习型组织的概念”，也对学习型组织的概念有所认识，认为构建学习型组织的目的是不断提高员工的知识储备和应用能力，以更好地应对竞争，很多企业采取了以行业前沿知识讲座和专业技能培训为主的培训方式，加强对员工的培训以提高员工的知识及应用水平。

一种管理新理念的出现和推广，最重要的是管理层的作用。如果管理者认知有偏差，那么就不可能走向正确的结果。正是公司管理者对学习型组织的认识不够深刻，才导致公司的学习型组织构建一直没有实质性的进展。同时，由于公司对学习型组织宣传不到位，公司员工对学习型组织的认识匮乏，对公司开展的各项培训也没有给予足够的重视，所以公司的学习型组织建设也因缺乏群众基础而难以有效推进。

3.2 公司中界限过于分明的组织结构阻碍员工的交流和学习

从被调查的企业来看，将近90%的企业实行的是直线职能制的组织结构，大约10%的企业按照产品线实行事业部制，在各个事业部内部采取的还是直线职能制。

直线职能制组织结构的一个最大缺陷是各个部门协调性差，组织职能部门的严格划分使得各部门、各岗位长期以来只专注于自己部门、岗位方面的知识和技能，导致了员工们专而不博，部门之间的界限阻碍了成员间的交流，抑制了员工的主动性和创新性，员工的全面发展没有实现，影响了学习型组织的发展。

3.3 员工的思想素质和思维模式阻碍学习型组织的推进

受访的很多公司都很重视对员工的培训。通过加强员工培训，各个部门的员工都能够及时地接触到最新的知识和技能，并转化成员工的专业素质。这使得公司在人才战略上获得一定的优势。

但是，学习型组织不一定是培训很多的组织。在学习型组织中，员工自主学习的热情很高，大家通过知识共享、合作交流等方式拓展自己的知识面。在实际中，人员的“心智模式”方面还存在一些问题。某公司访谈中的一个实例可以作为一个典型代表。在该公司的工程技术部里，班组人员参差不齐，懂得多一些的很少与知道少的同事讨论，担心教会了徒弟饿死了师傅，有的甚至不屑于去讨论；懂得少的又顾及脸面不愿意向知识经验丰富者请教。大家虽然在一个班组，但各人自扫门前雪，没有互助互学意识。这种现象在公司大部分基层班组或管理组里也同样存在。他们都很少针对某一个工作上的话题进行深度交谈和讨论；经常见到的是某一个人在默默地研究，至于研究到什么程度，搞明白还是没搞明白，只有当事人清楚；有了疑问也不拿出桌面与大家共同探讨；往往大家争论得比较激烈的反而是与工作无关的东西，并且振振有词。

造成这种现象的原因是员工素质，或者说是心智模式还没有打开，还没有认识到“互帮互助互学”这种双赢模式对双方都是有利的。

3.4 企业管理者的决策违背系统化原则

许多不成功的企业在建立学习型组织上的一个致命失误，就在于他们把建立学习型组织当做一项独立的工作去做，把它孤立地看做一种组织方法。学习型组织的建立是一个系统的过程，要文化机制、制度机制、激励机制、思考与反馈机制等配合使用才能发挥它的强大作用。

4. 中小型高科技企业建设学习型组织的建议

4.1 构建基于以人为本的共同愿景

共同愿景的构建也是学习型组织建设不可或缺的步骤。但是许多企业把共同愿景简单地当作一个口号，企业上下都知道企业的愿景是什么，但是并未能深入人心，未能转化为员工共同的行动指南。原因就在于，在建立企业愿景时，企业并没有考虑员工的需要和要求，没有体现员工意愿和利益要求的改革措施，最终都会失败。

因此，企业在建立愿景时应该重现员工的个人愿景，争取广泛的参与，以便得到更多员工的认同。只有将组织的共同愿景与员工的个人愿景相结合，才能使这个愿景深入人心，成为组织的共同愿景，使企业不断朝着这个方向迈进。在愿景制定出来以后，企业也应该利用内部组织网站、内部刊物、班组会议等形式加强员工对于共同愿景的认同。

4.2 构建适宜的组织文化

我国传统的儒家思想导致我们在脑子里有一种根深蒂固的等级地位划分，我国企业也多为直线职能制这种等级森严的组织结构。我们的文化中强调遵从，从而扼杀了个人的想法，不利于组织学习与创造。学习型组织是组织的学习、团队的学习，只有每个人愿意把问题拿出来与团队成员共同解决、团队成员之间实现知识的共享，才能建立起学习型组织。所以构建学习型组织的前提，是构建相适宜的组织文化。

如何激发员工学习的热情呢？首先就要从员工的角度出发，建立“以人为本”

的组织文化；从员工的自身职业发展需求出发，充分调动员工的积极性，让他们参与到学习内容的建立中；结合员工的职业生涯规划，提供他们想学的知识、所缺的知识，而不是现在大多数企业中“要我学”的被动局面。其次，要想实现团队之间的知识共享，就要建立一种平等、共享的组织文化，促进不同层次、新老员工之间知识、经验的交流。再次，创新是一个企业永葆青春的法宝；高科技企业中知识的更新速度特别快，为了强化员工在工作中发现问题、解决问题的创新型思维，企业需要建立一个利于创新、鼓励创新的文化氛围，比如，允许员工探索中犯错误等。

创建学习型组织的企业文化是“一把手”工程。“一把手”本身就是一种力量、一种号召，具有强大的动员能力、显著的示范效应和重要的组织能力。如果企业的“一把手”没有这样的渴望和期待，那么建设学习型组织就是一句空话；如果企业的“一把手”对创建工作缺乏坚定的信心和身体力行的实践，那么创建工作不可能贯彻到底。因此，在创建学习型企业文化中，领导者的作用要真正地发挥出来。

4.3 组织结构上的改进清除沟通障碍

在这个快速发展的时代，唯一不变的主题就是“变化”。只有可以适应这种变化的企业，才会在激烈的竞争中获得生存的机会。组织的柔性是适应外部环境剧烈变化的要求，所以在组织设计方面，可以以无边界组织理论为依据，通过授权团队跨部门作业的形式，尽可能地淡化组织结构，使得员工之间有机会进行交流与合作，从而提高员工的综合素质。

比如，在企业中实行轮岗制，不仅可以增强员工对于学习新知识的需求，也有利于部门之间的沟通与交流，促成知识、信息的共享，同时也可以实现组织的柔性化，培养管理型人才。例如，在高技术企业中比较普遍的问题是：客服人员不懂技术工作，对于客户提出的有关技术层面的问题无法解答，只能去问技术部门，在沟通过程中技术人员与客服人员往往由于沟通上的问题导致信息的重复性，浪费大家的时间。这样的问题就可以通过轮岗制来改善。每个技术人员辅导一名客服人员，发挥传帮带的作用；每个技术人员每个月根据需要到客服部去轮岗一天，解答客户有关产品技术层面上的问题，并现场指导客服人员的工作。这样可以使技术工人更好地明白客户的需求，不仅有利于技术人员与客服人员的沟通，也有利于技术人员了解一线客户的需求，设计出更符合客户需求的产品。

4.4 要开放性地、有实效地对员工进行培训

培训是企业构建学习型组织中最常见的一种方式。在培训的过程中，我们要注意分层次、有针对性地对员工进行培训，不能千人一面。对于一线的技术工人，由

于他们对技术层面的知识尤其渴求，所以在培训内容的设计上要尽量多地安排技术培训，满足他们职业发展的需要。对于管理层的员工培训，要注意培养他们敏锐的洞察力与对于先进管理知识的理解与运用。所以对于管理层的员工，企业可以将“请进来”与“走出去”相结合，一方面聘请一些专家学者来公司内部对员工进行理论知识的培训，另一方面以一些成功的企业为标杆，多去他们那里“取经”。

4.5 建立健全的绩效考核和激励制度

许多企业学习型组织建设效果不佳的原因在于，未将“学习”纳入对员工的考核中，不能有效地对努力学习的员工的良好表现进行正向激励。为了促进学习型组织建设，公司的绩效考核体系必须把员工的学习情况纳入考核体系。员工学习包括自我学习，为他人提供帮助，参与跨部门团队的贡献，参与公司组织的知识经验交流会等。员工的实际绩效包括学习绩效和业务绩效。比如，员工的学习绩效占35%，业务绩效占65%。

对员工学习绩效的评价可以来自四个方面：第一，自我评定，被考评者本人对自己的学习情况及行为表现做出评价；第二，受益于被考评者的第三方给予评定，这里要求每个接受过别人帮助的员工一定要记住给予自己帮助的人，以便对其做出实际评定，同时也有利于公司内部形成尊重知识的氛围；第三，本部门经理以及主管对员工实际表现的评定；第四，员工参与跨部门团队期间的表现由团队负责人对其进行评定。

这样一来，企业通过把员工学习纳入绩效考核，并给予35%的比重，能够很好地促进组织成员把自己的知识拿出来与大家共享。与此同时，员工的绩效考核内容丰富了，员工提高绩效工资的要点增加，员工的每月报酬就会相应增加。员工通过自我学习、为他人提供帮助、参与跨部门团队、参与公司组织的知识经验交流会等方式，获得了更高的报酬，员工的积极性就会增加。通过组织成员间的交流与合作，实现员工的自我超越和全面发展，提高员工的综合素质，形成员工的系统思考能力。

4.6 实施知识管理

企业通过实施知识管理，可以有效地促进企业的学习行为、提高学习效果，促使企业迅速向学习型组织转化。对一个企业而言，学习是创造力和竞争力的源泉。企业未来唯一持久的竞争优势，就是具备比竞争对手更快速学习的能力。

实施知识管理要把知识和信息作为最重要的社会资源予以尊重、加以利用并妥善管理。

公司可以结合本单位的工作特点和实际，利用公司的设备、设施搭建知识共享网络平台。在这个平台下，员工可以通过交流以及合作实现知识、技术、资源、信息等的交换，从而实现员工综合素质的提高，激发员工的创新能力。这个网络平台至少要包括两个数据库：其中一个是知识数据库；另一个是人才数据库。公司员工可以凭借员工编号登录网络平台访问数据库，这样一来，员工在遇到问题时能够及时找到求助对象，也可以学到更多的知识。

在建立知识数据库的同时，要注意标明知识提供者的信息，并通过建立知识全程追踪，增进知识提供者的自豪感和成就感；同时使知识使用者与提供者之间保持密切联系，激发使用者对提供者的尊重，通过双方的相互交流和探讨进一步创造新知识或知识的新应用。

5. 结论

学习型组织的建立是一个学习型系统机制建立的过程，需要企业培育出“平等、共享”的组织文化，需要所有员工对于企业共同愿景有很强的认同与理解，需要丰富的学习内容、健全的激励机制、管理机制和反馈机制协调一致，需要强化管理者和员工的自我超越意识，只有每个员工都有自我超越的意识，企业才能形成共同学习、不断创新的良好氛围。

参考文献

[1] 彼得·圣吉. 第五项修炼：学习型组织的艺术与实践. 张成林译. 上海：上海三联书店，1994
[2] 邱昭梁. 学习型组织新实践：持续创新的策略与方法. 北京：机械工业出版社，2010
[3] 田涛. 基于知识管理的学习型组织研究. 合肥：安徽农业大学，2007
[4] 张桂琴. 实施知识管理，促进企业向学习型组织转化. 河北能源职业技术学院院报，2010（12）
[5] 崔慧广，何旭昭. 学习型企业研究的文献评述. 经济研究导刊，2010（7）
[6] 曾剑飞. 基于知识管理的学习型组织建设. 达州职业技术学院院报，2009（Z2）

附录1：调查问卷样本

问卷一

您好！这是一次针对当今高科企业对学习型组织的认识以及企业建设学习型组织的效果而进行的问卷调查。这里没有对或错的答案，只是想了解您所在的企业对学习型组织建设的看法和感受。

占用您宝贵的几分钟时间，请对下面的问卷进行填写。

请根据您所在单位的实际情况，在合适的数字上画圈。

1 = 从来不做；2 = 比较少做；3 = 做过一些；4 = 经常做；5 = 始终一贯。

1. 本单位有提高员工素质的目标、规划和要求以及提升学习能力的内容。

   1 2 3 4 5

2. 本单位有培养员工实践能力、创新能力、创业能力和职业再生能力的内容。

   1 2 3 4 5

3. 建立“终身学习、全员学习、团队学习、全程学习”的新理念。

   1 2 3 4 5

4. 组织成员养成了以学习推动工作、以工作促进学习的习惯。

   1 2 3 4 5

5. 各部门的负责人都会及时对员工的绩效进行反馈。

   1 2 3 4 5

6. 各部门的负责人在员工工作中会发现问题，并给予及时的指导。

   1 2 3 4 5

7. 通过各种途径使员工及时了解别人的经验教训，并从中得到学习。

   1 2 3 4 5

8. 组织内有学习成果与工作成就共享互动的环境。

   1 2 3 4 5

9. 本单位中，人们彼此之间愿意公开又坦诚地进行意见交流。

   1 2 3 4 5

10. 本单位赏识那些富有主动进取、开拓创新精神的员工。

1 2 3 4 5

11. 本单位支持那些深思熟虑后进行适度冒险的员工。

1 2 3 4 5

12. 组织内各层次领导对员工的学习热情、学习行为和学习成果给予充分肯定、大力支持。

1 2 3 4 5

13. 日常的学习工作是以部门、项目组和班组为单位进行的。

1 2 3 4 5

14. 团队成员间有相互信任氛围和团结合作精神。

1 2 3 4 5

15. 本单位部门之间可以直接沟通和协商解决问题。

1 2 3 4 5

16. 相对于一般企业来说，组织成员分权程度比较大。

1 2 3 4 5

17. 本单位中，管理者的领导水平在不断提高。

1 2 3 4 5

18. 本单位中，领导层率先垂范、以身作则。

1 2 3 4 5

19. 请您评价您所在单位在本行业的相对业绩水平。

1 2 3 4 5

20. 对各类员工都运用各种方式进行岗前培训和继续教育培训。

1 2 3 4 5

21. 学习渠道的多元化（在网络远程教育、企业内局域网学习和交流平台、社会培训机构、学习研讨会等项中要有 2 项以上才符合学习渠道多元化）。

1 2 3 4 5

问卷二

如果贵公司进行了学习型组织建设，请就学习型组织的建设对本单位各方面绩效的贡献度进行选择。如果贵公司没有进行学习型组织建设，就不用填写。

贡献度总分按照 5 分满分计算。

1. 对提高客户保有率的贡献	1	2	3	4	5
2. 对新客户增加的贡献	1	2	3	4	5
3. 对新市场开拓的贡献	1	2	3	4	5
4. 对降低单位产品的平均成本的贡献	1	2	3	4	5
5. 对缩短生产时间的贡献	1	2	3	4	5
6. 对提高员工服务质量的贡献	1	2	3	4	5
7. 对提高及时交货率的贡献	1	2	3	4	5
8. 对提高员工完成目标情况的贡献	1	2	3	4	5
9. 对增强员工掌握新技能的意愿的贡献	1	2	3	4	5
10. 对员工能够提供更多合理化建议的贡献	1	2	3	4	5
11. 对促进员工在工作中培育创新能力的贡献	1	2	3	4	5
12. 对提高员工创新能力转化为经济和社会效益的贡献	1	2	3	4	5

您所属部门：

A. 行政部
B. 人力资源部
C. 财务部
D. 生产部
E. 研发部
E. 营销部
F. 安全监察部
G. 销售部
H. 售后服务部
I. 其他部门____________

您的职位：

A. 高层管理者
B. 部门主管（经理）
C. 班组长
D. 普通员工

您所在公司名称：____________

附录2：访谈提纲

对员工的访谈

1. 您知道学习型组织么？您对学习型组织的内容了解多少？请举例说明。

2. 平时有没有进行主动的学习以配合公司学习型组织的建设？如果没有，为什么？

3. 平时与其他部门人员进行合作的机会多么？如果有合作，都是哪些内容？合作期间有没有进行知识、技能的相互传授？如果没有，为什么

4. 在平时的工作中，有没有与组内其他成员进行知识、技能等的交流？如果没有，为什么？

5. 有没有团队学习的经历？

6. 能否感受到公司领导者的引导作用？

7. 对公司领导者有哪些希冀？

对管理层的访谈

1. 对学习型组织了解多少？在公司提出构建学习型组织后，有没有加强这方面的学习？

2. 当前公司从哪几方面采取措施？为什么从这几个方面去做？

3. 对于公司目前学习型组织构建情况的满意度？不满意的地方有哪些？

4. 您认为员工没有积极参与进来的原因是什么？

5. 公司是否可考虑通过知识管理促进学习型组织的构建？

市场经济条件下政府预算会计改革研究报告

蒋胜楠　孔德楠　王卜玢　宋艋
指导教师：于国旺 讲师

[摘　要] 近年来，随着社会政治经济环境的变化，我国现行预算会计显现出诸多不适应性，也不符合国际政府会计的通行做法。因此，本课题主要采用规范研究方法，分析了我国预算会计存在的问题，并借鉴国外政府会计改革的实践经验，提出了相应的改革对策和措施。

[关键词] 市场经济；预算会计；改革

1. 选题背景

我国财政部于1997年对预算会计制度进行了较为全面的改革，从而建立了现行预算会计的基本框架和主要内容。但随着市场经济的持续发展，我国预算会计环境发生了较大变化，政府职能进一步转变、财政管理改革措施相继推行、政府绩效评价制度建设以及行政问责等情况都对预算会计改革提出了迫切的要求。当前，政府预算会计改革问题已经受到我国社会各界的普遍关注，并提上了有关政府部门的工作议程。因此，本课题将结合新时期市场经济条件的客观要求，分析我国现行预算会计存在的问题，并提出相应的改革对策和措施。

2. 研究方案论证

2.1　研究内容和目标

2.1.1　研究内容

当前，我国政府预算会计已难以适应新时期市场经济条件的要求，因此亟待进行改革。所以，本课题依据系统性、针对性、创新性原则，在借鉴相关研究成果和国外政府会计改革实践经验的基础上，进行以下几方面的研究：

①政府预算会计的概念框架。

②我国政府预算会计的历史演进。

③我国现行政府预算会计的现状与问题。

④我国政府预算会计改革的必要性和意义。

⑤我国政府预算会计改革的对策和措施。

2.1.2 研究目标

在上述研究内容的相关范围内，本课题将充分展开分析和调研，以实现以下研究目标。

①深入分析市场经济条件下我国政府预算会计的现状和存在的问题，并有针对性地提出改革对策和措施。

②对中西方政府预算会计概念框架进行比较，从而为借鉴国外政府会计改革理论和实践经验、更为完善地提出我国政府预算会计改革对策提供有益的启示作用。

③公开发表学术论文 2 篇，完成研究报告 1 份。

2.2 研究方案

2.2.1 研究方法

本项目主要采用规范研究方法，通过互联网、数据库和调研等途径收集相关资料，在借鉴国外政府会计改革实践的基础上，围绕选题展开研究。

2.2.2 研究设计

①本课题名称为“市场经济条件下政府预算会计改革研究”，其结合新时期市场经济条件的客观要求，分析我国现行预算会计存在的问题，并提出相应的改革对策和措施。

②文献收集与整理。本课题首先充分利用学校丰富的数据库资源，围绕研究主题广泛收集资料，深化课题组成员对研究主题和研究方法的认知和掌握程度；其次从互联网上收集和整理相关的研究成果，作为对本课题研究的辅助；购置一部分图书资料，促使课题组完成课题研究的主要内容，实现研究目标。

③实践调研。利用暑期专业实习的机会，实地进行调研，收集相关的研究资料。

2.3 研究可行性

本课题组成员均为会计学专业本科生，在校期间主要学习会计、财务管理知识，接受过会计学相关研究方法和工具的实训，而且基本修习过《非盈利组织会计》课程，具备一定的政府预算会计理论知识。此外，本课题组成员相互协作性良好，并愿意为该项工作付出努力。这为本课题研究奠定了较为坚实的基础。

3. 研究过程

3.1 做好课题组织工作

本课题的最终顺利完成需要成员之间的相互协作和共同努力，因此做好课题组织工作就至关重要。所以，本课题组十分重视并完成以下工作：

①认真讨论研究内容，明确研究目标，制定整体规划，按计划完成相关任务。

②依据课题组成员的知识结构和特长，实施成员分工负责制。其中，组长负责总体协调工作，而且高年级学生负责联络低年级学生。

③确定共同研讨和交流的时间，在指导老师的辅助下学习相关专业知识，探讨研究内容的关键细节，协调各负责部分的研究工作。

④制定课题组研究工作的纪律要求，提高课题组的工作效率，避免无效或重复的工作。

3.2 制定工作计划

制定切实可行的工作计划，提高研究效率是本课题整体规划的重要内容。本课题组成员在经过充分讨论后，得出以下工作计划：

①2011 年 1 ~ 2 月，搜集整理相关资料，为开展课题研究做好理论准备。

②2011 年 3 ~ 5 月，通过互联网和数据库等途径，理解政府职能转换、财政管理改革制度和实践情况。

③2011 年 6 ~ 8 月，利用暑期时间进行调研，并撰写拟发表论文初稿。

④2011 年 8 ~ 9 月，修改拟发表论文并投稿。

⑤2011 年 10 月，撰写课题研究报告初稿。

⑥2011 年 11 ~ 12 月，修改完成课题研究报告，申请结题鉴定。

4. 研究成果

4.1 中西方政府预算会计概念框架比较及启示

近年来，随着社会政治经济环境的变化，特别是部门预算、国库集中收付以及政府采购等财政管理措施的相继施行，我国现行预算会计表现出了诸多不适应性，也不符合国际政府会计的通行做法。目前，预算会计改革问题已提上我国有关政府部门的工作议程。因此，本课题对中西方政府预算会计概念框架进行比较，并有针对性地提出了改革建议（见表1）。

表1　　中西方政府预算会计概念框架比较

序号	比较维度	西方国家	中国	改革方向
1	预算会计概念	用于确认、计量、记录和报告政府及其构成实体（统称为政府单位）财务收支活动及其结果的会计系统	相当于西方国家政府会计的一个组成部分，以服务于预算管理为中心，以核算预算收支执行情况为重点，主要用于核算各级政府、行政单位以及事业单位预算资金运动过程和结果	重新构建政府会计体系，把预算会计进一步扩展为政府会计，把预算会计作为政府会计的一个侧面融合其中
2	预算会计目标	满足资源提供者、服务受益者以及监督机构等主体评估政府受托责任的履行情况，并做出政治的、经济的和社会决策的信息需求	满足各级领导机关、上级财政机关和内部管理者进行宏观经济管理、适应预算管理以及加强内部财务管理的需要	进一步扩大预算会计信息使用者的范围，满足其评估政府履行受托责任情况并做出稀缺资源配置决策的需求
3	预算会计核算基础	由于具体国情不同，特别是由于财政资金管理要求存在差异，在不同程度和范围内采用权责发生制会计核算基础	采用收付实现制会计核算基础，在实际收支现金时确认交易或事项的影响	分步推进，逐步转向权责发生制会计核算基础。首先考虑采用修正的收付实现制，然后再根据情况深入实施权责发生制，以更好地完善预算会计核算
4	预算会计信息质量特征	主要包括可理解性、相关性、可靠性、可比性、重要性等。其中，可理解性一般处在政府预算会计信息质量特征体系的首要位置	可以概括为真实性、相关性、可比性、一致性、及时性、明晰性和重要性。其中，可理解性只是附着于明晰性提出的	高度重视可理解性质量特征，优化政府预算会计信息体系，提高财政信息透明度，更好地满足信息使用者的需要
5	预算会计报告体系	形成了一套较为完善的政府财务报告体系，内容相互关联，从财务和非财务角度反映政府相关情况，以便满足信息使用者的需求	尚没有真正意义上的全面、完整的政府财务报告，有的只是以预算会计报表为核心的一种报告体系，而且侧重于反映预算收支执行情况	改进现有预算会计报告体系，将其进一步扩展为政府财务报告，完善政府预算会计信息的相关内容

本课题认为，总体上看西方国家政府预算会计概念框架为我国未来实施政府预算会计改革提供了重要的有益启示。它们有助于我国在改革过程中少走弯路，在重点领域取得较大的突破。

4.2 我国预算会计改革问题研究

本课题认为，我国必须根据自身的实际情况，有针对性地改革现行预算会计体系，建立更为完善的新型预算会计模式。

4.2.1 我国预算会计的概念和特点

预算会计是指我国现代会计体系中与企业会计相对应的一个会计分支，其以服务于国家宏观经济管理和预算管理为中心，以核算预算收支执行情况为重点，主要用于核算各级政府、行政单位以及事业单位预算资金运动过程和结果。它是我国计划经济管理体制下的特殊产物，而且自新中国建立以来历经变革。现行预算会计体系是随着社会主义市场经济的不断发展和深入，特别是改革开放以来，为满足深化经济体制改革、提升市场化程度、加强财政资金管理的需要，于1997年所确立的，并根据新情况、新业务的核算需要予以适当的调整修补。

我国预算会计是以货币为主要计量单位，通过确认、计量、记录和报告等方法，对会计主体的经济业务进行系统、连续、全面的核算和监督的一种管理活动。预算会计主体包括社会再生产过程中属于分配领域的各级政府、行政单位以及事业单位。它们不以获取盈利为目的，主要通过各自的业务活动，为上层建筑、生产建设和人民生活提供公共服务，一般不直接从事物质产品的生产。此外，预算会计客体即预算会计工作的对象，包括财政资金和单位其他资金运动的过程和结果以及预算执行过程和结果。

4.2.2 我国预算会计存在的问题

尽管我国预算会计体系早已确立，但近年来随着社会政治经济环境的不断变化，特别是财政资金运动过程的转变，其已难以适应新形势下核算新业务的需要，而且与国际政府会计改革的通行做法不符，逐渐暴露出一系列亟待改进的问题。

（1）预算会计各分支衔接度不足

我国预算会计采用制度管理模式，适用的预算会计制度主要包括《财政总预算会计制度》、《行政单位会计制度》、《事业单位会计准则（试行）》以及《事业单位会计制度》等，它们确立了我国现行预算会计体系的主体框架。目前，我国现行预算会计体系主要由财政总预算会计、行政单位会计和事业单位会计组成，分别用于核算各级政府、行政单位和事业单位预算收支执行情况。由于采用不同的预算会计制度，记录不同单位在不同阶段的经济业务，所以它们之间在业务核算上难以协调，以致会计报表项目之间缺乏必然联系，无法建立完整的政府财务报告体系。这不利于各级政府反映本单位受托责任的履行情况，也不利于预算会计体系与国际惯例相接轨，更不能为利益相关者提供完整透明的政府财务信息。这表明，我国现行预算会计体系尚不够完善，还需进一步改进。

（2）主要采用收付实现制会计基础

从全球范围看，采用权责发生制是世界政府会计改革的典型特征，许多西方发达国家已在其政府会计中不同程度和范围地引入了这一会计基础。我国预算会计主要采用收付实现制会计确认基础，但这不符合国际政府会计的通行做法，而且存在诸多弊端。这主要体现在：收付实现制过于简单，不能如实反映各级政府的经济资源和承担债务情况，不能正确反映特定会计期间的经济活动及结果，更无法客观反映当期业务活动所付出的代价，因而不能准确反映政府所提供公共服务的实际耗费与效率水平，不利于对政府活动的有效性进行监督和评价，也不利于政府内部管理效率的实质改进。总而言之，在收付实现制会计基础下，我国预算会计体系不能很好地反映政府履行受托责任的情况，从而帮助信息使用者做出政治的、经济的和社会的决策。

（3）预算会计报告体系不完善

财务报告是向信息使用者传递财务信息的物质载体，良好的财务报告体系有助于使用者更好地评估主体受托责任的履行情况，并做出相关决策。目前，我国实际上只有以预算会计报表为核心的一种财务报告体系，各预算会计分支的报表自成体系、分别编报，尚没有一份真正意义上的全面完整的政府财务报告体系。而且，我国预算会计报表侧重于反映预算收支执行情况，缺少国有固定资产及其使用情况、政府负债及其还本付息情况、社会保险基金和政府担保形式的隐性债务等相关信息，预算会计报表内容不够完整。这使得社会公众及立法机关难以对政府进行财务监督，而且财政部门本身也缺乏做出决策所需的重要信息。

4.2.3 我国预算会计改革的对策

随着预算会计环境的不断变化，特别是部门预算、国库集中支付、政府采购等财政管理改革措施的相继施行，我国现行预算会计所表现出的不足越来越明显，因此必须予以改革，建立更为完善的新型预算会计模式。

（1）重新构建预算会计体系

随着我国社会经济的发展和市场经济体制的逐步完善，我国应当进一步改进预算会计体系，使其核算活动内容的重点向“政府和非营利组织会计”发展，以系统、完整地反映公共财政资金收支活动的全过程及结果。同时，我国预算会计体系应当引入更高层次的“绩效受托责任”概念，除了继续提供有关预算收支执行情况的信息外，还要更加全面地反映政府财务状况、运营业绩、受托责任履行情况及结果、公共资金使用效益以及遵循预算等方面的情况。

（2）改变会计核算基础

权责发生制是指只有在政府提供公共服务时才确认收入，费用只有在政府接受相关服务后才将其确认为当期义务，并作为债务列入资产负债表。我国预算会计应当采用权责发生制会计基础，这有助于更为完整地反映政府财务状况和运营成果，帮助信息使用者更好地评价政府受托责任的履行情况，促使政府加强资产和债务管理，有效地重新分配预算，提高经济资源使用的有效性，规避财政风险。而且，采用权责发生制也符合新公共管理体制下政府会计改革方向的基本要求。但是，我国预算会计核算基础的转变不能操之过急，可以考虑先采用修订的收付实现制，即首先确认应收和应付账款，实现收入和支出在各个会计期间的平衡，以明确政府当期履行受托责任情况，然后再根据情况深入实施权责发生制，以更好地完善预算会计核算。

（3）建立完善的政府财务报告体系

会计系统旨在提供能够满足信息使用者需要的财务信息，而财务报告则是信息使用者获取信息的基本工具。当前，我国必须改进现有预算会计报告体系，将其进一步扩展为政府财务报告体系，完善政府财务信息的相关内容，包括管理层讨论与分析、基本会计报表及其附注、其他附表和必要的补充信息等，使会计报表能够显示有关财务信息，如有关政府公共资金收支、公共服务成本等，同时还能提供大量非财务信息，以更好地反映政府履行受托责任情况，帮助信息使用者做出更加有效的决策，同时提高政府的工作效率，保证财政资金的充分利用以及预算的有效执行。

5. 研究创新点

本课题的研究创新点主要表现在以下几方面：

①从我国当前市场经济发展的客观需要角度研究政府预算会计改革问题，并提出了相应的对策和措施，实际应用性较强。

②关注国外政府会计改革实践经验，并积极进行吸收借鉴，以丰富和深化本课题研究成果，因此具有一定的国际视野，紧跟国际政府会计的发展趋势。

③在规范研究方法的基础上，注重理论和实践二者的有机集合，充分反映我国现实环境的客观需求。

6. 存在的问题和发展方向

6.1 存在的问题

由于时间和资源的限制，本课题对一些研究内容的探讨尚欠系统深化，对一些没有提出较为切实可行的具体实施方法。而且，本课题实施进度较之先前的进度计划有所延缓。

6.2 发展方向

我国应当进一步加强政府预算会计改革研究，着重关注改革过程中的重要理论问题，例如会计目标、会计主体的确定标准、权责发生制会计基础实施的范围和程度等。这些问题的明确解决，对我国实施政府预算会计改革具有重要的应用价值。

参考文献

[1] 邹国剑．我国政府会计改革后的现状、问题及建议——从现行预算会计制度谈起．财政监督，2009（9）

[2] 刘锐．关于我国预算会计的现状及问题．现代商业，2009（24）

[3] 邱丽红．浅谈政府会计制度改革——权责发生制预算会计的应用．湖南经济管理干部学院学报，2005（5）

[4] 杨莺．试论我国预算会计存在的问题与对策．时代经贸（下旬刊），2008（4）

[5] 张丽清．试论我国预算会计存在的问题与对策．内蒙古煤炭经济，2008（3）

[6] 李建发．论改进我国政府会计与财务报告．会计研究，2001（6）

[7] 刘庆阳．权责发生制预算会计改革国际经验及借鉴．商业时代，2006（35）

[8] 赵爱玲，马长春．公共财政建设与政府会计改革研究．财会研究，2010（5）

[9] 李华丽．中国政府会计改革问题研究．经济研究导刊，2010（21）

[10] 宋衍蘅，陈晓．西方国家政府会计的比较及其借鉴．会计研究，2002（9）

[11] 于国旺．中澳政府财务报告概念框架的比较及启示．财会通讯（综合版），2007（11）

提高个税起征点对促进社会和谐发展的作用研究
——基于一线城市与三四线新兴城市的调查报告

黄珏　高淼　赵畅

指导教师：李宜

[**摘　要**] 针对2011年个人所得税改革，本课题以一线城市（北京）为调查重点，以规模、经济发展速度、地理位置不同的三四线新兴城市（沧州、日照）为比照，对不同区域、不同行业的居民就个税改革相关议题进行了问卷调查，其中有效样本80份。然后，本课题剖析了新旧个税法差异所在，并基于调研报告，分析了新旧个税法有效衔接的问题。最后，本课题阐述了2011年个税调整所彰显的改善民生、畅达民意的非经济意义，以及对促进社会和谐发展的积极意义与价值。

[**关键词**] 个人所得税改革；新旧比较；有效衔接；非经济意义；社会和谐发展

2011年是个人所得税法改革年。本课题组以“提高个税起征点对促进社会和谐发展的作用”为议题，对两类三地城市的居民展开问卷调查，调查时间为2011年4月至5月中旬，实际发放问卷100份，回收有效问卷80份。据调查统计，这80份有效问卷的被调查对象分别来自：公务员8人，私企职员13人，国企职员22人，事业单位从业人员24人，外企职员3人，私企老板1人，其他职业9人。根据问卷调查统计结果，课题组围绕个税法新旧差异及有效衔接、个税法改革促进社会和谐发展的经济意义与非经济意义展开了系列研究。

1. 个税法的新旧比较、有效衔接与对策研究

1.1　个税法的新旧比较

个人工资薪金所得以每月收入减除一定费用后的余额称为应纳税所得额。全国人大常委会初次审议个人所得税法修正案草案时，拟将个税免征额上调至每月3000

元。在广泛听取社会意见后，全国人大常委会最终将个税免征额提高到3500元。此次修改之前，已先后两次调整了个税的免征额：2006年1月1日起由每月800元提高到1600元；2008年3月1日起由每月1600元提高到2000元。由此，我们在调查问卷中摸底被调查对象的月工资收入水平。调查的人群主要集中在工薪阶层。调查结果见图1。

由图1可见，公务员、私企职员、国企职员以及事业单位从业人员的月收入主要集中在3000~5000元，正处于新税法免征额3500元所在的区间。月收入在2000~3000元，以及5000~8000元的人也不在少数，月收入在2000~3500元的人们从新税法中受益是最明显的，原来需要征收个人所得税，而现在可以免征。虽说只是少交了几十元钱，但对于低收入家庭，那就是一个月的油盐酱醋钱，或者工薪族一个月的交通费，积少成多也可以为收入比较低的群体带来不小的受益。从而，体现了国家设置个人所得税的初衷——调节贫富差距，使整个社会更加和谐。

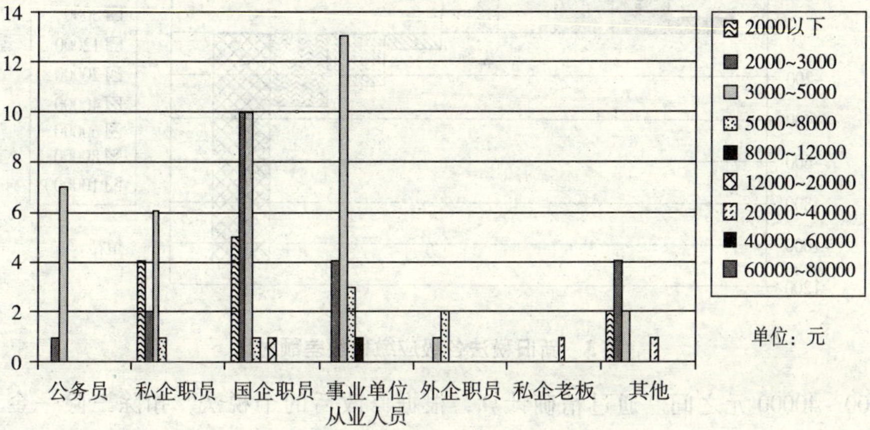

图1　分职业月工资收入统计图

表1　新旧税法各级应缴税额对比表　单位：元

应税额	3500	5000	8000	12000	20000	40000	60000	80000	100000
应缴税额（新税法）	0	45	345	1145	3120	8195	14270	21270	29920
应缴税额（旧税法）	75	325	825	1625	3225	8125	14025	20925	28825
差 额	75	280	480	480	105	-70	-245	-345	-1095

由表1、图2和图3可看出，随着个人收入的增加，应缴的个人所得税额也在逐步增加。但税法修订前后的缴税额有着很大不同。计算差额为根据旧税法应缴税额减去根据新税法应缴税额。从图中可以看到，收入在20000元及以下的计算差额为正，收入在40000元及以上的计算差额为负。这说明，赋税增减的分水岭应该在

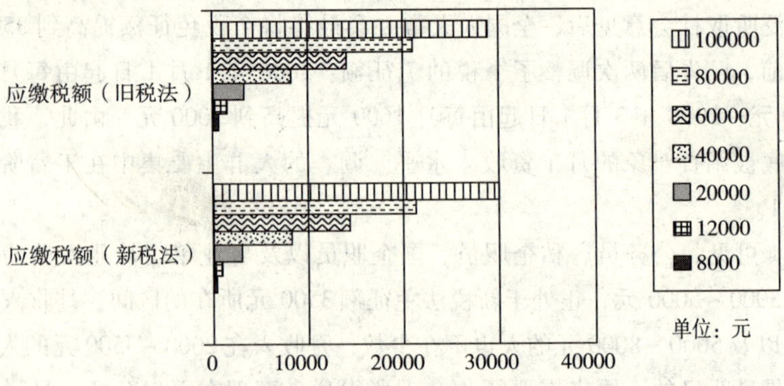

图2 新旧税法各级应缴税额对比表

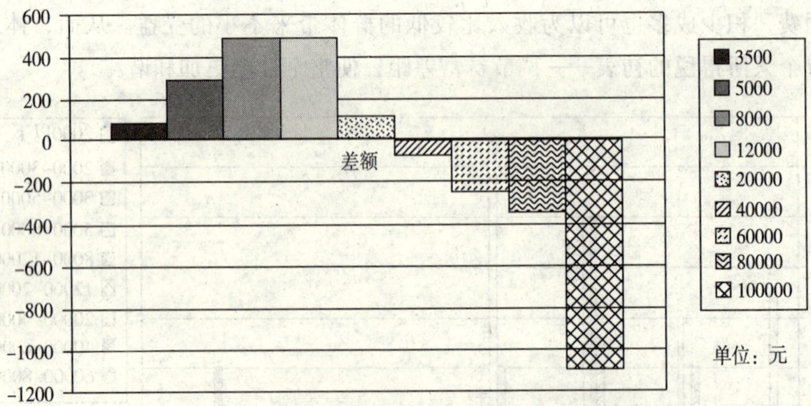

图3 新旧税法各级应缴税额差额对比

20000～40000元之间。通过精确计算，根据修改后的个税法，扣除三险一金月入3500元以下的群体将不涉及个税；扣除三险一金月入6000元的群体每年减税3960元。根据相关专家的测算，按照修改后的个税法，月收入38600元成为税负增减的分水岭，应缴的税额是7775元。月收入在38600元以上的群体，个税税负是增加的。也就是说，收入在38600元以下的人群，现在的缴税额比原来的少；收入在38600元以上的人群，现在的缴税额比原来的还要多。收入少的少征税，收入多的多征税，这正是政府调节贫富差距的实实在在的做法。

每月领工资条的人都知道，我国个税征收实行的是累进税率，即收入越高需要承担的税率越高，穷人和富人上交的个税占自身收入的比例是不一样的，这个方法有利于平衡贫富差距。要加强个税征管，特别要加强高收入者的个税征管。高收入者的收入构成比较复杂，而且不断有新的收入出现，一些隐性但数额巨大的收入还游离在法律边缘。

新个税法调整了工薪所得税率结构，由9级调整为7级，取消了15%和40%两档税率，将最低的一档税率由5%降为3%。这样，大部分的工薪所得纳税人不仅能从免征额的提高中受益，还能从所得税率的结构改变中获得更多益处。

新个税法减轻了个体工商户和承包承租经营者的税收负担。相应调整个体工商户生产经营所得和承包承租经营所得的税率级距。将税率表的第一级级距由年应纳税所得额5000元调整为15000元，其他各档的级距也相应作了调整。有利于支持个体工商户和承包承租经营者的发展。此外，纳税期限也由7天改为15天，方便了扣缴义务人和纳税人纳税申报。

1.2 新旧个税法的有效衔接与对策研究

财政部有关负责人介绍，经过此次税法修改，纳税人数从8400万人减少至约2400万人，有约6000万人不需要缴纳个人所得税。纳税人自2011年9月1日实际取得的工资、薪金所得，应适用新税法的减除费用标准和税率表，计算缴纳个人所得税。而纳税人2011年9月1日前实际取得的工资、薪金所得，无论税款是否在2011年9月1日以后由扣缴义务人申报入库，均应适用原税法的减除费用标准和税率表，计算缴纳个人所得税。也就是说，缴纳个人所得税应采取新税法还是旧税法，取决于实际取得工资、薪金的时间，要与之一致。

对于企业单位来说也是如此，尽管企业的纳税额按一个完整的纳税年度来计算，但因新税法的出台，需要分9月1日以前及以后两段来计算应纳税额。

所得税法经过屡次调整，目的就是尽可能公平。但过去的9级税率经过检验明显已不符合现在各薪酬人群，所以国务院决定减少税率档次扩大级差，从而降低中低收入者的税收负担。

新修订的个人所得税法将个体户及承包承租经营所得税的第一级级距由年应纳税所得额5000元以内扩大为15000元以内，第五级级距由年应纳税所得额50000元以上扩大为100000元以上。据测算，与2010年相比，调整生产经营所得税率级距，减少个人所得税收入约110亿元。

个体工商户承包承租经营所得税率，从修订前的5000元以下征收5%，5000～10000元部分征收10%，10000～30000元部分征收20%，30000～50000元部分征收30%，50000元以上部分征收35%，调整为15000元以下部分征收5%，15000～30000元部分征收10%，30000～60000元部分征收20%，60000～100000元部分征收30%，10万元以上35%。北京大学经济学院教授刘怡指出，调整后生产经营所得纳税人税负均有不同程度下降，有利于更好地鼓励个体工商户和承包承租经营者等中小企业的发展。

虽然新个税对上述几个方面都做了积极的调整，但仍有不尽如人意的地方。一审过程中，财政部解释此次免征额是根据“城镇居民消费性支出”指标进行测算，认为2010年城镇就业者人均负担月消费支出约为2167元，依此调整免征额。

我们可以明显地看到，在财政部的依据数据中，城镇居民居住支出不包括购建房支出和自有住房虚拟租金。也就是说，在目前高昂的房价下，买房费用以及每月为此承担的利息等庞大支出，没有统计进个税免征额中。而我们大家都知道，现在的大部分上班族都成为“房奴”，加入了还房贷的庞大队伍中。如此巨大的支出不计入个税测算指标中，大大降低了指标金额。这显然不符合实际，也不尽公平。

新个税实施的实际问题。有些地方税务局以软件没有更新为由仍按2000元起征个人所得税或公然拒绝新税法的实行，这种做法不仅是对法律的不尊重，而且使税务部门在人民心中的公信力和权威性下降。

美国著名的政治家、文学家和航海家本杰明·富兰克林（Benjamin Franklin）曾经说过一句名言：“世界上只有两件事是不可避免的，那就是税收和死亡。”这句话说出了一个实实在在的观点：缴纳个税是公民应尽的义务。

2. 个税法改革的经济意义

2.1 利于缩小收入差距、实现共同富裕

之所以征收个人所得税，其主要目的是调节个人收入，缩小收入差距，从而维护社会公平和社会地位。若起征点偏低，不但会使中低收入人群增加税收负担，影响人民的正常生活和生产需要，而且还可能降低个税调节收入分配的功能，有违税法的立法精神，影响社会公平。维护社会公平是为了社会的和谐发展，但现实存在着不和谐因素，所以只有切实缩小收入差距实现共同富裕，才能充分调动人们的积极性、创造性和主动性，使社会关系逐渐融洽，从而促进整个社会的稳定和谐。

2.2 利于提高税收效率

以前的个税征收可能会造成税收的超额负担，是指政府税收导致纳税人的福利损失大于政府税收收入，从而形成税外负担，引起效率损失。当个税起征点提高时，税负的减少，对于很大一部分人是相对公平的，有利于提高税收的效率，减少税收流失，实现了经济的可持续增长。

2.3 利于拉动内需、缓解通货膨胀

要控制通货膨胀，就要减少流动性，而要减少流动性，就必须拉动国内需求、

减少外资流入，以刺激国内需求来控制通货膨胀。毫无疑问，提高个税起征点在物价上涨的情况下对居民的个人收入是非常有帮助的，不仅有利于增加低收入群体的利益，而且在长期内将促进消费的真实增长，并能增加内需，从而有利于调整经济结构。内需拉动后，通货膨胀所带来的民生压力就会得到缓解。就像之前所提到的，构建和谐社会最重要的在于解决好民生问题，这是国家关心民生的一大有利举措，利国利民。在调查问卷中，关于“您认为税收支出降低多少就会刺激您更多的消费”的调查结果如图 4 和图 5 所示。

您认为税收支出降低多少就会刺激您更多的消费?

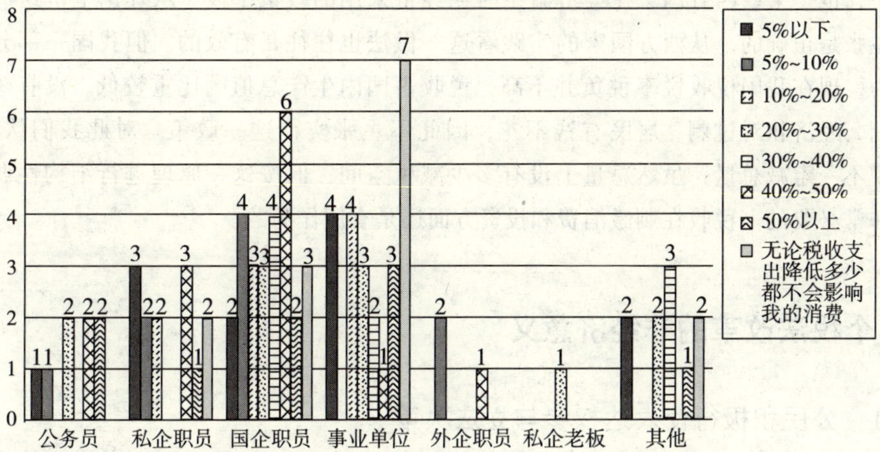

图 4 从业人员

您认为税收支出降低多少就会刺激您更多的消费?

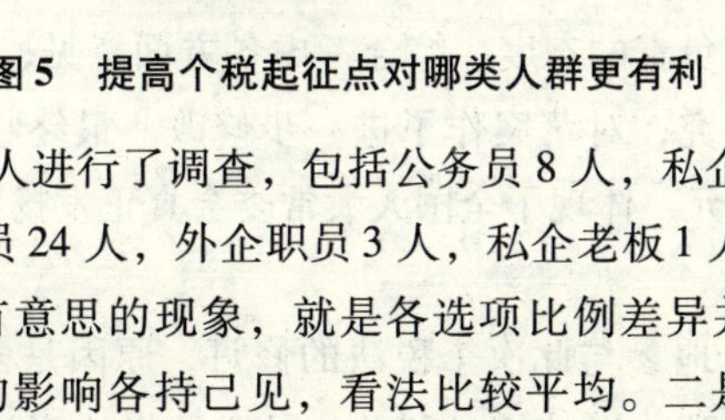

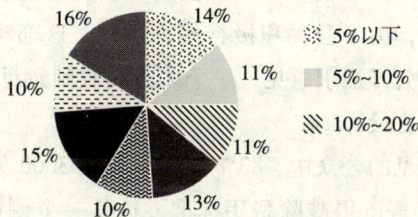

图 5 提高个税起征点对哪类人群更有利

此题我们共对 80 个人进行了调查，包括公务员 8 人，私企职员 13 人，国企职员 27 人，事业单位从业人员 24 人，外企职员 3 人，私企老板 1 人，其他职业 10 人。从饼图中我们看到了一个有意思的现象，就是各选项比例差异并不大。一是说明大家对税收支出降低与消费的影响各持己见，看法比较平均。二是此题选项比例十分接近，使被调查者头脑中无法形成明显的比例差距，这也是造成选项比例相近的一个可能原因。但选择最多的“无论税收支出降低多少都不会影响我的消费”选项占调查人群中16%，加上有14%人认为“5%以下降低税收支出可影响消费”，两项共占比例30%。对于一般工薪阶层来说，所缴纳个人所得税额并不多，与每月的消费额比起来一定是小巫见大巫。而一些高收入人群所缴纳的个人所得税并不能成为一种负担，当然对他们的消费也没有影响。

当然，大部分人还是希望税收支出降低，会考虑多消费。经济萧条时期实行减税政策，以刺激消费和投资的增加，促进经济的复苏，是西方经济理论的政策主张之一，也是某些西方国家在经济萧条时期经常采用的政策手段。从理论上讲这一政策主张是正确的，从西方国家的实践看这一做法也往往是有效的。但我国一部分人认为，现在我国税收税率税负并不高，税收占国内生产总值的比重较低，没有减税空间，经济相对过剩，居民有钱不花，因此不主张实行这一政策。对此我们认为，减税不一定减总量，虽然总量上没有多少减税空间，但按这一原理进行结构性调整是非常必要的。税收在刺激消费和投资方面还是有所作为的。

3. 个税法改革的非经济意义

3.1 公民积极行使表达权参与立法决策

党的十七大报告将“表达权”列为公民四权（即知情权、参与权、表达权、监督权）之一，这意味着公众及媒体可以充分行使自己的表达权，以表达对国家活动、政府行为的意见和建议。几年前，一场立法听证会的举行，使个税法的修改成为公众关注的焦点。几年后，由于公民积极行使表达权，这部法律的修改再掀民主立法新潮。此次个人税修订公开征求意见，一个多月共收到意见23万多条，创下全国人大单项立法征求意见数之最。

在通过网络发表意见的公众中，83%的人不赞成3000元作为起征点，希望在原方案基础上适当上调工薪所得减除费用标准，这从一个侧面反映了老百姓的期待。有关立法部门本着认真负责的态度，综合考虑各方面意见，积极与国务院沟通协调，经过充分审议、反复研究，对草案作了进一步修改。最终将工薪所得免征额由目前的2000元提高到3500元，体现了全国人大常委会真正发扬民主，坚持民主立法与科学立法相结合。

民众能够如此积极地参与此次个税法的修订，原因是多方面的。一方面，个人所得税的修改确实关系到公民的切身利益，民众已将“表达权”作为一项重要政治权利，积极参与国家和社会事务管理，由此来表达自己的诉求。另一方面，随着中国社会的发展，立法工作呈现出积极变化，公民在立法中开始扮演越来越重要的角色，能够充分行使自己的权利。

3.2 多样化民意沟通回应机制的探索

与过去数次个税修法相比，此次个税修法征求意见的形式除了以往的专家座谈会以及纳税人代表座谈会等之外，新加入了网上意见征集，一些地方政府还采用问卷调查以及社区走访的形式调查了解民众意见。

3.3 通过改善民生来促进社会稳定与和谐

构建和谐社会无疑是要缩小国民的收入差距，而影响收入最重要的一个因素就是负税。我们认为，此次新个税法通过改善民生有效促进了社会的稳定与和谐。以北京为例，实施新个人所得税法，将惠及北京470万纳税人，其中工薪阶层有430万人，工薪阶层的纳税面由之前的57%下降至28%，约有229万纳税人不需要再缴纳个人所得税，还有201万人不同程度地降低了税收负担。显而易见，工薪阶层受惠更大。换句话说，个税起征点的提高也是在变向地上调人们的工资，而社会的和谐发展应首要解决好民生问题，由于现在物价上涨，CPI指数在连续上升，人们的工资水平也需要提高，个税起征点的上调使百姓收入增加，使得民生问题从源头得到了改善，确保了社会的和谐稳定。鉴于此，我们问卷调查提高个税起征点对哪类人群更有利时，调查结果如图6和图7所示。

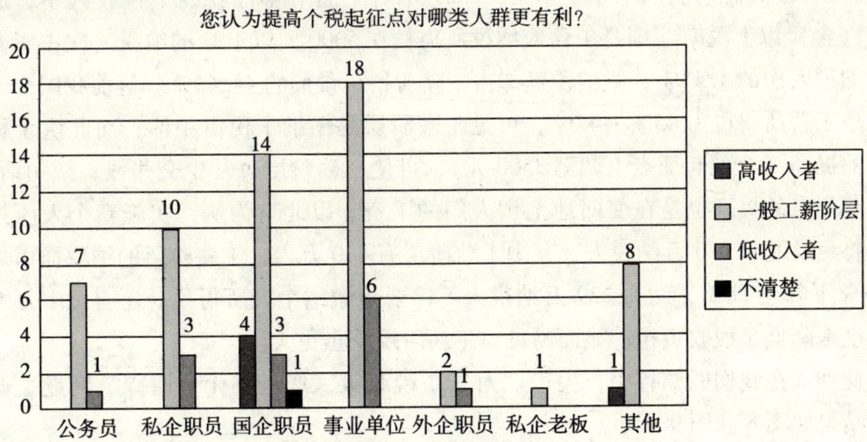

图6 从业人员

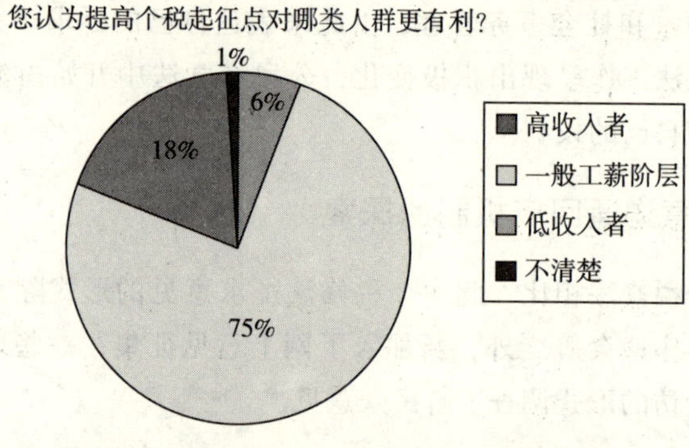

图7　提高个税起征点对哪类人群更有利

首先，根据所统计的数据不难看出，在我们调查的职业里，国企职员和事业单位从业人数所占比例较大。而在国企职员中，认为提高个税起征点对高收入人群有利的占18.2%，认为对一般工薪阶层有利的占63.6%，认为对低收入者有利的占13.7%，不清楚的占4.5%；在事业单位中，没有人认为提高个税起征点对高收入人群有利，认为对一般工薪阶层有利的占75%，认为对低收入者有利的占25%。再从柱状图以及饼图中可以明显看出，各职业人群中共有75%的比例认为此次提高个税起征点对一般工薪阶层更有利。

据统计，1998年我国城镇职工年平均工资为7479元，2007年为24932元。1998年工薪所得纳税人次为1.09亿人次，2007年上升为8.5亿人次。2005年，全国年工资收入25万元以上的纳税人占工薪收入纳税人数的比例接近5%，缴纳的税款占工薪所得项目总税额的比例约为15%；2007年对工薪所得征收的个税收入中，适用20%（含）以上税率（即月工薪应纳税所得额在5000元以上）的纳税人次占工薪所得总纳税人次的4.43%，缴纳税额却占工薪所得总税额的44.44%。目前我国个人所得税中工薪所得税占45%~47%，可见工薪阶层是缴纳个税占主体，而此次个税起征点的提高（个税起征点上调至3500元），可使工薪阶层每月少交些钱，换句话说，个税起征点的提高也是在变向地上调人们的工资。以北京为例，实施新个人所得税法，将惠及北京470万纳税人，其中工薪阶层有430万人，工薪阶层的纳税面由之前的57%下降至28%，约有229万纳税人不需要再缴纳个人所得税，还有201万人不同程度地降低了税收负担。显而易见，工薪阶层受惠更大。

此外，在我们的调查中，关于“对于个税政策，您还有什么期待”问题，调查显示结果如图8和图9所示。

对于这一问题，如图所示，我们调查的不同行业的人群选择提高个税起征点的人数最多，占到总调查人数的54%，选择对高收入者加大征收比例和增加纳税扣除项目的人数相同，分别占总人数的18%，最后是选择修改个税征收级次和税率的人

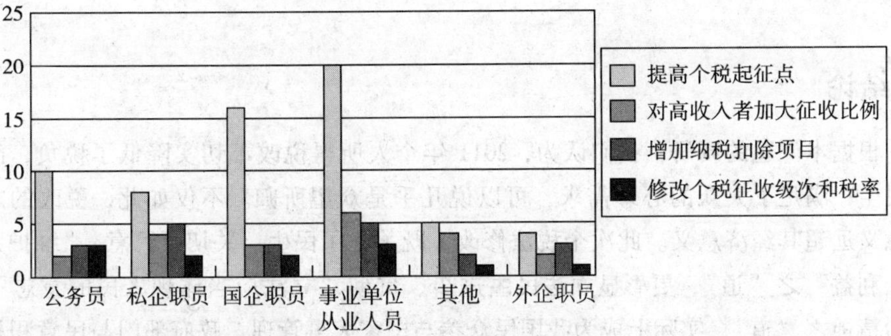

图 8　从业人员

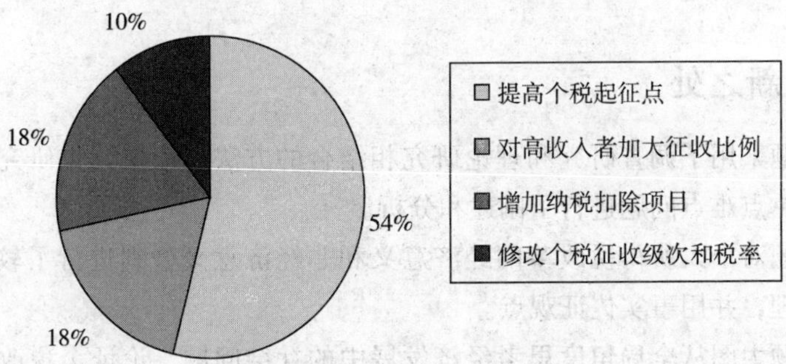

图 9　对于个税政策还有什么期待

群，占调查人数的 10%（需要解释的是，问卷调查期正处于个税起征点调节的民意调查时期）。再结合图 8 各单位人员工资情况，我们发现我们调查的人群主要集中在工薪阶层，月收入主要集中在 3000～5000 元，而初定个税起征点为 3000 元，虽然从以前的 2000 元上调了 1000 元，但是大多数人还是免不了交个税，所以提高个税起征点是普遍人的第一选择。然后是对高收入者加大征收比例和增加纳税扣除项目。通过分析我们认为，民众对个税设置的意义还是有一定的了解，即缩小贫富差距，保证社会公平。一方面有人希望通过对富人多征税来减少收入差距：另一方面有人想通过增加纳税扣除项目来直接减少税负。但是有专家认为，不能忽视上调免征额的负面作用。单纯提高免征额对所有人都会带来减税，但对缩小贫富差距具有反向调节作用。收入越高的群体减税越多，则低收入群体受益相对较少。因此，上调免征额的改革数额宜低不宜高，应该与级距和税率的改革共同进行。应多调级距和税率，少调免征额，这是降低中低收入人群税负和提高高收入者税负的关键举措。

4. 结论

根据本课题的调研，我们认为，2011 年个人所得税改革切实降低了税负，改善了民生，满足了大众的心理需求，可以说几乎是众望所归。不仅如此，税改的非经济意义远超其经济意义。此次个税法修改，既关心了民生、关切了民意、“维护人民群众利益”之“道”，更彰显立法民主进步、贯彻“立法应当体现人民的意志”的法治精神之“道”，实际上成为我国民众参与国家大事管理，政府部门与民意积极互动的一次成功实践，有力地促进了整个社会的和谐稳定发展。

5. 课题创新之处

①本课题采用了调查研究和理论研究相结合的方法，依据调查研究报告对当前经济社会的热点难点问题进行了阐述和分析。

②本课题对个人所得税改革的经济意义和非经济意义分别进行了较系统、全面的总结和梳理，并用事实佐证观点。

③本课题力图从全局角度思考经济发展中的社会问题，论证个税改革不仅仅是经济问题，更对社会和谐发展有着重要的影响和积极的意义。

参考文献

[1] 崔清新，韩洁．中国拟修法降低个体工商户和承包承租经营者的税负．新华网，2011-4-20
[2] 高鸿业．西方经济学（宏观部分）．北京：中国经济出版社，2007
[3] 保罗·萨缪尔森．经济学．北京：华夏出版社，1996
[4] 毛亮．个税起征点的国际比较与提高起征点的效应估算．国际经济评论，2009（6）
[5] 汪铁民．个税法修改的标本意义．中国人大，2011（13）
[6] 邢彦辉，闵然．公共政策合法性的民意表达：网络公共舆论与协商民主．云梦学刊，2011（4）
[7] 杨文杰，郑锁山．财政支持与社会参与：民生改善“双动力”．现代商业，2011（5）
[8] 郭榛树．政府与媒体沟通中的问题及其对策．长白学刊，2011（4）

附录：个税起征点问卷调查表

尊敬的女士/先生：

您好！个人所得税关系千家万户。2011年，个人所得税法已启动修改程序，这次修改主要是提高起征点，也就是个人缴纳所得税工薪收入所得的免征额。目前执行的是2000元以下不用缴纳个人所得税。为了真实了解大家对提高起征点的看法，我们设计了这份问卷。衷心希望您能在百忙之中抽出几分钟时间，完成下面的问卷调查。

您填写的信息仅作大学生科技项目调查研究之用，对外保密，我们会妥善使用您的资料，请放心填写。谢谢您的支持与合作！

北方工业大学课题组

提高个税起征点对促进社会和谐发展的作用研究（项目编号：A1006）

1. 您的年龄？

□25岁以下　□25～35岁　□35～45岁　□45～55岁　□55岁以上

2. 您的性别？

□男　□女

3. 您工作单位的机制是？

□国企　□外企　□私企

□国家机关　□教育机关　□其他

4. 您的职业是？

□公务员　□外企职员　□国企职员

□私企职员　□事业单位干部　□私企老板

□其他（请注明）________

5. 月收入是否稳定？

□是　□否

6. 月工资收入是？

□2000以下　□2000～3000元　□3000～5000元

□5000～8000元　□8000～12000元　□12000～20000元

□20000～40000 元　　□40000～60000 元　　□60000～80000 元
□80000～100000 元　　□100000 万以上
7. 您的月消费额（包括还贷）是?
□800 元以下　　□800～2000 元　　□2000～5000 元　　□5000 元以上
8. 您认为目前我国征收个人所得税最主要的目的的应该是什么?（单选）
□调节贫富差距，减轻低收入者负担　　□增强公民的纳税意识
□增加对公共设施的投入，更好地行使政府职能　□不清楚
9. 您知道个税税率采用的征收标准是?（单选）
□比率税率　　□超额累进税率　　□超率累进税率　　□定额税率
10. 您个税应税所得的项目是?（单选）
□工资薪金　　□劳务报酬　　□利息、股息、红利
□稿酬所得　　□财产租赁所得　　□彩票中奖所得
11. 您的个人所得税的缴纳方式是?（单选）
□自行申报　　□由工作单位代扣代缴　□不清楚
12. 您每月（年）拿回工薪后，是否会计算自己纳了多少税?
□会　　□不会
13. 您认为调高个税起征点的理由是什么?
□缓解贫富差距　□物价上涨水平超过工资增长速度
□保护低收入人群
14. 对于个税政策，您还有什么期待?
□对高收入者加大征收比例　　□修改个税征收级次和税率
□改进税收征管方式　　□增加纳税扣除项目
15. 您认为目前的个税起征点应上调至多少?
□目前的 2000 元不调整　　□3000 元　　□5000 元
□8000 元　　□10000 元　　□其他（请注明）______
16. 您认为提高个税起征点对哪类人群更有利?
□高收入者　　□一般工薪阶层
□低收入者　　□不清楚
17. 您认为降低税率是否有助于避免富人逃税?
□是　　□否
18. 您认为以下哪项改革措施能最大程度减轻您的税收负担?
□提高个税起征点以家庭为单位征税　□按年征税
□改革累进税率制　　□扣除应纳税所得额中的特殊费用

19. 您认为税收支出降低多少就会刺激您更多的消费？

□5%以下　□5%～10%　□10%～20%

□20%～30%　□30%～40%　□40%～50%

□50%以上　□无论税收支出降低多少都不会影响我的消费

20. 现有报道称个税起征点将定为5000元。您认为合适吗？

□合适　□不合适　□没影响

21. 关于个税起征点，您还有什么想法？（简答）

成套设备及技术出口贸易中价格条款的调研及仿真

李倩　徐瑞雨

指导教师：孟东梅 讲师

［摘　要］近年来我国大型设备出口飞速发展，价格谈判直接影响出口商的利益。本文分析了成本、谈判策略、供求关系、售后服务及技术支持等因素对大型机械设备出口的价格影响，并模拟全自动液压墙体砖压砖机出口价格条款谈判，验证大型设备出口价格条款谈判的影响因素。

［关键词］大型设备；价格条款；供求关系；谈判策略；售后服务及技术支持

1. 选题背景

2011 年有关统计数据显示，我国长期的国际贸易顺差局面将会被打破，未来的一段时间内，我国的对外贸易规模将会缩小，出现贸易逆差的局面不可避免。而对我国大型设备出口制造业来讲，这种状况影响明显。当前世界经济不景气，美国和西欧的经济阴霾仍没散去，希腊、西班牙、冰岛等国的经济形势依然严峻。虽然中国市场在这一时段表现出强劲的发展势头，但是在全球性的危机面前，我国的经济发展多少还是受到了些许波及。生产制造企业感受最大的威胁即市场的萎缩。以中国的工程机械制造业为例，十年的时间，中国的工程机械制造已经完成了蜕变，在规模、技术以及服务等方面，我国已经达到了世界领先水平。但是受制于全球经济危机造成的市场萎缩，我国的工程机械设备出口额度不断下降。虽也有像颚式破碎机和移动破碎站等矿山机械的火热需求局面，但是起重机、推土机和挖掘机等主流工程机械对外销售额度却在不断下降。面对这样的局面，我国的企业应该优化贸易谈判策略，找准买卖双方磋商的关键点。

2. 方案论证

按照深入学习实践科学发展观活动着重理清发展思路，完善发展措施，以科学发展观为指导，研究解决国际贸易谈判过程中的突出问题、热点问题。

2.1 研究目标

论证大型设备出口价格条款谈判的主要影响因素。

2.2 选题依据

国际商务谈判中，原材料成本和售后服务等相关条款以及市场供求关系均有重要影响，而谈判策略的选择也不可忽视。

2.3 课题研究的范围

大型成套设备及技术产品出口的价格条款谈判影响因素。

2.4 课题研究的步骤和方法

2.4.1 理论分析

本小组主要从成本、供求关系、谈判策略、服务及技术支持四个方面来分析其对价格谈判的影响及企业应该如何应对。以成本分析为例，本小组进行了充分的理论分析。

其中，成本主要是指在CIF术语下的造价、运费和保险费。首先是造价。笔者查阅了近年来大型机械设备的成本状况发现，造价较高的原因主要是受钢铁价格不断变动和核心配件依靠进口的影响。例如，自2008年来，中国市场的热轧板美元报价上涨了约20%，中板美元报价上涨了约30%，工程机械设备行业面临的成本压力不断加剧。

我国机械设备的核心配件大量依靠进口，以工程机械设备中的液压件、传动系统、发动机等核心配件为例，技术水平要求较高的机种所需的液压件基本依靠进口；我国适合机械设备用的大功率柴油发动机，均需依靠进口；大型设备配套的传动系统国内基本空白，需进口填补；挖掘机配套的液压油缸90%以上需要依靠进口。由此可见，我国大型机械设备的核心配件受制于国外，自2008年来，国际钢铁价格涨幅远超国内钢价涨幅，国外配件生产企业成本压力大增，配件供应商趁机提价，导致我国机械设备造价提高。

其次是运费和保险费。我国机械设备的出口地域广泛，出口的国家（地区）数量占全世界国家（地区）总数的80%以上。以2008年为例，出口国家和地区共202个，欧美和亚洲是企业产品出口的主要市场，排在出口国家（地区）前三位的是美国、日本和俄罗斯，其出口额合计为28亿美元，占出口总额的21%。

表 1　　2008 年工程机械设备进出口地区分布

地区	金额（亿美元）	增长率（%）	占出口总额比例（%）
亚洲	607353.68	45.1	45.3
非洲	181806.40	109.5	13.5
欧洲	304667.99	44.9	22.7
拉丁美洲	99554.52	107.2	7.4
北美洲	119455.87	41.7	8.9
大洋洲	29363.27	18.8	2.2
合计	1342221.73		100

数据来源：正点国际，《2010～2015 年中国工程机械行业投资分析及前景预测报告》，2010 年 1 月。

基于以上我国大型机械设备主要出口地在欧美和亚洲地区的结论，运输费及保险费对成本的影响就显而易见了。以欧盟为例，现在我们在对欧盟谈判中就面临两个新的运输问题。一个是由于金融危机的影响，欧洲航线经常货量不足，船公司要么缩减了业务，要么干脆退出了市场。另一个就是海盗问题，2006 年以来索马里海盗异常猖獗，由于亚丁湾是进入欧洲的要道，也是我国工程机械产品运往欧洲的主要海上通道，所以海盗问题也成为我国出口谈判中影响运输成本的一个重要问题。

运输的变化又对保险费有着重大影响。上海海事大学的徐剑华教授经计算指出，如果经苏伊士运河或亚丁湾可能会增加额外费用 18 万美元，其中包括战争险（7 天，每天 2.15 万美元保险费，总共 15 万美元）以及额外的成本（绑架和赎金条款，大约为 3 万美元）。

如此庞大的运输成本给机械设备产品价格增添了变数，也给谈判增加了新的难度。此次模拟谈判我们主要把市场集中在欧美和中东地区，因此以上所提及的运输、保险问题均会对我国大型机械设备出口造成影响，即便没有遇到海盗袭击，我方出口公司所需要支付的运费、保险费也十分高昂。

2.4.2　实际调查与模拟谈判验证

本小组的研究过程充分体现了实践对理论分析的验证。以谈判策略的分析为例，谈判策略的选择对成交价格的影响也是一个不容忽视的因素，经过大量模拟仿真实验，笔者发现以下三种策略更容易使卖方在价格谈判这一环节取得优势。

首先，抬价策略。使用抬价策略，卖方能较好地遏制买方的进一步要求，从而更好地维护自己的利益。

在仿真谈判中，有 54 组卖家给了较高的初始报价，其中 49 组给出了价格构成分析，使买方很难杀价，并且较高的初始报价为卖方在以后谈判中的价格退让留出了很大空间。例如，在垄断竞争市场上的第 17 组谈判中，卖方一开始报出了高达 84 万元的价格，并且给出了价格构成表，将成本、费用、利润列明，在买方表示价格过高难以接受时，卖方声称为了双方的友好合作压低己方利润，在这种情况下买方就难以再三压价了，最后双方以76.1万元的价格成交。

另外，有17组卖家在初期报出较低的价格，但在谈判中期又声称原先的报价有误，如果按照之前报价交易，卖方将遭受巨大损失，然后开出较高的报价，使对方措手不及，怀疑自己原先的估计不正确，最后有10组以卖方的理想价格成交，4组以双方可接受价格成交，3组谈判破裂。可见使用抬价策略，卖方很容易达到预期目的，但也存在谈判破裂的风险，因此要灵活运用，注意掌握分寸。该策略在寡头垄断和垄断市场上使用较多，在完全竞争和垄断竞争市场上使用比较少。

其次，低价策略。为防止买方大力杀价，卖方力图使买方相信己方所出价格低廉合理。低价策略主要通过以下手法实现。

①以最小或较小的计价单位报价。不管洽谈的交易数量有多大，卖方都应尽量以小的计价单位报价。以此次模拟谈判中一台液压墙体砖压砖机的价格75万元人民币为例，买方需要5台。那么卖方报75万/台比报总价375元万人民币更容易让买方接受。在80组谈判中，有64组卖家的报价是一台机器的价格，成功47组，成功率为58.75%；只有16组卖家给的是买方所购买商品总量的价格，成功5组，成功率为31.25%。

②价格比较。用其他生产商产品的较高报价与己方产品的较低报价相对比，或用其他买家的较高的报价与对方所给的较低买价对比，给对方制造竞争者。

这一策略在仿真谈判中应用非常普遍，几乎每一组谈判都运用了这一策略。有卖方拿出了德亿重工、郑州华隆、鑫源公司等其他企业的同类产品及其较高报价，让买方相信本公司所报价格已属低价。在买方仍觉价格较高时，卖方向其推荐己方其他低价产品，但会指出该商品与所谈商品相比的不足之处，两相对比，买方最终选择了质优价高的商品。

③预期价格上涨。卖方利用买方担心市场价格上涨的心理，诱使对方迅速签订购买协议。例如，在仿真谈判中，有卖方提出年底之前价格随市场行情大约上涨5%，并给出分析依据，如果对方打算购买这批设备，在年底前签协议，就可以按目前的价格享受优惠，合同执行可按照年底算，最后买卖双方达成了协议。

在完全竞争和垄断竞争市场上，由于供应商数量较多，卖方处于被动地位，因此低价策略使用较多；而在寡头垄断和垄断市场上，供应商数量较少，卖方处于主动地位，甚至掌握定价权，因此低价策略使用较少。

再次，红白脸策略。在红白脸策略实施过程中，主谈做红脸，是收场人物，在谈判中态度温和，表现大度；助手做白脸，是“放炮”人物，态度强硬，寸步不让。

在 80 组仿真谈判中，每一组都在不同程度上体现了红白脸策略的应用，有 57 组运用得比较好。

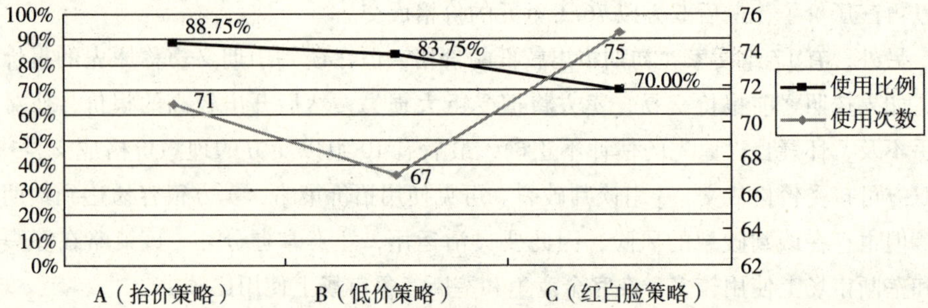

图 1　模拟谈判中三种策略使用次数及比例

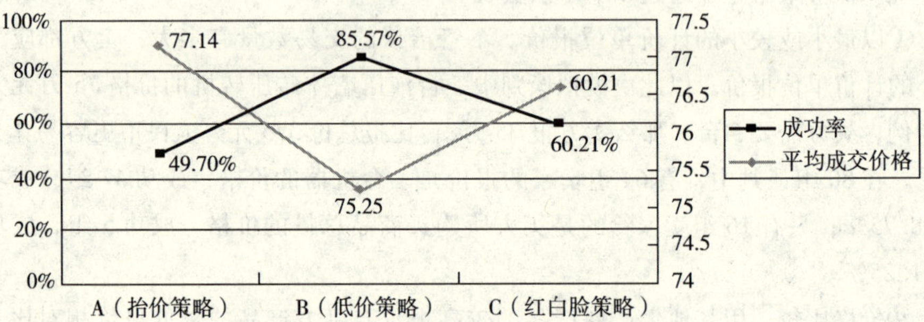

图 2　三种策略成功率及平均成交价格

通过对图 1 和图 2 的分析，我们发现：抬价策略成功率较低，容易导致谈判破裂，但是如果谈判成功，则其成交价格较高，适合垄断性较强的市场；低价策略成功率最高，但是其成交价格往往较低，适合应用在竞争较强的市场上；红白脸策略应用也较为普遍，成功率和成交价格居中，在各个市场上都适用。

2.5　课题研究的材料来源

本文参阅了大量学术论文，进行了充分的市场调研，并且实施了多次模拟仿真谈判，获得了大量数据。

3. 研究方法

3.1　理清研究思路

一个课题，特别是比较综合的课题，涉及的研究内容十分丰富，包含着多重关系、多重矛盾和多层次的问题，具有一定的深度和广度，其中必定有一对基本的关系、矛盾或问题。准确找出基本关系的意义就在于找到研究的切入口，使研究思路变得清晰且可操作。通过对研究问题进行正向分析、逆向分析等方法，理清和形成研究思路。

3.2 课题研究的基本方法

本课题所运用的研究方法有主法和辅法。主法有实验法、观察法、文献资料法、调查法、经验总结法、比较研究法、个案研究法、行动研究法、反思研究法、质的研究法等。辅法有统计法、问卷法等。

3.3 课题研究方法的使用与选择

本项目科研方法的使用有多种选法：有一种为主、多法综合运用；多法并用、交替使用、各法互补；单一方法也有，但较少。针对大型设备出口的具体情况，本小组选定了几种恰当的研究方法。

3.3.1 开展理论思维，提出研究假设

假设就是尚未得到实践证明姑且认定的预想，它是人们思维过程中推理与判断相结合而产生的一种暂定的理论。大胆的假设，小心的求证，历来是科学研究探索的正确途径。根据对研究对象的了解，从已知推未知的猜想、推断，包括各种可能性理论认识或初步结论，在进行研究之前推测出来。

3.3.2 要掌握研究假设的基本标准

研究假设应有4条标准：①能说明两个或两个以上变量间的期望关系；②研究者应有该假设是否值得检验的明确的理由；③假设应是可检验的；④假设应尽可能简洁明了。

3.3.3 明确研究假设形成的基本步骤

研究假设是主观因素和客观因素相结合的产物，是从观察发现到理论发现的中间环节，是由个别到一般、由特殊到普遍发现的主式。基本步骤是：①要在搜集一定数量的事实、资料基础上，提炼出科学问题；②寻求理论支持，形成初步假设；③推演出各相关现象的理论性陈述，使假设发展成比较系统的形态，具有严谨而稳定的结构；④充分运用各种有关的科学知识，灵活展开归纳和演绎、分析和综合、类比和想象等各种思维活动，形成基本观点；⑤对基本观点再提炼，形成假设的核心。

3.3.4 明确研究假设形成的基本条件

研究假设形成的基本条件有：①要以科学观察和经验归纳为基础；②要以科学

的思想方法为指导，通过类比、归纳、演绎等方法，做出合乎逻辑的某种命题；③研究者要有丰富的知识、经验。

3.3.5 明确研究假设表述的方式

研究假设的表述应该是有倾向性的，可以是肯定式或否定式，而且所举的变量与变量之间的关系应该是能够操作、观察和验证的。研究假设可分为描述性假设和解释性假设。

4. 研究结果

研究可见，我国大型机械设备出口价格条款谈判主要受产品成本（造价、运费、保险）、供求关系、谈判策略、维修售后服务及技术支持的影响。

由于钢铁价格上涨和核心部件主要依靠进口，设备的造价不断上升，利润空间受挤压；我国大型机械出口主要集中在欧美和亚洲地区，运输和保险问题不断凸显，且费用高昂。企业成本在上述多重因素的拉动下持续增加，出现了成本增加叠加效应和快速增加效应，工程机械产品成本上升30%～60%，企业出现经营风险，工程机械净利润已下降10%～20%。对此，企业应从自身出发加强产业核心竞争力建设，积极进行资源整合，在竞争中形成和整合优质资源以提高自身的核心竞争力。在发展核心资源的同时，还应积极借鉴国外先进技术，加以改进和创新，提高自主创新能力，降低核心配件的进口比例，摆脱外国配件供应商的控制。对于运输和保险问题，在运输谈判上灵活变通，精确计算费用，如果绕道海盗猖獗区域费用较低，企业可以考虑绕道航行。

供求关系对价格产生间接影响，当前国际大型机械设备的进出口国家和地区都比较集中，垄断竞争和寡头垄断的特点较为明显，同时其竞争也日渐加剧，我国大型机械设备生产企业在出口中机遇与竞争压力并存。因此企业应加强对国内外经济和市场走势的分析，关注供求量的变化，及时调整生产规模。同时可以通过企业兼并、强强联合等手段扩大企业规模，提高产量，在国际市场上获得更大份额。

谈判策略的运用对交易价格有直接影响，抬价策略、低价策略、红白脸策略在大型设备交易谈判中应用较多，灵活运用恰当的谈判策略能促进交易达成并取得预期价格。企业应该加强对谈判人员的谈判技能培训，做好谈判前的准备工作，尽量多地掌握市场信息，了解对方的需求和条件，达到“知己知彼，百战不殆”的目的。

售后服务及技术支持的提高对企业有着重大意义，良好的售后服务和到位的技术支持能够增加产品的附加值，使交易按照理想价格成交。售后服务及技术支持的滞后，制约了我国工程机械出口量的增长和交易价格的提高。针对产品质量低、故障率偏高、维修费用居高不下这一问题，企业一方面应通过技术提高产品质量，另一方面可以适当延长售后保修期。针对设备精密复杂、容易出现操作失误的问题，建议企业加强对买方的技术指导，对买方操作人员进行使用培训至其能完全熟练操作为止。针对买方发出的投诉，企业应当及时妥善解决，从而打造良好的企业形象。

本文研究的创新性在于，在综合分析我国出口情况的前提下，具体结合我国大型设备出口的价格条款谈判进行分析，并得出建设性结论，给企业出口谈判提供建议。

参考文献

[1] 江琳，隋一．不期然而然，狼在我也在——入世五年中国工程机械进出口贸易状况综述．今日工程机械，2007（4）
[2] 袁岳，傅鸿飞．工程机械行业．行业研究，2007（4）
[3] 刘正．工程机械行业深度报告：装载机与挖掘机．湘财证券，2011（5）
[4] 韦明亮．工程机械行业分析——寒冬已过等待春天．光大证券，2004（11）
[5] 薛景梅，张圣泉．顾客投诉管理与顾客满意度提高．商场现代化，2005（5）
[6] 不云．从产业国际竞争力看我国工程机械行业．今日工程机械，2007（10）
[7] 孟东梅．高新技术产品出口谈判面临的新问题及对策．现代商业，2011（5）
[8] 邓娟，孟烨．索马里海盗事件对国际贸易运输成本的影响分析．对外经贸实务，2009（10）
[9] 吴仁波．国际贸易中的价格谈判策略．经济师，2002（2）
[10] 薛福连．贸易活动中价格谈判技巧．粤港澳价格，2004（9）
[11] 曾繁伟，宋秀英．企业合同价格谈判技巧．职业时空，2008（3）
[12] 赵善庆．企业经济合同价格谈判技巧．企业参考，2004（4）
[13] 朱斌，潘海军．博弈论视角下的中国钢铁业进口矿石国际价格谈判困境．决策信息，2008（8）
[14] 冯云生，石来德，简小刚．工程机械市场分析．中国工程机械学报，2010（4）
[15] 袁野，张瑜．我国机械和运输设备出口的竞争力和市场份额分析．经济理论研究，2007（9）

大宗商品在国际商务谈判中有关信用证支付风险分析及应对策略和仿真研究报告

徐倩　张宗惠　韩聪　侯小花　李夏
指导老师：姜延书 教授

[摘　要] 随着经济全球化的发展，我国对大宗商品贸易的需求日益增加。但由于国内外宏观调控的不确定性，大宗商品的价格波动加剧。因此，对于国际贸易和商务谈判而言，大宗商品进口谈判难度较大，对谈判者要求较高。本文将从商务谈判的过程分析进口商的风险及谈判的应对策略。

[关键词] 国际商务谈判；大宗商品；进口商；信用证风险；策略

1. 背景资料

随着实体经济的不断扩大与经济全球化的发展，我国对大宗商品国际贸易的需求日益增加。同时，欧元和美元的持续贬值，以及过去两年世界各国积极的财政政策及持续宽松的货币政策，大宗商品价格出现大幅上涨。但是由于国内宏观调控的不确定性增强，使得大宗商品的价格波动也在进一步加剧。因此，对于国际贸易和商务谈判而言，大宗商品的进口谈判是难度较大、对谈判者要求较高的业务。目前，我国大宗商品在国际商务谈判中地位低微，这一局面急需改善。同时为了发挥我校的专业与研究特色，支持和推进大宗商品贸易发展，本项目课题将重点研究：国贸专业学生大宗商品贸易中进口商国际商务谈判过程风险规避策略研究。

本课题旨在加强学生在大宗商品贸易谈判中的综合控制能力，包括对大宗商品国际贸易市场走势的整体把握能力，对大宗商品国际贸易的风险分析能力，以及谈判各方的交流控制能力等。通过搜集有关大宗商品国际贸易的资料和谈判案例，组织学生进行模拟谈判，由教师进行点评并提出意见，提高学生在大宗商品国际贸易商务谈判的过程控制能力。

2. 国际商务谈判理论

2.1 国际商务谈判概念及现状

国际商务谈判是不同国家利益相关的两个或两个以上的个人之间、组织和团体之间，为解决待定贸易问题，沟通歧见，而各自提出方案，就特定议题和范围进行磋商讨论，最终达成意向双方满意协议的一个不断协调的过程。

老式的谈判是一种追求“输赢”结果的谈判，其谈判过程中除了采取讨论、说明、描述、综合提出建议意见等方式阐明己方立场外，还要采取劝说、激励、威胁、恐吓、欺诈等软或硬、正当或不正当的手段获取谈判的胜利。随着时代的变迁，谈判的理念、方略都有明显变化，人们越来越重视“双赢”的谈判理念，即追求高效低耗、注重长远、面向未来。“双赢”是把谈判的人和谈判的问题分开，坚持关注利益而不是立场。在国际商务谈判中，为获得“双赢”甚至“多赢”的结果，谈判人员需要具有一定的专业素质和原则保证。

2.2 国际商务谈判的原则

2.2.1 平等互利原则

平等互利是当代国际商务谈判中最基本的原则。它意味着谈判双方有相同的法律地位，体现了双方平等的权利和义务，代表了双方的利益。成功的谈判必须是双方都有收获。否则，一无所获的一方就没必要进行交易。双方都应该在平等的基础上准备好一定程度的让步以求互利互惠。

2.2.2 客观合作原则

谈判就是为了解决问题而与他方进行磋商。通过谈判，双方都在寻找一种比以前更好的情形。但事实上双方都在做出让步，希望自己的让步为自己赢得更大的利益。谈判的目的在于寻求一种双赢，而不是一方赢、一方输。这需要双方共同的合作。

2.2.3 灵活变通原则

任何谈判都是一个不断思考、交换意见和彼此让步的过程。我们在把握己方利益目标的基础上，只要不放弃基本原则，可以考虑采用多种途径、多种方法，灵活多样地处理各种变化，最终保证谈判协议得以签署。

2.3 对谈判人员的素质要求

谈判人员所具有的素质，不仅是谈判能否成功完成的重要条件，而且当双方谈判的客观条件良好、共同利益较一致时，谈判人员的素质高低往往起着决定性作用。

2.3.1 政治素质

具备坚定的政治立场，保守国家经济机密，维护国家利益和国家尊严。因为国际商务谈判既是一种商务交易的谈判，也是一项国际交往活动，具有较强的政策性。国际商务谈判必须贯彻执行国家的有关方针政策和外交政策，同时，还应注意国别政策，以及执行对外经济贸易的一系列法律和规章制度。谈判人员还要熟悉各种国际惯例，熟悉对方所在国的法律条款，熟悉国际经济组织的各种规定和国际法。这些问题是一般国内贸易谈判所无法涉及的，要引起特别重视。

2.3.2 综合文化素质

任何国际谈判都是跨文化的谈判。我们的谈判人员必须事先对我们的谈判对象国有一个很全面清楚的了解，了解对方的文化特点和思维方式。如果我们以自己的文化视角来看待外国文化，必然会在商务谈判中误入歧途，使自己在商务谈判中处于被动和尴尬地位。例如，讨价还价的行为在不同的文化里具有各种各样的含义。在有些国家，如果一个人不讨价还价，他就会被认为是幼稚的。在这样的文化里，讨价还价有多种作用，双方主要是在个人层面上相互了解，旷日持久的讨价还价过程成了发展个人关系的工具。然而，在另一些国家里，急于讨价还价可能是一种不值得信任的表现。在其他一些国家里，人们会对讨价还价的整个过程感到不自在。在开始国际商务谈判之前，就必须理解和接受这些差异。

3. 主要研究内容与结论

3.1 大宗商品贸易中进口信用证项下支付风险与防范

3.3.1 引言

近些年来，我国大宗商品进口贸易规模逐步扩大。2011 年一季度我国出现 6 年来首次季度贸易逆差——达 10.2 亿美元，而导致该逆差的根本原因就是国际市场大宗商品价格大幅上涨。据海关统计，我国 2011 年一季度铁矿砂进口 1.8 亿吨，增加 14.4%，进口均价为每吨 156.5 美元，上涨 59.5%；大豆 1096 万吨，减少 0.7%，进口均价为每吨 573.9 美元，上涨 25.7%。

大宗商品贸易由于其涉及金额大，关系一国经济发展，常采用信用证的支付方式。作为“商业天才的创造”，信用证为国际贸易结算提供了巨大的便利，是国际商业的“生命线”。在国际贸易理论研究中，我们大多从出口商角度出发，探讨如何防范贸易风险，如何保障受益人的权益，然而在实践中，开证申请人也会面临受益人不诚实、单据和货物欺诈风险、法律风险、政策风险等问题。因此，研究进口商在信用证结算中可能遭遇的风险，提出其在信用证结算中应采取的风险防范措施，具有重要的现实意义。

国内关于大宗商品及进口商信用证支付风险的研究主要包括以下内容。尹继群、张汉江对大宗商品中远期交易风险进行了系统的研究，分别从履约风险、资金管理风险、道德风险方面进行了分析。石晓梅、冯耕中在其研究中补充提出了价格波动风险、流动性风险、套期保值风险。丁煜将进口商信用证支付风险归为欺诈性风险。在海运方式下，信用证欺诈风险包括利用提单、信用证条款、信用证种类欺诈等三大类风险。凌智侧重分析了信用证法律风险，并引用了各国法学家和实务界专业人士的学说，比如英国学者 Gutteridge（1982）提出的特别代理说，美国学者 McCurdy 于2002 年提出的风险转让说。

国外对信用证风险的研究侧重于对其产生的内部原因进行探究。Gerald（2004）通过案例得出，银行只对信用证业务中的单据审查，而不对单据的完整性、准确性、真实性等进行审查，因此会产生信用风险与单据风险，而 Kozolckyk 教授也曾经强调过“严格相符”的概念，指出其为信用证交易中风险的症结所在。Edward L Rubin 在其文章 Thinking Like A Lawyer，Acting Like A Lobbyist，Some Notes on Process of Revising U. C. C（1999）之处在信用证风险防范中由于开证人与受益人之间存在利益上的冲突，某些利益冲突和细节上的要求，在具体实务操作中，风险的防范很难扮演一个中立的角色。

3. 1. 2 大宗商品国际贸易支付特点

（1）交易金额大，履行期限长

大宗商品贸易供需量大，交易量大，交易资金密集，企业对银行资金依赖度高。大宗商品大都为资源性商品，易变现、易储存、不易损坏、通用性强，合同履行期限往往较长，一般少则 1 ~2 年，多则 3 年以上。

（2）价格波动活跃，且透明度高

大宗商品一般包括 3 个类别，能源商品、基础原材料和农副产品。这些产品能够反映一国的经济运行以及国际贸易现状，特别是石油、铁矿石等涉及一国经济安全和国家战略的大宗商品，其价格受国际政治性与国际供需市场作用的共同影响，价格波动十分活跃。从大宗商品交易的发展趋势看，市场化的手段、方式和组织形式被越来越多地采用并发挥更显著的作用。比如，NYMEX（New York Mercantile Exchange，纽约商品交易所）在 20 世纪 70 年代推出石油期货合约，并非政府行为或意在和 OPEC 争夺石油定价权，只是在当时石油危机过后，油价剧烈波动，为满足石油生产商及消费客户规避石油价格风险而做出的一种市场决策。如今石油期货已成为现货交易的定价基准之一。总的来看，价格存在全球性的定价机制，透明度高，有完善的交易机制，风险对冲机制健全。

（3）金融属性凸显，与电子金融交易市场联系紧密

20 世纪 90 年代以来，国际市场出现了现货交易和期货等衍生品交易一体化操作的趋势。随着电子商务的蓬勃发展，大宗商品电子交易市场在国内发展迅速，目前我国已建成了 200 多家大宗商品电子交易中心，涉及石油、化工、钢材、塑料、粮食、煤炭等诸多商品领域。经过长期的演变，各种交易形式已经形成了一个完整的体系，并都有它不可替代的功能。众多大宗商品包括铜、铝、锡、大豆都形成了类似的国际贸易体系和国际市场体系。

3.1.3 进口信用证项下主要支付风险

（1）价格风险

大宗商品价格浮动大，合同履行期限往往较长，信用证规定的计价货币与计价方式会给进口方带来利润风险。比如双方定价时，如果信用证中采用固定价格，必然要遭受价格浮动带来的风险；同时，进口方还要承受合同价格与销售价格差距浮动的风险。

此外，信用证支付方式下，如规定价格条款为 CIF 或 CFR，则应由卖方负责制定船只，法律上买方的责任是要保证装运期的第一天信用证就准备好。如果买方做不到按期开证，即构成对条件违约，卖方可以解除合同并提出索赔。而大宗商品价格受全球市场、国家政策和政治因素影响，波幅较大。在贸易过程中，如果卖方由于如货物价格上涨等原因，故意拖延开证日期，迟迟未将付运时间告诉买方，导致买方未能及时开证，这就使卖方有机可乘，以买方未能及时开证为由解除合同；同时，买方还会因此遭受本地市场风险与信誉风险。

（2）融资与流动性风险

大宗商品贸易供需量大，交易量大，交易资金密集，企业对银行资金依赖度高。进口押汇，作为进口方贸易融资中的一种主要形式，指在进口信用证项下，由于资金困难，进口商在收到开证行单到付款通知时无力付款，将进口货物的所有权或其他财产抵押给银行，或提供第三人担保，与银行签订进口押汇协议，由银行代其垫付货款。在此基础上，开证行在收到信用证项下的单据后先行付款，然后根据与进口商之间的进口押汇协议及进口商签发的信托收据将单据交进口商，进口商凭单提货，并在市场销售后，将货款及利息交还开证行。由此可见，进口押汇的实质是银行对进口商的一种短期放款。

进口押汇虽然给进口商提供了融资便利，但也存在着潜在风险。从资金流动性方面看，进口企业虽然将货物卖出，顺利收回货款，但如果到期企业资金流动性出

现问题，比如应归还其他银行到期贷款，其他公司向其借款或债务纠纷账款被冻结扣划，无法按时归还押汇银行的到期押汇款，形成银行押汇款逾期，会对企业的信誉甚至存亡造成威胁。此外，汇率变动风险在进口押汇中也会对企业造成一定风险；银行对进口企业押汇币种如果是本币，则国内贷款回收也是本币，就不会有汇率变动风险；但若押汇币种是外币，则企业要承担本币贬值的风险。

而信用证的打包贷款，作为融资的一种方式，可以起到帮助卖方备货、缓解资金困难的作用。但如果出口商刻意欺骗，得到资金后仍不能按时交货，进口商不仅要一直将开立信用证时的比例资金押在银行，对企业资金流通造成一定的局限性，而且可能会失去进口地市场，承受信誉风险，这种潜在风险同样会严重影响企业发展。

（3）单据风险

信用证条款繁多复杂，每一项都关系贸易方利益。大宗商品的质量条款在国际贸易中都有严格规定，计价方式条款关系贸易双方利润，装卸条款决定开证日期，一旦审证改证出现疏忽，会给进口方带来利益风险。

信用证方式作为纯单据业务，银行以“单单一致，单证一致”为原则，而不对货物质量负责任。基于信用证这种单据买卖的特性，受益人在货物不存在或与信用证项下货物不符的情况下，以伪造的单据诱使开证行因形式上的单证相符而无条件付款会造成信用证欺诈。大宗商品贸易一般都有国际标准，一旦受益人进行单据欺诈，提交货物以次充好，即使进口方依据法律合同提出索赔，也会在本地市场遭受时间风险与信誉风险。大宗商品如农产品，矿产一般采用海运方式运输，提单具有物权凭证的性质，经常成为出口商勾结承运人的欺诈工具，一般表现在倒签提单、预借提单、保函换取清洁提单。

3.1.4 进口商针对信用证支付风险防范

（1）针对价格波动风险的防范

对于大宗商品来说，价格相关条款、质量条款与进口方利益相关，进行合同谈判人员应将其作为重点。防范价格波动风险，主要从交易成交价格，支付货币类型选择，付款期限等方面考虑。

首先，交易争取以公平合同价格成交。大宗商品贸易谈判时，合同价格的确定应以市场价为指导。进口方应设立专职部门负责研究、分析大宗商品市场价格走势及动态作为签约基础，它将使买方权益得到较好保障。在合同签订时，可以通过制定价格警戒线来约束风险。浮动价格或约定汇率波动幅度限制条款也是避免影响价格的汇率风险有效措施。前者是指当汇率偏离约定值时产生的损失由双方共同承担，后者是指当汇率变化超过约定幅度时双方都有权中止合同。采用这种做法买卖双方可以根据各自对市场的承受力来决定对买卖合同的态度。

其次，对交易支付货币的选择，如能争取“软币”自然最好，若双方分歧较大，可以选择汇率较稳定的国际货币。此外可在合同中加关于合同水分超标条款并注明处理办法，以实现合同价格的公平。

最后，为避免长期贸易中价格波动带来的市场风险，要特别确定合同中装卸条款。进行大宗货物交易谈判时，要明确货物装运期，以免货物价格波动较大时，出口商故意拖延开证日期，使买方遭受市场风险；如果因特殊情况预计货物推迟到达，买方能提前采取补救措施CIF价格条件下，卖方坚持签卸率条款时，买方应争取指定卸港船代以避免时间与费用风险。近海运输时，对交单期的规定要确保提单于货物之前到达进口地，这样可以使进口商避免承担额外的费用。

（2）针对融资与流动性风险防范

对于大宗货物贸易，由于其金额较大，价格易受多因素影响；在合同交货期较长时，稳定的货币依然有风险。对于远期交货的大宗货物进口，进口商可以在金融市场进行外汇交易，利用金融衍生工具比如期权等进行套期保值。具体操作可以咨询金融机构，取得专业的建议制订方案后委托银行执行。

除在金融市场套期保值外，进出口双方可以商定，在合同签订之后的一定时间内，出口商通过一家进口商认可的银行开立以进口商为受益人的履约保函。保函中可标注在合同规定最迟装运期之后一定时间内，进口商如果仍然没有收到出口商的装运通知（说明出口商没有履行交货的义务），进口商将情况书面通知保函的开立银行，保函项下的账款（合同金额的一定百分比）即自动、无条件地划入进口商的账户。如果在一定时间内银行没有收到进口商的书面通知，则保函自动失效。一般来说，该保函与有效信用证同时生效，这样做可以对双方都起到避免违约的约束作用。

此外进口商可以采取远期结汇锁定风险，发票贷款加速资金回流，背对背融资等措施缓解融资与流动性风险。

（3）针对单据风险防范策略

由于信用证交易强调“单单一致，单证一致”，选择一家好的开证行对进口商有效防范信用证单据风险非常重要。资信良好的开证行会在开证时，给进口商提供建议和帮助，规避潜在风险；同时提示进口商对外拒付的时限要求，维护进口商的利益。因此，进口商在办理进口业务时一定要选择那些素质好、审单能力强、责任心强的银行作为开证行，以顺利完成进口贸易。另外进口商一定要保护好自身的权益，当开证行不履行审单责任而导致进口商损失时，进口商应要求赔偿损失。

此外，在履约过程中，买方应设立合同专管人员，自合同签约后对合同履行中各个环节进行监管。除审核单证、单单是否相符外，进口商更应侧重单货是否相符、单据所填日期与货物到达时间是否合理，如果发现提单有倒签的可能，可以查询航海日记，把握证据后向出口商和承运人索赔。此外由于UCP600中对信用证修改条款的规定有利于出口商，进口商应谨慎对待修改信用证；通过要求客户及时发送装船通知，向有关海事机构调查运输情况来确定提单内容的真实性。

特别指出的是，在进行农产品交易时，进口方药在签订合同要特别明确检验条款。开证申请人谈判好进口货物的检验条款。为确保各类检验证书真正发挥作用，双方应明确检验标准、检验方法及检验证书的出具人，必要时可指定买卖双方共同认可的国际公认商检机构，如SGS（日内瓦通用鉴定公司）、OMIC（海外货物检验株式会社）、LLOYD'S SURVEYOR（英国劳氏公证行）等。

3.1.5 结论

信用证是一种举足轻重的国际贸易结算方式，它自11世纪出现于威尼斯以来，风行商界几百年，为众多进出口商所青睐。但信用证的风险也随之而来，不法分子的欺诈手段和方法也将会不断变换，层出不穷。对进口商来说，除本文提到的价格风险，融资与流动性风险，单据风险外，还有信用风险、法律风险、操作风险等一系列风险。这就需要进口商加强风险防范意识，透彻了解信用证的原理与运作，认清单据买卖的实质，合理利用信用证运行机制，掌握各种金融避险工具，灵活变通，争取安全收汇，才能把风险降至最低。

3.2 大宗商品谈判特点分析

3.2.1 大宗商品特点概括

①大宗商品价格波动大。只有商品的价格波动较大，有意回避价格风险的交易者才需要利用远期价格先把价格确定下来。

②供需量大。期货市场功能的发挥是以商品供需双方广泛参加交易为前提的，只有现货供需量大的商品才能在大范围内进行充分竞争，形成权威价格。

③易于分级和标准化。期货合约事先规定了交割商品的质量标准，因此，期货品种必须是质量稳定的商品，否则就难以进行标准化。

④易于储存、运输。商品期货一般都是远期交割的商品，这就要求这些商品易于储存、不易变质、便于运输。

3.2.2 大宗商品谈判支付特点

在大宗商品谈判上，价格似乎是谈判的核心，但是在其他方面，例如数量、包装、付款方式、交期、支付货币等各方面也是谈判的重点。就付款方式来讲，一般采用信用证，这样对双方来说风险较小，但手续相对复杂。如为熟悉客户，可采用T/T25作为订金发货，之后以D/P在银行拿单。这样的做法对于资金的压力较轻，因为你不用为那么一两个月的运输时间把资金先压进口。当然，如果你在银行有足够的信用额度远期结汇，就选择采用信用证的支付方式。

综上所述，大宗商品的支付特点：交易金额大，履行期限长；价格波动活跃，且透明度高；金融属性凸显，与电子金融交易市场联系紧密。

3.3 大宗商品谈判过程控制

3.3.1 谈判目标控制

达到谈判目标是商务谈判的最终结果之一。由于谈判的目标是一种主观的预测性和决策性目标，它的实现就需要参加谈判的各方根据自身利益的需要、他人利益的需要和各种客观因素的可能，来制定谈判的目标系统、设计目标层次，并在谈判过程中经过各方不厌其烦地“讨价还价”来达到某一目标层次。谈判的具体目标可分为四个层次：最高目标、实际需求目标、可接受目标、最低目标。

最高目标，也叫最优期望目标。这是各方在谈判中所要追求的最高目标，也往往是对方所能忍受的极限。如果超过这个目标，谈判往往有破裂的危险。

实际需求目标，是谈判各方根据主客观因素，考虑到各方面情况，经过科学论证、预测和核算后，纳入谈判计划的谈判目标。这是谈判者调动各种积极性，使用各种谈判手段，努力达到的谈判目标。

可接受目标，是指在谈判中可努力争取或作出让步的范围。它能满足谈判一方的部分需求，实现部分经济利益。

最低目标，是商务谈判必须实现的目标，是谈判的最低要求。若不能实现，宁愿谈判破裂也没有讨价还价、妥协让步的可能。

我国在众多的国际大宗商品谈判中，多数作为需求方，因此，如何制定最高目标、实际需求目标、可接受目标和最低目标，也是现实谈判中需要认真考虑的问题。

3.3.2 谈判核心利益与双方关系控制

从具体谈判的角度来说，利益和关系似乎是一对不可化解的矛盾。为获得较高利益，就得以损害关系为代价；而要想保住重要的关系，势必得牺牲己方的利益，最常见的是价格让步。但最糟糕的是对方可能以关系为砝码相要挟，迫使己方不得不一次次让步，其结果是既丧失了利益，又导致关系的摇摇欲坠直至破裂。我们认为，看待这个问题必须跳出“零和弈棋”的圈子，提升到国家战略的高度，才能得到正确的解决办法。利益和关系实际上是齐头并进的，以关系相要挟的利益侵占实际上起源于怀疑和不信任，否则谁都知道，保持合作才能获得长期利益。特别是大宗商品价的贸易，通常不是单个厂商或者利益集团的贸易，有时甚至会影响两个贸易国的关系，因此必须在保全良好关系的前提下来实现己方的最大利益。如果双方都明确对方的战略，最大限度地分享信息，扩大交流，坦诚合作，不仅能获得双赢，保持关系，有时还能创造性地解决问题，带来意想不到的更大的利益分享的同时，又能促使关系更紧密。在大宗商品贸易谈判的实施和协调过程中，应正确区分哪些问题与即时利益有关，哪些问题与长期关系有关。并且对于一个大宗商品高需求大国来说，树立长期的战略眼光，与对手权衡利益与关系，才能够促进双方合作的可持续发展，带来双赢的局面。

3.3.3 谈判让步点控制

谈判进入实质的磋商阶段以后，各方往往由于某种原因相持不下，特别是在大宗商品谈判过程中，大宗商品的供应方通常受全球为数不多的大生产商控制，而大宗商品的需求者则非常多，再加上我国作为当前国际上众多种类大宗商品最大的需求方，要实现最高目标极为困难。谈判过程中，面对我方超大的需求以及供方垄断者的地位，谈判双方往往很难放弃自己的出价而达成一致，这时候谈判会进入进退两难的境地，我们常常称之为“谈判的僵局”。出现僵局不等于谈判破裂，但它严重影响商务谈判的进程，如不能很好地解决，就会导致商务谈判的破裂。

在国际商务谈判中，主动让步的最终目的是为了达到不让步的效果。从让步的本质、时间和空间的三维层面进行分析，让步的方式主要有表面让步、局部让步、短期让步。表面让步指的是抓住影响谈判目标价值的关键内容不放，在谈判的非关键因素和非关键内容上做出的让步。局部让步是一种舍卒保车的战略，是以牺牲局部利益换得整体利益的让步方式。短期让步是牺牲眼前短期利益换取远期更大利益的一种战略。这三种方式都必须对双方的现状和发展情况有深刻的认识，对己方的整体目标和长远发展规划有明确把握，才能做到虽让实赢、以让取胜。

从实施来看，让步策略又分为主动让步策略和迫使对方让步策略。国际商务谈判过程中，在准确理解对方利益的前提下，努力寻求各种互利的解决方案是一种正常渠道达成协议的方式。但在解决一些棘手的利益冲突问题时，双方就某一个利益问题争执不下，例如在国际贸易中的交货期长短问题、最终的价格条款谈判问题等，恰当地运用让步策略是非常有效的工具。在利益冲突不能采取其他方式协调时，客观标准让步策略的使用在国际商务谈判中会起到非常重要的作用。成功让步的策略和技巧表现在谈判的各个阶段，要准确、有价值地运用好主动让步策略，总体来讲必须服从以下原则：目标价值最大化原则、适度原则、适时原则、清晰原则。

国际商务谈判中如果让对方感受到其他竞争对手的存在，那么就容易给对方造成让步的压力，其谈判的实力就大为减弱。制造和利用竞争永远是谈判中逼迫对方让步最有效的武器和策略，有经验的谈判者总是故意制造存在竞争者的谈判格局，诱使对方做出让步。制造竞争的具体方法有：邀请多家卖方参加投标，利用卖方之间的竞争取胜；同时邀请几家主要的卖主与其谈判，把与一家谈判的条件作为与另一家谈判要价的筹码，让其进行背靠背的竞争，促其竞相降低条件；邀请多家卖主参加集体谈判，当着所有卖主的面以压低的条件与其中一位卖主谈判，以迫使卖主接受新的条件。

在大宗商品国际商务谈判中，无论采取主动让步策略，还是迫使对方采取让步策略，都是为了一个目的——实现谈判目标价值最大化。而大宗商品国际谈判不同于其他谈判的重要因素是：国际商务谈判大多数是在平等的前提下进行的，而大宗商品的国际商务谈判则从一开始就处于双方不平等的地位——最大的需求方和国际垄断集团。因此，我方策略运用得好坏不单取决于谈判双方对短期利益和长期利益的权衡和取舍，还取决于其他综合因素，所以从战略的高度、国家利益的高度考虑问题是很必要的。

3.3.4 谈判系统控制

总的来说，我们认为对大宗商品谈判过程的控制应从谈判过程的层面向上下两个方向延伸，进行战略、过程、组织的全方位思考。在最上层的战略层次，首先需要转变“情景式管理”为“制度化战略管理”观念，制定与大宗商品整体战略相辅相成的谈判战略，包括总目标和总策略；其次还需明确树立将利益与关系区别对待的观念，把握二者的分界点，以指导谈判活动的正确展开。组织、支持需要与知识管理和客户关系管理等紧密集成，建立切实的保障制度，以便有力地支持过程控制层的工作，实实在在地贯彻上层的战略观点，同时应不断进行认识和总结，加强组织学习，完善组织支持的功能，将谈判管理能力提升为国际大宗商品谈判的重要部分。

3.3.5 谈判信息控制

当今的时代是经济信息的时代，谁率先获得了产品的有利信息，迅速采取行动，谁就会在激烈市场竞争中占据主动。大宗商品国际商务谈判中，谈判信息的过程控制，虽不如在高新技术产品国际商务谈判中占的位置重要，但其地位也不可忽视。关于大宗商品国际商务谈判的信息过程控制，从信息源控制角度，可以分为两类：一是指信息的收集，二是信息的发布。信息的收集是在谈判过程中从对方的发言与谈话及其提供的资料中收集信息。信息的发布控制主要是我方自身信息控制，其原则是既要保证谈判需要，又要注意做好重要信息的保密工作，防止因泄密使我方在谈判中处于更加不利的地位。此外，还要注意内部信息反馈过程控制。这里是指谈判过程中，参加谈判的人员要及时对每天的谈判内容进行认真的总结、分析、归纳，及时发现谈判中出现的问题，研究解决对策。及时将有关情况上报主管领导。重大事项，应严格按照权限及时请示有关领导。请求领导的指导、理解和支持，形成一个完整的过程控制回路。大宗商品国际商务谈判信息过程控制要求收集和发布信息，注意信息的科学性和完整性，包括信息真实性、及时性、代表性、典型性、全面性、系统性。做到统筹兼顾，杜绝向领导和决策部门发布不真实的信息。

从最后的支付方面来看，主要的风险包含价格风险、融资与流动风险、单据风险，因此，主要的风险控制也是从这些方面来考虑。

3.3.6 价格风险控制

谈判过程中，价格谈判内容是谈判的核心。在采用信用证支付方式的前提下对买卖双方都有保障。但是谈价格时要避免谈一固定价格，防止遭受价格变动带来的风险。可以将价格确定在一小区间范围内。

在选择支付货币方面，作为进口方，如果可以，最好选择对我们最有利的“软币”；如果在支付货币上有争执，我们要选择汇率稳定的国际货币，避免汇率风险带来的影响。

为了避免出口商故意拖长开证日期给进口商带来风险，在谈判过程中要明确货物装运期。如果因特殊情况预计货物推迟到达，买方能提前采取补救措施。CIF 价格条件下，卖方坚持签卸率条款时，买方应争取指定卸港船代以避免时间与费用风险。近海运输时，对交单期的规定要确保提单于货物之前到达进口地，这样可以使进口商避免承担额外的费用。

参考文献

[1] 杨型胜，梁建伟．大宗商品交易市场价格变动对进口开证业务的影响及其风险分析．金融理论与实践，2009（11）
[2] 卢俊峰，刘伟华．中国大宗商品进口风险及防范措施探析．经济师，2011（03）
[3] 石晓梅，冯耕中．大宗商品电子交易市场关键风险识别研究：基于实证的探讨．管理评论，2010（12）
[4] 张彦欣．进口业务中的信用证结算方式及其风险规避．北京市经济管理干部学院学报，2010（03）
[5] 尹继群，张汉江．大宗商品中远期交易市场风险及工商监管对策分析．中国工商管理研究，2011（02）
[6] 周梦，王敏涛．进口商在信用证支付方式下的风险及防范．中小企业管理与科技（上旬刊），2010（08）
[7] 丁煜．国际贸易中信用证的风险与防范．中共珠海市委党校珠海市行政学院学报，2004（03）
[8] 凌智．国际贸易中跟单信用证风险与防范．首都经济贸易大学，2008
[9] 刘翔峰．国际大宗商品的金融属性日益凸显及中国的对策．金融理论与实践，2008（09）
[10] 纪建勇．备用信用证应用及其风险研究．天津财经大学，2010
[11] 王芳．大宗商品涨价成进口额猛增推手．北京商报，2011-04-11
[12] 胡红伟．六年来首现季度贸易逆差．新京报，2011-04-11

北京市高技术产业技术创新能力的比较研究

苏旭　张赛

指导教师：张经强 讲师

[摘　要] 本文在了解高技术产业的含义和高技术产业创新方式的基础上，通过对北京市五大高技术产业的历年数据进行整理归纳，运用 spss. 17 软件对数据进行分析，得出了影响北京高技术产业创新能力的关键性因素，并发现北京高技术产业在创新方面存在的问题，最后从行业自身和政府两个方面对激发和提高北京高技术产业的技术创新能力提出了建设性的建议和意见。

[关键词] 高技术产业；技术创新能力；实证研究

1. 引言

1.1　研究背景

在如今 21 世纪的大背景下，不管是知识的更新速度，还是技术的创新步伐，都在突飞猛进。信息技术的发展更是让技术革新在全国乃至全世界扩散开来，封闭式的市场环境逐渐被全球化的竞争所替代。这时候，企业的创新技能就显得尤为重要，同时也就只有不断地专注于创新技能的开发，才能不被不断前进的社会淘汰。作为支柱产业的高新技术产业的创新，就显得意义更加非凡。

自 20 世纪 50 年代开始，科研在电子信息、生物制药、航空航天、新材料、新能源等领域有了重大的突破。新技术的发展带动了以研发、技术、人才作为代表的高技术行业迅速崛起，带动了全球的产业结构调整和升级。各国经济竞争的要素从传统的工业转向了智力资本密集和智力密集的高技术产业。我国现在也采取措施促进高技术产业的发展。

然而，世界经济论坛发布《2011 ~ 2012 全球竞争力报告》结果显示，中国的综合竞争力在世界的 131 个国家中排名第 26 位，相对于 2009 年全球竞争力上升了一位，国家的创新能力在世界排名第21位，科学研究机构质量（Quality of scientific research institutions）在世界排名第39位，企业研究与开发支出（Company spending on R&D）排名第25位，政府对先进技术产品的采购情况（Gov' t procurement of advanced tech products）排名第12位，科学工程人员的有效性（Availability of scientists and engineers）排名第35位，而每百万人口实用专利数（Utility patents per million population）排名第51位。但是，最新技术的有效性（Availability of latest technologies）排名第94位，企业层面的技术吸收（ Firm – level technology absorption）排名第61位。由数据可以得到，虽然我国的综合竞争力排在前列，但是我国企业整体的研发水平和技术水平在世界上的排名并不是很好，国有企业的设备多依赖于进口（见政府对先进技术产品的采购情况），企业的研发支出虽然很多（见企业研究与开发支出），但是收到的成效（见最新技术的有效性）却不尽如人意，同时很多高技术产品不具备自主产权（见每百万人口实用专利数）。这样的结果会使我国在国际分工中的地位一直处于经济的边际效益低下的过程当中，不仅仅要遭受外国资本的剥削，同时技术也会受制于人。

1.2 研究目的和意义

党中央、国务院结合国内发展形势和我国的发展状况，制定了“提升企业自主创新能力”的重大战略决策。提升我国的核心竞争力首先在于我国自主创新方面的突破。本文通过对北京市高技术产业的创新能力做比较分析，得出我国高技术产业最重要的影响因素，从中发现问题，针对不同类型的高技术行业给予不同的从而使得行业内企业能够意识到创新在企业生存、稳定和发展中重要作用，最后让北京甚至全国的高技术企业能够树立起强烈的产品服务革新意识，让中国经济创新从意识层面上觉醒，以便于日后在适应不断前行的社会基础上，能够促使经济飞速发展，也为全球化流动的市场型经济做奠基。

2. 高技术产业创新机制的理论基础

2.1 高技术产业的界定

所谓高技术，是指基于综合科学，在如今的科技发展以及社会进步上处在前沿的科学技术，对全国经济以及生产力的前进有着一定的正面导向性作用。高技术产业则是能够应用高技术，并有能力把高技术科学转换成广大人民群众需要或者可以为国家多方面发展做出卓越贡献的产品或者服务的生产行业。国际上并没有给高技术产业下一个明确的定义。由于地区不同，高技术产业的界定也存在着些许的差异。

美国学者纳尔逊在《高技术政策的五国比较》一书中指出："高技术产业是指那些以大量投入研究与开发资金以及快速的技术进步为标志的产业。"

1984年美国的戴曼·斯曼在美国的《高技术》杂志上指出，对高技术产业的定义主要依据两个特点：一是专业技术人员比例高，二是销售收入中用于研究与开发的投资比例高。研究与开发强度反映了产品和技术变化的速率及产品和企业中的技术含量。科技人员比重对不同的产业部门不尽相同，应以全国各部门平均值为基数。英国的两位学者麦克奎德和兰格里奈指出，高技术产业是指生产高技术产品的产业，而不是指仅使用高技术的过程技术的产业。因此，结合当代高技术概念，可以总结出高技术产业在发达国家的一般概念：用当代尖端技术，主要指信息技术、生物技术和新材料三大领域为代表的技术，生产高技术产品的产业群。

在日本，1984年出版的《今日的日本技术》中有如下论述：尖端技术是指高技术知识密集的技术领域，如半导体、计算机、信息与电讯、办公自动化、机器人、光学、航天、新材料和生物技术。日本学者津曲辰一郎认为高技术是经济过程中的主导技术，他将高技术定义为下述技术的总称：能加强现有商品功能的必要的中心技术；能赋予产品以新功能的主导技术；构成下一代产品基础的技术。我国国家科技成果办公室通过征询国内专家意见后形成的高技术的定义为：高技术是建立在综合科学研究基础上，处于当代科技前沿的，对发展生产力、促进社会文明和增强国家实力起先导作用的新技术群。它的基本特征是具有明显的战略性、国际性、增值性和渗透性，是知识人才和投资密集的新技术群。

经济合作与发展组织（OECD）在1994年选用R&D总费用（直接R&D费用加上间接R&D费用）占总产值比重、直接R&D经费占产值比重和直接R&D占增加值比重这三个指标，重新提出了高新技术产业的四分类法：即将航空航天制造业、计算机与办公设备制造业、电子与通讯设备制造业、医药品制造业等确定为高新技术产业。这一分法为世界大多数国家所接受。

我国对高技术产业的认定一般是通过划分高技术范围来确定的。原国家科委1991年把我国的高技术划分为：微电子科学和电子信息技术，空间科学和航空航天技术，光电子科学和光机电一体化技术，生命科学和生物工程技术，材料科学和新材料技术，能源科学和新能源技术、高效节能技术，生态科学和环境保护技术，地球科学和海洋工程技术，基本物质科学和辐射技术，医药科学和生物医学工程技术，以及其他在传统产业基础上应用的新工艺、新技术共11类。高技术企业的认定标准上，原国家科委在国家《高技术产业区高技术企业认定条件和办法》中规定了四个标准：高技术企业是知识密集、技术密集的经济实体；具有大专学历的人员占企业总人数的30%以上，且从事研究与开发的科技人员占企业总人数的10%；用于高技术产品研究与开发费用应占总收入的30%以上；企业技术性收入与高技术产品产值的总和应占企业总高技术企业协作R&D网络及其协调管理研究收入的50%以上，技术性收入是指由高技术企业进行技术咨询、技术转让、技术入股、技术服务、技术培训、技术工程设计和承包、技术出口、引进技术消化吸收及重现产品的收入。

国家重点支持的高新技术领域有：一、电子信息技术领域；二、生物与新医药技术领域；三、航空航天技术领域；四、新材料技术领域；五、高技术服务业领域；六、新能源及节能技术领域；七、资源与环境技术领域；八、高新技术改造传统产业领域。

2.2 高技术产业的特征

①知识型员工占主体，科研比重大，职工文化程度高。我国高技术企业认定标准是具有大专学历的人员占企业总人数的30%以上，且从事研究与开发的科技人员占企业总人数的10%；用于高技术产品研究与开发费用应占总收入的30%以上；企业技术性收入与高技术产品产值的总和应占企业总高技术企业协作R&D网络及其协调管理研究收入的50%以上。可见，高技术企业是以研发为主体的企业，拥有众多的知识型员工。

②资源、能量消耗少，产品多样化、软件化，批量小，更新换代快，附加值高。高技术企业放弃了原有的粗放型路线，走有关于知识资本的集约型路线。企业不是靠生产大量的产品增值，而是靠知识资本增值。

③R&D投入比例大。R&D是高技术企业赢得市场竞争的原动力。高技术企业若想在市场竞争中取胜，必须要有不断的研发投资以达到先进技术领域作为基础。

④企业产品的生命周期短。首先，因为高技术企业处于一个高度竞争的市场当中，其产品往往生命周期很短，当一个产品问世之后，其他厂商会在很短的时间内生产出很多同质的产品，削弱竞争对手的市场份额。因此，企业会重新开始研发新的产品，这样循环下去，使高技术企业产品的平均生命周期缩短。

⑤产品的国际性程度高，并涉及全球的人才、科技、信息、市场等多方面的竞争。

⑥高风险，高收益性。高技术企业是知识、智力以及创新技术密集型的企业，在产生和发展的过程中需要庞大的资金支持，并且伴随着超高风险和收益。

⑦高难度。高技术企业产品或者服务的更新周期更短，技术发展一般呈高速增长态势。因此，研发是高技术企业发展的动力。但是由于研发过程受到市场、资金、研发人员的素质等多方面因素影响，高技术企业的有存在着创新活动的高难度性。

⑧高韧性。高技术企业在所属学科有很强的带动性，因为高技术在学科划分上属于综合科学，具有高度和长远的战略性，本身的革新性质又决定着它势必会对整体经济造成强烈的影响，带动技术革新。

2.3 创新机制

在市场经济全球化的条件下，企业已经成为独立的商品或者服务的生产经营者。它的不断运行和发展，需要一定的正面导向机制来推动，这种机制就是企业制定正确的经营机制。企业创新活动是企业的最根本的日常活动。在如今的市场经济中，作为高技术企业的集合体的高技术产业，最为重要的机制就是创新机制。所谓企业创新机制，就是企业不断追求革新的内在机能和运转方式。正确有效的企业创新活动是一个呈现螺旋式上升的过程。创新机制只有不断地上升，才能不断推动企业向前发展。企业创新机制主要涉及企业的生产效率改进问题。其主要内容涵盖：企业制度的创新；企业技术革新与改进；企业市场开拓；企业组织改进；企业管理创新。创新导致高技术企业的发展，进而引发高技术产业的发展。

3. 实证分析

3.1 研究思路

本文在研读高技术企业年报和国内外专家学者对创新机制的研究的基础上，提炼并总结出了影响高技术企业创新能力的 13 个变量。通过对变量进行探索性因子分析，提取出对高技术企业创新影响最大的几个因子，得出影响高技术企业创新能力的基本规律，并为高技术企业的创新提出建议。

3.2 研究方法

①文献研究法。通过广泛搜集和阅读文献，了解国内外专家、学者对于高技术企业创新能力的研究结论，提出本文研究内容；并研读高技术企业的年鉴，了解高技术企业的创新能力的实际情况，并提取出影响高技术企业创新能力的变量。

②实地调研。通过对北京市 20 多家高技术企业进行实地调研，了解高技术企业创新能力现状，并对文献研究中提出的变量进行适当性分析，确定最终的研究变量。

③实证分析法。通过文献阅读和对企业进行实际调研提取出变量，利用 spss. 17 软件进行探索性因子分析，寻求影响高技术企业创新能力的关键因素。

3.3 研究步骤

第一步：通过查阅文献，了解课题研究的背景和现状。

第二步：通过文献研读，提炼出影响高技术企业创新能力的相关变量。

第三步：进行企业实地调研，确定研究变量的合理性和可用性。

第四步：将确定的变量用 spss 17 软件进行因子分析，得出高技术企业创新能力影响最大的关键因素，并通过路径分析，得出不同因子对高技术企业创新能力的贡献程度。

第五步：对不同类型的高技术企业进行横向比较研究，分析其各自的差异性，提出针对不同类型高技术企业提升创新能力的建议。

3.4 数据来源说明

对高技术产业而言，技术创新是支持产业发展的原动力。技术创新活动贯穿于企业价值活动的整个过程。同时，高效的创新活动一般发生在具有一定规模且相对成熟的企业当中，因此在选择样本时，本文选取了国内相关行业的上市公司作为研究样本。目前对于高技术企业的界定一般选用 OECD 对于高技术企业的界定，即以研究和开发强度（R&D intensity）为主要指标对高技术企业进行界定。1994 年，OECD 重新确定的高新技术产业包括航空航天制造业、计算机及办公设备制造业、电子及通信设备制造业和医药制造业。结合中国证监会（CSPC）的行业分类方式，本文选取了三类行业的公司进行分析。其一是电子信息技术行业，包括电子及通信设备制造业和电子计算机及办公设备制造业。其二为医药设备制造行业，包括医疗设备及仪器仪表制造业和医药制造业。其三为航空航天制造业。本文选取了 2009 年北京市电子信息制造业、航空航天制造业、医药设备制造业的上市公司，对其年报中的数据进行分析。研究数据见表 1，选取的 13 个变量见表 2。

表 1　分析数据

	从业人员（人）	企业数（个）	R&D 人员全时当量（万人年）	新产品开发经费（万元）	新产品产值（万元）	新产品销售收入（万元）	技术引进经费支出（万元）	消化吸收经费支出（万元）	技术改造经费支出（万元）	研发机构数（个）	研发机构经费支出（万元）	投资额（亿元）	建成项目数（个）
医药制造业	49664	225	3225	61148	785650	762675	1215	644	3595	64	49226	7.84	13
航空航天器制造业	17379	17	857	114851	210786	176483	325	186	435	2	2865	3.02	1
电子及通信设备制造业	110731	362	4685	203810	9812958	9951744	23938	158	1072	89	111637	21.35	14

续表

	从业人员（人）	企业数（个）	R&D人员全时当量（万人年）	新产品开发经费（万元）	新产品产值（万元）	新产品销售收入（万元）	技术引进经费支出（万元）	消化吸收经费支出（万元）	技术改造经费支出（万元）	研发机构数（个）	研发机构经费支出（万元）	投资额（亿元）	建成项目数（个）
电子计算机及办公设备制造业	16281	86	1152	103273	2837965	2880190	214	120	327	22	27850	3.18	5
医疗设备及仪器仪表制造业	44929	460	3540	122171	1000238	1064342	649	512	2296	68	53011	0.26	1

表2　　变量信息表

变量名	项目	单位
A1	新产品产值	万元
A2	新产品销售收入	万元
A3	技术引进经费支出	万元
A4	投资额	亿元
A5	从业人员	人
A6	新产品开发经费	万元
A7	研发机构经费支出	万元
A8	建成项目数	个
A9	技术改造经费支出	万元
A10	消化吸收经费支出	万元
A11	研发机构数	个
A12	企业数	个
A13	R&D 人员全时当量	万人年

表2 的变量选取主要考虑了两个方面的因素：企业技术创新能力和新技术产业技术的同化能力。在选取变量的时候主要选取了三个层面。第一个层面是企业的创新基础。通过研发人员数量、研发机构数量、企业数量、R&D 人员全时当量四个方面来反映行业创新的基本条件。第二个层面是企业的创新投入，通过技术引进经费支出、投资额、新产品开发经费、研发机构经费支出、技术改造经费支出、消化吸收经费支出等方面反映企业投入创新活动的强度。第三个层面是创新产出。通过新产品销售收入、新产品产值、建成项目数来反映企业科研能力和成本效率，以及企业创新的核心水平。经过对北京市高技术企业的实地调研，确定了这 13 个变量的可用性，并对年报数据进行因子分析，希望能够得出影响高技术企业创新能力的关键因素。

3.5 探索性因子分析

3.5.1 因子分析结果

因子分析结果，首先看因子的适当性检验。因子分析的适当性检验是通过 Kaiser - Meyer - Olkin 检验和 Bartlett 球形度检验来确定的。KMO 值是 Kaiser - Meyer - Olkin 的取样适当量数（其值介于 0 到 1 之间），测度值越大，则越适合做因子分析。变量之间的相关性越强，则 KMO 值越接近于 1。KMO 测度值小于 0.5，则说明不适合做因子分析。Bartlett 球形度的原假设是净相关矩阵不是单位阵。当统计结果为拒绝原假设，则总体的相关矩阵间有共同因子存在，适合做因子分析。

公因子解释了 90.88% 变量的变异（见表 3 解释的总方差）。共同度方面，所有题项都在 0.5 以上（见表 4 公因子方差）。

表 3　　解释的总方差

成分	初始特征值			提取平方和载入			旋转平方和载入		
	合计	方差的 %	累积 %	合计	方差的 %	累积 %	合计	方差的 %	累积 %
1	8.398	64.604	64.604	8.398	64.604	64.604	7.846	60.355	60.355
2	3.416	26.277	90.88	3.416	26.277	90.88	3.968	30.525	90.88

表 4　　公因子方差

	初始	提取
R&D 人员全时当量（万人年）	1.000	.976
新产品开发经费（万元）	1.000	.844
新产品产值（万元）	1.000	.985
新产品销售收入（万元）	1.000	.984
技术引进经费支出（万元）	1.000	.982
消化吸收经费支出（万元）	1.000	.990
技术改造经费支出（万元）	1.000	.963
研发机构数（个）	1.000	.976
研发机构经费支出（万元）	1.000	.987
投资额（亿元）	1.000	.871
建成项目数（个）	1.000	.573
从业人员（人）	1.000	.981
企业数（个）	1.000	.703

提取方法：主成分分析。

3.5.2 因子个数确定和因子命名

由旋转后的成分矩阵得出所有的变量可以归结为两个因子。

因子1：在新产品产值、销售收入、技术引进经费支出、投资额、从业人员、新产品开发经费、研发机构经费支出、建成项目个数等方面负载较高，体现了创新活动的过程和结果，可以把这一指标理解为企业的自主研发能力指标。

因子2：在企业技术改造经费支出、消化吸收经费支出、研发机构个数、企业个数、R&D人员全时当量方面负载率高，可以把这一指标理解为企业研发的吸收改进创新。

由因子1和因子2可知，企业的自主研发和吸收改进创新是企业进行技术创新的两种主要途径。

表5　旋转成分矩阵

	成分	
	1	2
新产品产值（万元）	0.99	
新产品销售收入（万元）	0.99	
技术引进经费支出（万元）	0.99	
投资额（亿元）	0.926	
从业人员（人）	0.902	
新产品开发经费（万元）	0.893	
研发机构经费支出（万元）	0.884	
建成项目数（个）	0.626	
技术改造经费支出（万元）		0.957
消化吸收经费支出（万元）		0.903
研发机构数（个）		0.756
企业数（个）		0.725
R&D人员全时当量（万人年）		0.719

3.5.3 因子适当性检验的说明

验证探索性因子分析的可行性，是通过变量加和法对因子“自主研发能力”和因子“吸收改进创新”进行探索性因子分析，并对因子进行相关性检验。

（1）对因子求和进行探究性因子分析

通过表5旋转成分矩阵a可以知道因子1在新产品产值、销售收入、技术引进经费支出、投资额、从业人员、新产品开发经费、研发机构经费支出、建成项目个数等方面负载较高，通过因子转化的方法，将这五个变量转换为变量“自主研发能力”。因子2在企业技术改造经费支出、消化吸收经费支出、研发机构个数、企业个数、R&D人员全时当量方面负载率高，通过因子转化的方法将其转化为“吸收改进创新”。另外通过转换将所有的变量转化为“创新能力”。

将转化后的变量进行探索性因子分析，得出KMO和Bartlett的检验结果如表6。

如表6，KMO度量的值为0.5，当KMO值小于0.5的时候说明数据不适合作因子分析，可见，研究数据对于KMO的因子适当性检验勉强通过。在Bartlett球形检验中，X平方分布为0.113，自由度为1，显著性 $P=0.737>0.05$，没有达到0.05显著水平，所以接受虚无假设，接受净相关矩阵不是单元矩阵的假设。数据不适合作因子分析。

表6　KMO和Bartlett的检验

取样足够度的 Kaiser - Meyer - Olkin 度量		0.5
Bartlett 球形度检验	近似卡方	0.113
	df	1
	Sig.	0.737

（2）因子的相关性检验

由表7得出，自主创新能力对创新能力的Pearson相关性数值为1。可知，自主研发能力与创新能力完全正线性相关。吸收改进作用对创新能力的Pearson的相关系数为0.209，说明吸收改进创新与创新能力之间的相关性较弱。但自主创新能力和吸收改进创新能力对创新能力的相关性是较高的。因此，可以做因子分析。

表7　相关性

		创新能力	自主研发能力
Pearson 相关性	创新能力	1	1
	自主研发能力	1	1
	吸收改进创新	0.209	0.21
Sig.（单侧）	创新能力	.	0
	自主研发能力	0	.
	吸收改进创新	0.368	0.367
N	创新能力	5	5
	自主研发能力	5	5
	吸收改进创新	5	5

3.6 路径分析

表 8 **系数[a]**

模型		非标准化系数		标准系数	t	Sig.
		B	标准误差	试用版		
1	（常量）	102221.177	31855.309	3.209	.085	
	自主研发能力	1.005	.002	1.000	471.823	.000
	吸收改进创新	-1.824	5.747	.000	-.317	.781

注：[a] 因变量：创新能力。

如表 8，“自主研发能力”变量对“创新能力”的影响系数为 1，t = 471.823，p = 0.000 < 0.05，达到 0.05 显著水平。“吸收改进创新”变量对“创新能力”的影响系数为 0.000，t = -0.317，p = 0.718 > 0.05，未达到 0.05 显著水平。

所以对于高技术企业而言，影响其创新能力的主要是企业的自主研发能力。

由系数表可以看出，企业的创新能力主要与其自主创新能力有直接关系，和吸收创新作用关系较小。

3.7 不同行业的比较分析

表 9 **不同行业得分**

行业	总得分	排名	自主创新能力	排名	吸收改造创新	排名
电子及通信设备制造业	1.77482	1	1.77482	1	0.02068	3
电子计算机及办公设备制造业	-0.26566	2	-0.26566	2	-0.93297	4
医疗设备及仪器仪表制造业	-0.39882	3	-0.39882	3	0.78099	2
医药制造业	-0.51063	4	-0.51063	4	1.18605	1
航空航天器制造业	-0.59971	5	-0.59971	5	-1.05475	5

表 10 **行业的整体创新水平**

	投入加和（万元）	产出加和（万元）	产出投入比	行业规模（家）	R&D 人员全时当量（万人年）
医药制造业	194228	1548325	7.971688	225	3225
航空航天器制造业	148862	387269	2.60153	17	857
电子及通信设备制造业	554115	19764702	35.66895	362	4685
电子计算机及办公设备制造业	163584	5718155	34.95547	86	1152
医疗设备及仪器仪表制造业	181239	2064580	11.39148	460	3540

第一名：电子及通信设备制造业。行业的企业数量为362家，其规模在五个行业中排名第二的，而且其从事研究与开发的人员和研发机构数目都是也是五个行业中最多的，因此可以说明电子及通信设备制造业拥有创新所需要的良好的基本条件。创新投入方面该行业排名第一位。创新产出排名第一位。创新产出与投入的比值也是排名第一位的。

在行业创新能力的得分方面，电子及通信设备制造业在自主创新能力上得分最高，在吸收改造创新得分上排名第三，可见电子及通信设备制造业在创新过程中以自主创新为主，其在科研经费投入和创新人才需求上远远高于其他行业。电子通信设备制造业的自主创新共分为三个阶段：在改革开放初期，行业的自主创新模式是“引进、消化吸收、再创新”。可见，我国企业的创新能力建立在对国外先进技术消化吸收的基础之上，这也和我国国情相关。改革开放前，我国的科技技术少之又少，伴随着改革开放，外国技术流入，电子及通信设备制造业正是在这个过程中开始引进国外技术慢慢成长起来的。随着企业具备了持续创新的基本条件，企业开始学习国外的先进技术开放式集成创新，全面追赶国外先进水平。

第二名：电子计算机及办公设备制造业。行业的企业数量为86家，其规模在五个行业中排名第四，从事研究与开发的人员数量在五个行业中排名第四，研发机构数目也在五个行业中排名第四，可见这一行业的整体规模并不像电子及通信设备制造业那么大。而从创新投入产出角度看，该行业整体的创新投入排名第三，创新产出排名第二的，创新的产出投入比是排名第二。可以看出，电子计算机及办公设备的行业规模虽然不及电子及通信设备大，但是其成本效率很高。在创新能力得分方面，电子计算机及办公设备制造业在自主创新能力排名第二，吸收改造作用排名第四。这一行业中，创新能力也是依靠自主创新能力体现出来的，其吸收创新能力偏弱。在国家统计局2006年公布的“全国大中型工业企业自主创新统计”中，该行业的这一特征也得到了充分的体现。比如，在各行业R&D（科学研究与技术发展）人员及经费的投入排名中，无论是R&D人员还是R&D经费，通信设备、计算机及其他电子设备制造业都排名第一；在新产品生产和销售统计排名中，通信设备、计算机及其他电子设备制造业的新产品产值和新产品销售收入也都遥遥领先于其他行业。而本次的数据分析结果表明，该行业在技术改进创新上的得分开始降低，这意味着该行业的自主创新能力进一步提升，在未来也将会产生更多由先进的自主科研技术带来的产值。

第三名：医疗设备及仪器仪表制造业。医疗设备及仪器仪表制造业在行业规模上排名第一，同时参与研究和开发的员工数量排名第二。但是创新投入排名第三，创新产出排名第三，创新传出与投入之比排名第三。虽然其行业规模较大，但是其创新成果上与行业规模却不十分相符，这个行业若想长远发展应该注重其研发成本的效率。医疗设备及仪器仪表制造业自主创新能力排名第三，吸收改造作用排名第二，对于医疗设备等高技术含量和高附加值产品，在我国都主要依赖进口。日趋严重的对外技术依赖局面，不仅不利于我国在国际上的竞争，而且会使得我国的医药制造陷入依赖于别国技术的“创新”当中，削减企业研发人员的创新能力，不利于创新型人才的培养和企业创新能力的提升。企业也将无法在未来激烈的竞争中获得一席之地。

第四名：医药制造业。其行业规模排名第三，同时在从事研究和开发的人员数量方面在五大行业中也排名第三。其创新投入排名第二，而创新产出排名第二，创新产出与创新投入之比排名第四，该行业也存在着创新成本效率低下的问题。创新投入远远大于创新产出。医药制造业在总得分和自主创新得分上排名第四，在吸收改造创新上排名第一，由结果可以看出，医药制造行业的自主创新能力较弱，吸收改进创新能力上较强。但是从数据分析中可以看出，行业的创新能力水平主要是以自主创新能力作为主要的影响因素。结合我国医药行业的实际情况，我国自主研发的新药的比率十分低。一直以来，我国制药成本高，药品价格昂贵。国产药品中有97%都是仿制药，进口药则由于专利保护而价格坚挺。虽然，研制和开发新药在时间和金钱上的风险较大，吸收外来技术加以改进确实是可以缩短研发时间，避免无用的研究，但是却不利于这一行业的未来发展。在整个医药研制和生产产业链中，改造、生产一直位于产业链的下游，由于我国在医药研发这一领域一直没有自己的核心技术，无法涉足产业链的上游设计和研发领域，不利于行业的未来发展。

第五名：航空航天器制造业。其行业规模和研发人员数量排名第五，行业创新投入和行业创新产出均排名第五，创新投入与产出之比也排名第五。可见，航空航天器制造业创新率低，可能是由于其行业规模小、专业人员人数偏少等原因。在创新能力上，航空航天制造业在自主创新能力上得分排名第五，吸收改造创新排名第五。首先，我国致力于航空航天制造业的企业数量较少，在航空航天行业发展的过程中，我国也从“拿来主义”向自主创新过渡。2009年，温家宝主持召开国务院常务会议，研究部署加快国家科技重大专项实施工作，其中就包括航空航天领域。在国防军工领域，现代空军正朝着航空、航天、信息化三种力量一体化的方向发展。我国对于空军的定位是“天基平台支援下的攻防兼备型空军”，其要求在战略上能在与国家陆海疆域相对应的全空疆实行信息化条件下的攻势防御，并能对敌起飞基地、发射平台及其附近海域目标进行有限反击。但当前我国空军整体装备水平、自主创新能力偏低，同上述定位仍有一定的差距，因而将成为未来我军重点发展的一个领域。可见我国航空航天领域在自主创新和吸收创新方面能力都相对较低，人才缺乏是一个方面，而政府也应该采取一定的政策支持，加快这一个行业的发展。

3.8 结论

通过对数据进行路径分析，行业的创新能力从高到低排序分别是电子及通信设备制造业、电子计算机及办公设备制造业、医疗设备及仪器仪表制造业、医药制造业、航空航天器制造业。通过阅读相关文献和数据分析发现，我国企业的自主创新都是经历了“引进—消化吸收—再创新”的过程，只是有的行业在政府的扶持下相对于其他行业优先发展起来，如电子及通信设备制造业、电子计算机及办公设备制造业，发展较快的行业多半已经由消化吸收国外技术向自主创新过渡，而发展较慢的行业，如医药制造业，还处于吸收改进外来技术的过程。

4. 研究结果和建议

4.1 结论

通过对文献研究和有关高技术企业创新能力的数据进行分析，本文提出了以下结论。

①高技术企业的特征是：知识型员工占主体，科研比重大，职工文化程度高。资源、能源消耗少，产品多样化，R&D 投入比例大。企业产品的生命周期短。产品的国际性程度高，并涉及全球人才、科技、信息、市场等多方面的竞争。高风险，高收益性。高难度。高韧性。

②根据多元统计结果，发现高技术企业的创新能力主要体现在企业的自主创新能力和对国外技术的吸收创新能力方面。

③自主创新和对国外技术的吸收创新二者中，企业的自主创新对企业的创新能力影响系数高，而国外技术的吸收改进作用对企业的创新能力的贡献程度极低，可忽略不计。

④不同行业的创新能力排名从强到弱分别是：电子及通信设备制造业、电子计算机及办公设备制造业、医疗设备及仪器仪表制造业、医药制造业、航空航天器制造业。由于行业的自主创新能力高，导致了其自身的创新能力强；而行业本身的自主创新能力弱，也导致了行业本身的创新能力弱。

4.2 建议

通过对高技术企业创新能力进行研究，我们基本了解了高技术产业的创新能力的特点和缺陷。针对这些问题，本文主要从行业企业自身和政府政策两个方面提出合理化建议。

4.2.1 针对行业企业

（1）建立创新型的组织文化

研究表明，企业的组织文化对企业的创新能力影响最大。它不仅对企业的经济效益产生着积极的影响，同时，也直接或者是间接地成为自主创新的催化剂。通过企业文化的建立把企业职工的价值取向引导为“团队合作、尊重知识、勇于创新、不怕失败”。激发员工的创新意识，尊重员工的创新成果，并使创新行动成为广大员工自然而然的行动，成为他们工作的一部分。海尔集团激励企业员工创新，将海尔所有的技术改进以该员工的名字命名，激发员工的创新意识。

（2）建立开放式的学习型组织结构

学习型组织是指具有学习行为的组织，它能够根据环境条件及组织的需要有效地获取并应用知识，从而具有显著的自我发展或自我组织能力。首先，学习型组织善于学习和不断的创新。它强调学习是那些可以转化为创造力的学习。它注重培养员工的学习能力和创造力，在学习过程中将组织和个人联系在一起，促进二者共同进步。同时，学习型组织有助于员工在学习过程中进行资源共享和经验交流，有助于组织学习的深度和广度。

（3）建全激发企业知识型员工的激励机制

知识型员工作为高技术企业的脊梁在企业未来发展过程中不单单是企业的员工，更是企业的战略伙伴。他们是企业创新能力提升的原动力。因为知识型员工有其自身的特点，企业可以根据这些特点，激励知识型员工更好地在企业中工作，为企业创造更多的价值，比如对知识型员工进行弹性管理和完善的职业发展规划。弹性制管理可以激发企业知识型员工发挥创新能力的积极性，进而影响企业的创新能力。高技术企业拥有众多的知识型员工，他们不愿意受制于人或者资源，希望在工作中获得更多的自由。同时，他们的工作往往历时时间不定，限制性的工作场所和工作时间往往不利于他们发挥自己的创造优势。相比于对企业的忠诚，知识型员工更多是事业的忠诚者。企业为他们建立完善的职业生涯发展规划也更能帮助知识型员工实现自我实现的需求，留住更多地核心的知识型员工，提升企业的创新能力。

4.2.2 针对政府

（1）增加政府的引导和推动作用

我国的高技术企业拥有很大的发展潜力，但是由于企业研发的风险较大、技术相对来说比较保守和落后，我国高技术企业的发展受到了很大的限制。因此，政府应该鼓励企业进行创新活动，在创新过程中增加企业的技术水平和管理水平，这就需要政府在政策上给予一些引导，调动更多的中小型企业投入到自主研发、自主创新的活动中来。同时，给予从事创新研究的企业一些政策上的优惠，如税收，激励中小企业能够在自主创新的道路上坚持下去，并最终取得一些成绩。政府在引导过程中可以尝试以下几个方面。第一，将政府在科技上的投入向自主创新型企业倾斜，同时为企业购买设备、研发公关提供必要的财政资金支持。第二，为企业引进更多的合作资源，推动国际合作以及企业与高校、研发机关的合作。第三，重视中小型高技术企业在转向上的技术优势，使它们成为自主创新的重要力量。

（2）完善企业创新融资机制

在我国，国企和外企拥有很强的盈利能力，大企业更容易从银行等融资机构获得资金支持，而中小型企业相对来讲比较困难——一方面，中小型企业本身的价值水平较低；另一方面，银行的贷款利率相对较高，向银行融资需要支付很高的资金成本。因此，政府应该通过经济手段引导高技术企业的创新，增强对创新风险和成果推广的金融支持。如对企业用于创新性的贷款实行优惠政策，不仅仅是减低贷款利率，政府还可以增加对某领域的研究进行专项基金支持，使高技术企业在研发过程中没有后顾之忧。

（3）产业聚集，促进行业的整体发展

产业集群可以减少企业的成本，但更重要的是企业可以获得一切创新要素，比如人力资源、技术信息以及环境设施。第一，人力资源具有主观能动性，在创新活动中占主导地位。在高技术企业的集群内部，拥有高等院校、研究所等众多组织，为企业培养了众多的人才，如北京的中关村周边云集着众多高校和科研机构。同时，众多相关联的企业和机构在地理上聚集，也会吸引全国各地的人才慕名而去，使企业更容易获得其需要的各种人才。第二，高技术企业的自主研发和创新需要吸取外部的技术和信息资源。我国的中小型企业通常采用吸收创新的方法来进行创新活动，而如何更加快速和准确地了解外部信息，对企业的创新活动有着十分重要的作用。企业的聚集使得企业获得外部信息的速度和准确性提高，同时也促进了企业间知识、经验的获得和分享。企业与周边的大学和科研机构合作，促进企业在技术层面和管理层面上创新能力的提升。再者，集群使得竞争对手、供应商信息、客户、消费者信息的透明度提高，降低了企业获取这些信息的成本。第三，产业聚集，政府在“软环境”和“硬环境”上都给予企业很好的支持。“硬环境”主要是指公共设施。公共设施的完善，消除了信息传递过程中的很多障碍，便于企业获知创新思想、新信息和新知识。“软环境”是指政府政策的支持。政府制度和政策的支持，为企业进行创新活动提供了财政、技术、知识、资金上的资助。因此，政府在公共设施、制度、政策环境上对高技术企业的集聚有重要作用。

参考文献

[1] 沙文兵，李桂香，FDI 知识溢出、自主 R&D 投入与内资高技术企业创新能力—基于中国高技术产业分行业动态面板数据模型的检验．世界经济研究，2011（1）
[2] 王益，高技术企业创新成功要素战略选择．科技和产业，Vol. 5 No. 10，2005
[3] 张铁山，赵光，高技术企业创新能力结构模型分析．科技进步与对策，Vol. 26，No. 18，2009
[4] 李金生，高技术企业自主创新能力的内生演化模型研究．南京师大学报（社会科学版），No. 3，2011（5）
[5] 张济建，国有企业自主创新能力研究．江苏大学博士学位论文，2010（12）
[6] 方建国，基于动态能力观的企业技术创新能力研究——以我国高新技术产业上市公司为例．科技进步与对策，Vol. 27，No. 16，2010（8）
[7] 陆正华，李敏贤，基于制造业创新方式的因子分析．科技管理研究，2007（3）
[8] 宋凡，黄进．技术创新是提高国有大中型企业市场竞争力的有效途径——大中型企业与高技术企业技术创新能力的比较分析．科学进步与对策，2009，17（5）
[9] 陈宇，赵楠．论中国高新技术企业自主创新能力．当代经济，2008（3）
[10] 赵醒村，叶毓峰，周增桓等．小型高技术企业的创新优势分析．科学管理研究，2009（3）
[11] 张炜．智力资本与组织创新能力关系实证研究——以浙江中小技术企业为样本．科学学研究，Vol. 25，No. 5，2007
[12] 胡学刚．高技术企业的界定．安徽农业大学学报（社会科学版），2000，Vol. 9，（4）
[13] 齐媛媛．高技术企业自主创新能力评价研究．哈尔滨工程大学经济学硕士学位论文，2008（6）
[14] 周青．高技术企业协作 R&D 网络及其协调管理研究．湖南大学博士学位论文，2005（9）
[15] 林聚任．知识社会与知识管理革命．山东大学学报（哲学社会科学版），2001（3）
[16] 胥维真．关于创建学习型组织的两大要素模型及意义分析．中国科教创新导刊，2011（23）
[17] 刘海云．高技术企业创新能力评价——以河南省企业为例．企业活力，2010（6）
[18] 赵光．基于集群的高技术企业创新能力研究．北方工业大学硕士学文论文，2009（4）

图书创意策划之《孩子的第一次》儿童插画系列丛书

高双跃　李迪　刘明玥　温胜鑫　李琳
指导教师：王文革 副教授

［摘　要］《孩子的第一次》儿童插画系列丛书以孩子们的视角，分阶段地罗列小朋友们在日常生活中会遇到的成长问题，并以诙谐、温馨的方式加以解决和指导，旨在以寓教于乐的方式帮助孩子们顺利成长，并为家长提供一些帮助孩子健康成长的方式和方法。

［关键词］儿童；插画图书；寓教于乐；成长

1. 选题背景

近几年来，儿童图书的市场占有率稳步上升，占到整个图书市场份额的11.7%，其品种的更新速度也大大超过了经济管理、计算机等传统热销类别，呈现出“百花齐放、百家争鸣”的繁荣局面。在这一类别，不但有国外畅销书的即时引进，也有国内传统经典的二次开发以及名家新作出现，更有大量新人作品源源不断地浮出水面，为图书市场注入新鲜的血液。但与此同时，童书市场和童书阅读的热闹，仍旧难以掩饰那些缺失的部分，即我国专门给低幼孩子阅读的原创图画书还是个空白。图画书对孩子的情感教育、人格教育非常有益，这类书从人性角度出发，尊重儿童生命特征、儿童欣赏习惯，在艺术设计、包装、版式设计上，也很有特点。尽管面临原创队伍严重不足等问题，但接力出版社、明天出版社等老牌少儿社在内的诸多出版商仍将目光瞄准了原创图画书领域。两三年后，将会迎来本土原创图画书的爆发。

2. 前期策划

2.1　策划宗旨

运用工作室团队力量，制作出一套能打动孩子和家长的原创图画儿童系列丛书，为孩子解决生活中每个阶段“第一次”的疑惑，为他们做好生活和成长的导向标；为广大父母提供良好的育儿方法；与此同时，为中国原创图画儿童图书市场增添新的生机。

2.2 创作/出版目标

这套图书，采用全新的制作模式和超前的营销方案，旨在为繁乱的图书市场注入最新鲜的元素，实现畅销书和常销书的双赢。

2.3 社会效益

现在的图书市场上虽然充斥着大量儿童教育类图书，但孩子们真正感兴趣的图书和家长希望孩子阅读的图书却存在着不小的差异。知识类、科普类等具有知识含量的图书，是家长们期望孩子仔细阅读的。但对于孩子们来说，能够将学与玩融为一体、既好看又好玩的图书，才是他们真正想要阅读的。

《孩子的第一次》系列丛书本着寓教于乐的理念，分阶段将孩子们在成长过程中会遇到的问题一一罗列。本丛书不是连篇累牍的说教，而是以孩子们感兴趣的形式来答疑解惑，让孩子们在阅读此书时能够怀着一颗好奇心去翻阅，更让他们在阅读之后增长见识，从容地面对成长中的问题。

本书上市后，可以很好地为孩子们进行成长中的答疑解惑；为家长们提供一本教育孩子的金玉良言；同时为孩子与家长的沟通架起一座桥梁，让孩子们更理解家长，也让家长们更了解孩子们成长中的困惑。

2.4 经济效益

随着新生儿的增多，更多的家长想通过让孩子阅读图书的形式让他们增长知识，更快、更好地学会如何自理、如何自立。本书正是针对家长们的需求，将孩子们所遇到的问题以他们喜闻乐见的形式呈现出来，并教给他们如何面对、如何处理，势必会得到家长和孩子们的一致认同。

此外，本书采用绘图加文字的形式，页数少、无附加产品，每本书的成本低，效益高，可以为出版社带来不小的经济效益。

2.5 同类比较

虽然现在的图书市场上关于儿童教育类的图书品牌、名目不少，但大多以说教的方式向孩子们灌输一些科普知识，涉及生活方面内容的并不多见。

根据市场调查，我们发现，这些科普类图书虽受到家长们的青睐，但图书的真正目标读者——孩子——却并不感兴趣。经过深入阅读和调查，我们发现，这些图书不受孩子们喜爱的原因，大多是因为书中内容较为古板严谨，以一种说教式的口吻给孩子灌输知识，当然得不到孩子们的认可。

《孩子的第一次》系列丛书采用孩子们喜闻乐见的形式，以图画为主，将日常生活中遇到的问题和情景一一介绍，既不失幽默童趣，又在轻松愉快的氛围里将生活中的知识介绍给孩子们，真正得到他们的认可。

本书的内容也区别于儿童科普类读物，本书以生活中遇到的问题为主线，内容更加贴近生活，为孩子们所熟悉。平易近人，自然更能得到孩子们的接受。

2.6 营销方案

在前期宣传中，我们将采取专家讲座（网络或电视）、申请微博和博客、网络连载、在知名儿童杂志上连载等方式进行宣传。

我们前期的大力宣传将使大多数人注意到这样一个社会现象，引起孩子对本丛书的共鸣感和家长对问题的重视度。届时定能掀起一场高度关注孩子的风潮，使每一个孩子都能在健康的环境下茁壮成长，也为整个儿童图书市场注入原创图画丛书这部分新鲜血液，更让原创图画丛书在图书市场站稳脚步。

另外，在图书上市期间，各大书店会开展一些亲子活动或者小型的心理小游戏，并邀请相应的专家进行评估，还可以借助网络等媒体的帮助来达到宣传效果。在加大力度宣传下，希望能达到出版商的预期效果，同时在各方媒体的检测下更好地提升图书的品质。

2.7 市场调查问卷

关于购买图书的调查问卷Ⅰ（消费者）

您好！

我们是对图书出版感兴趣的大学生。希望大家积极配合，真实地回答以下问题。

大家可以在符合实际情况的选项上打√（可多选）或在横线处写上您的宝贵意见。谢谢合作！

1. 您的性别

A. 男　B. 女

2. 您的职业

____

3. 您的年龄

____

4. 您的教育程度

____

5. 您喜欢的图书类型?

□文学类 □历史类 □哲学类 □宗教类 □经济类 □艺术类 □娱乐类 □科学地理类 □心理类 □养生保健类 □教科辅导类 □工具书类 □少儿类 □技术类 □技能培训类 □家居生活类 □插图绘本类 □其他__________

6. 您在购买图书的时候比较重视的内在因素有哪些?

□价格 □质量 □装帧 □作者影响力 □书名 □作品内容 □其他____

7. 您购买图书依据的外在指标有哪些?

□排行榜 □书评 □作家推荐 □书带的推荐 □其他__________

8. 您关注的作家有哪些?

____

9. 您如何获取新书上架的信息?

□网络 □报纸杂志 □书店 □图书馆 □朋友介绍 □其他__________

谢谢您的积极参与与合作!

关于购买图书的调查问卷Ⅱ(消费者)

您好!

我们是对图书出版感兴趣的大学生。希望大家积极配合,真实地回答以下问题。大家可以在符合实际情况的选项上打√(可多选)或在横线处写上您的宝贵意见。谢谢合作!

1. 您的职业

____

2. 您的年龄

____

3. 您的教育程度

____

4. 作为子女,您会不会购买一本了解老人心理的图书,来增进你与老人之间的关系?

A. 会　　B. 不会

5. 如果您是一位家长,您会不会选购有关了解 0 ~ 12 岁不同阶段儿童心理健康及其成长生活的图书？

A. 会　　B. 不会

如果有这样的书您希望看到哪一方面的信息？解决什么样的问题？

____

您会购买此书吗？

A. 是　　　　B. 否

6. 如果我们想要针对儿童成长及心理健康问题出版一套插画丛书您想要看到哪些内容？（可多选）

A. "孩子的第一次"　B. 儿童性教育　C. 培养孩子交际能力　D. 心理健康教育

7. 您觉得上边提到的儿童插画丛书，您能接受的单册定价是多少？

A. 15 ~ 20 元　　B. 21 ~ 25 元　　C. 26 ~ 30 元　　D. 30 ~ 35 元

8. 您是否愿意购买一些有关心理学的图书？

A. 是　　　　B. 否

9. 如果愿意，您会倾向于购买什么类型的心理图书？（可多选）

A. 权威性的　　B. 偏于文字解释　　C. 娱乐休闲性的　　D. 有插图漫画解释说明

10. 您是否关注图书作者的知名度？

A. 是　　　　B. 否

谢谢您的积极参与与合作！

3. 研究成品

《第一次，我该怎么办 I》（适合 0 ~ 3 岁儿童阅读）

内容简介

《孩子的第一次》儿童插画系列丛书以孩子们的视角，分阶段地将小朋友们在日常生活中会遇到的成长问题一一罗列，并以诙谐、温馨的方式加以解决和指导，旨在以寓教于乐的方式帮助孩子们顺利成长，并为家长提供一些帮助孩子健康成长的方式和方法。《第一次，我该怎么办 I》是该系列图书的第一册，适合 1 ~ 3 岁的小朋友们阅读。

《第一次，我该怎么办 I》在编写过程中充分考虑 1 ~ 3 岁孩子的特点，内容包括识物、辨色彩等一些基本认知内容。色彩鲜艳、图片形象生动，可吸引该年龄段孩子们的注意。

本书将生活中最为常见的物品、简单的小事情呈现出来，为孩子们迈出成长第一步打好基础。愿这本集科普、趣味于一体的图书能为家长提供贴心的帮助，并伴随孩子们迎接自己的每一天。

目录

内容精选

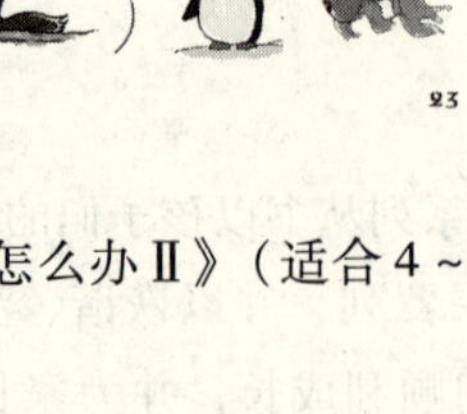

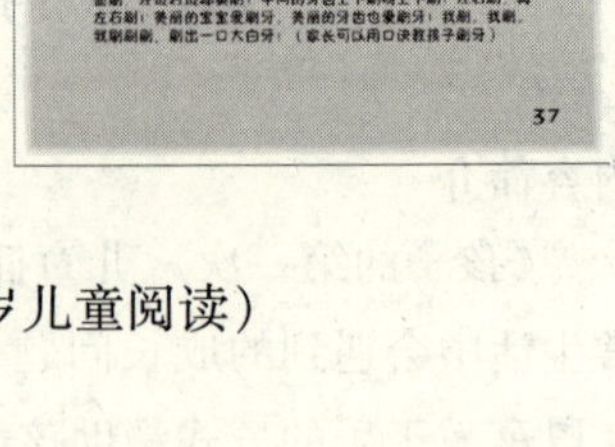

《第一次，我该怎么办Ⅱ》（适合4～6岁儿童阅读）

内容简介

《孩子的第一次》儿童插画系列丛书以孩子们的视角，分阶段地将小朋友们在日常生活中会遇到的成长问题一一罗列，并以诙谐、温馨的方式加以解决和指导，旨在以寓教于乐的方式帮助孩子们顺利成长，并为家长提供一些帮助孩子健康成长的方式和方法。《第一次，我该怎么办Ⅱ》是该系列图书的第二册，适合4～6岁的小朋友们阅读。

《第一次，我该怎么办 II》展现了 4 ~ 6 岁的孩子们在成长过程中可能会遇到的种种情形。以主人公小歪的经历为主线，用一个个短小精巧的故事勾勒出其成长的脚步，并将心中的好奇与疑惑抛出，一方面让家长更了解该年龄段孩子们的成长特点，另一方面书中随故事情节自然流露出的简单小道理也为家长提供了对孩子进行早期教育的窗口。

本书故事情节生动有趣，贴近生活，并配以鲜活可爱的插图，以孩子们喜闻乐见的形式呈现，可大大增加孩子们的阅读兴趣。既不失幽默童趣，又将简单质朴的道理寓于其中，让孩子们在玩乐之余就将道理记住。

希望本书可以为孩子们的成长答疑解惑，并在孩子和家长之间架起一座沟通的桥梁，陪伴每一个孩子健康、快乐地成长。

目录

内容精选

《第一次，我该怎么办Ⅲ》（适合 7 ~ 12 岁儿童阅读）

内容简介

《孩子的第一次》儿童插画系列丛书以孩子们的视角，分阶段地将小朋友们在日常生活中会遇到的成长问题一一罗列，并以诙谐、温馨的方式加以解决和指导，旨在以寓教于乐的方式帮助孩子们顺利成长，并为家长提供一些帮助孩子健康成长的方式和方法。《第一次，我该怎么办 III》是该系列图书的第三册，适合 7 ~ 12 岁的小朋友们阅读。

《第一次，我该怎么办 III》为即将步入青春期的孩子们上一堂“预备课”。用书中主人公的经历将孩子们在这一年龄段所遇到的困惑进行情景式讲述，更贴近孩子们的生活，让孩子们感到亲切自然。并在每个情景后面设置“温馨小提示”环节，以平和、诚恳的口吻对孩子们的行为进行指导，并对一些不良情绪进行疏导，为孩子们顺利迎接青春期铺好道路。

本书的最大特色是将青春期的一些生理和心理现象对孩子们进行普及。用一种科学、诚恳、坦率的语调对每个人在成长过程中都会遇到的种种迷惑不解进行解答、指导，让每一个孩子都能坦然面对自己的成长 。

真心地希望这本书可以成为“前青春期”孩子们的朋友。翻阅本书，让我们进行一场贴近生活、态度诚恳、方法科学的沟通，为孩子们的成长护航。

目录

内容精选

咦？我是怎么了？我怎么老想看她，
好想和她玩儿呀～～
小铃铛真可爱呀！
44

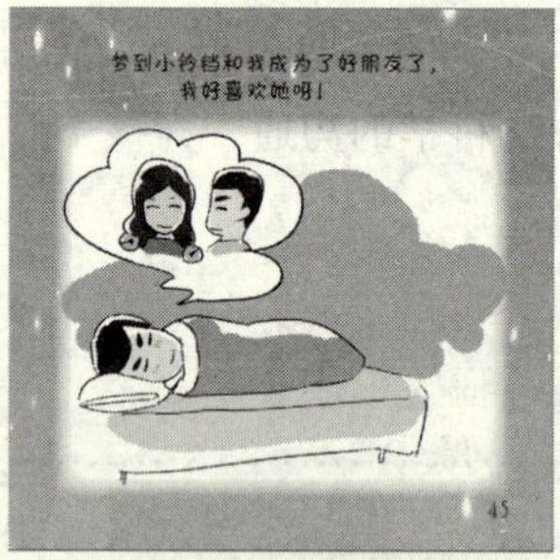
梦到小铃铛和我成为了好朋友了，
我好喜欢她呀！
45

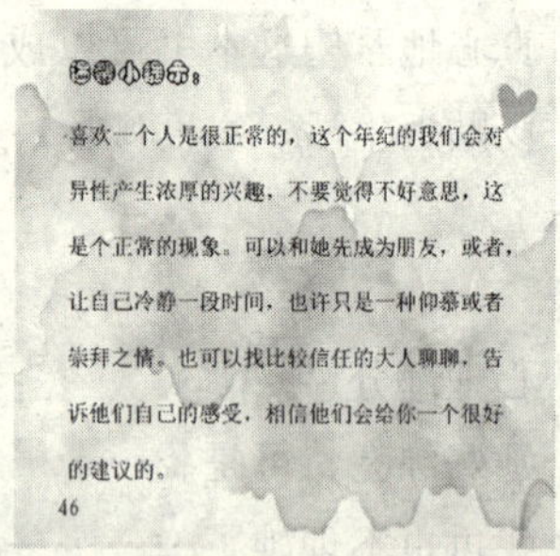
温馨小提示：
喜欢一个人是很正常的，这个年纪的我们会对异性产生浓厚的兴趣，不要觉得不好意思，这是个正常的现象。可以和她先成为朋友，或者，让自己冷静一段时间，也许只是一种仰慕或者崇拜之情。也可以找比较信任的大人聊聊，告诉他们自己的感受，相信他们会给你一个很好的建议的。
46

妈妈又要我去背英语了，好烦，我就不！
爸爸不让我踢足球，我偏踢！
NO PLAY
80

不许留长发！
…
老师说不能留长发，我就是想留！
他们都把我看成问题小孩……
81

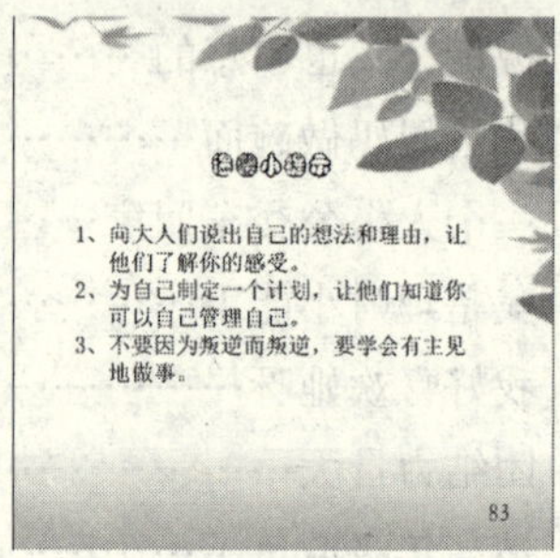
温馨小提示
1、向大人们说出自己的想法和理由，让他们了解你的感受。
2、为自己制定一个计划，让他们知道你可以自己管理自己。
3、不要因为叛逆而叛逆，要学会有主见地做事。
83

发育啦！
嘴唇边长出了小胡毛
在腋窝、胸脯长出了很多毛发
自己的生殖器官变得又大又粗
生殖器官附近也长出了很多毛发
我会变成和爸爸一样吗？
103

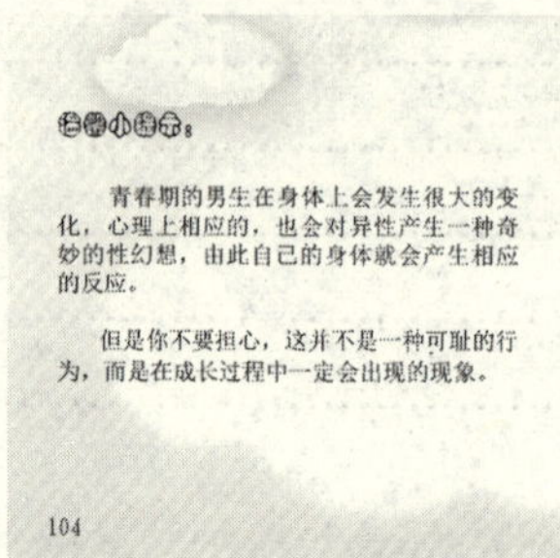
温馨小提示：
青春期的男生在身体上会发生很大的变化，心理上相应的，也会对异性产生一种奇妙的性幻想，由此自己的身体就会产生相应的反应。
但是你不要担心，这并不是一种可耻的行为，而是在成长过程中一定会出现的现象。
104

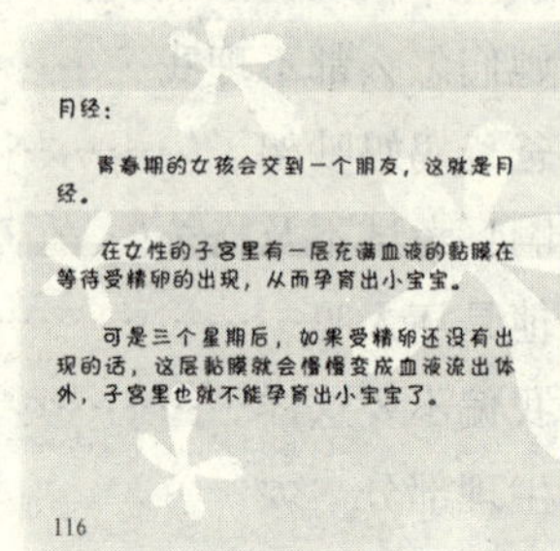
月经：
青春期的女孩会交到一个朋友，这就是月经。
在女性的子宫里有一层充满血液的黏膜在等待受精卵的出现，从而孕育出小宝宝。
可是三个星期后，如果受精卵还没有出现的话，这层黏膜就会慢慢变成血液流出体外，子宫里也就不能孕育出小宝宝了。
116

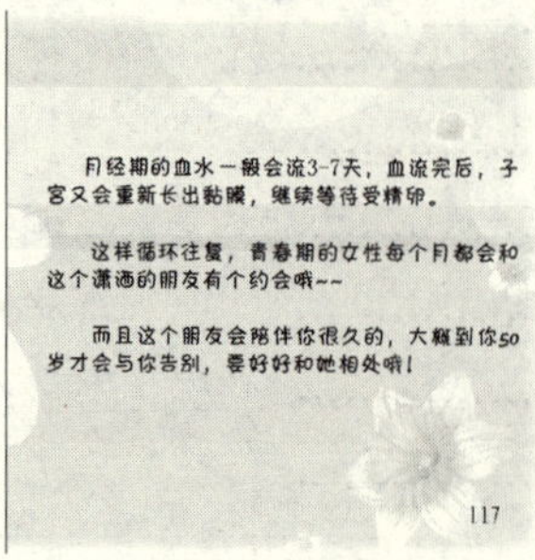
月经期的血水一般会流3-7天，血流完后，子宫又会重新长出黏膜，继续等待受精卵。
这样循环往复，青春期的女性每个月都会和这个潇洒的朋友有个约会哦～～
而且这个朋友会陪伴你很久的，大概到你50岁才会与你告别，要好好和她相处哦！
117

英语专业学生写作中语块使用情况调查研究

李浩源　李一凡　胡东宇　洪勤慧　安金磊
教导教师：赵宏伟 讲师

[摘　要] 本研究通过调查语块在英语学习者写作中的使用情况，研究语块使用频率与作文成绩的相关性，并分析语块在语篇中的各种构建功能。结果显示，语块使用频率与作文成绩成正相关性，不同类型语块在语篇中的作用不尽相同。

[关键词] 语块；英语写作

1. 语块的定义与分类

语块最早是由 Becker（1975）和 Bolinger（1976）于 20 世纪 70 年代中期率先提出的，指一种兼有词汇与语法特点、出现频率较高、形式和意义较固定的大于单词的语言结构。目前对语块的定义仍存在一定争议，就名称而言就有 40 多种不同的术语，不同的学者有不同的看法。本文使用语块这一名称。Lyons（1968）认为，语块是“作为不可分析的整体习得并应用于特殊场合的惯用语”；Ellis（1994）则将它看做类似问候语序列的所有字词，它是固定的、可预测的，因而便于学习者记忆。

从语法学角度看，语块可以分为两类：一类基于语言的形式，一类基于功能。本研究借鉴毛澄怡的分类方式，从形式上将语块分成四类：句子层面带空语块，如“I wonder…”；“Could you…”；句子层面固定语块，如“Nice to meet you”“Good evening”；短语层面带空语块，如“as far as…is concerned”；短语层面固定语块，如“I mean”“call on”。

2. 选题背景

写作是英语学习者语言输出的主要手段之一，其水平的高低是评定学生掌握语言情况的重要尺度。毋庸置疑，写作水平可以综合地反映学习者的认知水平、思想状态和文字运用能力。因此，写作能力一直备受英语学习者的关注。传统的二语习得理论强调对语法和词汇的掌握，认为只要掌握了语法和词汇就可以创造性地使用语言。但事实并非如此。这无法解释儿童在没有学习语法知识的前提下仍能说出符合语法的句子的现象，也无法解释看似不符合语法的表达却被母语者普遍使用的现象。由此看来，语法和词汇在语言产生过程中并不起决定性作用。经过研究发现，语块在二语产生过程中起着重要作用。

近年来，国内学者也开始意识到语块在二语写作中的重要地位，有关二语习得过程中语块知识习得和运用的研究也随之起步。有的学者对目前我国大学生英语语块知识的掌握情况进行了调查；也有学者从分析语块本身的特点入手，从理论上论证语块的运用有助于增强写作的流利度、提高语言表达的准确性以及培养语篇组织能力。到目前为止，国内关于语块与英语教学的研究大多是理论上的探讨，实证性的研究仍然不够，对语块在学习者写作中有何作用的研究也较少。因此，本研究试图从实证的角度对语块是否与英语专业学生英语写作水平具有相关性进行系统研究，探讨英语专业大学生对语块的掌握和使用情况，为今后的语块教学提出可行性建议。

3. 方案论证

3.1 课题目的及意义

3.1.1 目的

该课题采用定性与定量相结合的研究方法，对英语学习者在写作中语块使用的总体特征及其语用功能进行了调查，以期找出语块使用类型及数量与学习者写作质量之间的关系，为写作教学中的语块教学提供依据。

3.1.2 意义

①掌握语块在写作中的语用功能，有利于学习者根据各类语块的相关功能灵活运用语块，发挥语块在语篇中的构建功能。通过分析语料，发现语块的语篇构建功能包括：有利于提高写作的流利性，有利于培养语篇组织能力，有利于提高语言表达的地道性和生动性。

②该研究为探讨新的写作教学模式提供了依据，对写作课程的设计具有指导意义。语块教学是提高学习者语言地道性和流利性的关键所在，是融词汇教学、语法教学与语用、语篇教学为一体的整体性教学，是英语教学的热点及发展趋势。教师可以从培养学生的语块意识、加强语块的输入与输出、重视教授语块的语篇功能、建立目的语认知习惯等方面设计课程教学内容。

③对语块在学习者写作中的作用、进行研究，不仅有利于学习者运用语块知识提高写作水平，而且也对阅读、听力、口语等各项技能起到促进作用。

3.2 研究方法

①研究对象：本次研究以北方工业大学英语专业三年级的学生为调查对象，就不同水平英语学习者在写作中使用语块情况进行对比分析，找出存在的差异，进而分析该结果产生的原因。三年级学生具备了就某一话题进行概括、评论的能力。

②实验实施：对被试进行了为期一年的教学实验、跟踪调查、定性访谈。

③研究工具：根据相关理论，针对三年级学生进行了一项问卷调查。自行设计了具体的语块意识调查问卷。

④数据分析：对收集的语料进行整理，利用统计分析软件进行统计分析。

⑤结果解释：根据相关教育教学理论对结果进行多视角分析和解释。

3.3 课题研究的可行性

①课题组成员优势。本课题组成员均为英语专业本科二年级学生，且都参加了“基础英语写作”课程的学习，对影响英语写作质量的因素有比较深刻的认识，通过自身体验，能够对语块在写作中所起的作用有大体的了解，便于开展相关的调查研究。课题组成员均学习刻苦，工作认真负责，具有钻研精神，朝气蓬勃，精力充沛。课题组指导老师讲授“基础英语写作”课程，长期关注语块与学生写作质量的关系，并开展过一些调查研究工作；从事一线英语教学，并主持过多项实践调查研究，积累了丰富的研究经验。

②前期的研究工作。课题组成员之前已经接受过语块知识的相关培训，并在写作课堂中有意识地对作文中的语块使用情况进行过分析，为课题的完成铺平了道路。

③项目经费支持。学校为课题研究提供了时间保证、经费保证、人员保证，确保课题研究顺利进行。

4. 研究内容

4.1 研究问题

本研究探讨英语专业大学生英语写作中语块使用的实际情况，主要围绕以下几个方面：①英语学习者在写作中使用语块的总体特征；②语块使用频率、类型与写作成绩之间的关系；③不同英语水平的学习者使用语块的差异。

4.2 语料来源

本研究使用的语料选自北方工业大学英语专业三年级学生的英语习作共100篇。三年级学生具备了就某一话题进行概括、评论的能力。为了保证学生使用语块的多样性，作文题目均为学生所熟悉的话题，且为议论文体。作文全部由同一位评卷者进行评分，保证了评价标准的一致性。该作文满分15分，学生得分大致分布于7~13分之间，我们按分数高低将学习者分为高分组和低分组。得分在10分以上者为高分组，得分在10分以下者为低分组。共获得有效作文41篇，其中高分组作文20篇，总字数为4658；低分组作文21篇，总字数为4518。

4.3 结果与分析

我们对所选的41篇作文中出现的语块做了标记和统计之后，得出调查结果，见表1和表2。

表1　　语块使用数量及频率

语块使用情况	语块数	语块字数	作文总字数	语块使用频率
高分组	308	854	4658	18.3%
低分组	261	708	4518	15.7%

由表1可知，两者在使用语块的总数上存在差别。高分组使用语块总次数是低分组的1.18倍，说明语块使用数量的多少与作文成绩高低成正比。总体上来看，高分组语块使用频率也高于低分组的语块使用频率。可以初步推断，学习者水平越高，使用语块的意识超强，掌握语块的数量越多。

表2　　语块类型的分布情况

	短语层面固定语块数量	短语层面带空语块数量	句子层面固定语块数量	句子层面带空语块数量
高分组	164	100	10	34
低分组	138	93	3	27

如表2所示，高分组与低分组作文在语块使用频率和多样性方面都显示出显著性差异。与高分组相比，低分组的语块特点表现为种类偏少、较为单一、重复性高。语块偏口语化，某些语块往往不符合英语本组语表达习惯，显得不够地道。分析低分组学习者的作文后发现，在表达自己看法时，重复使用I think的频率较高，有过度使用的情况。他们很少使用“I believe…”“I hold…”和“I deem…”等具有同等功能的其他语块。而分析高分组的作文后发现，学习者能够用多样性的语块表达同

样的意思，减少了重复使用同一语块的频率。从表 2 可以看出，高低分组在句子层面固定语块的使用数量上均偏少，且低分组仅使用了 3 次。这表明，二语学习者对该类语块的掌握有一定困难，学习者对谚语、熟语掌握不够，尤其是低分组的学习者，影响了语言表达的地道性。短语层面的带空语块使用数量明显低于短语层面的固定语块，可能是因为处理带空语块要消耗更大的精力，相对而言，固定语块比带空语块容易被提取。另外，我们还发现，在句子层面，学习者更多地使用带空语块而不是固定语块，这恰恰和短语层面的情况相反。这说明三年级的同学在写作时，更倾向于用从句表达自己的思想，这也是学习者有意使自己的表达看上去复杂多变的原因造成的。因此，可以推断，学生英语水平越高，其使用的语块数量越多，种类越丰富。

4.4 关于学习者语块意识的问卷调查

为了了解英语学习者在写作中是否有使用语块的意识。我们设计了一份调查问卷，包括四个问题。北方工业大学英语系三年级大约 60 名同学参加了该问卷调查。

问卷内容涉及学生在写作中是否有意识运用语块、语块的作用、语块使用对作文成绩是否有积极作用等方面。

四个问题分别为：

①你在英语写作中是否使用语块？

A. 总是　　B. 经常　　C. 有时　　D. 偶尔　　E. 从不

几乎 98% 的学生认为自己在英语写作中或多或少会使用语块，其中 1% 的学生选择总是，17.5% 的学生选择经常，34% 的学生选择有时，45.5% 的学生选择偶尔，只有 2% 的学生认为自己从来不使用语块。从数据来看，大多数学生认为自己在写作中会使用语块。语块使用在写作中是一种普遍现象。语块有利于清晰地表达思想。因此，语块使用在写作中是客观存在的。

②你认为正确使用语块对提高写作成绩有多大作用？

A. 非常大　　B. 相当大　　C. 一点　　D. 不太多　　E. 没有

调查结果显示，64% 的学生认为写作中使用语块对写作有相当大的帮助，30.5% 的学生认为有一点帮助或没有太大帮助，5.5% 的学生认为没有帮助。由此可见，学生对语块在写作中的作用有一定认识，大多数学生认为语块对写作成绩有很大的帮助。

③你是否能够在写作中有意识地使用语块？

A. 总是　　B. 经常　　C. 有时　　D. 偶尔　　E. 从没有

问卷显示仅仅 1.5% 的学生总是有意识地使用语块，98.5% 的学生没能有意识地使用语块。基于以上数据，可以说学生很少能够有意识地使用语块，也不了解语块使用的时机和作用。

④你是否了解语块的作用?

A. 完全了解　　B. 有点了解　　C. 不了解

我们发现，大多数学生表示根本不了解语块在写作中的实际作用，只有少数学生表示对语块有所了解。因此，我们有必要在英语写作教学中对语块的语篇功能进行显性教学，让学生了解不同类型语块在语篇中的不同作用。

由问卷调查可以看出，学习者对语块的运用比较生熟，基本没有意识到语块在英语写作中的作用，更不能准确、恰当地使用语块。

5. 研究结果

基于以上调查研究，我们发现语块使用频率与作文成绩成正相关性。不同语块类型为写作的整体构建起到了重要的作用。由此可知，要有效提高学习者英语写作水平，应加强语块教学，特别是培养学习者的语块意识，根据不同类型语块的特殊功能，加强学习者运用语块的能力。另外，通过分析语料，语块的语篇构建功能大体分为三类：①有利于提高写作的流利性；②有利于培养语篇组织能力；③有利于提高语言表达的地道性和生动性。

6. 创新点

①通过实证研究，分析并证实了语块使用频率与写作质量的正相关性。

②通过问卷调查的方式，侧重了解学习者对掌握语块的意识，为今后的语块教学指明了方向。

③不仅对语块的使用频率与写作质量的正相关性进行论证，而且进一步分析了不同种类语块的语篇构建功能，以便学习者在写作中更加灵活地运用语块。

7. 结束语

该项目研究发现，英语水平高的学习者，不论在使用语块的频率还是使用语块的种类上，都明显优于英语水平低的学习者，证明语块使用与学习者水平成正相关性。实践证明，使用语块往往能使文章更加地道、更加得体。在写作教学中，我们应加大语块的输入，培养学习者对语块习得的意识，突出语块在写作中的语篇功能，借助语料库为学习者提供大量有针对性的语块材料。

参考文献

[1] Becker, J. The phrasal lexicon. In R. Shank & B. L. Nash – Webber (eds.). *Theoretical Issues in Natural Language Processing* [C]. Cambridge, MA: Bolt Beranek & Newman, 1975

[2] Bolinger, D. *Aspects of Language* (*2and edition*). New York: Harcourt Brace Jovanovich, 1976

[3] Ellis, R. *The Study of Second Language Acquisition.* Oxford University Press, 1994

[4] Lyons, J. *Introduction to Theoretical Linguistics.* Cambridge: Cambridge University Press, 1968

[5] Radden, G. & Panther, K. U. *Studies in Linguistic Motivation*. Berlin and New York: Mouton de Gruyter, 2004

[6] 顾琦一. 输入与输出在陈述性知识程序化过程中的作用. 解放军外国语学院学报, 2007 (2)

[7] 毛澄怡. 语块及其在英语学习者会话中的使用特征. 解放军外国语学院学报, 2008 (2)

数字版权的法律现状及完善研究报告

熊志义　邱林　谢媛　于淼

指导教师：尚志红 讲师

1. 前言

1.1 选题背景和研究内容

随着网络的发展，作品数字化并在网络环境下传输成为作品传播的趋势。与传统传播形式相比，数字化传播更加迅速、便捷，且不受时间、地域范围的限制。发达的网络技术和数字技术给人们的生活带来了极大的便利，但同时也加大了版权保护的难度。数字化作品更易被侵权，侵权也更隐蔽，必须要加大对版权的保护力度。如何才能既能使版权人正当维护其合法权益，又能使信息、知识在网络环境下快速、便捷地交流，成为网络时代急需解决的一个难题。世界知识产权组织发布的两个重要条约《世界知识产权组织版权条约》（WCT）和《世界知识产权组织表演和录音制品条约》（WPPT）在一定程度上鼓励成员国对版权问题进行立法管理，我国对《著作权法》进行了修订，并通过了《信息网络传播保护条例》和一系列司法解释，以适应网络环境下产生的各类版权问题。

本课题主要围绕我国数字版权发展中存在的法律问题展开研究，考察目前我国法律对相关问题调整的立法状况、国内外立法与司法实践中解决相关问题的实际做法，深入分析实践中存在的问题，并积极寻求切实可行的完善对策。

由于涉及内容较广，本课题主要围绕以下两个问题展开：数字图书馆中的版权问题研究、图书电子出版物版权数字管理技术的法律问题。

1.2 研究方法

科学的研究必须依赖科学的研究方法才能得出科学的结论。在本文的研究中，研究者将以事实为依据，科学地选择和运用一些富有实效的研究方法进行课题研究。

①调查研究法：为了掌握真实可靠的第一手资料，课题小组成员积极联系调研单位，在调研过程中做到有计划、有目的，不但实现了既定目标还锻炼了团队协作能力和吃苦耐劳精神。

②理论分析法：依据文中列举的关于数字版权方面的法律依据和文献资料进行深入分析，透过现象作本质的推理研究，并对制度的起源和发展进行历史分析，以推论制度解决问题的可行性。

③案例对比法：收集典型案例，分析和总结出规律性的认识和见解，寻找问题的症结，得出明晰结论，合理地推论出我国数字版权法律的发展状况及存在的问题，以期提出完善建议。

④比较研究法：选择有研究价值及参考价值的相关现象、法规等进行对比。对比的内容要多样化，对比要纵横交错，以此区分事物的异同，挖掘异同产生的根源。

⑤小组讨论法：针对研究中遇到的问题，小组成员定期讨论并与指导老师咨询、讨论。

1.3 进度计划

本课题的研究时间为两年，通过四个阶段完成。

①2010 年 10 月 ~2011 年 1 月：资料的收集、分析、整理，对数字版权保护现状作出综合概括。

②2011 年 2 月 ~2011 年 6 月：实际调查，针对现状中问题进行实地考察，写出调研报告。

③2011 年 6 月 ~2011 年 9 月：资料的完善、完成论文成果。

④2011 年 9 月 ~2011 年 10 月：课题总结、完善，写作结题报告，完成课题。

2. 数字版权发展的现状及存在的问题

2.1 数字图书馆发展现状及版权问题

图书馆是人类知识和信息的宝库，是促进社会科学文化事业发展和信息流通所不可替代的工具。近些年来，随着信息数字化技术的迅猛发展，数字图书馆因存储量大、检索方便、传播迅速受到了公众的欢迎。它突破了传统图书馆信息传播在时间、地域和方式上的局限性，为人们获取信息资料、知识等提供了更广泛的空间。目前，数字图书馆已成为评价一个国家信息基础设施建设水平的重要指标。但是，数字图书馆建设过程中的版权问题成为一道难以绕开的槛。图书馆要对本馆的信息资源数字化，并在网络上传播，根据现行版权法的规定必须事先征得权利人许可。图书馆存储海量信息，如果未经合法授权通过信息网络进行传播，对版权人利益影响巨大；如果一一征得许可，授权成本高，工作量巨大，直接影响图书馆的数字化进程。如何平衡版权人利益和社会公共利益，既不损害版权人利益，同时又给社会公众保留获取信息、学习知识的空间，就成为图书馆数字化建设中的问题。

中国的数字图书馆有两种类型：一类是政府投资，如始于1997年的中国数字图书馆建设工程；另一类是民间投资成立的数字图书馆，如书生之家、超星数字图书馆等。

2.1.1 图书馆可数字化的作品范围有限

图书馆可数字化作品范围有限。对于已过著作权保护期的作品当然可以进行数字化，不过对于仍在著作权保护期内的作品，我国《著作权法》第22条规定“图书馆、档案馆、纪念馆、博物馆、美术馆等为陈列或者保存版本的需要，复制本馆收藏的作品”是合理使用的行为，无须作者许可，也无须向其付费。《信息网络传播权保护条例》第7条规定，图书馆“为陈列或者保存版本需要以数字化形式复制的作品，应当是已经损毁或者濒临损毁、丢失或者失窃，或者其存储格式已经过时，并且在市场上无法购买或者只能以明显高于标定的价格购买的作品”。由此可见，图书馆可数字化作品的目的，只有为了陈列或者保存版本需要；对于其他情形，如为自身管理、读者学习研究欣赏等目的进行的数字化行为，都不包括在合理使用的范围之内，大大阻碍了图书馆数字化的进程，也对其提供数字化服务造成了一定的限制。同时，可数字化的作品的范围，只能是已经毁损或者濒临毁损、丢失或者失窃，或者其存储格式已经过时，并且在市场上无法购买或者只能以明显高于标定价格购买的作品。

2.1.2 数字化作品可传播范围有限

《信息网络传播保护条例》第7条第2款规定，图书馆等“可以不经著作权人许可，通过信息网络向本馆馆舍内服务对象提供本馆收藏的合法出版的数字作品和依法为陈列或者保存版本的需要以数字化形式复制的作品，不向其支付报酬，但不得直接或者间接获得经济利益。当事人另有约定的除外。”

依据上述相关规定，图书馆等机构使用传播作品时，需符合一定条件。①提供的作品尽限于以下两类：一类是本馆收藏的以数字形式合法出版的作品，如电子图书、音像制品、电子期刊等，这类作品购买时即数字化形式；另一类是图书馆为保存版本和陈列的需要复制的作品，与图书馆海量信息相比，数量有限，难以满足读者对文献资料的需求。②服务范围仅限于是本馆馆舍内的用户，通过局域网向读者提供，不能向馆外读者提供。③只允许读者在线阅读，不得复制或下载。符合上述条件便可以不经著作权人许可，也不必向其支付报酬而使用作品，但不得直接或者间接获得经济利益，当事人另有约定的除外。根据该《条例》的规定，数字图书馆的“信息网络”传播被严格限定在“本馆馆舍”以及“本馆馆舍内服务对象”中。

由上可见，无论是数字化作品的来源，还是数字化传播的对象，都远远不能满足公益性的图书馆其传播信息和知识、普及社会教育、实现公众信息公平权的基本功能。首先，图书馆要想通过网络为读者提供信息服务，需要先获得授权。作品的更新速度远远跟不上社会信息的更新速度，其及时性和有效性价值将大打折扣。其实质还是体现了图书馆重“藏”不重“用”的传统管理思想，作品只起到收藏、陈列作用而实际利用价值较小。其次，数字图书馆的网络传播被严格束缚在有形的图书馆的物理空间内，无法向社会公众提供接触作品的机会，传播快速、覆盖面广的优势无法得到实现。

以中国国家图书馆为例，现在国家图书馆图书基本上通过缴送、购买、捐赠取得。凡国内出版社和印刷者均应向国家图书馆缴送其出版物。所收内容包括正式出版的书、报、刊、音像制品和电子出版物以及其他载体形式的出版物。全国只有国家图书馆享有此种权利。目前，馆内的电子资源主要来自厂商和图书馆自行电子化。图书馆对所有藏品都进行了数字化，但是对读者开放程度有限，主要是因为版权问题有待解决。自行电子化的论文可以在馆内下载浏览，只能浏览前24页内容；而自行电子化的图书进入公共领域和已取得版权的图书可以全文浏览，有版权问题的书籍则只有部分内容开放。通过缴送和购买的光盘（数字出版物）大约有24万张，并以每年8万张的速度增长。在馆外可看到部分电子出版物，在馆内可浏览取得版权的作品的全部内容。

由此可见，著作权人的权利扩张成为图书馆数字建设的障碍，无法充分发挥资源共享的功能，不能满足数字图书馆的发展需要，最终将影响著作权人权益的实现。随着网络技术的发展，特别是搜索引擎的作用，数字图书馆建设的目的和意义也不应仍只局限于有形馆舍的存储功能，而是需要跨越这一限定，在更大范围内发挥知识和信息传播者的功能，实现图书馆现代化知识服务和现代化知识管理的价值。

2.1.3 数字图书馆授权现状

海量图书资料不能获得数字版权的授权，阻碍了图书馆的信息化建设。目前，国家图书馆发布版权征集启事，征集作者版权免费授权，但是能取得版权的不多（约300个左右），且为非专有使用权。

国家图书馆以扶助贫困为目的，通过法定许可进行的作品数量和传播范围也有限。根据《信息网络传播权保护条例》第9条，为了扶助贫困，想通过互联网向农村地区的公众免费提供种植养殖、防病治病、防灾减灾等与扶助贫困有关的作品和适应基本文化需求的作品。2011年做了约6000种，其中2000种可用，1000~2000种不同意，剩下的作品没有回应。

与此同时，商业性图书馆通过各种方式获得了大量数字版权授权。

①作者直接授权模式。

• 博雅模式，直接支付现金购买作者版权。

• 超星模式，超星数字图书馆以两种方式来支付许可使用费：第一种赠送读者读书卡；第二种是以图书经营收入回馈给作者。超星数字图书馆经过15年努力已经取得35万名作者的授权。这种授权模式风险低，但是交易成本高、效率低，从长期来看不能满足互联网环境下作品海量使用的需求。

• 书生公司提出了授权要约模式。只要个人或机构愿意接受著作权人在图书中的要约声明，即可自动达成与著作权人的授权协议，并按照约定的方式合法使用作品。授权要约模式省去了使用者与著作权人的一对一洽谈，简化了作品数字化的授权程序，但此种方式的推广还需要著作权管理平台的推广。

②通过代理机构获得许可。

• 从出版单位获得许可。经营主体不与作者直接接触，通过出版社解决版权授权问题。如清华同方期刊数据库，首先取得出版单位的授权，通过出版单位刊登有关说明取得作者的同意而获取作者授权，并支付给出版单位和作者适当版税。

• 北大方正模式：以高额回报取得出版单位的授权，作者授权由出版单位负责解决。

• 书生公司主要针对书籍版权，同时取得出版单位和作者的授权，通过为出版单位提供有关服务换取授权。

• 万方公司制作的“中国学位论文数据库”主要是从中国科学技术信息研究所获得授权，而信息研究所是从论文作者所毕业的大学获得论文作者的转授权。

这种模式，缺陷是可能存在代理人无代理权而进行授权的情况。据文著协的不完全统计，在580多家出版社中，做数字出版的很多，但是出版社拥有数字版权的比例平均在20%左右，有的出版集团才10%。所以，出版社与数字出版商合作授权，蕴含着很大的侵权风险。2008年几百名论文作者诉万方公司著作权侵权，王洪松等作者诉清华同方，李昌奎诉北大方正侵犯著作权，都属于这种情形。

但是商业性图书馆图书授权方式门槛高，先进入者容易通过版权形成较高的行业壁垒，阻碍其他公司后来进入。另外，如此财力与谈判成本，也不是国家图书馆等公益性图书馆能够承担的。所以国家图书馆版权问题还需寻求其他解决办法。

2.2 版权技术保护的现状及问题

2.2.1 版权技术保护的概念、特点

版权，即著作权，指某一著作的原创者依法对其作品享有印刷、出版及销售的权利，其中的著作包括文学、艺术、科学作品等人类的智力成果。

关于版权技术保护措施，学术界尚没有统一的定义或概念。1998 年，美国颁布的《数字千年版权法案》(Digital Milleniun Copyright Act，DMCA) 中对技术保护措施的定义是："任何能够有效控制进入受版权保护的作品并能有效保护版权人权利的措施"。我国《信息网络传播保护条例》第 26 条规定，信息网络传播权，是指以有线或者无线方式向公众提供作品、表演或者录音录像制品，使公众可以在其个人选定的时间和地点获得作品、表演或者录音录像制品的权利。技术措施，是指用于防止、限制未经权利人许可浏览、欣赏作品、表演、录音录像制品的或者通过信息网络向公众提供作品、表演、录音录像制品的有效技术、装置或者部件。

无论哪种说法，版权技术保护措施都必须满足以下要求：必须为版权人服务，充分保护其合法权益；技术手段符合客观事实，能够具体落实；从本质上讲，能够及时对侵权行为进行防范，而非事后补救。

版权技术保护具有三项十分明显的特征：合法性、相关性和有效性。

• 合法性是版权技术保护的前提和基础，保护的目的和内容均应合法。版权技术保护的这一特征是显而易见的，既然版权技术保护措施是经过法律许可的一种版权保护手段，那么其必须在法律的约束之内。版权技术保护措施的行使目的在于维护版权人的合法利益，防止其他人的侵权行为，但不能抱有恶意态度采取违法、过激的行为反向侵犯他人利益。从内容上说，版权技术保护措施应明确其应用范围，即首先应确保被保护的版权本身是合法的，处于版权体系之内的。

• 相关性是指权利人实施技术措施时应保证其采取的是与著作权相关的版权技术保护措施而非其他，相关性是版权技术保护过程中的重要特征。倘若权利人可以任意设置技术保护措施，那么对于权利人的版权保护便会演变成对于权利人利益的盲目扩大，造成版权技术措施的扭曲和滥用。

• 有效性是版权技术保护得以落实的保障。版权技术保护措施必须是能够具体执行的，形同虚设的措施从本质上讲完全不具备保护版权的功能，难以发挥应有的法律作用。例如"百度文库"或"豆丁文档"等网络电子作品就采取了禁止复制的形式，而采用有偿（或无偿）下载的方式，在一定程度上保护了作者的版权。

2.2.2 技术措施的种类

从各国立法实践来看，技术措施可以分为两类。

①控制访问的技术措施，其保护著作权人的作品的具体方式如下：

•控制进入受保护作品的技术保护措施，此措施包括要求登记、加密、密码系统或顶置盒，可以用数字化手段对作品进行加密，并且可以装载归纳作品内容、识别作者身份的信息及与作品使用相关的信息，以及利用数字信封封存内容摘要、权利人信息和使用作品条件等。

•追踪系统，即确保数字化作品始终处于版权人控制之下，并且只有在版权人授权后方可以使用的软件。

•电子水印、数字签名或数字指纹技术，以识别作品及版权人，鉴定作品的真伪。

•标准系统，即按地区划分，设定不同的标准以避免对版权作品的侵权行为

②控制作品使用的技术措施，其保护著作权人的作品的具体方式如下：

•反复制设备，也就是阻止复制品的设备，在它的支持下系统可以阻止用户进行被限制的行为，其中最有代表性的就是“SCMS”系统（serial copy management systems），其作用为防止复制与再复制。

•电子版权管理系统，即 ECMS 系统，可以识别作者的身份，通过加密保护作品，同时又可以像电子契约那样与使用者进行交易，收取使用对价。

2.2.3　版权技术保护措施的滥用及危害

技术措施有效地保护了版权人的利益，但在实践中版权人滥用技术保护措施的现象也越来越多。

•实现捆绑销售，影响公平竞争。把享有版权和不享有版权保护的内容捆绑在一起附加技术措施，或者把版权内容通过技术措施限定在固定媒体上播放，从而达到捆绑销售的目的。实施者可以直接以保护技术措施的名义，借机变相获得市场份额或者高额收益。但是利用技术措施实施捆绑销售而垄断市场的行为并不是法律保护技术措施的范围，相反，这种行为应当受到反不正当竞争法的规制与调整。

•实施攻击型技术措施，危害公共安全。轰动一时的“微软黑屏事件”中，美国微软公司通过其操作系统中的“自动更新”程序向专业版 Windows XP 用户发送验证程序，如果该用户使用的为非正版的 Windows 操作系统，那么该验证程序将会使该用户计算机桌面在开机之后变为黑色；如果用户在这之后更改计算机桌面，那么以后每隔 1 小时该验证程序会在用户电脑中自动运行，并再一次将盗版软件用户的桌面背景设置成黑色。又如 1997 年的“江民逻辑锁”事件。北京江民新技术有限公司推出反病毒软件 KV300L + +版，在其中安装了一段名为“主动逻辑锁”的程序，其功能在于：凡是使用盗版盘执行 KV300L + +的用户，其硬盘数据均被破坏，造成

软、硬盘同时被锁，不能启动。上述技术措施攻击知情或不知情的用户，攻击抱有合法或非法目的的软件复制者，损害公共利益。

• 强占公有领域资源，变相延长保护期。比如在互联网上经常出现一些经史子集、四大名著等总是被他人设置了如控制接触作品的技术措施封锁起来，甚至需要收费才能够阅读。

2.2.4 我国版权技术保护限制的立法缺陷

(1) 版权技术保护的限制不足

我国版权技术保护限制在立法方面最大的缺陷就是限制不足，这一点也是造成版权技术保护措施滥用的主要原因。例如，我国《信息网络传播保护条例》第 12 条规定，属于下列情况的，可以避开技术措施，但不得向他人提供避开技术措施的技术、装置或者部件，不得侵犯权利人依法享有的其他权利。

• 为学校课堂教学或者科学研究，通过信息网络向少数教学、科研人员提供已经发表的作品、表演、录音录像制品，而该作品、表演、录音录像制品只能通过信息网络获取。

• 不以营利为目的，通过信息网络以盲人能够感知的独特方式向盲人提供已经发表的文字作品，而该作品只能通过信息网络获取。

• 国家机关依照行政、司法程序执行公务。

• 在信息网络上对计算机及其系统或者网络的安全性能进行测试。

以上四条仅仅规定了教育研究、残疾人帮助、行政司法和网络安全四个方面可以避开技术措施的情况，但对于超出范围的情况并未做出有效的规定，在版权技术保护的限制方面具有明显的不足。

(2) 技术滥用的法律责任不明确

在我国《信息网络传播权保护条例》中，涉及版权技术保护限制的仅有第 18 条和第 19 条，但其中只规定了规避技术保护措施需要承担的责任，但是对于权利人滥用技术保护措施的法律责任却并未做出明确的规定，因而造成了上文中提出的种种问题。对于权利人滥用版权技术保护措施的行政责任或民事责任不做出明确的法律规定，十分不利于保护作品使用者的权益，也损害了双方利益的平衡，缺乏追究相关责任时的法律依据。

另外，《信息网络传播权保护条例》第 4 条也是如此，规定了权利人可以采取相应的技术措施保护其作品在传播中的权益，却并未规定义务和责任。这种责任上的欠缺不仅违背了法理的公平公正原则，也留下了极大的隐患。

3. 数字版权问题解决的建议

3.1 数字图书馆版权授权的制度完善

3.1.1 扩大法定许可适用范围

法定许可是指使用者可以不经著作权人的授权，依法使用其作品并向其支付合理报酬的制度。法定许可是一种对著作权人的权利限制，这是为了保护读者的权利并促进思想和文化传播而设计的一种制度。

我国的著作权法规定了五种法定许可的情形，《最高人民法院关于审理涉及计算机网络著作权纠纷案件适用法律若干问题的解释》第 3 条是适用于网络环境下版权适用的法定许可，《信息网络传播权保护条例》规定了针对远程教育的法定许可。在这些法定许可中，基本上许可规定了著作权人声明的例外情形，因此并不是真正意义上的法定许可，这与专利法上的法定许可有很大的差别，有学者称之为“准法定许可”。所有这些法律规定的适用法定许可的主体并不包括数字图书馆。

数字图书馆作为知识和文化传播的重要载体，其社会地位和重要性丝毫不亚于报社、期刊社、广播电台、电视台这些媒体，公益性的图书馆更是承担着提升国民素质的重要责任。因此，在我国应当扩大我国法定许可适用的范围，将数字图书馆纳入法定许可的范围中来。

首先，数字图书馆扮演着传播文化知识的角色，在普及科学文化知识、提高国民素质方面起到其他机构不可替代的作用。因此，适当扩大法定许可的范围，将数字图书馆纳入进来有利于促进科学文化传播、提高我国国民素质。

其次，随着科学技术的不断发展，信息传播技术也不断进步，这在对著作权带来挑战和冲击的同时也带来了很多机遇。第一，先进的传播技术可以使知识更加容易获得，这客观上使作者的作品更加普及，传播更广，读者也更多，这必然会增加作者和著作权传播者的收入。第二，对于公众来说，也方便了他们获取和使用作品。无论作者、出版者还是公众，都要以一个数字化、信息化的全新角度来看待著作权的保护问题，这既不是片面保护作者的权利，忽视公众对科学文化知识的需要，也不是一切以促进知识的传播为中心，毕竟先要鼓励知识的创造，才有知识的传播，若一味地把天平偏向公众而不考虑鼓励作者的创新，这无疑也是不利于科技进步的。

再次，法定许可使作品使用者以法定授权代替作者以意思表示的方式授权，可以节省因获得作者授权的交易成本，更有利于作品的传播。

3.1.2 适当引入强制许可

法定许可可以解决数字图书馆使用作品版权问题，但是仅适用于国内作品。在《伯尔尼公约》以及《世界版权公约》中，并未规定法定许可的内容，所以对于国外作品可以适当引入强制许可制度。

强制许可是指依照法律规定以合理条件请求获得著作权人许可被拒绝时，可以请求国家相应的主管机关颁发强制许可证。《伯尔尼公约》和《世界版权公约》规定了强制许可的情形，但是限制条件非常严格。根据这两个公约，我国作为发展中国家可以由政府对符合条件的申请人颁发强制许可证，但是由于公约中规定的条件和程序太过繁琐，申请强制许可证需耗费大量的时间，获得的授权种类只限于翻译强制许可证和复制强制许可证，可以申请强制许可的对象也仅限于印刷出版物，视听作品和计算机软件都不包括在内。上述种种原因，导致实践国际公约所规定的强制许可制度实际上很少发挥作用。

在数字化环境下，数字图书馆应该引入强制许可制度，以使数字图书馆的功能得到更好的发挥，促进知识和技术的传播。但是强制许可作为一种对著作权限制诸多的制度，必须严格限定其使用条件，包括对主体、对象都有严格的要求，不然就会损害作者的权利，打击他们的创作积极性。

首先，强制许可的主体须严格限定于公益性的数字图书馆，那些以营利为目的的数字图书馆不能申请强制许可证，因为强制许可作为一种对著作权的限制，必须出于公共利益的目的。

其次，强制许可须由公益性的数字图书馆在符合条件时向法定机关申请，并且对象须限定于以合理条件请求著作权人授权却未能在合理时间内获得许可的作品。

3.2 完善版权技术保护的限制措施

3.2.1 版权技术保护措施的限制原则

（1）协调性原则

在知识经济浪潮的背景下，版权技术保护的法律限制必须遵守与知识产权和国际标准相协调的原则。专利权、商标权和著作权是知识产权的主体，版权技术保护的法律限制在其中的应用呈现出必然的趋势，逐步占有日益重要的作用。协调性原则是各国维护切身利益时的必要手段，强调了法律的权威和著作权的重要性，能够改善市场环境，挽回重大的经济损失，同时也可加强版权人对自身优势的进一步开发，促使其总结版权技术保护措施的实施经验，强化技术进步，使某项有利于全人类的文明成果得到科学化、系统化的保护。

由于网络时代的版权作品早已不局限于以往的书籍、纸张、唱片等有形载体，而是转变为使用方便、传播迅速的网络载体，因此，作品在各国之间自由流传的几率要远远大于从前，在这一过程中，也应遵守协调性原则，在大方向上建立各国较为统一的最低限制范围，在此基础上根据各国的实际情况进行法律法规上的细节推敲。

（2）适度性原则

凡事皆有度，适度性原则是版权技术保护限制的重要原则。不难发现，适度的版权技术保护限制对维护权利人合法著作权、维持市场良好秩序具有良性的刺激作用，而过度的保护将会侵犯公众的利益空间，阻碍市场的进一步拓展，违背立法的基本原则。

为了实现社会公众正常获取信息与权利人自身利益之间的平衡，在制定版权技术保护措施时应坚持适度性原则。同时，为了让知识产权、文化产品产生的社会效益最大化，技术保护措施也应该在一个适度的范围之内，在不侵犯权利人基本利益的同时，把一部分被保护的作品投入公共领域，以保障社会公众对知识共有财产的使用权利。并且，社会公众对知识产品的渴求也能够进一步刺激权利人的产品投入，鼓励其继续创作，形成良性循环。

综上，在当今时代，版权技术保护的限制虽然十分有必要，但并不应成为产业的束缚，而需要把限制的标准保持在适当的限度内。

3.2.2 完善版权技术保护措施限制制度的具体措施

（1）明确版权技术保护的限制范围

在版权技术保护领域，应明确其限制的范围，即哪些技术保护行为可以允许、哪些行为应当禁止采取技术保护措施，利用法律途径保障属于公众的信息不被个人或单位私自占有。

版权技术保护措施的范围必须明确，排除不受法律保护的技术措施，例如公共领域的影视、阅读作品已属公共所共享，可供公众合理使用，但如果有人搜集整理或稍加修改便冠上自己的姓名，则属于侵吞资源，这种现象普遍发生在学术论文领域，应作严格的法律规范。通过限定版权保护限制范围，留给版权人一个合理科学的版权保护限制条件，不让权利人的范围过于宽泛而留下法律的空子。我国法律应增加技术措施限制的条款，例如从基础上规定版权保护措施的宗旨是不得侵害公众的利益及损害消费者的合法权益，并进一步规定可以避开技术措施的范围而非例子，不留任何法律空隙，在实践中不断完善。

（2）明确技术滥用的法律责任

为完善我国版权技术保护限制法律规范，《著作权法》、《信息网络传播保护条例》等法规中应明确版权人因为滥用版权技术保护措施而必须承担的法律责任，以弥补给他人造成的损失。

滥用版权技术保护措施往往会给社会其他主体如公众带来利益损害，侵害消费者各方面的权利，甚至凭借其产品在市场中的领先地位进行强制行业垄断，损害其他竞争者的利益，并且很大程度上会妨碍使用者对作品的正常使用和传播需求，产生不良后果和恶劣的社会影响。由于对版权技术保护措施滥用者没有任何法律约束和限制，造成权利人义务和权利的不平衡以及市场秩序的紊乱，因此法律应该明确规定版权人滥用技术保护措施的行政或民事责任，参考其违法行为的情节承担后果。

（3）进一步完善法律法规中的相关限制

完善我国版权技术保护限制法律法规还需要进一步完善其中的相关限制条例，在补充原有法规和建立新的法律条款时，不仅应考虑版权人的行为限制，也应综合考虑社会公众的基本利益，促进知识经济的发展和科学技术的进步。

结合立法精神，版权技术保护限制措施不应当是无条件的，而是需要确立一个必要的例外或限制条件。笔者认为，除了明确保护限制的范围和版权人应该承担的责任外，还应从以下几个方面进一步完善相关立法。一方面，措施应当遵守立法的基本精神，保证版权制度中的利益平衡，不得滥用技术保护措施，禁止为不应受到保护的作品盲目提供技术保护措施，禁止对公共作品做出任何形式的技术保护。另一方面，版权技术保护措施不宜具有攻击性，而应该从防御和被动应对入手，不能给第三方带来不应有的侵犯或损害，不应妨碍版权作品的合理使用和执行的相关公共政策。

参考文献

[1] 陶鑫良，袁真富．知识产权法总论．北京：知识产权出版社，2005
[2] 乔生．知识产权保护与限制研究．北京：中国检察出版社，2007
[3] 邱业伟．信息网络与民法前沿问题研究．北京：法律出版社，2009
[4] 冯晓青．技术措施与著作权保护探讨．法学杂志，2007（4）
[5] ［法］伊夫·高比阿克．版权和相关权立法下技术措施及其互用性．版权公报，2007（2）
[6] 刘芳．关于技术措施法律保护的若干思考．北京化工大学学报（社会科学版），2007（1）
[7] 张昳．数字资源版权的技术保护与限制．肇庆学院学报，2009，30（6）
[8] 冯晓青．知识产权法的利益平衡原则：法理学考察．南都学坛（人文社会科学学报），2008（3）
[9] 王迁，朱健．技术措施的“有效性标准——评芬兰 DVD 技术措施保护案．电子知识产权，2007（9）
[10] 朱理．网络环境下著作权的利益平衡．中国新闻研究中心，2006（10）
[11] 王海英．数字化作品版权反限制的限制——版权保护技术措施的法律．中共福建省委党校学报，2008（2）
[12] 王迁．滥用“技术措施”的法律对策——评美国 Skylink 及 Static 案．电子知识产权，2005（1）

中国经典建筑彩画继承与设计实践

侯启月

指导教师：李沙 教授

[摘　要] 经典建筑彩画是我国古代建筑的装饰亮点，内涵极其丰富，亟待继承、归纳与整理。将其造型元素融入现代设计，则具有现实意义。对彩画形式与工艺进行研究，将有助于在遗产保护实践中赋予文化与遗产多样性更多的尊重，进而促进中国传统建筑文化的延续和发展。

[关键词] 传统文化；装饰艺术；经典彩画；现代彩画

1. 选题背景

被视为世界建筑文化奇葩的中国古典建筑，它所传达出来的形式美内涵是从建筑局部构件到建筑系统的整体规划、从室内到室外综合表现出来的，这其中就包括经典建筑彩画的形式美。无论是威风堂堂的北京故宫还是清雅娟秀的苏州园林，均可从中清楚地发现经典建筑彩画的神奇魅力。建筑彩画是建筑装饰艺术，属实用美术范畴，是绘画艺术的分支。它与建筑装饰壁画、雕塑有着极为密切的关系。中国经典建筑彩画集中反映了我国建筑的东方特质，其艺术内涵极其丰富，通过传统的象征、寓意等手法体现出的东方哲学，将儒家伦理思想和审美意识结合起来，从而达到建筑装饰形式美和气韵美的协调统一。

中国古典的梁枋建筑是东方建筑的独立系统。作为其室内外装饰的主要手段，建筑彩画显现出独特的灿烂形象，不可置疑地进化至极高的程度。正像京剧艺术和中医药学一样，中国的传统经典建筑彩画也需要有人前赴后继地保护、继承并发扬光大，拓展古建彩画的民族文化精神，使这一灿烂的建筑艺术形式得到新生。

然而，中国经典建筑彩画的现状并不乐观，其原因是复杂的。较之京剧艺术与中医药学，传统建筑彩画没有那么高的普及率，没有那么广泛的群众基础，更没有大学作为科研平台，因此曲高和寡，被关注度远逊色于上述国粹经典，目前的保护与修复水平还远远未达到要求。首都拥有北京市古代建筑设计研究所、北京房修二古代建筑工程有限公司等权威科研与施工单位，尽管它们在中国经典彩画的继承和保护方面做了不懈努力，然而大量古建彩画被修复后依然失去了其历史的真实性，历史遗产的文化价值打了折扣。笔者在河北省蔚县调研时发现，包括元代释迦寺在内的许多国家级文物保护单位的彩画均年久失修，即使部分被修复，可绘制水平、色彩控制及材料选用等方面都离《奈良真实性文件》精神相去甚远。

因此，潜心研究古典建筑彩画的形式、结构及色彩设计规律，特别是经典彩画文化内涵，具有重要的现实意义。在继承和保护的同时，还可将其精髓注入现代设计之中，在继承和发展历史文脉的同时不断创新。可以肯定，这一实践性研究将有助于加强中华民族的文化自觉和文化自信。

2. 形式美分析

建筑的装饰形式可分为结构性装饰、立体装饰和平面装饰。中国经典彩画虽然是平面装饰的一部分，却具有双重性质。一方面，它从属于建筑主体，即以矿物质颜料的绘制保护了木构架主题，并从装饰美感的角度来标明主体的特征、性质、功用以及价值。另一方面，彩画作为装饰艺术亦可从主体当中独立而出，显示出自身独特的审美价值。

中国经典彩画主要分布于古建筑的藻井、斗拱、门楣、柱壁，以及外檐木构上。汉唐以来总体色调以朱红对比石绿为主，自明代转为石青对比石绿的冷色调，以构成青绿彩画与黄色琉璃瓦的宏观冷暖对比关系。局部则采用深地浅花或浅地深花的色彩对比关系。设色以平涂为主，明代多用退晕。彩画图案可分为四类：龙凤异兽、云气仙灵、锦绣绮纹与河蕖水藻。“文以朱绿，饰以碧丹，点以银黄，烁以琅玕，光明熠爚，文彩璘班。”其中传达出来的色彩美充满了哲理，色彩协调与色彩对比效果妙不可言。彩画色彩中包括枋心位置颠倒对比、青绿色相对比、色彩退晕对比、纯度对比、典型图案色彩与形状对比等诸多形式。

色彩的位置对比关系是古建彩画的重要特点之一，从紫禁城中轴线的经典和玺彩画便可清楚发现这一设计规律。彩画在梁枋檩桁间的用色规则是明间采用上青下绿、次间则上绿下青，依次互相调换形成色彩对比。例如枋心部分，小额枋枋心部位绿地画双行龙，楞线为青色；反之，大额枋枋心蓝地画双行龙，楞线为绿色；小额枋岔口线为绿色退晕，而大额枋岔口线为蓝色退晕。

同时，古建彩画具有独特的色彩节奏。旋子彩画形式中旋花是主角。它层次丰富，变化多样，每只旋花包含有旋眼、一路瓣与二路瓣方向相反的旋转造型，充满了动感。色彩设计则以石青和石绿为基本色调，红色和金色加以点缀。用明度控制古建彩画节奏感也颇为明确。其中深色、中间色和晕色形成三层叠晕的阶梯式自然渐变；并利用高纯度的银朱、金色与纯度较低的石青、石绿搭配形成局部强烈的色彩对比关系。古建彩画将浓淡、冷暖和明暗的对比关系巧妙地整合起来，再按照一定的旋律进行反复和转换，形成变换丰富、错落有致的旋律线，其结构与色彩所展示出的秩序感，好似神奇而优美的旋律和节奏。

中国经典建筑彩画就像一部东方形式美的教科书，将儒家传统的政治、经济、文化、哲学、伦理观念融为一体。这意味着，中国传统文化的理念在其中得以充分体现。所以研究和学习中国古典建筑彩画不能仅从其形式表象出发，更要从中国传统文化的角度去理解、分析和体味，方能领悟其内在的文脉内涵。

3. 彩画形式创新设计

现代彩画形式创新设计旨在表现传统文化的内涵与审美表象，折射中华民族的性格以及审美取向，还有很长的路要走。此命题不但涵盖现代彩画形式的艺术创意、图案形态和构图规律等方面，而且需考虑环境、空间、材料、技术等综合因素，并且上述因素是在不断发展变化中的。无论彩画的主题和形式如何定位，都要尽力展示传统文化的内涵，同时与现代科技发展成果有机地结合起来，让优秀的传统艺术形式焕发青春。

彩画作为中国古典建筑室内外装饰的主要手段，通常以平面的绘画形式展现。在继承优秀文化传统深层内涵的基础上，进行形式上的变换与突破，从而显示一个崭新的视角，并发现其审美价值。然后再从立体空间表现上进行探索性试验，

3.1 水墨神韵

博大精深的华夏文化，蕴藏着丰富绚丽的艺术形式，而中国经典建筑彩画与中国画有着异曲同工之妙。中国画善用调节墨色浓淡干湿的方法取得描绘形象的生动效果。唐代张彦远的《历代名画记》指出：“运墨而五色具。”所谓“五色”即焦、浓、重、淡、清，意指墨色多层次的浓淡干湿变化。以现代设计观念分析，这是用明度变化和轮廓的刚柔变化来表现图案形象的立体感及空间层次感。在有限的立体厚度中，创造尽可能深的艺术空间。

为追求建筑彩画的水墨神韵所表现的空间深度，笔者尝试在黑白状态下呈现立体形象的丰富光影变化。首先以玻璃作为媒介，以喷砂雕刻的方式来表现彩画的形式美，旋花图案的绘制突出表现花瓣厚度和圆润的曲线美（见图1）。利用玻璃的厚

度，经反正面不同深度雕刻形成的经典建筑彩画形式元素，在LED光的装扮下，剔除了传统彩画浓烈的色彩，呈现出清澈纯净的立体层次效果，体现了经典彩画图案形式的唯美特征。其柔美的线条与晶莹剔透的玻璃形成强烈的对比关系。经光线的折射，柔与刚的对比更强调了其艺术表现力。

3.2　三维彩画

中国经典建筑彩画的创作始终追求立体和进深艺术效果。苏式彩画中，包袱的烟云托子以及梁枋箍头的回纹和卍字纹均呈现较强的体积感。卍字源于梵文，意指吉祥云海。以连续的卍字图形组成的吉祥图案，称为万字不到头，寓意吉祥、福气连绵不断（见图2）。回纹最早出现在4000多年前的仰韶文化的陶器上，在春秋时期的青铜器上亦可发现回纹。明清两代更为多见，乾隆时代尤为盛行。其形态包括方形回纹及一笔连环式回纹，寓意富贵不断头（见图3）。祥云图案形态变化多样，早在战国时期祥云图案已经在青铜器上出现，秦朝以后应用更为广泛，其灵活多变的形态更为古建彩画所采用（见图4）。上述彩画形态均基于二维平面，运用透视进深法来表现体积感和空间感，表明了古人的艺术智慧。

依据彩画基本图案形态，笔者在设计中对空间维度进行了变换试验，采用经典彩画的装饰语言，通过技术和材质手段，使二维平面彩画增加到三维，将传统平面的建筑装饰艺术赋予崭新的立体形式，从而通过更多的侧面和丰富的光影来展现中国经典建筑彩画深刻的内涵。三维彩画选择了典型的祥云图案为基础。曲线与直线组成了比例、疏密的对称和谐构图，祥云纹样连续叠加、高低错落与穿插通透令其体量感得以加强。最终选择高密度PVC板作为媒介，以激光切割技术手段使传统经典建筑彩画得以立体呈现（见图5）。

图1　旋花图案

图2　卍字纹

图3　回纹

图4 烟云托子

图5 三维建筑彩画

4. 结论

对于中国经典建筑彩画的学习研究，是继承弘扬中华民族传统文化的具体体现。通过调研，我们了解到有关古建彩画的文化渊源、设色规律、造型特征以及文化内涵。这将有利于赋予民族文化遗产多样性的尊重，也为进一步将其形态元素和造型规律融入现代设计奠定了基础。在研究中国经典建筑彩画的实践过程中，笔者立足于传统古建彩画的格律，对彩画的分类、不同时期的演变及特征进行梳理，特别分析了构图和色彩艺术规律，探讨不同类型彩画的独特的艺术品味。前人在古建彩画设计、材料及工艺等方面的成果属于珍贵的文化遗产，凝聚着中华民族的符号，代表着民族的精神，体现中国的根和中国的魂。

因此，现代彩画设计的创新既离不开它的历史文化根基，又不可脱离当代的人文环境和现代人的审美需求。常常可以发现在新建筑构件表面绘制中国传统图案，或室内安装老旧木构件以此标榜继承了民族传统，其实这是很肤浅的。在当代设计中，民族文化的融入必然是一种精神和文化情感的融入，彩画形式的创新亦然。在继承和发展经典建筑彩画形式上必将呈现出多元化趋向。如何继承传统并不断拓展彩画的审美内涵，是需当代设计师不断探索和研究的新命题。

参考文献

[1] 梁思成．清式营造则例．北京：清华大学出版社，2006

[2] 国家文物局．国际文化遗产保护文件选编．北京：文物出版社，2007

[3] 楼庆西．中国古建筑二十讲．北京：生活·读书·新知三联书店，2004

[4] 孙过庭．唐孙过庭景福殿赋．天津：天津杨柳青画社，2006

[5] 张彦远．历代名画记．北京：人民美术出版社，1963

[6] 中国科学院自然科学史研究所．中国古代建筑技术史．北京：科学出版社，1985

[7] 陈岚．中国古建筑中的彩画艺术．重庆：重庆大学出版社，2002

[8] 张昕．晋系风土建筑彩画研究：中国城市规划建筑学园林景观博士文库．南京：东南大学出版社，2008

[9] 王其钧．中国建筑图解词典．北京：机械工业出版社，2007

[10] 杨春风．中国现代建筑彩画．天津：天津大学出版社，2006

[11] 单德启．单德启建筑学术论文自选集：从传统民居到地区建筑．北京：中国建材工业出版社，2004

针对 SOLO 一族的陶瓷产品设计与制作

邵定　胥敏　董晨曦　郝梦洁
指导教师：陈建捷　丁瑜欣

[摘　要] 随着时代的进步和社会的发展，行业越来越多，社会分工越来越细化，出现了一种新新人类，即当下正流行的 solo 一族。他们永远不缺乏对生活品质的重视。而高级瓷器自古以来就是高品质生活的体现。

[关键词] 瓷器；solo 一族：休闲；趣味；创意

1. 选题背景

随着时代的进步和社会的发展，行业越来越多，社会分工越来越细化，出现了一种新新人类，即当下正流行的 solo 一族。他们多是拥有高学历、受过良好教育的专业人才，年龄在 35 岁以下，在所生活的城市有固定的住所，多从事于新兴文化产业，可以不用去公司或者单位上班，在家就能挣钱。所以，他们的生活相对轻松舒适，生存压力比较少。他们可能挣钱不是很多，但是他们永远不缺乏对生活品质的重视。高品质的生活体现在许多方面，衣食住行，吃喝穿用，涉及很广，我们不可能一一研究。最后，我们选择了瓷器为突破点。

众所周知，高级瓷器自古以来就是高品质生活的体现，不管是中国古代的四大名窑，还是英国皇室的专用定制瓷器，无不代表那个时代的高品质生活。因此，结合我校已有的陶艺实验室和其他相关资源，我们最后的选题为针对 SoLo 一族的陶瓷产品设计与制作。

2. 方案论证

绘制草图是我们的第一步。我们在三周内绘制了许多设计草图，每周五都与指导老师开会交流，讨论设计思路，明确设计方向，剔除不好的和难度系数较高的设计，选出一些有创意且容易实现的设计。以下是其中一些设计草图的展示。

图 1 太极茶具

图 2 可爱小鸡茶具

我们还绘制了许多其他方案的草图，这里就不一一展示了。

3. 研究方法

通过绘制大量草图，我们精选出了一些不错的方案，并制作 3D 效果图和石膏模型，来研究我们的设计是否合理、使用起来是否舒适、设计感是否强烈、是否能够满足 SoLo 一族对品质生活的要求。为此，我们还参加了第二届“恒福杯”全国茶具设计大赛，该大赛是由广州恒福茶业、广州美院、清华美院以及中国工业设计协会联合举办的权威性赛事。通过参加这次大赛，可以检验我们的设计水平和设计能力。

4. 研究结果

我们有六个方案被细化，参加了大赛的初赛，有四件作品入围复赛，最终入围决赛的作品有两件，并且被制作成实物寄送至广州参加决赛，最后获得了鼓励奖。在来自全国的 1400 件作品中，一共只有 46 件获奖，我们是其中之一。这一方面证明了我们的设计能力；未能获得大奖，也说明我们的能力还有待提高。以下是我们设计的方案的展示图。

最终，“可爱小鸡茶具”和“时尚 V 柄茶具”入围决赛，并且制作了实物，以下是实物展示图。

图 3　山水风情蒲茶具设计展示图

图 4　可爱小鸡茶具

图 5　时尚 V 柄茶具

5. 创新点

①目标人群的创新。我们选择了 SoLo 一族这一类新兴人群，紧随时代潮流，根据新时代新人类的审美需求和生活需要来进行我们的设计和制作，使我们的产品与

众不同、独具特色。

②产品造型的创新。我们的设计多来自于自然和生活，比如小鸡茶具和竹林风茶具就十分有特色：一个造型可爱，十分符合 solo 一族希望生活充满趣味的愿望；另一个设计感十足，造型取自竹子，但是进行了简约化处理，十分有格调，显得高档精致，也很符合 SoLo 一族对高品质生活的要求。

6. 总结

总的来说，我们的设计还是比较成功的。当然也暴露出一些问题，比如我们有许多好的创意未能实现，最终实物产品的做工也和想象相差甚远，没有达到 3D 展示中的效果，这直接影响了我们在大赛中的成绩。希望以后在类似活动中我们可以做得更好。

北方工大毕业生，你们幸福吗？
——北方工业大学2008届毕业生生活状态电话调查研究报告

郭远明　栾雪彤　何浩岩　周晓晴

指导教师：姚政邑 讲师

[**摘　要**] 本研究采用CATI计算机电话辅助调查手段，以分层抽样方法获取400个样本，对北方工业大学2008届毕业生工作状态、生活状态的各项指标进行研究和分析，得出2008届毕业生的就业率等重要信息。同时，对毕业生的生活状态以幸福指数衡量，比较各专业毕业生的幸福指数，在宏观上为我校提供毕业生的数据支持和决策参考。

[**关键词**] 北方工业大学；毕业生；生活状态；幸福指数

1. 研究目标

我们通过对2008届北方工业大学毕业生生活状态进行调查，形成一个我校毕业生的数据库，其分析结论能够准确了解我校毕业生的工作生活状态。在这个数据库的基础上，我们创新提出了“幸福指数”的概念。通过计算学校各个系别的幸福指数排名，客观地了解、分析我校各专业毕业生的生活状态，从而间接地为我校素质教育提供更加科学的建议，同时对在校大学生也有警示和教育意义。

2. 研究方法

课题组采用文献研究、CATI电话调查、SPSS数据分析等研究方法和计算方法，综合得出就业率、失业率、就业渠道、专业对口情况、工作压力与跳槽频率，以及薪酬、住房、汽车、旅游等多方面生活状态的信息。将相关指标归入到幸福指数体系中，得出幸福指数排名。

具体研究方法和样本说明如下。

研究总体：北方工业大学2008届毕业生共计2433人。

研究方法：从校就业指导办公室获取上述毕业生毕业时留下的手机号码，采用电话辅助调查系统CATI呼出调查，完成问卷采访。采集的数据使用SPSS v18.0分析。

样本量：在置信度95%，误差±5%的前提下，利用公式$\left(\frac{T_{\frac{1+\beta}{2}}}{2\Delta}\right)^2$①可计算出样本量大概为384份。由于电话样本的特殊性，同时结合我校的实际情况，最终完成有效样本400份。

抽样方法：本次研究采用多阶分层抽样方法，使得各学院、系别都有等比例的样本分布。在设定好的群体中，采用计算机随机选取的方式抽取电话样本。样本分布如下表。

表1　　样本分层分布表

	2008届毕业生	
	总体	样本
机电工程学院	361	59
信息工程学院	438	72
理学院	155	26
建筑工程学院	299	49
经济管理学院	473	78
艺术学院	328	54
文法学院	379	62
总计	2433	400

研究时间、地点：2011年6月~2011年12月，艺术学院广告数据调查实验室。

3. 研究背景与假设

3.1　研究背景：国内幸福指数研究相关成果

30多年前，不丹国王提出幸福感指数概念并付诸实践，“不丹模式”便引起了世界的关注。近年来，世界各国开始了对幸福指数的研究，创设了不同模式的幸福

① β为置信度=95%，Δ为误差=±5%，T为正态分布z对应值。

指数。幸福指数可以细化为一个个具体的指标，如工作、生活、学习等多方面。我们由此参考了近几年我国关于幸福指数的一些研究数据。

3.1.1 比较国内近几年关于幸福指数的综合研究

随着近几年国民经济的快速增长，在追求物质满足的同时，越来越多的人关注自己的生活状态。对于幸福指数的研究，国内也有了属于自己的一些体系，并随着社会的变化不断进行调整。鉴于我们的调查是针对毕业生幸福指数的调查，我们选取了一些国内关于幸福指数研究的体系作为前期研究和参考。

（1）2009 年大学生幸福指数的简单算法

相比已经走进社会的毕业生，生活在大学校园里的大学生缺少一定的社会经历，影响他们幸福指数的因素要简单、单纯得多。2009 年提出的关于大学生幸福指数的一个简单算法，考虑到的主要幸福指标包括：自我意识、学校学习、人际交往、恋爱、工作与社会适应、家庭环境、休闲活动。

作为一个特殊的群体，大学生的幸福指标比较简单，用 P. 萨缪尔森的公式和 C—D 生产函数（$Y = A^aK^b$）可以计算大学生的幸福指数。

$$\text{幸福指数} = \text{效用}/\text{欲望} = u/s \times 100\%$$

$$U = A^aB^bC^cD^dE^eF^f$$

（其中 A、B、C、D、E、F 分别是相应五个指标的分值，a、b、c、d、e、f 分别是大学生对各个指标的偏好程度。注意：$a+b+c+d+e+f=1$。）

从这个公式中，我们可以知道，在计算时，根据大学生对不同指标的偏好，会产生不同的幸福指数。这种计算方法主观性比较强，主要还是依赖于大学生自身的感知，并没有太多的客观因素。在同样的条件之下，偏好程度不同则幸福指数也不一样。这种简单的计算方法不适合系统客观地计算所有大学生的幸福指数，但是给出的影响大学生幸福的主要指标对于研究大学生幸福指数还是有重要意义的，可以为我们研究北方工业大学毕业生幸福指数作出重要参考。

（2）2010 年“幸福指数”编制及指标体系构建

对于测算“幸福指数”的具体指标，英国“新经济基金”编制的“幸福星球指数”采用各地公民的预期寿命、对生活的满意度和人均消耗资源量等指标。丹尼尔·卡尼曼和艾伦·克鲁格对国民幸福指数的考量则让人们在一段时间内对不同活动得到的愉悦感进行排序。澳大利亚迪金大学卡明斯编制了个人幸福指数量表，要求人们对自己的生活水平、健康状况、在生活中所取得的成就、人际关系、安全状况、社会参与、自己的未来保障等方面的满意度进行评价。国内学者中，邢占军（2006）、吴启富等（2007）和杨作毅（2008）等在物质和精神方面对幸福指数进行了研究。

综合国内外现有文献资料，关于编制“幸福指数”的指标体系，主要集中在五个方面。根据相关调查，这五个指标由强至弱依次为：身心健康（0.53）、物质条件（0.509）、家庭生活（0.298）、社会幸福感（0.143）和自我价值的实现（0.014）。

2010年，我国对城市居民的幸福指数做了一个调查，根据调查结果，影响城市居民幸福感的一级指标及其权重结果如表2所示。

表2　　幸福感指标调查结果

名称	频次
身心健康	0.514
物质充裕	0.206
环境舒畅	0.108
自我价值实现	0.105
生活便利	0.066

这个调查结果与文献中的调查结果大体一致，归纳一下为：总体满意度偏上，物质充裕感相对较低，身心健康和自我价值实现感较高。这与文献结果也相似，如邢占军对沿海某省连续五年的幸福指数的追踪调研结果发现：第一，总体幸福指数基本处于高位运行；第二，知足充裕体验、心理健康体验和身体健康体验相对较低；第三，成长进步体验和家庭氛围体验总体上保持在较高水平。这在一定程度上说明2010年的调查结果是具有可操作性和科学性的。

（3）2011幸福指数及其评价指标体系构建

步入社会的大学生，少了一些学生的稚气，多了一些成熟的历练。影响他们幸福指数的因素变得相对复杂和多样。2011年对大学生幸福指数指标体系的构建，考虑到了社会环境、生活环境、自我价值和学习情况。

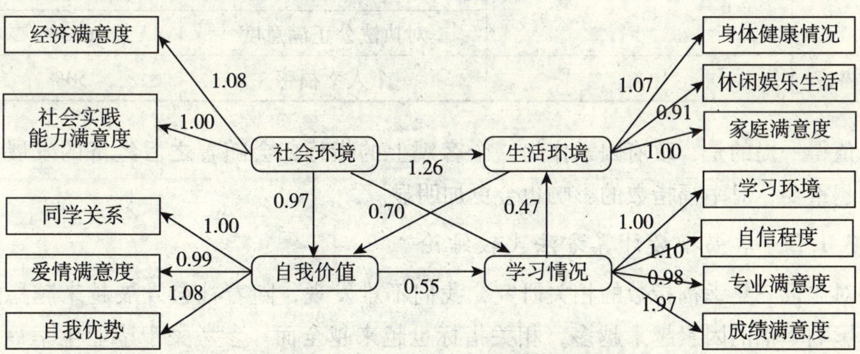

图1　大学生幸福感指标路径分析

从图1中可以看出，在社会中，有一定实践能力保证自己的经济实力的时候，幸福感会增强；生活方面，跟文献中显示的结果一样，对幸福感影响最大的是身心健康；自我价值实现方面，拥有区别于别人的自身优势能够带来幸福感；学习上，自信程度对大学生的影响也很大。

从路径图里分析，影响大学生幸福指数的因素多属于主观感受，是狭义上的幸福指数分析，即主观体验的幸福感。而我们要研究的国民幸福指数，需要广义上的幸福指数。与狭义上的幸福指数不同的是，广义的幸福指数是一个多元的概念，具有强烈的价值导向和政策内涵。对于广义的幸福指数，需要考虑更多的是经济加速发展带来的经济成果和共享。GDP的增长会促进大家对物质需要的满足以及政策的完善。理论上，社会发展目标与政府绩效目标具有一致性，作为考评体系的“幸福指数”，实际上是国民幸福总值，即以国民幸福总值作为政府绩效目标以及衡量政府绩效的标准（目标实现程度），从技术层面来看是如何制定评价国民幸福总值的指标体系。由此，2011年得到的关于公众的幸福指数测量指标如表3所示。

表3　　公众幸福指数测量指标及权重

	一级指标	二级指标	权重
满意度	个人及家庭因素	对实际收入满意度	6.2%
		对执法公正满意度	5.3%
		对工作就业满意度	4.6%
	社会因素	对社会治安满意度	5.2%
		对社会保障满意度	5.4%
	自然因素	对自然环境满意度	5.5%
	政府因素	对政策公平性满意度	5.3%
		对政府廉洁满意度	5.2%
		对执法公正满意度	6.3%
幸福感		个人幸福感	50%

值得一提的是，政府因素作为一个客观上的指标，会随着之后经济的发展显得越来越重要，对幸福指数的影响也会更加明显。

3.1.2　幸福指数计算方法比较结论

对比近三年幸福指数的相关研究，我们不难发现，随着社会发展越来越稳定协调，影响幸福的因素越来越多，相关指标也越来越全面。参考关于毕业生幸福指数的研究，结合毕业生的实际状态，参考近三年的幸福体系，我们设计了一个适合衡量我校毕业生幸福指数的指标体系。而后依据我们的调查结果计算出2008届毕业生的幸福指数情况，做出各个系别的幸福指数排名。

不难理解，步入社会的成员首先要有充分的物质保障，但是也考虑到2008届毕业生工作时限不长这个方面，我们参考了相关文献资料，结合自己的问卷设计，给出了我们考评2008届毕业生幸福指数的体系。我们首先确立了四个一级指标：物质充裕（47.93%）、自我价值实现（14.87%）、生活质量（34.71%）、社会交际（2.48%）。在一级指标的大体权重分布下，我们又细分出7个二级指标，再结合我们的问卷，细化到12个三级指标。从权重的分布来看，我们的幸福指数体系比较符合相关文献的结论，即物质充裕和生活质量是目前影响幸福最关键的两大指标。

表4　2008届毕业生幸福指数测量指标及权重

一级指标	二级指标	三级指标	权重
物质充裕	生活条件	住房情况	20.66%
		汽车情况	14.88%
	工资状况	目前月薪	8.26%
		工资增幅	4.13%
自我价值实现	工作情况	目前职务	4.13%
		工作时间	2.48%
		跳槽情况	4.13%
	工资情况	工资满意度	4.13%
生活质量	旅游情况	国外旅游情况	9.92%
		国内旅游情况	20.66%
	压力情况	工作压力	4.13%
社会交际	婚姻状况	婚姻状况	2.48%

值得一提的是，我们的计算方法参考武书连关于大学排名的计算方法。先给出指标，然后从三级指标的权重计算出二级指标的权重，从而算出一级指标的权重。在计算的过程中，我们对不同的指标分别赋值，主要有十分法（10、0）、五分法（5、4、3、2、1）、三分法（1、3、5）和两分法（0、5），具体指标具体计算。由此，我们得到的计算方法为：假设指标的分值是x，有n个人选择了这个指标，那么$y=(x_1n_1+x_2n_2+x_3n_3+\cdots x_{n-1}n_{n-1}+x_nn_n)/n$就是指标的平均得分，然后这个平均得分除以指标的总和就是每个指标的权重。每个指标的得分和权重的乘积之和就是我们得到的幸福指数的分数。假设幸福指数最后用g表示，权重用通过计算得到的m来表示，一共有z个指标，那么幸福指数的公式为：$g=m_1y_1+m_2y_2+m_3y_3+\cdots+m_{z-1}y_{z-1}+m_zy_z$。通过公式的设定和计算，我们研究2008届各专业毕业生的幸福指数排名。

3.2 研究假设

通过对相关文献的资料比较发现，虽然影响幸福指数的因素越来越复杂，但是物质和生活都是目前大众追求的热点话题。从这个角度考虑，我们可以比较客观地认为，工资收入、物质水平和生活消费在一定程度上与幸福指数成正比。而就业、工作、生活上的压力和幸福指数是成明显的反比关系的。除此之外，由于物质充裕和生活质量这两部分的权重比较大，我们可以得出的假设是工资收入高、工作压力小、生活质量高、生活压力较小的群体整体上幸福感比较强。

我们通过研究具体的工作情况，包括薪资、压力、跳槽等情况，具体的物质条件，包括住房、汽车情况，还有生活上的旅游消费，以及婚姻状况等，比较全面地对各专业毕业生的生活状态做了了解，比较它们的幸福指数。

4. 基础数据研究

4.1 工作状态的研究

要幸福，首先就得要有物质保障。工作情况往往决定了一个人的生活水平和能力，工作的薪金、压力都直接或间接地影响着毕业生的幸福感。所以，我们对毕业生的工作状态进行了深入研究，包括真实的就业率和失业率问题、就业渠道方向、专业对口情况、工作压力和跳槽现状等。

4.1.1 就业率与失业率

许多学校在招生时，都打着90%以上的学生就业不成问题的旗号，但是通过我们去年调查的真实数据显示，真实的就业率永远没有宣传上写得好看。社会上对就业率的界定方法不一，很多机构发布高高在上的就业数字，与真实社会中的失业率形成鲜明对比。我们的调查仍然沿用了“开始工作”这一概念来研究毕业生的真实就业率。

我们对“开始工作”的界定是：抛开签署三方协议的时间，以实际到岗的时间作为“开始工作”；并将未及时就业的毕业生的待业时间细化为毕业后立即工作、待业3个月以内（较短，偶发因素大）、3~6个月和6个月以上（较长，值得就业指导部门关注）。根据这样的界定分析，我们得到关于2008届毕业生的就业情况数据如表5所示。

表5　毕业生开始工作时间分布表（n=400）

	2008届（n=400）			
	毕业后立即工作	待业3个月以内	待业3~6个月	待业6个月以上
机电工程学院	79.5%	12.3%	2.7%	5.5%
信息工程学院	64.9%	24.5%	2.1%	8.5%
理学院	64.3%	21.5%	7.1%	7.1%
建筑工程学院	91.8%	6.1%	—	2.1%
经济管理学院	83.3%	14.8%	1.9%	—
艺术学院	69.2%	13.8%	12.3%	4.7%
文法学院	86.5%	13.5%	—	—
总计	78.1%	12.4%	4.8%	4.7%

从图表中可以看出，我校大部分2008届毕业生（78.1%）毕业后立即开始工作，较少部分（12.4%）的毕业生待业3个月以内开始工作，少部分（4.8%）的毕业生待业3~6个月内开始工作，还有少部分（4.7%）的毕业生待业6个月以上才开始工作。

从我们对“开始工作”这个概念的界定来看，我们可以把“毕业后立即工作”的这部分就业率作为我校毕业生的真实就业率数据。从2008届的立即工作的比例来看，我校2008届毕业生的就业率在78.1%左右，这个数据跟去年调查的2006届（76.4%）、2007届（78.1%）毕业生的就业数据没有很大偏差。从某种意义上来说，我校的毕业生就业率比较稳定。而针对“待业后3个月以内”和“待业3~6个月”这部分毕业生，由于待业时限比较短，偶然因素比较大，所以可以作为参考的就业数据。值得注意的是“待业6个月以上”的毕业生，这部分群体进入社会半年以后已经经历过相应的社会经验，导致他们无法及时就业的原因是需要我们关注的。

再从各个学院上进行比较，我校2008届毕业生的整体就业率是78.1%。从各个学院的结果来看，建筑工程学院（91.8%）、文法学院（86.5%）、经济管理学院（83.3%）、机电工程学院（79.5%）的就业率高于我校平均水平；艺术学院（69.2%）、信息工程学院（64.9%）和理学院（64.3%）均低于我校平均水平。

此外，需要关注的是“待业6个月以上”的毕业生，我校平均水平是4.7%，而信息工程学院（8.5%）、理学院（7.1%）和机电工程学院（5.5%）这部分的毕业生要高于我校平均水平，这应该引起学校和相关学院的注意。

比较开始工作的情况，到2011年，我校2008届毕业生已经在职场上打拼了两到三年了，我们对毕业生现在工作的一般情况也做了调查，结果如下所示：大部分毕业生还是普通员工（81.0%），有一部分毕业生已经成为了部门领导（15.25%），有小部分的毕业生（1.25%）是企业老板，从这些结果来看，毕业生的整体工作情况还是比较乐观的。当然，值得注意的是，也有少部分的毕业生，有1.5%的还处于实习员工，甚至还有1.0%的毕业生在失业/待业阶段。但这一数据与2011年我国城镇登记的失业率4.1%相比略小。

表6　　工作任职分析（n=400）

类别	频次	百分比
实习员工	6	1.5%
普通员工	324	81.0%
部门领导	61	15.25%
企业老板	5	1.25%
失业/待业	4	1.0%
总计	400	100.0%

通过以上数据，我们可以看出，我校整体就业情况良好，艺术学院、理学院和信息工程学院的就业有些滞后，原因可能是毕业后考研和出国人数增加，直接就业的人数减少，当然也有可能是学生本身的一些社会限制，这也提醒学校应该加强各个学院的就业指导工作。

4.1.2　就业渠道

我校的毕业生主要通过以下10种途径就业，从结果可以直观看出来，我校毕业生的就业渠道主要是互联网招聘（36.75%），亲友推荐（16.5%）和校园招聘会（11.25%）这三种方式。互联网招聘作为一种主要的招聘方式越来越普及，而学校举办的招聘会也对我校毕业生的就业产生了重要的影响。

表7　　毕业生就业渠道（n=400）

排序	就业渠道	频次	百分比
1	互联招聘网站	147	36.75%
2	社会招聘会	32	8.0%
3	亲友推荐	66	16.5%
4	教师、同学推荐	41	10.25%
5	校园招聘会	45	11.25%
6	自主创业	3	0.75%
7	考取公务员	14	3.5%
8	自己的关系	33	8.25%
9	村官	5	1.25%
10	其他	14	3.5%
	总计	400	100.0%

我校毕业生在毕业之后进入的单位类型，绝大部分（42.0%）是国有/事业单位类型，大部分（31.75%）的毕业生进入了民营/私营企业，还有比较多的毕业生（16.0%）选择了外资/合资企业。除此之外，工作相对稳定的政府部门（6.0%）和教育/科研机关（1.75%）也有我校学生的分布。

表8　　就业单位类型（n=400）

排序	就业单位类型	频次	百分比
1	国有/事业单位	168	42.0%
2	民营/私营企业	127	31.75%
3	外资/合资企业	64	16.0%
4	教育/科研机关	7	1.75%
5	政府部门	24	6.0%
6	其他	10	2.5%
	总计	400	100.0

4.1.3　专业对口情况

就业的重要性不言而喻，而就业需要的实践能力和动手能力也是一个重要的考量。专业是否对口在某一个层面上决定了毕业生工作时对工作的适应能力。对于专业对口，我们规定：毕业生就业的工作，若他的工作在所学专业的行业范围之内，则算“专业完全对口”；若在所学专业的行业之外，则算“完全不对口”；中间按不同程度划分“基本对口”和“有点关联”两个层次。我们对学校毕业生刚工作时和现在工作的专业对口情况进行了比较。

表9　　毕业生专业的对口情况比较（n=400）

	完全对口		基本对口		不好说/不知道		不对口	
	毕业时	现在	毕业时	现在	毕业时	现在	毕业时	现在
2008届	31.8%	27.3%	31.3%	30.3%	5.3%	5.3%	31.8%	37.3%
总计	31.8%	27.3%	31.3%	30.3%	5.3%	5.3%	31.8%	37.3%

从这个对比表格中可以看出，2008届毕业生刚毕业时，我校大部分学生在专业领域内工作（专业基本对口以上的比例为63.1%），但是在工作了两到三年之后，专业的对口率相对于刚开始工作时有所下降（下降了4.5%）。再比较各个学院的专业对口情况，无论是刚开始工作时还是现在，建筑工程学院的专业对口率都是最高的，刚开始工作时是95.9%，现在是87.7%；其次是理学院（67.9%）、经济管理学院（66.7%）和机电工程学院（65.7%）；文法学院的专业对口率最低，为40.5%。

表 10 各学院毕业生专业的对口情况比较（n=400）

	完全对口		基本对口		不好说/不知道		不对口	
	毕业时	现在	毕业时	现在	毕业时	现在	毕业时	现在
机电工程学院	26.0%	21.9%	39.7%	40.0%	5.5%	6.8%	28.8%	34.2%
信息工程学院	27.7%	22.3%	22.3%	27.7%	4.3%	2.1%	45.7%	47.9%
理学院	17.9%	17.9%	50.0%	35.7%	3.6%	7.1%	28.6%	39.3%
建筑工程学院	69.4%	57.1%	26.5%	30.6%	0.0%	0.0%	4.1%	12.3%
经济管理学院	29.6%	27.8%	37.1%	37.0%	11.1%	11.1%	22.2%	24.1%
艺术学院	27.7%	27.7%	29.2%	20.0%	6.2%	6.2%	36.9%	46.1%
文法学院	24.3%	16.2%	24.3%	27.0%	5.4%	5.4%	46.0%	51.4%
总计	31.8%	27.3%	31.3%	30.3%	5.3%	5.3%	31.8%	37.3%

4.1.4 工作压力与跳槽情况

进入社会之后，难免会有工作上的压力，我们研究毕业生的压力情况，发现有37.0%的毕业生感觉压力一般。中立的态度我们不去过多考虑，主要分析有压力的63.0%的毕业生群体。在有压力的毕业生当中，有12.3%的毕业生表示压力非常大，有54.4%的表示压力比较大，还有20.6%的毕业生压力比较少，只有12.7%的毕业生表示几乎没有压力。

从这个结果，我们可以了解到毕业生现在的工作整体上来说压力偏大。我们研究了造成这些压力的原因。工作任务繁重（37.6%）是最主要的因素，学历层次低或专业知识不足（12.6%）、继续学习和培训少（8.6%）也是影响压力的主要因素。其次，压力也部分来源于没有家庭背景和社会关系（7.8%）、工作内容原因（5.9%）、经济压力（5.6%）和人际关系难以处理（5.4%）。从结果中，我们分析得到压力的来源主要是工作内容、任务繁重方面和人际关系沟通方面，这也给在校生一个启示：多注意人际沟通合作并锻炼自身的实践能力。

表 11 工作压力分析（n=400，missing=7）

工作压力	频次	百分比	中立态度以外的百分比
非常大	31	7.75%	12.3%
比较大	137	34.25%	54.4%
比较小	52	13.0%	20.6%
几乎没有	32	8.0%	12.7%
中立：一般/不好说	148	37.0%	
总计	400	100.0%	

表 12　工作压力原因分析（n=168，missing=232，本题为多选、多重响应频次统计）

工作压力原因	多重响应频次	百分比
工作任务繁重	140	37.6%
学历层次低或专业知识不足	47	12.6%
人际关系难于处理	20	5.4%
继续学习和培训少	32	8.6%
工作业务能力不强	12	3.2%
没有家庭背景和社会关系	29	7.8%
自主性和创造性被压制	14	3.8%
语言文字表达能力差	4	1.1%
经济压力	21	5.6%
跨专业工作	13	3.5%
工作内容原因	22	5.9%
性格因素	8	2.2%
其他	10	2.7%
总计	372	100.0%

工作压力繁重必然导致跳槽的发生。经过调查发现，我校学生对工作的忠诚度比较高，有48.8%的人从第一份工作到现在都没有跳槽经历。经过三年左右的工作经历，有26.0%的毕业生跳槽1次，有15.7%的毕业生跳槽2次，跳槽3次和4次及以上的毕业生分别有4.5%和5.0%。

比较各个学院的跳槽率（把跳槽1次以上的情形都求和算作跳槽率），则发现跳槽率最低的三个学院分别为建筑工程学院（42.9%）、文法学院（43.2%）和机电工程学院（45.2%），可见这三个学院的毕业生工作比较稳定。而艺术学院和理学院的跳槽率为67.7%和64.3%，是所有学院中跳槽率最高的两个学院，说明这两个学院的毕业生更换工作比较频繁。

表 13　分学院跳槽频率统计（n=400）

	没有跳过	1次	2次	3次	4次及以上
机电工程学院	54.8%	31.5%	5.5%	4.1%	4.1%
信息工程学院	44.7%	25.5%	17.0%	5.3%	7.5%
理学院	35.7%	32.1%	25.0%	3.6%	3.6%
建筑工程学院	57.1%	24.5%	16.3%	2.1%	
经济管理学院	61.1%	18.5%	9.3%	7.4%	3.7%
艺术学院	32.3%	24.6%	30.8%	4.6%	7.7%
文法学院	56.8%	27.0%	8.1%	2.7%	5.4%
总计	48.8%	26.0%	15.7%	4.5%	5.0%

介于我们一开始对于压力导致的跳槽的假设，为了验证这个假设，我们也对跳槽的原因进行了研究。如表 14 所示，争取到更好的职业发展机会（33. 26%）、更多的工资收入和福利（30. 62%）以及满足自己的兴趣和爱好（13. 00%）是影响跳槽的最主要的三个因素。可见，工作本身是影响跳槽的直接因素，而此外工作地理上的方便（6. 83%）、个人和家庭方面的原因（6. 36%）以及对公司不喜欢（3. 96%）等也在一定程度上驱使了大家跳槽。

表 14　　工作跳槽原因分析（n = 205，本题为多选、多重响应频次统计）

跳槽原因	多重响应频次	百分比
争取到更好的职业发展机会	151	33. 26%
为了更多的工资收入和福利	139	30. 62%
为了满足自己的兴趣和爱好	59	13. 00%
工作单位地理上的方便程度	31	6. 83%
对原单位的工作难以适应	7	1. 54%
因为个人和家庭方面的原因	29	6. 39%
公司倒闭	3	0. 66%
原单位的人际关系难处	3	0. 66%
专业不对口	6	1. 32%
对公司不喜欢	18	3. 96%
其他	8	1. 76%
总计	454	100. 0%

4. 2　生活状态的研究

生活离不开一些最基本的物质需求，而最能体现生活方面情况的就是薪酬、住房、汽车等。所以，我们对这几个方面也进行了比较详细的研究。

4. 2. 1　薪酬

在薪酬方面，我们沿用之前研究的概念，即用两个不同时段的工资水平来体现。对刚工作时的第一份月薪与现在的月薪作比较。在计算方法上，还是采用温莎平均的方法计算。温莎平均是将数组按顺序排列好以后，将第 $g+1$ 个数代替前面 g 个比较小的数，用第 $n-g$ 个数代替后面 g 个比较大的数，这样的好处在于一方面保证数组中数据的总数不变，同时消除了极值影响。温莎平均的计算公式列为：

$$\bar{x}_w=\frac{(g+1)\ x_{g+1}+x_{g+2}+\Lambda+x_{n-g-1}+\ (g+1)\ x_{n-g}}{n}$$

通过计算，结果如表 15 所示。

表 15　　　　毕业生月薪均值比较分析（n = 400）

学院	第一份工作月薪		现在工作月薪		增幅
	温莎均值	排序	温莎均值	排序	
信息工程学院	3054.26	3	6892.55	1	125.7%
建筑工程学院	3148.62	2	6152.00	2	95.4%
机电工程学院	3167.71	1	6146.53	3	94.0%
经济管理学院	3011.41	4	6001.85	4	99.3%
艺术学院	2865.63	5	5918.46	5	106.5%
理学院	2476.79	7	4925.93	6	98.9%
文法学院	2690.54	6	4676.39	7	73.8%
总计	2916.42		5816.24		

从表中可以直观看出，不管是第一份工作的月薪还是现在的月薪，工资最高的三个学院分别是机电工程学院、信息工程学院和建筑工程学院，而工资最低的是文法学院和理学院。原因可能是我校是工科类大学，以工科为主，所以在工资上也显现出了一定的优势。再看工作两三年之后工资的增幅情况，增幅最大的三个学院依次是信息工程学院（125.7%）、艺术学院（106.5%）和经济管理学院（99.3%）。理学院的增幅也很可观，为 98.9%。所以我们分析，即使现在理学院毕业生的工资没有太大优势，但是经过几年之后，还是会处于一个比较好的工资水平。与此形成对比的是文法学院，不仅在目前工资上相较于其他学院低，而且增幅也很小，应该引起相关注意。

4.2.2　住房

住房是当今的一大民生热点。我们的毕业生在事业上打拼了几年之后，部分有了自己的房子（24.8%）；值得关注的是，在这 24.8% 有自己房产的毕业生中，有 7.7% 的人拥有 2 套房产。在没有自己房产的毕业生中，大部分是和父母同住（53.8%），比较多自己租房（31.0%），还有少部分是单位提供（12.0%）和朋友借住（3.2%）。

从住房面积来看，有房产的毕业生的平均住房面积为 82.93m^2/套，没有自己房产的毕业生的住房面积达到 32.42m^2/间。

表 16　　北方工业大学毕业生住房构成情况（n=400）

<table>
<tr><th>名下是否拥有房产</th><th>住房解决途径</th><th>频次</th><th>百分比</th><th>占总体百分比</th><th>平均面积</th></tr>
<tr><td rowspan="4">有</td><td>名下 1 套房产</td><td>47</td><td>90.4%</td><td rowspan="4">24.8%</td><td rowspan="4">82.93m²/套</td></tr>
<tr><td>名下 2 套房产</td><td>4</td><td>7.7%</td></tr>
<tr><td>拒绝回答</td><td>1</td><td>1.9%</td></tr>
<tr><td>合计</td><td>52</td><td>100%</td></tr>
<tr><td rowspan="5">没有</td><td>租房</td><td>49</td><td>31.0%</td><td rowspan="5">75.2%</td><td rowspan="5">32.42 ㎡/间</td></tr>
<tr><td>单位提供</td><td>19</td><td>12.0%</td></tr>
<tr><td>和父母同住</td><td>85</td><td>53.8%</td></tr>
<tr><td>和朋友借住</td><td>5</td><td>3.2%</td></tr>
<tr><td>合计</td><td>158</td><td>100%</td></tr>
<tr><td>总计</td><td></td><td>210</td><td></td><td>100.0%</td><td></td></tr>
</table>

4.2.3　汽车

除了住房，汽车也逐渐成为大多数白领出门上班的代步工具。我校 2008 届毕业生在工作之后，有 24.75% 的毕业生有了自己的汽车。汽车的拥有率不是很高，我们分析可能与工作年限还不是很长有关；其次，即使有了一定的积蓄，一般也会先考虑住房问题。在问及最近一年是否有购车打算时，29.25% 的毕业生表示有购车意愿；70.75% 的毕业生没有购车打算，原因主要是工作年限不够长，积蓄不是很丰厚。

表 17　　毕业生拥有汽车情况（n=400）

	名下是否拥有汽车		最近一年是否有购车打算	
	频次	百分比	频次	百分比
是	99	24.75%	117	29.25%
否	301	75.25%	283	70.75%
总计	400	100.0%	400	100.0%

4.2.4　旅游

除了一些基本的生活需求，工作之余旅游是一个减压的方法，也是毕业生生活幸福指数的一个重要参考。在旅游方面，我们从国外旅游和国内旅游两个方面进行研究。从结果中我们发现，有过出国旅游经历的毕业生只有 23.0%，平均每次有 10.63 天，花费大概 19044.94 元。其中以自费为主（57.6%），也有一部分以公费为主（27.2%），少部分由他人赞助（10.9%）。国内旅游方面，绝大多数毕业生（84.75%）有过国内旅游，平均每次旅游花费 5.32 天，平均花费在 4065.44 元左右。

表 18　　毕业生出国情况表（n = 400）

大学毕业后，是否出过国	出国费用来源	频次	百分比	占总体百分比
有 （Mean = 0.63 次/年） （每次平均停留 10.63 天、花费均值 19044.94 元）	自费为主	53	57.6%	23.0%
	公费为主	25	27.2%	
	他人赞助	10	10.9%	
	其他	4	4.3%	
	合计	92	100.0%	
没有	308			77.0%

表 19　　毕业生国内旅游情况（n = 400）

最近一年，是否有过国内游	频次	百分比
有 （每次平均 5.32 天、花费均值 4065.44 元）	339	84.75%
没有	61	15.25%
总计	400	100.0%

5. 幸福指数研究结论

基于对各个学院各方面基础数据的研究，我们分析了各个学院目前毕业生的一些基本生活状态以及需要引起相关部门考虑的一些方面。在这些学院数据的基础上，我们进一步细化到各个专业的相关数据，通过计算得出我们最终的幸福指数排名。

5.1　系别各项指标排名

5.1.1　物质充裕

首先，根据我们细分的四个一级指标，我们计算出各个学院一级指标的分别排名。在物质充裕方面，我们可以明显看出，通信工程（28.50844）、工程（27.05128）和建筑学（26.84522）在物质充裕方面的指数最高。此外，在物质水平排名前 10 位的专业涉及学校的每个学院，这在一定程度上说明了学校各个学院之间在物质充裕方面的差异性并不是特别大。当然，我们也要关注物质方面相对落后的国贸、微电子和英语这三个专业。不论 2010 年还是 2011 年相关幸福指数研究结论都显示出物质水平在幸福指数方面的重要性，所以由于物质水平和幸福指数整体上成正比的特点，物质水平排名靠前的专业在最后的幸福指数统计中排名也会相对其他专业靠前。

表 20　　2008 届毕业生物质充裕幸福指标排名

名次	专业	得分
1	通信工程	28.50844
2	工程管理	27.05128
3	建筑学	26.84522
4	数学与应用数学	26.33333
5	会计学	25.76667
6	日语	25.45455
7	自动化	25.40220
8	电气工程及其自动化	25.23121
9	工业设计	25.19318
10	计算机科学与技术	24.90934
11	土木工程	24.38529
12	电子信息工程	23.80027
13	工商管理	23.53379
14	信息与计算科学	23.37500
15	统计学	22.81818
16	法学	22.81429
17	机械设计制造及其自动化	22.73415
18	艺术设计	21.91447
19	广告学	21.61667
20	国际经济与贸易	19.50000
21	微电子学	19.43421
22	英语	18.14545

5.1.2　自我价值实现

除了物质因素，近几年的调查研究表明，自我价值实现也是现在考量居民幸福指数的又一重要指标。大学生是一个特殊的群体，在走进社会之后，得到认可和在工作中实现自我价值对于刚毕业的大学生来说尤为重要。我们也把这种关于居民幸福指数研究的合理指标运用于我们针对学校毕业生幸福指数的研究体系中。作为我们分析的第二大指标因素，自我价值实现也以整体正相关的关系影响着毕业生的幸福指数。

在考察自我价值时，由于这是一个比较抽象的概念，于是我们把毕业生目前的职务、工作时间、跳槽情况以及工资满意度这些具体的情况归入到自我价值实现这个指标中。分析结果，会计学、建筑学、日语这三个专业的毕业生自我价值实现度最高。不同专业之间的自我价值实现差异不是很大，而通信工程、微电子学、数学与应用数学、广告学这几个专业的毕业生自我价值实现不高。

表 21　　2008 届毕业生自我价值实现幸福指标排名

名次	专业	得分
1	会计学	13. 58333
2	建筑学	13. 47368
3	日语	13. 27273
4	英语	13. 16667
5	法学	13. 14286
6	土木工程	13. 13333
7	自动化	13. 06897
8	工商管理	13. 05000
9	国际经济与贸易	13. 00000
10	统计学	13. 00000
11	电子信息工程	12. 72000
12	艺术设计	12. 60000
13	机械设计制造及其自动化	12. 59259
14	工程管理	12. 46154
15	计算机科学与技术	12. 43590
16	工业设计	12. 35000
17	电气工程及其自动化	12. 29412
18	信息与计算科学	12. 10000
19	通信工程	11. 81818
20	微电子学	11. 68421
21	数学与应用数学	11. 42857
22	广告学	11. 35000

5.1.3 生活质量

生活质量除了建立在物质水平的基础上，还受到压力等方面的影响。我们发现，2008 届不同专业毕业生之间的生活质量差别比较大。分析其主要原因，一个是物质方面的制约，另外一个是毕业生对目前生活的主观感知。有些毕业生容易对生活感到满足，压力小，则生活质量较高；有些毕业生对自己和生活要求高，就带来比较大的压力，生活质量相对较低。目前生活质量比较高的是统计学、建筑学和日语专业的毕业生，生活质量相对较低的是通信工程、国贸和管理专业的毕业生。

表 22　　2008 届毕业生生活质量幸福指标排名

名次	专业	得分
1	统计学	27.40545
2	建筑学	26.08720
3	日语	25.72727
4	英语	25.44048
5	工业设计	25.39632
6	信息与计算科学	25.25500
7	电子信息工程	25.09986
8	艺术设计	24.71833
9	法学	24.50260
10	电气工程及其自动化	24.48734
11	会计学	24.24333
12	自动化	24.11539
13	工程管理	23.91077
14	土木工程	23.89696
15	微电子学	23.66503
16	计算机科学与技术	22.59670
17	机械设计制造及其自动化	22.44333
18	数学与应用数学	22.27143
19	广告学	22.14583
20	通信工程	22.11677
21	国际经济与贸易	22.00000
22	工商管理	21.76000

5.1.4 社会交际

进入社会之后，还涉及与人交际等方面的因素。在这方面，我们通过了解毕业生的婚姻状况和工作后与同事、朋友的相处情况来研究毕业生的社会交际能力。从2008届毕业生的婚姻状况来看，各专业毕业生的婚姻率差不多。在我们问到关于跳槽和工作压力的原因时。人际关系也是次要原因，这说明了各专业毕业生的社会交际能力方面的差异不是很大。而影响他们幸福指数的主要还是物质和生活方面的差异。

表 23　　2008 届毕业生社会交际幸福指标排名

名次	专业	得分
1	建筑学	2.47368
2	国际经济与贸易	2.44444
3	工程管理	2.30769
4	土木工程	2.30000
5	法学	2.28571
6	日语	2.27272
7	统计学	2.27272
8	工商管理	2.25000
9	会计学	2.25000
10	英语	2.25000
11	工业设计	2.20000
12	艺术设计	2.20000
13	电子信息工程	2.16000
14	微电子学	2.15789
15	自动化	2.13793
16	电气工程及其自动化	2.11765
17	机械设计制造及其自动化	2.11111
18	广告学	2.10000
19	信息与计算科学	2.10000
20	通信工程	2.09091
21	计算机科学与技术	2.07692
22	数学与应用数学	2.00000

5.2 各系别最终幸福指数排名

将四个一级指标的结果进行汇总之后，我们得到了2008届各专业毕业生的幸福指数，并且做出了排名。

从这个表中，我们可以清楚地看出，整体上2008届毕业生的幸福指数从目前看来还算理想。在换算成百分制之后，有15个专业的毕业生幸福指数在90分以上。分析这个结果，可能的原因是2008届毕业生接触社会的年限不长，社会经验不能算特别丰富，还处于进入社会的初级阶段，对于社会上的一些压力还没有真正接触和了解，所以整体上幸福指数比较高。从专业来看，幸福指数最高的五个专业依次为：建筑学（100.00）、日语（96.87465）、会计学（95.59135）、工程管理（95.42868）和统计学（95.08762）。这个结果与我们幸福指数体系设计的权重和学院之间的基础数据是比较统一的。我们的体系中，考虑到影响幸福指数最重要的两个一级指标为物质充裕和生活质量。从我们的基础数据调查结果来看，建筑工程学院的毕业生在薪资、住房拥有率、汽车拥有率以及旅游花费方面都比其他学院的毕业生高。所以，

表24　　2008届毕业生幸福指数排名

名次	系别	得分	百分制得分
1	建筑学	68.87979	100.00000
2	日语	66.72727	96.87465
3	会计学	65.84333	95.59135
4	工程管理	65.73128	95.42868
5	统计学	65.49636	95.08762
6	工业设计	65.13950	94.56952
7	自动化	64.72449	93.96701
8	通信工程	64.53430	93.69090
9	电气工程及其自动化	64.13031	93.10439
10	电子信息工程	63.78013	92.59599
11	土木工程	63.71559	92.50229
12	信息与计算科学	62.83000	91.21659
13	法学	62.74546	91.09386
14	数学与应用数学	62.03333	90.05999
15	计算机科学与技术	62.01886	90.03898
16	艺术设计	61.43281	89.18815
17	工商管理	60.59379	87.97007
18	机械设计制造及其自动化	59.88119	86.93551
19	英语	59.00260	85.65997
20	广告学	57.21250	83.06111
21	国际经济与贸易	56.94444	82.67194
22	微电子学	56.94134	82.66743

建筑工程学院的毕业生的整体幸福指数要高于其他学院的毕业生。除了建筑工程学院，机电工程学院和信息工程学院毕业生在收入各方面也是比较有优势的，但是从中也可以看出，这两个学院有些专业毕业生的幸福指数不高，而大部分集中在中上游位置。我们从中得出的结论是，虽然部分专业的毕业生幸福指数不突出，但是学院整体的幸福指数比较高，这与我们的基础数据也比较符合。相比较艺术学院，经济管理学院和文法学院，部分专业的学生幸福指数很高，而整体上的幸福指数却比不上建筑工程学院。所以，我们认为幸福指数在一定程度上是和专业特性相关的。

我们得出的这个专业幸福指数的最终排名，首先是建立在我们对大量资料进行研究的基础上的。幸福指数是一个比较新的反映人民生活质量的词语，目前为止也没有一个明确的定义和体系限定。我们根据近三年的相关研究，尤其是 2010 年和 2011 年对幸福指数体系不断完善的相关研究，参考一些城市幸福指数排名的研究方式和武书连关于中国大学排名的计算方法，设计了符合我校毕业生的幸福指数研究体系。从这个幸福指数排名的结果可以看出，我们之前关于幸福指数体系的构建比较合理，目前物质充裕和生活质量确实是影响我校毕业生的最大的两大因素。

同时，从结果考虑，针对学校本身来说，我们也可以看出来我校作为工科类大学的优势，工科专业毕业生整体上要比非工科专业毕业生的幸福指数高。由此，我们在此建议，学校在继续大力发展工科专业的同时，兼顾非工科专业的学生，以达到更协调、稳定的发展。对于一些学院的具体情况，比如整体学院的幸福指数较高，而部分专业的幸福指数偏低的情况，要深究其原因，使整个学院得以均衡发展。

6. 结语

这次研究，是我们在之前对 2006 ~ 2007 届毕业生生活状态研究的基础上做出的 2008 届毕业生生活状态的系列研究，也是我们对学校毕业生幸福指数做出的首次研究。在这次研究过程中，我们保留了对 2008 届毕业生目前生活状态的研究模式。此外，我们参考了大量文献资料和计算方法，设计了适合衡量我校毕业生幸福指数的计算体系。当然，由于问卷的设计和毕业生的特性，这个幸福指数体系的适用范围比较狭隘，有些计算方法还不算完善，但是整体上的计算结果和假设的预期没有太多差别，所以整体上我们关于 2008 届毕业生生活状态的研究比较客观全面，可以为学校及各大学院提供相关的资料参考和建议。

参考文献

[1] 俞灵燕，王岚．“幸福指数”编制及指标体系建构深析．统计科学与实践，2010（10）

[2] 王庚．幸福指数及其评价指标体系构建．科技资讯，2011

“古为今用”的家具榫卯结构

李丹　颜超　左姗姗　黄骁　田丰　卢思辰

指导教师：尹建伟 讲师

［摘　要］以榫卯结体的中国古典家具，在构造上合理稳固，形式上优美端庄，蕴藏了中国传统的造物理念与审美特点。现代实木家具尽管配合机械化加工，但在结构设计上仍延续了古老的榫卯结构，榫卯依然是重要的结体方式。本文主要探讨古典家具中的榫卯结构在现代加工方式下的演变，这种演变使我们能从传统中汲取营养，有继承地进行创新。

［关键词］榫卯结构；古典家具

家具是伴随着人类的生活起居、宗教礼制等社会因素而产生的与人密切相关的产品。人们多数时间是在家具的伴随下度过的，古人如此，现代人如此，恐怕未来的人类也离不开工作、生活和学习的家具。从历史角度来看，随着文化交流的频繁、艺术与审美的变化、技术和材料的创新，家具风格演变是极其迅速的，尤其在机械化生产的时代，一切形式和材料的家具都可实现。此时，人们对于传统家具设计和工艺越来越疏远，老家具被当古董收藏，束之高阁，老手艺逐渐失传，销声匿迹。但当我们回头来看现代家具，尤其是实木家具的时候，这些现代家具无疑从形制到结构依然继承了古典家具的衣钵。从这方面看，传统的家具设计为我们积攒了大量的实践经验。我们应多从传统家具设计中寻求灵感，不希冀超越，能有所反思和传承也是一件幸事。

中国传统家具在部件的连接和结构的承力上主要是通过榫卯结构来实现的。这种结构方式主要通过榫头与卯眼的配合，使枨子与腿足、腿子与面板之间稳固连接起来。家具除柜角、门鼻这些部位使用一些铜活来加固和装饰外，在其他方面是尽可能避免使用金属连接件的。所以传统家具中很少能见到铁钉、合页这些现代常见五金件。下文针对古典家具中的榫卯结构及其在现代加工方式下的演变进行分析，希望我们的设计师能从传统中汲取营养，有继承地进行创新。

霸王枨

霸王枨主要使用在桌类家具上，其上端托着桌面面心的穿带（加固桌面的一根木棒），用销钉固定，下端固定在腿足上。枨子下端的榫头向上勾，造成半个银锭形，腿足上的榫眼下大上小，而且向下扣，榫头从榫眼下部口大处纳入，向上一推，便钩挂住了。下面的空当再垫塞木楔，枨子就被关住（图 1）。霸王枨其实是取代了桌下的横撑，这样的结构既可以使腿足牢固稳定在桌面下，又可以有效地节约桌面下的空间，使人的腿脚轻而易举地在桌面下活动（图 2）。这样的结构展示了人们对于日常生活的观察和理解，体现了古人解决问题的智慧。来自爱尔兰的设计团队 Superfolk 结合霸王枨的结构原理，巧妙地设计出一款餐桌，使桌子简洁而现代（图 3）。

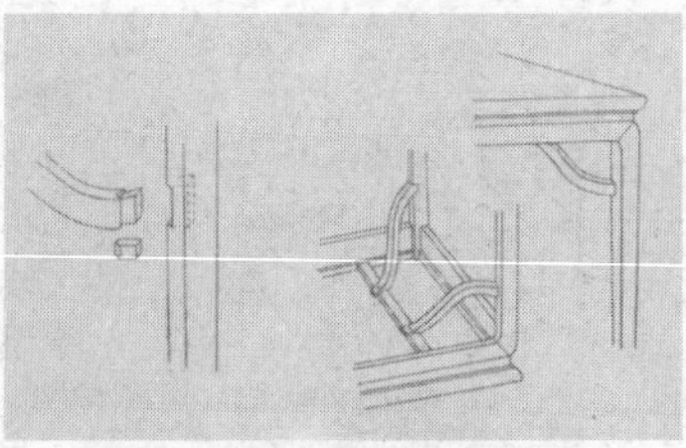

图 1　霸王枨结构原理

图 2　使用霸王枨的桌子

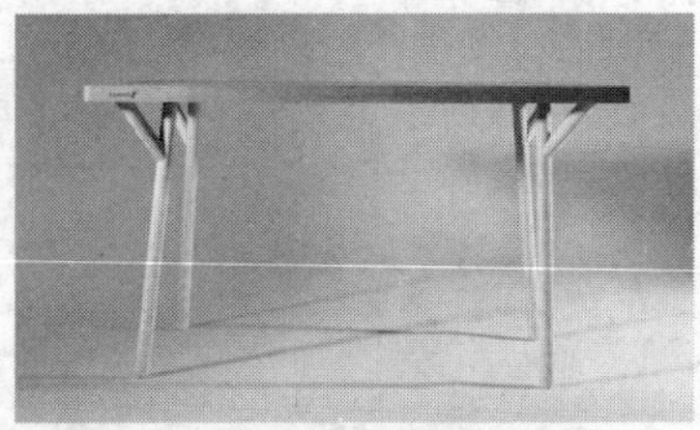

图 3　Superfolk 设计的餐桌

走马销

走马销主要使用在板与板之间的拼接上，尤其是厚板的拼接，如罗汉床的床围子或者床板的拼接（图 4）。在两块厚板的端面上各设一榫头和卯眼，榫头一端为方形，另端呈燕尾形，卯眼一端为方形，正好可以纳入榫头，另段为燕尾形。当榫头纳入卯眼时，向下拉带有榫头的木板，使燕尾榫头纳入燕尾榫槽内，两块板结合在一起，左右不能移动。倘若要拆版，只需将带榫头的木板向前推动，整个榫头回到方形卯眼内，即可将两板分开。这样的结构方便了板与板之间的连接和分离，可以方便地拼合和拆卸。这在现代家具设计中也多有体现，图 6 中的床结构即应用走马销的原理设计的。

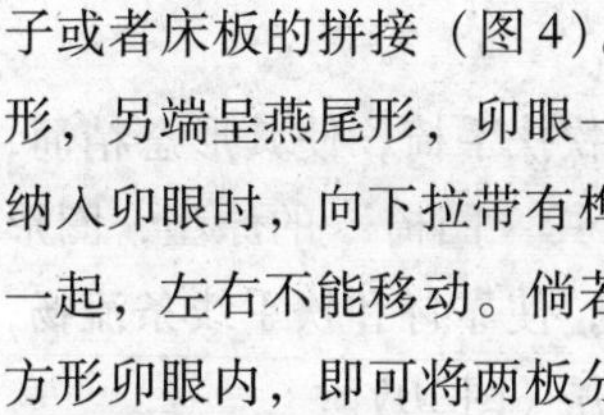

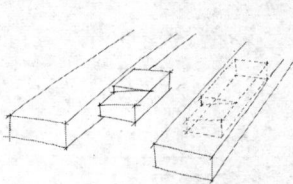

图 4　罗汉床的床围子

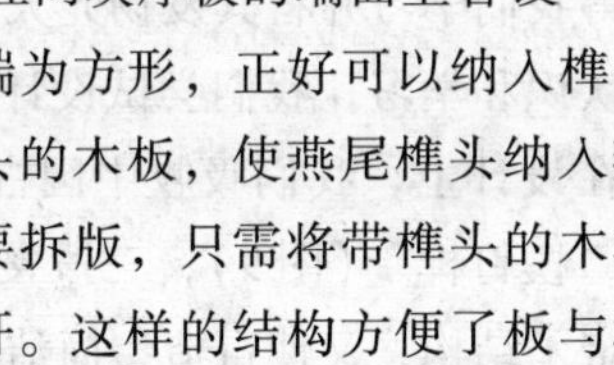

图 5　使用走马销拼接的厚板

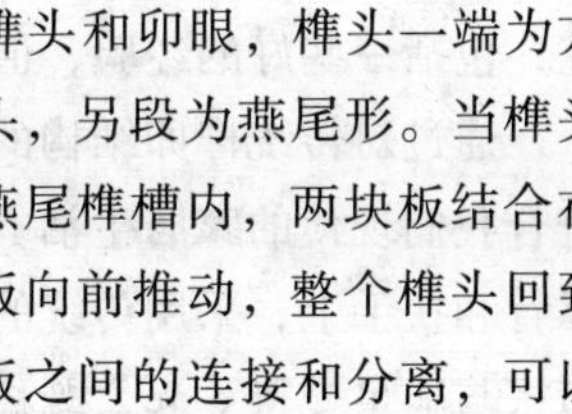

图 6　走马销在现代家具中的使用

挖烟袋锅

挖烟袋锅（图 7），主要运用在腿足与扶手的连接上。椅腿上端留方形或圆形榫头，扶手一端凿卯眼，这样上下配合，一气呵成。因为这个榫卯在造型上如过去的烟袋锅，所以北京的匠师据其形状称其为“挖烟袋锅”。这样的连接方式可以使扶手到腿足之间的过渡更为流畅，形同一木连作。丹麦著名家具设计师华格纳曾经以中国的椅子为原型进行再设计，在结构和形式上借鉴了中国传统元素，设计出了诸如“中国椅”、“椅子”等经典产品。“椅子”的扶手和前后腿之间就是使用挖烟袋榫来连接的（图8）。

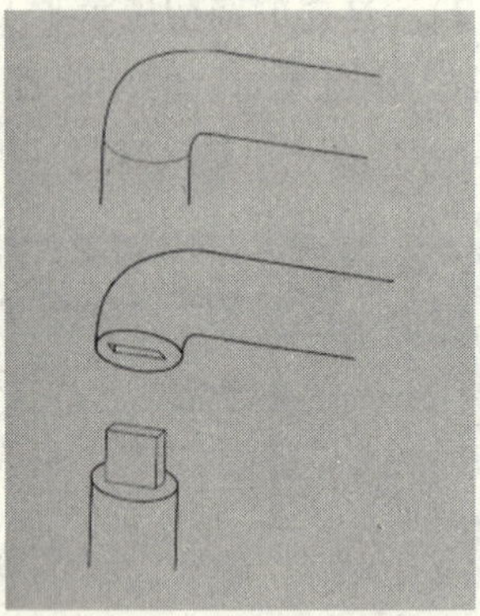

图7　挖烟袋锅

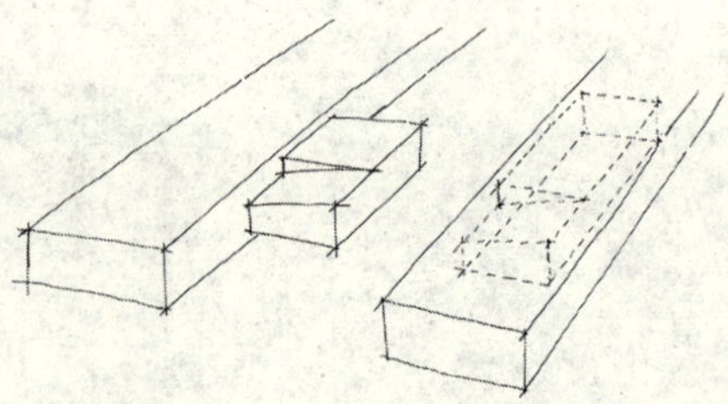

图8　华格纳设计的“椅子”（the chair）局部

以上探讨的三种榫卯结构只是古典家具结构中的一小部分，其构造上合理稳固，形式上优美端庄，蕴藏了中国传统的造物理念与审美特点。传统家具中对结构的考究，包括一些好的经验，值得我们学习并将其发扬光大。

通过对传统榫卯结构的认识和学习，我们尝试设计一款扶手椅，使其形态精简，符合我们现代的家居生活。在设计上，我们吸收中国古家具“圈椅”的原型，圈形靠背和扶手上，采用传统的“楔钉榫”（图9），三段接法，使靠背和扶手线条流畅，横枨与腿足交待一起，既稳定了结构，又使得造型简洁大方（图10）。

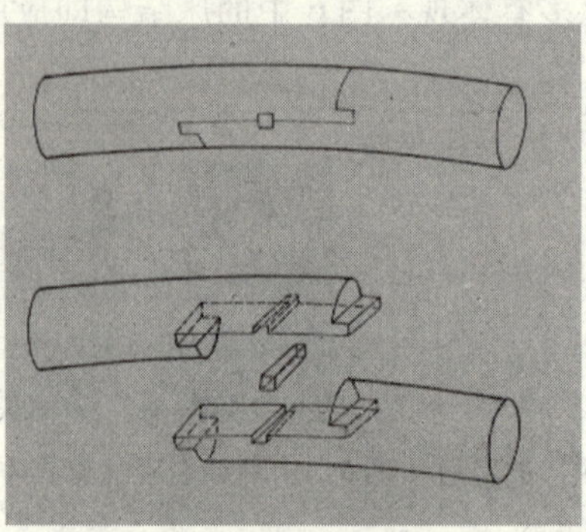

图9　楔钉榫

图10　借鉴“圈椅”设计的椅子

参考文献

[1] 王世襄，袁荃猷．明式家具研究．北京：生活·读书·新知三联书店，2007

[2] 田家青．清代家具．香港：三联书店（香港）有限公司，2003

[3] 胡德生．明清宫廷家具．北京：紫禁城出版社，2008

[4] 朱家溍．明清家具．上海：上海科学技术出版社，2002

[5] 刘文金．中国传统家具艺术史料数据库的研究．中南林业科技大学学报（社会科学版），2008（5）

[6] 路玉章．留住老手艺：传统古家具制作技艺．北京：中国建筑工业出版社，2007

[7] 牛晓霆．"老手艺"系列之——京派家具匠师访谈录．家具，2010（1）

[8] 李欣．数字化保护：非物质化遗产保护的新路向．北京：科学出版社，2011（1）

[9] 北京市级非物质文化遗产项目，http：//www. bjwh. gov. cn/401/2007_ 4_ 28/1_ 401_ 36243_ 215_ 0_ 1177753115328. html

[10] 赵广超．国家艺术：一章木椅．北京：生活·读书·新知三联书店，2005

[12] 濮安国．明清苏式家具．长沙：湖南美术出版社，2009